Nedim Şener, profesyonel gazeteciliğe 1992 yılında *Dünya* gazetesinde başladı. 1994 yılında, *Milliyet* gazetesine geçti. *Milliyet* gazetesi muhabiri olarak 17 yıl görev yapan Şener, mesleğine Mayıs 2011'den beri *Posta* gazetesinde devam ediyor.

Bugüne kadar yolsuzluk, vergi kaçakçılığı, organize suç örgütleri, terör finansmanı, istihbarat, cemaatler hakkında pek çok kitabı yayınlanan Nedim Şener, gazetecilik örgütleri ve sivil toplum kuruluşlarından pek çok ödül aldı.

3 Mart 2011'de gözaltına alındı. 7 Mart 2011-12 Mart 2012 tarihleri arasında Odatv davası kapsamında Silivri Cezaevi'nde tutuklu kaldı.

Cezaevinde PEN Türkiye Merkezi tarafından üyelik daveti aldı ve PEN Yazarlar Birliği üyesi oldu.

Cezaevinden tahliye edildikten sonra Danimarka PEN Merkezi tarafından "Onur Üyesi" seçildi. Son olarak PEN Türkiye Merkezi bünyesindeki "Hapisteki Yazarlar Komitesi" üyesi oldu.

Kitapları

Tepeden Tırnağa Yolsuzluk, *Naylon Holding*, *Uzanlar-Bir Korku İmparatorluğu'nun Çöküşü*, *Kod Adı Atilla*, *Fırsatlar Ülkesinde Bir Kemal Abi*, *Hayırsever TERRORIST*, *Dink Cinayeti ve İstihbarat Yalanları*, *Ergenekon Belgelerinde Fethullah Gülen ve Cemaat*, *İşte Hayatım-Uğur Dündar*, *Kırmızı Cuma-Dink'in Kalemini Kim Kırdı?*

Ödülleri

2010 yılında merkezi Avusturya'da bulunan Uluslararası Basın Enstitüsü (International Press Institute) tarafından Abdi İpekçi ve Hrant Dink ile birlikte dünya genelindeki 60 "Dünya Basın Özgürlüğü Kahramanı"ndan biri ilan edildi.

2010 Türkiye Yayıncılar Birliği Düşünce ve İfade Özgürlüğü Ödülü.

2010 Abdi İpekçi Gazetecilik Ödülü.

2009 Türkiye Gazeteciler Cemiyeti "Basın Özgürlüğü" Ödülü.

2007 Çağdaş Gazeteciler Cemiyeti Uğur Mumcu Araştırmacı Gazetecilik Ödülü.

2003 Transparency International'ın (TI) Türkiye Ofisi Toplumsal Saydamlık Hareketi Derneği (TSHD) tarafından "Uluslararası Dürüstlük Ödülü" Türkiye adayı.

2002 Sedat Simavi Gazetecilik Ödülü.

1998 Metin Göktepe Gazetecilik Ödülü.

1998, 1999, 2000 Tü konomi Muhabiri ödülleri.

Baba, Seni Neden Oraya Koydular?

Gerçekler Hapsedilemez

Hürriyet, Milliyet, Posta ve *Cumhuriyet* gazetelerine, bianet haber sitesine ve *Gırgır, Leman, Penguen, Uykusuz* mizah dergilerine teşekkür ederiz.

BABA, SENİ NEDEN ORAYA KOYDULAR?
Gerçekler Hapsedilemez

Yazan: Nedim Şener

Yayın hakları: © Doğan Egmont Yayıncılık ve Yapımcılık Tic. A.Ş.
Bu eserin bütün hakları saklıdır. Yayınevinden yazılı izin alınmadan kısmen veya tamamen alıntı yapılamaz, hiçbir şekilde kopya edilemez, çoğaltılamaz ve yayımlanamaz.

1. baskı / Nisan 2012 / ISBN 978-605-09-0637-0
Sertifika no: 11940

Kapak tasarımı: Yavuz Korkut
Baskı: Ayhan Matbaa Basım Sanayi ve Tic. Ltd. Şti.
Mahmutbey Mah. Deve Kaldırım Cad. Gelincik Sok.
No: 6 Kat: 3-4 / Bağcılar - İSTANBUL
Tel. (212) 445 32 38
Sertifika no: 22728

Doğan Egmont Yayıncılık ve Yapımcılık Tic. A.Ş.
19 Mayıs Cad. Golden Plaza No. 1 Kat 10, 34360 Şişli - İSTANBUL
Tel. (212) 373 77 00 / Faks (212) 355 83 16
www.dogankitap.com.tr / editor@dogankitap.com.tr / satis@dogankitap.com.tr

Baba, Seni Neden Oraya Koydular?

Gerçekler Hapsedilemez

Nedim Şener

Sevgilim Vecide'ye ve kızım Vecide Defne'ye...

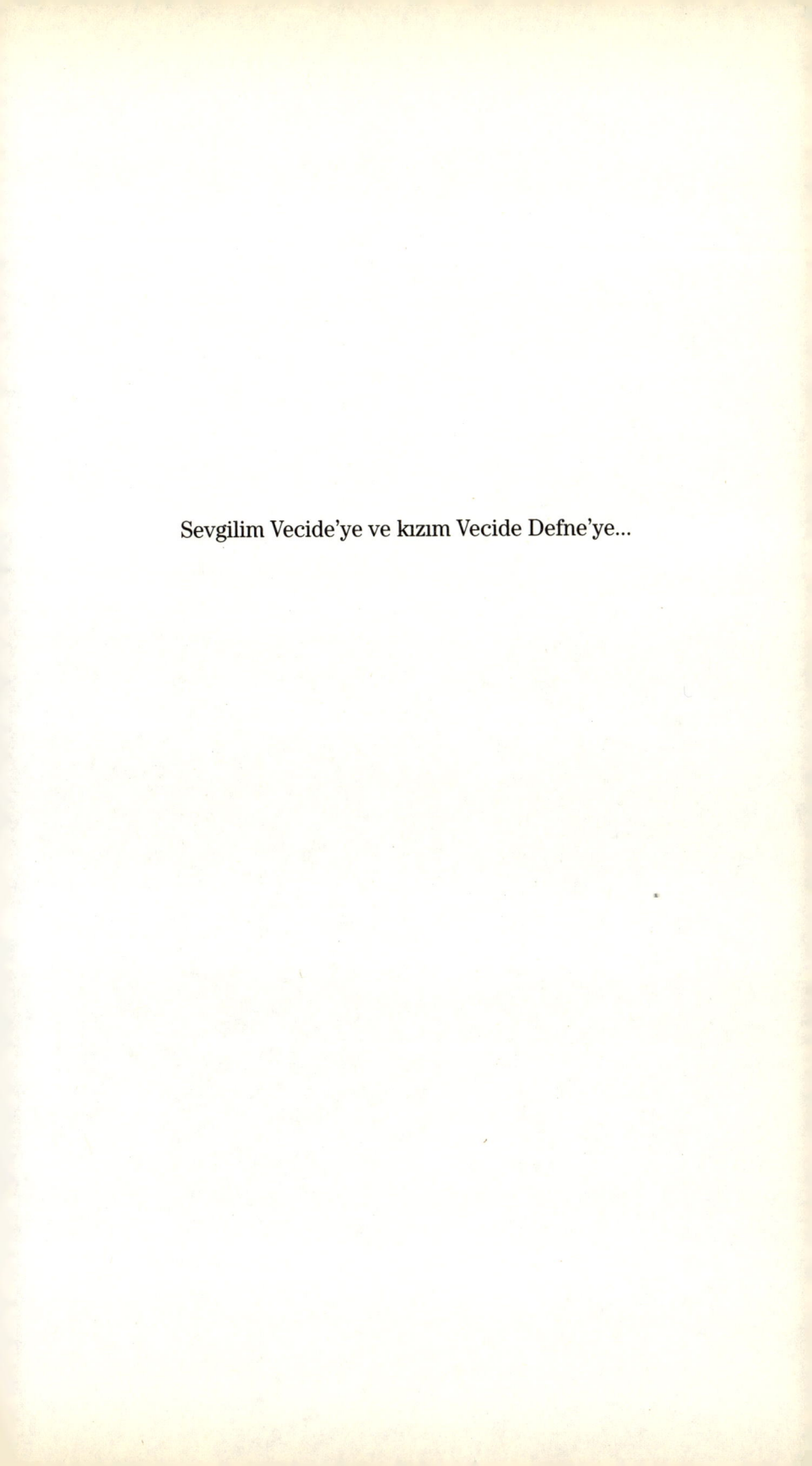

... Hapishane kötüdür, ölüm gibi. Bilincine varınca, düzleşir, olağanlaşır. İnsan soyunu zulüm kadar hiçbir şey küçültmez. Ne derler, zulmün artsın ki tez zeval bulasın... Zulüm aşağılık, insanlık dışı bir şeydir, ölümden de beterdir. Bilincine varınca olağanlaşır. Hepsinden beteri de insan soyunun yakasına yapışmış korkudur. İnsan korkusunun üstüne yürüdükçe, korku azalır, gücünü yitirir, insan soyu korkuda çürümez. Zulüm, zulüm değildir aslında, zulüm korkudur. Her şeyin temeli, beteri korkudur. Diyorum ki, korkulmasın, bugünkü, bu gelip geçici duruma bakıp umutsuzluğa düşmenin bir gereği yok...

Bugün hapishanelerde, mahkeme kapılarında veya mahkeme kapılarına gitmeyi beklerken mesleğinin ve insanlık onurunun hakkını verenler var. Onlar ve onların hakları için omuz omuza yürüyen, sesini yükseltenler insanlığımızın daha bitmediğini, vurdumduymazlığımızın bizi öldürücü hale getirmediğini kanıtlıyorlar.

İnsanoğlu umutsuzluktan umut yaratandır. Demokrasiyi yaratmak insanlığın büyük gücü olmuştur. Çok söyledim, tekrar söylüyorum. Ya demokrasi ya hiç... Ve Türkiye "hiç"e layık değildir.

Selam olsun düşünce özgürlüğü ve insan hakları için direnen meslektaşlarıma.

Selam olsun, korkunun üstüne yürüyenlere.

Selam olsun insanlık toptan tükenmedikçe umudun da tükenmeyeceğini gösterenlere.

Yaşar Kemal
Mart 2011

İçindekiler

Ruşen Çakır'ın Önsözü 15

Giriş
Adalet yoksa demokrasi de olmaz 19
Gerçeğin ışığı çatlayan duvardan sızıyor 25

Su çatlağını buluyor, gerçeğin ışığı çatlayan duvardan sızıyor 31
"Baba, seni neden oraya koydular?" 33
Gerçek yalnızca gerçek 35
"Susmayacağız" 37
"Ben neden bu yola düştüm Haluk Hoca?.." 41
Yolsuzluktan bıkan halkın umudu AKP 45

Dink cinayeti, kitap, polislerin kızgınlığı ve KOMPLO 47
Hayatımı değiştiren cinayet 49
Gerçek fısıltıyla değil, manşetten geldi, gören yok 54
Emniyet, 301'den ceza istiyor 59
Ve e-muhbirin sahte ihbarı 63
Gizli tanığı üzerime sürdüler 66
Mafyadan kaçakçıdan değil, devletten korktum 71
Biz "korkuyoruz", Chomsky "mücadele" diyor 74

28 Şubatçılar Kavakçı'nın evine giremedi, ama polis 2011'de kızımın masal kitaplarını bile aradı 77
Odatv baskını 79
28 Şubat'ta Merve Kavakçı'nın evi aranamamıştı 86
Nezarethanenin parmaklıkları demir perde gibi geldi 88
En uzun gün 93
O savcıyla karşı karşıya 96
Nasıl terörist oldum! 114
Televizyondaki konuşma aleyhime delil olarak kullanıldı ... 121
Savcı Öz: Dink cinayeti ile Ergenekon arasında
   bağlantı bulamadım 126
Hanefi Avcı'nın kitabını Ahmet'le birlikte yazmışım! 129
Mahkeme güle oynaya tutukluyor 134

Son sürat Metris, sonra Silivri 137
  Mumcu ve Dink adliye kapısında 139
  "Biz de sizi bekliyorduk" 141
  Selam Metris 146
  Sonunda ben de Silivri'deyim 149
  Zekeriya Öz için sonun başlangıcı 152
  Şaşıranların şaşkınlığına şaşırmadım
    desem yalan olur 157
  Gazetecilikte "Kara Perşembe" 166
  Hükümet, benim ve Ahmet'in tutuklanma
    kararından habersiz 174
  Gazetecilerden tarihi tepki: "Boş kalan köşeler" 177
  Çıkacağımızı zannediyor, koğuşta temizlik
    bile yapmıyorduk 179
  Yeni adresim:
    2 No'lu L Tipi Kapalı Cezaevi B 9 Üst Koğuş 182
  "Saadet Partililerin içkili araba kullanırken
    yakalanması gibi bir şey" 185
  O polis ben tutuklandıktan iki gün sonra
    görevden alındı 187
  Kar yağıyor, aklım kızakta 190
  İlk mektup hapisten çıkan İTO Başkanı Yalçıntaş'tan 192
  Uğur Dündar'ın hayatını da Ergenekon yazdırmış! 196
  Kitaptan bombaya giden yol 198
  Bu da oldu: Mizah dergilerinin kapağındayım! 201
  "Gazeteciysen boyun eğmeyeceksin,
    boyun eğiyorsan gazeteciyim demeyeceksin" 204
  ANGA: Bir grup özgürlük savaşçısı 206
  Hayali ihracatçı olup devleti mi soysaydım acaba? 208
  Savcı Öz'den basın tarihine geçen skandal:
    Basılmamış kitaba toplatma kararı 211
  Yaşar Kemal'den karanlık günlere bir ışık 215
  Umut tükenmiyormuş 218
  Benim için anlamı büyük fotoğraf 221
  İnsanlık dışı kapı araması 223
  Yazdıklarımdan değil, yazmadıklarımdan tutukluyum 227
  Gazetenin şoförleri korkudan
    numaramı telefonlarından silmişler 230
  Başbakan "bombayı" patlatıyor 234
  "Kitap Bomba Değildir" 237
  Avrupa Konseyi Genel Sekreteri: Kaygılıyım 250

Duvarlar o kadar yüksek ki,
sinekler, kuşlar bile uçup çıkamıyor.................................. 252
Cezaevinde 1 Mayıs 256
"Baba orada televizyon ve kurabiye
varsa ben de kalırım" 257
Milliyet ile 17 yıllık beraberliğim hapiste bitti 259
Tutuklanmamız Avrupa'da
Ergenekon'un komplosu sanılmış................................... 262
İçimdeki iyimseri öldüremedim.. 264
100. günde Başbakan şoku.. 267
Koğuşumuzda bir bakanlık bürokratı
"Belki biz de buraya düşeriz"... 270
Hilmioğlu: "Bakın siz de Ergenekoncu oldunuz"............ 272

Son dakika haberi: İddianame çıkmış 277

"Babam beni o kadar çok seviyor ki suç işleyip
benden ayrılmayı düşünmez" 279
Kitapları örgütsel doküman yapan tarihi iddianame 283
Ahmet Şık'ın kitabına katkı iddiası 287
Polis ve savcı kararsız:
"Sen yazdın, o yazdı, siz yazdınız, onlar yazdılar" 289
Hani kitap, haber, yazı değildi;
nerede o gizli deliller Savcı Öz?..................................... 292
Tutuklanmam da medya operasyonu................................... 296
Dink cinayeti araştırmalarını itibarsızlaştırma çabaları ... 301
Gülen cemaati bu operasyonun neresinde?........................ 307
Cemaat cephesinden ilk yorumlar 315
Dumanlı "Global Ergenekon" diyor 317
Her yerde Gülen adı 322
Fethullah Gülen de "yargısız infazdan"
şikâyetçiymiş (!) 327
Komik deliller 333
Sorumluluk gazetecilerin değil savcının............................. 342
Beni Ergenekonculukla suçlayan ihbarı
polis mi yazdı? 349
Deniz Feneri sanıkları kadar eşitlik istemiyorum 367
MİT'çi Kozinoğlu'nu virüs öldürdü..................................... 369
Yargı amma da hızlıymış, tabii AİHM de............................ 380
Hayatımın en güzel doğum günü
hediyesini cezaevinde aldım 382
Sevdiğinin ölümünü cezaevinde öğrenmek........................ 386

Bize "terörist" diyen devlet,
gardiyanları bile ikna edemedi 390
"Nedim Amca, herkes bu devletten korkuyor" 392

Ve hâkim karşısındayız 401

Nihayet dokuz ay sonra hâkim karşısındayız 403
Gazeteci olduğum olgudur,
terörist olduğum ise yakıştırma 405
Prof. Dr. Köksal Bayraktar: Bu dava, tarihe
sansür davası olarak geçecektir 439
Terörden takip edilen ile takip eden aynı örgütte! 444
Soğan cücüğüyle adam öldürme davası 445
Doğan Bey heyecandan çöp torbasını da götürmüş 447
Pandora'nın Kutusu'nu açan mahkeme kararı 449
"Tutuklama için teşekkürler hâkim bey" 458

Polisi savunan gazeteciler 463

Nazlı Ilıcak ile polis muhbiri Tuncel'in ortak noktası 465
DDK Raporu da sizi kurtarmaz 477
Yeni korkunun adı: Polis telsiziyle uyanmak 479
Dink cinayetinde gerçekler-medya-dostlar 485

"Cezaevi eza evi" 493

Cezaevi aracında tahliye haberi almak 495
Renk yok, koku yok... 497
Aynı yemeğin üç adı var 499
Hiç saat takmadım, zihnimin saatini
çarşambadan çarşambaya kurdum 501
Havalandırma aktiviteleri 503
Havalandırmadaki "telefon" 504
Gardiyan değil, infaz koruma memuru 506
Kâğıttan mum, bisküviden pasta 510
Cezaevini yapan müteahhidi kesinlikle
Silivri'de yatırmak lazım 511
Şort davasını kaybettik 512
Silivri'de yalnız kilonu değil,
sağlığını ve aklını da kaybedersin 513

Sonsöz
Üzerimize dökülen betonu vicdan sahibi
kalemler kırdı 515

Ruşen Çakır'ın önsözü

İstanbul'da Moda Çay Bahçesi'nde, elinizdeki kitabın ilk taslağı üzerine aldığım notları bilgisayarıma "Nedim-kitap" adını vermiş olduğum bir dosyada topladığımı fark ettiğimde ister istemez irkildim. Öyle ya, gerek Nedim Şener, gerekse Ahmet Şık'ın bir yılı aşkın süre tutuklu kalmalarının nedeni "kitap"tı. Hem yazdıkları ve/veya yazmakta oldukları kitaplar yüzünden; hem birbirlerinin ve başkalarının kitaplarına dışarıdan müdahale ettikleri, katkıda bulundukları gibi iddialarla suçlandılar. Mesleği gazetecilik olan bir insanın kitap yazmasından doğal bir şey olamayacağı için, onları suçlayanlar kendilerini haklı çıkarmak amacıyla bazı kitapların "bombadan daha tehlikeli" olduğunu ileri sürmeye kadar vardırdı işi.

Dolayısıyla günümüz Türkiyesi'nde bir insanın bilgisayarında "Nedim-kitap" adlı bir dosya bulunması başlı başına bir risk olabiliyor! Halbuki "Nedim" ve "kitap" kelimeleri birbirine çok yakışır. Bunu çok iyi biliyorum, çünkü Nedim Şener'in 2001 Haziran ayında çıkan ilk kitabı *Tepeden Tırnağa Yolsuzluk*'un editörlüğünü ben yapmıştım. Metis Yayınları'nda gazetecilik kitaplarının çıktığı Siyahbeyaz dizisini yönetiyordum. Emlakbank ve Etibank skandalları üzerine kitaplar yayınlamıştık. Bu kitaplardan ve onların gördüğü ilgiden de esinlenmiş olacak ki bir gün Nedim kapımızı çaldı. Kendisiyle *Milliyet*'te birlikte çalışmışlığımız vardı ama çok yakın değildik, onun özellikle yolsuzluk konularında tuttuğunu koparan bir muhabir olduğunu biliyordum. Bu nedenle yolsuzluk üzerine bir projeyle gelmiş olmasına şaşırmadım, yayınevi olarak özellikle muhabirleri kitap yazmaya teşvik etmek istediğimiz için de fazlasıyla sevindim. Sonuçta Metis'in sahiplerinden Semih Sökmen'in de heyecanla katkıda bulunduğu, bugün bile bir tür referans özelliği taşıyan *Tepeden Tırnağa Yolsuzluk* ortaya çıktı.

Bu kitabın ardından Nedim başka yayınevlerinde yeni yolsuzluk dosyalarını kitaplaştırdı, ama kuşkusuz zirveye Hrant Dink suikastının perde arkasını irdelediği çalışmalarla tırmandı. Bu kitaplarla birlikte Türkiye'de araştırmacı/soruşturmacı gazeteciliğin önde gelen isimleri arasında yer aldı, epey popüler oldu ama hiçbir başarının cezasız kalmadığı ülkemizde sırf kitap çalışmaları yüzünden başına bir yığın dert ve sorun aldı.

Nedim'in Odatv davasına yamanmasının ardında Dink olayının, daha doğrusu onun bu suikastı aydınlatma çabalarının yattığına inanıyorum. Neden böyle düşündüğümü uzun uzun anlatacak değilim; Nedim'in önceki çalışmaları ve elinizdeki kitap bu konuyu yeterince izah ediyor.

* * *

Kitabın taslağını okuduktan sonra Nedim'le uzun uzun tartıştık, ona bazı eleştiri ve öneriler getirdim. Başta eşi Vecide olmak üzere başka kişilerin de taslak hakkındaki görüşlerini ifade ettiklerini biliyorum. Fakat kitabın yazarı olarak son noktayı Nedim koyacak ve ben de diğer okurlar gibi son halini kitap piyasaya çıktıktan sonra göreceğim.

Nedim elinizdeki kitabın ilk halini cezaevinde kaleme almıştı. Tahliye olup olmayacağının, daha ne kadar cezaevinde kalacağının belli olmadığı bir ortamda yazmış olduğu kitabın ana eksenini, kendisine yöneltilen suçlamaları cevaplandırma yani suçsuzluğunu kanıtlama arayışı oluşturuyordu. Halbuki içerde kendilerini ziyaret eden Avrupalı bir siyasetçinin de söylediği gibi Nedim ile Ahmet'in suçlu olduğuna aslında kimse inanmıyordu, bu nedenle onların dosyaları üzerine uzun uzun açıklamalarda bulunmasının fazla bir anlamı ve gereği yoktu.

Ben de Nedim'e, bu kitabın müstakbel okurlarının büyük bölümünü zaten ona inanan kişilerin oluşturacağını, bu nedenle "savunma" refleksinden olabildiğince çıkıp içerde geçen 376 günü anlatmasını önerdim. Fakat diğer yandan ona hak vermeden de edemedim. Çünkü Nedim gibi bir gazeteci için "meşruiyet" anahtar bir kavramdır. Böyle bir gazetecinin başına gelebilecek en büyük felaket, okuyucu ve/veya izleyicisinin yazıp söylediklerinin meşruiyetini sorgulaması, yani onun şeffaf ve sivil bir gazetecilik yaptığından kuşkulanması olur.

Nitekim Nedim ve Ahmet'e komplo düzenleyenler, onların yazıp çizdiklerini değil "ilişkilerini" esas almak istediler. Ne var ki onca uğraşlarına, her hareketlerini, konuşmalarını yakın takibe almalarına rağmen Nedim ve Ahmet'in ilişkilerinde herhangi bir karanlık yön bulamadılar. Bulamayınca da üretme delillerle onları ve gazeteciliklerini zan altında bırakmaya çalıştılar. Bu arada polis ve savcılarının yetersiz kaldığı yerlerde onların imdadına yetişmeye çalışan, çoğu medyaya sonradan iliştirilmiş kişilerin, yine polis ve savcılarla koordineli olduğu anlaşılan dezenformasyon çalışmaları.

Evrensel hukukta iddia sahiplerinin iddialarını kanıtlamaları esastır. Suçlanan kişilerin suçsuzluklarını kanıtlamak diye bir zorunluluğu yoktur. Halbuki Nedim ve Ahmet'in olaylarında bir taraf ne olduğu tam olarak belli olmayan suçlamaları ortaya atıp çekildi ve bu iki gazeteciye, neyle suçlandıklarını bile bilmeden kendilerini aklamalarını, mesleklerini tamamen meşru zeminlerde yaptıklarını kanıtlamalarını dayattı.

Kitabın ilk taslağında Nedim'in, özellikle medyada, Ragıp Duran'ın enfes benzetmesiyle birer "savcı yardımcısı" gibi çalışan kişileri önemsediğini, onların hakkındaki iftira, suçlama ve kara çalmalarına cevap vermeye çalıştığını gördüm ve eleştirdim. Benzer bir eleştiriyi o tutuklanmadan önce de dile getirmiştim. Herhalde polisin kaydetmiş olduğu oldukça uzun bir telefon görüşmesinde Nedim'e, gazetecilikleri, misyonları ve meşruiyetleri tartışmalı isimlerle televizyon kanallarında tartışmaktan vazgeçmesini; enerjisini muhabirliğe hasretmesinin daha hayırlı olacağını; televizyon kavgalarının kendisine hiçbir yarar sağlamayacağını; buna karşılık tartıştığı kişilerin bu durumdan hayli kazançlı çıktıklarını, çünkü misyonlarının tam da bu olduğunu söylemeye çalıştım. Ama Nedim, haklı olmanın her şeye yettiğine samimi bir şekilde inandığı için bu tartışma programlarının kendisini tutuklamaya götüren sürecin önemli birer halkası olduğuna inanmadı, inanmak istemedi.

Polisin sözünü ettiğimiz tartışma programlarının tümünü kaydetmiş ve savcının iddianamesinde bunlardan alabildiğine cömert bir şekilde yararlanmış olması da Türkiye'de işlerin nasıl döndüğünü anlamamızda epey yardımcı oluyor. Nitekim ülkemizde çarkların nasıl işlediğini çok iyi bildiği anlaşılan bir devlet görevlisinin, cezaevindeki bir ziyaret sırasında Nedim'e şöyle demiş olduğunu bu kitaptan öğreniyoruz: "Bir gün sizi televizyonda izlerken eşime 'Nedim Şener 15 gün sonra Silivri'de' demiştim."

* * *

Nedim Şener ve Ahmet Şık, bir yılı aşkın bir süre özgürlüklerinden, sevdiklerinden, mesleklerinden uzak kaldılar. Kuşkusuz bu mahrumiyet onların zarar hanesine yazılacaktır. Ama kim ne kadar uğraşırsa uğraşsın buraya ikinci bir unsur ekleyemez. Bu bir yılda arkadaşlarımız, kendileri için yapılan "her kuşun eti yenmez" saptamasını fazlasıyla haklı çıkardılar. Dik durdular, yalpalamadılar ve haklılık konumlarına gölge düşürmediler. Buna paralel olarak her ikisi de sadece Türkiye'de değil dünya çapında basın özgürlüğünün birer sembolü haline geldiler. Ancak bu onurun onlara çok ağır sorumluluklar yüklediği de açıktır. Hem Ahmet'in hem Nedim'in cezaevinden çıkar çıkmaz yeni kitaplar için kolları sıvamış olmaları bu ağır yükü taşımaktan çekinmediklerini gösteriyor.

Bu kitabı, Nedim'in bu yükün altında ezilmediğinin güzel ve başarılı bir kanıtı olarak görüyor ve kendisine teşekkür ediyorum.

Giriş

Adalet yoksa demokrasi de olmaz

Gazetecilik sadece yazarak yapılan bir meslek değildir. Türkiye'de eğer dişe dokunur işler yapıyorsanız adliye koridorlarında vakit geçirmeyi de bileceksiniz. İktidara yakın, polis ve savcılarla kol kola bir gazeteciyseniz hakkınızda dava açılması sizi korkutmaz. İktidar ne yapar eder, eninde sonunda sizi kurtarır.

Ama iktidarı ya da egemen güç odaklarını kızdıracak haberler yapıyorsanız, öyle basın davaları vesaireyle geçiştiremezsiniz vaziyeti. Terörle Mücadele Kanunu, Türk Ceza Kanunu yani sizi sıkıntıya sokacak hangi kanun varsa aleyhinizde işletilir; benim gibi beraat etseniz de, soruşturmayı başlatan savcı, duruşma savcısı ve şikâyetçi polisler Yargıtay'a başvurup beraat kararının bozulmasını isterler.

Peki, hiç mi iyi bir şey olmaz?

Elbette olur, gerçekler kamuoyuna mal olur. Dink cinayetini 17 yaşındaki bir "çocuğun" tek başına işlemediğini ya da sorumluluğun yargılanan 8-10 kişiyle sınırlı olmadığını herkes öğrenir. Devletin, siyasetçisiyle, bürokrasisiyle, MİT, polis ve jandarmasıyla bu cinayete nasıl göz yumduğu, son derece kötü bir soruşturma yaptığı ve hatta cinayetin adeta üzerini örttüğü görülür. Yazdıklarınız yalnız yurtiçinde değil yurtdışında da etki yaratır. İşte budur gazetecinin başarısı, gerisi yani sorumluluğu olanları yargı önüne çıkarmak da devletin görevidir, tabii eğer gerçekten istiyorsa...

Yaşadığım hukuki süreç devam ederken bana Türkiye Gazeteciler Cemiyeti Basın Özgürlüğü Ödülü, Abdi İpekçi Gazetecilik Ödülü, Türkiye Yayıncılar Birliği Düşünce ve İfade Özgürlüğü Ödülü ile Oxfam Novib/ PEN İfade ve Düşünce Özgürlüğü Ödülü verildi.

Ayrıca çalışmalarım nedeniyle Uluslararası Basın Enstitüsü (International Press Institute) tarafından 2010 yılında 60 kişilik "Dünya Basın Özgürlüğü Kahramanları" listesinde yer aldım. Bu listede Türkiye'den üç isim vardı: 1979'da öldürülen *Milliyet* Gazetesi Genel Yayın Yönetmeni Abdi İpekçi, 2007 yılında öldürülen Hrant Dink.

2010 yılı Eylül ayında Viyana'da gerçekleşen ödül töreninde yaptığım konuşma, bir anlamda başıma geleceklerin kehaneti gibiydi:

IPI'ın Dünya Basın Özgürlüğü Kahramanı Ödülü nedeniyle büyük onur duydum. Ancak ülkem için üzgünüm. Çünkü 60 kişilik listede üç isimle temsil edilen tek ülke Türkiye. Ben hariç diğer iki Basın Özgürlüğü Kahramanı'nın öldürülmüş olması, Türkiye'deki basın özgürlüğü hakkında fikir vermeye yeterlidir sanırım.

Bir insan ne için yaşar, ne uğruna ölür; eşitlik ve adalet. Hrant Dink, hayatı boyunca Türkiye'de eşit bir yurttaş olmanın mücadelesini verdi. O aslında bir azınlık mensubuydu, Ermeni'ydi. Ama yok sayılıyordu. "Ben de varım", "Kimliğimle varım" diye haykırıyordu. Ama ona var olma hakkı tanımadılar. Yalnız onu hedef haline getirerek ve en kutsal yaşama hakkını elinden alarak değil, öldürülmesinden sonraki süreçte de haklarını ihlal ettiler. Çünkü o devletin hedefiydi. Devlet onu hedef haline getirirken, hayatını koruyacak önlemleri de almadı. Ve sonunda öldürüldü.

Ölümünden sorumlu olan jandarma, polis ve istihbaratçılar delilleri kararttılar. Yargılama sırasında mahkemelere sahte bilgi içeren belgeler gönderdiler.

Hrant Dink'in hayatını korumayan hükümet de cinayete adı karışan tüm görevlileri görevlerinde tutarak korudu. Hatta onları terfi ettirdi. Sorumlu polisi, jandarmayı görevinde tuttu.

Hükümet, istihbaratçılar hakkında soruşturma izni vermedi. Üç yıl geçti ve onlar halen görevde; tek bir polis ve istihbaratçı yargılanmadı.

Hükümet ayrıca Hrant Dink'in Avrupa İnsan Hakları Mahkemesi'ne açtığı davaya gönderdiği savunmada yine Dink'i suçladı, onu Nazi lideriyle eş tuttu.

O istihbaratçılar ilk günden basını kontrol altına aldılar ve onları yalanlarıyla aldattılar. Zaten o gazeteciler de aldanmaya hazırdı. Bugün o gazeteciler, hükümet, polis ve istihbaratçılar bize kızıyor. O gazeteciler "Devleti, hükümeti suçlamayın" diyorlar. Sanırım, Dink cinayeti araştırıldıkça ortaya çıkacak görüntü onları da ürkütüyor. "Hükümeti eleştirmeyin" diyenler, hükümetin demokrasi getireceği propagandasını yapıyorlar.

Ama şunu bilmiyorlar: Türkiye'deki tüm faili meçhul cinayetlerin anahtarı olan Dink cinayeti aydınlanmadan adalet, adalet olmadan da demokrasi sağlanamayacaktır. Ve özgür medya adalet yolunda gerçek demokrasi için çalışacaktır.

Etrafımdaki çember daralıyor

Ancak hep söylediğim ve yazdığım gibi, Dink cinayeti konusunda araştırmalar derinleşip sorumluların isimleri ortaya çıktıkça tehdit ve tacizin dozu da artıyordu. *Posta* gazetesinde yazdığım köşe yazılarında bunlara açık açık değindim.

Bana karşı kurulacak komplonun ipuçlarını, 15 Ekim 2010 günü *Posta* gazetesindeki yazımda şöyle ifade ettim:

Bunlar
Herkes bana aynı şeyi söylüyor: "Aman kendine dikkat et."
"Nasıl yani?" dediğimde...
"Bunlar her şeyi yapabilir?" diyorlar.
Telefon ettiğim meslektaşlarım "Seni hâlâ almadılar mı?" diye şaka yapıyorlar!
Gözle görünmez bir düşmandan söz ediyorlar sanki.
Adları yok.
"Bunlar" diye söz ediliyor kendilerinden...
Ama ben kim olduklarını çok iyi biliyorum.
Devletin eli olarak karşımıza çıkıyorlar ve hayatları esir alıyorlar.
Türkiye'deki birçok kirli işin şifrelerini barındıran Hrant Dink cinayeti aydınlanma yoluna girdikçe, bu konuda sorulan sorular çoğaldıkça, "bunlar"ın kızgınlıkları da artıyor.
Dink cinayetiyle ilgili olarak yazdığım kitap yüzünden açtırdıkları davalarda beni 32,5 yılla yargılattılar.
İftiralar attılar, komplolar kurdular, korkutmak istediler...
Hiçbiri olmadı.
Ben pes etmedikçe yeni yöntemler deniyorlar.
"Dikkat et" diyenlere kulak verip etrafıma baktığımda tehlikeyi artık ben de görüyorum.
Telefonumun istihbari amaçlı olarak dinlendiğini "bazı polisler" aylar önce bana bildirmişti.
Şimdi takiplerin başladığını da görüyorum.
Dostlarım "Bunlar sen yokken evine girip bir CD, bir belge bırakırlar. Sonra da evi basıp 'Bulduk' diye ortaya çıkarlar" diyor.
Her şey mümkündür.

Ama ben ümidimi asla yitirmedim: Bu ülkede hâlâ sağduyulu polisler ve yargıçlar var.

"Bunlar" bir gün Hrant Dink cinayetindeki sorumluluklarından dolayı yargılanacaklar.

Ben bu yazıda bana kurulmak istenen komplonun ipuçlarını verdim. Sadece kim olduklarını yazmadım. Ama bu yazıdan iki isim alındı. Ve "Bunlar" diye kastedilen kişilerin kendileri olduğunu noter kanalıyla bildirdiler. Kim bu isimler?

Birincisi, Hrant Dink cinayetinde ihmali olduğu Başbakanlık raporuyla tespit edilen ve benim de tutuklanmama neden olan Ergenekon soruşturmasının "beyni" diye tabir edilen İstanbul Emniyet Müdür Yardımcısı Ali Fuat Yılmazer.

Diğeri ise Dink cinayeti hakkında yazdığım kitap nedeniyle beni mahkemeye veren istihbaratçı polis Muhittin Zenit. Her ikisinin gönderdiği açıklamayı 23 Kasım 2010'da *Posta*'daki köşemde yayınladım:

"Bunlar" istihbaratçı polismiş

15 Ekim 2010 tarihinde, köşemde isim vermeden "Bunlar" başlığıyla bir yazı yazmıştım. "Bunlar" kim diye çok merak eden oldu. İki istihbaratçı polis, noterden bir yazı gönderip "Bunlar biziz" dedi.

Noter yazısıyla itiraf Ankara 25. Noterliği'nden 8 Kasım 2010 günü alınan ve dün gazetemize fakslanan bir ihtarnamede "Bunlar" isimlerini vermişler.

Birinin adı İstanbul Emniyet Müdür Yardımcısı Ali Fuat Yılmazer, diğerinin adı İstihbarat Daire Başkanlığı polislerinden Muhittin Zenit'miş.

Bu iki polisin avukatı Seyfettin Uzunçakmak tarafından gönderilen ihtarnamede aynen şunlar yazıyor:

"Nedim Şener'in yazısında 'Bunlar' dediği kişiler kendisinden şikâyetçi olan müvekkillerdir. Müvekkiller sadece ve sadece yasal görevlerini ifa ettiklerinden gerçekdışı isnatlara ısrarla konu edilmek istenmektedir.

İstanbul İl Emniyet Müdürlüğü bünyesinde istihbarattan sorumlu Emniyet Müdür Yardımcısı olarak görev yapan Ali Fuat Yılmazer, birtakım çevrelerin uzun süredir hedefinde olup yasal yollarla müvekkillerin görev yapmasını engelleyemeyenlerin bu tür yeni spekülasyonlardan medet umar hale geldikleri açıkça gözlenmektedir.

Nitekim Başbakanlık Teftiş Kurulu'nca hazırlanan inceleme raporunu sürekli gündemde tutmaya çalışan Nedim Şener'in bu rapor üzerine mülkiye müfettişleri tarafından hazırlanan raporu sabote etmek için giriştiği de malumdur. Şimdi de kendisinin komplo kurularak zor durumda bırakılacağı yönündeki safsataları dillendirmesi çok önemlidir." Bazı şeyleri bilmiyor muyuz? Türkiye'de polislerden böyle bir ihtar alan gazeteci sayısı fazla değildir. Ben bana kurulacak komployu ihbar ediyorum, birileri çıkıp onlar "Biziz" diyor. Zenit'i ayrı tutuyorum. Çünkü o emir kulu. Ama Yılmazer'in sözlerine karşılık vermek gerek. Evet, Başbakan Recep Tayyip Erdoğan'ın imzasını taşıyan Başbakanlık raporu, mülkiye müfettişlerinin "hukuksuz" raporuyla çürütülmek istendi.

Ancak Başbakanlık Teftiş Kurulu buna sert bir cevap verdi. Dolayısıyla dönemin İstihbarat Daire Başkanı Ramazan Akyürek ile İstihbarat Dairesi C Şube Müdürü Yılmazer'in Dink cinayeti konusundaki ihmalleri ortada. Yazıda, telefonumun istihbari amaçlı dinlenip dinlenmediği bilgisi nedense yok. Komplo ile ilgili açıklama da yer almamış. Ama dikkatimi çeken bir cümle var (Yılmazer'in): "Başarılı çalışmaları gölgelemek için yapılan çirkin saldırılara sessiz kalınması, elbette ki beklenmemelidir."

Bu cümleleri "kiralık" kalemler de yazdı. Kastettikleri, Ergenekon ve benzeri operasyonlar. Biz "Neden bu operasyonları yapıyorsunuz, yapmayın" demiyoruz ki. Yalnızca Dink cinayetindeki ihmallerini gündeme getiriyoruz. Sorumluların hesap vermesini istiyoruz. O yüzden böyle bir savunma mantıklı değil. Hem bu polisler operasyonların, savcıların talimatıyla Terörle Mücadele Şubesi tarafından yapıldığını, İstihbarat Şube'nin ise destek birimi olduğunu unutuyorlar mı? Yoksa bizim bilmediğimiz şeyler mi var?

Komplo için son ihbar

Ancak kurulan komplonun kokusu her yanı sarmıştı. Ben de bu durumu 18 Şubat 2011'de *Posta* gazetesindeki köşemde kamuoyuyla paylaştım. Çünkü benim Dink cinayeti konusunda ihmallerini gündeme getirdiğim çevrelerin Ergenekon operasyonunu yürüttükleri, eninde sonunda beni de bir şekilde Silivri'ye yollayacakları söyleniyordu. Bakın, 1 Mart 2011'de bununla ilgili ne yazmışım:

Ben sadece işimi yapıyorum

Kısa süre önce Avrupa Birliği Karma Parlamento Komisyonu heyetinden yetkililerle görüştüm. "Hrant Dink davasında gelinen nokta ve cinayetin arkasından devlet kurumlarındaki görevlilerin çıkma-

sı, fiziki ve hukuki olarak güvenliğimi azalttı. Her an bir kazaya ya da iftiraya kurban gidebilirim" dedim. İki saatlik görüşme sonrası heyetin başkanını uğurlarken asansörün kapısında bana şöyle dedi: "Merak etmeyin, Dink konusuyla ve sizin sorunlarınızla yakından ilgileneceğiz."
Bu konuşmanın üzerinden üç hafta geçmeden iftira ile karşı karşıya kaldım! Polise çok yakın kaynaklara göre, hapse atılacak gazeteciler listesinin başına adımı yazdılar. Bahislerde benim adıma bire iki veriyorlarmış!!! Beni görenler, çok az ömrü kalmış ve öleceği kendisinden gizlenen bir hasta gibi davranıyor. Gözlerini gözlerimden kaçıran, zoraki bir gülümsemeyle "Merhaba" deyip geçenler çoğaldı. Oysa ben ne suç işlediğimi bilmiyorum. Mesleğini iyi yapmak suçsa, evet, suçluyum!!!

Gerçeğin ışığı çatlayan duvardan sızıyor

Evde saatler süren aramadan sonra polislerin arasında apartmanın önündeki polis aracına ilerlerken meslektaşlarımın uzattığı mikrofonlara "Hrant için adalet için" demiştim. 3 Mart 2011 günü gözaltına alınan meslektaşım Ahmet Şık da "Dokunan yanar" demişti. Ahmet başına gelenin Fethullah Gülen cemaatiyle ilgili kitap olduğunu anlatmıştı kapıda bekleyenlere. Adresi göstermişti. Benim sözlerimin içeriği farklıydı, ama başıma gelenin adresinin nerede aranması gerektiğini gösteriyordu.

Başkaları için olabilir ama benim için o sözlerin siyasi bir anlamı yoktu. O sözler yaşarken olduğu gibi öldürülmesinden sonra da hakkı yenen Hrant Dink'in nezdinde tüm toplumu zehirleyen adaletsizliğe bir isyandı. Sloganın muhatapları ise cinayette rolü olan polis, jandarma, MİT'çi, bürokrat ve siyasetçi yani bir bütün halinde devletti.

Ben de 2008 yılı ortasından beri bu konuyla yatıp kalkıyordum. Bunu yazıyor, bunun için yargılanıyordum. Evet, ben Hrant Dink'in ne "arkadaşı" ne de "dostuyum". Keşke olabilseydim, ama 3,5 yıllık çalışma bana Hosrof ve Yervant Dink'in kardeşliğini kazandırdı. Onlar bana "kardeşim" dediği sürece buna layık olmaya çalışacağım.

Ama bu araştırmanın bana en fazla kazandırdığı şey ise "düşmanlık" oldu. Polislerin, jandarmanın, MİT'çinin, siyasetçinin, savcıların, gazetecilerin düşmanlığı... Olsun önemli olan tek şey gerçeklerdir. Benim mesleğim gazeteciliktir. Siyasetten, ideolojiden anlamam. Peşinde olduğum tek şey ise gerçeklerdir, olgulardır.

"Kimin işine yarar?" diye düşünmeden, yok saymadan, saklamadan, "Kime zarar verir?" hesabı yapmadan ve eğip bükmeden gerçekleri yazdım hep.

Hosrof (Orhan) Dink Silivri'deki üç görüşmecimden biriydi.

Dink cinayetinin görüldüğü davanın dosyası görmezden gelinen gerçeklerin hazinesiydi. Cinayet işlendikten sonraki bir buçuk yıl boyunca Trabzon'da Jandarma ve İstanbul'da bir iki polisin ihmalinden fazla bir şey konuşulmamıştı. Oysa İstanbul'daki dava dosyası, Dink'in katledilmesinden bizzat bu soruşturmayı yürüten polislerin, istihbaratçıların da sorumlu olduğunu gösteriyordu. Benim tek yaptığım, dosyadaki o görmezden gelinen gerçekleri kamuoyuna taşımaktı. Sonuç olarak polisi kızdırmıştım. Kızdırdığım polisler, aynı zamanda Ergenekon soruşturmasını da yürütüyorlardı.

Dava açmışlar, dolaylı uyarılar, hatta nazik "davetler" sonuç vermemişti; kitap üzerine kitap, haber üzerine haber yazmıştım. Herkes ama herkes, seven de sevmeyen de "komploya dikkat" diyordu. Dink davası dosyasından bir satır okumayanlar benim ortaya çıkardığım gerçeklerin üzerini örtmeye çalıştılar, hâlâ da uğraşıyorlar. Bunu da beni karalamaya çalışarak yapıyorlar.

Oysa ben bir yıldır tutukluyum, elim kolum bağlı. Ama onlar benim yazdığım gerçeklerle mücadele ediyorlar. Görüyorum ki gerçekler onların yalanlarına inat dimdik ayakta. Benimle beraber gerçeği hapsedeceklerini sananlar fena halde yanıldı.

Davalar, tehdit, uyarı ve iftiralardan sonra en net uyarı bir internet sitesinde polise bir "hayli" yakın olduğu anlaşılan R.A.P. isimli birinden gelmişti tutuklanmamdan üç ay önce:

> Dink'in en yakın gazeteci dostları arasında Ali Bayramoğlu ve ırktaşı Etyen Mahçupyan gelir. Her ne hikmetse bizim Nedim, Türk polisine saldırmaktan vazgeçmiyor. Hrant D.'nin derdi onu almış. Ermeni gazeteciye ailesi değil, Türk bildiğimiz Nedim sahip çıkıyor. Anladık,

gazetecilik yapıyor da yetmiyor, Müslüman Türk polislerine saldırıyor... Yine de bir dost tavsiyesinde bulunalım... Bence yanlış yoldasın Nedim kardeş... Bak Hanefi A.'ya, bak Tuncay Ö.'ye "Beni de içeri alın" diye bağırıyordu.*

Aynı kişi telefonlarımın üçüncü kez dinlenmesine dair mahkeme kararının verildiği 22 Şubat 2011 günü de şunu yazdı:

Geçenlerde Nedim'ciğime "2011 sizler için karanlık bir yıl, yanlış yoldasınız ve boşuna çırpınıyorsunuz" dedim ama inanmadı.

Bu yazıdan dokuz gün sonra 3 Mart 2011'de İstanbul Emniyet Müdürlüğü'nün bodrum katındaki nezarethanedeydim. Üç gün sonra da Silivri Cezaevi'nde. "Ergenekon silahlı terör örgütü üyesi" olmak iddiasıyla gözaltına alınmıştım. Bu görünen suçlamaydı. Ama asıl "suçumu" R.A.P. yazmıştı: "Bir Ermeni'nin hakkını savunmak." Nasıl işlemiştim bu "suçu"? Kitap, haber ve yazı yazarak. Dink cinayetinde ihmali-kusuru olan devlet görevlilerinin baştan beri gösterildiği gibi Trabzon Jandarması ve İstanbul'da bir iki polisle sınırlı olmadığını, Ankara İstihbarat Dairesi, Trabzon Emniyeti ve MİT görevlilerinin de işin içinde olduğunu isim isim yazmıştım. Bazı Ergenekon sanıklarının da rol oynadığı Dink cinayetinin (Polis+MİT+Jandarma+Ergenekon) nasıl büyük bir "konsorsiyumun" işi olduğunu ortaya koymuştum 2009 yılı Ocak ayında.

Ezberler, manipülasyon, yönlendirme, dezenformasyon, karartma yani Dink cinayeti üzerine tüm istihbarat yalanlarının kullanım süresi ikinci yılında ömrünü tamamladı. 2009 yılından beri artık gerçekler tartışılıyordu ve bunları yazdığım için dava ediliyor, tehdit alıyor, uyarılıyor ve ikna davetleri alıyordum. "Korkutma" ve "uzlaşma" çabaları sonuç vermiyordu. Mesele Dink cinayeti olunca sadece "gerçekleri" konuşabilirdim.

Başbakan "Biz katilleri 32 saatte yakaladık" deyip kendi imzasını taşıyan Başbakanlık Teftiş Kurulu müfettişlerinin raporunun sumen altı edilmesine sessiz kalıyordu. İçişleri Bakanı, "İncelettim, bir şey yok" diyordu.

Cumhurbaşkanı ancak 2010 yılı Ağustos ayında kabul ediyordu: "Hrant Dink gerekli tedbirler alınmadığı için öldürüldü" sözüyle devletin sorumluluğunu. 17 Ağustos 2010 günü Cumhurbaşkanı'na "Madem öyle, Devlet Denetleme Kurulu'nu (DDK) harekete geçirin" diye çağrıda bulunmuştum. "Suçum" büyüyordu...

Cumhurbaşkanı tam beş ay sessiz kaldı bu talebe. Üst üste yazılar yazıp televizyonda konuşmalar yaptım. En son 25 Ocak

* Haberx.com sitesinden Rauf Atilla Polat.

2011'de "TBMM'nin iki ve DDK'nın bir inceleme yaptığı ve bir kaza sonucu ölen BBP Genel Başkanı Muhsin Yazıcıoğlu bu vatanın evladı da Hrant Dink değil mi, Dink için DDK neden harekete geçirmiyorsunuz?" diye yazdım Cumhurbaşkanı'na. Nihayet DDK'yı harekete geçirdiler. Dink konusunda son büyük "suçumu" işlemiştim. Bu konuda her adım gerçeği biraz daha belirginleştirirken benim için tehlikeyi artırıyordu. Taleplerim, hükümete umutlarımdan kaynaklanıyordu. Çünkü Dink'in katlinin arkasında bir "devlet" olduğunu, ama "hükümetin bu olayı çözmek istediğini umuyordum hep. YANILMIŞIM...

Bunu en iyi anlatansa bir başka operasyonda tutuklanan özgür düşüncenin ve kitapların "efendisi" Ragıp Zarakolu oldu. 19 Eylül 2011 günü *Gündem* gazetesinde Zarakolu durumu şöyle yazdı:

... "Hükümet" Hrant'ı Vilayet'e çağırıyordu, "Devlet"le birlikte, "Sokaklarda serseriler dolaşıyor, dikkatli ol" demek için.

(...)

Linç ediliyordu Hrant ve arkadaşları mahkemelerde "Hükümetten" çıt yok! Aynı Evren gibi, müdahale etmeden "şartların olgunlaşmasını" bekliyordu.

"Hükümet…" Ve olgunlaşması için bir kurban gerekiyordu. Herkes cinayeti biliyor, bekliyor ve görmezden geliyordu.

Orhan Pamuk'a "oğlum, ülkeyi terk et" uyarısı yapılıyordu, çünkü her şeye rağmen "O, Ermeni değildi." Elif Şafak'a "Kızım toz ol" deniyordu. Onlar sistemin yaramaz çocukları muamelesi görüyordu. Ve susuyorlardı.

(...)

Aynı devlet, aynı hükümet vardı, tüm bu süreçte. Tüm bunlar olurken.

Ve Hrant "GİTMEYECEĞİM" diyordu.

HAYIR diyordu, ailesi ile TEHCİR'in son elemanı olmaya.

"Burada bulacak su kovuğunu, eğer bulacaksa" diyordu.

"Artık gitmeyeceğiz" diyordu.

Biliyordu yaşamının elinden alınacağını.

Ve bir SUÇÜSTÜ yapıyordu ölümü ile...

HÜKÜMET ve DEVLET el ele yakalanıyordu...

Sonunda Nedim Şener oluyordu, Devlet Başkanı'nı soruşturma açmaya ikna eden...

Ve ona da anlatılıyordu, erkin nerede olduğunu tecrit hücresinde...

Tam bir misilleme iki yanlı...

Ve artık sonunda, DEVLET/HÜKÜMET bir, tek ve yekpare...

Evet, ben de 3,5 yılda devlet neymiş hükümet neymiş öğrendim. Apolitik bir gazeteciyken "politikanın, siyasetin, hiç tanımadığınız insanların hayatını karartma mesleği" olduğunu. Hrant Dink dosyası öğretti devlet ile hükümetin bir, tek ve yekpare olduğunu... Ne Hrant Dink için ne de yaşayanlar için "adalet" talebinin yerine getirilmeyeceğini. Ama bir tek gerçeklerin gücü yetiyor hem adalet hem devlet sistemini çatlatmaya. Ve o çatlaktan sızan aydınlığın gücü yetiyor adaleti yaratmaya.

O yüzden polisiyle, savcısıyla, gazetecisiyle mücadele ediyorlar gerçeği karartmak, yok etmek hapsetmek için. Nasıl "su çatlağını bulursa" gerçeğin ışığı da adaletin ve devletin oluşturduğu o duvardaki çatlaklardan sızıyor.

Su çatlağını buluyor,
gerçeğin ışığı
çatlayan duvardan sızıyor

"Baba, seni neden oraya koydular?"

Silivri Cezaevi'nde "silahlı terör örgütü üyesi" olmak suçlamasıyla tutukluluğumun neredeyse birinci ayı dolmak üzereydi. Her pazartesi on dakikalık telefon görüşmesini yapıyorduk eşim Vecide ve kızım Vecide Defne ile. Konuşmanın ortasında kızım "Baba, seni neden oraya koydular?" diye sordu. Sekiz yaşındaki kızım yaşananları anlamaya çalışıyordu. Cevabını da benden bekliyordu.

Birkaç saniye içinde kendimi toparlayıp en makul cevabı verdim; "Yanlışlıkla kızım, bir yanlışlık var" dedim. Bunun, içinde bulunduğumuz durumu en iyi açıklayan cevap olduğunu düşündüm. Çünkü Hrant Dink cinayetinde kusuru ve ihmali olan polislerin açtığı ve 28 yıl hapis istemiyle yargılandığım davadan beraat ettiğimde de "Gördün mü kızım, bir yanlışlık yaptılar; dava açtılar, ama yanlış görüldü ve ben beraat ettim" demiştim. O da bana "Beraat ne baba?" diye sormuştu. "Kurtuldum yavrum" demiştim.

Bu kez Silivri Cezaevi'nde telefonun ucundan da "Bir yanlışlık var" demeden önce aklıma ilk gelen yanıt "Kitap" olmuştu. Ama bunu kızıma söyleyemedim. İki nedenle; birincisi, ortada benim yazdığım bir kitap yoktu. İkincisi, kitap yazmanın bir suç gibi görüldüğünü kızıma nasıl anlatacaktım? Söylesem de inanmazdı zaten.

Dink Cinayeti ve İstihbarat Yalanları adlı kitabım nedeniyle yargılanmaya başladığımda kızım beş yaşını yeni bitirmişti. Mahkeme, yargılanma, hâkim, savcı, hapis gibi kelimeleri duyan kızım, kitap yazmanın suç olmayacağını bize göstermek için bir gün ben işteyken kâğıtları üst üste koyup her sayfaya kendince resimler çizmiş, annesine de resimlerin altına bazı cümleler yazdırmıştı. Kâğıtların en arkasındaki sayfaya da benim bir vesikalık fotoğrafımı yapıştırıp kâğıtları iki yerinden delerek iple bağlamış, kendi kendine sekiz sayfalık bir kitap yapmıştı.

Akşam eve geldiğimde elinde bu kitapla karşıladı beni. "Baba bak ben de kitap yaptım, neden seni suçluyorlar; bak ne zararı var bunun?" demişti. Ağzım açık, bu manzaraya bakakalmıştım. Ölene kadar unutamayacağım bu anı yaşatan kızıma şimdi cezaevinden "Kızım, kitap yüzünden tutukluyum" diyemezdim. Hele hele kitap okuması için teşvik ettiğimiz kızımızın bilincine kötülük yapamazdım böyle bir cevap vererek.

Kızımın "Baba, seni neden oraya koydular?" sorusuna "'Silahlı terör örgütü üyesi' olmak iddiasıyla kızım" desem bizim ortak hayatımızla, ortak gerçekliğimizle uyumlu olmazdı. "Senin baban bir terörist yavrum" şeklindeki bir cümle, kötü Yeşilçam filmlerindeki gülünç repliğe benzeyebilirdi. Hem böyle bir espri yapacak şartlar da yoktu.

Ayrıca "terörist" suçlaması ona inandırıcı gelmezdi. Çünkü her sabah 07.00'de kalkıp ona kahvaltı hazırlayan, saat 8.30 gibi okula bırakan, akşamları da 19.30 gibi yemeğe oturan, hafta sonlarını kesintisiz beraber geçiren babasının hangi vakitte örgüt üyeliği yaptığını anlayamazdı. Zaten olmayan bir şeyi anlatmaya çabalamam da boşunaydı.

Durumu anlatmak için karşı tarafı suçlamak da yararlı gelmiyordu bana. Daha önce yargılandığım davalarda da davacı polisler için ne "kötü polis" dedim ne de başka bir şey.

İşte o yüzden kızımın sorusuna birkaç saniye sonra "Yanlışlıkla kızım, yanlışlıkla" diye cevap verdim. Çünkü kızım henüz "KOMPLO" kelimesinin anlamını bilmiyordu...

Gerçek yalnızca gerçek

Bir muhabir, haber veren bir gazeteci olarak benim görevim insanlara "doğrunun" ne olduğunu anlatmak değildir. Ben bir öğretmen, siyasetçi, imam değilim. Ben "gerçeği" aktarırım, insanlar o gerçekten yola çıkarak doğruyu bulurlar. Her şey gazeteci olarak gerçeği aramak için yola çıkmakla başladı. O, doğru ile yanlışın, gerçek ile yalanın, kural ile kuralsızlığın, ahlak ile ahlaksızlığın, vicdan ile gaddarlığın son sürat gittiği bir yolmuş meğer. Her şeyin olsa da gerçeğin gücüne inanmıyorsan çıkmayacaksın o yola. İşte Hrant Dink cinayeti araştırması böyle bir yol, bir sınavdı benim için. Merakla başlayan, araştırmayla derinleşen, bilgi ve belgeyle sorgulayan, yazı, haber ve kitapla aktarılan.

Yalanların, kuralsızlığın, ahlaksızlığın ve gaddarlığın sıyrılıp atıldığı, ama komplolarla üzeri örtülmeye çalışılan gerçeğin davasıydı Hrant Dink cinayeti benim için. Dink'in hayat ışığını söndüren ellerin işlediği suça gözünü kapatanların komplolarının gücü, özgürlüğümü hatta hayatımı alabilirdi ama gerçekler, düşünce özgürlüğümüz ve kelimelerimiz hapishane duvarlarından daha güçlüydü. Ve eğer Hrant Dink cinayetini araştırmanın bedeliyse bu yolda kurulan komplolar ve o yol Silivri'den geçiyorsa, "GERÇEK" uğruna o bedeli ödemeye değerdi bana göre...

Gerçeği aramıyorsan ve onu bulduğunda söyleyemiyor, paylaşamıyor, haykıramıyorsan gazeteci olamazsın. Eğer gerçeği görüyor, ama ona sırtını dönüyorsan "korkak", eğer o gerçeği çarpıtıp yazıyorsan "suç ortağı" olursun.

Gazeteci; devletin, hukukun, polisin, cemaatlerin hatta kamuoyunun baskısına boyun eğmeden, gerçeği araştıran ve onu aktaran kişidir. Gerçeğin yolunda araç kullanmak gibidir gazetecilik; hızınıza bağlı olarak ayağınızla gazı ve freni ayarlarken elleriniz direksiyonda, yoldan çıkmamaya çalışırsınız. Gözlerinizle yalnız önünüzü değil, dikiz aynasından arkayı, yan aynalardan da sağınızı solunuzu kontrol edersiniz.

Yalnız el, ayak ve göz yetmez; beyninizi de işin içine koymalısınız. Bunlar da yetmez; diğer araç kullananları da düşüneceksiniz; vicdanınız olacak. "İyi şoförsünüz, aracınız da iyi" diye her istediğinizi yapamazsınız; diğer araçtakilerin de insan olduğunu düşüneceksiniz yani empati kuracaksınız, kendinizi onların yerine koyacaksınız.

Kısacası gazetecilik de vücutla, beyinle ve vicdanla yapılan bir iştir. Diyeceksiniz ki, işte bu yüzden Türkiye'de çok fazla trafik kazası oluyor ve yılda 7-8 bin kişi ölüyor. Doğru; tam da bu yüzden kontrolsüzce, bilgisizce, vahşice ve vicdansızca yapıldığı için gazetecilik artık insanların onuruna, özgürlüğüne ve hayatına mal oluyor. Devlet eliyle, hukuk eliyle kurulan "KOMPLO"nun suç ortağı haline geliyor.

Ama bu zehrin ilacı da yine gazeteciliktir. Gerçeği arayan olguyu gösteren gazeteciliktir. Bu panzehir de yine kendi içinden çıkacaktır.

Hrant Dink'in 19 Ocak 2007 günü, sahibi olduğu *Agos* gazetesinin önünde ensesine sıkılan kurşunlarla öldürülmesiyle ilgili araştırmamın bedelinin iki sene sonra Silivri Cezaevi olacağını söyleseler güler geçerdim. Ama oldu. Hem de yol boyunca tüm kurallara riayet etmeme ve vicdanımı ortaya koymama rağmen hukuk, bu cinayette sorumluluğu olduğunu ortaya çıkardığımız tek bir istihbaratçının ifadesini bile almazken, ben önce otuz yıl hapis istemiyle Ağır Ceza Mahkemesi'nde yargılandım. Beraat ettim. Ama kurtulamadım. Aynı polislerin yürüttüğü soruşturmada "terörist" diye tutuklandım ve Silivri Cezaevi'ne kondum.

Demek ki yolda kurallara uymanız, diğer insanlara karşı vicdanınız işe yaramıyormuş; devlet denen kamyon karşı şeritten üzerinize çıkıveriyormuş.

Ama ben gazeteciliğe ve gerçeği arama yoluna bile bile çıktım. Tıpkı Abdi İpekçi gibi, tıpkı Uğur Mumcu gibi. "Hrant Dink için, adalet için." Çünkü Ermeni olduğu için, gazeteci olduğu için öldürülen Hrant Dink için adalet olmazsa hiç kimse için olmaz. Adaletsiz, ruhlarımız oksijensiz kalır, nefes alamaz ölür. Ve gerçek, adalet için olmazsa olmazdır. Gerçek olmazsa adalet, adalet olmazsa eşitlik, eşitlik olmazsa da demokrasi olmaz. İşte bu amaçlar uğrunda örnek aldığım kişi, rol modelim Uğur Mumcu'ydu.

"Susmayacağız"

24 Ocak 1993 tarihinde ben *Dünya* gazetesinde muhabirdim ve birkaç yıllık gazeteci olarak en büyük şoklarımdan birini yaşıyordum. *Cumhuriyet* gazetesi yazarı Uğur Mumcu, Ankara'da evinin önünde arabasının altına konan bombanın patlaması sonucu katledilmişti. Bu sadece bir gazetecinin öldürülmesi olayı değildi bana göre, bir halk kahramanının katledilmesiydi. Kelimelerin silahtan güçlü olduğunu, halkın hakkının korunmasının onun gerçeklere ulaşmasına bağlı olduğunu gösteren en önemli örnekti Uğur Mumcu. Bilgiyi edinen halk bunun gereğinin yapılmasını isteyebilir ve demokrasi de ancak bilgiye, gerçek bilgiye erişen yurttaşların vereceği siyasi kararlarla gelişebilirdi. Ve Uğur Mumcu bunu en iyi sağlayan gazeteciydi. Başta yolsuzluk yapanları, çeteleri, vergi kaçakçılarını, hayali ihracatçıları, dini ticarete alet edenleri isim isim sayıp belgeleriyle yazıya döküyordu.

1979 yılında *Milliyet* Gazetesi Genel Yayın Yönetmeni Abdi İpekçi'nin öldürülmesinin peşini bırakmıyor, cinayetin arkasındaki devlet bağlantılarını ortaya çıkarıyordu yıllar süren çalışmasıyla. 1980 öncesi sağ-sol çatışmasının arkasındaki karanlık noktaların izini takip ediyordu. Ülkenin ve gazetelerin gündemi dışında onun farklı bir gündemi vardı. Yaptığı araştırmaların detaylarını okuyucusuyla paylaşarak kendi gündemini ülke gündemi haline getiren bir gazetecilik yapıyordu.

Uğur Mumcu'nun yazdıklarının niteliğinde haber yazma düşüncesi bile kendini bilmezlik olarak geliyordu bana. Onun bıraktığı boşluk hiçbir zaman doldurulamazdı.

Kendisi nasıl haber okumak isterse öyle haberler yazan bir gazeteciydi bana göre Uğur Mumcu. Bu okurunu da, halkı da ciddiye alan, onları asla aptal yerine koymayan bir tür gazetecilikti.

Kendisini de o halkın bir ferdi olarak gördüğü için aradığı ve bulduğu gerçeği mutlaka paylaşmak isteğiyle yanıp tutuşan bir tür gazetecilikti onunki. Benim içimi de yakan peşinde olduğum bir gazetecilik türüydü. O dönem ne araştırmacı gazetecilik ne de soruşturmacı gazetecilik deyimleri yaygındı. Ama Uğur Mumcu gazeteciliği vardı. Ve bu mesleği adam gibi yapmak isteyen herkes onun yöntemlerini kullanarak gerçeğe ulaşmak ve onu ne pahasına olursa olsun halka ulaştırmak için uğraşırdı.

Uğur Mumcu'nun öldürülüşü eminim herkeste farklı etkiler yaratmıştır. Ama ben cinayetten sonra *Cumhuriyet* gazetesinin önünde açılan anı defterine yazdığım o kelimeyi İstanbul sokaklarındaki protesto gösterilerinde de tekrar edip durdum: SUSMAYACAĞIZ... Evet, susmayacaktım...

Uğur Mumcu'nun öldürülmesinden sonra kendime o yolda hedefler seçtim. Ekonomi muhabiriydim. Makro-ekonomiden tarıma, otomotivden özelleştirmelere kadar çeşitli konularda haber yazıyordum. Ama aklım fikrim vergi kaçakçılığı ve hayali ihracat haberlerindeydi. Bu konuda ilk fırsat 1994 yılındaki ekonomik kriz sırasında doğdu. Sahibi ve patronları tarafından hortumlanan üç bankaya devlet el koydu. Marmarabank, TYT Bank ve İmpeksbank yolsuzluklarına bir ekonomi muhabiri olarak balıklama daldım. Bu konuda çalışmalarım *Dünya* gazetesinde geniş bir şekilde yer buldu.

1994 yılı Eylül ayında tatilden döndüğümde masamda aynı konuda haber yazan bir meslektaşımın bıraktığı notu buldum. Ama kendisini aramadım. O kişi kasım ayında transfer olduğum *Milliyet* gazetesi ekonomi servisinde karşıma çıktı. O kişi bugün dosttan da öte kardeşim olan ve Silivri Cezaevi'nde de beni yalnız bırakmayan "görüşmecim" Murat Sabuncu idi. Murat da benim gibi o gün *Milliyet*'te işe başlamıştı. Bizi *Milliyet* Ekonomi Servisi Şefi Şeref Oğuz işe almıştı. Gazetenin o zamanki genel yayın yönetmeni Ufuk Güldemir'di.

Arı kovanına çomak sokanlar

Yolsuzluk, çeteler, vergi kaçakçılığı, hayali ihracat gibi konularda iki tür habercilik yapmak mümkün. Birincisi, henüz haber konusu olay gerçekleşirken yazılandır. Bu oldukça zor, çok emek isteyen ve en riskli haber türüdür. Bir nevi "arı kovanına çomak sokmak"tır. Ama en kıymetlisi de budur. İkincisi ise her şey olup bittikten sonra yazılan haberdir. O da değerlidir ve önemli olan gerçeği aktarmaktır. Bu bir nevi "arılar uzaklaştırıldıktan sonra risksiz bir biçimde bal toplamaya" benzer. "Ya da bal dolu kovanın içinin nasıl boşaltıldığını" anlatmaya... Dediğim gibi ikisi de gerçeği aktarmayı hedeflediği için önemlidir. 1994 yılı Kasım ayında transfer olduğum *Milliyet* gazetesi, bu iş için en doğru adresti. Abdi İpekçi'nin gazetesiydi, ulu bir çınardı ve tutuklanmadan bir gün öncesinde 2 Mart 2011 günü dahi kapısından girerken heyecanlandığım gazetemdi.

Milliyet'te makro-ekonomi haberleri yanında yeni yeni ortaya çıkan ve Almanya başta olmak üzere Avrupa ülkelerindeki Türkiyeli işçilerden kâr payı karşılığında para toplayan, çoğunluğu Konya merkezli İslami holdinglerle ilgili haberler de yazdım. Ancak 1996 yılındaki Susurluk kazası, devlet-mafya-bürokrasi yapılanmasını gözler önüne serdi.

Hemen öncesinde kumarhaneler kralı Ömer Lütfi Topal öldürülmüştü. Tüm bu gelişmeler herkes gibi benim gazeteciliğimde de rota değişikliğine yol açtı. Susurluk döneminde önemli haberler yapan gazete *Radikal*, en çok çalışan gazetecilerden biri de şimdi beraber tutuklu olduğum gazeteci Ahmet Şık'tı.

Ömer Lütfü Topal gibi kumarhaneci olan Sudi Özkan hakkındaki vergi kaçakçılığı haberlerinin peşini hiç bırakmadım. 1999 yılına geldiğimizde ise Devlet Bakanı Cavit Çağlar'ın sahibi olduğu Interbank yolsuzluğu haberi Türkiye'de yarattığı tartışma itibarıyla bir ilkti.

O dönemin en önemli yolsuzluk konuları banka hortumlamalarıydı ve bu konuda pek bir şey yazılamıyordu. Ayrıca hayali ihracat ve haksız yere devletten vergi iadesi almak da önemli bir yolsuzluk olayıydı. Kamu bankalarından alınan usulsüz krediler ve haksız teşvikler yoluyla devlet bütçesi talan ediliyordu. Elbette bunların bedeli mali iflas ve 2001 yılında ekonomik kriz olarak kendini gösterecekti.

Biz gazeteciler de bir şeyler değişebilirmiş gibi haberler yazıyorduk, ama hiçbir şey değişmiyordu. Örneğin, 150 işadamı adına hayali ihracat gerçekleştiren ve bunun için bir holding yapılanması kuran Orhan Aslıtürk'ün devletten haksız yere 250-300 milyon dolar vergi iadesi aldığını yazıyorduk, belgeliyorduk, ama her şey "yiyenlerin" yanına kâr kalıyordu. Aslıtürk'ün, dönemin hükümeti ANAP-DSP-MHP ile bağlantılarını gösteriyorduk; siyasette yaprak kımıldamıyordu. Yazdığımız birçok haber yanında bunlar "arı kovanına çomak soktuğumuz" haberlerdi. Tabii arı kovanına çomak sokmanın da bir bedeli olacaktı: tehdit, uyarı ve mahkeme kapıları.

Bunlar arasında hiç unutmayacağım ise Galatasaray Kulübü'nün eski başkanı Faruk Süren'in açtığı davaydı. Orhan Aslıtürk'ün, adına hayali ihracat yaptığı kişilerden olan Süren, bu haberler nedeniyle bana 2000 yılı değeriyle tam 5 trilyon TL tutarında tazminat davası açmıştı. Doların 500 TL olduğu o tarihlerde istediği tutar 10 milyon dolara karşılık geliyordu. Sonuç mu? Yerel mahkeme önce 25 milyar TL'ye hükmetti, ama Yargıtay kararı bozdu. Mahkeme daha sonra Yargıtay'ın kararına uydu ve Süren davayı kaybetti. Beşinci yılın sonunda mahkeme masraflarını ödemek zorunda kaldı.

"Ben neden bu yola düştüm Haluk Hoca?.."

Türk medyasında her kesimin saygısını kazanan insan sayısı son derece azdır. Profesör Haluk Şahin, bu saygıyı kazanmış ender isimlerdendir. Ve benim hayatımda çok önemli bir anlamı vardır. Tıpkı Uluslararası Basın Enstitüsü (IPI) Türkiye Temsilcisi Ferai Tınç gibi. Her ikisi de objektiflikleri ve cesaretleriyle gazeteciliğin örnek isimleridir.

Haluk Şahin, üniversitede öğrenci de yetiştirir. Aynı zamanda çok önemli televizyon yapımlarına imza atmıştır. Uğur Dündar'la birlikte 1990'larda "Arena" programında yaptıkları haberlerle Türkiye gündemini belirlemişlerdi. Benim şansım, bu isimleri yakından tanımak oldu. Birçok genç gazeteci gibi beni de her zaman cesaretlendirdiler. Uğur Mumcu yazılı basında, Uğur Dündar ise televizyonda "araştırmacı gazetecilikte" ekol oldular.

Prof. Dr. Haluk Şahin ise bu olayları içinden gözlemledi. Gazeteciliğin dünyadaki gelişimini de yakından takip eden Şahin, Türkiye'de bilinmeyen bir tanımı ortaya attı: Batı'da *investigative journalism* adı verilen bir mesleki faaliyeti medya dünyasına soktu. Bunun Türkçesi "soruşturmacı gazetecilik"ti.

Ve Haluk Hoca bu kavrama müthiş bir tanım getirdi: Soruşturmacı gazetecilik, güç odaklarının bilinmesini istemedikleri olguları sistematik bir araştırma ve belgeleriyle ortaya çıkarıp yayınlamayı uğraş edinmiş uzman habercilik dalıdır. Evet, benim ve bazı gazetecilerin yaptığı tam da buydu, yani "güç odaklarının bilinmesini istemedikleri şeyleri" yazmak, topluma aktarmaktı. Bu "güç odakları" kimlerdi? Devlet, hükümet, siyasetçi, işadamı, bürokrat, polis, istihbaratçı, mesleki örgütler, sivil toplum kuruluşları, cemaatler, yani bireyler dışındaki örgütlü tüm yapılar.

Bu kesinlikle yel değirmenlerine karşı savaşmak olarak algılanmamalı. Soruşturmacı gazeteci, yalnızca yel değirmeninin gösterilmek istendiği gibi, saat kulesi değil, yel değirmeni olduğunu anlatır. Sorun varsa onu gösterir ve bilgiyi toplumla paylaşır. Gereğini ise o bilgiyi edinenler ve bu konuyla görevliler yerine getirir. Soruşturmacı gazeteci, ne Don Kişot'tur, ne polis, ne savcı, ne hâkim. Yalnızca gerçeğin, olguların peşindedir. Ama hep güç odaklarına karşıdır.

Haluk Hoca zaman zaman beni, görev yaptığı Bilgi Üniversitesi'ndeki derslerine çağırır, öğrencilerine "soruşturmacı gazetecilik" konularındaki pratiklerimi anlatmamı isterdi. Beni öğrencilere takdim ederken "Nedim Şener gibi adamların yapısında birçok insandan farklı bir 'itiraz geni' vardır" derdi. Şaka sanırdım.

Bu aslında olguyu anlamaya çalışan bir bilimadamının entelektüel çabasının yansımasıydı. Ama Haluk Hoca bu tezinin peşini bırakmamıştı. Ben tutuklandıktan sonra Silivri Cezaevi'nde yatarken o 15 Nisan 2011 tarihinde İstanbul'da Swissôtel'in lobisinde, 1962 yılında Nobel Ödülü kazanmış ve DNA'yı bulan adam olarak tanınan ABD'li bilimadamı Dr. James Watson'la buluşmuştu. Günümüzün nükleer biyoloji alanının babalarından sayılan Dr. Watson ile Haluk Şahin Türkiye hakkında sohbet etmişlerdi.

Beni "empati geni" bu hale getirmiş

Prof. Dr. Haluk Şahin o görüşmeyi ve benim de cevabını aradığım "Neden soruşturmacı gazeteci oldum?" sorusuna Nobel ödüllü biyoloji uzmanı James Watson'ın verdiği cevabı şöyle aktarıyordu:

Saat gecenin onunu bulmuştu, ama karıkoca rakı söylediler. Benim Amerikalı arkadaş öyle tavsiye etmiş olmalıydı. Hemen fark ettim: Zaman zaman kekelese de, bazı konulara girince genç bir delikanlı gibi heyecanlanıyordu.

Dr. Watson genelleme yapmaktan çok hoşlanıyor, *political correctness*'tan nefret ediyor ve o yüzden zaman zaman başı belaya giriyor. Hayranı çok, ama nefret edeni de çok.

Dr. Watson insanlık tarihini dinin egemenliği, sosyal bilimlerin yükselişi ve DNA çağı olarak üçe ayırıyor. Sanırım dinin, yalnızca ekonomik ve toplumsal değil, genetik adaletsizlikleri de insanlara kabul ettirme açısından işlevsel olduğuna inanıyor.

Watson "Bal gibi kötü insan var, genleri gereği..." diyor.

Ama onu sabırla dinliyorum: Bilimde Nobel sahibi olan ben değilim, o.

Sonunda ona Nedim'in bana sorduğu soruyu soruyorum.

Genç kuşak soruşturmacı gazetecilerin başında gelen Nedim Şener yıllardır İstanbul Bilgi Üniversitesi'nde verdiğim Soruşturmacı Gazetecilik (Investigative Journalism) dersine konuk konuşmacı olarak gelir. (Bu yıl ilk kez malum engel yüzünden gelemedi.) Bir gün dersten sonra bana aşağı yukarı şu soruyu sordu: "Hocam, ben niçin soruşturmacı gazeteci oldum? Niçin hep yolsuzlukların, haksızlıkların, yalanların araştırma ve soruşturmasını yapıyorum? Bu soruyu, yaptığım haberler ve yazdığım kitaplar nedeniyle sık sık karşılarına çıktığım savcılar ve hâkimler de soruyorlar. 'Niçin sen de spor, magazin ya da daha az netameli başka bir alanın muhabiri olmadın?' diyorlar. Sizce neden?" (İşin acı tarafı, Ergenekon Özel Savcısı Zekeriya Öz de Nedim'e buna benzer bir soru sormuş, bu seçimi ETÖ'nün emriyle yapıp yapmadığını öğrenmek için!)

Nedim'e yarı şaka yarı ciddi şuna benzer bir yanıt vermiştim: "Bence bu genlerle ilgili bir şey. İnsanların çoğunda kocaman bir düzene uyma, haksızlığa baş eğme, kendini kollama geni olmalı. 'Konformizm' geni diyelim. Bu yüzden, çoğu insan akıl almaz şeylere katlanıyor, hiç ses çıkarmıyor. Türün geleceği, istikrarın sağlanması açısından buna ihtiyaç var herhalde. Peki, insanlık nasıl değişecek, ilerleyecek? Bir de, senin gibi haksızlığa karşı çıkma geni büyük olan doğrucu Davut'lar var. Bunlar haksızlığa uğrayan kendileri olmasa bile ona karşı çıkmayı görev sayıyorlar. Toplumu uyarıyor, reformları başlatıyorlar. Bu yüzden başlarına pek hoş olmayan şeyler de gelebiliyor!"

Nedim'le, başı belaya girdikçe, o netameli gen konusunda gülüşürdük. "Senin gen gene boş durmuyor!" gibilerden takılırdım.

DNA'nın sırrını çözen Nobelli Watson'a sordum:
"Niçin bazı insanlar soruşturmacı gazeteci oluyor? Niçin başkalarının ses çıkarmadığı haksızlıklara karşı sesini yükseltiyor? Bu yüzden ağır bedeller ödemeyi göze alıyor?"

"Bence bu gibiler empati yeteneği fazla olanlardan çıkıyor. Belki milyonlarca yıl önce öyle bir mutasyon olmuş, birileri başkalarının sorunlarına daha fazla ilgi gösterme, onları anlama genini geliştirmişler. Bunlardan bazıları soruşturmacı gazeteciliği seçiyor olmalı.

'Hani gazeteci olunmaz, gazeteci doğulur!' diye, kısmen doğru kısmen yanlış, beylik bir söz var ya. Öyle bir şey. Kısmen doğru, çünkü bazılarında gerçekten gazetecilikte başarı getirebilen kişisel özellikler 'doğuştan' bulunuyor. Ama yalnızca yetenek yetmiyor, o yeteneğin işlenmesi, geliştirilmesi gerekiyor. Yani gazeteci olunuyor."

Nedim'i de dünya çapında ödüller kazanan bir gazeteci yapan bu bileşim olmalı.

Teşekkürler Dr. Watson!

Teşekkürler Haluk Hoca

Haluk Şahin medya uzmanı ve çok iyi bir gazeteci ve televizyoncu. Mesleğini "iyi" yapıyor olması onun iyi bir insan olmasından geliyor. Onun niteliklerini saymak benim haddime değil, kendisinden özür diliyorum. Ama bilinen bir özelliğini daha vurgulamadan geçemeyeceğim: Haluk Hoca aynı zamanda şairdir. Kitabı vardır. Hatta daha önce bir şiirini de Hrant Dink'e atfetmişti. Duygularımız karşılıklı olmalı ki Haluk Bey benim içinde bulunduğum psikolojiyi de yansıtan ve bana atfettiği bir şiir yazmış. "Kış" adını verdiği şiiri izniyle kitabıma aldım:

KIŞ

Nedim'e

Bak hafifledi rüzgâr, gitti kara bulutlar
Diye kanma sakın, yolda yenileri var
Daha nice boralar, fırtınalar gelecek
Bu yıl kış beklenenden uzun sürecek.

Öğleye doğru biraz gevşese de don
O günün gelmediğini bilir anemon,
Çünkü çok geçmeden gün bitecek
Bu yıl kış beklenenden uzun sürecek.

Sabahleyin pırıl pırıl gülse de güneş
İnanma mavi göğe, kar topluyordur
O ak kefen az sonra kente inecek
Bu yıl kış beklenenden uzun sürecek.

Ama sabret, sık dişini, beklenenden
Uzun sürse de kış, gelecek bahar.
Gelecek, yerkürenin kalbi ateştir
Gelecek, çünkü sevgi buzulları eritir.

Ocak 2012 - İstanbul

Yolsuzluktan bıkan halkın umudu AKP

Adalet ve Kalkınma Partisi (AKP) 2002 yılı seçimlerinden iktidar olarak çıktığında ilk önemli işi, Yolsuzluk Araştırma Komisyonu kurmak oldu. AKP yanında Cumhuriyet Halk Partisi'nin (CHP) katkısıyla 2003 yılında faaliyetlerine başlayan komisyon, 1990'larda ekonomik ve sosyal çürümeyi etkili bir şekilde toplumun her tarafına yayan yolsuzlukları tek tek ortaya çıkardı. Bu komisyonun raporlarıyla bir dönemin başbakanları, bakanları Yüce Divan'da yargılandı. Kimi aklandı, kimi aflar sayesinde kurtuldu.

Bir gazeteci olarak en fazla yoğunlaştığım konulardan biri de bu komisyonun çalışmalarıydı. Bu heyecanlı işlerin ardından AKP, uzun zaman "dokunulamayan" Uzan ailesinin yolsuzluklarını ortaya çıkardı. Yıllarca devlete ve kamuya karşı yükümlülüklerini yerine getirmeyen elektrik şirketlerinin lisansları iptal edildi. Ardından Uzan imparatorluğunun finans kaynağı İmar Bankası'na el kondu. Bütün bu süreci *Uzanlar-Bir Korku İmparatorluğu'nun Çöküşü* adlı kitabımda anlattım.

Bir dönemin yolsuzlukları, Uzan ailesinin çöküşünün ardından devletin el koyduğu 20'den fazla bankanın hortumlanmasıyla ilgili haberler nedeniyle hakkımda 50'nin üzerinde dava açıldı. Yolsuzluğa adı karışan siyasetçi, bürokrattan tutun da hayali ihracat ve vergi kaçakçılığına bulaşan işadamına, Uzan ailesinin fertlerinden tutun da banka hortumcusuna kadar herkes bana dava açmak için sıraya girmişti sanki.

Kendisine yolsuzluk konusunu seçen gazeteci, mevcut hükümetin tüm faaliyetlerini dikkatle takip eder. Bir anlamda antenlerini iktidara çevirir. Elbette hükümetin yürüttüğü yolsuzluk soruşturmalarını da haberleştirir, ama asıl odaklandığı mevcut iktidarın faaliyetleridir. Nitekim hükümetin Maliye Bakanlığı'na getirdiği isim benim için tanıdıktı, ama onu önemli kılan şey icraatıydı. O isim Kemal Unakıtan'dı ve ilk icraatı da vergi affıydı. "Ne var bunda?" diyeceksiniz... Bu af yasasından kendisinin de yararlanacak olması ve hakkında yürütülen naylon fatura kullanma ve vergi kaçakçılığı davasının bu yasayla düşecek olması tam anlamıyla skandal haberdi. Yani işin özü, vergi kaçakçılığından yargılanan biri Maliye Bakanı yapılmış, ilk icraat olarak da kendisiyle birlikte vergi kaçakçılığından yargılanan yüzlerce işadamını cezadan kurtaracak bir yasa çıkarmak olmuştu. Bunun haberini *Milliyet* gazetesinde yazmış ve takipçisi olmuştum. Daha sonra Unakıtan'ın oğlu ve kızlarıyla ilgili skandal haberleri yazıldı. Bu süreci Galataport ve Tüpraş hisselerinin şaibeli satışıyla ilgili tartışmalar izledi.

"Yolsuzlukla mücadele edeceğim" diye işbaşına gelen hükümet, bir anda kendisini yolsuzluğun içinde buldu. Kaçakçılık ve Organize Suçlarla Mücadele Dairesi Başkanlığı'na getirilen deneyimli istihbaratçı Hanefi Avcı'nın yaptığı operasyonlardan biri de Enerji Bakanlığı ihaleleriyle ilgiliydi. Birçok bürokrat gözaltına alınmıştı.

Bir büyükşehir belediyesinin şirketine yönelik operasyonda da yolsuzluklar ortaya çıkarılmış, birçok isim gözaltına alınmıştı. Ortaya çıkan görüntü bir önceki hükümetten farksızdı. Tek fark, önceki hükümet döneminde ANAP'ın kontrolünde olan Enerji Bakanlığı bürokratları, yolsuzluktan kazandıkları parayı banka hesaplarında ya da yastık altında saklıyorlardı, bu seferkiler ise yolsuzluk paralarıyla umreye gidiyorlardı.

Benim açımdan da büyük hayal kırıklığı olmuştu. AKP'nin en önemli isimlerinden bir bakan, partidaşı bir milletvekiline o günleri "ANAP'ın ikinci döneminde [1987-1991] çürüme yaşanmıştı, ama şimdi hükümetin birinci döneminde çürüme aldı başını gidiyor" cümlesiyle özetleyecekti.

Ben de bir yandan geçmiş dönemin yolsuzluklarıyla uğraşıyor, bir yandan da mevcut hükümetin yolsuzluklarını haber yapıyordum. Geçmiş dönemden yolsuzluklarını yazdığım kişilerin açtığı davalara bu dönem yolsuzluk yapanların açtıkları ekleniyordu.

Dink cinayeti, kitap,
polislerin kızgınlığı ve
KOMPLO

Hayatımı değiştiren cinayet

AKP iktidarının beşinci yılında işlenen Hrant Dink cinayeti, Türkiye'deki birçok evde olduğu gibi bizim evimizde de büyük değişikliklere neden oldu. Cinayetin ardından 19 Ocak 2007 günü akşamı televizyon ekranlarına yansıyan görüntü, evimizde gözyaşlarına sebep olmuştu.

Hrant Dink'i sağlığında görmemiş olanlar onun cansız bedenini üzerine örtülmüş beyaz bir örtünün altında ve kaldırımda yatar vaziyette seyrediyordu. Herkesin gözü Hrant Dink'in giydiği ayakkabın altındaki kırığa takılmıştı. Kaldırımdaki bedenin masumiyeti ve ayakkabının kırığı tarifi imkânsız duygular yaratıyordu. O görüntünün benimkiyle birlikte eşimin ve kızımın hayatını da temelden sarsacağı aklıma hiç gelmemişti.

Hayattayken Hrant Dink'le ilk ve tek karşılaşmam sırasında da bir gün hayatımı değiştirecek kişi olacağı hiç mi hiç aklımdan geçmemişti. Sanırım 2004 yılıydı, o dönem Ufuk Güldemir'in sahibi olduğu Habertürk televizyonunda, basının sorunları konusunda bir programa davet edildim. Konu, Türk Ceza Kanunu Yasası, Ceza Muhakemeleri Usulü Kanunu ve Basın Kanunu'nda yapılacak değişikliklerdi. Yargılandığım dava sayısı o kadar fazlaydı ki, durum gazete ve televizyonların da dikkatini çekmiş, ben de mahkemelere gide gele basın suçları konusunda bilgi sahibi olmuştum. Gazetelere röportaj veriyor, televizyonlarda başımdan geçenleri anlatıyordum. Hazırlanan yasa tasarıları konusunda da başta meslek örgütlerimiz olmak üzere hukukçuların görüşlerini aktarıyordum. Yasalarda muhabirlerin korunmasına yönelik değişikliklerle ilgili öneriler sıralıyordum.

Habertürk'teki o programa hükümet adına değişiklikleri anlatması için Devlet Bakanı Beşir Atalay, hakkında en çok dava açılan gazetecilerden biri olarak ben ve TCK'daki değişiklikler hakkında konuşmak için *Agos* gazetesinin sahibi Hrant Dink davetliydi. İlk kez tanıştığım Hrant Dink, özellikle tasarıdaki 301. Madde'ye odaklanmış, doğabilecek problemleri anlatmaya çalışıyordu. Hrant Dink reklam arasında çay içerken bana dönüp "Bu 301 başımıza çok iş açacak" demişti.

Fakat onun talepleri karşılık bulmadan tüm yasalar hükümetin istediği gibi çıktı. Sonuç tam da Hrant Dink'in dediği gibi oldu. TCK 301. Maddesi önce onun başına iş açtı, sonra da bizim, benim ve hepimizin. Hrant Dink 19 Ocak 2007 günü "Türklere hakaret etti" diyen Ogün Samast adlı 17 yaşındaki bir genç tarafından Şişli'deki *Agos* gazetesinin önünde, arkasından sıkılan kurşunlarla öldürüldü.

Tam da dediği gibi oldu. Katledilmesine giden yol, Türk Ceza Kanunu'nun "Türklüğe hakaret" suçlarını düzenleyen 301. Maddesi'yle açıldı.

Katil Ogün Samast, cinayetten hemen sonra yakalandığında da, Hrant Dink'i, bir yazısında Türklere hakaret ettiği için öldürdüğünü söyledi:

Hrant Dink isimli şahsı televizyonda ve internette gördüm. Bir televizyon konuşmasında kendisi "Türk insanının kanı pistir" şeklinde bir konuşma yaptığı için ben kendisine husumet beslemeye başladım...

Yukarıda da belirttiğim gibi ben bu eylemi Hrant Dink isimli şahıs televizyon konuşmalarında Türklüğe hakaret ettiği için yaptım. Pişman değilim, bu eylemi tek başıma ve kendi kararımla yaptım.

Samast'ın 21 Ocak 2007 günü yakalandığında söylediği her şey yalandı. O, kendisine öğretilen ifadeyi veriyordu. Bu cümlelerin satır aralarından çıkarılabilecek ve doğruya yakın tek cümle, TCK'nın "Türklüğe hakaret" maddesinin yaratılması ve uygulanması sürecinin cinayetin işlenmesinde etkili olduğuydu.

O süreç şöyle işledi:

6 Şubat 2004: Hrant Dink, *Agos* gazetesinde "Sabiha Hatun'un Sırrı" başlıklı bir haber yayınladı. Haberde, Mustafa Kemal Atatürk'ün manevi kızı Sabiha Gökçen'in yetimhaneden alınmış bir Ermeni kızı olduğu söyleniyordu.

21 Şubat 2004: *Agos*'taki haber *Hürriyet* gazetesinde manşetten yayınlandı.

22 Şubat 2004: Genelkurmay Başkanlığı, resmi internet sitesine haberi eleştiren ve haberi yapanları üstü kapalı tehdit eden bir açıklama koydu.

23 Şubat 2004: İstanbul Vali Yardımcısı Erkan Güngör, Hrant Dink'i valiliğe davet etti.

24 Şubat 2004: *Agos* Gazetesi Yazı İşleri Müdürü Karin Karakaşlı ile valiliğe giden Hrant Dink, toplantı sırasında orada bulunan Milli İstihbarat Teşkilatı (MİT) Bölge Başkan Yardımcısı Özel Yılmaz tarafından "uyarıldı". Dink'e göre bu görüşme uyarıdan çok gözdağı ve tehditti. MİT'çi Yılmaz, Dink'e sokakta başına bir şey gelebileceğini söylemişti.

26 Şubat 2004: Ülkü Ocakları, İstanbul İl Başkanı Levent Temiz'in başını çektiği bir grup, Şişli'deki *Agos* gazetesinin önüne gelerek "Hrant Dink bundan sonra bütün öfkemizin ve nefretimizin hedefidir, hedefimizdir" diyerek "Ya sev ya terk et", "Bir gece ansızın gelebiliriz" şeklinde sloganlar attı.

16 Nisan 2004: Devlet harekete geçti. Hrant Dink'in şubat ayında *Agos*'ta yayınladığı 8 bölümlük yazı dizisinin 13 Şubat 2004 tarihli bölümünde, Diaspora Ermenilerine yönelik eleştiri amacıyla yazılan "Türk'ten boşalacak o zehirli kanın yerine doldurulacak temiz kan, Ermeni'nin Ermenistan ile kuracağı asil damarında mevcuttur" cümlesi nedeniyle Adalet Bakanı'nın onay vermesi sonucu "Türklüğe hakaret" iddiasıyla Dink hakkında dava açıldı.

7 Ekim 2005: Şişli 2. Asliye Ceza Mahkemesi Hrant Dink'i "Türklüğe hakaret" ettiği gerekçesiyle altı ay hapis cezasına çarptırdı. Bu süreç oldukça sıkıntılı geçti. Ergenekon davası sanığı Veli Küçük, Oktay Yıldırım, Sevgi Erenol ve Kemal Kerinçsiz'in de aralarında bulunduğu grup, davaya tek tip dilekçelerle müdahil olmak istedi. Hrant Dink, adliye önünde bekleyen eylemci grubun linç girişiminden zor kurtuldu. Ancak, tepkilere rağmen Yargıtay 9. Ceza Dairesi, Dink hakkında verilen hapis cezasını onadı.

Hrant Dink artık mahkeme kararıyla "Türk düşmanı" ilan edilmişti. Son zamanlarını, üzerine yargı eliyle yapıştırılan ve onu bir cenderenin içine sıkıştıran bu kararı kaldırtmakla geçirdi.

Son çare Avrupa İnsan Hakları Mahkemesi'ne (AİHM) başvurmaktı. Öldürülmeden günler önce AİHM'e başvuruda bulundu. Ama katil ve katiller ile onları azmettirenlerin acelesi vardı.

Aldığı tüm tehditlere, açık saldırılara rağmen Hrant Dink polisin, jandarmanın ve MİT'in gözünün önünde ve bilgisi dahilinde 19 Ocak 2007 Cuma günü saat 14.57'de Şişli'nin orta yerinde başına arkasından sıkılan kurşunlarla öldürüldü.

İstanbul'da cinayeti işledikten sonra memleketi Trabzon'a otobüsle dönen katil Ogün Samast, 21 Ocak gece yarısına doğru Samsun Otogarı'nda yakalandı. Burada tüm detayları vermiyorum. İlgilisine *Kırmızı Cuma-Dink'in Kalemini Kim Kırdı* adlı kitabı öneririm.

Cinayetle ilgili soruşturma İstanbul Emniyet Müdürlüğü tarafından yürütülüyordu. Ancak beklenmeyen bir şey oldu. Ogün Samast'ı azmettirdiği iddia edilen Trabzon'daki arkadaş çevresinde Erhan Tuncel isimli bir kişi vardı. Erhan Tuncel, soruşturmanın ilerleyen günlerinde Trabzon Emniyet Müdürlüğü İstihbarat Şubesi'nin resmi istihbarat elemanı olduğunu söyledi. Böylece cinayette "resmi" bir parmak izi belirlenmiş oldu.

Trabzon Emniyet Müdürlüğü, Erhan Tuncel'den aldığı bilgilerle, Hrant Dink'in öldürüleceğini bir yıl öncesinden öğrenmişti. Hatta bu durum Ankara Emniyet Genel Müdürlüğü İstihbarat Dairesi C Şubesi'ne (sağ terör ve azınlıklar masası) bildirilmişti. Aynı dönemde Trabzon İstihbarat Şubesi, Hrant Dink'in yaşadığı İstanbul İstihbarat Şubesi'ne "ses getirici bir eylem" gerçekleştirilebileceğine dair bir yazı da göndermişti. Ama ne Trabzon, ne Ankara, ne de İstanbul polisi cinayeti önleyecek bir tedbir almıştı.

Cinayetten sonra soruşturmanın bir ayağı Trabzon'da yoğunlaştı. Ogün Samast'ı azmettirenlerden Yasin Hayal'in eniştesi Coşkun İğci, Trabzon Jandarma personeliyle ilişkiliydi ve Hayal'in Hrant Dink'i öldürmeyi planladığını söylemişti.

Katil, jandarma ve polisle kol kola.

Hem jandarma hem polis hem de MİT cinayete giden süreci biliyor, bir anlamda göz yumuyor, ama basında polis ve MİT'in rolü gölgede kalıyordu. Bunun en önemli sebebi, medyayı Dink cinayeti konusunda yönlendiren gücün polis olmasıydı. Ancak polis ve MİT'in Dink cinayetindeki rolü, oluşturulan gölgenin arkasına saklanamayacak kadar büyüktü. Trabzon, Ankara ve İstanbul polisi arasında sorumluluktan kurtulma çabaları Emniyet Teşkilatı'nın dışına "istihbaratçılar savaşı" olarak yansıyordu.

Özellikle Ankara İstihbarat Dairesi Başkanlığı kaynaklı haberler, Dink cinayetinin tüm sorumluluğunu Trabzon Jandarma Alay Komutanlığı personeli ile İstanbul'da Dink öldürüldüğünde Emniyet İstihbarat Şube Müdürü olan Ahmet İlhan Güler ve emrindeki birkaç polise yüklüyordu.

Evet, bu kişiler suçluydu, ama bu Dink cinayeti fotoğrafının görünen ya da bize gösterilen çok küçük bir parçasıydı.

Gerçek fısıltıyla değil, manşetten geldi, gören yok

Hrant Dink cinayetinde sorumluluğu olanların savaşını yansıtan en önemli gelişme öyle fısıltıyla ya da gizli belgelerle ortaya çıkmadı. *Sabah* gazetesinin 28 Ocak 2009 günkü sürmanşeti buna ayrılmıştı. Gazetenin Genel Yayın Yönetmeni Fatih Altaylı, sonrasında kendisinin de takip etmediği çok ama çok önemli bir habere imza atmıştı. Haberin başlığı "Büyük Abi'de Muhbir Şüphesi" idi. Şöyle yazmıştı Altaylı:

> Hrant Dink suikastının ardından ortaya çıkan, çıkmayan ve çıkarılmayan gerçekler korkunç şüpheleri de beraberinde getiriyor.
>
> Cinayet sanıkları arasında yer alan ve daha önce Trabzon'daki McDonald's restoranını bombalamaktan mahkûm Yasin Hayal'in "Büyük Abisi" olarak tanımlanan Erhan Tuncel'le ilgili olarak "müthiş bir şüphe" ortaya çıktı.
>
> BBP Genel Başkanı Muhsin Yazıcıoğlu'nun "gönüllü korumalığını" da yapan Tuncel'in Trabzon Emniyeti'nin "muhbiri" olduğu ileri sürülüyor.
>
> Erhan Tuncel'in "polis muhbiri" olmasının süreci ise şöyle:
>
> İddialara göre, 2004'te McDonald's'ın bombalanması olayında, Yasin Hayal ile birlikte Erhan Tuncel de yakalanıyor.
>
> Tuncel'in poliste verdiği ifade sonrasında dönemin Trabzon Emniyet Müdürü Ramazan Akyürek (Rahip Santoro cinayetinden sonra Emniyet Genel Müdürlüğü İstihbarat Daire Başkanlığı'na getirildi), Erhan Tuncel'i çağırıyor ve "Sen diğerleri gibi serseri değilsin. Okumuş adamsın. Ben seni bu davanın dışına çıkarayım. Sen de buna karşılık bize bu gruplarla ilgili bilgi getir" diyerek Tuncel'i "gönüllü istihbarat elemanı" olmaya ikna ediyor.
>
> Anlaşma sağlanınca, Erhan Tuncel, McDonald's'ın bombalanması

olayında mahkemeye çıkarılmıyor. Tuncel'in yakalanıp sorgulanmasına rağmen mahkemeye sanık olarak çıkarılmaması o sırada da dikkat çekiyor, ama üzerinde fazla durulmuyor.

Tuncel duruşmalar sırasında da mahkemeye gelip gidiyor ancak ifade bile vermiyor.

O günden bu yana Tuncel, Trabzon Emniyeti'ne muhbir olarak hizmet ediyor.

Ancak gerek Santoro cinayetinde ve asıl olarak bu son olayda Tuncel'in Emniyet'e bilgi verip vermediği, verdiyse bu bilgilerin değerlendirilip değerlendirilmediği sır olarak bekliyor.

Hrant Dink suikastı öncesi Erhan Tuncel'in Dink'in öldürüleceğine ilişkin Emniyet'e bilgi verdiği, ancak bu bilginin ciddiye alınmadığı iddia ediliyor.

Halen tutuklu olan "Büyük Abi" Erhan Tuncel'in Emniyet'te ifade vermeyi reddetmesi ve tek kelime konuşmadan "susma hakkını kullanması" şüpheleri artırıyor.

Bu çok önemli haber, gazetenin birinci sayfasında sürmanşetten verilmesine rağmen hiç kimse, hatta yazarı bile yaşanan istihbarat savaşının ve onun arkasına gizlenmeye çalışılan gerçeğin üzerine gitmedi.

O günlerin gazetelerine bakın; Trabzon Jandarması'nın ihmal ve sorumluluğuna ve İstanbul İstihbarat Şubesi'nin Trabzon'dan yapılan uyarıya rağmen Dink'i koruyacak önlemleri almadığına ilişkin haberlerle doludur. Hatta aynı haberler belirli süre sonra başka gazetelerde de yayınlandı. Devlet görevlilerinin Dink cinayetindeki rolüyle ilgili araştırmalar bu nedenle fazla ilerlemiyordu. Trabzon Jandarması hakkında açılan dava ve iki astsubayın itirazları bu konuda önemli gerçeklerin ortaya çıkmasını sağlamıştı.

Benim aklım fikrim Fatih Altaylı'nın yazdığı yazının arkasındaki gerçeklerdeydi. Çünkü o yazı bugüne kadar işlenmiş siyasi cinayetlerin hiç görünmeyen bir yüzünü bize gösteriyordu. Açık açık bir ilin emniyet müdürünün adı ve bu kişinin "muhbir" haline getirdiği bir suçlunun kimliği yazılıyordu. Haber hiçbir şekilde yalanlanmamıştı.

Sonradan öğrendiğime göre, Altaylı'nın haber kaynağı, sorgu sürecini çok yakından takip eden, İstanbul Valiliği'nin üst ama çok üst düzey bir yetkilisiydi. Kimse Fatih Altaylı'nın yazdığının peşine düşmemişti. Ama benim aklımdan hiç çıkmadı.

Konuyu araştırmak için aradığım fırsat aslında 2008 yılı ortalarında çıktı. İddialara göre, istihbaratçı polislerin içten içe süren savaşı, Hrant Dink'in öldürüldüğü 19 Ocak 2007'den beri hararetli biçimde sürüyormuş. Mahkemeleri, müfettişleri yanıltan belge hazırlamaktan delil karartmaya, dezenformasyondan yalana her yöntemin kullanıldığı bu savaşın, gerçeği görünmez hale getirdiği ortadaydı.

Birinci ağızdan öğrendiğim gerçek, bana bir kez daha arı kovanının önünde olduğumu söylüyordu. Ve bu kez yalnız çomağı değil, elimi de sokmam gerekecekti. Çünkü bu kez Türkiye'yi ve dünyayı etkileyen bir cinayet, bir gazeteci cinayeti vardı ortada. Ama bu gerçeğe sırtımı dönemez, bana anlatılanları duymamış gibi yapamazdım.

Dink cinayetindeki ihmal zinciri, hatta Dink'in 2004 yılında tehdit edilmesi MİT'ten polise ve jandarmaya uzanıyordu. Üstelik, cinayeti aydınlatacak bilgilere sahip olan Emniyet İstihbarat Dairesi'ndekiler de bu zincirin önemli halkalarıydı. Bu zincir Ankara, İstanbul ve Trabzon'dakiler şeklinde uzayıp gidiyordu. Cinayet hakkında bilgi veriyormuş gibi yapanlar, aslında kendi sorumluluklarını gizliyorlardı. Yalnız Dink'in acılı ailesinden ve kamuoyundan değil, Dink cinayetine bakan mahkemeden de bilgi ve belge saklanıyordu. Bu konuda da başrolü Emniyet Genel Müdürlüğü İstihbarat Dairesi Başkanlığı personeli oynuyordu.

Böylece bir yandan basın yönlendiriliyor, diğer yandan mahkeme yanıltılıyordu.

Benim Hrant Dink cinayeti dosyasıyla tanışmam da bu süreçte oldu. Haber kaynaklarım, Ankara'da tuhaf şeyler olduğunu anlattı. Örneğin, Dink öldürüldükten sonra Trabzon Emniyeti İstihbarat Şubesi'ndeki bilgisayarların Ankara'ya çekildiğini, bazı önemli dijital verilerin yok edildiğini anlattı. "Neden peki?" diye sorduğumda, "İşin ucu yukarılara dayanıyor. Çok kişinin başı yanacak, o yüzden verileri yok ediyorlar. Taşınma sırasında vesaire nedenlerle bilgisayarlardaki bilgi ve belgeleri imha ediyorlar" dedi.

Dink öldürüldüğünde bu koltukta olan Akyürek'in bir önceki görev yeri Dink cinayetinin planladığı Trabzon'du. Yani Dink'in öldürüleceğine ilişkin planlardan haberdar olan en önemli isim Akyürek'ti. Trabzon İstihbarat Şube Müdürü Engin Dinç imzasıyla İstanbul İstihbarat Şube'ye Yasin Hayal'in Hrant Dink'e yönelik ses getirici bir eylem yapacağına dair resmi yazı gönderildi. Ayrıca Trabzon Emniyet Müdürü iken Akyürek'in imzasıyla 17 Şubat 2006 tarihinde Ankara İstihbarat Dairesi'ne bir istihbarat raporu gönderilmişti.

Rapor, Trabzon Emniyeti'nin "resmi" istihbarat elemanı Erhan Tuncel ile teması sağlayan polis memuru Muhittin Zenit tarafından kaleme alınmıştı. Zenit raporunda, Tuncel'in İstanbul'da *Agos* gazetesinin sahibi Hrant Dink'e yönelik ses getirici bir eylem planlandığı bilgisini verdiğini yazmıştı. Tuncel tarafından verilen bilgiye göre, eylem Yasin Hayal tarafından gerçekleştirilecekti. Tuncel, polis memuruna, "Yasin Hayal ne pahasına olursa olsun Hrant Dink'i öldürecek" demeyi ihmal etmemişti. Zenit aldığı bilgileri raporuna geçirdi ve Yasin Hayal'in 2004 yılında da Trabzon'daki McDonald's şubesini bombalayan kişi olduğunu, dolayısıyla bu eylemi gerçekleştirecek potansiyele sahip olduğu notunu düştü.

Bu önemli rapor, Trabzon Emniyet Müdürü Ramazan Akyürek imzasıyla Ankara İstihbarat Dairesi C Şube'ye gönderildi. Bu rapor üzerine Trabzon, Ankara ve İstanbul Emniyeti arasında koordinasyon görevi bulunan C Şube, görevini yapmak yerine raporu arşive kaldırdı.

17 Şubat 2006 tarihinde C Şube'nin başında Ali Fuat Yılmazer vardı. Bu cinayeti önleme konusunda görevi açık olan Yılmazer, ilginç bir şekilde Hrant Dink öldürüldükten çok kısa süre sonra İstanbul İstihbarat Şube Müdürlüğü'ne atandı. Normal şartlarda cinayette ihmali olup olmadığı araştırma konusu olacak bir yetkili, bu cinayeti de araştırmakla görevlendirilmek üzere İstanbul'a tayin edilmişti.

Haber kaynağımın bana işaret ettiği Ramazan Başkan (Ramazan Akyürek) ile cinayetin işleneceğinden haberdar olan ve İstanbul'a atanan Ali Fuat Yılmazer'in ismine ulaşmıştım. İstanbul'da Celalettin Cerrah, Ahmet İlhan Güler ve bir kısım polis; Trabzon'da Reşat Altay, Faruk Sarı gibi birçok isim öne çıkıyordu.

Ama işe en baştan dava dosyasını inceleyerek başlamalıydım. Bana anlatılanlar ile dava dosyasında yer alan belge ve bilgileri karşılaştırmalıydım.

Dosyalarda Yılmazer'le ilgili çok önemli bir şey yoktu. İstanbul 14. Ağır Ceza Mahkemesi'ndeki belgelerde ise Ramazan Akyürek imzalı çok sayıda doküman vardı. Dikkat çekici olan, İstihbarat Dairesi Başkanı Ramazan Akyürek'in, mahkemenin belge ve bilgi taleplerinin bir kısmını karşılamaması, mahkemenin ısrarlı isteğine rağmen birçok belgeyi "gizli" olduğu gerekçesiyle göndermemesiydi.

Yaptığım araştırmalar sonucunda gizlenen belgelere, belge değilse bilgilere ulaştım; Hrant Dink'i 2004 yılında İstanbul

Valiliği'nde tehdit eden kişinin de MİT Marmara Bölge Müdür Yardımcısı Özel Yılmaz olduğunu belirledim.

Ben araştırma yaparken iki önemli rapor ortaya çıktı: Birincisi, Mülkiye Başmüfettişi Akif İkbal'in hazırladığı 19 Mayıs 2008 tarihli rapor; ikincisi de Başbakan Recep Tayyip Erdoğan'ın talimatıyla hazırlanan 2 Aralık 2008 tarihli Başbakanlık Teftiş Kurulu raporu.

Akif İkbal, raporunda, İstihbarat Dairesi Başkanı Ramazan Akyürek'in, cinayette ihmal iddialarını araştıran Mülkiye Başmüfettişi Şükrü Yıldız'ı yanıltmak amacıyla gerçekdışı bilgiler içeren belge düzenlediğini belirtiyordu.

Başbakanlık Teftiş Kurulu da Başbakan'ın 2 Aralık 2008 tarihli imzasını taşıyan raporunda, isim vererek İstihbarat Dairesi Başkanı Ramazan Akyürek ve Dink öldürülmeden önce İstihbarat Dairesi C Şubesi Müdürü olan ve cinayetin hemen sonrası İstanbul İstihbarat Şube Müdürü olan Ali Fuat Yılmazer'in görevi ihmal ettiğini belirtiyordu.

Tüm araştırmalarım sonucunda ve bu raporları inceleyerek *Dink Cinayeti ve İstihbarat Yalanları* isimli kitabı 2009 yılı Ocak ayında yayınladım.

Bilmeden arı kovanına çomak sokmuşum. Bir gazeteci olarak Hrant Dink cinayetinde görevi ihmalle suçlanan kişilere projektörleri çeviriyorsanız ve o kişi veya kişiler aynı zamanda Ergenekon gibi bir operasyonun da başını çekiyorsa "Neden Silivri'deyim?" diye şaşırma hakkınız da olmamalı. Elbette Türkiye şartlarında...

Emniyet, 301'den ceza istiyor

Dink Cinayeti ve İstihbarat Yalanları kitabımda işte tüm bu gerçekleri anlatıyordum. Ocak ayında kitabın piyasaya çıkmasından hemen sonra önce Emniyet Genel Müdürlüğü devreye girdi. Emniyet Genel Müdürlüğü adına 1. Hukuk Müşaviri Osman Karakuş, kitabım nedeniyle benim hakkımda İstanbul Basın Savcılığı'na suç duyurusunda bulundu.

Kitap, jandarmayla ilgili tüm ayrıntılar yanında Dink cinayetinde polisin göz ardı edilen rolüne de dikkat çektiğinden ve genel kabul görmüş yaklaşımların dışında kaldığından meslektaşlarımızdan büyük bir ilgi görmedi. Çünkü neredeyse iki yıl boyunca yalnız ve yalnız Trabzon Jandarma personeli ile İstanbul'da bir şube müdürü ve altındaki birkaç personelin sorumluluğu üzerinde durulmuştu. Ama kitabım, jandarma yanında MİT personelinin, ama asıl önemlisi baştan sona işin içinde olduğunu gösteriyor, Emniyet'in kapalı kapılar ardındaki savaşı da gözler önüne seriyordu.

Ayrıca Dink cinayeti sanıkları ile Ergenekon davası sanıkları arasındaki irtibatı gösteren şemaları da yayınlamıştım. Memleketin Emniyet Teşkilatı, kendi hazırladığı raporlarda Hrant Dink'in öldürüleceğini kayda alıyor, sokaklarda linç havası egemenken işleneceği gün gibi ortada olan bir cinayete göz yumuyordu. Soruşturmayı da yapan Emniyet delil bulamıyor, delil karartıyor, saklıyor, değiştiriyor, müfettişlere ve mahkemeye gerçeği yansıtmayan belgeler gönderiyordu.

Aynı Emniyet, Dink cinayetiyle ilgili olarak medyada halkla ilişkiler faaliyeti yürütüyor, gazetecilere gerçeği değil, olayın yalnızca algılanmasını istediği yönünü gösteriyordu. Ama benim kitabım oyunun kurallarını bozmuştu. Tabii ki bu duruma Emniyet

Genel Müdürlüğü de bozulduğunu İstanbul Basın Savcılığı'na 17 Şubat 2009'da gönderdiği şikâyet dilekçesiyle gösterdi.

Emniyet'in savcıdan küçük bir ricası (!) vardı. *Dink Cinayeti ve İstihbarat Yalanları* adlı kitabımla, görülmekte olan Dink cinayeti davasını etkileme amacı taşıdığımı iddia eden Emniyet, TCK'nın 288. Maddesi'ne göre "adil yargılamayı etkilemeye teşebbüs" suçuyla yargılanmamı istiyordu. Emniyet'e göre "Emniyet Teşkilatı'nı alenen aşağılamıştım", dolayısıyla TCK'nın 301. Maddesi'ne göre "Türklüğü aşağılama" iddiasıyla da yargılanmalıydım.

Emniyet Genel Müdürlüğü'nün dilekçesi sanki işaret fişeği işlevi gördü.

İstihbarat Dairesi Başkanı Ramazan Akyürek, 20 Mart tarihli dilekçeyle İstanbul Basın Savcılığı'na başvurarak "hakaret" ve "adil yargılamayı etkileme" iddiasıyla yargılanmamı talep etti.

Emniyet İstihbaratı'nın başındaki ismin bu talepleri tuhaftı. Çünkü Başbakan Recep Tayyip Erdoğan'ın imzasıyla "görevi ihmal" ettiği öne sürülen Akyürek, kitabımda bu durumu, yani ihmallerini belgeleriyle anlattığım için kendisine hakaret ettiğimi iddia ediyordu. Dilekçesinde "adil yargılamayı etkileme" iddiası ise anlaşılır gibi değildi.

Tüm yargılama boyunca da söylediğim gibi gazetecilik işte tam da Akyürek'in şikâyet ettiği şeydir. Yani soruşturma ya da davada gerçeğin tam olarak ortaya çıkması için çalışmak. Yoksa yalnızca polisin ya da savcının elinin altındaki bilgi ve belgeleri alıp aynen ve hiç şüphe etmeden gazete ya da televizyonda yayınlamak değildir. Oysa istihbaratçılar başta olmak üzere polisler, gazetecilerin neyi nasıl yazması gerektiğine alışmış olabilir. Ama gazetecilik her şeyden şüphe etmeyi gerektirir.

Nitekim Hrant Dink cinayetiyle ilgili olarak yalnızca polisin ve istihbaratçıların verdiği bilgi ve belgelerle sınırlı kalsaydık – ki hâlâ öyle kalanlar var– o zaman biz polisin ihmallerini hiçbir zaman öğrenemezdik. Oysa şüphe sonucu ortaya çıkardığım gerçekler iki kez teyit edildi. Birincisi, Hrant Dink ve ailesinin Avrupa İnsan Hakları Mahkemesi'ne yaptığı başvuruyla; ikincisi de cinayetten 3,5 yıl sonra Dink ailesinin avukatlarının İstanbul, Ankara ve Trabzon'da görev yapan ve görevini ihmal ettiği belirlenen 30'a yakın polis hakkında özel yetkili savcılığa yaptığı suç duyurusuyla.

Biraz sonra detayını anlatacağım, ama peşinen söyleyeyim: Haklılığımın en önemli göstergesi, bana açılan davaların tamamından beraat etmemdir. Ama ortaya koyduğum iddiaların haklılığı, AİHM kararıyla ve Dink ailesinin avukatlarının suç duyurusuyla da kanıtlanmış oldu.

Suç duyurusu dalgası

Hakkımdaki suç duyuruları Emniyet ve Ramazan Akyürek'inkiyle sınırlı kalmadı elbette... Suç duyurusunda ikinci dalga çete, mafya ve terör örgütleriyle ilgili olan, İstanbul Beşiktaş'ta bulunan ve özel yetkili suçlara bakan savcılığa yapıldı. Sultanahmet'teki Basın Savcılığı'na yalnızca Emniyet Genel Müdürlüğü ile İstihbarat Dairesi Başkanı Ramazan Akyürek suç duyurusunda bulunurken, Beşiktaş'taki savcılığa Ramazan Akyürek'in yanı sıra Hrant Dink cinayetinde ihmali olduğu belirlenen istihbaratçı Ali Fuat Yılmazer, Trabzon İstihbarat Şube Müdürü Faruk Sarı ile istihbaratçı polis memuru Muhittin Zenit de suç duyurusunda bulundu.

Zenit dilekçesini 26 Şubat 2009'da savcılığa verdi.

Akyürek 20 Mart 2009'da, Yılmazer 23 Mart 2009'da.

Suç duyurusu rüzgârında son isim Trabzon İstihbarat Şube Müdürü Faruk Sarı oldu. O da 20 Nisan 2009 günü dilekçesini Özel Yetkili Cumhuriyet Savcılığı'na verdi.

"Neden özel yetkili savcılık?" diye sorduğunuzu duyuyor gibiyim. Çünkü bu dört polis, benim kitabımda kendilerini terör örgütüne hedef gösterdiğimi iddia ederek 3713 Sayılı Terörle Mücadele Kanunu'nun 6. maddesine göre yargılanmamı istiyorlardı. Yani kitap yazarak terör suçu işliyordum, üstelik polisleri terör örgütlerine hedef gösteriyordum! Bununla yetinseler iyi, "gizli belge temin etmek" ve "gizli belge yayınlamak" suçuyla da cezalandırılmamı istiyorlardı. Aynı dilekçede "adil yargılamayı etkileme" ve "haberleşmenin gizliliğini ihlal" gibi Türk Ceza Yasası maddelerini ihlal ettiğimi de iddia ederek suç duyurusunda bulundular.

Suç duyuruları nisan yağmuru gibi nisan ayında yağmaya başlayınca iddianameler de sağanağa dönüştü.

Savcılık, polis memuru Muhittin Zenit'in şikâyeti üzerine 20 Mart 2009'da, Ali Fuat Yılmazer'in ve Ramazan Akyürek'in şikâyeti üzerine 30 Mart 2009'da, Faruk Sarı'nın şikâyeti üzerine 24 Nisan 2009'da iddianameler hazırladı.

Nisan ayı bitmiş, İstanbul 11. Ağır Ceza Mahkemesi, savcılığın gönderdiği iddianameleri kabul etmişti.

Artık, Hrant Dink cinayetinde ihmali olan ve aynı zamanda Ergenekon operasyonunu yürütenlerin de (Yılmazer ve Akyürek) aralarında olduğu 4 polis müşteki, ben ise sanıktım. Hepsi de, isimlerini açık açık yazdığım için kendilerini terör örgütlerine hedef gösterdiğimi, gizli belge temin edip yayınladığımı iddia ediyordu; hakkımda toplamda 20 yıla varan hapis cezası istiyorlardı. Beşiktaş'ta iddianameyi hazırlayan savcı "adil yargılamayı etkileme" ve "haberleşmenin gizliliğini ihlal" ile ilgili suçlamaları ise kendi görev alanında olmadığı için Sultanahmet Adliyesi'ndeki Basın Savcılığı'na göndermişti.

Ve e-muhbirin sahte ihbarı

Suç işlemediğimi bilmenin rahatlığı içinde mayıs ayında İstanbul 11. Ağır Ceza Mahkemesi'nde başlayacak duruşmayı beklerken aslında nasıl bir ateş çemberinin ortasında olduğumun farkında değildim.

Benden şikâyetçi olan polislerin arasında 2007 yılından beri Türkiye'yi sallayan Ergenekon operasyonunu yöneten, hatta operasyonun "beyni" diye tarif edilen kişiler vardı. Ve ben bu kişilerin Hrant Dink cinayetinde önemli ihmalleri olduğunu, hatta mahkemeyi ve araştırma yapan müfettişleri yanıltmayı amaçlayan belge hazırladıklarını yazıyordum.

3 Mart'ta gözaltına alınıp 5 Mart'ta polis ve savcılık sorgusunda bana yöneltilen sorulardan anlaşılıyordu ki, Ergenekon soruşturmasını yürüten polislerin şikâyeti üzerine davaların açıldığı 2009 yılı Mayıs ayı başında sahte bir e-postayla telefonlarım da aynı polisler tarafından dinlemeye alınmış. Kim olduğu bilinmeyen, "M. YILMAZ" sahte adını kullanan ve polisin de kimliğini araştırma zahmetine girmediği bir iftiracı, benim Ergenekon denen örgütün talimatıyla haber ve kitap yazdığımı iddia ediyordu. Tesadüfe bakın ki mahkemelik olduğum aynı zamanda Ergenekon operasyonunu yürüten polisler, İstanbul polisinin Muhabere Elektronik Şube Müdürlüğü'ne 6 MAYIS 2009 (tarihe dikkat çekiyorum) günü gönderilen bu e-postaya dayanarak başında oldukları soruşturma kapsamında telefonumu dinliyorlardı.

İlk bakışta sahte olduğu anlaşılabilen M. YILMAZ rumuzuyla polise gönderilen e-postanın içeriği de tamamen çelişki ve iftiradan ibaretti. Ama polis nedense bu e-postaya dayanarak telefonumu dinleyebilmişti.

Yine polis ya da devletin ilgili birimleri, bu sahte e-postayı göndereni tespit etmediği sürece benim telefonumun asılsız bir ihbarla dinlenmesi suçunun ortağı olarak kalacaktır benim aklımda. Bu dinleme, mahkeme kararına ve savcılık talebine dayansa da benim için durum değişmeyecektir.

Yalnızca sahte bir e-posta ihbarıyla en az altı ay ya da iki yıl benim telefonumu dinleyen polis ve savcılık, bu ihbarı yapan sahtekârı bulup iddialarını ispatlamasını istemeliydi. Oysa birçok isme yer verilmiş olmasına rağmen polis yalnızca benim ev ve cep telefonlarımın dinlenmesi ile ilgili talepte bulunuyor, savcı da bunu mahkemeye yolluyor ve mahkemede talebi mahkeme kararına dönüştürüyor. Böylece *Dink Cinayeti ve İstihbarat Yalanları* kitabım nedeniyle beni mahkemeye veren polisler artık telefonlarımı da dinlemeye almışlardı.

Beni şaşırtan ise yıllardır oturduğum evimde adıma kayıtlı sabit telefon numaram hakkında da mahkemenin karar vermesiydi. Evim örgüt evi değildi. Ailemle oturduğum konutumdu ve yıllardır adresim ve telefon numaram aynıydı. Bundan daha fazla özel hayat ihlali olabilir mi acaba? Bu ihbarın ikinci yönü ise içeriği.

Polis içeriğinde yazan hiçbir iddiayı, hatta ihbarı göndereni bile araştırmamıştı. Bu ayrıntıları ise daha ileride detaylı anlatacağım için ihbarla ilgili konulara burada ara veriyorum. Çünkü ileride M. YILMAZ'ın kim olduğu ile ilgili çarpıcı belgeler göreceksiniz.

Polisi değil, kendimi hedef gösteriyorum

Şimdi tekrar aleyhimde açılan davalara dönüyorum. Hatırlayacaksınız, İstanbul 11. Ağır Ceza Mahkemesi'nde Terörle Mücadele Kanunu'na aykırı olarak polisleri hedef göstermekle, gizli belge temin etmek ve yayınlamakla suçlanıyordum.

Duruşmalar çok ilginç diyaloglara sahne oldu. Polisler benim kendilerini önce Ergenekon örgütüne hedef gösterdiğimi iddia ettiler. Ben savunmamda "Dink cinayeti ile Ergenekon davasının birleşmesini isteyen ve bunu kitabında somut unsurlarıyla yazan biri olarak olsa olsa kendimi hedef göstermiş olabilirim" dedim. Aksine Emniyet, Dink cinayeti ile Ergenekon arasındaki bağlantıyı gösteren şemalara sahip olduğu halde bu iki davanın birleşmesi konusunda parmağını kıpırdatmamıştı. Ben polisin bazı kişilerle paylaştığı, ama mahkemeye sunmadığı şemaları bulup yayınlamıştım.

Bana dava açan polisler, kendilerini Ergenekon'a hedef gösterdiğim iddiası çürüyünce bu kez kendilerini silahlı sol terör örgütlerine hedef gösterdiğimi iddia ettiler. Hatta dilekçelerinde "Genellikle sol terör örgütlerinin devleti yıpratmak amacıyla kullandıkları Hrant Dink cinayeti..." ifadelerine yer verdiler. Yani beni mahkemeye veren polisler için hak, hukuk, adalet önemli değil. Dink cinayetinin onlar için özelliği "devleti yıpratma amacıyla kullanılan" bir olay olması. Peki, ben bu polisleri silahlı sol terör örgütlerine nasıl hedef gösteriyordum? Şöyle ki; yargılandığım davalarla ilgili olarak haber ajansları haber geçiyorlardı. Günlük gazeteler gibi ajanslardan geçen bu haberler, sol içerikli yayınlarda da yer buluyordu. İşte sol içerikli yayınlar o ajans haberlerine yer verdikleri için adı geçen polisler hedef gösteriliyormuş. Sanki "Bana dava açın da gazetelere, ajanslara ve televizyonlara haber olalım" diyen benmişim gibi...

Gizli tanığı üzerime sürdüler

Hukuka ve adalete çok inanıyordum. Diyelim ki haber ya da kitapta konu ettiğim bir kişi bana komplo dahi kursa hukukun doğrunun yanında yer alacağını düşünüyordum. İstanbul'da yağmurlu havalarda ya da yağmurdan sonra yürümek çok zordur. Yağmur suları sokaklarda adeta sel olur. Yağmurdan sonra bastığınız kaldırım taşları yere yapışık olmadığı için ayağınızın altında oynar ve basıp ayağınızı kaldırmanızla birlikte taşın altındaki su ayakkabınızı, üstünüzü başınızı kirletir. Bu kaldırım taşları "çamur mayınları" gibidir. Ve ben hakkımda açılan davalardan sonra her şeye o kadar dikkat eder hale geldim ki, benim haberciliğime zarar verecek endişesiyle "çamur mayınlarından" korunmak ister gibi tanımadığım kişilerden gelen haber ihbarlarına çok ama çok büyük ihtiyatla yaklaşmaya başladım.

Kendi kendimi sansür eder hale geliyordum tedirginlikten. Bir süre sonra bir yolsuzluk ihbarı geldiğinde kaynaklarımı savcılıklara yönlendirmeye başladım. Oysa o kişiler, kendi isimleri ortaya çıkmasın diye vereceği ipuçları ve belgelerle konuyu benim araştırmamı istiyorlardı. Bense Hrant Dink davasıyla ilgili yaptığım ve uluslararası tepkiler aldığım araştırmalar zarar görecek endişesiyle beni bir iftira ya da komplonun içine çekeceğini düşündüğüm kişilerin kaynak olduğu haberlerden uzak duruyordum.

Tuhaf tuhaf insanlar arıyordu. Bilmem hangi davanın gizli tanığı illa benimle görüşmek istiyordu. Zaten üzerlerinde tartışma olan gizli tanıklar neden bir gazeteciyle konuşmak ister anlamam. Çünkü adı üzerinde gizli tanık, kimliğinin gizli kalması gerekiyor. Bu kişilerden biri de Malatya'da Zirve Yayınevi'nde vahşice öldürülen kişilerin davasında gizli tanık olan E. Ö. idi. Kendisi JİTEM'de görev yaptığını belirtip Malatya katliamı davasın-

da gizli tanık olmuştu. Aynı davada verdiği ifadede Hrant Dink cinayetiyle ilgili de bilgisi olduğunu söylemişti. Hatta 2005 yılında Hrant Dink'i *Agos* gazetesinin önünden aldıklarını, Ermeni mezarlığında Sevgi Erenol ile görüştürdüklerini, Erenol'un Dink'i tehdit ettiğini söylemişti. Gizli tanık E.Ö. telefonda mutlaka benimle görüşmek istediğini, Dink cinayetiyle ilgili çok önemli şeyleri yalnızca bana anlatabileceğini söylüyordu. Gizli tanıklar polisin kontrolünde kişilerdi. Belli bir program dahilinde polis tarafından takip edilip korunuyorlardı. Kiminle görüştükleri kayıt altına alınıyordu. Hatta belki de yönlendiriliyordu. Ben de bu aramaların, E. Ö.'nün benimle görüşme isteğinin bir tuzak olacağını düşünüyordum, ama ya değilse ve gerçekten cinayet hakkında bilgi ve belge verecekse?..
Aklıma, E.Ö.'yü Dink'in kardeşi Hosrof Dink'le görüştürmek geldi. Hem ben tek muhatap olmayacaktım hem de elinde önemli bilgi ve belge varsa onları verebilirdi. Böylece gerçeğe sırtını dönmemiş olacaktım. Eğer E.Ö.'nün elinde ne olduğunu öğrenemezsem ölene kadar kendimi affetmezdim.
Allahtan hem E.Ö. hem Hosrof Abi karşılıklı görüşmeyi kabul etti. Buluşma yerine gittim, birkaç dakika sonra Hosrof Abi ile kardeşi Yervant geldi. E. Ö. o güne kadar verdiği ifadelerden fazlasını anlatmadı. Beni tek şaşırtan kod adıydı. JİTEM içinde bulunduğu dönemde "Kıvırcık" kod adını kullandığını söylüyordu, ama başının etrafındakiler hariç kafasında hiç saçı yoktu.

Komplo girişimini Hüseyin Çapkın'a şikâyet ettim

Ne kadar uzak dururursanız durun komplo sizi buluyor. Böyle bir girişimi 2010 yılı Mart ayının başında yaşadım. 2007 yılında görüştüğüm Ozan isimli bir genç, üç yıl sonra nisan ayı başında bir akşam saat 23.00 gibi beni cep telefonumdan aradı. "Abi ben Ozan, başım belada, bana yardım et" dedi. Ben "Hangi Ozan?" deyince, "Hani abi İstanbul Büyükşehir Belediyesi'yle ilgili yolsuzlukları anlatmıştım ya" dedi.
Hatırladım; Ozan, Kasımpaşa Piyalepaşa civarından genç bir adamdı ve 2007 yılında birçok yolsuzluk iddiası anlatmış, ancak belgeli olmadığı için ciddi bulmamıştım. Hatta Beyoğlu Cumhuriyet Savcılığı'na suç duyurusunda bulunmuş, ancak iddiaları hakkında takipsizlik kararı verilmişti. Bu sürecin sonunda sonra Ozan isimli gençle bir daha görüşmedik. Fakat o peşimi bırakmak niyetinde değildi. Kendisinin İstanbul Büyükşehir Belediyesi'nde

başkana yakın isimlerle görüştüğünü ve bir şartla iş teklif ettiklerini söyledi. Ben "Şart neymiş?" diye sordum. "Abi, altı ay beş vakit namaz kılmamı istiyorlar. Sonra iş vereceklermiş" dedi. Anladığıma göre, Ozan'ın öyle düzenli namaz kılmak gibi bir alışkanlığı yokmuş, hatta böyle bir şart koşmuş olmalarına da tepkiliydi. Ben "Sen de kıl o zaman, bak sana yardımcı olmak istiyorlar" dedim. "Olmaz abi, öyle iş karşılığı namaz olur mu?" dedi. Sonra ekledi: "Öyle kıldım desem, evde kıldım desem de inanmazlar, zaten ben de böyle bir şey yapmam. Bana '... camii imamına git, sana bir tövbe defteri açsın, altı ay sonra getir, işin hazır' dediler."

Ozan hiç bilmediğim bir konuda bir şeyler anlatıyor, ama bana inandırıcı gelmiyordu. Aklıma takılan şeyse "tövbe defteri" oldu. "Nedir bu?!" dedim.

"Abi, bir defter alıyorsun, imama götürüyorsun. İmam her kıldığın namaz vaktini deftere yazıyor ve sen sabah, öğle, ikindi, akşam ve yatsı namazları sonrası imzalıyorsun. Defter altı ay sonra belediyeye gidiyor ve kontrolden geçtikten sonra işe giriyorsun. Yani bir anlamda namazla ıslah oluyorsun."

Anlattıkları o kadar gerçekdışıydı ki onu bu saçma hikâyesiyle baş başa bırakmaya karar verdim. Bir tuzağın içine çekiliyorum hissi hiç peşimi bırakmadı, ama Ozan adlı kişiyle temasımız başladığı gibi kısa süre içinde, 2007 yılında sona erdi.

Ama 2010 yılı Nisan ayı başında akşam saat 23.00 gibi arayınca şaşırdım. Bu kez arama nedeni daha korkunçtu ve tam bir tuzak kokuyordu. Neden böyle düşündüğümü anlatayım. Ozan, beni telefonla aradığında kendisine saldıranların, hakkında yolsuzluk ihbarında bulunduğu kişilerin adamları olduğunu söyledi ve onları bıçakla yaraladığını anlattı.

Ben "Beni neden arıyorsun, polisi ara" dedim. "Aradım, beni alacaklar" cevabını verdi. "Benim yapabileceğim bir şey yok" deyip telefonu kapattım.

Yarım saat sonra, tam yarım saat sonra bu kez cep telefonuma şöyle bir mesaj attı: "Abi Kulaksız Karakolu'ndayım, Ozan."

İşte o an tuzak kurulduğuna emin oldum. Çünkü bildiğim kadarıyla yaralamadan karakola götürülen birinin üzerinde cep telefonu dahil her şeyi alınır. Hatta gerekliyse elleri kelepçelenir. Ama Ozan bana karakoldan mesaj atıyordu. Hemen *Milliyet* gazetesinin polis muhabiri Erdal Kılınç'ı aradım. Karakolu arayıp olayın gerçek olup olmadığını, gerçekse bu kişinin gözetim altında nasıl cep telefonuyla mesaj atabildiğini araştırmasını rica ettim. Ayrıca hem karakol hem de bağlı ilçe Emniyet amiriyle görüşmek istediğimi söyledim. Çünkü birilerinin bir komplo kurduğundan şüpheleniyordum. Sonunda müdür beyle görüştüm. Biraz rahat nefes aldım.

Ertesi gün "Arena"nın çekimi vardı. Erdal Kılınç ile sabah görüştük ve gün içinde gelişmeleri takip etmeye karar verdim. Çekim bittiğinde Erdal'ı aradım. Sesinde bir sıkıntı vardı. "Eğer işin yoksa gel görüşelim" dedi. Ben "Söyle ne olduysa, çekinecek bir şey yok" deyince Erdal, "Adamı Organize Şube'ye almışlar" cevabını verdi.

Gerçekten şaşırmıştım. Adam yaralamadan bir kişi nasıl olur da Organize Şube'ye alınırdı? Belki de gerçekten Organize Şube'ye alınması gerekiyordu. Ama öyleyse olaydan hemen sonra beni aradığı için aramızda bir bağlantı varmış gibi gözükebilirdi. Ve polisler de bunu o şekilde değerlendirebilirlerdi. Üstelik bunu yanlış değerlendirmeye meyilli kişiler de vardı. Nitekim bir yalan ifade işinizin bitmesi için yeterliydi.

Hemen bir şey yapmalıydım. Gerekli telefonları ettikten sonra İstanbul Emniyet Müdürü Hüseyin Çapkın'la görüşmek üzere Vatan Caddesi'ndeki binaya gittim. Erdal beni bekliyordu. Birlikte Müdür Çapkın'ın odasına girdik.

Çapkın konuyu biliyordu. Beni dinledi. Ona Ozan isimli şahısla haber amaçlı görüşmelerimi anlattım ve bana polisin de içinde bulunduğu bir komplo kurabileceğini söyledim. "Neden?" diye sordu Çapkın.

"Bakın, Dink cinayeti hakkında yazdığım kitap nedeniyle bir sürü polis bana dava açtı. Aralarında buradan da isimler var. Bana kin duyuyorlar, bir haksızlığa uğrayabilirim" dedim.

Çapkın "Aslında organize müdürü sabah geldiğinde bu olaydan söz etti. Sizin 2007'de bu kişiyle görüşmeleriniz olduğunu söyledi. Evet, haklısınız, o dönemden sonra görüşmeniz olmamış" deyince başıma nasıl bir çorap örülmek istendiğini birinci ağızdan sezmiş, bir anlamda öğrenmiş oldum. Çapkın "Rahat olun, size burada haksızlık olmaz" dedi ve Erdal ile beraber odasından çıktık. Ben gazeteye döndüm.

Bir buçuk-iki saat sonra Hüseyin Çapkın beni cep telefonumdan aradı. "Nedim Bey, şahıs Organize Şube'den savcılığa gönderilmiş, susma hakkını kullanmış ve orada da serbest kalmış" dedi. Şaşırdım. "Ama adam yaralamıştı, nasıl serbest kalır?" diye tepki verince "Yok, basit bir kavgaymış" diye karşılık verdi.

Bir oh çektim ama aklımda şu sorular kaldı:

- Bir kişi, yaralama suçundan gözaltına alınıp karakoldan Organize Şube'ye gönderilebilecek kadar önemliyse nasıl olup da serbest bırakılabiliyor?
- Madem basit bir kavgaydı, neden Organize Şube'ye alındı?
- Benimle ilgili bilgiler Organize Şube Müdürü tarafından İstanbul Emniyet Müdürü'ne neden anlatılmıştı?
- Bütün bunlar bilindiği halde bu kişinin susma hakkını kullanarak serbest kalmasına neden göz yumulmuştu?
- Yoksa ben müdahale edince bu oyun bozulmuş muydu?

Mafyadan kaçakçıdan değil, devletten korktum

Hrant Dink cinayetini araştırmaya başladığım andan itibaren yaşadığım tedirginlik, kitabım yayınlandıktan sonra yargı ve hukuk eliyle tacize, ilerleyen zamanlarda da komploya kurban gitme korkusuna dönüştü.

O güne kadar hayali ihracatçı, vergi kaçakçısı, mafya, siyasetçi, bürokrat... aklınıza kim gelirse onlar hakkında haber yaptım, bu kişilerin yasadışı işleri hakkında kitap yazdım. Kimi mahkemeye verdi. Kimi uyardı. Örneğin Alaattin Çakıcı'nın yaşamı ve Türkbank yolsuzluğu konusunda yazdığım *Kod Adı Atilla* kitabı nedeniyle yalnızca sitem mesajı geldi. Kitabı okuyan Çakıcı'nın avukatlarından biri "Kitabı okudu, herhangi bir şey söylemedi ama 'El bombası eğitimi alırken eli titredi' demişsin, kendisi 'Delikanlı adamın eli titremez' diye sitem etti" demişti. Çakıcı'dan endişe etmemiştim o yüzden.

Ama şimdi karşımda devlet gücünü elinde bulunduranlar vardı. Yani devlet vardı ve başıma ne geleceğini bilemiyordum. Mafyadan değil, devletten korkuyordum. Çünkü komplonun ucunun nereye varacağını tahmin dahi edemiyordum. Hep kanunlara göre yaşadığım ve mesleğimi yaptığım için "hukuk devleti"nin var olduğuna inanıyordum, ama "komplo devleti" olabileceğine, "korku devleti" olabileceğine ihtimal vermiyordum.

Ben kendimden emindim. Dink cinayetiyle ilgili bilgi ve belgeleri tamamen habercilik sınırları içinde meşru yollarla edinmiştim, dolayısıyla "Mahkemede veremeyeceğim hesabım yok" diye düşünüyordum. O yüzden gizli belge temin etmek ve yayınlama suçlaması tamamen içi boş bir iddiaydı. Kitapta kullandığım belgelerin tamamını Dink cinayeti davasının klasörlerinden almıştım. Nitekim benim yargılandığım 11. Ağır Ceza Mahkemesi, Dink davasının görüldüğü 14. Ağır Ceza Mahkemesi'ne bu konuyu sordu. Yanıt, benim lehimeydi. Belgeler dava dosyasındandı. Sonunda bu davayla ilgili karar geldi çattı. Somut deliller ışığında 11. Ağır Ceza Mahkemesi'nin üç hâkimden oluşan heyeti tam bir yıl sonra, 4 Haziran 2010 günü hakkımda BERAAT kararı verdi. Hem de oybirliğiyle. Polislerin ve Emniyet Genel Müdürlüğü'nün başvurusu üzerine açılmış olan İstanbul 2. Adliye Ceza Mahkemesi'nde toplam sekiz yıl hapis istemiyle yargılandığım dava da 23 Aralık 2009 tarihinde beraatla sonuçlandı.

İfade ve basın özgürlüğü konusunda örnek niteliğindeki kararda şöyle deniyordu:

Sanık Nedim Şener tarafından yazılan ve Güncel Yayıncılık tarafından basılarak piyasaya sürülen *Dink Cinayeti ve İstihbarat Yalanları* adlı kitap içerisinde müşteki Ramazan Akyürek hakaret edildiği ve adil yargılamayı etkilemeye çalışıldığı iddiası ile ayrıca diğer müşteki kitap içerisinde haberleşmenin gizliliğinin ihlal edildiğinden bahisle suç duyurusunda bulunmuş ve sanık hakkında bu kitap nedeniyle kamu görevlilerine görevlerinden dolayı hakaret, adil yargılamayı etkilemeye teşebbüs ve kişiler arasındaki haberleşmenin gizliliğini alenen ifşa etmek suçlarından sanık hakkında kamu davası açılmış ise de, adı geçen müştekiler Muhittin Zenit ve Ramazan Akyürek'in isimleri ve görevleri dosyamız kitabından önce dosyaya gelen 14. Ağır Ceza Mahkemesi'nden gelen dava dosyasına ilişkin İçişleri Bakanlığı Emniyet Genel Müdürlüğü değişik yazılarında bu isimlerin daha önce geçtiği ve kamuoyu tarafından daha önceden bilindiği dosyadan anlaşılmış olup, gazeteci olan sanık Nedim Şener'in gazeteci çalışması sonucunda gerçeği ortaya çıkarmak amacıyla kitap hazırladığı, gazetecilerin hakları arasında kamuyu aydınlatma, kamuoyu oluşturma ve eleştiri yer aldığı bunlar basının görevi olduğu özellikle kamu idarecileri ve idarelerini, siyasetçileri eleştirmek basın hakkından olduğu eleştirinin sert ve kırıcı olabileceği, basında yayınlanan haberler ve eleştiriler objektif ve doğru vakalara dayandıkça doğru bir amaca yönelik bulundukça eleştirinin ağır olabileceği hukuka aykırılık teşkil etmeyeceği, kitapta sanığın bir cinayeti ele aldığı ve bu cinayetin tüm basında yazılı ve görsel basında yazılıp yayınlandığı sanığın doğruların ortaya çıkması için kitapta konuları ele alıp yazdığı, kitabın içerisinde haberleşmenin gizliliğini ifşa edeceği belirtilen ve iddianamede belirtilen belgelerin daha önce Hrant Dink cinayeti dosyasında mahkemeye sunulduğu ve dosyasında bulunduğu göz önüne alındığında, sanığın Ramazan Akyürek'e hakaret kastıyla hareket etmediği, adil yargılamayı etkilemeye teşebbüs ve kişiler arasındaki haberleşmenin gizliliğini alenen ifşa etmek suçunun oluşmadığı kaldı ki; iddianameye esas alınan ifadeler kitap bir bütün olarak ele alınıp incelendiğinde Türkiye Cumhuriyet Anayasası'nın 26. ve Avrupa İnsan Hakları ve Temel Özgürlüklerinin Korunmasına İlişkin Sözleşme'nin 10. maddelerinde öngörülen ve AİHM kararlarınca desteklenen düşünceyi açıklama ve yayma hürriyetinin kullanılması kapsamında ağır eleştiri niteliğinde kaldığı suçların yasal unsurları oluşmadığından sanık hakkında açılan tüm suçlardan sanığın beraatine karar verilmesi gerekmiş...

Biz "korkuyoruz",
Chomsky "mücadele" diyor

Dink cinayeti araştırmalarının bedelini bana ödetmek isteyenlerin baskısını en fazla artırdığı 2010 yılı Ekim ayında, düşünce özgürlüğü için sürekli mücadele veren aydın Şanar Yurdatapan'ın yardımcısı beni aradı. "Düşünce Özgürlüğü İçin 7. İstanbul Buluşması" toplantısı düzenleneceğini bildirdi ve benim de gelip Hrant Dink davasını ve yaşadıklarımı anlatmamı istedi.

Meslektaşım kılığındaki tetikçilerin infaz girişimleri yanında bu davet bana içimi dökme fırsatı verecekti. Hem de konuşmayı toplantının şeref konuğu Noam Chomsky'nin önünde yapacaktım.

Düşünceye Özgürlük Girişimi ile Bilgi Üniversitesi'nin birlikte düzenledikleri toplantının "Düşünüyorum o halde..." başlıklı oturumuna *Radikal*'den İsmail Saymaz, *Express* dergisinden Merve Erol ve İrfan Aktan, *Azadiya Welat*'tan Vedat Kurşun, araştırmacı Hülya Toraman gibi isimler katılacaktı.

Toplantıda Hrant Dink cinayetinin nasıl bir plan olduğunu, devlet görevlilerinin rolünü anlattım, ama korktuğumu da gizlemedim.

Gazetecilerin "Tanıklık" başlığı altında yaptıkları konuşmalarda "Bizi yıldıramazlar" mesajı öne çıkıyordu. Aslında nasıl susturabileceklerini, yıldırabileceklerini biliyorduk, korkuyorduk ama geri adım atmıyorduk.

Chomsky'nin konuşması da tam o sıkıntılı günlere cevap gibiydi. İfade özgürlüğü savaşının dünyanın her yerinde nasıl verildiğini anlatan Chomsky "Eğer ifade özgürlüğü peşindeyseniz sürekli mücadele etmelisiniz" diyordu.

Noam Chomsky'nin o toplantının sonucuyla ilgili yorumunu 19 Şubat 2012 günü *Radikal* gazetesinden okumak kısmet oldu. Chomsky şöyle diyordu:

Bilgi Üniversitesi'nde Şanar Yurdatapan ve Noam Chomsky ile.

Geçen yıl Türkiye'de ifade özgürlüğüyle ilgili bir konferansa katıldım. Büyük bölümü, Türk gazetecilerin Hrant Dink cinayetini, Ermenilere yönelik mezalimi, Kürtlere yönelik baskıyı yazma çabalarına ayrılmıştı. Bunlar, çok cesur insanlar. Canı istediğinde yazıp başına bir şey gelmeyen bir New York Times muhabiri gibi değiller. Bu kişiler hapse atılıp işkence görebilir. Ama yine de açıkça konuşuyorlar.

Konuşuyoruz, ama linç ediliyoruz

Evet, konuşuyoruz; evet, mücadele ediyoruz. Sizi hedefe koyan yalnız devlet organları, yargı ve polis olsa neyse, ya gazetecilere ne diyeceğiz? Hele hele siz tek başınıza iseniz ve bu tür toplantıları kendinizi anlatmak için araç olarak görüyorsanız, buna karşılık sizi linç etmek isteyenler organize olmuşsa?.. O zaman oturup sonunuzu beklemekten başka şansınız kalmıyor.

28 Şubatçılar Kavakçı'nın evine giremedi, ama polis 2011'de kızımın masal kitaplarını bile aradı

Odatv baskını

Tam da 14 Şubat 2011 Sevgililer Günü'nde eşim, kızım ve ben Bahçelievler'deki bir hastaneye kontrole gittik. Kızımız hastaydı. Eşim de uzun süredir kalp çarpıntıları nedeniyle muayene olmak istiyordu. Ben ihmalkâr olduğum için kendisiyle birlikte bana da randevu almış. Yapılan tetkiklerde eşimin kalbinin doğuştan delik olduğu ve operasyonla bu deliğin kapatılması gerektiği söylendi. Al sana Sevgililer Günü hediyesi...

Doktorda sıra beklerken Odatv'ye Ergenekon kapsamında yapılan baskın haberleri son dakika olarak veriliyordu. Ben de herkes gibi seyrediyordum. Ama bu operasyonun beni Silivri'ye götürecek bir sürecin son aşaması olduğu aklıma gelmemişti. Birkaç gün sonra basında benim adımın yer aldığı haberler çıkmaya başladı. Odatv'de ele geçen bazı belgelerde benim adım geçiyormuş, bir kitabımın metni Odatv bilgisayarından çıkmış vesaire vesaire...

Önce ciddiye almadım, ama sonra adliye çevrelerinden uyarılar gelmeye başladı. Sonrasında polise yakın kalemler önce tutuklanacak gazeteciler listesinde adımı ilk sıraya koymaya başladı. Bense hukukun hakkımı koruyacağını düşünerek rahattım.

Odatv'de ele geçen word dokümanında "Nedim" yazıyordu, ama Nedim Şener yazmıyordu. Odatv'nin sahibi Soner Yalçın, savcılıkta söylemediği bir şeyi tutuklandığı mahkemede söyledi. "Nedim olarak geçen kişi gazeteci Nedim Şener olabilir" dedi. Elbette Hanefi Avcı'nın kitabının bir bölümünü yazan kişinin ben, yani Nedim Şener olduğu konusunda bilgisi ve belgesi varsa bunu söylemesi ve belgelerini soruşturma makamlarına vermesi gerekir, bunu önce ben isterim adalet uğruna. Ama "Nedim" isminin hiçbir kanıt olmadan "Nedim Şener" olduğunu söylemek, hukuki ifadesiyle "iftira" suçundan başka bir şey değildi. Nitekim ben de Soner Yalçın hakkında hemen "iftira" gerekçesiyle suç duyurusunda bulundum. Savcılık ben hapisteyken "'Nedim', Nedim Şener olabilir" şeklinde sözlerin tahmine dayalı olması nedeniyle Soner Yalçın hakkında takipsizlik kararı verdi.

Polis operasyona gün ışımadan başlamış

Eşim kalbindeki rahatsızlıktan dolayı Bingür Sönmez'in kontrolü altında Memorial Hastanesi'nde operasyon geçirmiş, hastaneden de kendi evimiz yerine yakınımızda oturan kayınvalidemin evine gitmiştik. 2 Mart eşimin doğum günüydü. Eşim ve ailesiyle birlikte küçük bir kutlama yaptık.

Aslında bir gün önceye gidersek, 1 Mart günü telefonda eşimle konuşurken ertesi gün doğum günü kutlamasından sonra o akşam eve dönme planı yapmıştık. Telefon dinlemelerinden 2 Mart gecesi evimizde olacağımızı belirleyen polis, 3 Mart sabaha karşı oturduğumuz apartmanın etrafında operasyon için hazırlık yapmış. Hatta, sabaha karşı gün ışımadan işine giden bir komşumuzun elinde laptop gören polis, onları çevirerek "Bunlar ne, nereye gidiyorsunuz, bilgisayarları nereye götürüyorsunuz?" diye sormuş. Komşumuz da kendisine ait bilgisayarı olduğunu ve çalıştığı işyeri hakkında bilgi verdikten sonra onlara "Siz kimsiniz, niye soruyorsunuz?" demiş. Polisler de "Nedim Şener'in evinde arama yapacağız, o nedenle binanın etrafında tertibat aldık" yanıtını vermiş. Komşumuz ise "Onlar evlerinde değiller, kayınvalidesinde kalıyorlar" deyince, polis, "Yok yok, biz biliyoruz. Dün gece eve döndüler" karşılığını vermiş.

Bununla yetinmeyen polis, komşumuzun doğru söyleyip söylemediğini anlamak, yani bilgisayarların onlara ait olup olmadığını anlamak için işyerlerine kadar kendilerini takip etmişler. Biz ise her şeyden habersiz 2 Mart günü eşimin doğum gününü kutladıktan sonra o geceyi de kayınvalidemin evinde geçirdik.

3 Mart günü her zaman olduğu gibi kızımı okula götürmek üzere hazırlık yaptım. Eşimin ailesiyle kahvaltımızı ettik. Kızımla okula gitmek üzere evden çıktık. Saat 08.30 gibi arabaya bindiğimde her gün haber radyolarını açarım. Ama o sabah nedense radyoyu açmadım. İyi ki de açmamışım. Kızım olan biteni radyodan öğrenecekti yoksa. Bu arada eşimin zoruyla yaptırdığım kalp muayenesi sonucu doktor yüzmemin sağlığım için gerekli olduğunu söylemişti. Ben de kızımı okula bıraktıktan sonra yüzme havuzuna kayıt yaptırabilmek için Bakırköy Kızılay Merkezi'ne tah-

lil için gittim. İşlemlerim yaklaşık yarım saat sürdü. Ardından tekrar arabama binip kayınvalidemin evine dönerken radyoyu açtım.

Aramayı radyodan duydum direksiyonu eve kırdım

Radyoda, "Ergenekon kapsamında sekiz adreste polis arama yapıyor" şeklinde bir haber veriliyordu. İçimden "Acaba hangi adresler, kimlere baskın yapıldı?" diye düşünürken, spikerin "Gazeteci Nedim Şener ve Ahmet Şık'ın evinde de arama yapılıyor" cümlesiyle şaşırdım.

Tam da eve yakın Veliefendi Hipodromu'nun önündeydim. Aklıma "Polis kapıyı kırıp mı içeri girdi?" sorusu geldi. "Ben yokken nasıl arama yapılıyor?" dedim kendi kendime. "İnşallah eşim duymamıştır, ben söylesem daha iyi" diye düşünerek eşimin yanına çıktım. Ameliyattan yeni çıkmış olan eşim "Polisler gelmiş eve, seni arıyorlar Nedim" dedi. "Tamam canım, ben hallederim, sen sakin ol" dedim, aşağıya indim. Polis, evin önündeydi.

Meğer polis eve gelip bizi bulamayınca komşudan yerimizi öğrenmiş, eşimi cep telefonundan aramışlar. Eşime "Nedim Şener nerede, onu arıyoruz. Evde arama yapacağız; eşiniz kaçtı mı?" diye sormuşlar. Ağızlarının payını almışlar tabii, "Eşim kaçmaz memur bey, çocuğu okula götürmeye gitti, şimdi gelir ama isterseniz ben size anahtarı göndereyim" yanıtını vermiş eşim.

Polislerle evin kapısına geldiğimde komiser bana Zekeriya Öz imzalı bir kâğıt gösterdi. Üzerinde "silahlı terör örgütü üyesi" olduğuma dair bir suçlama ile arama ve gözaltı kararı. Kâğıdı okuyunca gülümsediğimi iyi hatırlıyorum. "Silahlı terör örgüt üyesi" tabiri komik gelmişti. Ama şoktaydım. Gülümsemem zorlamaydı. "Ne yani şimdi ben 'terörist' mi oldum?" diye sordum polislere. Ardından kapıyı açmak için hamle yaptım. Sonra aklıma avukat geldi. "Avukat gelmeden açmama hakkım var, değil mi?" diye sordum ekibin başındaki polise. "Tabii, bekleriz" diye karşılık verdi. O zaman gazetemizin avukatlarını aradım, bana beklememi söylediler. Ardından *Milliyet* Gazetesi İcra Kurulu Başkanı Hanzade Doğan Boyner aradı, "Nedim merak etme arkandayız, avukatlar hemen oraya geliyor" dedi ve bir kez daha sıkıntıya girdiğim bir anda onun desteğini yanımda buldum. Şaşırtıcı olan, iddianamenin ek klasörlerinde 3 Mart sabahı Hanzade Hanım'la yaptığımız bu telefon konuşmasının da sanki suç unsuru varmış gibi tapeler arasında yer almasıydı.

"Merak etmeyin Nedim Bey, bu evden size ait olmayan bir şey çıkmayacak"

Polisler, apartmandaki komşular neredeyse bir saat avukatları bekledik. Sonunda geldiler. Kapıyı açarken ekibin başındaki komisere "Kusura bakmayın, benimle ilgili olmayan bir şey çıkar, kimse zan altında kalmasın o yüzden sizi beklettim" dedim. Komiser bana, "Merak etmeyin Nedim Bey, bu evden size ait olmayan hiçbir şey çıkmayacak" dedi.

Ben insanların sözlerine inanırım. Nedense komiserin sözleri beni rahatlattı. Çünkü polisin sehven diye yaptığı şeyler, kişilere ait olmayan CD ya da flash bellekler, insanları bir anda terör örgütü üyesi diye tutuklatıyor ve zan altında bırakıyordu.

Diyeceksiniz ki "Senin tutuklanmana da böyle bir şey mi sebep oldu?" Hayır, elbette değil. Soner Yalçın'ın işyerindeki bilgisayarındaki bir word dokümanda "Nedim" kelimesi geçiyor diye tutuklandım. Yani bu da gösteriyor ki senden bir şey çıkması gerekmiyor. Hiç tanımadığın birinin bilgisayarında yalnızca ön adının yazması bile tutuklanma sebebi olabiliyor. O yüzden neye dikkat edersen et, birileri seni kafaya takmışsa hukuku da alet ederek tutuklanmanı sağlayabiliyor. İşte biz buna hukuk ve adalet diyoruz.

Kızımın masal kitaplarının arasında delil aradılar

Neyse, dönelim 3 Mart günü polisin evimizi aramasına.
Öncelikle şunu söylemeliyim: İnsanın ailesiyle yaşadığı, çocuğu-

nu büyüttüğü ve hayatının tüm mahremiyetini barındıran evinin terörist evi gibi aranması çok ağır. Ama bunun tüm utancı hayatları boyunca bu kararı verenlerin ve bu kararı uygulayanların boynunda yafta gibi sallanacaktır. Onlar görmese de ben göreceğim, isimlerini duyduğumda da o yaftanın boyunlarında olduğunu bileceğim.

Düşünün, iki oda bir salon olan evimizde bir çalışma masası yok. Belge koyacak alan yok denecek kadar az ve polisler sekiz yaşında ilkokul öğrencisi kızımın okul ve hikâye kitaplarının olduğu kütüphane bile denmeyecek kadar küçük kitaplığını, ödevlerini yaptığı masasının üzerini ve iki adet çekmecesini büyük bir devlet görevi yapıyormuşçasına aradılar. Polisler yanlarında galoş ve plastik eldiven getirmişlerdi. Allah için, kızımın okul kitap ve defterlerinin aralarını son derece hijyenik ve dikkatli bir biçimde kontrol ediyorlardı.

Beraber yaptığımız proje ödevinin bulunduğu rulo yapılmış kartonu iki eliyle açan ve resimlere bakan polis gözümün önünden gitmiyor. Kızımın çok sevdiği ayı Winnie kitapları da aynı titizlikle kontrol edildi. Salon dışındaki ikinci odamız, yani yatak odamızda el sürülmeyen yer kalmadı.

Ben bir yandan televizyon seyrediyor, bazen de aramaları izliyordum. Yatak odamızı o kadar ince bir aramadan geçirmişler ki, eşim daha sonra bana "Nedim biliyor musun, iki yıl önce bizim arayıp da bulamadığımız vantilatörü polisler aramada bulmuşlar" dedi. Vantilatörün bulunduğuna sevineyim mi, saçma sapan bir suçlamayla tutuklandığıma üzüleyim mi bilemedim.

Bütün bu arama sürecinde beni rahatlatan polislerin tutumuydu. Ayrıca eşimin ve kızımın bu arama çirkinliğini yaşamamış olmaları en büyük tesellim oldu. Eşimin kalp operasyonu geçirdiğini bilen polis bizim evin araması için ekibin arasına sağlık ekibi ve bir de ambulans eklemişti, eşime bir şey olur diye. Bir şey olabileceğini bile bile haksızlık eden polisin bu yaptığı hukuk eliyle zulüm değil midir?

Yeniden Memorial Hastanesi'ne kaldırılan eşim ara sıra telefon edip aramayla ilgili şeyler soruyordu. Bir aramada "Çocuğun odasını, kitaplarını, masasını bile aradılar" dedim. O da bana "Yatağının altını, yatağın bazasını da aradılar mı?" diye sordu.

"Bilmiyorum, herhalde aramışlardır" dedim. Telefonu kapattım, aradan bir dakika geçmedi salonda arama yapan bir iki polis yeniden çocuğun odasına gitti. Baktım yatağın bazasını açmış, arama yapıyorlar. "İşte gizli delilleri buldular" dedim. Ağzı bağlı plastik bir torbayı açtılar, sonra birbirlerine baktılar, çünkü içinde kızımın vermeye kıyamadığı peluş oyuncaklar ve bebekleri vardı.

İşte o zaman anladım, polisin ilk geldiğinde "Cep telefonunu kapatın, artık gözaltındasınız" demesine rağmen evden ayrıldığımız saat 15.30'a kadar telefonumun açık kalmasına neden göz yumduğunu. Belli ki beni arayanları kayıt altına almak istiyor ve soruşturma için kanıt toplamaya çalışıyorlardı. Bir de herhalde benim kimleri arayacağımı görüp onun üzerinden bir sonuç çıkarmaya çalışıyorlardı.

Evimiz 100 metrekare. Ama aramaya gelen polis sayısı yirmi civarıydı. Avukatlar, apartmandan muşahitler derken evin içinde yaklaşık otuz kişi olduk. Bu sayıdaki polis bu büyüklükteki ev için fazla olduğundan kimi ayakta, kimi oturuyordu. Komşular çay servisi yapıyor, ateşi olan polise ağrı kesici veriyorlardı. Evin içinde komşulardan ateşi ve baş ağrısı için ilaç aradığım o polisin daha sonra araca binerken başıma bastıran kişi olması haksızlığa uğrayacağımın ilk işareti oldu.

CNNTürk'te "Medya Mahallesi"nde operasyon hakkında konuşan Ayşenur Abla (Aslan) bir süre sonra daire kapısının önünde belirdi. Son kez görüştük, sarılıp vedalaştık ve ayrıldık. Polisler koridorda bulunan üç metrelik kütüphanemizde de arama yaptılar. Orada bulunan fotoğraflarımıza, albümlerimize tek tek baktılar. Sonunda arabada birkaç CD ile evdeki CD'leri masanın üzerine koydular. Bir iki not, 1 micra kaset, 1 teyp kasedi gibi şeyleri tutanağa geçirdiler. Evdeki kablo net üzerinden internet bağlantısı sağlayan modemi sordular. Modemi evimizdeki bilgisayarla internete bağlanmak amacıyla kullandığımızı, bilgisayarın da evde kalmadığımızdan eşim ve kızımla bir haftadır yaşadığımız ka-

Ateşi yükseldiği için ilaç verdiğim polisin gereksiz yere başıma bastırarak teşekkürü.

Polislerin arasında evden çıkarken hemen geri dönecekmişim gibi rahattım.

yınvalidemin evinde olduğunu ve hemen getirtebileceğimi söyledim. Ama ekibin başındaki Turgay isimli komiser "Gerek yok, bu durumu tutanağa geçiririz" dedi. Sonunda "Evde kullandığımız ASUS E10 bilgisayar şu anda kayınvalidemin evindedir. İstendiği takdirde teslim edebilirim" ifadesi tutanağa geçti.

Kızımın balıklarına yem verip evden çıktım

Arama devam ederken ben de bir yandan ortalığı topluyordum. Polisin işini bitirdiği yerde ben düzeltmeler yapıyordum. Bir polis "Nedim Bey siz de amma düzenliymişsiniz" dedi. Ben de "Ben aksine çok dağınığımdır, ama eşim geldiğinde evi dağınık görmesin, zaten hasta, bir de evin haline üzülmesin diye topluyorum" karşılığını verdim.

En son kızımın japonbalıklarına da yem verdim ve saat 15.30 gibi polisler eşliğinde evden ayrıldım. Polisler çıkarken "Koridor yapın" gibi laflar ediyor, ben ise anlam veremiyordum. Ben resmen "Bir hata var, gidip onu halledip döneceğim" havasındaydım. Heyhat, apartmanın kapısından çıktığımda hayatımda gördüğüm en kalabalık gazeteci ordularından biriyle karşılaştım. Birçoğunu tanıyordum ve bana uzatılmış mikrofonlara bir şey söylememi istiyorlardı. Ben de başıma geleni ve yaptığım gazeteciliği en iyi özetleyecek cümleyi söyleyiverdim: "Hrant için, adalet için."

28 Şubat'ta Merve Kavakçı'nın evi aranamamıştı

Bu bölümün başlığını "28 Şubatçıların cesaret edemediğini polis yaptı" koymuştum. Bunun nedenini şimdi anlatayım. Hatırlayacaksınız, 28 Şubat sürecinde 18 Nisan 1999 seçimlerinde Fazilet Partisi'nden İstanbul milletvekili olarak TBMM'ye giren başörtülü Merve Kavakçı, yemin edemeden DSP'li milletvekillerinin baskısıyla genel kurul salonundan çıkmak zorunda kalmıştı.

Daha sonra ABD vatandaşı olduğu ortaya çıkan Kavakçı hakkında Ankara DGM savcılarından Nuh Mete Yüksel bir soruşturma açtı. Yüksel, 18 Ekim 1999 akşamı polis ve gazetecilerle birlikte Kavakçı'nın evine baskına gitti. Ancak Yüksel, 28 Şubatçılardan aldığı tüm desteğe ve DGM savcısının tüm yetkilerine rağmen Kavakçı'nın evine giremedi. Basın mensupları ve siyasetçiler öyle tepki gösterdiler ki 28 Şubat'ın kudretli savcısı Yüksel ne Kavakçı'nın ifadesini alabildi ne de arama yapabildi.

Yani 28 Şubatçılar tüm güçlerine rağmen Kavakçı'nın evine giremediler. Ama polis 3 Mart 2011 günü benim ailemle yaşadığımız eve girdi ve çocuğumuzun odasındaki masal kitapları, masasındaki okul ödevleri, yatak odamızdaki dolaplara kadar her yeri didik didik aradı.

Hepsini bir de kamerayla kaydetti.

Polis bir teröristin evi nasıl olur, bilmiyor mu? Elbette biliyor. Bizim evimizin terörist evi olmadığını da biliyor. Ama yaptığı baskında gücünü gösteriyor ve "Artık özel hayatınız yok, her yerde ben varım, istediğim evin telefonunu terörist evi diye dinlerim, istediğim evi, istediğim gibi arar, istediğim kişiyi tutuklarım. Tek güç sahibi benim" mesajı veriyordu.

Bu kararın altında da "ünlü kahraman savcı" Zekeriya Öz'ün imzası vardı.

Merak ettiğim ise aramaya gelen ekip, hatta Zekeriya Öz, o akşam evlerinde nasıl uyudular? Çocuklarını nasıl sevdiler? Çocuklarının masal kitaplarına baktılar mı? O gün karısına ve çocuğuna "Bugün Nedim Şener'in evine gittik. Sekiz yaşındaki kızının odasını bir güzel aradık, peluş oyuncakların içlerine bile baktık. Nedim Şener'in kızının ödevleri arasında delil aradık. Hatta yatak odalarında iç çamaşırlarından elbiselerine kadar her şeyi aradık" dediler mi? Başlarını rahat yastığa koydular mı?

Nezarethanenin parmaklıkları demir perde gibi geldi

Artık evde değildim, polis arabasında ve gözaltındaydım. Önce Haseki Hastanesi'ne gittik. Hastane girişinde de beni gazeteciler karşıladı. Meslektaşlarıma, İçişleri Bakanı Beşir Atalay'ın "Türkiye'de basın Amerika'dan özgür" sözünü hatırlatıp "Bakan Atalay'a selam olsun" dedim.

Polis, medya planlamasını öyle incelikli yapmıştı ki, hastane girişi ve çıkışı gibi her zaman girme imkânı olmayan Emniyet Müdürlüğü'nün altındaki nezarethane girişinde bile gazetecilerin görüntü almasına imkân tanımıştı.

İstanbul Emniyet Müdürlüğü Organize Suçlarla Mücadele Şubesi'nin nezarethanesine girdiğinizde kravat, gözlük, para, kemer, kimlik üzerinizde ne varsa alıp dolaba koyuyorlar. Aslında bu şok içinde şok. Çünkü yalnız eşyalarınızı değil, hayatınızı da elinizden alıyorlar. Artık Nedim Şener yok, polisin elinde tutuklu bir Nedim Şener var. Biraz sonra nezarethaneye alacaklar, yemeniz içmenizden tuvalet ihtiyacınıza kadar her şey için onlardan izin alacaksınız. Gün ışığı girmeyen nezarethanede saati, koridorda tur atan polislerden öğrenebileceksiniz ancak.

Nihayet ne olduğunu anlamadan tavandan yere kadar parmaklıklı olan nezarethaneye kapatılıyorsunuz.

İlk anda "Parmaklıklar ne kadar kalın" demiştim kendi kendime, "bu kadar kalın çubuk demiri nereden bulmuşlar?" diye düşünmüştüm. Öyle ki koridorda tur atan polisleri, akşam yemeğinde kumanya dağıtanları zar zor görebiliyordum. Parmaklıklar sanki bir duvar gibi gelmişti bana. Arkasını göremediğim bir duvar. Ama benim durumum ilk günün şaşkınlığındanmış. Ertesi gün alıştığımda parmaklıklar normal gelmeye başladı, polislerle ayaküstü sohbet bile ettim.

Kötü polis nezarethanede de kötü polistir

3 Mart Perşembe akşamı nezarethanedeyken avukatımız Nurcan Bayraktar beni ziyarete geldi. Süreci anlattı ve bir isteğim olup olmadığını sordu. Sonra da gitti. Bu görüşme, kapıda bir gözlemci polisin olduğu avukat odasında gerçekleşti. Saat 23.00'ü geçtiğinde bana verilen battaniyeleri sünger yatağın üzerine serdim, yüzüme de üzerimdeki montu çekip uyumaya çalıştım. Yüzümü örtmemin nedeni nezarethanedeki kameraydı. Emniyet'in yukarısında birilerinin benim bulunduğum odanın kamerasından beni izleyip pis pis sırıttığına emindim. Yüzümdeki ifadeyi –çekiyorsam ıstırabı da– görmek istiyorlardı. Evet, sıkıntılıydı, ama onlara bunu göstermeyecektim. Belki de bu düşüncem yanlıştı. Kimsenin beni izlediği falan yoktu ve ben kuruntu yapıyordum. O da ne? Tam bunları düşünürken bir polis gelip "Nedim Bey, avukatınız size bir şey mi verdi?" diye sormaz mı?

Görüşme zaten bir polis nezaretinde yapılıyor, görüşmeden sonra üzerimiz, ayakkabılara varana kadar yine polis tarafından aranıyordu. Polisin sorusunu duyunca "İşte şimdi oyun başlıyor" dedim içimden. Sonra "Hayır, bir şey vermedi" dedim polise. Polis "Olsun, biz üzerinizi arayacağız, dışarıya çıkıp benimle gelin" dedi. Beni kaldığım nezarethaneden uzağa, giriş kapısının önüne götürüp bir güzel aradı. Tavır karşısında tepki gösterdim.

Polis "Benim kabahatim yok, emir var, sizi arayacağız. Amirler böyle istiyor. Gözlemci polis arkadaş, avukatınızın size bir şey verdiğini söylemiş amirlere; bunun üzerine arama yapmamız söylendi" dedi.

Ben de "Madem gözlemci polis böyle bir şey görmüş, o anda tutanak tutup verilen neyse el koymalı ve işlem yapmalıydı" dedim. "Ama dert bu değil, ben sizin neyin peşinde olduğunuzu biliyorum" diye ekledim ve kaldığım 8 numaralı odaya doğru yürüdüm. Bir de ne göreyim, sokakta görseniz polis diyemeyeceğiniz, halk tabiriyle "at hırsızı kılıklı" iki memur benim kaldığım nezarethaneden çıkıyorlar.

Suçüstü yakalanmış gibi bakan iki polisi görünce çıkıştım, "Siz ne diye benim kaldığım yere giriyorsunuz?" dedim. "Arama yapıyoruz" deyince iyice sinirlendim. "Ben yokken arama yapamazsınız, nereden bileceğim ben sizin bir şey koymadığınızı, nereden bileceğim uyuşturucu ya da sim kart gibi şeyleri koymayacağınızı?" dedim.

Yattığım yere baktım, battaniyeler benim serdiğim gibi değil, dertop edilmiş, belli ki arama yapılmış. Polislere döndüm, "Bir yere gidemezsiniz, önce beraber arama yapacağız. Buradan herhangi bir şey çıkarsa sorumlusu sizsiniz" diye tepki gösterdim. Dört kişi yatağı kaldırıp altına baktık, battaniyeleri tek tek silkeledik, 4-5 metrekarelik odanın her yanına göz attım, ardından polisleri yolcu ettim. Bu olay da gösteriyordu ki, yukarıda birileri beni rahatsız etmek istiyordu. Yine montumu yüzüme çekip uyumaya çalıştım. Gün ışıdığında yine ayaktaydım.

Ahmet'i görünce neyin içine konduğumuza şaşırdım

Nezarethanenin neye benzediğini anlamak için dışarıdan bakmak da gerekiyormuş. Ama asıl içinde tanıdığı biri olduğu zaman bakmalıymış insan. Nezarethanede iki tuvalet var. Ben hep kapıya yakın olanına götürüldüm. Ancak bir seferinde kapıya uzak olanına götürdüler. Nezarethanedeki koridordan ilerlerken parmaklıkların arkasında, karanlık içinde siluetinden Ahmet Şık'ı tanıdım. "Ahmet sen misin?" diye sordum. "Benim Nedim, nasılsın?" diye karşılık verdi. "Rezillik işte" dediğimi hatırlıyorum. Ama Ahmet'in bulunduğu nezarethane, neyin içinde olduğumu bana gösterdi. Sanki birer yaratık gibi kafese kapatılmıştık ve bir sağa bir sola yürüyerek görüntüyü tamamlıyorduk.

"Abi gözaltına alınmam iyi oldu, namaza başladım"

Nezarethaneler ilginç insanları bir araya getiriyor. Yan yana olmasanız da konuşmalardan değişik şeyler öğrenebiliyorsunuz. Mesela karşı odada tutulan bir muhasebeciydi. Fazla konuşkan biri değildi. Ama biri vardı ki, beraber tutuklandığı kişiye "Abi tutuklanmam iyi oldu, burada namaza başladım" diyordu, polislerin duyacağı şekilde bağırarak.

Genelde cezaevine düşenler önce Kuranıkerim okumaya başlarmış. Hiç unutmam, yolsuzluk operasyonunda tutuklanan işadamlarının yanından ayırmadığı şey Kuranıkerim'di. Bilinmezlik, çaresizlik insanları bu tür yollara sürükleyebilir. Ama nezarethanede namaza başlamak çok uyanıkça bir fikir gibi geldi. Polisin gözüne girmek için yaptığını düşündüm. Ama yanılmışım, o adamın neden namaza başladığını daha sonra arkadaşıyla kısık sesle konuşurken öğrendim.

Adam, arkadaşına "Abi abdest alma bahanesiyle buradan çıkıp iki sohbet ediyorum, iyi oluyor" dedi.

"Size paşa battaniyesi verelim"

Gözaltında ikinci günümdü. Nezarethanede kaldığım oda çok küçüktü. İki adım atacak yer yoktu. Polise karşımda boş olan ve 6-7 adım atılmasına müsait odaya geçmek istediğimi söyledim. Odamı değiştirirken polis "Nedim Bey, gelin size diğer battaniyelerden vereyim" dedi. Beni battaniyelerin olduğu odaya götürdü. "Lacivert polar battaniyelerden alın, onlar daha iyi, 'paşa battaniyesi'" dedi. "Neden paşa battaniyesi diyorsunuz?" diye sorduğumda, "Balyoz'da tutuklanan paşalar için alınmıştı da ondan" deyince polislerin bu işlerden ne kadar eğlendiğini o an anladım.

Polis: Gazeteciler bu kez sıranın kendilerinde olduğunu anladılar...

Nezarethanede sabah ve akşam olmak üzere iki öğün yiyecek veriyorlar. Yiyecek; poşet içinde yarım ekmek arası peynir, meyve suyu veya sudan oluşuyor. Yanımda getirdiğim kitabı okuyarak günü geçirmeye çalışıyordum. İlk gece avukatımızla Organize Şube'ye çıkıp el konulan eşyaların kaydını yaptılar. Aralarında iki de ses bandı vardı. Üstüne rahatlıkla kayıt yapılabileceği için bantların bizim de olduğumuz anda dinlenmesini istedik. Bu istek cuma akşamı yerine getirildi.

Polisin teknik inceleme yaptığı odaya gittik. Ben ilk kez bir pencere gördüğüm için odanın camına yöneldim. Çünkü nezarethanenin tek penceresi, yaklaşık 4-5 metre yüksekliğindeki duvar ile çatı arasında yaklaşık 30 santimetrekarelik bir delikten oluşuyordu.

Teknik incelemenin yapılacağı odanın camına doğru ilerleyince komiser "Fazla yaklaşmayın, neredeyse gece oldu, basın halen burada, sizi görmesinler" dedi.

Pencere Vatan Caddesi'ne, Emniyet Müdürlüğü'nün ana giriş kapısına bakıyordu. "Çok mu gazeteci ve televizyoncu var gerçekten?" diye sordum. "Bu sefer gerçekten çok fazla televizyoncu var. Herhalde bu kez sıranın kendilerinde olduğunu anladılar" dedi.

Komiserin sözlerine kızmadım. Yalnızca olacakların habercisi olduğu için gazeteciler adına endişelendim. Beni rahatsız eden tek şey, komiserin bu sözleri söylerken takındığı son derece rahat, kendine güvenli ve "Artık güç bizde" diyen tavrıydı.

Cumartesi sabahı elinde bir kâğıtla gelen polisin "Nedim Bey, gözaltı süreniz bir gün daha uzatıldı. Bunu size tebliğ ediyorum. Şuraya imza atın" sözleriyle güne merhaba dedim.

"Nasıl yani, Emniyet'te susma hakkımı kullanacağım. İfade için neden savcılığa sevk etmiyorsunuz?" diye sordum. "Savcılığın talebi zaten" karşılığını verdi. Anlaşılan hafta sonunu nezarette geçirecektim. Öğlene doğru bir hareketlilik hissettim. Bir polis geldi. "Nedim Bey ifadeye alacağız sizi" dedi. Nihayet neyle suçlandığımı öğrenebileceğimi düşündüm. Gerçi poliste ifade vermeyecektim, susma hakkımı kullanacaktım, ama en azından bana nelerin sorulacağını görebilecektim.

En uzun gün

Cumartesi, yani poliste ifadeye alındığım günü en uzun gün diye nitelememin nedeni, pazar sabahı tutuklanmamıza kadar geçen sürede dinlenmeden saatler boyu ifade vermemdi. Susma hakkını kullanıyorsanız poliste işlemler çok kısa sürebiliyor. Yanlış anlaşılmasın, günlerce süren gözaltını kastetmiyorum. İfade alma işlemlerinden söz ediyorum. Çünkü polis her sorunun altına "Susma hakkımı kullanmak istiyorum" cümlesini kes/yapıştır yöntemiyle yerleştiriyor. Böylece eğer soruları tek tek okumuyorsanız ya da soruların size tek tek okunmasını istemiyorsanız 20-30 dakikada işlemler tamamlanıyor. İfadenin altına imza attıktan sonra da savcılığa doğru yolculuk başlıyor.

Ancak ben soruların bana tek tek okunmasını istedim. İki genç polis başladılar okumaya. O sorulara ileride geniş biçimde yer vereceğim, ama beni neyin rahatsız ettiğini anlatayım.

"Ergenekon terör örgütü üyesi olduğunuz anlaşılmıştır, ... kitabını sizin yazdığınız anlaşılmıştır, ... belgesine göre hareket ettiğiniz tespit edilmiştir, ... 2009'da hakkınızda Ergenekoncu diye mail atılmış dolayısıyla ne gibi faaliyetlerde bulundunuz? Sabit telefonda görüşüyorsunuz neden gizliliğe riayet ediyorsunuz..." gibi sorudan çok infaz etmeye yönelik ithamlar üst üste sıralanmıştı. Düşünün, iktidara yakın bir gazetecinin televizyon programındaki yalan bir beyanı bile soru olarak karşıma çıktı. "O televizyon programında şöyle konuştun, bu televizyon programında böyle konuştun, o zaman sen Ergenekoncusun" şeklinde sorularla karşı karşıya kaldım.

Ben de polislere "Bu soruları kim hazırladı, böyle soru olur mu? Hiçbir somut delil koymadan silahlı terör örgütü üyesi diyorsunuz, kendi hasta kafanızda kurduğunuz senaryoları soru diye karşımıza koyuyorsunuz. Gazetecilerin yalan sözlerini bile soru haline getirmişsiniz. Böyle soru olmaz" diye çıkıştım.

Sorgu odasında tepeden sallanan çubuk şeklinde mikrofonlar dikkat çekiyordu. Mutlaka kamerayla da izleniyorduk. Polis memurları beklemedikleri bir tepkiyle karşılaştıklarından fazla da konuşmuyorlardı. Yalnız biri "Soruları biz hazırlıyoruz, ama amirlerimiz de gözden geçiriyor. Onların da onayı ve katkısıyla hazırlanıyor" dedi.

Bu sözlerden kısa bir süre sonra daha rütbeli olduğu anlaşılan bir polis memuru geldi. Diğerleri odadan çıktı. Yeni gelen yumuşak bir ses tonuyla "Tepki gösteriyorsunuz, ama sorular bu rada hazırlanıyor. İşlemleri hızlandırırsak bir an önce savcılığa gidebiliriz" dedi. "Soruları hızla okuyalım bitirelim" diye ekledi. Ardından her sorunun altına "Susma hakkımı kullanmak istiyorum" cümlesi eklendi. Tekrar nezarethaneye döndüm, "paşa battaniyeleri"ni aldığım yere koydum, aynı operasyonda gözaltına alındığımız aynı örgütün üyesi olarak suçlandığımız ve hayatımda ilk kez karşılaştığım kişilerle yan yana dizildik.

Aynı operasyonda tutuklandığımız bazı sanıkların ifadeye gidip geldiklerini duyuyorduk, ama Ahmet Şık ile beni adliyeye Zekeriya Öz'ün karşısına götüren polislerde bir telaş gözlemliyordum. Hani yolda karşıdan karşıya geçerken elinden tutulan çocuklar koşar adımla neredeyse sürüklenircesine yürütülür ya, aynen öyle. Polisin ifade alışı, ifadelerin tamamlanışı, sağlık kontrolüne sevk, ardından Adliye'ye götürülüş tam bir koşturmacaydı. Polisler "Hadi savcı bekliyor" deyip duruyorlardı.

O gün, yani cumartesi başlayan, pazar sabahı Metris Cezaevi'nde biten o maratonu size şöyle anlatayım:

5 Mart 2011 günü saat 11.38'de poliste ifadeye çıktım. Detaylarına biraz sonra değineceğim ve susma hakkımı kullandığım ifade işlemi saat 13.15'te bitti. Yani susma hakkım neredeyse iki saat sürdü.

Benden sonra Ahmet Şık ifadeye girdi. Onun işlemleri o kadar uzun sürmedi.

Poliste işlemler tamamlanınca Fatih Adliyesi'nde sağlık kontrolüne girdik.

20-25 dakikalık işlemden sonra Ahmet Şık ile beni bir minibüse bindirip E-5 yolu ve Beşiktaş'a çıkan yeni tünellerden geçirerek Beşiktaş'taki Adliye binasına getirdiler.

Savcı Öz bizden önce Ankara'dan getirilen bir başka kişinin ifadesini alıyordu. Ben ifadeye saat 15.30 gibi girdim. Saat 19.30'a kadar, yani 4 saat savcıya savunma yaptım. Benden sonra Ahmet Şık ifadeye girdi. 1,5 saat de o ifade verdi. Savcı Öz saat 22.00'ye doğru tutuklama istemiyle bizi mahkemeye sevk etti. Saat 23.00 gibi İstanbul 10. Ağır Ceza Mahkemesi hâkiminin önüne çıktık. Ahmet Şık ve benim mahkeme sorgumuz 6 Mart Pazar sabahı saat 06.00'ya kadar sürdü. Polis, savcılık ve mahkeme sorgu işlemleri alt alta toplandığında 12 saat 40 dakika sürmüştü.

Sonunda "silahlı terör örgütü üyeliği"ne dair hiçbir somut delil olmadan, "Hanefi Avcı'nın kitabının bir bölümünü sen yazdın, Ahmet Şık'ı kitap yazarken sen çalıştırdın" diyerek üç satır gerekçeyle hakkımda tutuklama kararı verilecekti.

O savcıyla karşı karşıya

Savcılık ve mahkeme aşamalarında çok ilginç şeyler yaşandı. Sonunda dört yıldan beri adı manşetlerden ve ağızlardan düşmeyen Savcı Zekeriya Öz ile tanışacaktık. Polislerin bizi adliyeye getirirkenki telaşına bir anlam verememiştim. Ta ki adliyenin önündeki kalabalığı görene kadar. Sonradan Hrant Dink'in kardeşi Hosrof Dink'in de arasında olduğunu öğrendiğim kalabalığın tezahüratları adliyenin içinden de duyuluyordu. Minibüsten önde ben, arkada Ahmet Şık el sallayarak indik. Doğruca savcının bulunduğu kata alındık. Bizden önce ifadesi alınanların çıkmasını beklerken o günkü gazetelere göz atıp sohbet ediyorduk. Ahmet Şık'ın avukatları Fikret İlkiz ve Akın Atalay ile benim için gelen gazetemizin avukatları Prof. Dr. Köksal Bayraktar, Şehnaz Yüzer ve başından beri yanımdan ayrılmayan Nurcan Bayraktar vardı.

Gazeteleri okuyunca polisin telaşının nedeni anlaşılıyordu. Türkiye ve dünyadaki gazetecilik kuruluşları, uluslararası kuruluşlar adeta ayağa kalkmıştı. Elbette polis ve savcıyla beraber çalışan "operasyon medyası" hariç. Onlar ne hukuk ne ilke, ne erdem ne de vicdan ölçüsü tanıyorlardı; masum olabileceğimize, bize bir komplo kurulmuş olabileceğine dair en küçük bir şüphe duymadan "silahlı terör örgütü üyesi" olduğumuza dair yayınlar yapıyorlardı. Onlara göre Ergenekon polisi ve savcısı ne yaparsa doğruydu.

Belki bize yönelik operasyon hakkında şüphesi olanlar vardı, ama eğer bir yanlışlık yapıldığı anlaşılırsa tüm Ergenekon süreci tartışmaya açılabilirdi. O nedenle bazı köşe yazarları bırakın bizim masum olabileceğimizi düşünmeyi, polisten ve savcıdan da çok gayret harcayarak bizim nasıl Ergenekoncu olabileceğimize insanları inandırmaya çalıştılar. Oysa bizi tanıyan herkes biliyordu ki, Türkiye'de derin devlet, yolsuzluk, rüşvet, hortumlama,

Beşiktaş Adliyesi'ne getirilirken.

vergi kaçakçılığı, yargısız infaz yani topluma karşı işlenmiş hangi suç varsa bizler yıllarca onun karşısında olmuştuk, tehdit edilmiştik, mahkemelere verilmiştik. Adliyede ifade sıramızı beklerken bol bol sohbet ettik. Özellikle polislerle sohbetten, bizim tutuklanmamızın medyaya yönelik büyük bir operasyon olacağı izlenimini edindim. Polisin gazeteciler hakkında ne kadar olumsuz bakış açısına sahip olduğunu görüp üzüldüm.

Derken bir hareketlenme oldu. Savcı Öz'ün bizi çağırdığı haberi geldi. Elimde polisin hazırladığı 50 sorunun yer aldığı 16 sayfalık ifade tutanağıyla Zekeriya Öz'ün odasına yöneldim. Elimdeki ifade tutanağını sıkı sıkı tutuyordum. Polisin hazırladığı ve savcılıkta da yöneltilecek sorulara kelime kelime cevap verecektim.

"Bir gazetecinin geçmişi onurudur"

Sonunda 2007 yılından beri adı gündemden düşmeyen "Ergenekon Savcısı" Zekeriya Öz'ün odasındaydım. "Silahlı terör örgütü üyeliğinden" sanıktım. Sorgulamaya gazetemizin avukatları Prof. Dr. Köksal Bayraktar, Nurcan Bayraktar ve Şehnaz Yüzer de girdi. Savcı Öz, pek memnun olmayan bir yüz ifadesiyle "Poliste susma hakkınızı kullanmışsınız. Burada da susacaksanız sizi mahkemeye sevk edeyim" dedi.

Oysa ben poliste susma hakkımı kullanarak cevaplamayı reddettiğim sorulara savcılıkta yanıt verecektim. "Hayır savcım, tek tek, kelime kelime cevap vereceğim" dedim. Ve karşısındaki koltuğa oturdum.

Sorguya özgeçmişimle başladım. Özgeçmişi detaylı bir şekilde kayda geçirttim. Savcı Öz'e "Bir gazetecinin geçmişi onurudur" dedim.

Sorgulanmadım, saldırıya karşı kendimi 5,5 saat savundum

Ertesi gün gazetelerde "Nedim Şener savcı tarafından 5,5 saat sorgulandı" diye haberler vardı. Hayır, ben sorgulanmadım, soruları kendim okudum ve ben cevap verdim. Savcı da anlattıklarımdan belli cümleleri ifadeye geçirdi. Yani ben sorgulanmadım, tam 5,5 saat kendimi savundum. "Savunma" kelimesini özellikle kullanıyorum. Çünkü ben savcılıkta kendimi "saldırı" altında hissediyordum. Sorgulanmak, suçlu birine karşı yapılabilecek bir işlemdi bana göre. Oysa ben, şahsımın ve gazeteciliğimin saldırı altında olduğunu düşünüyordum. Yalnız savcıya karşı değil, polisin saldırısına karşı da savunur gibi hissediyordum kendimi.

Soruları polis hazırladığı için Savcı Öz tamamına hâkim değildi. Sorgu sırasında "Biz her şeye yetişemiyoruz. Bu hazırlıkları da polis yaptı" demişti zaten. Yani ben savcıya değil, polise karşı kendimi savunuyordum.

Savcı Öz'ün görüntüsü beni şaşırttı. Genelde televizyon ekranlarından ayakta gördüğüm Öz, oturduğu yerde çok daha fazla kilolu görünüyordu. Arkasında kitap ve dosyaların bulunduğu rafta gözüme takılan kaliteli bir puro kutusu onun adına endişe vericiydi. "Bu kadar kilo fazlası olan birinin puro içmesi halinde ileride sağlık problemleri yaşaması kaçınılmaz" diye düşündüm.

"Yapılacak operasyonu önlemek için mi eşinin kalp operasyonunu yaptırdın?"

Savcı Öz bana karşı önyargısız görünmeye çalışıyordu, ama nezaketten uzak bazı yorumları öyle olmadığını gösteriyordu.

Savcı Öz "Kendinize yönelik operasyonu [Ergenekon] engellemek için mi eşinizin kalp operasyonunu yaptırdınız?" diye sorunca şaşkınlıktan ne diyeceğimi bilemedim. Ancak hayatı hesaplı kitaplı yaşayanların aklına gelebilecek, karşısındaki herkesi de kendisi gibi görenlerin sorabileceği bu soruyu bir cumhuriyet savcısından duymak benim için tam bir şoktu. Polisin hazırladığı ve birbirinden saçma sorulara yanıt vermek hiç koymadı, ama Savcı Öz ile bu ilk ve tek karşılaşmam benim için hayatım boyunca unutamayacağım bir ana dönüştü.

Bir gün gelir her şey unutulur. Ama bu sözler asla... İlk soru özgeçmişimle ilgiliydi. Sorulacak her soruya yanıt vereceğimi söyledim. "Çünkü bir gazetecinin geçmişi hem namusu hem de onurudur" dedim.

Önce aynı operasyonda tutuklandığım Ahmet Şık ve Odatv'de yazı yazan ve yöneticilik yapan kişileri tanıyıp tanımadığım soruldu. Ben de Ahmet Şık dışında kimseyi tanımadığımı söyledim. Ahmet, *Radikal* gazetesi muhabiriydi. Ben de *Milliyet*'te çalışıyordum. İkimiz de aynı binadaydık. Ayrıca akşamları bazen aynı servise biner, Ataköy durakta iner, belediye otobüsüne binip Bakırköy'deki evlerimize giderdik. İşte ilişkimiz buydu.

Bir diğer soru, Odatv'den Barış Terkoğlu'nun beni telefonla araması hakkındaydı. 16 Eylül 2009 tarihinde gerçekleşen görüşmeyle ilgili soru şöyleydi:

> Telefon görüşmesinde özetle; Barış'ın "Nedim Bey merhabalar ben odatv.com sitesini bilir misiniz bilmiyorum", "adım Barış Terkoğlu nasılsınız", "Soner Bey'le konuştuk da biz görmüşsünüzdür belki bugün gazetelerde Hrant Dink Ödülü Alper Görmüş'e verildi", "Ya biz bunu eleştiren bir şey yapmak istiyoruz da...", "... siz meseleyi incelemiş biri olarak bize hani öneride bulunabilirsiniz nasıl isterseniz" dediği, sizin "Yani sizin bakın sizin çıkarsamalarınız zaten şey belli bi doğrultu gösteriyor" dediğiniz, Barış'ın "Şimdi yani bizim hakkımızda Soner Bey'le röportaj yapabiliriz veya sizin yazmak istediğiniz bir şey varsa onu yayınlayabiliriz" dediği ve görüşmenin devamında sizin "... yorum tamamen size ait olsun nolur, ben o konuda daha fazla şey yapmayayın" dediğiniz, Barış'ın "Tamam o zaman biz sizinle hani hem şöyle bi tanışmış olduk" dediği, sizin "... Soner Abi'ye de selam söyleyin, ne zaman isterseniz" dediğiniz tespit edilmiştir.
>
> Görüşmenin içeriğinden Odatv ve Soner Yalçın'la samimi bir irtibatınız olduğu anlaşılmaktadır. Görüşmenin içeriğini açıklayınız?

Savcı Öz, görüşmenin nedenini uzun uzun anlatmama rağmen yalnızca iki satırını ifademe geçirdi. O da, benim Odatv çalışanlarıyla samimi olmadığımın konuşmadan anlaşıldığının kayda geçmesinden ibaretti. Oysa ben savcıya şunu anlatmıştım: Barış Terkoğlu, Hrant Dink Ödülü'nü kazanan gazeteci Alper Görmüş'ü eleştiren bir haber yapmıştı ve benden de kendi görüşünü destekleyen bir yorum almak istemişti. Ben ise bu tür bir yorum yapmayacağımı açıkça söylüyorum. Telefonu kapatırken "Soner Abi'ye selam söyleyin" gibi bir cümleyi hatırlamıyorum. Selam söyleyin dediysem "abi" gibi bir kelime etmem için bir neden yoktur. Çünkü Soner Yalçın'ı hiç tanımadığım gibi "abim" olacak yaşta olduğunu da sanmıyorum.

Terör değil, gazeteciliğim sorgulanıyor

Soruların önemli bir kısmı 2009 yılına ilişkindi. Tamamı gazetecilik faaliyeti, haber ya da yazdığım kitaplarla ilgiliydi. Ve sorular gazetecilik gereği yaptığım telefon görüşmelerinin sanki örgütsel faaliyet gibi düzenlenmesinden ibaretti. Güya terör örgütü üyeliğiyle ilgili sorular soruluyordu ama sorgulanan gazeteciliğim ve hayatımdı. Sorulara konu olan telefon konuşmaları da haber kaynaklarımdı. Örneğin, haber amacıyla İstihbarat Dairesi eski Başkanı Sabri Uzun, Edirne Emniyet Müdürü Hanefi Avcı, "Arena" programında beraber çalıştığım Uğur Dündar, gazetedeki şefim, CHP Basın Müşaviri Baki Özilhan gibi...

Oysa neredeyse 20 yıllık muhabirlik hayatım boyunca binlerce insan tanımış, yüz binden fazla telefon görüşmesi yapmıştım. İşadamından polise, politikacıdan bürokrata kadar herkesle görüşmüştüm. Ama polis birkaç telefon görüşmesini alıp örgütsel bir bağ oluşturmaya çalışmıştı.

Savcılıkta beni suçladıkları 2010 yılına ilişkin "deliller" ise CNNTürk, Habertürk televizyonlarında katıldığım tartışma programları ile gazetede yazdığım yazılardı.

2011 yılına ilişkin "deliller" –yine tırnak içinde yazıyorum– ise 14 Şubat 2011 tarihinde Odatv'nin bilgisayarında kim tarafından hazırlandığı tartışmalı olan, hazırlayanı bulunsa bile benimle uzaktan yakından ilgisi olmayan word dokümanlarıydı. Bu dokümanlarda "Nedim" adı geçiyor diye benim "silahlı terör örgütü üyesi" olduğum iddia edildi. Bu dokümanlarda yer alan bir iki cümleye göre, ben Hanefi Avcı'nın kaleme aldığı kitabın bir bölümünü yazmış, Ahmet Şık'ı da yazdığı kitap için "çalıştırmıştım". Oysa ben böyle bir şey yapmadığım gibi hem Hanefi Avcı hem de Ahmet Şık, kitaplarını kendilerinin yazdığını belgeliyordu. 20 yıllık gazetecilik hayatımda yazdığım her kelimeyi sahiplenmiş, haber ve kitapları nedeniyle hakkında 100'den fazla dava açılmış, yüzlerce yıl hapis istemiyle yargılanmış, trilyonlarca liralık tazminat talepleriyle yaşamış bir gazeteci olarak, şimdi yazmadığım ve yazımına da katkım olmayan kitaplar nedeniyle hayatımın en ağır suçlamasıyla karşı karşıya kalıyorum.

Şimdi dönüyorum 2009 yılına ilişkin olarak yaptığım telefon konuşmalarına, hani beni Ergenekon üyesi olmakla suçlayan o konuşmalara... Bir tanesi Edirne Emniyet Müdürü iken Hanefi Avcı'yla yaptığım görüşmedir. Görüşmeyi aktarmadan bir ön bilgi vereyim. Hatırlayacaksınız, Ergenekon iddianamelerinde ilgili ilgisiz birçok şey yer alıyor. Bunlardan biri de yıllar önce kaleme alınmış yalanın yer almasıydı. Bu, Uğur Dündar'ın eşi Yasemin Dündar'ın yurtdışına gidişiyle ilgiliydi. Tamamen yalan olan bu yazının iddianamede yer alması üzerine Dündar, Star TV ekranlarından sert tepki göstermişti bunu iddianameye koyan savcılara. Sen misin tepki gösteren; birkaç gün sonra *Vakit* gazetesinde Dündar ailesinin yıllar itibarıyla yurtdışına gidiş ve dönüş tarihlerinin ayrıntılı listesi yayınlandı.

Dündar tepkisini savcılara göstermişti, ama yanıt polisten gelmişti. Çünkü o bilgilerin tek kaynağı olabilirdi: Polis. Nitekim, Türkiye'nin birkaç ilinden Dündar ailesinin yurtdışına gidiş ve dönüş bilgilerine girilmişti. Bunu da ancak yetkili polisler kendilerine özel şifreleriyle yapabilirlerdi. Polisler şifreyle bilgisayarlara girip ulaştıkları bilgileri gazeteye vermişlerdi.

İlk araştırmalar Ankara'da Kaçakçılık ve Organize Suçlarla Mücadele Dairesi (KOM), İstanbul Emniyet Müdürlüğü, Trabzon ve Edirne gibi il emniyet müdürlüklerini işaret ediyordu. Daha sonra açılan davada bu bilgileri de polisin sızdırdığı anlaşıldı. Üç polis hapis cezasına çarptırıldı. Ben de konuyu araştırmak için birkaç yerle görüştüm. Bunlardan biri de Edirne İl Emniyet Müdürü Hanefi Avcı'ydı. Çünkü Edirne polisi de bu kayıtlara girmiş görünüyordu. Konuyla ilgili olarak şu soru soruldu:

24.05.2009 günü saat 10.58'de Hanefi Avcı ile yaptığınız telefon görüşmesinde özetle; sizin "Bu Milliyet'te şey var, bu Dündar çiftinin kayıtlarıyla ilgili", "Uğur Dündar'ın hani eşiyle ilgili bi haberler vardı ya", "He işte bunla ilgili, işte hani hangi birimlerden ee bu şifreyle giriş yapılıyo, bakılabiliyo ya", "Yurtdışı çıkış bilgileriyle", "Bi tane de sizin müdürlüğünüzden görünüyo", "Eee hani bunları kim sızdırdı falan, Uğur Bey'le demin de konuşuyorduk bi Hanefi Bey'e sor bakalım bilgisi var mı falan dedi, ben de bi arayayım dedim...", "Eee Emniyet'te

Edirne'den kim giriş yapmış olabilir falan diye" dediğiniz, H. Avcı'nın "Abi ilk defa duyuyorum ancak orda şey önemli, tarihi ne zaman acaba, çünkü kastedilen tarihte, kim görevli kim ... (anlaşılmadı), Edirne İl Emniyeti de, biz de 5-6 tane birim var, buraya girip çıkıp bakabilir, inceleyebilecek imkâna sahip olan", "Bizden, bizden, log kayıtları bizden görülemez, sadece Ankara görebilir onu", "Ha bi de şöyle bi şey var, sadece ad soyada dayanarak sorgulandığı için", "Ve o adamın öncesi ve sonrasına, bakmak lazım, bu adamın asıl kahbi ... (anlaşılmadı) kimi sorguluyordu, şimdi mesela Nedim Şener diye bakarsın da, senle birine değil başka birine bakanlar vardır, bi de gerçekten ona bakanlar vardır", "Şimdi Dündar soyadlı insanlar vardır ona bakmak ayrı şey, Uğur Dündar o, şeyden anlaşılır, ondan önceki ondan sonraki sorguladığından aynı terminal, mesela kimi sorguluyo, başka kime bakıyo" dediği, görüşmenin devamında H. Avcı'nın "Ama o yalnız o şey, o Emniyet İstihbarat tarafı, tek dairenin tek kişinin elinde, bu tarafta yapamazlar log kayıtlarını silmeyi", "Bilgi İşlem Dairesi'nde bu yapılamaz" dediği tespit edilmiştir.

Bu görüşmeye bakıldığında, Hanefi Avcı'nın tamamen meslek içersinde çok gizli kalması gereken birçok bilgiyi sizinle paylaştığı ve ayrıntıları ile anlattığı görülmektedir. Dolayısıyla sizin Hanefi Avcı ile aranızda karşılıklı çok samimi bir ilişkinizin olduğu anlaşılmıştır.

Hanefi Avcı'nın mesleği ile ilgili bu kadar önemli ve gizli bilgileri sizinle paylaşmasının sebebi nedir?

Oysa konuşmadan da anlaşıldığı gibi Hanefi Avcı hiçbir gizli bilgi vermiyordu. Ben ona Edirne'de bu konuda bir araştırma yapıp yapmadığını soruyordum. O da bana sistemin nasıl çalıştığını anlatıyordu. "Edirne'de şu araştırmayı yaptık" demediği için haber bile çıkmamıştı.

Bir başka soru, tamamen haber amaçlı olarak Hanefi Avcı'yla yaptığım telefon görüşmesinden geldi. İsterseniz önce soruyu okuyalım:

Soruldu: 20.10.2009 günü saat 15.37'de Hanefi Avcı ile yaptığınız telefon görüşmesinden özetle; sizin "Haberi görebildiniz mi diye aradım sizi" dediğiniz, H. Avcı'nın "He haberi göremedim sadece duydum ama bakamadım...", "bi tekzip metni hazırladım biraz önce hem Tufan Bey'e çektim hem de diğer basın organlarına çektim...", "... Tufan Bey'le telefonla konuştum", "yani yanlış biçiminizle insanlara aşağalayan bi tarz var yani böyle sipariş iş yapan biri gibi falan bu hoşuma gitmedi falan dedim... kendi de rahatsız oldu" dediği, sizin "Bugün internet siteleri falan bu Odatv moda TV işte bütün internet sitelerinde falan var bol bol yani" dediğiniz tespit edilmiştir.

Görüşmeyi açıklayınız.

Savcı Öz'e de anlattım; Tufan Türenç *Hürriyet* gazetesindeki köşesinde bir yazı kaleme almıştı. Yazısında, sosyal demokrat bir belediye başkanının görev yaptığı bir kente atanan emniyet müdürünün hükümetle pazarlık yaptığı ve AKP'li olmayan o belediye başkanına karşı yolsuzluk operasyonu düzenleneceğini anlatıyordu. Çalıştığım gazete de o gün konunun araştırılması, yazıda kastedilen kentin belediye başkanı ile ona karşı pazarlıkla yolsuzluk operasyonu yapacak emniyet müdürünün kim olduğunun haberleştirilmesini istedi. Ben de konuyu araştırdım ve kentin Eskişehir, Belediye Başkanının Yılmaz Büyükerşen ve operasyonu yapacak kişinin de Hanefi Avcı olduğunu belirledim. Ancak konuştuğum taraflar bunu yalanladı. Hanefi Avcı da hükümetle ya da başka biriyle pazarlık yapmadığını, Büyükerşen'e saygı duyduğunu, ancak somut belge ve bilgi olması halinde de araştırmaktan kaçınmayacağını söyledi. Öğrendiğim her şeyi 20 Ekim 2009 günkü *Milliyet* gazetesinde yazdım. O gün Hanefi Avcı'yı arayıp haberi görüp görmediğini sordum. Konuşmanın içeriği tamamen buydu.

Fakat ilginç bir şey oldu. 20 Ekim 2009'da yazdığım haberle ilgili "yalanlama" Odatv isimli internet sitesinde yayınlandı. Benim taraflarla konuşup yazdığım haberin Odatv'den yalanlanması beni şaşırttı. Bunun üzerine Odatv'nin sahibi Soner Yalçın'ı arayıp nedenini sordum. O da bana "Ben aynayım, neyse yansıtıyorum" dedi. Tam bir açıklama olmasa da nezaket içinde konuşmayı bitirdim. Hayatımda Soner Yalçın'la ilk ve tek telefon konuşması da budur.

Soner Yalçın gazeteciliği ayna olmak şeklinde yorumlayabilir. Buna bir sözüm yok. Benim içinse gazetecilik, aynaları kırmak, yansıtılan görüntünün arkasındaki gerçeği göstermektir. Duvarları yıkmak gibi. Bana anlatılanı değil, gerçeği aktarmaktır. Konuşmamda da bunu yansıtmıştım.

Uğur Dündar ile konuşmayı şifre sanan polis

40 yıllık televizyoncu ve gazeteci Uğur Dündar, soruşturmacı gazetecilerin çektiği sıkıntıları en iyi bilen isimdir. Son birkaç yıldır "Arena" programında bana da "konuk programcı" olarak yer veriyordu. İki habercinin, hele hele beraber çalışan iki habercinin konuşmasından, telefonlaşmasından daha doğal ne olabilir?

Ama polis bu konuşmalarla ilgili olarak öyle sorular hazırlamış ki, sanki gazeteci değil teröristsiniz; önce o soruları vereyim:

Soruldu: 23.07.2009 günü saat 21.47'de Uğur Dündar ile yaptığınız telefon görüşmesinde özetle; U. Dündar'ın "Şimdi yarın ödül töreninde o kokteyl sırasında bir arkadaşım gelecek" dediği, sizin "Evet hıhı" dediğiniz, U. Dündar'ın "Sana bir dosyadan bahsedecek sen tabii onla görüş ama daha sonra bana o konuda hiçbir şey telefonda söyleme" dediği, sizin "Tamam oldu abi" dediğiniz, U. Dündar'ın "Aslında çok şey bir olay" dediği, sizin "Tamam abi" dediğiniz, U. Dündar'ın "Bana biraz uçuk gibi geldi ama yani çok ciddi bir insan söyleyen", "Belgeler falan da var elinde eğer dediği gibiyse hakkaten gündemi değiştirebilecek bir iş", "Dediğim gibi telde katiyyen konuşmayalım", "Tamam mı sen bi dinle bakalım" dediği, sizin "Ben size inşallah ulaştıracam size peki" dediğiniz tespit edilmiştir.

Görüşmede gizliliğe dikkat etmenizin sebebi nedir?

23.07.2009 günü saat 21.49'da Uğur Dündar ile yaptığınız telefon görüşmesinde özetle; U. Dündar'ın "Sadece benimle değil başka hiç kimse ile telefonda o konu ile ilgili görüşme" dediği, sizin "Yo yo hiç merak etmeyin siz", "Şey artık onu olmuş bilin siz" dediğiniz tespit edilmiştir.

Görüşmede gizliliğe dikkat etmenizin sebebi nedir?

Savcı Öz'e ayrıntılı anlattım, ama iki satırını ifadeye geçirdi. Burada ayrıntılandırayım. Ardından bana sorulan bir başka soru var ki evlere şenlik, güler misin ağlar mısın cinsinden...

Konu şu: 24 Temmuz 2009 günü Türkiye Gazeteciler Cemiyeti bana "Basın Özgürlüğü" Ödülü verecekti. Bir gün önce, yani 23 Temmuz günü Uğur Dündar beni arayıp, bir tanıdığının beni bulacağını ve yolsuzluk konusunda bir haberden söz edeceğini anlattı. Ancak haberin ses getiren önemli bir yolsuzluk dosyası olma ihtimaline karşı, içeriğinin dışarıya sızmaması konusunda telkinde de bulundu.

Evet, ben haftada bir "Arena" programına katılıyorum, ama neticede *Milliyet* gazetesi muhabiriydim. Dolayısıyla Uğur Dündar'ın kendisine gelmiş bir bilginin herhangi bir yere sızmasından endişe etmesi doğaldı. Önemli haberlerde gazeteciler bu endişeyi taşır. Değil telefonla konuşmak, önemli haberleri en yakınlarına bile söylemedikleri olur. Sadece gazeteciler değil, gazeteler bile haber sızmasın diye önemli, ses getirecek haberi gazetenin taşra baskısına, yani erken yapılan baskısına koymaz. Böylece erken taşra baskının diğer gazetelerin eline geçmesi ve özel haberin ertesi gün yalnızca o gazetede yayınlanması sağlanır. Aynı özen televizyonlar için de geçerlidir. "Son dakika" yayınlarıyla saniyeler içinde haberlerin verildiği televizyonculukta haber yayınlanana kadar onu saklamak en zor iştir. Hele hele haber haftada bir yayınlanan bir programda tartışılacaksa onu saklamak en zor iştir. Haberin çok az kişi tarafından bilinmesi gerekir. Ta ki yayın saatine dek. İşte Uğur Dündar'ın bana telefonda söylediği de budur. Haberin hangi yolla olursa olsun sızmaması için "Benimle dahi telefonda konuşma" demesi bu konudaki azami dikkati göstermem için yaptığı uyarıdan başka bir şey değildir.

Şimdi soracaksınız "O gece önemli dosya hakkında görüşme yapabildin mi?" diye. Evet, görüştüğüm kişi CHP Basın Müşaviri Baki Özilhan'dı. Ankara ve İstanbul'da birçok gazeteciyi –doğal olarak– tanıyan Özilhan, bana bir yolsuzluk dosyası hakkında sözlü bilgi verdi. Ama bir dosya vermedi. Detaylarını öğrenemediğim yolsuzlukla ilgili bilgilerin bir işadamında olduğunu, müsait bir zamanda ziyaret edip belgeleri vereceğini söyledi.

Polis denizdeki dalgayı Ergenekon dalgası sanmış

Neredeyse o görüşmenin üzerinden bir hafta geçmiş olmasına rağmen arayan soran olmadı. Sonunda Baki Özilhan 3 Ağustos 2009 günü aradı. Aramızda tamamen haber amaçlı olarak geçen bir konuşma polis tarafından "gizli şifreli" bir konuşmaymış gibi soru haline getirilmişti. Önce normal insan aklını zorlayan o soruyu ve yanıtı vereyim, sonra birkaç cümle ekleme yapacağım.

Soruldu: 03.08.2009 günü saat 14.16'da Baki Özilhan ile yaptığınız telefon görüşmesinde özetle; B. Özilhan'ın "Ya birtakım şeyleri paylaşmak istiyorum benim bir arkadaşım vardı da", "İzlediği konuyla ilgili bir şeyler aktarmak istiyorum ama ne yapsak nasıl yapsak" dediği, sizin "Şey konuştuğumuz konuyla ilgili mi" dediğiniz, B. Özilhan'ın "Bilmiyorum yani ben şeylere çok fazla yani hava durumuna falan çok fazla güvenmiyorum çıkarız tatil yaparız şu olur bu olur gideriz ondan sonra da biliyorsun bu dalga malga hikâyesi mavi tur zamanı geçiyor galiba", "Yani dalgaya yakalanmayalım diyorum" dediği, sizin "Anladım peki siz bana bir öneri söyleyin şöyle yapalım deyin" dediğiniz, B. Özilhan'ın "O zaman ben bir düşüneyim de senin de aklına yeni bir formül gelirse onu yapmaya çalışalım yani ben düşüneyim nasıl yapabileceğimizi nereye gidebileceğimizi" dediği, sizin "sabit bir telefon" dediğiniz, B. Özilhan'ın "Olmazsa olmazsa konuşuruz ama sonuç olarak zaten turu düzenleyen arkadaş diyor ki ya çok uygun değil koşullar diyor çünkü ben artık diyor turculuk murculuk yapmıyorum diyor ben daha üst düzeyde görev aldım şimdi o turistlerle uğraşmıyorum ben yapacağımı yaptım bugüne kadar her şeyi ortaya koydum netleştirdim" dediği, sizin "Anladım bilinen adam ya bu mavi turlar konusunda bilinen adam zaten yani" dediğiniz, B. Özilhan'ın "Bilinen tanınan bir adam yani yani kendisini sanki o konuda yeniden sınava gelmiş tabii terfi edip işin başına geçen adam olduğu için", "... bunu dinle bir de biz dinleyelim bir de bizim için konuş demek biraz uygun olmayabilir neyse biraz daha şey yapalım da uygun bir şekilde konuşalım" dediği, sizin "Şey yapalım ya bir arkadaş vardı ya hani mavi turda nereleri uğranacak falan diye elinde şey vardı kadrosu vardı" dediğiniz, B. Özilhan'ın "Zaten o geldi o geldi bana anlattı dedi böyle böyle diyor dedi ben de onun için yani programı da aksatmayalım zaten ben Ankara'ya da döndüm birkaç gün Ankara'dayım yarın Deniz Bey'in grup toplantısı var" dediği tespit edilmiştir.

Baki Özilhan'la şifreli bir şekilde yaptığınız bu konuşmayı açıklayınız? Görüşmede "Yani dalgaya yakalanmayalım" diyerek ne ifade edilmektedir? Görüşmede geçen "dalga" "tur" "turist" ve "hava durumu" kelimeleri ne anlama gelmektedir?

Benim verdiğim yanıt tutanaklara şöyle geçti:

Baki Özilhan CHP basın danışmanıdır. Baki Özilhan benim ödül aldığım törene geldi ve orada çok önemli bir yolsuzluk dosyası olduğunu, bir arkadaşının bu konuya vâkıf olduğunu söyledi. Ama dosya gelmediği için içeriğinden haberdar olamadım. Burada "dalga", "tur", "turist" ve "hava durumu" kelimeleri şifreli kelimeler değil, Baki Özilhan'ın tatile çıkacağı mavi turla ilgili konuşmalardır. "Dalgaya yakalanmayalım" dediği konu da mavi turla ilgili konudur. Böyle kelimelerin geçmesi son derece normaldir. Bu konuları Baki Özilhan'a sorarsanız o da size teyit edecektir zaten.

Polis: Galiba yanlış anlamışız

Polisin ve savcının sormadığı o soruyu tutuklanınca gazeteciler sormuş. Baki Özilhan da o kelimelerin şifre olmadığını, mavi tura çıkma planıyla ilgili olduğunu söylemiş.

Polis denizdeki dalgayı Ergenekon operasyonlarındaki dalgayla karıştırmıştı. İşte böyle, birilerinin çıkacağı mavi turu şifreli konuşma diye yorumlayan bir polis zihniyeti, sonradan kendisinin de güleceği işlere imza atıyordu.

Emniyet'te "susma hakkımı kullandığım" ifade işlemleri sırasında bu sorudaki saçmalığı polislerin yüzüne de söyledim. Tıpkı diğer sorulardaki suçlama ifadeleri gibi. Ben "tur", "turizm", "dalga" gibi kelimelerin şifre değil, Baki Özilhan'ın çıkacağı mavi turu anlattığını söylediğimde, görevli polisin gülümseyerek yanında oturan meslektaşına "Ya burasını yanlış anlamışız galiba" demesini hayatım boyunca unutmayacağım. Çok açıktı ki polis mavi tur sırasında denizde olabilecek dalgalardan korunmayı Ergenekon operasyon dalgalarından korunmak olarak yorumlamış ve soru haline getirmişti. Dikkatli olmaya gerek yok, mantıklı ve bilgili hatta meraklı bir polis, konuşmanın tarihine bakıp mavi tur için uygun bir mevsim olup olmadığı sonucuna varırdı. Konuşmanın ağustos ayı başında olduğunu görüp bunun gerçekten bir mavi tur olduğunu anlayabilirdi. Yani bir kişi kışın ortasında mavi turdan söz ediyorsa kuşkulanmakta haklı olunabilir. Hadi bunu bilmiyor olabilir. Bazı kelimeler şifre ise bu kelimenin birçok kişi tarafından kullanılıyor olması gerekmez mi?

Polisin derdi mantıklı bir soruşturma yapmak değildi. Polise göre, yani soruları hazırlayan polislere göre, hiçbir somut delil olmadan "örgüt üyeliği" tespit edilmiş biriydim. Polise göre, sıradan bir telefon görüşmesi "şifreydi". Bir de Uğur Dündar'la yaptığım telefon görüşmesinde sorulduğu gibi "gizliliğe" uyuyordum. Yani, Dündar'ın "Haberden kimseye bahsetme, telefonda benle dahi konuşma" demesi polise göre "gizliliğe" uyma haliydi.

Yazdığım kitaba katkı varsa o da Ergenekon savcılarından

2009 yılına ilişkin bir başka konuya göz atalım. 2009 yılı Temmuz ayında *Ergenekon Belgelerinde Fethullah Gülen ve Cemaat* isimli bir kitap yayınlamıştım. Kitap, halen çok önemli bir haber kaynağı olan Ergenekon davalarının iddianamelerinin ek klasörlerindeki resmi belgelerden oluşuyordu. Binlerce klasörü bulan ekler arasında her konuda resmi raporlar yer alıyordu. Bunlar arasında Emniyet, MİT ve Jandarma ile Genelkurmay'ın Fethullah Gülen ve cemaati hakkındaki raporları da vardı. 1990'ların başından itibaren hazırlanmış ve 2006 yılına kadar giden raporlarda, cemaatin yurtiçi ve yurtdışı faaliyetleri ile organizasyon yapısı, çalışma biçimi anlatılıyordu. Bu üç kurumun raporlarında

Fethullah Gülen grubu yasadışı bir organizasyon olarak yansıtılmıyordu. Hatta grup hakkında çok sık kullanılan "tarikat" ya da "örgüt" gibi nitelemelerde de bulunulmuyordu. Ergenekon savcıları da bu raporları adli emanete kaldırmak yerine ekler arasına koymuştu. Ben de bu raporları neredeyse "ham metin" olarak bir araya getirip bazı bilgileri de ekleyerek kitaplaştırdım.

Odatv'ye yapılan baskında işte benim 2009 yılı Temmuz ayında yayınladığım kitabın "word" metni de bulunmuş. Savcı, kitabımı basılmadan önce Odatv'ye gönderdiğimi, orada kontrolden geçtikten sonra basıldığını iddia ediyordu. Bu iddia üzerine Savcı Öz'e şu yanıtı verdim:

Ben bu kitabı Odatv'den herhangi bir kişiye göndermedim. Yalnızca yayınevine gönderdim, değişiklikler ve redaksiyon yapıla yapıla yayınlandı. Yayınlandıktan sonra tanıtım amacıyla basın kuruluşlarına gönderilmiş olabilir. Yine kitap düz metinlerden oluştuğu için kaynak olarak yararlanmak isteyen gazeteci ve araştırmacılara gönderdiğimiz de olmuştur. Kimi kitabın kendisini, kimi metnini ister. Ama bu gönderilenler arasında Odatv asla ve asla yoktur. Zaten araştırıldığında da ortaya çıkar. Ayrıca benim bu kitabım ve bazı kitaplarım internet ortamında e-kitap olarak da satılmaktadır.

Sorgu sırasında, "bu kitabı hazırlarken Odatv'den herhangi bir kişinin ya da Soner Yalçın'ın katkısı olup olmadığı" da soruldu.

Savcıya da söyledim, "Kitabımın yazılışında bana en büyük katkıyı başta Zekeriya Öz olmak üzere Ergenekon savcıları yapmıştır" dedim. Ve ekledim: "Sayın Savcım, elbette doğrudan bir katkı değil, ama sizler eklerin arasına o raporları koymasaydınız ben bu kitabı yazamazdım. Bunu da önsözü okuduğunuzda dile getirdiğimi göreceksiniz."

"Yazdığımın bedelini öderim"

Savcı Zekeriya Öz sorgu sırasında yalnız soru sormuyor, benim kişiliğimi de çözmeye çalışıyordu. Yazdığım kitabı basmak için çırpınışımı telefon tapelerinden okumuş olmalı ki ifade metnine girmemiş sorular da sordu.

Savcı Öz ile bu konuda aramızda ilginç bir diyalog yaşandı. Bana "İşini kaybetme pahasına kitabı neden yazıyorsun?" diye sordu. Çünkü telefon konuşmalarında Fethullah Gülen hakkındaki kitabı bedeli ne olursa olsun yayınlamak istediğimi söylüyordum.

Savcı Öz'e verdiğim yanıtı burada da tekrarlamak istiyorum: "Bu devlet ancak kanun zoruyla benim canımı alır. Ama ben ifade özgürlüğü adına her şeyi gönüllü olarak feda ederim."

İnternette aleyhime yazılan yazıyı delil diye önüme koydular...

Polis ne yapıp edip benim Ergenekon üyesi olduğumu ispatlamak için atmadık takla bırakmamıştı. İnternette bana hakaret amacıyla yazılmış saçma sapan bir yazıdan bile bir iki paragraf alıp soru halinde önüme koydular. Anlatayım.

AKP hükümetinin 2002 yılında iktidara gelir gelmez el attığı yolsuzluk olaylarından biri de Uzanlar operasyonuydu. Uzan dosyasını burada anlatmak çok güç. Ama bana sorulan kısmıyla anlatayım. Uzan ailesinin sahibi olduğu medya kuruluşlarının Ankara temsilcilerinden biri de Hayrullah Mahmud idi. Uzanların danışmanlık aldığı şirketlerden biri de Ankara'da SESAR isimli kuruluştu. SESAR, Uzanlar adına Ankara'da lobi faaliyetleri yapar, raporlar hazırlardı. Hatta Uzan Grubu'na el konması süreciyle ilgili de raporlar yazmış, İstanbul Mali Şube'nin baskınlarında bu raporlar da bulunmuştu. Ben de Uzanlar hakkında kitap hazırlarken polisten bu raporları aldım, çalışmamda da yayınladım.

Ancak Hayrullah Mahmud, Uzan operasyonunu yapan AKP değil de sanki benmişim gibi, internette ağır bir yazı kaleme aldı. Kim tarafından hazırlandığını bilmiyorum, ama altında Hayrullah Mahmud'un imzası bulunan eleştiri yazısı, SESAR isimli kuruluşa yapılan Ergenekon baskınında ele geçirilmiş. Eğer SESAR yetkilileri ile Hayrullah Mahmud beni eleştiren o metni beraber yazmadıysa nereden temin edildiğini muhatapları yanıtlayabilir. Şimdi SESAR'da ele geçirilen yazı üzerine bana yöneltilen soruları okuyalım:

> Ergenekon soruşturması kapsamında hakkında işlem yapılan İsmail Yıldız'dan elde edilen "Kimin hususi yazarı ya da Ahmet Kekeç başta olmak üzere tüm Tayyipçi yazarları, entelektüel anlamda düelloya davet ediyorum?!" isimli dokümanın içeriğinde; "Nedim Şener, Hanefi Avcı'nın, verdiği belgeler üzerinden, kendince bir kitap hazırlatmış. Kitabın içinde de zaten ne kadar başarılı bir istihbaratçı olduğunun altını çizip, Nedim Şener aracılığı ile kendi kendisine övgüler düzdürüyor. (...) Kaldı ki, Nedim Şener daha sonra benim verdiğim 'Elkadı' dosyasını da kitap yaptı. Muhakkak bir sonraki yazı-

nızda Elkadı'ya da yer verirsiniz, Şener, o belgeleri benim verdiğimi bilmez, Emniyet içindeki kendisini kullanan kaynaklarına sorarsa o da hadisenin içyüzünü öğrenir..." şeklindeki ibarelerin yer aldığı görülmüştür.

İsmail Yıldız'la aranızdaki ilişki nedir? Notta yazdığı gibi Hanefi Avcı ile birlikte kitap çalışması yaptınız mı? Ya da yolsuzluk eksenli yazdığınız kitaplara Hanefi Avcı'nın bir katkısı oldu mu?

Hem beni eleştirmek için yazılmış olan metin hem de polisin bundan soru üretme biçimi garipti. Beni "Tayyipçi Yazarlar" başlığını taşıyan bir yazıyla eleştiren metinde, benim Hanefi Avcı'dan aldığım belgelerle kitap yazdığım iddia ediliyordu. Ayrıca bu metni kaleme alan Hayrullah Mahmud, kendisinin polise verdiği belgelerle benim Yasin el Kadı hakkında kitap yazdığımı iddia ediyordu. Oysa o belgelerin hiçbiri polis kaynaklı değildi. Tamamı Maliye Bakanlığı kaynaklıydı. Çünkü Yasin el Kadı konusu hiçbir zaman polis soruşturmasına dönüşmedi. Bir kişinin yalanları, polis ve ardından savcılık sorgusunda hem de Ergenekon gibi önemli bir soruşturmada soru olarak önünüze gelebiliyor. Aynı yalan ifadelerin yer aldığı metne dayalı olarak şu soru da soruldu:

Ergenekon soruşturması kapsamında hakkında işlem yapılan İsmail Yıldız'dan elde edilen yonsis 84 ibareli kasa içerisindeki Samsung marka s0dwj1j918230 seri nolu 80 gb'lık hard diskteki ... isimli belge içerisinde; "Hanefi Avcı bunları biliyor mu? Geç de olsa öğrenmiş oldu. Çiftliğe dalanlar, artık buralar bizim, bunların sefasını biz süreceğiz diye alem yapıyorlar. Hanefi Avcı, Nedim Şener mahlası ile kitap yazarı oldu. Uzanlar ile Çakıcı ile ilgili kitaplar yazıyor. Yakında 'Tayyip Baba'nın Çiftliği' diye, belki 'Pamukova Çiftliği' ile ilgili de resimli roman tadında kitap yayınlanır" şeklinde ibareler yer almaktadır. Dolayısıyla bu veriler, sizin Hanefi Avcı ile irtibatınızın ve birlikte kitap çalışması yapmanızın çok eski yıllara dayandığını göstermektedir.

Notta yazdığı gibi Hanefi Avcı ile birlikte kitap çalışması yaptınız mı?

Hanefi Avcı sizin isminizle Uzanlar ve Çakıcı ile ilgili ya da başka bir konuda kitap yazdı mı? Ya da yazdığınız herhangi bir kitapta Hanefi Avcı'dan bilgi belge temin ettiniz mi?

İnsanın içi daralıyor. Biri internette yalan yazıyor, polis de bunu soru olarak sorabiliyor, hem de hiçbir araştırma yapmadan. Buradaki en büyük gariplik, "Hanefi Avcı, Nedim Şener mahlası ile kitap yazarı oldu. Uzanlar ve Çakıcı ile ilgili kitaplar yazıyor" ifadesi. Bu kitapları benim yazdığımı dünya âlem biliyor; bu konularda birçok davaya girip çıktım, hepsinden de beraat ettim.

Bu kitapları hangi kaynaklardan yararlanarak yazdığımı bu soruları hazırlayan polisler "abilerine" sorsalar öğrenirlerdi. Bana Uzanlar ve Çakıcı kitapları konusunda en fazla yardımı o dönemde İstanbul Emniyeti'nin üst düzey yöneticisi olan iki müdür yapmıştı. Şimdi ikisi de İstanbul dışında Anadolu'da il emniyet müdürlüğü koltuğunda oturuyor. Bu saçma soruları hazırlayan polisler, müdürlerine sorsalar bu kişilerin isimlerini öğrenirlerdi. Hatta kitaplara baksalar bu isimleri, hatta fotoğraflarını bulabilirlerdi.

Odatv baskınında bulunan dokümanlar

Daha önce belirttiğim gibi savcılıkta ve poliste bana yöneltilen soruların kaynağı şunlardı:

a) 2009 yılında M. Yılmaz sahte adıyla içeriği yalan olan ve benim Ergenekoncu olduğumu iddia eden bir e-posta ihbarı sonrası polisin dinlediği telefonlarımın kayıtları; ki hepsi gazetecilik faaliyeti kapsamında yapılmış görüşmeleridir.

b) 2010 yılında katıldığım bazı televizyon programlarındaki sözlerim ve yorumlarım.

c) 14 Şubat'ta yapılan Odatv baskınında Odatv'nin bilgisayarlarında yer alan imzasız antetsiz, kim tarafından hazırlandığı bilinmeyen bazı word dokümanları ile "Ulusal Medya 2010" başlıklı bir başka doküman. Word dokümanlarından biri "Hanefi", diğeri "Sabri Uzun", bir diğeri ise "Nedim" başlığını taşıyordu.

Bana yöneltilen 50 sorunun neredeyse 10'u "Ulusal Medya 2010" isimli bir dokümana dayanıyordu. Kim tarafından ve ne amaçla hazırlandığı konusunda hâlâ soru işaretleri olan ve Ergenekon terör örgütünün medya ayağının oluşturulmasını, izlenecek strateji ve amaçları içeren "Ulusal Medya 2010" adlı plan, Soner Yalçın'ın işyerindeki bilgisayarda ele geçirildi.

Soner Yalçın'ın avukatları, bu planın 20 Eylül 2010 günü kendi kendisini imha eden özel bir virüslü elektronik postayla Odatv bilgisayarına gönderildiğini, 1 saniye içinde virüslü e-postanın kendisini imha ederken ekli dosya olan "Ulusal Medya 2010" dosyasını da bilgisayarın belleğine kaydettiğini iddia ediyorlar. Elbette bu konu teknik incelemelerle aydınlığa kavuşacak. Soruşturma ya da yargılama safhasında doğru ile yalan ortaya çıkacak. Ama kesin olan bir şey var ki o da "Ulusal Medya 2010" adlı bir planı ne duymuş, ne görmüş, ne de hazırlanmasına katkı sağlamıştım. Oysa polis ve savcılıkta tam tersi yönde sorular soruldu; hatta o belgeye dayanarak, dezenformasyon amaçlı olarak Hanefi Avcı'nın kitabının bir bölümünü yazdığım, Ahmet Şık'ın kitap yazması için onu çalıştırdığım suçlamasıyla karşı karşıya kaldım. Hanefi Avcı'nın kitabının bir bölümünü yazmak ya da Ahmet Şık'ın yazdığı kitap için onu çalıştırmak iddiasının nereden kaynaklandığını sorarsanız, tıpkı "Ulusal Medya 2010" planı gibi Odatv'nin bilgisayarından çıkan "Nedim.doc", "Hanefi.doc" ve "Sabri Uzun.doc" adlı, yakından uzaktan bilgimin ve ilgimin olmadığı word dokümanlardan tabii.

Polisin ve savcının beni Ergenekon örgütünün medya yapılanması içinde göstermek için sorduğu soruda bir hatırlatma yapılıyordu. 1999'da hazırlandığı belirtilen ve Ergenekon'un anayasası olarak kabul edilen "Lobi" isimli belgede "medya ayağı" vardı. 1997'de de Erol Mütercimler, Ergenekon diye bir çete olduğunu ve bu çetenin içinde gazetecilerin olduğunu da söyledi. Şimdi de Odatv'de "Ulusal Medya 2010" dokümanı çıktı. Diyeceksiniz ki lafı nereye bağlayacaksın... Tabii ki soruya.

24 satırda Ergenekoncusun

Lütfen sabırla okuyun ve 5,5 saat süren sorgu sırasında 24 satırlık bir soruda bir kişinin nasıl silahlı terör örgütü üyesi ilan edildiğini görün:

> Ergenekon terör örgütünün anayasasını teşkil eden "Ergenekon" dokümanında "Medya" başlığı altında; Ergenekon'un kendi medya kuruluşlarını oluşturması ve diğer medya kuruluşlarını kontrol altına alması gerektiği belirtilmiştir. "Lobi" dokümanında ise, örgütün gerçekleştirdiği faaliyetlerde amaçlara uygun kamuoyu oluşturması ve kamuoyu desteğinin sağlanması için medya kuruluşlarının yönlendirilmesi gerektiği belirtilmiştir.
>
> Soruşturma kapsamında hakkında iddianame düzenlenen Erol Mütercimler 1997 yılında bir televizyon programında yaptığı açıklamada "Ülkeyi darbeye sürükleyen ve bugün çete diye anılan örgütün isminin Ergenekon olduğunu ve bu örgütün 1960 yılında kurulduğunu, hükümetler üstü bir güç olduğunu, bu yapı içersinde askerler, polisler, profesörler, gazeteciler ve işadamlarının bulunduğunu" belirtmiştir.
>
> Bugüne kadar yapılan soruşturmalarda örgütün kontrolünde bulunan yazılı ve görsel medya organları deşifre edilmiş, medya yapı-

lanması içersinde faaliyet gösterdiği tespit edilen birçok örgüt üyesi hakkında işlem yapılmıştır.

Son olarak Odatv'de yapılan aramada "Ulusal Medya 2010" isimli bir örgüt dokümanı bulunmuş, bu dokümanın yapılan incelemesine Ergenekon'un Medya Yapılanması ile ilgili yeni çalışmalar yaptığı ve özellikle dava süreci ile ilgili yeni stratejiler belirlediği tespit edilmiştir.

Odatv'den ele geçirilen belgelerden ve soruşturma kapsamında elde edilen diğer delillerden sizin Ergenekon terör örgütünün Medya Yapılanması içersinde faaliyet gösterdiğiniz tespit edilmiştir.

"Ulusal Medya 2010" isimli dokümanı kim ya da kimler hazırlamıştır? Kimlerin talimatı ile hazırlanmıştır? Bu dokümanın hazırlanmasında sizin rolünüz ne oldu? Bu dokümanda belirtilen stratejiler nasıl belirlendi? Sizin bu konuda rolünüz ne oldu?

Gördünüz mü?

Hiçbir kanıt olmadan "'Odatv'de ele geçen ve diğer delillerden' sizin Ergenekon üyesi olduğunuzu tespit ettik" diyor polis ve savcı...

Delil dediğiniz ne? "Nedim.doc", "Sabri Uzun.doc" ve "Hanefi. doc" isimli word dokümanları.

Sorunun devamında "'Ulusal Medya 2010' isimli dokümanı kim ya da kimler hazırladı?" deniyor. Tamam, bu gerçekten merak edilen ciddi bir soru olabilir, ama ardından gelen "Bu dokümanın hazırlanmasında sizin rolünüz ne? Bu dokümandaki stratejiler nasıl belirlendi, sizin bu konuda rolünüz ne oldu?" sorularına "pes, pes, pes" demekten başka bir cevap bulamıyorum. Önce kimin hazırladığını soruyorsun, sonra sen hazırladın diyorsun. Yani bu soruyu hazırlayan polise şunu söylemek istiyorum: Tamam, polissin, ama hem savcı hem de yargıç olmuşsun be arkadaş!

Nasıl terörist oldum!

"Ulusal Medya 2010" adını taşıyan dokümanla birlikte ele geçen word dokümanlarının adını vermiştim: "Hanefi.doc", "Nedim.doc", "Sabri Uzun.doc". İşte bu üç dokümanda yer alan ifadeler sanki gerçekten olmuş gibi hakkımda/hakkımızda suçlamalarda bulunuldu. "Hanefi" isimli dokümanda, Hanefi Avcı'nın yazdığı *Haliç'te Yaşayan Simonlar* kitabını sanki ben yazmışım gibi ifadeler yer alıyor. Hiçbir kanıt olmamasına ve Hanefi Avcı'nın da "Ben yazdım" demesine rağmen kimseye derdimizi anlatamadık. Bakın "Hanefi.doc" isimli word dokümanında neler yazıyor:

Hanefi'nin kitabı ne durumda, referandum öncesi yetiştirilmeli. Nedim'i sıkıştırın hızlandırsın... Referandum sürecinde Cemaati yıpratmalı ve kamuoyu üzerinde güvenilirliğini azaltmalı; Hanefi kullanılmalı. Böyle bir şeyi kendini ortaya koyarak teklif etmesi önemli. Avcı ile direkt görüşmeyelim, Nedim'i ve Cumhur'u kullanalım.

Doğu cemaatle ilgili M. Cengiz'de kullanılabilecek yeni belgelerin olduğu haberini gönderdi. Muhakkak görüşülmeli, bu belgelerde cemaat içi kavga başlatacak bilgiler olduğunu söylüyor.

Kitaba eklenmeli.

Hasan Fehmi'nin Silivri'den getirdiği notlar iyi değerlendirilmeli.

Çetin Doğan'ın verdiği bilgiler kitapta muhakkak yer almalı, balyozun normal bir seminer olduğu ülke güvenliği için gerekli olduğu vurgusu istenmeli. M. Cengiz'deki yeni bilgiler ve Hanefi'nin gönderdikleri üzerinden, Emniyet'i ele geçirmiş F tipi yapılanmayı kitapta işleyelim.

Sahih üstat da İlhan Cihaner olayı kitapta muhakkak işlenmeli diyor. Cihaner'i bayraklaştıralım.

Doğu Hanefi'nin ağzından Ergenekon'un boş bir dava olarak anlatılması sağlanmalı diyor.

Doğu'nun çalışmalarından faydalanılmalı. Hanefi'ye güvence verilmeli... Kitapta Ergenekon, Cihaner, Balyoz, Poyrazköy gibi operasyonları poliste ve savcıdaki F tipi yaptı vurguyu iyi kurgulanmak. Cemaat operasyonu, hukuki olarak hiçbir değeri yok algısı oluşturulacak. Danıştay'ın türban eylemi olduğu Hanefi'nin ağzından net bir şekilde vurgulanmalı. Hanefi'nin böyle değerlendirmesi kamuoyunda ciddi bir etki bırakır.

Bu word dokümanlarında yazan ifadeler Ergenekon'un talimatlarıymış! "Nedim'i sıkıştırın" gibi cümlelerle Hanefi Avcı'nın *Haliç'te Yaşayan Simonlar* kitabını benim yazdığım sonucu çıkartılıyor. Yani bir word belgesinde "Nedim" adı geçiyor diye devlet beni "terörist" ilan etti. "Bu kadar kolay mı?" diyeceksiniz. Evet, bu kadar kolay. Sizin terörist olup olmamanız önemli değil, devletin sizin hakkınızda böyle bir karar vermesi yetiyor. Hiçbir delil ortaya konmamışken, adınızın önüne "silahlı terör örgütü üyesi" sıfatı takan devlet, sizden örgüt üyesi ya da terörist olmadığınızı ispatlamanızı istiyor. Oysa modern hukukta suçlamayı yapan iddiasını ispatlamakla yükümlüdür.

Odatv'deki bilgisayarda bulunan "Nedim.doc" başlıklı word dokümanında ise şu ifadeler yer alıyor:

Nedim'in emniyet bağlantıları önemli, irtibatlarını devam ettirsin Toygun'un gazete ile problemleri var, Nedim çözebilir mi? Haber yayınlatamıyorsa biz neden değerlendirmiyoruz, Hanefi ve ekibini çok iyi tanıyor.

Nedim ile Hanefi'nin Dink konusundaki görüş ayrılıkları gündem yapılmamalı, üzerinde durulursa savunmamız ve etkisini artırmamız zor olabilir, Nedim bu konuda duyarlı olmalı, çok fazla Hanefi'nin üzerine gidilmemeli, ana gündemden kopup Hanefi'yi tartışılır hale getirmiş oluruz.

Üçüncü "word" dokümanı olan "Sabri Uzun.doc" isimli dokümanda ise şunlar yazıyor:

Sabri'nin kitap konusunda çekincesi var ikna etmeye çalışalım, kitabı seçimden önce yetişmeli. Nedim Ahmet Şık'la bu konuda görüşsün, kitaba çalışırken cesur olun. Çıkarma ve ekleme yapmaktan çekinmeyin.
Bu kitap Simon'dan daha kapsamlı olmalı.

Nedim'i kutlarım. Ahmet'i çalıştırsın.
Hanefi çıkacak ve size katılacak. Emin ve Sabri'ye moral verin.
Sabri adıyla çıkmasına zorlayın.
Çabuk olması şart. Seçimden önce yetişsin.

Odatv'de ele geçen "Ulusal Medya 2010" başlıklı dokümanı bir plan olarak kabul eden ve herkesin bundan haberdar olduğunu, mesleğini de bu plana göre yaptığını düşünen / öyle görmek isteyen polis ve savcı, suçlu suçsuz ayırmadan herkesi terör örgütü üyesi olarak görüyor. En azından soruların içeriği bunu düşündürüyor. Zaten yalnızca bu dokümanlara dayanılarak tutuklanmış olmam da bana başka türlü düşünme şansı vermiyor.

Peki, ne diyor "Hanefi.doc", "Nedim.doc" ve "Sabri Uzun.doc" isimli dokümanlar? Birkaç cümleyle şöyle özetlenebilir:

Nedim Şener, Hanefi Avcı'nın kitabını (en azından belli bölümlerini) yazdı. Yine Ergenekon'un talimatıyla Ahmet'in yazdığı kitap için onu çalıştırdı. Peki, Ahmet'in kitabı neydi? "İmamın Ordusu". Kitabın bitmemiş hali, üzerine kaydettiği notlarla birlikte Odatv'nin bilgisayarında bulunmuştu. Polisin bu dokümanlarla ilgili hazırladığı sorularda en küçük şüpheye yer verilmemişti. Yani "Bu kitabı sizin yazdığınız iddiasına ne diyorsunuz?" şeklinde bir soru yok. Doğrudan "Bu kitabı sizin yazdığınız anlaşılmıştır" şeklinde kesin hüküm var. İşte o soru:

Soruldu: Odatv'de yapılan aramada ele geçirilen dijital veriler içersinde "Hanefi" isimli word belgesi bulunmuş, bu belgenin içeriğinde yazan notlara bakıldığında "Haliç'te Yaşayan Simonlar" isimli kitabın örgütün talimatı ve yönlendirmesi ile yayınlandığı anlaşılmıştır.

"Hanefi" isimli word belgesinde;
"Hanefi'nin kitabı ne durumda, referandum öncesi yetiştirilmeli. Nedim'i sıkıştırın hızlandırsın..." "Referandum sürecinde cemaati yıpratmalı ve kamuoyu üzerinde güvenilirliğini azaltmalı; Hanefi kullanılmalı. Böyle bir şeyi kendini ortaya koyarak teklif etmesi önemli. Avcı ile direkt görüşmeyelim, Nedim'i ve Cumhur'u kullanalım" yazdığı tespit edilmiştir.

Bu belge ile ilgili Hüseyin Soner Yalçın alınan ifadesinde "Bu belgede ismi Nedim olarak geçen şahıs gazeteci Nedim Şener olabilir" şeklinde beyanda bulunmuştur. Dolayısıyla "Haliç'te Yaşayan Simonlar" isimli kitabın yazılması ve yayınlanması aşamasında sizin aktif olarak görev aldığınız anlaşılmıştır.

Bu kitabın yazımında görev almanızdaki amaç nedir? Kitabın yazım aşamasında sizi kimler sıkıştırdı? Sıkıştırmalarının sebebi ne idi? Bu konuda kimlerle ne görüştünüz? Kitabın özellikle referandum öncesine yetiştirilmek istenmesinin amacı nedir? Hanefi Avcı ile irtibatı sağlamanız görevi kim ya da kimler tarafından size verildi? Hanefi Avcı ile sizin aracılığınızla görüşülmesinin sebebi nedir? Hangi konularda aracılık yaptınız? Notta "Cumhur" olarak belirtilen kişi kimdir? Sizin bu kişi ile ilişkiniz nedir?

Soru değil, yargısız infaz polisin yaptığı. "Hanefi Avcı'nın kitabını Ahmet Şık ile beraber yazdınız" diyen polis ve savcı şimdi de benim tek başıma yaptığımı söylüyor. İlla bir yerinden tutturmak için uğraşıyorlar. Ne çabuk fikir değiştirdiniz! Bu soruyla ilgili küçük bir açıklama yapmam gerek. Odatv'de bilgisayarlarda bulunan word dokümanlarında "Nedim" adı geçiyor. "Şener" yazmıyor. Odatv'nin sahibi Soner Yalçın kendisine "Nedim kim?" diye sorulduğunda mahkemede "Gazeteci Nedim Şener olabilir" diyor. Bir olasılıktan bahsediyor. Elbette bu komployu kuran her kimse beni kastettiği açıktı. Ama Soner Yalçın'ın olasılık ya da tahmine dayalı olarak "Nedim, gazeteci Nedim Şener olabilir" sözüne kayıtsız kalamazdım. Hem Soner Yalçın hem de aynı şekilde haber yapan *Zaman* gazetesi hakkında "iftira" iddiasıyla suç duyurusunda bulundum. Soner Yalçın ifadesinde adımı "tahminen" dile getirdiğini söyledi. Savcılık da tahmine dayalı beyanı için Soner Yalçın hakkında takipsizlik kararı verdi.

Savcı Öz'e yukarıdaki sorunun cevabı olarak şunları söyledim:

Öncelikle Soner Yalçın'ı tanımadığımı belirtmiştim, Odatv'de çıkan yazıda geçen "Nedim"in Nedim Şener olabilir şeklinde Soner Yalçın tarafından söylenmiş olmasından ötürü ben Soner Yalçın hakkında suç duyurusunda bulundum. 22/02/2011 tarihli dilekçemi ibraz ediyorum. (4 sayfalık evrak alındı.) Ayrıca Hanefi Avcı ile alakalı da eğer ki Hanefi Avcı ile kitabı hakkında bir katkım ve görüşmem varsa bununla alakalı da kendisine yazı yazdım ve bana yazmış olduğu 02/03/2011 tarihli (2) adet faksı ibraz ediyorum. Burada da kendisi benimle böyle bir ilişkinin olmadığını söylemiştir. (2) sayfalık faksı ibraz ediyorum. ((2) sayfalık faks üzerinde 161 ve 162 numaraları yazılı fakslar dosyaya kondu.) Cumhur diye birini tanımıyorum.

Ne "Ulusal Medya 2010", "Hanefi", "Nedim", "Sabri Uzun" isimli belgeleri görmüş olmamanızın önemi var, ne bu tür talimatlar almadığınızı söylemenin. Birinin bilgisayarındaki alelade notları hakkınızda terör örgütü üyeliğinden soruşturma açmak ve sizi tutuklamak için yeterli gören hukuk sistemiyle nereye varabilirsiniz? Ben sorguda "görmedim" diyorum, savcılık "aynı belgede" diye devam edip yapmadığınız, yazmadığınız şeyler için suçlamaya devam ediyor. İşte diğer örnekler:

Soruldu: Yine aynı belgenin devamında; ["Hanefi" isimli belge N. Ş.] "Sabih üstat da İlhan Cihaner olayı kitapta muhakkak işlenmeli diyor. Cihaner'i bayraklaştıralım.

Doğu Hanefi'nin ağzından Ergenekon'un boş bir dava olarak anlatılması sağlanmalı diyor. Doğunun çalışmalarından faydalanılmalı. Hanefi'ye güvence verilmeli...

Kitapta Ergenekon, Cihaner, Balyoz, Poyrazköy gibi operasyonları poliste ve savcıdaki F tipi yaptı vurgusu iyi kurgulanmalı. Cemaat operasyonu, hukuki olarak hiçbir değeri yok algısı oluşturulacak.

Danıştay'ın türban eylemi olduğu Hanefi'nin ağzından net bir şekilde vurgulanmalı. Hanefi'nin böyle değerlendirmesi kamuoyunda ciddi bir etki bırakır" şeklinde notların yazdığı tespit edilmiştir.

"Haliç'te Yaşayan Simonlar" kitabı incelendiğinde notta yazan hususların kitapta yer aldığı ve belirtildiği şekilde işlendiği görülmüştür.

Kitapta bu konularla ilgili kısımları kimler yazdı? Sizin yazdığınız kısım oldu mu? Bu notlar kim ya da kimlerden geldi? Bu notları size kim iletti?

Cevap: Bu konudan bilgi sahibi değilim, benim herhangi bir katkım olmamıştır. Ben Ergenekon konusunda Hanefi Avcı gibi düşünmüyorum, Dink cinayeti ile Ergenekon arasındaki bağlantıyı kitabında yazacak kadar da cesaretli bir insanım. Çünkü Ergenekoncular beni tehdit etti.

Soruldu: Aynı belgenin devamında;
"Doğu cemaatle ilgili M. Cengiz'de kullanılabilecek yeni belgelerin olduğu haberini gönderdi. Muhakkak görüşülmeli, bu belgelerde cemaat içi kavga başlatacak bilgiler olduğunu söylüyor. Kitaba eklenmeli.

Hasan Fehmi'nin Silivri'den getirdiği notlar iyi değerlendirilmeli.

Çetin Doğan'ın verdiği bilgiler kitapta muhakkak yer almalı, balyozun normal bir seminer olduğu ülke güvenliği için gerekli olduğu vurgusu işlenmeli.

M. Cengiz'deki yeni bilgiler ve Hanefi'nin gönderdikleri üzerinden, emniyeti ele geçirmiş F tipi yapılanmayı kitapta işleyelim" şeklinde notların yazdığı tespit edilmiştir.

"Haliç'te Yaşayan Simonlar" kitabı incelendiğinde notta yazan hususların kitapta yer aldığı ve belirtildiği şekilde işlendiği görülmüştür. Kitapta bu konularla ilgili kısımları kimler yazdı? Sizin yazdığınız kısım oldu mu? Bu notlar kim ya da kimlerden geldi? Bu notları size kim iletti?

Cevap: Buradaki isimlerle hiçbir alakam yoktur, herhangi bir katkı sağlamadım. Asla not ileten olmadı. Hukuki olmayan hiçbir belge ve notla alakam yoktur. Bunları hiçbir yerde de kale almam.

Soruldu: Odatv'de yapılan aramada ele geçirilen dijital veriler içersinde "Nedim" isimli word belgesi bulunmuş, bu belgenin içeriğinde yazan notlara bakıldığında; "Nedim'in emniyet bağlantıları önemli, irtibatlarını devam ettirsin Toygun'un gazete ile problemleri var, Nedim çözebilir mi? Haber yayınlatamıyorsa biz neden değerlendirmiyoruz, Hanefi ve ekibini çok iyi tanıyor.

Nedim ile Hanefi'nin Dink konusundaki görüş ayrılıkları gündem yapılmamalı, üzerinde durulursa savunmamız ve etkisini artırmamız zor olabilir. Nedim bu konuda duyarlı olmalı, çok fazla Hanefi'nin üzerine gidilmemeli, ana gündemden kopup Hanefi'yi tartışılır hale getirmiş oluruz" şeklinde notların yazılı olduğu tespit edilmiştir.

Bahse konu word dosyasının teknik özelliklerine bakıldığında 09.08.2010 tarihinde "Soner" isimli kullanıcı tarafından oluşturulduğu anlaşılmıştır. Bu bağlamda bahse konu notların Soner Yalçın tarafından hazırlandığı anlaşılmaktadır.

Soner Yalçın sizin emniyet bağlantılarınıza neden önem vermektedir? Bu bağlantıları devam ettirmenizi istemesinin sebebi nedir?

Notta geçen "Toygun" kimdir? Bu kişi ile aranızdaki ilişki nedir? Toygun'un gazetesiyle ilgili problemiyle Soner Yalçın neden ilgilenmektedir? Soner Yalçın bu konuda size bir şey söyledi mi?

Cevap: Ben Toygun Atilla'yı tanırım, ancak bu nottaki Toygun'un Toygun Atilla olduğuna dair bir kanaatim yoktur. Toygun'un gazetede bir problemi olsa bile benimle çözülecek bir problem olduğunu düşünmüyorum, ben orada bir muhabirim. Soner Yalçın'ın Toygun konusuyla niçin ilgilendiğini ben bilmiyorum, bu konuda bana Toygun da bir şey söylemedi.

Yukarıdaki soru tam bir bilgisizlik ve sorumsuzluk içeriyor. Çünkü Odatv'de bulunan word dokümanında "Toygun'un gazeteyle problemleri var, Nedim çözebilir mi?" diye bir ifade var. Okuduğunuz gibi polis, "Soner Yalçın'ın Toygun'un problemleriyle neden ilgileniyor?" şeklinde bir soruyu bana yöneltebiliyor.

"Olur böyle vakalar Türk polisi yakalar" değil mi? Hemen arkasından benim bir avukatla yaptığım görüşmede Toygun'un adı geçiyor. Polisimiz o konuşma üzerine benim Toygun'u tanıdığımı keşfediyor ve Odatv'deki "Nedim" isimli o meşhur notta geçen Toygun'un o Toygun olduğunu belirliyor. Ve bana o müthiş sorularından birini hazırlıyor. Soru şöyle:

Dolayısıyla bu görüşmeden; Odatv'de ele geçirilen notta yazan "Toygun"un Toygun Atilla olduğu anlaşılmaktadır. Toygun Atilla ile aranızdaki ilişki nedir? Toygun'un gazetesindeki sorunlarla ilgili ne yaptınız?

Savcıya da anlattım, sizler de öğrenin: Toygun, *Hürriyet* gazetesinin tecrübeli Emniyet Müdürlüğü'nde görevli muhabiridir. Ben de *Milliyet*'te muhabirim. Aynı gruba bağlıyız, ama belki de en sıkı rekabet bu iki gazete arasında yaşanır. Muhabirlerin birbirini tanımasından daha doğal bir şey olamaz. Ama asıl önemlisi, *Milliyet*'in muhabiri *Hürriyet*'in muhabirinin gazetede yaşadığı problemini çözemez. Hani "Kelin ilacı olsa başına sürer" derler ya öyle. Sanki *Hürriyet*'in muhabirinin gazetesiyle problemi var da *Milliyet*, *Sabah*, *Yeni Şafak* gibi gazetelerin muhabirlerinin problemleri yok mu? Elbette vardır ve o problemler şeflerinin yardımıyla çözülür.

Ben *Hürriyet*'ten birine "Toygun'un problemleri varmış, çözebilir misiniz?" demiş olsam güzel bir azar yer, belki de her ikimiz de işlerimizi kaybederiz. Ama gel de bunu Türk polisine, savcısına anlat. Onlara göre bu konu Ergenekon terör örgütü üyesine (!) sorulması gereken önemli bir sorudur.

Allahım aklımızı koru...

Televizyondaki konuşma aleyhime delil olarak kullanıldı

Asılsız bir ihbar, yazdığınız bir kitap, tanıdığınız bir kişi, gazetenin sekreteriyle yaptığınız konuşma, şefinizle bir telefon görüşmeniz, haber kaynağınızla görüşmeniz, sizi karalamak için internetten alınmış bir yazı, hiç tanımadığınız birinin bilgisayarında adınızın olduğu bir not. İşte bu saydığım şeylerin hepsi Ergenekon üyesi olduğunuz iddiasıyla tutuklanmanıza yetiyor Türkiye'de. Ama polisin televizyonda konuk olarak katıldığım programlardaki sözlerimden birkaç cümleyi alıp, hatta hiç cümle dahi almadan polisin ürettiği sorularla beni Ergenekoncu olmakla suçlayacağını bilemezdim. Bu paragraf uzun ve anlaşılmaz gelmiş olabilir. Somutlaştırayım. Efendim hani Odatv'nin bir bilgisayarında bulunan "Nedim.doc" isimli dokümanda bir cümle vardı, "Nedim ile Hanefi'nin Dink konusundaki görüş ayrılıkları gündem yapılmamalı, üzerinde durulursa savunmamız ve etkisini artırmamız zor olabilir. Nedim bu konuda duyarlı olmalı çok fazla Hanefi'nin üzerine gidilmemeli..." şeklinde.

Şimdi bu nota bağlı olarak polisin hazırladığı ilk soruya bakalım:

Soruldu: "Haliç'te Yaşayan Simonlar" isimli kitabın ikinci bölümünde Hrant Dink'in öldürülmesi olayı ile ilgili olarak, bu olayın her yönüyle en ince teferruatına kadar araştırıldığı, karanlıkta kalan hiçbir yanının olmadığı belirtilmiştir. Siz ise Hrant Dink davası ile ilgili olarak kitapta belirtilenlerin tam aksi yönde hem yazılı ve görsel basındaki açıklamalarınızda hem de yazdığınız köşe yazıları ve kitaplarda fikir beyan etmektesiniz.

Kitapta bu konuda yer alan hususlar ile tamamen farklı görüşe sahip olmanıza rağmen, kitabın piyasaya çıkması ve Hanefi Avcı'nın Devrimci Karargâh Terör Örgütü soruşturması sebebiyle gözaltına alınıp tutuklanmasının ardından, kaleme aldığınız köşe yazılarında ve katıldığınız birçok televizyon programında, kitabın savunuculuğunu yapan açıklamalar yaptığınız görülmüştür.

Dolayısıyla kitabın içersinde tamamen sizin fikirlerinize aykırı görüşler olduğu halde kitabın şiddetli savunucularından olmanız Odatv'de ele geçirilen notlarla birlikte değerlendirildiğinde, bu kitabın ikinci kısmının yazımı aşamasında ciddi çalışmalarınızın olduğunu göstermektedir.

Bu durumu nasıl açıklıyorsunuz?

Bu soru karşısında ne diyeceğimi şaşırdım. Savcıya gereken cevabı verdim, biraz sonra okuyacaksınız, ama ilk gördüğümde aklıma çok seçmeli bir test sorusu geldi. Kendi kendime bu soruyu hazırlayan polis hakkında seçenekleri sıraladım:

a) Ya okuduğunu anlamıyor
b) Ya seyrettiğini anlamıyor
c) Son derece önyargılı bir kötü polis
d) Hepsi

Keşke bir tane de "e) hiçbiri" şıkkı koyabilseydim. Ama o zaman bu sorunun sorulmamış olması gerekirdi. Neden böyle yorumluyorum anlatayım:

Bir kere o cümledeki, "Nedim ile Hanefi'nin Dink konusundaki görüş ayrılıkları gündem yapılmamalı... Nedim bu konuda duyarlı olmalı..." ifadesi, benim kaleme aldığım iddia edilen kitabın yazım aşamasıyla ilgili olamaz. Ancak kitap hakkındaki tartışmalarla ilgili olabilir. Peki, nedir Hanefi Avcı ile benim Dink konusundaki görüş ayrılığım?

Hatırlanacağı gibi, polis içindeki cemaat yapılanmasını anlatan Hanefi Avcı, kitabında, benim Dink cinayetinde ihmali olduğunu belgelediğim polisler dahil tüm Emniyet'i temize çıkaran bir yaklaşım sergiledi. Avcı'ya göre "Dink cinayeti katilin yakalanmasıyla çözülmüş, olayda gizli bir yan kalmamıştı". Oysa ben kitaplarımda ve yaptığım haberlerde, Avcı'nın kitabında Emniyet içindeki cemaat yapılanmasında başı çeken polislerin, Dink cinayetinde kusurları olduğunu yazıyordum.

Eğer iddia edildiği gibi ben Avcı'nın kitabını yazmış olsam o polislerin Dink cinayetindeki ihmallerini altını çize çize anlatmam gerekirdi. Böyle önemli bir konuda neden iki farklı görüş oluşsun ki? Çünkü böyle bir görüş farklılığının hiç ama hiçbir anlamı yok. Aksine Hanefi Avcı'nın büyük ilgi gören ve 500 bin satan kitabının en zayıf yeri Dink cinayeti, Danıştay cinayeti ve Ergenekon soruşturması konusundaki bazı saptamalardır. Hanefi Avcı kitabında "Dink cinayeti çözülmüştür" derken bazı meslektaşlarını korumayı amaçladığı ortadadır. Savcıya da konuyla ilgili olarak şu cevabı verdim:

Cevap: Benim herhangi bir çalışmam olmadı, ben Hanefi Avcı'nın kitabını şiddetle savunmadım. Hanefi Avcı'nın kitabıyla alakalı birçok medya kuruluşunda da övücü yazılar çıkmıştır. O zaman bunların da böyle değerlendirilmesi gerekir. Ayrıca medyada Hrant Dink cinayetiyle ilgili bu konuyu bazı meslektaşları koruma amacıyla eksik bilgi ile yazdığını birçok yerde ifade ettim. *Akşam* gazetesinde çıkan bir röportajımda Hanefi Avcı'nın Dink konusuyla ilgili bir kitap yazdığını bilmediğimi, eğer biliyorsa idim buna hukuken de engel olurdum diye söyledim.

Bu konuyla ilgili soruyu hazırlayan polislerin "seyrettiğini de anlamıyor" şeklinde bir şıkkı geçen sayfada işaret ettim. Neden "polis seyrettiğini anlamıyor" dedim. İşte bunun cevabı aynı konudaki bir başka soruda gizli. İşte o soru:

Soruldu: Diğer taraftan söz konusu kitabı savunduğunuz programlarda, kitap içersinde yer alan ve sizin fikirlerinizle tamamen zıt olan Hrant Dink konusuna neredeyse hiç değinmediğiniz görülmüştür.

Odatv'den bulunan "Nedim" isimli word belgesinde ise "Nedim ile Hanefi'nin Dink konusundaki görüş aykırılıkları gündem yapılmamalı, üzerinde durulursa savunmamız ve etkisini artırmamız zor olabilir, Nedim bu konuda duyarlı olmalı, çok fazla Hanefi'nin üzerine gidilmemeli" yazdığı tespit edilmiştir.

Dolayısıyla sizin, Odatv'de ele geçirilen "Nedim" isimli word dosyasında yazan hususları birebir yerine getirdiğiniz anlaşılmaktadır. Bu durumu nasıl açıklıyorsunuz?

Hanefi Avcı'nın kitabı yayınlandıktan sonra birçok televizyon kanalında açık oturumlara katıldım, birçok gazeteciyle söyleşi yaptım. Ve ben o programlara "konuk" olarak gittim. Bana ne zaman Hanefi Avcı'nın Dink cinayetiyle ilgili görüşü sorulsa "Yanlış bir yorum, maalesef bazı meslektaşlarını korumak için cinayetin üzerini örtme pahasına yanlış bilgilendirme yapıyor" dedim. Eğer konuyla ilgili katıldığım bir programda Dink meselesi açılmamışsa bu programı yapanların sorunudur. Ama bana sorulsun ya da sorulmasın, Dink cinayeti gündeme geldiğinde isim vermek, İstihbarat Dairesi Başkanı Ramazan Akyürek, C Şube Müdürü Ali Fuat Yılmazer, İstanbul Emniyet Müdürü Celalettin Cerrah, İstanbul İstihbarat Şube Müdürü Ahmet İlhan Güler, MİT Bölge Başkan Yardımcısı Özel Yılmaz, Trabzon İstihbarat Şube Müdürü Faruk Sarı, Trabzon Jandarma Alay Komutanı Ali Öz ve adamları ve diğer isimleri tek tek sıralayarak sorumluları ortaya koymuşumdur.

İşte o yüzden bu soruyu hazırlayan polisin seyrettiğini anlamadığını iddia ediyorum. Belki kendisi ortaya çıkacak, "Sen ne demek istiyorsun, seyrettiğimizi anlamayacak adam mıyız?" diyecek birileri. İşte o zaman beraber o programları izleyeceğiz ve benim Dink konusu açıldığında susmadığımı onlar da görecek. Ve ben onlara dönüp o zaman "C şıkkı" diyeceğim. "Siz C şıkkına göresiniz, yani son derece önyargılı kötü bir polis" diyeceğim yüzüne. Çünkü bir programda söylediğim şeyleri söylemedim demek ancak "önyargılı" olmaktan ve karşındakini baştan suçlu görme isteğinden kaynaklanır. İşte biz onlara "kötü polis" deriz.

Hanefi Avcı yazdığı kitapta Ergenekon örgütünün varlığından söz ederken, bu örgütün ortaya çıkarılmasından önce kitleler, devletin güvenlik örgütleri ve onlarla dayanışma içinde olan grupların varlığından bahsediyordu. Avcı kitabında Ergenekon anlayışını ve yapılanmasını önemsiyor, ancak kitabının ikinci bölümünde Ergenekon soruşturmasının yürütülmesi konusunda eleştirilerde bulunuyordu.

Ve Avcı'nın bu yaklaşımı, okuduğunu anlamakta zorlanan polis tarafından şöyle yorumlanmıştı: "Avcı kitabının birinci bölümünde Ergenekon örgütünün varlığını ve Ergenekon anlayışının varlığını kabul ediyor, mücadele edilmesi gerektiğini söylüyor. Ama ikinci bölümde Ergenekon soruşturmasının yürütülüş biçimini eleştiriyor. O zaman bu ikinci bölümü başkası yazdı. Yani Nedim Şener yazdı. Peki delil ne? Odatv'de bilgisayarda bulunan notlar." Peki, bu notlardan benim haberim var mı? Hanefi Avcı'nın kitabına bırakın bir bölüm, tek bir harf katkı yaptığımı gösterir delil var mı? Yok, yine de "Sen teröristsin". İşte polisin olaya bakış açısı. Bu konudaki soruyu okuyunca ne demek istediğimi anlayacaksınız.

Soruldu: "Haliç'te Yaşayan Simonlar" isimli kitap incelendiğinde; kitabın "Devlet" isimli ilk bölümünde (338-346. sayfaları arasında), Hanefi Avcı'nın, iddia olunan Ergenekon terör örgütünün varlığı, örgütsel yapısı, bu örgütlenmenin tespiti ve yargılanması konularında fikir beyan ettiği, bu hususu 344. sayfada, "Ergenekon soruşturması sırasında yakalananlar ve açılan tahkikatlar sonucunda bu olay somut bir biçimde şekillendi ve böyle bir örgütün var olduğu görüldü. Bu örgütün ortaya çıkarılmasından çok daha önemli olan, örgüt ortaya çıkarılmadan önce bu tür bir düşüncenin ve anlayışın kitleler ve devlet güvenlik örgütleri içerisinde veya onlarla dayanışma içerisinde olan gruplar tarafından kabul görmüş ve desteklenmiş olmasıdır" şeklinde ifade ettiği görülmüştür. Buna karşılık kitabın "Cemaat" isimli ikinci bölümünde (özellikle 530. sayfasından itibaren) soruşturmayı itibarsızlaştırmaya yönelik çok sayıda iddianın yer aldığı, bu iddiaların da ilk bölümde dile getirilen görüşler ile ciddi manada çeliştiği tespit edilmiştir.

Dolayısıyla bu tespitler, kitabın birinci bölümünün Hanefi Avcı tarafından kaleme alındığını, "Cemaat" isimli ikinci kısmının ise Odatv'de ele geçirilen notlarda da belirtildiği gibi sonradan örgütün talimat ve yönlendirmeleri ile yazıldığını ortaya koymaktadır.

Kitap yayınlandıktan sonra kaleme aldığınız köşe yazılarında ve katıldığınız birçok televizyon programında kitabın savunuculuğunu yapan açıklamalarınız göz önünde bulundurulduğunda, sizin bu kitap çalışmasında aktif olarak görev aldığınız açıkça anlaşılmaktadır. Bu çalışmaları hangi maksatla yaptığınızı açıklayınız.

Cevap aslında üç harfli bir kelime olmalı: ÇÜŞ! Nasıl oradan oraya vardın da bu sonucu çıkardın polis efendi? Hani delilin? Ben yine efendi efendi cevabımı verdim.

Sorudaki en tuhaf kelime "savunuculuk" suçlaması. Avcı'nın kitabındaki Dink cinayetiyle ilgili görüşlerini açık açık eleştirmiş biri, kitabın savunucusu olabilir mi?

Ben kitabın yayınlandığı ağustos ayında kitap hakkında çok önemli bir şey söylemedim.Yalnızca kitapla ilgili *Milliyet*'te bir haber yazdım, sonra da Avcı ile bir röportaj yaptım. Televizyonda yaptığım konuşmalar ise Hanefi Avcı'nın, Devrimci Karargâh örgütü üyesi diye tutuklandığı eylül ayı sonunda gerçekleşti. Ben orada kitabı savunmadım. Hanefi Avcı'nın yasadışı bir sol terör örgütüne yardım ve yataklık edecek kişi olmadığını belirtip hakkında yürütülen soruşturmayla ilgili görüşlerimi belirttim.

Anlaşılan Hanefi Avcı'yı Devrimci Karargâh'tan soruşturan, benim soruşturma hakkındaki sorularımdan rahatsız olmuş, aynı polisin bugün benim tutuklandığım operasyonu yürüttüğünü düşünürsek, o soruyu neden bu şekilde hazırladığını anlayabiliriz.

Savcı Öz: Dink cinayeti ile Ergenekon arasında bağlantı bulamadım

Zekeriya Öz ile sorgu-sohbet bazen değişik konulara kayıyordu. Hatta kendisi "Nedim Bey, bu televizyon programı haline dönüyor" diye şikâyet ediyordu. Savcı Öz'ün karşısında tam 5,5 saat hiç durmadan konuştum ve bana "Bugüne kadar en uzun konuşan ikinci kişi siz oldunuz" dedi. Birincisi ise adını hatırlayamadığı bir kadınmış ve odanın içinde yürüye yürüye saatler boyunca ifade vermiş. Benim uzun konuşmamın nedeni, Ergenekon hakkındaki her şeyden bahsetmekti. Savcı Öz de soruşturmanın başında yaşadığı sıkıntılardan, operasyonlara başlamadan önce polisin bile kendisine inanmadığından, onları altı ayda ikna ettiğinden bahsetti.

Ben konuyu bir ara Hrant Dink cinayetine getirdim. Dink cinayeti ile Ergenekon arasındaki bağlantıyı gösteren polis kaynaklı şemaları yayınladığımı anlattım. Kendisinin savcı olarak bu şemaları görmezden geldiğini söyledim. Oysa birinci Ergenekon iddianamesinde Ergenekon örgütünün işlemiş olabileceği cinayetler arasında Dink cinayeti de vardı. Savcı Öz, Dink ailesinin avukatlarının daha sonra kendisine bu şemaları getirdiğini, araştırma yaptığını, ama somut bir şey bulamadığını söyledi. Ben de telefon irtibatları olduğunu, şemadaki bilgilerin kısmen teyit edildiğini hatırlattım ve "Eğer yalnızca bizim ortaya koyduğumuz şeylerden yararlansaydınız bu davalar da birleşebilirdi. Hatta Ergenekon kapsamında birleştirilen Danıştay saldırısından daha kuvvetli deliller, Dink'in öldürülmesi sürecinde adı belli olan kişilerin eylemleri sabit ama siz hiçbir delili değerlendirmediniz ve ilk iddianamede Ergenekon'un eylemi demediğiniz Dink cinayetini davayla birleştirmediniz, ama ben ısrarla arada bağlantı olduğunu söyledim" dedim.

Ama Zekeriya Öz benim gibi düşünmüyordu "Hayır, bana gelen şemayı araştırdık, somut delil bulamadık. Hatta ben Dink'in avukatlarına buradaki dosyaları tamamen açtım, bir sürü belge verdim, ama davayı birleştirecek somut deliller bulamadık" dedi. Şaşkınlıktan küçükdilimi yutacak gibiydim. Ergenekon savcısının –ki birinci Ergenekon iddianamesinde Dink cinayetinde Ergenekon şüphesi olduğunu yazan kişi– şaka yaptığını düşündüm. Ergenekon davası sanığı Veli Küçük ve arkadaşları Hrant Dink'i gazetesinin önünde tehdit etmemiş miydi? Dink'i linç girişimlerinde aynı isimler yok muydu? Hrant Dink'i İstanbul Valiliği'ne çağırıp üstü kapalı tehdit eden MİT'çi Özel Yılmaz Ergenekon davası sanığı değil miydi?

Elbette "Dink'i bu kişiler öldürdü" diye kesin bir yargıda bulunmak doğru olmaz. Ama en azından gerçeğin ortaya çıkması için Dink cinayeti davası ile Ergenekon davası sanıklarının yüzleşebileceği bir yargılama mümkün olmaz mıydı? Ama Zekeriya Öz'ün tavrından böyle bir arayış içinde olmadığı çok net anlaşılıyordu.

"Sizin göreviniz Ergenekon dosyasından avukatlara belge vermek değil, cinayet ile elinizdeki soruşturma arasındaki bağlantıyı koymaktı" diyerek kapattım.

İşte birilerinin "Kahraman Savcı" dediği Zekeriya Öz'ün Dink cinayetine bakışı buydu. Ve ben bunu onun yüzüne söylemiştim.

Dink cinayeti ile Ergenekon arasındaki bağlantıya dikkat çekiyor, hatta bu nedenle "gizliliği ihlal" suçlamasıyla yargılanıyordum; "Kahraman Savcı" ise "Dink cinayeti ile Ergenekon arasında bağlantı yok" diyordu ve beni gözaltına alıp tutukluyordu.

Şamil Tayyar'ın gerçekdışı sorusunu polis de sordu

Polisin hazırladığı ve savcılıkta da aynen önümde olan soruların içinde beni tuhaf tuhaf güldüren soru, gazeteci Şamil Tayyar'ın, pardon pardon, Şamil Tayyar'ın televizyonda sorduğu ve polisin, savcının tutuklanmadan önce yönelttiği soruydu. Benim alnım aktı. Her soruya açık açık cevap verdim, buna da; ama bu sorudan kimin utanması gerekir bilmiyorum. En iyisi soruyu ve cevabı art arda okuyun ve kararı siz verin.

Soruldu: Hanefi Avcı, 28 Eylül günü mahkeme çıkışında "Tutukluluk çıktı, haklılığımız anlaşıldı" şeklinde bir ifadede bulunmuş, bu beyanı yazılı ve görsel birçok basın yayın organında yer almıştır. Bu ibareleri mesaj yazarak eşine, gönül ilişkisi içerisinde olduğu Kezban

Hanım'a ve Nedim Şener'e yolladığı da Nedim Şener'in de katıldığı açık oturum programlarında dile getirildiği gibi *Güneş* gazetesinin 29 Eylül tarihli sayısında da manşetten duyurulmuştur.

Şayet bu kitabın ikinci bölümüne yapılan ekleme ile ilgili herhangi bir çalışmanız olmadığını öne sürüyorsanız, kitap yayınlandıktan sonra köşe yazılarınızda ve birçok TV programında kitabı savunan açıklamalar yapmanızı ve Hanefi Avcı Devrimci Karargâh örgütü soruşturması kapsamında tutuklandıktan sonra eşi ve gönül ilişkisi olduğu bayandan hemen sonra ve sadece size mesaj atmasını nasıl değerlendiriyorsunuz?

Cevap: Ben bu konuyu *Posta* gazetesinde yazdım, bu mesaj sadece üç kişiye değil, öğrendiğim kadarıyla birçok kişiye atılmıştır. Bu soru bana ilk kez gazeteci Şamil Tayyar tarafından Habertürk'te beraber katıldığımız bir program sırasında soruldu. Ben o gün gerçekten Hanefi Avcı'nın kaç kişiye mesaj attığını bilmediğimden net bir cevap veremedim. Ertesi gün araştırdığımda birçok medya kuruluşuna aynı mesajın gittiğini öğrendim ve ertesi günkü *Posta* gazetesindeki köşemde Şamil Tayyar gibi güvenilir bilgi aldığım bir gazetecinin böyle bir yalan bilgiyi (çok kişiye gelen mesajın üç kişiye gelmiş gibi ifade edilip eleştirilmesi) ifade etmesini eleştiren bir köşe yazısı kaleme aldım. "Bir gazeteci bir yalanı kurgulayarak programa nasıl katılabilir?" diye yazdım, bu yazı halen *Posta* gazetesinin internet sitesinde mevcuttur.

Biri ortaya bir yalan atıyor, Türkiye Cumhuriyeti polisi ve savcısı da o yalanı hiç şüphe duymadan doğru kabul edip amiyane tabirlerle soru haline getirebiliyor. Ama bu basitlik, araştırma yapmadan böyle bir soru sorunların karakterini yansıtmaktan başka bir işe yaramaz. Koskoca Emniyet, elinde tüm imkânlar varken Hanefi Avcı'nın yalnız üç kişiye mesaj atmadığını tespit etmekten âciz mi de Şamil Tayyar'ın gerçekdışı sorusuna sığınıyor.

Sonra bu soru bile içerisinde bir başka skandalı barındırıyor. Hanefi Avcı Ankara'da gözaltına alındıktan sonra uçakla İstanbul'a getirildi. Adliyeye çıkarılışı ve tutuklanması gece yarısını buldu. Hanefi Avcı gözaltına alındıktan sonra birçok gazeteciyle telefonda görüştü ve mesaj attı. Normal şartlarda telefonun gözaltı sonrası alınması gerekirdi. Peki, polis neden telefonu almadı? Belki de alındı. O zaman o mesajları, Hanefi Avcı değil de başkası, telefonu elinde bulunduran polisler mi attı?

Belki saçma bir soru. Ama haklı nedenlerim var. En azından polisin hazırladıkları gibi yalanlar üzerine kurulmuş değil.

Hanefi Avcı'nın kitabını
Ahmet'le birlikte yazmışım!

"Nereden çıktı şimdi bu?" diyeceksiniz. "Hani sen Avcı'nın kitabına ve Ahmet'in kitabına katkı yapmıştın? Avcı'nın kitabını Ahmet'le birlikte yazmak da nereden çıktı?" diye sorar gibisiniz. Valla ben değil, polis ve savcı tutuklarken bu iddiaları içeren sorular sordular. Yani onlara göre *Haliç'te Yaşayan Simonlar* kitabını Ahmet'le birlikte yazmışız. İşte bu konuyla ilgili sordukları:

Soruldu: "Ulusal Medya 2010" dokümanında "Strateji" başlığı altında, "Operasyon sürecini yürüten kurumlara mensup olup tezlerimize ve faaliyetlerimize destek veren, kamuoyunun yakından tanıdığı ve güvendiği kişilere, Ergenekon ve benzeri davaların tertip olduğu yönünde açıklama ve yayın yaptırılması için bilgi, belge ve teknik destek sağlanmalıdır" yazdığı görülmüştür.

Odatv'den ele geçirilen belgelerden ise bu kez 2011 yılı Haziran ayında yapılacak genel seçimlerden önce yine örgütün talimat ve yönlendirmeleri ile Ahmet Şık'la birlikte "Haliç'te Yaşayan Simonlar" benzeri yeni bir kitap çalışması içerisinde girdiğiniz, bu kitabın da Emniyet Müdürü Sabri Uzun ismi ile yayınlanması için çalışmalar yaptığınız tespit edilmiştir.

Ahmet Şık isimli şahısla aranızdaki ilişki nedir? Bu kitap haricinde başka çalışmalar yaptınız mı? Bu kitap çalışması talimatını kim ya da kimler verdi? Bu kitap çalışmasının amacı ne idi?

Cevap: Ahmet Şık'la herhangi bir ilişkim yoktur. Kendisiyle herhangi bir kitap çalışmasında yer almadım. Hayatım boyunca kitap çalışmalarımı talimatla yapmadım, kimseye de talimat vermedim. Böyle bir ilişki içerisinde yer almadım. Kitap hakkında herhangi bir bilgim olmadığı için amacı konusunu bilemem. Ahmet Şık çok dürüst, açık ve cesaretli bir insandır. 1990'lı yılların sonunda faili meçhuller konusunda kamuoyunu bilinçlendirmiştir, kendisinin de kimseden talimat alacağını düşünmüyorum.

Soruldu: Odatv'de ele geçirilen belgelerden "Haliç'te Yaşayan Simonlar" isimli kitabın referandum öncesinde yayınlanmasını sağladığınız, Ahmet Şık'la birlikte hazırladığınız "Haliç'te Yaşayan Simonlar" kitabına benzer kitap çalışmasını da Haziran 2011 seçimlerinden önce yayınlatmak için çalışmalar yaptığınız tespit edilmiştir.

Ergenekon terör örgütünün talimatları ile hazırlanan bu kitapların özellikle referandum ve seçim öncesi çıkartılmaya çalışılmasının amacı nedir? Bu stratejiyi kimler belirliyor?

Cevap: Ben söz konusu belgeyi hiç bilmiyorum, haberim yoktur. Herhangi bir şekilde referandum öncesi ve seçim öncesi yayınlanacak kitap çalışmalarıyla alakalı da herhangi bir faaliyetim olmamıştır.

Soruldu: Odatv'de yapılan aramada ele geçirilen dijital veriler içersinde "Sabri Uzun" isimli word belgesi bulunmuş, bu belgenin içeriğinde yazan notlara bakıldığında yine Ergenekon terör örgütünün talimatları ve yönlendirmesi ile sizin Ahmet Şık ile birlikte "Haliç'te Yaşayan Simonlar" isimli kitaba benzer bir kitap çalışması içerisinde olduğunuz ve bu kitabı da Emniyet Müdürü Sabri Uzun ismi ile yayınlamayı planladığınız anlaşılmıştır.

"Sabri Uzun" isimli word belgesinde yazan notlara bakıldığında;
"Sabri'nin kitap konusunda çekincesi var ikna etmeye çalışalım, kitabı seçimden önce yetişmeli. Nedim Ahmet Şık'la bu konuda görüşsün.

Kitaba çalışırken cesur olun. Çıkarma ve ekleme yapmaktan çekinmeyin.

Bu kitap Simon'dan daha kapsamlı olmalı.

Nedim'i kutlarım. Ahmet'i çalıştırsın.

Hanefi çıkacak ve size katılacak. Emin ve Sabri'ye moral verin.

Sabri adıyla çıkmasına zorlayın.

Çabuk olması şart. Seçimden önce yetişsin" şeklinde notların yazılı olduğu tespit edilmiştir. Bahse konu word dosyasının teknik özelliklerine bakıldığında 20.12.2010 11.29 tarihinde "Soner" isimli kullanıcı tarafından oluşturulduğu anlaşılmıştır. Bu bağlamda bahse konu notların Soner Yalçın tarafından hazırlandığı anlaşılmıştır.

Ayrıca bu notun bulunduğu bilgisayarda "000KITAP.docx" isimli word dosyası bulunmuş ve bu dosya içersinde "İmamın Ordusu" başlıklı bir kitap çalışması olduğu tespit edilmiştir.

Sabri Uzun'u tanıyor musunuz? Tanıyorsanız aranızdaki ilişki nedir? Bu kitabın yazımında görev almanızdaki amaç nedir? Kitabın özellikle Haziran 2011'de yapılacak olan genel seçim öncesine yetiştirilmek istenmesinin amacı nedir?

Cevap: Sabri Uzun'u eski İstihbarat Daire Başkanı olarak biliyorum. Şemdinli İddianamesi olayıyla ilgili Meclis'e verdiği ifadede "Hırsız evin içerisindeyse yapacak bir şey yok" diye kamuoyundaki açıklamasıyla hatırlanıyor. Görevden alınması da Şemdinli olayından sonra Yaşar Büyükanıt'ın tasarrufunda olmuştur. Daha sonra haber amaçlı kendisiyle görüşmelerim olmuştur. Ben böyle bir kitap ismi bilmiyorum, hazırlandığını da bilmiyorum, dolayısıyla hazırlanmasında katkım olmamıştır. 2011 seçimlerini hedefleyen bir çalışmam olmamıştır, ben gazeteciyim. Ben böyle bir kitabın yayınlanmasıyla ilgili kimseyle görüşme yapmadım. Dolayısıyla herhangi bir karar alınmasıyla ilgili bir yerde bulunmadım. Sabri Uzun'un kitap yazdığı konusu da medyada açık olarak izah edilmiş bir konudur. Ben bu konunun dışında Saygı Öztürk'ün "Okyanustaki Vaiz" kitabında Emin Aslan'la Sabri Uzun'un kitap yazdığını söylemiştim. Ama yazıp yazmadıkları hakkında bir bilgim yoktur.

Polisin hazırladığı ve savcılıkta ayrıntılı olarak cevapladığım soruların, 2009'da gelen asılsız ve sahte isimli bir e-postayla başlayıp, haber amaçlı telefon görüşmelerim, yazmadığım ve yazımına katkım olmayan kitaplar ile televizyonda yaptığım konuşmalardan oluştuğu anlaşılıyordu. Gerçekten bir insanı "silahlı terör örgütü üyeliği", hele hele hükümeti yıkmayı amaçlayan bir örgüt üyeliğiyle suçluyorsanız çok somut ve kimsenin şüphe duymayacağı kanıtlar ortaya koymanız gerekir. Ama yaptıkları işe saygısı olmadığı anlaşılan polisler ve bunları dikkate alan savcılık, bir gazetecinin 2009 yılından beri yaptığı binlerce telefon konuşmasından 15-20 tanesini –ki onlar da haber kaynaklarıyla yapılmıştır– alıp halka açık yayınlarda kişisel görüşlerini bir araya getirip suç ve suçlu yaratmaya çalışıyordu. Çalışıyordu demek iyimserlik, düpedüz öyle olduğuna inanıyordu.

"İftiracılarla ortak yanım olamaz"

Odatv operasyonundan sonra polise yakın gazeteciler ve internet siteleri, tutuklanacaklar arasında benim adımı ilk sıraya koyuyorlardı. 2011 yılı Şubat ayı son derece sıkıntılıydı. 18 Şubat 2011'de *Posta*'daki köşemde bana kurulan komployu adres vererek yazmıştım. Yazılanları okuyanlar bana destek olmak için arıyorlardı. Sanıyorum 25 Şubat 2011 günü Ekonomi Muhabirleri Derneği (EMD) "Altın Kalem" ödülü vermişti. Haberi gazetede yayınlanmıştı. Pazar günü Devlet Planlama Teşkilatı (DPT) eski müsteşarı ve milletvekili olan İlhan Kesici aradı. İlhan Kesici sağ görüşlü ve demokrat bir kişidir. Mütedeyyin kesimlerle de yakındır. Din ve inanç konularından iyi anlar. 27 Şubat günü beni arayan İlhan Kesici'ye sıkıntılarımdan bahsettim. Bir gazeteci olarak evimde dijital veri tutamadığımı, belge bulunduramadığımı belirterek "Bunların hepsini çıkardım attım" dedim. Oysa zaten bahsettiğim şeyler evimizde hiç olmadı. Çünkü evimizde çalışma ortamı yoktu.

Arama yapan polislerin de gördüğü gibi çalışma masası bile yoktu. İki oda bir salon ancak bizim yaşamamız için uygundu. İlhan Kesici ile yaptığım konuşmanın tam metni okunduğunda tam bir duygusal patlama yaşadığım ortaya çıkacak. Konuşmada Kesici'ye "Pazartesi gidip nüfus kâğıdımdaki 'İslam' kelimesini sildireceğim. Bana iftira atanlarla, bu iftiraya hukuka alet edenlerle benim dinim bir olamaz" dedim.

Kesici de bana o konuşmada Kuran'dan bir sure okuyup sabırlı olmamı önerdi. Hatta çok sıkıntılı olduğum için o gün görüşmeyi bile teklif etti. Fakat hafta içi görüşmek için sözleştik. İşte bu telefon konuşmasından yola çıkarak bana "Evdeki dijital verileri neden yok ettiniz?" şeklinde bir soru yöneltildi. Oysa ben evimizin aranması sırasında eşimle benim kullandığım ASUS marka bilgisayarın eşimin o an bulunduğu kayınvalidemin evinde olduğunu ve istenmesi halinde hemen getirtebileceğimi söyledim. Arama yapan polisler de bunu tutanağa geçirdiler. Buna karşın konuyla ilgili şu soruyu yönelttiler:

Soruldu: 27.02.2011 günü saat 11.47'de İlhan Kesici ile yaptığınız telefon görüşmesinde özetle; görüşmenin başında Odatv'de hakkınızda çıkan belgeler ile ilgili bir süre konuştuğunuz ve Soner Yalçın'a dava açacağınızı söylediğiniz, görüşmenin devamında sizin "... bir gazeteci evinde tek bir CD tutmaz mı bilgisayar bulundurmaz mı?", "Efendim bir hani doküman çalışma tutanak" dediğiniz, İ. Kesici'nin "Hepsini tutar canım olur mu ne gazeteci hepimiz yani" dediği, sizin "Ama bunların hiçbiri hepsini, bakın hepsini çıkardım attım", "Evde bir tane Zeki Müren CD'im bile kalmadı bak bir... kalmadı", "Bunların hepsini çıkarıp attım bütün bilgisayarları attım efendim bütün flaş bellek yani böyle hani arşiv türünden yazabileceğim yazabileceğimiz yazımız haber yani", "Yazılarımızı bile attım yani" dediğiniz tespit edilmiştir.

Şayet örgütsel veya illegal bir faaliyetiniz yok ise evinizdeki tüm dijital verileri yok etmenizin sebebi nedir?

Cevap: Ben gazetede çalışan bir muhabirim. Gazetemin bana vermiş olduğu görev çerçevesinde çalışırım. Üstümde şefim, onun üstünde müdürlerim, onun üstünde genel yayın yönetmeni vardır. Ben sadece yazdığım haberleri değil, kitaplarla alakalı aynı titizliği gösteririm. *Milliyet* gazetesinde ve Doğan Grubu'nda çalışmanın vermiş olduğu sorumlulukla ileride hukuki meslek etiği açısından yaptığım kitapların da gözden geçirilmesini özellikle talep etmişimdir. Avukatım da bu konuda hukuki görüşlerine başvurduğum kişidir.

Bana sürekli polise yakın kaynaklar benim bir operasyon yiyeceğimi, içeri atılacağımı bana söylüyorlardı. Ben zaten evimde çalışmayan bir insanım, iş gereği evime bir şey getirmişsem bile ertesi gün onu işyerime götürüp bırakırım. Evimde çocuğum olduğu için iş yapmaya fırsatım olmuyor. Ben evimi polis basacak diye temizlemedim, böyle bir endişem yoktur.

Soruldu: Kimlerin sizi gelip alacaklar dediği kişilerin açıklanması istendi:

Cevap: Bunu isim olarak söyleyemem, ancak polise yakın kaynaklardır. Önder Aytaç polis kolejinde eğitim görevlisidir, bu bile twiter'da Nedim Şener'in alınacağına dair yazı yazmıştır. Hatta sosyal paylaşım sitelerinde de şu kadar gazeteci alınacak diye, ilk sıraya sizin alınacağınız şeklinde yazmışlardır. Hatta benimle alakalı kitaba katkı sağlama konusu iftirasını ilk defa Önder Aytaç Habertürk programında Hanefi Avcı'nın kitabına katkı sağlayan 8 tane gazeteci ismini iddia etti. Benim de ismim vardı, hatta bir yazısında da "Hanefi Avcı'nın Kalemşörleri" diye yazıda aynı konuyu işledi. Ben kendisi hakkında gözaltına alınmasaydım tazminat davası açacaktım.

Dijital veri yok edildiğine dair en küçük delil olmadan, yalnızca telefonda bu şekilde konuştum diye böyle bir soru sorulması tam bir özensizlik örneği...

Öte yandan evden ve arabadan alınan birçok DVD ve CD, videokaset, MP3 çalar, dijital fotoğraf makinesi ve kasetlere de el konuldu. Bilgisayarı verebileceğime dair ifadem tutanakta yer almasına ve bazı şeylere el konmasına rağmen bu tür bir suçlama zorla suç ve suçlu yaratma çabasından başka bir şey değildir.

Sorguda hazır bulunan avukatlarım Prof. Dr. Köksal Bayraktar, Nurcan Bayraktar ve Şehnaz Yüzer de benden sonra ayrı ayrı söz alıp yapılan faaliyetin gazetecilik olduğunu anlatmaya çalıştılar.

Mahkeme güle oynaya tutukluyor

Savcının, sorulara verdiğimiz yanıtlar ve silahlı terör örgütü üyesi olmak gibi bir suçlamaya temel olacak delil bulunmaması nedeniyle bizi serbest bırakacağını düşünmedim değil.

Ahmet Şık'ın ifadesinin alınmasından sonra gece yarısına doğru Savcı Zekeriya Öz'ün kararını beklemeye başladık. O da ne? Savcı tutuklama talebiyle bizi mahkemeye sevk etti. İşlemler sırasında bekledik ve polislerle birlikte mahkeme salonuna gittik. Ben iflah olmaz bir iyimserim ve yazılı kuralların işlediğini düşünürüm. Yani polis olaya bir türlü bakabilir, ama savcı başka türlü görebilir. O da olmazsa bağımsız mahkeme yargıçlarının delil, kanun ve vicdanlarıyla en doğru kararı vereceğini düşünürüm. Suç işlemediğimi bildiğim için hâkimlerin önünde Tanrı'nın önüne çıkmış gibi rahatımdır. Hâkimlerin kimsenin etkisi ve baskısıyla ya da aidiyet duygusuyla karar vermeyeceğini düşünürüm.

Nitekim Nöbetçi 10. Ağır Ceza Mahkemesi başkanının huzuruna da aynı duygularla çıktım.

6 Mart günü Ahmet Şık'la birlikte sabah 06.00'ya kadar hâkimin karşısında sorulara cevap verdim. Mahkeme sabaha karşı olmasına rağmen espriler havada uçuşuyordu. Hatta arada gülüşmeler bile oluyordu. Sadece uyuklayan polislerin yüzü asıktı. Biz serbest kalacağımızdan umutluyduk, gülüyorduk. Hâkim de bizi güle oynaya tutukluyordu.

"Sayın hâkim lütfen 'talimat' diye yazmayın, yazı işlerini örgüt zannederler"

Mahkeme başkanı söylediklerimizi iyi dinliyor ve kayda geçiriyordu. Zaman zaman gülünecek olaylar oluyordu. Biz, avukatlar, mahkeme başkanı, hepimiz rahattık. Ancak soruların içeriği ve ardından savcının tutuklama isteğiyle mahkemeye sevk etmiş olması ne de olsa bir tedirginlik kaynağıydı.

Savcılığın, bütün gazetecilik faaliyetini, dışarıdan bir örgütün emirleriyle yapılan örgütsel bir faaliyet olarak görme eğiliminde olduğu açıktı. Tutuklanmanız için polis ve savcının sizi nasıl gördüğü önemliydi. Yani sizin suçlu olup olmamanız hiç önemli değil, polisin ve savcının sizi suçlu görmesi yeterliydi.

Böyle bir ortamda Ergenekon davasında bir sanığın avukatından görüş almak ya da Ergenekon soruşturmasını yapan polis ya da savcılığın açıkça görülen somut bir hatasını eleştirmek derhal terör örgütü üyeliğiyle suçlanmanıza yetebilecekti. Bu tür bir haberi ya da eleştiriyi sizden gazete yönetiminiz de isteyebilir. Ortada somut bir olay vardır, bununla ilgili haber yazmanızı isteyebilirler. İşte bu durumda da siz, şefiniz ve yöneticileriniz de örgüt üyeliğiyle suçlanabilirsiniz.

Nitekim bu konuda gazetecilik faaliyetini anlatırken "Bazen muhabir haberi bulur, şefine bilgi verir. Şef konuyu muhabirlerin katılmadığı toplantıda yazı işleri müdürleri ve yönetmenle görüşür. Talep üzerine haber hazırlanır ve gazetede yayınlanır. Ya da yöneticiler kendi belirledikleri konunun haber yapılması için şefe, şef de muhabire talimat verir" dedim. Hâkim anlattıklarımı kayda geçirirken "talimat" kelimesini kullanınca ben müdahale ettim. Hâkimle aramızda şu diyalog geçti:

"Hâkim Bey lütfen 'talimat' kelimesini kayda geçirmeyin."

"Neden?"

"Bakın talimat kelimesi emir gibi algılanabilir. Bu soruşturmada suçlamalar için somut delil olup olmamasına bakılmıyor. Sözler, kelimeler bir kişiyi mahkûm etmeye yetiyor. Şimdi siz 'talimat' diye yazarsanız polis, savcı 'Demek talimatı gazetedeki yöneticilerden alıyormuş' diye birçok kişiyi suçsuz yere önünüze getirir."

"Peki, talimat demeyelim, ne yazalım?"

"İş akışı diye, işin gereği diye yazın."

Hâkim bu sözlerime güldü. Yalnız onlar değil, salondaki herkes kendini gülmekten alamadı.

Ama bu kaygılarımın yersiz olmadığı bir süre sonra anlaşılacaktı.

Suçsuz olduğumuzu, örgüt üyesi olduğumuza dair tek bir somut delil bulunmadığını anlattık. Ben de, Ahmet Şık da. Ahmet Şık herkesin huzurunda kitabı kendisinin yazdığını, benim bir katkım olmadığını söyledi. Ama hakkımızda karar verilmişti sanki. Karar için salona alındığımızda hâkim yerimize geçmemizi beklemeden tutuklama kararı verildi. "Çıkabilirsiniz" dedi. Bizi can kulağıyla dinleyen hâkim, göz teması kurmadan "Tutuklamaya karar verildi" deyip kestirip attı. Adaletin, hukukun ruhuna el fatiha...

Ve şaşkın bir halde polislerin arasında dar bir koridora alındık. Bizi Metris Cezaevi'ne götürecek aracı beklemeye başladık. O andaki şaşkınlığımı nasıl anlatsam bilmiyorum. Aslında benim, yani bizim hakkımızda kararın mahkemeden çok önce verildiğini düşünüyorum.

Çünkü bizi adliyeye getiren polisler bunun işaretini bana vermişti, ama ben o an anlamamıştım. 3 Mart'ta gözaltına alınıp nezarethaneye konduktan sonra basında "soğuk bodrum katta" olduğumuza dair haberler çıkmış. Eşim de bir yolla bana içinde kazak ve eşofman takımı olan bir sırt çantası göndermişti. Adliyeye sevk sırasında o çanta da yanımdaydı. Savcılık sorgusu için minibüsten inerken yanımdaki polise "Çantayı da yanıma alayım mı?" diye sordum.

Polis, "Yok yok, burada kalabilir" dedi.

Kafam karıştı, "Eğer serbest kalırsam yeniden Emniyet'e mi gideceğiz? O yüzden mi çanta burada kalabilir diyorsunuz?" diye sordum.

Polis "Yok gitmemiz gerekmez, ama o durumda biz size veririz" cevabını verdi.

Normal şartlarda, tutuklanma olasılığı görmeyen ya da tutuklanmak ya da serbest kalmak konusundaki karara mesafeli durması gereken polisin bana çantamı vermesi gerekirdi. Tutuklanmam halinde nasıl olsa çantayla aynı araca binecektim. Ama serbest kalırsam da artık polisle bir işim kalmayacağı için onlar yoluna ben yoluma deyip adliyenin kapısından vedalaşmamız lazımdı. Bir de adliyenin kapısından yüzlerce polisin hiç ayrılmadan geceden sabaha kadar beklemiş olması da mahkeme kararı konusunda iyi bir tahmini olduğunu gösteriyordu.

Odatv ile başlayan, benim ve Ahmet Şık'ın tutuklanmasıyla genişleyen Ergenekon dalgasının "medyaya yönelik büyük bir operasyon" olacağını polisten daha iyi kim bilebilir ki zaten...

Son sürat Metris,
sonra Silivri

Mumcu ve Dink adliye kapısında

5 Mart öğlen başlayan adliye maratonu 6 Mart saat 05.30-06.00 gibi bitmişti. Ahmet Şık ile beni Metris'e götürecek polis minibüsünü beklemeye başladık. O anki duygularımı tarif etmek zor. Ama zaten gözaltına alınmam, nezarette geçirdiğim süre, polis ve savcılık sorgusu bir oyunun, bir tiyatronun parçası gibiydi. O yüzden tutuklanmak bende çok büyük bir şok etkisi yaratmadı. Çünkü kendimden çok bu oyunu kurgulayanların içine düştüğü duruma şaşırıyordum. Bu kadar kolaydı ha, ne idüğü belirsiz bir not yüzünden adam tutuklamak, memlekete demokrasi getirdiği iddia edilen Ergenekon davasının içine sokmak. Onu "silahlı terör örgütü üyesi" ilan etmek. Memleketin polisini, savcısını, hâkimini bu oyunun bir parçası haline getirmek. Bu kadar kolaydı ha...

Bir insanı hayatından, sevdiklerinden ayırmak... Kafamda eşim ve kızım, bizi bekleyen polis minibüsüne ilerledim. Hava bulutlu. Sabah 06.00. Ama Beşiktaş Adliyesi'nin önü gündüzden daha kalabalık. İşte bizim üyesi olduğumuz örgütün üyeleri oradaydı; gazeteciler, meslektaşlarımız, sevgili kardeşim Murat Sabuncu; çıkarım umuduyla kalabalığın içinde. 1993'te suikasta kurban giden ölümsüz gazeteci Uğur Mumcu'nun oğlu Özgür Mumcu, 2007'de öldürülen barış gazetecisi Hrant Dink'in kardeşi Hosrof Dink de sabaha kadar mahkemeden çıkacak kararı bekleyenler arasındaydı.

Ve ben Metris'e gideceğimiz minibüse binerken el salladığım kalabalığın arasında onların da olduğunu bilmiyordum. Minibüs, adliyenin bahçesinden hareket edince çıkış kapısının önünde polis ile kalabalık arasında bir arbede yaşandı. Kalabalık bizi bırakmak istemiyor, Metris'e gitmek için motoru hırlayan minibüsü durdurmaya çalışıyordu. Tam kapının ağzına geldiğimizde son defa dostların birbirlerine sımsıkı sarılması gibi olanca güç-

Hrant Dink'in kardeşi Hosrof Dink, tutuklandığımız gün sabaha kadar adliye önünde bekledi.
13 ay boyunca da cezaevinde üç görüşmecimden biri oldu.

leriyle minibüsü, elleriyle, yumruklarıyla, bedenleriyle durdurmaya çalıştılar. Bu bir engelleme değil, aslında vedaydı. Minibüsün sol arka koltuğuna oturmuş, olan biteni izleyebiliyordum. Polisin itip kaktığı kişiler arasında en önde Hrant Dink'in kardeşi Hosrof Dink'i gördüm. O da minibüsü engellemeye çalışırken polisin sert tepkisiyle yere doğru birbirinin üzerine düşenlerin arasındaydı.

O an üç gündür içinde bulunduğum durumdan sıyrılmaya başladım. Ben neredeyse 3,5 yıl Hrant Dink cinayetini araştırmış, onlarca haber, iki kitap yazmış biri olarak, şimdi Hrant Dink cinayetinin arkasındaki suç ortaklarının yargılandığı Ergenekon örgütüne üye olduğum iddiasıyla tutuklanmıştım. Beni bu komplonun içine dahil edenler amaçlarına ulaşmıştı. Ben böyle bir örgüt içinde olmadığımı bir gazeteci olarak –belki de eksiklik– tek bir asker tanıdığım olmadığını, asker konulu ya da kaynaklı tek bir haber yapmadığımı, "darbe" kelimesinin ağzımdan çıkmak bir yana aklımdan bile geçmediğini biliyordum. Ve ben üzerime geçirilmek istenen Ergenekon gömleğini eninde sonunda yırtıp atacağımdan emindim. Ama Hosrof Dink'in, Özgür Mumcu'nun ve bize inanan namuslu meslektaşlarımızın desteği, o gömleği giymeden Beşiktaş Adliyesi'nin kapısında bırakmamı sağladı.

O andan sonra hükümete çok yakın medya ile Fethullah Gülen cemaat medyası her ne kadar bizi Ergenekon talimatıyla kitap yazan gazeteci gibi göstermeye çalıştıysa da atılan iftiralar, saldırılar, yalnızca bize kurulan komplonun adresini anlamamıza yaradı.

"Biz de sizi bekliyorduk"

Metris'e doğru yola çıkan minibüs sabahın 6'sında son sürat ilerliyordu. Tünelleri geçip Kâğıthane yönünden Metris'e yol alan minibüsün camından dışarıyı farklı bir gözle izliyordum. Sanki bir daha ağaç göremeyecekmişim, sanki binaları bir daha göremeyecekmişim gibi bakıyordum dışarıya. Aracın içinde olup bitenle ilgilenmiyordum. Polisler, sanki birileri bizi kaçıracakmış gibi endişeliydi, en hızlı şekilde Metris'e ulaşmaya çalışıyorlardı. Aceleleri, bir an önce eve gidip yorgunluklarını uyuyarak atmak içindi belki de.

Ben o gün nerede uyuyacağımızı merak ediyordum. Şartların kötülüğü değil, ama bilinmezlik, bir de tutsaklık can sıkıcıydı. Yoksa gazeteci olarak cezaevi koşullarından kat kat kötü koşullarda geçirdiğimiz geceler olmuştu.

Metris'in kapısında bizi jandarma karşıladı. Mahkûm/tutuklu kapısından içeriye aldılar. Önce jandarma üst araması yaptı. Daha sonra içeri alındık. Bilinen adıyla gardiyan ama kendilerinin kullanılmasını istedikleri sıfatlarıyla infaz koruma memurları bizi karşıladı. En az 20 yıllık mesleki tecrübesi olan ve adına "başefendi" denen başmemurlar her şeyi didik didik aradılar. Bir yandan da sohbet ediyorduk. Biri "Biz de kaç gündür sizi bekliyorduk" dedi.

"Nereden biliyordunuz buraya geleceğimizi, tutuklanmamız kesin değildi ki?" karşılığını verdim.

Başefendi "Biz biliriz kimin tutuklanıp tutuklanmayacağını, artık Ergenekon davasında uzman olduk. Bu kesin tutuklanır dediğimiz kişiler aşağı yukarı buraya gelir. Ha elinde bildiğin bir şey mi var dersen yok, ama his bu, his his..." dedi.

Kayıt işlemleri hayli uzun sürdü. Neredeyse hayatını anlatıyorsun kayıt işlemleri sırasında. Belki de üzerinden tren geçmiş gibi hissettiğin için o safha da insana uzun geliyor. Saat 08.30-09.00 gibi cezaevi yöneticilerinden biri geldi. Hoş sohbetten sonra bizi koyacakları koğuşu belirlemeye çalıştılar.

Sonunda A7 koğuşuna koymaya karar verdiler. Yönetici "Boşaltın orasını" talimatını verdi. Daha sonra koğuşa gittiğimizde bu koğuşun kalabalık bir grup tarafından kullanıldığını gördük. Elbiseler alınmış ama dini kitaplar, ilmihaller, bazı İslami grupların siyasi dergileri ortalık yerdeydi. 20'den fazla kişinin kaldığı altlı üstlü ranzalardan oluşan üst kat ile yemek masası ve mutfak tezgâhının olduğu alt kat Ahmet Şık ile bana aitti.

Mutfak tezgâhı bulaşık dolu, yatak çarşafları kullanılmış ve pisti. Biz acemi tutuklular neyin ne olduğunu bilmediğimizden "Herhalde bu işler böyle oluyor" diyerek birkaç günlük uykusuzluğun etkisiyle ranzalara yığıldık. Hani "tam bir kâbustu" denecek bir atmosfer. Bulutlu bir pazar günü yirmi yataklı dağınık bir koğuşta yorgun iki adam birkaç saat kestirdik. Sonra ilk "tak tak". Öyle yazıldığı gibi değil. Demir kapıya elindeki demir kolla vuran gardiyanın çıkardığı tak taklardan. İnsanı yatakta irkilten cinsten. Silivri'de de günde birkaç kez duyduğumuz o sesle ilk kez Metris'te tanıştım. Kapıya vuran görevli yemek getirmişti. Plastik bir kap içinde bulgur pilavını hatırlıyorum.

O gün televizyon izleyerek, üşüyerek geçti. Ha bir de banyo. Perşembe gününden pazar gününe, yani gözaltından Metris'e getirilene kadar suyla temasımız son derece sınırlıydı. Nezarethanede son derece pis lavabolarda daha fazla kirlenmeyeyim diye muslukları bile ellemek istemiyor insanın canı. Polislerin o bedbin yüzleriyle karşılaşmamak için lavabo ve tuvalet ihtiyacınızı kendiniz sınırlıyorsunuz. Sizi lavaboya götürmeyi çok büyük bir lütuf gibi sunan polislerle muhatap olmamak için tuvalet ihtiyacınızı azaltmak amacıyla yiyecek ve içeceğinizi de minimuma indiriyorsunuz. O yüzden Metris'te koğuşa konduğumuzda ilk önce banyosu var mı, su akıyor mu diye kontrol etmiştim. Evet, 6 Mart'tı, hava soğuktu ama soğuk suyla da olsa banyo yapma şansı vardı. Akşam geç saatlere kadar televizyon izledik. Bir de gazeteleri okuduk. *Milliyet*'in sürmanşeti 6 Mart Pazar günü Cumhurbaşkanı Abdullah Gül'ün açıklamasına ayrılmıştı. Gül, bizim gözaltına alınmamız konusunda *Milliyet* Gazetesi Ankara Temsilcisi Fikret Bilâ'ya "Kaygı duyuyorum" demişti.

Sonra bir yılı aşkın tutukluluğumuz boyunca duyacağımız "endişe, üzüntü, kaygı" açıklamalarının ilki buydu. Ama bu kaygı ve üzüntü adaletin tecellisi için değil, sadece oluşan tepkileri yatıştırmak içindi. Sonrasında siyasetçilerden en çok duyduğumuz söz "Ama onlar gazetecilikten dolayı değil, terör faaliyetinden tutuklular" olacaktı.

6 Mart 2011 günkü *Milliyet*'in manşeti son dakika haberi olarak "Nedim ve Ahmet'i de tutukladılar" şeklindeydi. Sürmanşet ise Cumhurbaşkanı Abdullah Gül'ün açıklamasına ayrılmıştı. Şöyle diyordu Cumhurbaşkanı Gül:

> Yargının, hâkim ve savcıların işine karışmam söz konusu olmaz. Ancak olup bitenleri takip ettiğimde intibam şu ki; kamu vicdanında kabul görmeyen bazı gelişmeler oluyor. Bu hal, Türkiye'nin geldiği ve herkes tarafından takdir edilen görüntüsünü gölgelemektedir. Bundan kaygı duyuyorum.
> Savcılardan ve mahkemelerden sorumluluklarını yerine getirirken daha titiz davranmalarını; insanların ve kurumların onur ve hukuklarının zedelenmesine yol açmayacak şekilde davranmalarını beklemekteyim.

Cumhurbaşkanının en yüksek düzeyde kaygısını dile getirdiği bu açıklamasının yayınlandığı *Milliyet* gazetesi, o pazar günü kahvaltı masalarında yerini alırken ben ve Ahmet de çoktan Metris'teki koğuşumuzdaki yerimizi almıştık. Yanımda eşimin son anda cezaevine yetiştirdiği çamaşırlar ve o güne ait gazetelerle.

Gazeteyi o gün gördüğümde çok fazla bir anlam veremedim. Çünkü 3 Mart Perşembe günü kapatıldığımız nezarethaneden 5 Mart Cumartesi çıkarılmış, hızla adliyeye götürülmüştük. Saatler süren ifadelerden sonra 6 Mart günü tutuklanmıştık. Gözaltına alınmamız ile tutuklanmamız arasında geçen sürede dışarıda ne olduğundan hemen hemen hiç haberimiz olmadı. Bir tek adliyeye girerken meslektaşlarımızı görüp el sallamıştık. Bir de Cumhurbaşkanı Gül'ün açıklamasının yer aldığı *Milliyet*'i okumuştum. Meğer 3 Mart ile 6 Mart arasında deyim yerindeyse yer yerinden oynamış. Ancak bizim olan bitenden haberimiz yoktu. İnsan şaşırıyor. Kaç kez haber yapmak için polislerle görüşmek üzere geldiğim İstanbul Emniyet Müdürlüğü'nün nezarethanesinde kalmanın insanı hayattan bu kadar koparabilmesine, kulağını sağır, gözünü kör, ağzını dilsiz hale getirmesine şaşırdım kaldım.

Türkiye'de meslektaşlarımız ayaklanmış, yollara düşmüş, basın özgürlüğü ihlali konusunda açıklamalar yapmış. Dünyanın en önemli ve büyük yayın kuruluşları tutuklanmamızı haberleştirmiş, Türkiye ve dünyada tüm gazetecilik örgütleri durumu kınayan açıklamalar yapmış. ABD yetkilileri ve Avrupa Birliği yetkilileri konuyla ilgili endişe dolu açıklamalar yapmış.

Gözaltına alınmamızın ertesi günü gazeteciler bizim için yürümüştü.

Bazı köşe yazarları protesto amacıyla gazetelerdeki sütunlarını boş bırakmış. Biz ise tüm bunlardan haberdar değildik ve tepki veremiyorduk. Bizi tutuklayan, bir anlamda dilsiz ve sağır, kör hale getirmek isteyenlerin amacı da buydu zaten. Gerçekleri konuşmayalım, araştırma yapmayalım istiyorlardı. Daha savcının bize bile göstermediği "çok gizli" dediği delilleri –ki hepsi polis raporu– gazete manşetlerinde bile bizi "terörist" ilan etmek için kullanılırken, medya eliyle yargısız infaz yapılırken kendimizi savunmayalım istiyorlardı. Tamam, polis ve savcı bunu istiyordu. Peki, yargısız infaza gönüllü gazetecilere, haysiyet cellatlarına ne demeli?

Biz susturuluyorduk evet, ama vicdanlı kalemler, aydınlar, meslek örgütlerimiz, dünyanın basın kuruluşları ayaktaydı. Sesimiz oluyorlardı.

Selam Metris

Metris'teki koğuşumuzda yaşadıklarım, kendimi bir Yeşilçam filminde gibi hissetmeme yol açmıştı. İki katlı koğuşta yataklar kir pas içindeydi. Çarşafın üzerine yatmaya cesaretim yoktu. Yastığa başını koymak ise ancak gözü karalıktı. Yastığa kazağımı sardım, üstüme de montumu çekip uyumaya çalıştım. Ama ne mümkün! Duvardaki 35 ekran televizyondan bizimle ilgili haberleri izlemeye başladım. Öğlen saatlerinde Yalçın Küçük, Doğan Yurdakul ve gözaltına alınan diğer kişilerin polisten savcılığa sevk edildiğini duydum, bir de Odatv çalışanı İklim Ayfer Kaleli'nin savcılık ifadesinden sonra serbest bırakılışını ve "Adalet yerini buldu" deyişini.

Kapıdaki delikten uzatılan ekmek ve yemeği alıp lavaboda tabak çatalı yıkayıp sofrayı hazırladık. Artık hapishane yemeği yiyecektik. Ahmet'le başımıza geleni anlamadan konuşup duruyorduk. Ama tutukluluk kararı verilmiş olmasına rağmen sanki biri "Bir hata var, siz yanlış yere tutuklandınız, serbestsiniz" diyecek gibi bir ruh halindeydik. Bir yandan da televizyondan, polisten savcılığa sevk edilen diğer sanıklarla ilgili gelişmeleri izliyorduk.

Tutuklama talebiyle mahkemeye sevk edilince, daha önce hiç tanışmadığımız insanlarla aynı örgüte üye olmaktan yargılanacağımızı anlamıştık. Bir gruba aidiyet duygusu son derece zayıf olan ve takım bile tutmayan ben, şimdi hiç tanımadığım insanlarla bir örgüte, hem de "silahlı terör örgütü"ne üye olmak suçlamasına karşı ne diyeceğimi bilemiyordum.

"Yumurtayı Yalçın Küçük veriyorsa dikkat et..."

6 Mart gece yarısı olduğunda zorunlu yatma haline geçtik. Çünkü artık direncimiz kalmamıştı. Sabaha karşı saat 04.00 gibi koğuşun ağır demir kapısında sert bir şakırtı uykumu böldü. Ko-

nuşmalardan birilerinin geldiği belliydi. Bazen televizyonda duyduğum o ses koğuşun içindeydi. Yalçın Küçük ve diğer tutuklananlar gelmişti. Ahmet derin uykudaydı.

Merdivenlerden çıkan biri üst kattaki ranzaların arasından geçip yattığımız yere geldi. Uyku halinde olduğum için gelen kişinin kim olduğunu göremiyordum. Ama o kişi kendini gösterecek kadar yakınıma, ranzanın yanına gelip eliyle beni uyandırmaya çalıştı. Yattığım yerde döndüm. Bana, "Biz geldik" dedi. Bende sigorta o zaman attı. "Siz kimsiniz yahu?" dedim. "Yalçın Hoca aşağıda" dedi. Dayanamadım, "Bana ne geldiyseniz, bu saatte aşağı mı ineceğim, geldiyseniz geldiniz, sessiz olun, uyuyoruz" dedim.

Gelen kişi Sait Çakır'dı. Doğan Yurdakul, Coşkun Musluk ve Yalçın Küçük beraber gelmişlerdi.

Koğuşta altı kişi olduğumuzda takvim 7 Mart Pazartesi'yi gösteriyordu. Saat 08.30-09.00 gibi üst kattan aşağıya indik. Yalçın Küçük, Coşkun Musluk ve Sait Çakır'ı yanına almış ufaktan bir nutuk atıyordu.

Doğan Yurdakul daracık alanda volta atıyordu. Ne de olsa daha önce hapis yatmışlığı vardı. Kitaplarından tanıdığım Doğan Yurdakul sessiz sedasız gezinirken Yalçın Küçük'ün attığı nutuktan herkes ister istemez payını alıyordu. Duymamak imkânsızdı söylediklerini. Efendim seçim öncesi solu bir araya getirecekmiş de, bunu anlamışlar da, engellemek için operasyon yapılmış da da da...

Birçok siyasetçi gördüm, ama ilk kez "Solu bir araya getirecektim" diyenini duyuyordum. Ama tepkimi dizginleyemediğim nokta, yanındaki gençlere "Burası da bir okul, burada da hayatı öğreneceksiniz" gibi sözler söylemesi oldu. "Yalçın Bey bırakın Allah aşkına, burada dört duvar arasında insan hayatı mı öğrenir, saçmalamayın" dedim.

Sait Çakır ve Coşkun Musluk'a dönüp "Gençler lütfen aklınızı başınıza toplayın, insan burada hayatı falan öğrenmez. Sizin kız arkadaşınız falan yok mu? Bir an önce çıkın, hayatı öyle dışarıda öğrenin" dedim. Masadaki yumurtaları göstererek "Bakın bu yumurta tavuktandır yiyebilirsiniz, ama bunu size Yalçın Küçük veriyorsa kontrol edin" diye bitirdim sözlerimi.

"Hapishaneye düşmekten daha kötüsü, Yalçın Küçük'le düşmek"

Hayatımda ilk kez tanıştığım kişilerle bu şekilde konuşmam tuhaftı, muhtemelen onlar da yadırgamıştır. Ancak özellikle Yalçın Küçük'le anlaşamayacağımız açıktı. Zaten o gün boyunca, yaşanan gelişmelere ilişkin konuşmaları bana şunu düşündürdü: "Hapishaneye düşmek kötü, çok kötü, ama daha kötüsü Yalçın Küçük'le düşmek." O gün akşamüzeri Silivri'ye, diğer Ergenekon sanıklarının bulunduğu cezaevine gönderileceğimiz söylendi. Koğuştan çıkarıldık, cezaevi aracının hazırlanmasını bekledik.

Her şey hazır dendiğinde de yine bir aramadan sonra hayatımda ilk kez cezaevi nakil aracına bindim. Daha önce dışından gördüğüm araç 12 kişinin oturabileceği iki ayrı kabinden oluşuyordu. Ben, Ahmet Şık ve Doğan Yurdakul arka kabine oturduk, Yalçın Küçük, Sait Çakır ve Coşkun Musluk ön kabine oturdu. Tam o sırada Yalçın Küçük'ün şok eden sözlerini duydum, "Genel Komutanlık'tan emir verdiler, bize kelepçe takmadılar" diyordu.

Başından beri poliste de kelepçe takmamışlardı. Cezaevinden araca olan mesafe de zaten birkaç metreydi. Polis gibi jandarmanın da kelepçe takmaması normaldi. Ama bu durumu hele hele kendisine özel bir muameleymiş gibi söylemesi gerçekten gülünçtü. Sıkıcı olan, her şeyi kafasındaki kurgularla ya da teorileriyle izah etmeye çalışmasıydı.

Yalçın Küçük ve diğerleri tutuklandıktan sonra koğuşa geldiklerinde kendimizden söz etmiştik. Bana kızımın adını da sordu. Annesinin adını taşıdığını anlattım, "Benim isteğimle eşimin adı olan Vecide ismini verdik, eşim de Defne adını istedi, böylece kızımıza Vecide Defne adını koyduk" dedim.

Yalçın Küçük hemen önce Sabetaycı olup olmadığımız hakkında bir iki laf etti. Oradan sonuç çıkmayınca "Türklerde anne adı pek verilmez, daha çok Hıristiyanlarda olur" dedi. Ben de tamamen eşime olan sevgimden, canım öyle istediği için kızımıza koyduğumuz isimler hakkında böyle bir yorum yapmasına gülüp geçmiştim.

Ancak ne kadar süreceği belli olmayan hapishane hayatında Yalçın Küçük'e tahammül edemeyeceğimi / edemeyeceğimizi öngörebiliyorduk. Cezaevi aracında Metris'ten Silivri'ye doğru yola çıkarken Ahmet Şık da benim gibi düşünüyormuş. Yolda çözüm aklımıza geldi. Birincisi, diğer Ergenekon sanıklarıyla aynı yerde kalmayacaktık; ikincisi, Yalçın Küçük'le aynı koğuşta olmayacaktık.

Ahmet ile ben aynı koğuşta kalmak için başvuracaktık, eğer üçüncü biri gerekiyorsa onun da Doğan Yurdakul olmasını isteyecektik.

Sonunda ben de Silivri'deyim

Silivri'ye vardığımızda bizi önce 4 No'lu Cezaevi'ne götürdüler, ama her nedense ardından 2 No'lu Cezaevi'ne getirdiler. Burası uyuşturucu suçlarından tutuklu ya da hükümlülere ayrılmış. Geldiğimizde 600 civarında tutuklu vardı ve bizler bu cezaevinde kalacak ilk Ergenekon davası sanıkları olacaktık. Cezaevi biz gelmeden önceki hafta açıldığından her yer inşaat tozu içindeydi. Cezaevinin büyük demir kapısından içeriye girdiğimizde bizi bir duvarın önüne dizdiler. O gün bizim kabul, yani kayıt işlemlerimizi Başmemur Yaşar ve diğer infaz koruma memurları yani halkın anlayacağı şekilde "gardiyanlar" yaptı.

Başmemur yani bilinen adıyla "Başefendi" Yaşar'dan bizi Yalçın Küçük'ten ayrı bir koğuşa koymasını istedik. O da bizi üçer kişi olarak böleceklerini ve isteğimizi de yerine getirebileceğini söyledi. Sırayla kayıtlarımız yapıldı. Bilgisayarın başında fotoğrafımız çekildi ve elimize pembe bir kimlik kartı verildi. Adı, soyadı, ana ve baba adı ile doğum tarihi yazılı pembe kartın en altın-

NEDİM ŞENER
SİLİVRİ 2 NOLU C.İ.K.
07.03.2011

Silivri 2 No'lu L Tipi Kapalı Cezaevi'ne geldiğimiz anda ilk yapılan şey fotoğraf çekimiydi.

Silivri 2 No'lu Cezaevi B 9 üst koğuşun sakinleri: Ahmet Şık, Doğan Yurdakul ve ben.

da hangi suçtan tutuklu olduğum yazıyordu: "Silahlı Terör Örgütü Üyesi"

Yatacağımız koğuşa gönderme işlemleri o kadar hızlı yapılıyordu ki, cezaevi personelinde bir panik olduğu anlaşılıyordu. Cezaevi Müdürü Hasan Bey bile o saatte işlemleri takip için oradaydı. Neyin ne olduğunu anlayamıyordum. O kadar gerilmiştim ki bana sertçe "Nedim buraya gel" diyen genç bir gardiyanın davranışı ağır gelmişti. Parmak izi işlemi ve eşyaların aranmasından sonra kapalı bölümde başmemurlardan Mehmet'in yanında dudaklarımı ısırarak ağlıyordum. Hiç unutmam Mehmet, bugün bile yüzünden eksik etmediği mahcubiyet dolu bakışıyla "Üzülme arkadaş, kimler geldi kimler geçti hepsi çıktı, siz de çıkarsınız, üzülme" dedi.

Neredeyse beş gündür devletin en haşin, anlayışsız, adaletsiz ve vicdansız yüzüyle karşı karşıya geldikten sonra Mehmet'in sözleri yaraya merhem gibi gelmişti.

Derken bizleri kalacağımız koğuşlara götürdüler. Uzun uzun koridorlardan geçtik, demir parmaklıklı kapılar ve en son kalın demirden bir kapı şakırtıyla açıldı. Kolu olmayan bir kapıyı ilk kez görüyordum. Kapının kolu bir infaz koruma memurunun elindeydi. Büyük demir kapının ortasında sağda bulunan deliğe soktuğu kol demirini sertçe aşağı bastırınca kapı aralandı.

Biz ev bakmaya gelen kiracı gibiydik. Sağa sola bakıyor, akşamın karanlığında neyin içinde olduğumuzu anlamaya çalışıyorduk. Bizdeki o kiracı havası epey sürecekti, ama infaz koruma memurlarında evi kiraya vermek isteyen bir emlakçı havası yoktu. Elimize tutuşturulan beyaz plastik bir sandalye, bir yastık, iki battaniye ve bir nevresim takımıyla koğuşun ortasında kalakaldık. Üç tane tek kişilik odası ve 30 metrekare de ortak kullanım alanı olan koğuş inşaat artıkları, toz toprak içindeydi. Ama biz hiç istifimizi bozmuyorduk. Kiracı havasından hiç çıkmıyorduk ve burasını beğenmemiştik. Nasıl olsa çıkacağız diye hiç temizlik yapmadık. Yatıyor, kalkıyor gelişmeleri takip ediyor, ha bugün ha yarın "Bir hata olmuş, sizi serbest bırakıyoruz" demelerini bekliyorduk. Ama o gün hiç gelmeyecekti. Bari beklerken boş durmayalım diye tam bir hafta sonra koğuşu inşaat artıklarından toz ve pislikten temizlemeye karar verdik. Artık anlamıştık: Biz Silivri 2 No'lu Kapalı Cezaevi B 9 üst koğuşta kalacaktık; Yalçın Küçük, Sait Çakır ve Coşkun Musluk da B 9 alt koğuşta kalacaktı.

Mevsimler değişecek, ama adalet çiçeği hiç açmayacaktı.

Zekeriya Öz için sonun başlangıcı

Evet, Zekeriya Öz bizi tutuklatmıştı, ama bu operasyon onun için "sonun başlangıcı" olacaktı. Tıpkı tutuklanmamızın arkasındaki polis müdürü Ali Fuat Yılmazer için olduğu gibi.

Cumhurbaşkanı Abdullah Gül, gözaltına alınmamızdan iki gün sonra savcılığa sevk edildiğimiz 5 Mart 2011 günü duyduğu rahatsızlığı "Kaygılıyım" şeklinde ifade eden açıklamasını iki gazeteciye yapmıştı. Biri *Milliyet*'ten Fikret Bilâ, diğeri *Zaman* gazetesinden Ekrem Dumanlı'ydı.

Cumhurbaşkanı, Savcı Zekeriya Öz ile hâkimleri uyaran açıklamayı yapmadan Adalet Bakanı Sadullah Ergin'le görüşmüş, hakkımızdaki suçlamalarla ilgili bilgi almıştı. Adalet Bakanı da biliyordu ki Ergenekon'la bir ilişkimiz yoktu, suçlamaya konu olan şeyler kitaptan başka bir şey değildi. Cumhurbaşkanı Gül aldığı bilgi üzerine o açıklamayı yapmıştı.

Biz de gelişmeleri, tutuklandıktan sonra gittiğimiz Metris'te elimize geçen gazetelerden anlamaya çalışıyorduk. 7 Mart 2011 tarihli gazetelerde Savcı Zekeriya Öz'ün bir basın açıklaması yer almıştı. Ama tam olarak sebebini anlayamamıştım. İçinde bulunduğumuz duruma ilişkin oluşan kamuoyu tepkisi hakkında bilgilerimiz ve görüntüler kesik kesikti. Meğer Zekeriya Öz ve operasyonu yapanlar, bugüne kadar görmedikleri bir tepkiyle karşılaşmışlar. Yalnız Türkiye'deki meslek kuruluşları, gazeteciler ve Cumhurbaşkanı değil, dünyanın gerçek demokrasi örneği ülkelerinden, uluslararası gazetecilik örgütlerinden, Avrupa Birliği yetkililerinden gelen büyük bir tepki dalgası oluşmuş.

Bu tepkiler karşısında sessiz kalamayan Savcı Zekeriya Öz, 6 Mart Pazar gününü evinde geçirmek yerine yine adliyeye gelmişti. Oysa bir gece önce bizi tutuklama talebiyle mahkemeye sevk etmişti. Yorgunluğunu o pazar evde dinlenerek geçirmek elbette onun da hakkıydı. Ama o adliyeye gelip ilk kez bir basın açıklaması hazırlamak için çalışıyordu.

18. dalganın ilk kurbanları polis ve savcı

Ergenekon operasyonunun 18. dalgasındaki sıkıntı ilk günden su yüzüne çıkmıştı. Gözaltına alındığımız 3 Mart 2011 gününden başlayarak 4-5 Mart'ta doruğa çıkan 6 Mart'ta tutuklanmamızla boyut değiştiren 18. operasyon dalgası çok kısa süre sonra Ergenekon soruşturmasını başından beri yürüten polis şefi Ali Fuat Yılmazer'i ve Savcı Zekeriya Öz'ü yutan "ters dalga"ya dönüşecekti.

O nedenle Savcı Öz'ün 6 Mart tarihli ve ilk kez yaptığı basın açıklamasının anlamını çözmek için 3-5 Mart tarihleri arasında neler olduğunu iyi gözlemlemek gerekiyor.

Savcının sıkıntısını, sorgulanmak üzere odasına girdiğimde anlamıştım. Elimde polisteki sorgu metni, daha doğrusu sorulan soruların bulunduğu belgeler vardı. Aynı soruların sorulacağı belliydi. Savcı Öz, bizim sormamıza ya da konuyu açmamıza gerek bırakmadan, kendisinin her şeyi yapmak için vakti olmadığını, soruları polislerin hazırladığını anlattı. Dosya zaten polisin dosyasıydı.

Savcı Öz, Odatv operasyonu yani Ergenekon'un 18. dalgasında gözaltına alınmamız konusunda fazla güçlü deliller olmadığına inanmış olmalı ki "eski defterleri" açtı. Bana "Sizi zaten 2009'da da dinlemişiz, sonra ara verdik" dedi. Bunu söylerken amacı belliydi. "Fazla itiraz etme, zaten bizim gözümüzde sen şüphelisin" diyordu. Hatta bir başka yazarın adını vererek "Onu da takip ettik" deyip konuyu kapattı. Ancak Öz, sıkıntısını yalnız ben ve avukatlarıma değil, benden sonra sorguya giren Ahmet Şık ve avukatlarına da anlatmış. Öz, Şık ve avukatlarına "Ben bu gözaltı ve aramalarda kaç kişiyle ve kimlerle ilgili yakalama ve arama istendiğini bilmiyorum. Ahmet Bey'in de ismi var mı yok mu dikkat etmedim. Biliyorsunuz, Emniyet bizden talep ediyor, biz de çoğu zaman olduğu gibi imzalayarak mahkemeye havale ediyoruz" demişti.

Savcı daha sonra bu sözleri söylemediğini ve avukatları mahkemeye vereceğini açıkladı. Ama aradan neredeyse bir yıl geçti ve Savcı Öz bu konuda mahkemeye gitmedi. Gitse ne olacaktı ki, bize de benzer şeyleri söylemişti zaten.

Daha önce de dediğim gibi Savcı Öz'ünki, bizim gözaltına alınmamızdan sonra ortaya çıkan tepkilere karşı savunma psikolojisiydi. Bu tepkiler yalnızca yurtiçi ve yurtdışından basın kuruluşlarından gelmiyordu, hükümet üyeleri bile tepkiliydi. Herkes biliyorduk ki ortada şahsi bir hesaplaşma vardı, polis bizimle hesaplaşıyordu. Ama ok yaydan çıkmıştı bir kere.

Savcı Öz Cumhurbaşkanı Gül'e meydan okuyor

2011 yılı Mart ayı bizim için iyi başlamamıştı. Ama Zekeriya Öz ve Ergenekon operasyonunu yöneten İstanbul Emniyet Müdür Yardımcısı Ali Fuat Yılmazer için de iyi bitmeyecekti. Mart ayı çıkmadan önce Yılmazer, daha sonra Zekeriya Öz koltuğunu kaybedecekti.

Cumhurbaşkanı Abdullah Gül'ün bizim gözaltına alınmamızdan sonra yaptığı "Kaygılıyım" şeklindeki açıklaması belli ki Zekeriya Öz'ü çok kızdırmıştı. İşte bu süreçte Zekeriya Öz'ün bizim tutuklanmamızın hemen ardından yaptığı basın açıklaması önemli bir kırılma noktasıydı. Bu açıklama, Savcı Öz'ün çok daha sertleşeceğinin işaretini veriyordu. Cumhurbaşkanı'na karşı "rest çekmek" anlamına gelen açıklaması, Ergenekon operasyonları tarihinde ilk değilse bile devlet katında en büyük çatlak olacaktı. Biz Metris'te koğuşlara girdiğimizde pazar gününün sessiz sakin geçeceğini zanneden adliye muhabirleri yanılmıştı. Savcı Zekeriya Öz'ün yazılı basın açıklaması yapacağı haberini alan muhabirler de pazar olmasına rağmen adliyedeydiler. Öz, bir A4 kâğıdına yazdığı basın açıklamasını gazetecilere dağıttı. Şöyle diyordu Savcı Öz açıklamasında:

> Savcılığımızca yürütülen bir soruşturma ile ilgili olarak, bir kısım basın yayın organlarında soruşturmanın içeriği ile bağdaşmayan ve savcılığımızı hedef alan yayınlar yapılması üzerine açıklama yapma zorunluluğu doğmuştur. Yürütülmekte olan soruşturma, bir kısım basın mensubunun gazetecilik görevleri, yazdıkları/yazacakları yazılar, kitaplar ve ileri sürdükleri görüşleriyle ilgili olmayıp, "Ergenekon Terör Örgütü" soruşturması kapsamında elde edilen ve soruşturmanın gizliliği nedeniyle bu aşamada açıklanması mümkün bulunmayan bir kısım delillerin değerlendirilmesi sonucu yapılması zorunlu hale gelen hukuksal bir işlemdir.
>
> Esasen Cumhuriyet Savcılığımızın hukuksal gereklilikler dışında herhangi amaç ve saikle hareket ettiğinin/edeceğinin kabulü ve kamuoyunun bu yönde asılsız değerlendirmelerle yönlendirilmeye çalışılması, büyük bir titizlik ve ciddiyetle yürüttüğümüz soruşturma-

ya zarar vereceği gibi adı geçen terör örgütünün hedef ve amaçlarına katkı sağlayacağı da açıktır. Bu istikametteki yayınlar tarafımızca özenle izlenmekte, hassasiyetle değerlendirilmektedir.

Suçluluğu sabit oluncaya kadar herkesin masum olduğunu ifade eden "masumiyet karinesi" şüphesiz tarafımızca da en az bu değerlendirmeleri yapan kişiler kadar bilinmekte ve öncelikle gözetilmektedir. Ancak unutulmamalıdır ki, herkes kanun önünde eşittir. Hiçbir kişi veya zümreye ayrıcalık tanınamaz. Kimse suç işleme ayrıcalığına sahip olmadığı gibi mesleği veya makamı nedeniyle ayrıcalıklı muameleye de tabi tutulamaz.

Öz, yazılı açıklamasını şöyle bitiriyordu:

Elde edilen bilgi ve belgelerin suç isnadı için yeterli olup olmadığı konusunda değerlendirme sorumluluğu görev ve yetkilerini kanunlardan alan savcılığımıza aittir. Soruşturmanın içeriği ve elde edilen deliller hakkında hiçbir bilgisi bulunmayan, bulunması da esasen mümkün olmayan kişilerin daha operasyonun ilk dakikalarından itibaren soruşturma makamlarını suçlayan ve tehdit eden değerlendirmeler içine girmeleri dikkat çekicidir. Bu görevi yerine getirirken hiçbir makam ve merci tarafımıza emir ve talimat veremez, yönlendirmede bulunamaz.

Sorumluluk sahibi herkes bu yöndeki davranış ve değerlendirmelerden titizlikle kaçınmalıdır. Soruşturmanın süratle sonuçlandırılması için gerekli olan çalışmalar büyük bir titizlikle yürütülmektedir.

Savcı'nın şifresi gizli deliller

Savcı Öz "cüretkârca" yaptığı operasyonu savunuyordu. Kullandığı şifre ise "gizli deliler"di.

Tek sayfalık açıklaması Ergenekon soruşturmaları tarihinde bir ilkti. Benim ve Ahmet Şık'ın tutuklama gerekçesinin, yazdığımız ya da yazacağımız haber, yazı ve kitaplar olmadığına özel bir vurgu yapıyordu. Biz Ergenekon terör örgütü üyesi olarak tutuklanmıştık ve Savcı Öz, bu aşamada "açıklanması mümkün olmayan gizli deliller" olduğunu söylüyordu.

Biz, tutuklandığımız günden iddianameyi gördüğümüz eylül ayına kadar geçen süre içinde hep o açıklaması mümkün olmayan delilleri merak edip durduk. İddianameyi elimize alınca da delil denen şeylerin biri basılmış (H. Avcı'nın), diğeri basılmamış (A. Şık'ın) iki kitap ile yazdığım haber ve yazılar olduğunu gördüm. Neyse, yeniden Zekeriya Öz'ün 6 Mart 2011 tarihli basın açıklamasına dönelim.

Öz açıklamasının ikinci paragrafında hukuksal gereklilik dışında başka bir amaçla hareket etmeyeceğini vurgulama ihtiyacı hissetmişti. Bu vurguya neden ihtiyaç duyduğunu biraz sonra ayrıntılandıracağım.

Üçüncü paragrafta "kimsenin suç işleme ayrıcalığı olmadığını" hatırlatan Savcı Öz, son paragrafta "Bu görevi yerine getirirken hiçbir makam ve merci tarafımıza emir ve talimat veremez..." diyerek Cumhurbaşkanı dahil Türkiye'de ve dünyada bu operasyona tepki gösteren herkese meydan okuyordu. Öz, bu konuda görüş bildiren herkesi de uyarıyordu: "Bu istikametteki yayınlar tarafımızca özenle izlenmekte, hassasiyetle değerlendirilmektedir."

Yani "Nedim ile Ahmet'e haksızlık yapılıyor" diyen ve yazan herkes tehdit altındaydı.

Şimdi yeniden ikinci paragrafa dönüyorum. Savcı Öz açıklamasının bu bölümünde, hukuksal gereklilik dışında başka bir amaç ve saikle hareket etmeyeceğine dikkati çekiyordu. Neden böyle bir cümle kullanma ihtiyacı hissetmişti Zekeriya Öz? Elbette bir savcı operasyon yapıyor ve tutuklamaya sevk ediyorsa herkes bunun "hukuksal gereklilikten" kaynaklandığını bilirdi. Ama 3 Mart'tan 6 Mart'a kadar yerli ve yabancı basında çıkan haber ve yazılarda, yapılan yorumlarda özellikle operasyonun benimle ilgili kısmının bir "intikam operasyonu" olduğunu düşünenler çoğunluktaydı.

Hrant Dink cinayetindeki ihmal zincirinin en önemli halkası olan istihbaratçılar, aynı zamanda benim tutuklandığım operasyonu yürütüyorlardı. Ben yine aynı polis tarafından hazırlanan soruların içeriğinden ve Zekeriya Öz'ün sorgunun başında "Zaten soruları da polis hazırlıyor, benim her şeyi okumaya vaktim olmuyor, bunu da polis hazırladı" izahatından durumu anlayabiliyordum. Yerli ve yabancı basın da neler olduğunu görebiliyordu.

Şaşıranların şaşkınlığına şaşırmadım desem yalan olur

Ergenekon operasyonlarının ilk gününden beri polis ve savcıların yaptığı çalışmalara neredeyse kayıtsız şartsız destek veren *Taraf* gazetesinin başlığını çok merak ediyordum. Çünkü biliyordum ki, savcının "gizli delil" diye bizden sakladığı "şeyleri" *Taraf*'tan okuyabilirdik. Gözaltına alındığım gün saat 15.30'a kadar açık olan cep telefonumdan beni arayanlardan biri de Mehmet Baransu idi. "Nedim, hayırdır, ne oluyor?" diye sorunca polislerin yanında "Söyle, benimle uğraşanlar şimdi kına yaksınlar" demiştim.

Beni tanımasına ve Ergenekon'la ilgim olmadığını bilmesine rağmen Baransu'dan "benim nasıl bir terörist olduğuma dair ikna çabaları" bekliyordum. İleride okuyacaksınız, Baransu beni yanıltmadı. Ama yanıltan *Taraf* gazetesi oldu. *Zaman, Bugün, Akit, Star, Yeni Şafak* gibi gazetelerden "infaz" haberleri bekliyordum. Ama *Taraf* "Ergenekon bu mu?" diye manşet atmıştı 4 Mart 2011 günü. Haberin spotu da şöyleydi:

> Ergenekon ve Hrant Dink suikastına yönelik kitaplarıyla tanınan Ahmet Şık ve Nedim Şener'in gözaltına alınması şaşkınlık yarattı.

Gazetenin başyazarı Ahmet Altan'ın o günkü köşe yazısının başlığı da "Bu nasıl iş?"ti.

Bu nasıl iş...
Dün sabahtan beri ortalık çalkalanıyor.
"Ergenekon'da yeni dalga" diye.
On kişi gözaltına alınmış.
(...)

"Ergenekon'un medya bacağını yakalıyoruz" diye gidip Odatv'nin elemanlarıyla, polisle ilgili kitaplar yazmış muhabirleri yakalarsanız, kuşkulu sorular yaratırsınız.

(...)

Ergenekon, darbenin yolunu açabilmek için kaos yaratmak amacıyla kurulmuş ve çeşitli suçlara bulaşmış bir örgüt.

Bana sorarsanız Türkiye'nin en tehlikeli örgütü.

(...)

Üstelik gözaltına alınanlar arasında öyle bir isim var ki duyan herkesi şaşırtıyor.

Ahmet Şık.

Şık, Ertuğrul Mavioğlu ile birlikte Ergenekon konusunda en dürüst, en kapsamlı, en açıklayıcı kitaplardan birini yazmış bir gazeteci.

(...)

Ahmet Şık "Ben kitabımı Soner Yalçın'a göndermedim" diyor.

De ki gönderdi.

Eee, ne olacak?

Birine kitabını gönderdiyse bu suç mu?

Ergenekon üyeliği, "kitap gönderme" düzeyine mi düşürülecek?

... Şık'ın yazdığı yeni kitabın, "polis içindeki cemaatçi yapılanmayla" ilgili olduğu söyleniyor.

Eğer bu gazeteci, ortada ciddi bir belge, bir bilgi, bir kanıt yokken sadece böyle bir kitap yazdığı için gözaltına alındıysa; bunun altından ne hükümet, ne Adalet Bakanı, ne İçişleri Bakanı, ne savcı, ne polis, ne de "cemaat" kalkabilir.

Bu ülkede Ergenekon'un yakalanmasını isteyenler, özgürlüğün, demokrasinin, hukukun, halk iradesinin önünde hiçbir karanlık güç kalmasın diye istiyorlar.

Hükümeti ya da polisi ya da cemaati kızdıranlar bir punduna getirilip susturulsunlar diye değil.

Polisle ilgili bir başka kitap yazmış olan Nedim Şener'in de bir "intikama" kurban gittiği ileri sürülüyor.

Demokrasinin ve hukukun hüküm sürdüğü hiçbir ülkede bir gazeteci, bir yazar, bir muhabir, yazdıklarından, fikirlerinden dolayı "örgüt üyesi" diye gözaltına alınamaz.

(...)

Ergenekon operasyonlarını desteklemiş diğer yazarlar da ortadaki tuhaflığın farkındaydı ve Ahmet Altan gibi "intikam duygusu"nun devreye girmesinden, "cemaat" vurgusu yapmaya kadar bir dizi eleştiri yapıyorlardı. *Yeni Şafak* gazetesi yazarı

Ali Bayramoğlu 4 Mart 2011 günü biz gözaltındayken köşesinden şöyle sesleniyordu:

Dün sabah aralarında gazetecilerin de olduğu bir grup insanın evinde arama yapıldı. Ardından gözaltına alındılar.

Bunlar arasında Ahmet Şık ve Nedim Şener de var.

Önce şunları söylemek isterim:

Ahmet Şık'ı yıllardır tanırım. *Yeni Yüzyıl* gazetesi dahil olmak üzere birçok kez birlikte çalıştık. Fikirlerimiz zaman zaman kesişmiş, zaman zaman ayrışmıştır. Onun düzgün ve dürüst bir gazeteci olduğundan hiçbir şüphem yoktur.

Ergenekon davasıyla ilgili gözaltına alınması aklımı da, vicdanımı da her anlamda, her açıdan rahatsız eder.

Nedim Şener hayatta olduğum sürece asla affetmeyeceğim bir isimdir. Girdiği kavgada Dink dosyasını kullanmış ve işi, dilini bana uzatacak, "iktidarı korumak için Dink cinayetinin kimi sorumlularını hasıraltı ettiğimi" ima edecek kadar ileri götürmüştür.

Ancak benim gözümde o da önce bir gazetecidir.

Kaldı ki, bugün bu gazetecilerle ilgili olumlu ya da olumsuz ne düşündüğümün hiçbir önemi yok.

Bu iki gazetecinin başına gelen, fiilen kabul edilemez, sembolik açıdan anti-demokratik bir durumdur.

Görünen o ki, bu iki gazeteci, gazetecilik faaliyetlerinden ötürü, bu çerçevede yayınladıkları ya da yayınlamaya hazırlandıkları kitaplar, kurdukları ilişkilerden dolayı gözaltına alındılar.

Durum açıklanmaya muhtaçtır.

Hemen söyleyelim: Bu kişilerin hangi somut suç unsuruyla gözaltına alındıkları açıklanmazsa, gitgide artan "polis devleti" iddiaları karşılıksız kalmaz ve Ergenekon davası "iflas" eder.

(...)

Bu işleri yapanlar bu davayı da, bu değişim ve temizlik sürecini de zora sokuyorlar, yaralıyorlar.

Ergenekon dava sürecinin inandırıcılığını yok ediyorlar.

Rasyonalitelerini o denli kaybetmiş durumdalar ki, seçimlere doğru hükümeti bile yaralayacak işlere soyunuyorlar.

Ancak en önemlisi özgürlük fikrine ve düzenine zarar veriyorlar...

Kimsenin, hiçbir polisin, hiçbir savcının Türkiye'yi 36 Stalin mahkemeleri dönemine çevirme gücü ve hakkı yoktur, olmamalıdır.

Yeni Şafak gazetesi yazarı Kürşat Bumin de bizim gözaltına alınmamızla ilgili yazdığı 5 Mart tarihli yazısında Hrant Dink cinayetine de değiniyordu:

"Aksi ispat edilmedikçe her insan masumdur" ilkesinin tersinden okunması ise şöyledir: "Aksi ispat edilmedikçe hiç kimse masum değildir." (!) Tersten okunan bu "ilke" de "doğal durum"un, "savaş"ın düsturudur.

Tarihte totalitarizm bu ikinci hali benimsemiştir. Stalinizm ya da Nazizm örneklerinde olduğu gibi.

"Son gözaltılar" bana masumiyet karinesinin bu tersten okunan halini hatırlatıyor.

Bu gidişin iyi olmadığını söylemek hakkımız ve görevimizdir. Son derece muğlak suçlamalarla eli kalem tutan insanların ev ve işyerlerinin aranıp gözaltına alınmalarına mazeret yetiştirmeye çalışmak hiç mi hiç ikna edici bir tutum değildir.

Gözaltılardan birinin gerekçesinin "halkı kin ve nefrete teşvik etmek" olduğu söyleniyor. Ortada söz konusu teşvikin somut delilleri konmadan ve "istim arkadan gelsin" mantığıyla bir insanın hürriyeti engellenebilir mi? Bu anlayışın varacağı yer "masumiyet karinesi"nin "Aksi ispat edilmedikçe hiç kimse masum değildir" şeklindeki tersten okunmuş hali değil midir? Ev ve işyeri aramaları ve gözaltı kararları için ortaya mutlaka suç teşkil eden açık-seçik bir fiilin konması gerekmez mi?

Bu çerçevede Nedim Şener ve Ahmet Şık'ın hangi açık-seçik fiillerinden dolayı arama ve gözaltına tabi tutulduklarını –gerçekten– birinin bize anlatması gerekiyor. Nedim Şener, Hrant Dink cinayetinin aydınlatılması yönünde yayınladığı yazılarından benim de sırasında alıntı yaptığım bir gazeteci. Gözaltına alınmasına sebep –gazetedeki köşesinde bizzat duyurduğu gibi– söz konusu cinayete ilişkin yaptığı yayınların kimilerine verdiği "rahatsızlık" ise bu ülkedeki ifade özgürlüğü büyük tehdit altında demektir.

Radikal gazetesi yazarı Cengiz Çandar da aynı konuya dikkat çekiyor ve sürecin basın özgürlüğü tartışmasına doğru gittiği uyarısında bulunuyordu 5 Mart 2011 günkü yazısında:

Nedim Şener ve Ahmet Şık yanlış adres
Evet, Ergenekon'un bir "medya ayağı" vardı ve bu bugüne dek tümüyle ortaya çıkartılmadı. Ortaya çıkartılmamış olması, olmadığı anlamına gelmiyordu elbette.

Nedim Şener ve Ahmet Şık'ın gözaltına alınmasına uzanan dalga, sıranın "medya ayağı"na ulaşıldığı anlamına geliyor mu?

Hayır. Sorun tam da bu zaten. Ergenekon'un "ikinci Susurluk"a dönüşmesi tehlikesi tam da burada.

Çünkü Nedim Şener ile Ahmet Şık isimlerinin "Ergenekon terör örgütü" üyeliğiyle yan yana gelmeleri imkânsız görünüyor. Niçin öyle görünüyor? Bir dizi somut veriden ötürü. Onların isimlerini, Ergenekon faaliyeti ile yan yana getirmenin imkânsızlığına işaret eden çalışmaları, yayınlanmış kitapları var.

Nedim Şener, *Hrant Dink Cinayeti ve İstihbarat Yalanları* ve *Kırmızı Cuma-Dink'in Kalemini Kim Kırdı?* adlı kitaplarıyla eksik de olsa Hrant Dink cinayetinin perde arkasına ışık tutan önemli katkılarda bulundu. Devletin içindeki "ihmal" ve hatta "suç"a parmak bastı. Ahmet Şık'ın Susurluk ve Ergenekon'a ilişkin çalışmaları ve kitapları, kendilerine yönelen soruşturmaya peşinen gölge düşürür nitelikte.

Her iki ismin, AK Parti iktidarına ve Fethullah Gülen akımına karşı oldukları bir sır değil. Ama bu suç değil. Hal böyle olunca, sabaha karşı evlerinin basılması ve gözaltına alınmaları, "muhalefet hakkı"na ve "basın özgürlüğü"ne karşı bir girişim olarak algılandı ve haliyle muazzam bir tepki çekti.

Ergenekon soruşturmasını demokrasinin gelişmesi adına önemli bir adım olarak gören *Milliyet* gazetesi yazarı Hasan Cemal de gözaltına alınmamızın basın özgürlüğüne darbe vurduğunu yazıyordu:

Evet, günlük deyişle laf uzatmanın âlemi yok. Son Ergenekon dalgası ile yaşananların kısa yorumu şudur:
Basın özgürlüğüne darbe!
Uluslararası Basın Enstitüsü IPI tarafından geçen yıl "Basın Özgürlüğü Kahramanı" ilan edilen bir Nedim Şener'in, Darbe Günlükleri haberinin altında imzası olan bir Ahmet Şık'ın ve aralarında başka meslektaşlarımın da bulunduğu kimilerinin yine sabahın köründeki polis baskınlarıyla apar topar gözaltına alınmaları, demokrasileri demokrasi yapan basın ve ifade özgürlüğüyle bağdaşmaz.
Aynı gazetenin çatısı altında çalıştığım Nedim Şener'i tanıyorum. Ciddi bir haberci ve gazetecidir. Yıllar içinde yalnız haberle yetinmemiş, ses getiren kitaplar da yazmıştır.
Şimdi siz eğer kalkar da, Nedim Şener'in "terör örgütü üyesi" olarak "darbe ortamı hazırlamak" için çalıştığını iddia ederseniz, benim gözümde inandırıcı olamazsınız.

Milliyet gazetesi yazarı Derya Sazak da 4 Mart tarihli yazısında tepkisini şöyle ifade ediyordu:

> **International Press Institute**
> I·P·I
> 60 Years of Defending Press Freedom
>
> Nedim Şener
>
> Is awarded the title of
>
> *"WORLD PRESS FREEDOM HERO"*
>
> In recognition of his courage and dedication to the principles of freedom of opinion and expression
>
> On the 60th Anniversary of the International Press Institute
>
> Vienna, 13 September 2010

IPI'ın verdiği Dünya Basın Özgürlüğü Kahramanı belgesi.

Nedim'i susturmak

Ergenekon bağlantılı gözaltılar dalgasına dün gazetecilerin ağırlıkta olduğu 11 yeni isim eklendi. Dün sabah gazeteye girerken kapıda Nedim Şener'in evinin arandığını söylediler.

Nedim'i *Milliyet*'te çalışmaya başladığı günden bu yana tanırım; son olarak Hrant Dink suikastında İçişleri Bakanlığı'nın "ağır hizmet kusuru" nedeniyle Dink ailesine tazminat ödemeye mahkûm olduğuna ilişkin *Posta*'da çıkan makalesi üzerine konuşmuştuk.

Ekonomi muhabirliğinden araştırmacı gazeteci-yazarlığa parlak bir geçiş yaptı Nedim Şener.

Özellikle Hrant Dink cinayetinde "istihbarat" birimlerinin rolü üzerinde eski gazetecilerin "fikri takip" dedikleri türden amansız bir takibe girişti. "Derin devlet"in üzerine cesaretle gitti ve kaçınılmaz olarak "fincancı katırlarını ürküttü!" Ancak o sayede Hrant'la ilgili son kitabı "Kırmızı Cuma"da ortaya koyduğu şekliyle, Dink suikastının "birkaç tetikçi"nin işi olmadığı yargısı, 2007'den beri kamu vicdanını kemiren bir kuşku olmaktan çıkıp somutlaşmaya başladı. Dink ailesinin avukatı Fethiye Çetin'in ve davanın peşini bırakmayan aydınların uğraşıyla 28 kamu görevlisi hakkında soruşturma başlatıldığı mahkemede savcı tarafından açıklandı.

(...)

Demokratik bir ülkede, hak, hukuk, adalet varsa gazeteciler böyle "tehdit" almazlar!

Alırlarsa onları susturmak, gözdağı vermek gibi kötüye kullanılmış bir yetkiden ve ancak "polis devleti"nde başvurulan yöntemlerden söz edebiliriz.

Zaman gazetesi yazarı Fehmi Koru 5 Mart tarihli yazısında şöyle diyordu:

Son "dalga" üzerine

Kamuoyunun dikkatle izlediği bir süreçtir "Ergenekon" ve bu yüzden onunla ilintili her yeni gelişmenin de müthiş titizlikle sürdürülmesi beklenir.

Sorunca cevabı alınabilecek meraklar için gözaltına alma işlemi başlatmak yanlıştır; gazetecilik sınırları içinde yorumlanabilecek faaliyetleri "ağır cezalık" saymak da öyle...

Sadece bir yanlış bile üzerine titizlenilmesi gereken süreci ciddi biçimde yaralayabilir. Bol ödüllü gazeteciden, Ergenekon'u yakından izleyen muhabirden "suçlu" üretmeye kalkışmanın bir anlamı yok. Tabii esas amaç "basın özgürlüğü" konusunda hassas iç ve dış çevreleri ayağa kaldırmak, Ergenekon sürecine olumlu bakanları bunu alenen yapamaz hale getirmek değilse... Son "dalga" sanki Ergenekon'la dalga gibi geldi bana.

Aynı gün *Yeni Şafak* gazetesinden Hakan Albayrak'ın tepkisi de şöyleydi:

AK Parti ve Gülen Cemaati'ne komplo belgesi yahut Balyoz darbe planı ile ilgili soruşturmaları ne kadar makul karşıladıysak, Ahmet Şık ve Nedim Şener gibi gazetecilerin Terörle Mücadele ekiplerince gözaltına alınmalarına o kadar şaşırdık. "Ne var ki bunda? Derin devlete karşı çıkıyor gibi gözükseler de aslında Ergenekon'un değirmenine su taşıyan kimselerden söz ediyoruz" diyenleri de yadırgadık. İddialar ne kadar mesnetlidir? Mezkûr gazeteciler niçin ifade vermeye çağrılmadılar da gözaltına alındılar? Bu "radikal" karar hangi somut delillere veya bulgulara dayandırıldı? Bir an evvel açıklığa kavuşması gerekiyor.

Dünyaya meydan okuyan savcı

Savcı Zekeriya Öz'ü 6 Mart günü ilk kez bir basın açıklaması yapmaya iten sebep, özellikle benim ve Ahmet Şık'ın Ergenekon'la ilgimizin olduğuna kimseyi ikna edememiş olmasıydı. Basında *Zaman*, *Bugün*, *Star*, *Sabah* ve *Yeni Şafak* gazetesinin haberleri veriş şekli yalnızca polisin ve savcının sızdırdığı içeriklere dayanıyordu. Ancak o gazetelerin haberleri o gazetenin yazarlarına bile inandırıcı gelmiyor, gerçekdışı bilgiler kimseyi tatmin etmiyordu.

Savcı Öz medya desteğiyle yürüttüğü soruşturmada bu kez aradığını bulamamıştı. Aksine 18. Ergenekon dalgası ters tepmişti. Gazeteler, Ergenekon operasyonunu, gidişatından şüphe eden yazılardan geçilmiyordu.

18. dalga, Türk basınında ender görülen bir tepkiyi doğurdu. Binlerce gazeteci 4 Mart günü Beyoğlu'nda İstiklal Caddesi'nde protesto yürüyüşü düzenledi, ağızlarında siyah bantlarla. Evet, ben ve Ahmet gözaltındaydık, ama asıl basın özgürlüğü tehdit altındaydı. Sesi kısılmak istenen gazeteciler ağızlarına taktıkları siyah bantlar, ellerinde pankartlarla yürüyüş yapıyorlardı.

Biz İstanbul Emniyet Müdürlüğü'nde nezarethanede tutulurken gözaltına alınmamızın üzerinden 24 saat geçmeden meslektaşlarımızın gösterdiği tepkiye dünyanın basın kuruluşlarınınkiler de eklenmişti.

Yalnız uluslararası basın kuruluşları değil AB, Avrupa Güvenlik ve İşbirliği Teşkilatı (AGİT) da tepki göstermişti.

165

Gözaltında olduğumuz süre boyunca çıkan gazete manşetleri.

Gazetecilikte "Kara Perşembe"

4 Mart günü konuyla ilgili olarak dünyanın çeşitli ülkeleri ve kurumlarından açıklama yapanlar gazetelere şöyle yansımıştı:

Sınır Tanımayan Gazeteciler Örgütü, "Kara Perşembe" diye tanımlayarak yaptığı açıklamada, "Hükümeti devirmeyi amaçlayan bir plana dahil oldukları şüphesiyle yapılan gözaltılar karşısında hayrete düştüklerini" kaydetti. Açıklamada "Gazetecilerin, hükümetin hoşuna gitmeyen durumları haber yaptığı için baskı altında kaldığını görmek bizi rahatsız etti" dendi.

Uluslararası Basın Enstitüsü Direktörü Alison Bethel McKenzie, şöyle dedi:

"Aralarında Uluslararası Basın Enstitüsü'nün Dünya Basın Özgürlüğü Kahramanı unvanı verdiği Nedim Şener'in de bulunduğu diğer gazetecilerin gözaltına alınması haberlerinden son derece kaygı duyuyoruz. Hiçbir gazeteci, mesleklerini eleştirel görüşün ifade edilmesi dahil yerine getirdikleri için, tutuklama, saldırı, hapis ya da başka herhangi bir baskı ya da tehditle karşılaşmamalıdır. Yetkililere gazetecilik çalışmalarından dolayı hapse konmuş tüm gazetecilerin serbest bırakılması çağrısını yapıyoruz."

AB Komisyonu "Gazetecilere yönelik son polis uygulamalarını endişeyle izlediğini" bildirdi. AB Komisyonu'nun genişleme ve komşuluk politikasından sorumlu üyesi "Stefan Füle, "Tüm modern demokrasilerde ifade ve basın özgürlüğü muhafaza edilmesi gereken temel prensiplerdir. Aday ülke olarak Türkiye'nin bu temel prensipleri uygulamasını ve kamuoyunda çoğulcu ve farklı tartışmalara imkân sağlamasını umuyoruz. Türkiye'nin acilen basın özgürlüğünün icrasını kayda değer şekilde iyileştirmek için yasal çerçeveyi değiştirmesine ihtiyaç duyulmaktadır" dedi.

AGİT: Yıldırmaya son verilsin

Avrupa Güvenlik ve İşbirliği Teşkilatı Medya Sorumlusu Dunja Mijatovic "Türk makamlarını, gazetecileri yıldırma ve tehdit etmeye son vermeye çağırdığını" söyledi.

ABD Dışişleri Bakanlığı Sözcüsü Philip Crowley "Kamuoyunun önünde dile getirdiğimiz gibi Türkiye'deki gidişattan kaygılarımız var. Bu gelişmelerle ilgili Türk yetkililerle temasları sürdürüyoruz. Bu konuları çok yakından takip edeceğiz" dedi.

Fransız haber ajansı, "Ergenekon soruşturmasını destekleyen *Taraf* gazetesi bile savcıların niyetinden şüphelenmeye başladı" ifadesini kullandı.

Aynı gün uluslararası PEN Başkan Yardımcısı Eugene Schoulgin ise "Sadece Nedim Şener'i değil, Türkiye'deki ifade özgürlüğü davalarını da yakından takip ettim. Endişe taşıyorum. Eylem planımız olacak. Uluslararası ölçekte bir açıklama yapacağız. Bu PEN için önemli davalardan biri olacak" demişti. Ajanslara düşen haber şöyleydi:

> Merkezi Toronto'da bulunan ve PEN dahil birçok basın yayın örgütünün üye olduğu Uluslararası İfade Özgürlüğü Değişimi (IFEX), bir uyarı yayınlayarak üyelerine Adalet Bakanı Sadullah Ergin'in faks numarasını verdi.
>
> IFEX, bakanlığa, Ahmet Şık ve Nedim Şener'in doğrudan yazdıkları dolayısıyla gözaltına alınmalarından duyulan kaygıyı ifade eden mektup ve fakslar göndermelerini istedi. Açıklamada, mektup ve fakslarda, Avrupa İnsan Hakları Sözleşmesi'nin 10. Maddesi uyarınca teminat altına alınan ifade özgürlüğü haklarının ihlali suçlamasıyla, sorumlular hakkında kovuşturma açılması olasılığına değinilmesi de istendi.
>
> IFEX, üyesi PEN International bünyesindeki Hapishanedeki Yazarlar Komitesi'nin, Türkiye'de birçok gazetecinin, polislerin ev ve bürolara yaptığı baskın sonrası gözaltına alınmalarını protesto ettiğini belirtti. Gazetecilerin aldıkları uluslararası ödüllere ve gözaltı sürecine değinilen açıklamada, Türk gazetecilerin 3 Mart tutuklamalarıyla şoke oldukları belirtilerek, İstanbul'daki eyleme dikkat çekildi.

Gözaltına tepkiler 5 Mart günü de sürüyordu. Biz nezarethaneden savcılığa ne zaman gönderileceğimizi beklerken Türkiye'den ve dünyadan tepkiler büyüyordu. 5 Mart'ta yapılan bazı açıklamalar şöyleydi:

Fransa Dışişleri Bakanı Alain Juppé: Basına saldırı var

Türkiye'de basın özgürlüğüne dönük saldırıları dikkatle izliyoruz. Kaygıyla öğrendik ki, Türkiye'de gazeteciler yeniden hükümete karşı komplo kurma soruşturması kapsamında gözaltına alındı. Fransa hukuk devleti değerleri ile temel hak ve özgürlüklere, özellikle irade ve basın özgürlüğüne son derece bağlıdır. Avrupa Komisyonu'nun son raporunda da Türkiye'de basın özgürlüğüne dönük saldırılar konusuna dikkat çekmiştir. Gözaltına alınan gazetecilerin serbest bırakılmasını diliyoruz.

İnsan Hakları İzleme Örgütü Türkiye Sorumlusu Emma Sinclair-Webb: Çok rahatsız edici

Polisin suça ait güvenilir gerekçeye sahip olduğuna ilişkin kanıt yokluğunda, Ahmet Şık ve Nedim Şener'in gözaltına alınması rahatsız edici ve ürkütücü bir gelişmedir. Şu anda darbe planlarından çok eleştirel haberlerin soruşturulması kaygıları artırıyor. Hükümet, ifade özgürlüğü yasası üzerindeki tüm kısıtlamaları kaldırmak için gereken adımları atmalı ve demokrasinin ayırıcı niteliği olan basın özgürlüğü ile canlı tartışma ortamı konusundaki taahhütlerini ortaya koymalı.

Uluslararası Gazeteciler Federasyonu Genel Sekreteri Aidan White: İnkâr güvenilir değil

Başbakan Tayyip Erdoğan gazetecilerin susturulmasında hükümetinin sorumlu olduğuna ilişkin suçlamaları inkâr etmeyi sürdürüyor. Bu inkâr güvenilir değil. Yetkililer açıkça Türkiye'de muhalefeti disipline etmeye ve özgür ifadeyi boğmak için bir kampanyaya girişti.

Avrupa Gazeteciler Federasyonu (EFJ) Başkanı Arne König: Özgürlüğün bariz ihlali

Gözaltılar, özellikle gazetecilerin kaynaklarının gizli tutulabileceği ilkesini ihlal etmiştir. Basın özgürlüğünün başlıca ilkesinin bu korkunç ihlalini kınıyoruz. Gazetecilerin kaynaklarının korunmasına yönelik bu saldırı, Türkiye tarafından onaylanmış bulunan Avrupa İnsan Hakları Sözleşmesi çerçevesindeki ifade özgürlüğünün bariz ihlalidir.

Uluslararası Af Örgütü Avrupa ve Asya Program Direktörü Nicola Duckworth: Keyfi uygulamalar

Gazetecilerden en az ikisi keyfi olarak uygulanan ve temel olarak azınlık muhalif görüşlerinin kovuşturulmasında kullanılan yasa çerçevesinde gözaltına alınmıştır. Türk Ceza Yasası ve diğer yasalardaki maddelerin büyük bölümü doğrudan ya da belirsiz ifadeler yoluyla ve keyfi uygulamayla ifade özgürlüğü hakkını sınırlıyor.

Açık Toplum Vakfı: Kamuoyu aydınlatılsın
Bazı gazetecilerin tutuklanması ile ilgili olarak son günlerde meydana gelen önemli gelişmeler, ülkemizdeki basın ve ifade özgürlüğü konularında ciddi ve haklı endişelere neden olmaktadır. Biz de bu endişeleri paylaşmaktayız. Basın özgürlüğünün demokrasilerin en önemli direklerinden biri olduğunu düşünmekteyiz. Soruşturmaların en kısa zamanda tamamlanarak kamuoyunun ivedi bir biçimde aydınlatılması gerektiğine inanmaktayız.

"Ergenekon başka hesaplar için kullanılıyor"

5 Mart günü yapılan açıklamalardan biri de aydınlardan geldi. 13 önemli aydın, benim ve Ahmet Şık'ın gözaltına alınmamızın arkasında "başka amaçlar ve hesaplar" olabileceğine dikkat çekiyordu. Bir bildiriyle görüşlerini kamuoyuna açıklayan isimler şunlardı:

– İshak Alaton (Alarko Şirketler Grubu Yönetim Kurulu Başkanı)
– Hakan Altınay (Açık Toplum Enstitüsü Türkiye Direktörü)
– İbrahim Betil (Toplum Gönüllüleri Vakfı Başkanı)
– Ayhan Bilgen (Mazlum-Der eski Genel Başkanı)
– Prof. Dr. Ayşe Buğra (Boğaziçi Üniversitesi Öğretim Üyesi)
– Prof. Dr. Üstün Ergüder (Sabancı Üniversitesi İstanbul Politikalar Merkezi Direktörü)
– Prof. Dr. Seyfettin Gürsel (Bahçeşehir Üniversitesi Ekonomik ve Toplumsal Araştırmalar Merkezi Direktörü)
– Prof. Dr. Ahmet İnsel (Galatasaray Üniversitesi İktisat Bölümü Öğretim Üyesi)
– Prof. Dr. Şerif Mardin (Sosyolog)
– Osman Kavala (İşadamı, liberal solun etkin isimlerinden)
– Müge Sökmen (Metis Yayınları kurucu ortağı, editör, çevirmen)
– Sezgin Tanrıkulu (Diyarbakır eski Baro Başkanı, CHP Genel Başkan Yardımcısı)
– Prof. Dr. Binnaz Toprak (Siyasetbilimci, CHP Parti Meclis Üyesi)

Bildiride şu görüşlere yer verilmişti:

Son yıllarda Türkiye'nin yakın tarihindeki bazı karanlık olayların aydınlatılmasına yönelik önemli davaların başlatılmış olması, kuşkusuz, demokrasi açısından önemli bir gelişmedir. Ergenekon davasını da bu kapsamda değerlendiriyoruz. Ancak, üç buçuk yıldan beri süren soruşturma ve yargılama süreci boyunca kamuoyu vicdanını rahatsız eden uygulamalar olmuştur ve bugün gelinen nokta tatmin edici olmaktan uzaktır. Adaletin gerçekleşmesi için yasal süreçlere saygıyla ve sabırla yaklaşmak gerektiğinin bilincindeyiz. Bununla birlikte, uzun tutukluluk sürelerinin, zayıf kanıtların ve anlaşılmayan gözaltına alma nedenlerinin, bu dava ile ilgili kuşkuların artmasına neden olduklarını da gözlemlemekteyiz. Ergenekon üyeliği suçlamasıyla tutuklanan gazetecilere dün Nedim Şener ve Ahmet Şık'ın eklenmesi ciddi bir endişeye kapılmamıza neden olmuştur.

Meslek hayatlarında en üst düzeyde etik ölçütlere uygun davranmış ve Ergenekon ve benzeri türü örgütlenmelerin ortaya çıkartılmasında önemli katkılarda bulunmuş bu iki gazetecinin Ergenekon üyeliğinden tutuklanmalarının, bardağı taşıran damla olduğunu düşünüyoruz. Bu noktadan sonra, Ergenekon davasının selameti ve yasal süreçlerin doğru mecralarda ilerleyebilmesi açısından, bu davanın başka amaçlar ve hesaplar için kullanıldığına yönelik şüphelere yol açan uygulamalara son verilmesi ve davanın en kısa zamanda sonuçlandırılması, acil bir zorunluluk olarak ortaya çıkmış bulunmaktadır.

Yabancı basın iddialara inanmıyor

Gözaltına alınmamıza ve tutuklanmamıza tepki gösterenler arasında yabancı basın kuruluşları da vardı. Gözaltına alınmamız ABD, Almanya, Fransa, İsrail ve İtalya'nın en önemli yayın kuruluşu ve ajanslarına haber olmuştu. Ve bu haberler de Türkiye'de gazetelere şöyle yansımıştı:

The New York Times

Binlerce kişi protesto etti

Ankara ve İstanbul'da toplanan ve çoğunluğunu basın mensuplarının oluşturduğu protestocular, Türk gazetecilerinin üzerine kurulan baskının sona ermesini isterken, hükümeti sıkça eleştiren *Milliyet* muhabiri Nedim Şener ve insan hakları ihlalleri ile Türk devleti içerisinde yasadışı ihlalleri ile Türk devleti içerisinde yasadışı faaliyet gösteren İslami örgütlenmeler hakkındaki haberleriyle tanınan Ahmet Şık'a destek sloganları attı.

Türkiye Gazeteciler Cemiyeti, şu anda 61 gazetecinin hapiste olduğunu ifade ediyor. Paris merkezli Sınır Tanımayan Gazeteciler örgütünün "dünya basın özgürlüğü endeksinde" Türkiye 178 ülkenin arasında 138'inci sırada.

AFP

Ergenekon'un güvenirliliği azaldı

Gazeteciler, tartışmalı darbe soruşturmasında başka meslektaşlarının da gözaltına alınması üzerine cuma günü sokaklara döküldü. Son gözaltılar, AB üyeliği kovalayan ülkede basın özgürlüğü meselesini gündeme getirdi. Soruşturmaya başından bu yana güçlü destek veren *Taraf* gazetesi bile soruşturmacıların gerçek niyetini sorgulamaya başladı. Bazı gizli silahların bulunmasına yol açan soruşturma, ilk başlarda büyük bir başarı olarak değerlendirilmişti. Ancak polisin AKP'ye muhalif aydınları gözaltına almaya başlamasıyla soruşturmanın güvenirliliği de azaldı. Bazı şüpheliler, polisi kanıt uydurmakla suçluyor.

Deutsche Welle

Uluslararası örgütlerden eleştiri

Gazetecilerin gözaltına alınması İstanbul ve başkent Ankara'da binlerce kişi tarafından protesto edildi.

Gazetecilerin yanı sıra sendika ve siyasi parti temsilcileri ve bağımsız aktivistler de protestoya destek verdi. Protestocuların talebi, Türkiye'de basın özgürlüğünün artırılması yönündeydi. Avrupa Komisyonu'nun yanı sıra Sınır Tanımayan Gazeteciler ve Uluslararası Basın Enstitüsü gibi örgütler de son gözaltıları eleştirdi. Hükümet ise eleştiriler karşısında kendini, soruşturmanın bağımsız yargı tarafından yürütüldüğünü söyleyerek savunuyor.

HAARETZ
Türkiye'de demokrasi tartışılıyor

Türk gazeteciler, Avrupa Komisyonu'nun demokrasi uyarısı yapmasına neden olan gözaltıları protesto etti.

Söz konusu davalarda, ordu mensuplarından akademisyenlere ve siyasilere yüzlerce kişi yargılanıyor. Bu süreç, laikler ile Erdoğan'ın AKP'si arasındaki derin güven uçurumunu ortaya koyuyor. Muhalifler, AKP'nin İslamcı eğilimleri olduğunu söyleyerek, Ergenekon soruşturmasının hükümet karşıtlarını hedef aldığını ifade ediyor. Ancak AKP Ergenekon soruşturmasının hükümetle hiçbir ilgisi olmadığını belirtiyor.

DER STANDARD
Ergenekon'u ortaya çıkaran gazeteciler bile gözaltında

Türkiye'de Ergenekon soruşturması kapsamında son olarak 10 gazeteci ve yazarın gözaltına alınması büyük protestoların düzenlenmesine yol açtı. Taksim Meydanı'nda toplanan 1000'i aşkın kişi aralarında bazı darbe planlarını ortaya çıkaranların da bulunduğu gözaltındaki gazetecilerin serbest bırakılmasını talep etti. Şu anda Türkiye'de onlarca gazeteciye yönelik yargı süreci bulunuyor. Basın örgütleri, açılan davaların ve soruşturmaların siyasi nitelik taşıdığı görüşünde.

Le Monde

Fransa son gözaltılardan kaygılı

Fransa Dışişleri Bakanlığı, Türkiye'de muhalif gazetecilerin gözaltına alınmasından duyduğu "kaygıyı" dile getirerek, serbest bırakılmalarını istedi. Fransa ayrıca basın özgürlüğüne yönelik ihlallerin Ankara'nın AB sürecine zarar verdiğini hatırlattı. Bakanlıktan yapılan açıklamada, "Avrupa Komisyonu da son ilerleme raporunda Türkiye'de basın özgürlüğüne yönelik bazı saldırılara dikkat çekmiştir" denildi.

TIME

Medyayı susturma davası

Amerika Birleşik Devletleri'ndeki yayın kuruluşları arasında *Time* dergisi de gazetecilerin gözaltına alınmasını eleştirdi. Dergi, Ergenekon soruşturmasının demokrasi için ileri ve cesur bir adım olduğunu yazarken bir yandan da muhalifleri susturma aracına dönüştüğünden bahsediyordu.

"Arap dünyasındaki halk ayaklanmalarının ardından dünya bir fener olarak laik ve demokratik istikrar ile refah içindeki Türkiye'yi işaret etti. Ancak ardından gazeteciler tutuklanmaya başladı. Nedim Şener ve Ahmet Şık da son örnekleri" denildi. Dergi, Şener ve Şık'ın, Türkiye'nin önde gelen basın kuruluşlarında çalıştığını ve insan hakları ihlallerini belgeledikleri için yurtdışında alkış topladığını yazdı. Dergi, iki gazetecinin üyesi olmakla suçlandığı "Ergenekon" soruşturmasının ilk başlatıldığında Türk demokrasi açısından "ileri" ve "cesur bir adım" olarak karşılandığını da belirtti ve şöyle devam etti: "Ancak dört yıla yakın bir süre sonra mahkûmiyet yok ve devam eden soruşturma, sanki eleştirici medya ile muhalefeti susturma kampanyasına dönüştü. Hem Şener hem de Şık sadece hükümeti değil, kilit bir hükümet destekçisi Gülen cemaatini de eleştiriyordu." Dergide ayrıca, ABD Büyükelçisi Francis Ricciardone'nin "Tutuklamaları anlamıyoruz" sözleri de yer aldı. "Hükümetin 'ya bizdensin ya da bize karşı' yaklaşımı, basında belirgin bir baskı hissiyatı yaratmış bulunuyor, çünkü medya ve iş çıkarları birbiriyle çok bağlıdır" ifadeleri kullanılan analiz haberde, Doğan Grubu'na getirilen 3 milyar dolar civarında vergi cezasına da vurgu yapıldı.

173

Tutuklanmamız gazete manşetlerinde.

Hükümet, benim ve Ahmet'in tutuklanma kararından habersiz

Bu süreçte en fazla duyduğumuz cümle şu oldu: "Onlar gazetecilik faaliyetinden değil, terör faaliyetinden tutuklu." Yani biz gazeteci değil, terörisltik hükümetin gözünde. Eyvallah, ne yapalım, bu da varmış kaderde...

Dünyadan ve Türkiye'den yükselen tepki seslerine Başbakan Recep Tayyip Erdoğan başta olmak üzere hükümet üyelerinin verdiği karşılık iç acıtıcıydı. Güya yargı, yasama ve yürütmenin ayrı olduğu Türkiye'de, güya yargının yürüttüğü operasyonda polis yalnızca verilen görevi yapıyordu. Başbakan Erdoğan da ilk açıklamasında buna işaret ediyor ve kamuoyuna şu mesajı veriyordu: "Bizim talimatımızla olan şeyler değil." Ardından da "Savcılık şüphesiz bilgi ve belgelerden hareket ediyor. Polise görev veriyor, Emniyet Teşkilatı da verilen görevi yerine getiriyor, ondan sonra ilgili mahkemeye sevk edilir ya da sevk edilmeden bırakılır. Bunların hepsi onların tasarrufudur. Buna tabii bizim karışma yetkimiz yok" diyordu.

Aslında herkes biliyordu ki Ergenekon operasyonu polis tarafından yürütülüyor, savcılar ve mahkemeler yalnızca verilen kararları imzalıyordu. Savcı Zekeriya Öz, sorgu sırasında bunu bize ve Ahmet Şık'ın avukatlarına da söylemişti. Başbakan'ın sözlerinde haklılık payı olabilecek unsur ise "Bizim talimatımızla olan şeyler değil" bölümüydü.

Evet, hükümet Odatv'ye yapılacak operasyondan haberdardı. Ama benim ve Ahmet Şık'ın adı gözaltına alınacaklar arasında yoktu. Daha doğrusu, hükümetin bizim gözaltına alınacağımızdan haberi yoktu.

Evet, Odatv'de benim ve Ahmet'in adı geçen, kim tarafından yazıldığı belli olmayan word doküman bulunmuştu. Ama böyle bir dokümanın gözaltı ve tutuklama gerekçesi olabileceği hakkında hükümetin bilgisi yoktu. Bunun polisin intikam operasyonu olduğu kısa sürede anlaşıldı. "Bunu da nereden çıkardın?" diye bir soru akla gelebilir. Cevap, gözaltına alınmamızdan ve tutuklanmamızdan hemen sonra Ergenekon operasyonlarını yürüten İstanbul Emniyet Müdür Yardımcısı Ali Fuat Yılmazer'in görevden alınmasıdır. İkinci cevap ise baştan beri Ergenekon soruşturmasını yürüten ve "Ergenekon savcısı" diye ünlenen Zekeriya Öz'ün hiç beklemediği bir anda özel yetkilerinin alınarak Ergenekon soruşturmasındaki görevinden "terfi yoluyla" uzaklaştırılmasıdır.

Ancak bu sonucun ortaya çıkmasına giden süreçte hükümet kanadından yapılan açıklamaların iyi takip edilmesi gerekir.

Benim ve Ahmet Şık'ın Ergenekon denen yapıyla herhangi bir ilgimizin olmadığını en iyi bilenler, elbette ki hükümet üyeleridir. Çünkü bu operasyonun amacını ve hedef kişilerin kimler olduğunu isim isim biliyorlardı. O yüzden bizim gözaltına alınmamızdan sonra yaptıkları açıklamalarda tıpkı Başbakan'ınki gibi belli bir ihtiyat payı vardı. Ancak bir süre sonra o ihtiyat payı ortadan kaldırıldı. Başbakan dahil hükümet üyeleri bizim –de– "gazetecilikten değil, terör örgütü üyeliğinden" tutuklandığımızı söylemeye başladılar. Tabii hükümete yakın gazeteciler de. Bu süreç Başbakan Erdoğan'ın Ahmet Şık'ın yazdığı "İmamın Ordusu" isimli kitabı "bombaya" benzetmesiyle zirvesine ulaşacaktı.

Başbakan Erdoğan'dan sonra İçişleri Bakanı Beşir Atalay, gözaltına alınmamızı "Yargının kararıdır, yargı Emniyet'ten bu işlerin yapılmasını ister. Bu gibi işlerde polis adli kolluk görevi görür" sözleriyle yorumladı.

Başbakan Yardımcısı Bülent Arınç ise "Nedim Şener'i başarılı bir gazeteci olarak tanırım. Ama bu söylediklerim gazeteci Nedim Şener ile ilgili kanaatlerim. Eğer başka suçlarla ilgili hakkında soruşturma yapılıyorsa ben de herkes gibi soruşturmanın bir an önce sonuçlanıp serbest kalmasını, aklanmasını isterim" dedi. Bülent Arınç, tüm süreçte yaptığı açıklamalar boyunca genelde yapıcıydı, ancak o da zaman zaman "Ama onlar terör örgütü üyesi" demekten kendisini alamadı.

Sanayi Bakanı Nihat Ergün de konuyu takip edenlerden biriydi ve "İnsanlar hükümeti eleştirdikleri için, kitap yazdıkları için gözaltına alınmazlar" dedi. Aslında "öyle zannetti" demek doğru olur. Çünkü iddianame çıktığında görülecekti ki suçlama konusu yalnız haber, yazı ve kitaptan başka bir şey olmayacaktı.

En tuhaf, en garip, en acımasız açıklama ise o tarihte TBMM Başkanı olan Mehmet Ali Şahin'den geldi. Hani hiç açıklama yapmasa daha iyiydi, ama söylediğini kendi dışında anlayan oldu mu bilmiyorum. Şahin, tutuklanmamızdan AB ile müzakere sürecine etkisinden dolayı rahatsız olduğunu söylerken gazetecilerin hâkimleri ve savcıları değerlendirmesi ve bir noktada eleştirmesi çağrısında bulunuyordu. Ama "Bunları yaparken kendi meslektaşlarımızı [gazetecileri] da değerlendirelim. Necip Fazıl Kısakürek cezaevlerinde çok kalmıştır. Kısakürek'in eserinde kahramanlardan biri diğerine 'Hırsız ciğerini söküp almaya gelmişse ciğerine soracaksın ne suç işledin' der" şeklinde bir açıklama yapıyordu. Sayın Şahin'e "Ciğerin ciğer olmaktan başka suçu yoktur. Olmadığı da zaman içinde ortaya çıkacaktır. Peki, hırsızın suçu yok mu, Sayın Şahin?" demek istemişimdir hep.

Adalet Bakanı: Olay gazetecilikse basına darbe olur

Dönelim ciğer meselesinden kitap meselesine. Bana göre hükümet kanadından yapılan ve benim hiç aklımdan çıkarmayacağım en önemli açıklamalardan birini konuyla doğrudan ilgili ve dosya hakkında tüm ayrıntıya sahip olan Adalet Bakanı Sadullah Ergin yaptı. Ergin "Gazeteciler sadece gazetecilikten dolayı gözaltına alınmış olsaydılar basına darbe olurdu" dedi.

Bakan, diğerlerinden farklı olarak bizim tutuklanmamızın nedeni gazetecilikse bunun basına darbe olacağını söyleyerek kendisini farklı bir konuma getiriyordu. Aslında gazetecilikten dolayı gözaltına alındığımızı en iyi bilen kişi kendisiydi. O yüzden açıklamasına "basına darbe olurdu" şerhi koyuyordu. Zaten Cumhurbaşkanı Gül'ün "Kaygılıyım" açıklamasını yapmadan önce görüştüğü ve bilgi aldığı tek isim Sadullah Ergin'di. Tam altı ay sonra çıkan iddianame de benim tutuklanmamın tek nedeninin gazetedeki yazılarım olduğunu ortaya koyacaktı. Yani Ergin'in tanımlamasıyla bu tam bir "basına darbe" idi.

Gazetecilerden tarihi tepki: "Boş kalan köşeler"

Tutuklanmamızdan sonra en ilginç tepkiyi bazı köşe yazarları verdi. Köşelerinde o gün hiç yazı yazmadılar ve Türk basınında ender görülen bir protestoda bulundular. *Milliyet* gazetesinden Nuray Mert, köşesinde "Doğru bildiklerimizi özgürce yazamayacaksak, yazmanın anlamı yok" cümlesine yer vererek köşesini boş bıraktı. *Taraf* gazetesinden Demiray Oral köşesinde şu üç satıra yer verdi: "Sabah uyandım, ellerim kelepçede. Yazamadım." *Birgün* gazetesinden Melih Pekdemir köşesini "Faşizm sözün bittiği yerdir" cümlesiyle kapatıp geri kalanını boş bıraktı. *Cumhuriyet* gazetesinden Mustafa Sönmez de "Basın özgürlüğüne hayasızca saldırılar, saldırılara karşı 'üç maymunu' oynayanları, medyadaki aymazlığı, ikiyüzlülüğü protesto için bugün yazmıyorum" diyordu. *Birgün* gazetesinden Doğan Tılıç, Fikri Sağlar, Kadir Cansızbay, Nazım Alpman da köşelerini boş bıraktılar. *Akşam* gazetesinden Nihat Sırdar "Basın Özgürlüğü" başlıklı yazısını sansür bantlarıyla kapattı ve okunamaz hale getirdi.

Böyle bir protestoyu 1959 yılında *Milliyet* Gazetesi Yayın Yönetmeni Abdi İpekçi yapmıştı. Demokrat Parti hükümetinin basına yaptığı baskıları protesto eden Abdi İpekçi, gazetenin birinci sayfasını manşet yerini boş bırakarak protesto etmişti. İpekçi'nin protestosunun bir benzeri köşe yazarları tarafından 52 yıl sonra 2011'de gerçekleştiriliyordu.

Uğur Dündar: Derin azap duyuyorum

Tutuklanmamız her platformda konuşulur olmuştu. 7 Mart, *Hürriyet* Gazetesi Genel Yayın Yönetmeni Çetin Emeç'in öldürülmesinin yıldönümüydü. Ölümünün 21. yıldönümünde yapılan törene ünlü televizyoncu ve son birkaç yıldır beraber çalıştığımız, zor zamanlarda yanımda olan Uğur Dündar da katılmıştı. Habercilik yaptığı için canına kıyılan bir gazetecinin mezarı başında, hapse atılan bir başka gazeteci için konuşan Uğur Dündar "Modern gazeteciliğin duayeni İngiliz medya patronu Lord Northchiffe, 'Haber bir yerlerde güç odaklarının örtbas etmeye çalıştığı şeydir, gerisi reklamdır' der. Nedim işte o şeyin peşinden koşan gazetecilerden biriydi. Ama gerçek bazen acıtıcıdır. Sorulan sorulara bakınca hakikaten mesleğini dürüst ve tarafsız olarak yapmanın bile neredeyse başlı başına suç haline geldiğini görmekten derin azap duyuyorum" diyerek tepki gösteriyordu.

Çıkacağımızı zannediyor, koğuşta temizlik bile yapmıyorduk

Tutuklanıp Silivri'ye getirildikten sonra 2 No'lu Cezaevi'nin B 9 üst koğuşuna alışmaya çalışıyorduk, ama sanki kısa sürede çıkacakmışız gibi bir duygu içindeydim. O yüzden koğuşta ve odalarımızda temizlik bile yapmıyorduk. Bu yalnızca kısa sürede çıkacakmışız hissinden olmasa gerek. "Ben buraya ait değilim" düşüncesinden de kaynaklanıyor olabilirdi. Düşünsenize, daha önce yalnız adını bildiğim ve kendisini yazdığı kitaplardan tanıdığım Doğan Yurdakul ile aynı örgüt davasından tutukluydum. Hadi Ahmet'i *Radikal*'de çalıştığı yıllardan tanıyorum, ama Yurdakul'u hiç tanımıyordum. Hayır, gazeteci olarak "örgüt davaları" hakkında bilgim olmasa şaşırmayacağım, ama birbirini hiç tanımayan insanların aynı örgüte üye olmakla suçlanması "şaka" olsa da böyle bir iddiayla tutuklanması "kâbus" gibi bir şeydi.

İlk gün bize metal yemek karavanaları verdiler. Yiyecek hiçbir şeyimiz olmadığı için kantinden bir kutu küçük paket kek getirdiler. Tabii bedava değil. Parasını hesabımızdan kestiler. Bize koğuşu anlatırken her odada bulunan ve üzerinde "acil çağrı" yazan düğmeyi gösterdiler. "Bir şey istediğinizde basarsanız nöbetçi gelir" dediler. Ben de aklıma gelen her şey için düğmeye basar oldum. Ahmet "Sen burayı otel falan sandın herhalde" diye takılıyordu. Ama en çok yokluğunu hissettiğimiz şey "haber"di. Dışarıda ne olup bittiğini öğrenemiyorduk. Gazete, gazete istiyorduk hep. Bir de televizyon. Biliyorduk ki meslektaşlarımızın azınlık da olsa bir kısmı "celladımız" olmuştu. Ama tartışmaları öğrenmek istiyorduk.

İnfaz Koruma Başmemuru Yaşar Bey bizimle ilgileniyordu. Ve en hızlı bir radyo temin edebileceğini söyledi. Ahmet kantinden bir el radyosu satın aldı. Radyonun iki özelliği vardı. Birincisi dışarıya ses vermiyordu ve yalnızca kulaklıkla dinlenebiliyordu. İkincisi ise eğer radyoyu elinizle pencerenin önündeki parmaklıklardan uzatmazsanız haber kanallarını dinleyemiyordunuz. Mart ayının 8'i olmuştu ve yılın en soğuk günleriydi. Radyoyu bir Ahmet eline alıyor bir ben, dışarıya uzatıp haberleri dinlemeye çalışıyorduk. Bir kişinin iki kulağına takması gereken kulaklığın birini Ahmet, birini ben tek kulağımıza takıp dinliyorduk. Cızırtılar arasında Ahmet Hakan'ın CNNTürk'teki programı, Altan Öymen'in sözleri, Turgut Kazan'ın açıklamaları geliyordu kulağımıza.

Özellikle ben gardiyanı her gördüğümde illa televizyona getiri yordum lafı. Bir de gazeteye. Bunun en önemli nedeni, B 9 üst koğuşuna konduğumuzdan itibaren hayatla tüm bağımızın kesildiği hissiydi. Üçümüzden başka insan yoktu. Yer, duvar, tavan tam bir beton mezara girmiş gibiydik. Ne bir gram toprak ne bir tek çimen ya da ot vardı. Üç odalı ve 20 metrekare kullanım alanlı bir koğuş 7-8 metre yüksekliğinde duvarla çevrili 30-40 metrekare bir havalandırmadan başka bir şey yoktu.

Hani kafes desem değil çünkü dışarıyı göremiyorsunuz. Akvaryum da denemez. Bir garip yapı. Hapishane bile değil. Pazaryerlerinde civciv satanlar o küçük yavruyu karton bir kutuya koyarlar ya. İşte öyle... Tıpkı o civciv gibi çaresizsiniz ve sadece o kutunun üstündeki bölümden birazcık gökyüzü görüyorsunuz. Duvarlar o kadar yüksek ki kırk metrekare havalandırma alanına çıktığınızda başınızı kaldırıp ancak kırk metrekare gökyüzü görebiliyorsunuz. Fazlası yok. Artık güneş o duvarın ardından doğup o duvarın ardından batacaktı.

İşte bu yokluk ortamında tek isteğimiz gazete ve televizyondu. Hayatı oradan takip edecek; anılarımızı, tepkilerimizi onlar aracılığıyla verecektik. Cezaevi yeni açıldığı için günlük gazete satışı yoktu. Ama bir çare bulundu. Gazete satışı yapılan diğer cezaevlerinden bize gazete getireceklerdi. Ve 9 Mart günü ilk gazetelerimiz geldi. Müthiş bir sevinç.

Hafta sonuna doğru televizyon işini de halledeceklerini söylediler, ama o da dilekçe verdikten hemen sonra halledildi. Artık gazetemiz de, televizyonumuz da vardı. Hele televizyon; beş adet demir parmaklı penceresi olan koğuşumuzun parmaklık olmayan ve dünyaya, yaşama açılan en önemli penceremiz olacaktı. Her şeyi oradan takip edecektik; tartışmaları, destek olanları, yargısız infazcı gazetecileri, Ahmet'in kitabının basımını engellemek için yapılan polis baskınını, Başbakan'ı, her şeyi. Öyle ki CNNTürk ve

NTV'deki "son dakika" anonslarını duyan odasından çıkıp televizyonun başına geliyor, "Yine ne oldu?" diyordu. Yönetim bize bir de buzdolabı alabileceğimizi söyledi. Biz "Nasıl olsa kısa sürede çıkarız" diye düşündüğümüzden almadık. O yüzden kantinden satın aldığımız peynir ve süt gibi gıdaları havanın da soğuk olması nedeniyle pencerenin dışına açık havaya bırakıyorduk. Ama havalar ısınınca peynir ve süt bozulmaya başladı. Biz hem peynir ve süt ile sebze ve meyve için, hem de artık çıkma umudunu iyice yitirdiğimiz için iki ay sonra koğuşumuza bir buzdolabı alacaktık.

Yeni adresim:
2 No'lu L Tipi Kapalı Cezaevi B 9 Üst Koğuş

9 Mart 2011 Silivri L Tipi Kapalı Cezaevi B 9 üst koğuştayız. Bizi koydukları koğuşlar aslında "tecrit" koğuşuydu. Yani bulaşıcı hastalığı olan ya da diğer tutuklu ve mahkûmlardan uzak kalması gerekenlerin tutulduğu üç kişilik yerlerdi. Tam bir yıl bu tecrit koğuşunda üç kişi kalacaktık.

Biz kısa süre içinde çıkacağımızı düşünürken o gün çok uzun olmayan aralıklarla infaz koruma memurları geliyor ve bazı formlar ve kâğıda yazılmış talimatlar veriyorlardı. Bu formlardan biri de yakın akraba olmayan üç kişinin ismini ve telefonunu yazacağımız bir formdu. Böylece üç kişi de aile üyeleriyle birlikte haftada bir kez 45 dakika olan kapalı görüşe ve ayda bir saat 15 dakikalık açık görüşe katılabileceklerdi. Bu üç kişiden biri yakınımdı. Diğeri ise 1994'ten beri arkadaşım, dostum olan *Milliyet* gazetesi Ekonomi Servisi'nin ve benim şefim olan Murat Sabuncu'ydu.

Murat, hani "iyi günde kötü günde" denir ya öyle bir adamdı. Eğer muhabir olarak varlık gösterebildiysem Murat Sabuncu'nun çok büyük desteği sayesindedir. Hep haberden yana durmuş, serviste doğumdan ölüme her zor ve mutlu zamanlarında arkadaşlarının yanında olmuştu. Benim de en zor günlerimde ve en mutlu günlerimde hep yanımdaydı. Murat Sabuncu'yu kamuoyu en son Gazze'den kurtardığı "Mavi Bebek" ile hatırlayacaktır. Haber için gittiği Gazze'de kan hastalığı olan ve "Mavi Bebek" adıyla sembolleşen bebeğin Türkiye'ye getirilmesini kendi çabasıyla başarmıştı.

Ancak benim durumum şimdi daha farklıydı. Ben Murat'ı "görüşmeci" listeme koyacaktım, ama bakalım o isteyecek miydi?

Murat tıpkı "Mavi Bebek"i kurtarır gibi ne zaman neye ihtiyacım olduysa ya kendi getirdi ya da gönderdi.

Üçüncü kişi kim olacaktı? O da bir gün sonra 9 Mart günü gerçekleşen ilk açık görüşe gelen eşimle haber göndermişti: "Beni de listeye yazsın" demişti. O kişi, Hrant Dink'in kardeşi Hosrof (Orhan) Dink'ti.

9 Mart Çarşamba her yönden ilginç ve hareketliydi. Günlük gazeteler o gün gelmeye başladı. 51 ekran televizyonumuz o gün getirildi. Ve büyük bir şans, o gün kaldığımız B Blok'un açık görüş imkânından biz de ilk kez yararlandık.

Açık görüş her ayın ilk haftası çarşamba günü gerçekleşiyordu. Ve eğer biz perşembe günü gelmiş olsaydık tam bir ay sonraki, yani nisan ayının ilk haftası açık görüşe çıkabilecektik.

O açık görüşü anlatmam mümkün değil; eşim, kızım, eşimin ailesi bir yandan ağlıyor, bir yandan da sanki bir kâbus görüyormuşuz ve biraz sonra uyanacakmışız gibi davranıyorduk. Tam bir boşluk hali. Ne kabullenebiliyorum ne reddedebiliyordum durumu. Annesi tembihlemiş olsa gerek, kızım boynuma sarılıp sessiz sessiz ağlıyor. Ancak eşim "Ağla kızım ağla" diyor. Ama yedi yaşındaki kızım bizlerin üzüntüsünü daha da artırmamak için olsa gerek ağlamıyor. Ama bizler gözyaşlarımıza engel olamıyoruz. O

Neredeyse 20 yıllık dostum, arkadaşım, şefim Murat Sabuncu hapiste de görüşmecimdi.

soğuk mart günlerini unutmam mümkün değil.

Aynı gün gelen televizyonumuz, teknisyenin anten kablosunu bağlamasıyla bizi de dünyaya bağlıyordu.

Ve televizyonda ilk gördüğümüz şey Avrupa Parlamentosu'nda "Türkiye Raporu" görüşmeleriydi. Raportör Hollandalı Parlamenter Ria Oomen-Ruijten, o gün karara bağlanacak rapora bir ek yaptırmak için söz almış, kürsüde konuşuyordu.

"Polis ve yargı taciziyle karşı karşıya olan Nedim Şener ve Ahmet Şık'ın davalarını yakından takip edeceğiz" diyordu. Bu sözlerden sonra rapora şu cümlelerin konması için önerge verdi: "Nedim Şener ve Ahmet Şık gibi tanınan gazetecilerin tutuklanması aslında demokrasiyi güçlendirmesi gereken bu yargılamalarda güven sorununa neden olacaktır."

Raporun geneli olumluydu. Hatta Ergenekon soruşturması demokrasinin gelişmesi açısından önemseniyordu. Ancak benim ve Ahmet Şık'ın tutuklanması, Avrupa Birliği çevrelerinde rahatsızlık yaratmıştı.

İtiraf etmeliyim ki, bunları dinliyordum, ama ne anlama geldiğini idrak edecek halde değildim. Çünkü 9 Mart dediğim gibi çok hareketli, heyecanlı ve üzüntülü geçmişti.

Öyle anlaşılıyordu ki, yıllarca düşünüp, bulup, belgeleyip, yazan ve konuşarak gerçekleri anlatmaya çalışan kişi olarak ben ve Ahmet Şık ismi üzerindeki tartışma, gazete haberleri ve yazıları ile televizyon programları üzerinden yürüyecekti.

"Saadet Partililerin içkili araba kullanırken yakalanması gibi bir şey"

Beton bir kutu mu desem yoksa diri diri mezara konmak mı desem bilmiyorum, ama tamamen savunmasız, hakkımızda söylenecek sözlere dikkat kesildik. Avrupa Parlamentosu'nda kabul edilen rapor haberini televizyondan izlediğimiz gün, Avrupa Birliği Türkiye-AB Karma Parlamento eski eşbaşkanı Joost Lagendijk, *Zaman* gazetesindeki köşesinde ilginç bir yazı kaleme aldı. Ergenekon davasının demokrasi için önemli olduğunu, ancak soruşturmayı yürüten Savcı Zekeriya Öz ve ekibine güven duyulmadığını yazan Lagendijk, eleştirilerini şöyle sıralıyordu:

Güven bitiyor

Son birkaç güne ve Ergenekon davasındaki en son tutuklama dalgasına dair yığınla yoruma dönüp bakıldığında, bu soruşturmaların sınıra gelip dayandığı açıkça görülüyor. Davayı daha önce karanlık geçmişle yüzleşme ve Türkiye'yi demokratikleştirme çabasının parçası olduğuna inandığı için kuvvetle destekleyenlerin idrakinin ve hoşgörüsünün sınırı bu. Ergenekon savcılarının attığı her adımı hâlâ savunanlar Türkiye'de ve dışarıdaki demokratlarda hâsıl olan hüsranı ve kızgınlığı yabana atmamalı. Cumhurbaşkanı Gül'ün bile bulunduğu makamın sınırlarını zorlayıp kaygı beyan ettiği bir ortamda büyük bir şeyler oluyor demektir.

Bu gazete de süregiden soruşturmaları, mantıklı sebeplerle daima destekledi. Şimdi gazetenin bazı köşe yazarları niye endişe duymamamız ve savcıların işlerini yapmasına izin vermemiz gerektiğini izah etmeye çalışıyor. Öne sürdükleri argümanlardan bazılarına katılıyorum. Tutuklanan gazetecilerin hepsinin yazılar yazmakla veya televizyon programları yapmakla yetinmediği doğru. Odatv'deki bazı gazetecilerin iştigal ettiği diğer işler okunduğunda, gazetecilikle pek de ilgisi olmayan kimi şaibeli faaliyetler yürüttükleri bariz şekilde görülüyor. Gazeteci olmanız size dokunulmazlık vermez, bilhassa da yanlış işler içinde olduğunuza dair güçlü göstergeler varsa. Geçen hafta tutuklananlar Odatv'deki gazetecilerden ibaret olsaydı, eminim şu anki hararetli tepkilere tanık olmazdık. Türkiye'deki yorumcuların büyük çoğunluğu, bu kanalın bazı Ergenekon zanlılarıyla bağlantılarını yakından incelemenin geçerli sebepleri olabileceğinin farkında.

Fakat korkarım ki Zekeriya Öz ve ona bağlı Ergenekon savcıları ekibini savunmayı sürdürenler kilit noktayı gözden kaçırıyor. Artık Öz ve ekibinin doğru şeyi yaptığına güven duyulmuyor.

Bu güven bir günde tükenmedi. Soruşturmaların başında Veli Küçük ve ultra milliyctçi avukat Kemal Kerinçsiz gibilerin çok büyük ihtimalle perde arkasındaki komplolarda dahli bulunduğu ve geçmişteki bazı çözülmemiş cinayetlerle bağlantılı olabileceğinden kimsenin kuşkusu yoktu. *Cumhuriyet*'in Ankara temsilcisi Mustafa Balbay tutuklanıp günlükleri yayınlandığında, insanların büyük çoğunluğu gazeteci olmasına rağmen Balbay'ın bazı kirli oyunların da parçası olabileceğini anladı. General Çetin Doğan ve diğer eski ordu komutanları suçlandığında da hiçbir demokrat sesini yükseltmedi, zira birçoğu onlar aleyhindeki iddiaların doğru olabileceğine inanıyordu. Geçen yılki bazı tutuklamalar sonrası iddianamelerde yer alan ve "yardım yataklık" noktasına varan muğlak ifadeler nedeniyle kuşkular oluşmaya başladı. Fakat çoğunluk, uzun tutukluluk sürelerine ve davalardan ceza çıkmamasına yönelik eleştiriler giderek artarken bile savcılara kredi tanımaya hâlâ istekliydi. Artık böyle değil.

Ahmet Şık ve Nedim Şener'in tutuklanmaları bu güvene ağır darbe vurdu. Bu adeta Saadet Partisi yönetim kurulunun içkili araç kullanmaktan tutuklanması gibi bir şey. Teoride doğru olabilir, gerçekte ise kimse buna inanmaz. Darbelere karşı duruşlarıyla bilinen gazetecileri Ergenekon'un parçası olmakla suçlamanın hararetli tartışmalara yol açmayacağını düşünmek, en hafif tabiriyle naiflik olur. Böyle bir davada savcılar hukuki argümanların arkasına saklanıp herkesten sabırlı olmasını isteyemez. Dayandıkları kanıtların ne olduğunu gösteremezlerse, kuşkucu bir kitleyi ikna etme savaşını kaybederler ve savaşı hepten kaybetme tehlikesine girerler.

Ergenekon davasındaki gerçek suçlular, savcılar gerçeklikle bağlarını kaybettiği ve belli sınırlar olduğunu idrak etmediği için sürecin sonunda serbest kalırsa, bu Türkiye için bir dram olur. Demokratlar arasındaki güveni yeniden tesis etmenin ve bu tarihi davayı müspet bir sonuca vardırmanın tek yolu, hukuki incelikleri geçip kamuoyuna Şık ve Şener'in niye tutuklandığını sarih bir dille izah etmektir. Eğer Öz bunu yapamazsa veya yapmayacaksa, iki gazeteci de bir an önce serbest bırakılmalıdır.

O polis ben tutuklandıktan iki gün sonra görevden alındı

Avrupa Parlamentosu'nun Türkiye'yi ifade ve basın özgürlüğü konusunda eleştirdiği ve benim ile Ahmet Şık'ın polis ve yargı tacizi altında olduğumuza dair karar verdiği günün akşamı, çok önemli bir karar verildi. Karar, 9 Mart 2011 günü saat sabaha karşı 03.00'te uygulamaya kondu. İstanbul Emniyet Müdürlüğü İstihbarat Şubesi'nden Sorumlu Müdür Yardımcısı Ali Fuat Yılmazer, görevinden alınarak Bomba ve Tanık Koruma Şubesi'nden sorumlu müdür yardımcısı oldu. İstanbul Emniyet Müdürü Hüseyin Çapkın, İstihbarat Şube'den sorumlu müdür yardımcılığı kadrosunu da kaldırarak şubeyi doğrudan kendisine bağladı. Bana *Dink Cinayeti ve İstihbarat Yalanları* kitabım nedeniyle dava açan polislerin başında gelen ve tutuklandığım operasyonu da yöneten Yılmazer'in görevden alınması çok ama çok şaşırtıcıydı.

İstanbul Emniyet Müdürü Hüseyin Çapkın, Yılmazer'in görevden alınmasını "rutin bir uygulama" şeklinde açıkladı. Ancak görevden alınanın niteliği, görevden alınmasının zamanlaması ve biçimi hiç de "rutin bir uygulama" görüntüsü vermiyordu.

Ali Fuat Yılmazer, 2007 yılı Mart ayında İstanbul Emniyet Müdürlüğü İstihbarat Şubesi'nin müdürü oldu. 12 Haziran 2007 günü Ümraniye'de bir gecekonduda el bombalarının bulunmasıyla başlayan Ergenekon soruşturmasının başındaki isim olduğu ortaya çıktı. Poyrazköy ve Balyoz soruşturmalarını da onun yürüttüğü yazıldı. Aslında ben bu tür bilgilere hiç itibar etmemiştim.

Benim için Yılmazer'in adı, Hrant Dink cinayetinde ihmali olan polis olması bakımından önemliydi. Yılmazer İstanbul'a gelmeden önce Ankara'da Emniyet Müdürlüğü İstihbarat Dairesi'nde sağ terör ve azınlık masası olarak bilinen C Şube müdürüydü. Tüm illerde sağ terör örgütleri ile azınlıkları konu alan tüm istihbarat raporları ile terör örgütlerinin hedefi olan kişileri korumaya yönelik önlemler konusunda koordinasyonla görevli birimin başındaydı.

Somut bir örnek vermek gerekirse, Trabzon'da bir terör grubu tarafından (Yasin Hayal ve grubu) kendisine suikast planlanan ve İstanbul'da yaşayan Hrant Dink'in korunması konusunda İstanbul Emniyeti ile İstihbarat C Şubesi sorumluydu. Çünkü Trabzon Emniyeti'nden Dink'e yönelik bir eylem gerçekleştirileceği Ankara İstihbarat C Şubesi ile İstanbul Emniyet Müdürlüğü İstihbarat Şubesi'ne bildirilmişti. Ancak bu açık tehdide rağmen İstanbul Emniyet Müdürlüğü de, Ankara İstihbarat C Şube Müdürlüğü de Dink'i koruyacak önlemleri almamış, adeta cinayeti seyretmişti. İşin içine Trabzon'daki Yasin Hayal grubunun arasındaki polisin resmi ajanı Erhan Tuncel'i koyunca ortaya ihmalden de öte daha karanlık bir tablo çıkıyordu. Ayrıca cinayetin planlandığı dönemde (2006 Mayısı'na kadar) Trabzon Emniyet Müdürü olan Ramazan Akyürek'in cinayetin gerçekleştiği tarihte (19 Ocak 2007) Ankara'da İstihbarat Dairesi Başkanı olduğu gerçeğini de bu tabloya yerleştirdiğinizde Hrant Dink'in öldürülmesinde ihmalden de öte durumlar ortaya çıkıyordu. Zaten bu polislerin bana dava açmalarının nedeni de bu tabloyu çok daha fazla detaylarıyla ortaya çıkarmamdı. Ama asıl önemlisi, Başbakan Recep Tayyip Erdoğan'ın da böyle düşünmesiydi.

Kafanızın karıştığını görür gibiyim, "Nereden çıktı şimdi bu?" diye soruyorsunuz kendinize.

Aslında soruda haklısınız. Yılmazer, başından beri Ergenekon soruşturmasını yönetiyorsa, Başbakan Erdoğan için önemli bir isim olmalıydı. Evet, önemli bir isim. Hatta Ergenekon soruşturmasını çok yakından takip eden gazetecilerin yazdığına göre, o kadar önemli bir isimdi ki Erdoğan İstanbul'a her gelişinde mutlaka Yılmazer'le görüşüyordu. Ayrıca Başbakan'ın hemşerisiydi. Hakkındaki en çarpıcı iddialardan biri ise Fethullah Gülen cemaatinin İstanbul polisi içindeki önemli isimlerinden oluşuydu.

Evet, belki Ergenekon operasyonunu başından beri yöneten isimdi; evet, belki İstanbul'a her geldiğinde Başbakan'la görüşebiliyordu; evet, belki Fethullah Gülen cemaatine yakın ya da içindeydi veya bunların tamamı gerçek değildi, ama kesin olan bir şey vardı: Başbakan Erdoğan'ın imzasını taşıyan 2 Aralık 2008 tarihli Başbakanlık Teftiş Kurulu raporuna göre Hrant Dink cinayetinde ihmali bulunan iki polisten biriydi. Diğer polis ise İstihbarat Dairesi Başkanı Ramazan Akyürek'ti.

Yılmazer ve Akyürek, Başbakan'ın imzasını taşıyan bu ağır rapora rağmen görevlerini güçlenerek korudular. Başbakanlık Teftiş Kurulu raporuyla Hrant Dink cinayetinde ihmali olduğu belirlenen istihbaratçılardan Ramazan Akyürek, cinayetin işlenmesinden sonraki iki yıl boyunca koltuğunu korumayı başardı; Yılmazer de dört yıl boyunca terfi ederek İstanbul Emniyeti içindeki görevinde kaldı. Akyürek, Dink cinayetindeki ihmallerinden dolayı değil, başka bir sebepten görevinden alındı. Yılmazer de Dink cinayetindeki ihmallerinden dolayı değil, benim ve Ahmet Şık'ın tutuklanmasından sonra görevinden alındı. Beni asıl üzen de bu oldu. Bu isim/isimler asıl Hrant Dink cinayetinde ihmalleri nedeniyle görevlerinden (en azından geçici) alınmalıydı. Haklarındaki soruşturma bitene kadar bu önlem düşünülmeliydi. Oysa bu yapılmadı ve Hrant Dink cinayetinde ihmali olan polisler, bu cinayeti aydınlatmakla görevli makamların koltuklarında oturmaya devam ettiler.

Elbette bu kişilerden, Hrant Dink cinayeti hakkında sağlıklı bilgi almak imkânsızdı. Nitekim her iki ismin Hrant Dink cinayetinin görüldüğü İstanbul 14. Ağır Ceza Mahkemesi'ne gönderdiği resmi yazılarda gerçekdışı bilgiler içerdiğini ortaya çıkardım.

Böylece bu polislerin, görevlerini ihmal ederek Dink'in öldürülmesindeki sorumluluklarının yanı sıra soruşturma ve yargılama aşamasında mahkemeye gönderdikleri belgelerle de mahkemeleri yanıltma, yani cinayeti karartma gibi fiillerin içinde olduklarını gözler önüne sermiştim.

Ama ne acıdır ki bu insanlar tüm bu gerçeğe rağmen görevlerini korudular. Yılmazer, biz tutuklandıktan hemen sonra görevinden alındı. Aslında çok da uzağa gitmedi, İstanbul Emniyeti içinde başka bir müdürlüğün sorumluluğu verildi kendisine. Ramazan Akyürek ise pasif de olsa Emniyet Genel Müdürlüğü bünyesinde bir dairede "başkan" olarak görevini sürdürüyor. Ne Dink cinayetinin planlandığı Trabzon'da, ne cinayetin işlendiği İstanbul'da, ne de her şeyin toplandığı Ankara İstihbarat Başkanlığı'nda tek bir polis, evet tek bir polis bırakın ağır bir suçlamayı "görevi ihmal" iddiasıyla bile hâkim karşısına çıkarılamadı.

Bense bu polislerin –MİT'çi ve Jandarma dahil– isimlerini ve bu cinayetteki ihmallerini tek tek yazan gazeteci olarak önce otuz yıldan fazla hapis istemiyle ağır ceza mahkemelerinde yargılandım.

Bu polislerin açtığı davalar 2009 yılında 2010 yılı sonuna kadar sürdü ve beraat ettim. 2011'de ise yine bu polislerin yürüttüğü Ergenekon operasyonu sonucu gözaltına alındım, mahkemeye çıkarıldım ve sonra tutuklanıp Silivri Cezaevi'ne kondum.

Ne diyeyim, yaşasın adalet!..

Kar yağıyor, aklım kızakta

10 Mart'ı unutulmayacak kılan şey ise uzun süredir beklediğim kar yağışıydı. Koğuşun camındaki parmaklıklardan elimi dışarı uzatıp yağan karın elime düşmesini seyrediyordum. Aklımda ise kızıma verdiğim söz vardı.

"Öyle çok kar yağsın ki ben de seni kızakla okula götüreyim" demiştim. Hatta bir de kızak alıp arabanın bagajına koymuştuk. Ama şimdi kar yağıyordu ve ben hapiste olmanın sıkıntısını değil, kızıma verdiğim sözü tutamamanın üzüntüsünü yaşıyordum. O gün sürekli gözüm dışarıdaydı. Bir de kar yağışı artarsa okula gidip gidemeyeceğini düşünüyordum kızımın.

Televizyondan da İstanbul içindeki yağış miktarını takip ediyordum. Ama beklediğim yoğunlukta kar yağmıyordu.

Ekranda birden İstanbul Adliyesi'nin görüntüsü belirdi. Bir de kameralardan kaçıp duran bir adam. Milli İstihbarat Teşkilatı'ndan Kaşif Kozinoğlu adliyeye gelmişti. Bizimle aynı örgüt yapılanması (!) içinde yer alıyormuş (!) Odatv operasyonu kapsamında savcılığa ifade vermeye gelmiş; Afganistan'daymış.

Televizyonda haberleri sunanlar üst üste iddiaları sıralarken ben şaşkın bir halde yalnızca Kaşif Kozinoğlu'nun ekrana yansıyan görüntüsüne bakıyordum. Çünkü Kozinoğlu bir gazeteci olarak benim açımdan tam bir bilinmezdi. Adından ve gençliğine ait bir kare fotoğrafından başka onun hakkında hiçbir bilgimiz yoktu. Ben Kozinoğlu adını, ünlü mafya lideri Alaattin Çakıcı'nın aldığı bir hapis cezasının Yargıtay'da bozulması için devreye girmesinden biliyordum. Bu o dönem haber olmuştu. Ben de Alaattin Çakıcı'nın hayatını ve ANAP lideri Başbakan Mesut Yılmaz'ın adının karıştığı Türkbank yolsuzluğuyla ilgili yazdığım *Kod Adı Atilla* isimli kitabımda Kaşif Kozinoğlu hakkında bilgileri aktar-

Odatv kapsamında hakkında açılan soruşturmada ifade vermek üzere yurtdışından gelen MİT'çi Kaşif Kozinoğlu, Silivri Cezaevi'nde tutukluyken, mahkemede savunma yapamadan hayatını kaybetti.

mıştım. O yüzden Kozinoğlu'nun görüntüsü ekranda belirince şaşırdım. Yıllarca kendisini gizlemeyi bilen MİT'çi, şimdi adliyenin önünde bir o yana bir bu yana koşturuyor, bir an önce kendisini bekleyen otomobile binmeye çalışıyordu. Bu, kameraların onu ilk ve son görüşüydü.

Kozinoğlu o gün savcılık sorgusunun ardından çıkarıldığı mahkeme tarafından tutuklandı. O da buraya Silivri Cezaevi'ne gönderildi. Ancak Kozinoğlu bizimle beraber 22 Kasım günü mahkemeye çıkmayı beklerken duruşmadan 10 gün önce bir hafta sonu cezaevinde hayatını kaybetti. İlk savunmasını yapamadan.

İlk mektup hapisten çıkan
İTO Başkanı Yalçıntaş'tan

Her şey öyle hızlı ve ani yaşanıyordu ki, günlerimizi, aylarımızı geçireceğimiz koğuşa alışmaya zaman bile bulamıyorduk. Kendimi hapishane koğuşuna değil bedenime, beynime hapsetmiştim. Kabuğuma çekilmiş bir halde hiçbir şey düşünmeden, ama her şeyi düşünerek karmakarışık duygular içindeydim. Benim gibi hayatında karakola bile bir iki kez gitmiş, nezarethane nedir bilmeyen ve gazetecilikle ilgili basın davaları dışında yargılanmamış bir insanın, "silahlı terör örgütü üyesi" diye tutuklanması anlayabileceğim bir şey değildi.

Evet, 30 yıl hapis istemiyle yargılandım, bugüne kadar hakkımda istenen hapis cezalarını toplasanız 500 yılı geçer. Ama o davalar basın davalarıydı. Biliyorduk ki, büyük büyük hapis cezaları istenir, ama çoğunluğu beraatla sonuçlanırdı. Hapis cezası alanların cezaları ertelenir, olmadı hükümetler bir yasal düzenlemeyle bu cezaları af kapsamına alırdı. Bunlar arasında en riskli davalar ağır ceza mahkemelerinde görülenlerdi. Çünkü bu mahkemelerde ceza alan meslektaşlarımız hapishaneye giriyordu. Benim ağır cezalık olan tek davam ise hakkımda 20 yıl hapis cezası istenen ve İstanbul 11. Ağır Ceza Mahkemesi'nde görülen davamdı. Ondan da beraat etmiştim. Ama bu kez durumum farklıydı. Yazdıklarım nedeniyle birçok kez yargılanmıştım. Şimdi ise yazmadığım ya da yazımına herhangi bir katkım olmayan kitaplar nedeniyle yargılanıyordum ve tutukluydum Silivri'de.

Durumun tuhaflığı beni tanıyan tanımayan herkes tarafından kabul ediliyordu.

Tam bu karmaşık duygular içindeyken 11 Mart günü koğuşun demir kapısı bir kez daha çaldı. Memur elinde sarı bir zarf ve imzalamam için bir form uzattı. İlk mektubum gelmişti. Gönderen

İstanbul Ticaret Odası Başkanı Murat Yalçıntaş'tı. Zarfı açmadan önüne arkasına baktım. Acele posta servisiyle 9 Mart günü Sirkeci Postanesi'nden gönderilmiş, 10 Mart günü de Silivri'deki postaneye teslim edilmişti.

Ne yalan söyleyeyim içinden "Etme bulma dünyası" ya da "Gülme komşuna gelir başına" gibi sözlerin olacağı bir mesaj çıkacağını düşünüyordum. Çünkü Murat Yalçıntaş 2010 yılında bir rüşvet operasyonunda tutuklanmış, Ankara'da bir cezaevine konmuştu. Birkaç ay sonra da tutuksuz yargılanmak üzere tahliye edilmişti. Ve Murat Yalçıntaş'ın tutuklanmasına neden olan o rüşvet operasyonunu da bir yıl önce *Milliyet*'te ben haber yapmıştım. Haberin başlığı, "Fuar kavgasına rüşvet karıştı" idi. Yalçıntaş'ın yöneticisi olduğu şirket, CNR fuarcılığın sergi alanlarını tahliye etmesi için özellikle Ankara'da bazı yüksek yargı mensuplarına rüşvet vermekle suçlanıyordu. Yalçıntaş da bu rüşvetle ilgili suçlanmış, tutuklanmıştı. Benim 2009 yılında bu olayı haberleştirmemden sonra adeta uyumaya bırakılan dosya canlanmış, bir yıl sonra operasyona dönüşmüştü. Ve bazı tutuklamaların ardından bana karşı olan tepkiler iletilmişti.

Gönderen İstanbul Ticaret Odası olan mektubun biraz intikam hissi barındırdığını düşünmüştüm. Oysa Murat Yalçıntaş'ı kısmen tanımış ve onun kendi karakterinin ve aile yapısının rüşvet ya da benzeri bir olumsuzlukla anılmasına izin vermeyeceğini televizyonda söylemiştim. Hatta bu konudaki haberim Ankara'da Ekonomi Muhabirleri Derneği (EMD) tarafından "Altın Kalem" ile ödüllendirilmiş, aynı duygularımı 25 Şubat'ta yapılan törende kürsüden de söylemiştim.

Mektubu okuyunca anladım ki duygular karşılıklıymış, demek ki ben zarfı alınca kapıldığım duygularda yanılmışım. Çünkü böyle bir durumda en son destek verecek kişiler listesinin en alt sırasına koyabileceğim Yalçıntaş, beni mahcup etmişti. Övgü ve destek dolu mektubunda şöyle diyordu Yalçıntaş:

Sayın Nedim Şener,
Öncelikle size en samimi geçmiş olsun dileklerimi iletiyorum. Sizin ile ilgili gelişmeleri basın-yayın organlarından takip ettim. Yaşadıklarınızla ilgili olarak son derece üzgün olduğumu belirtmek isterim.
İTO Başkanı olarak İstanbul Ticaret Odası'nın çalışmalarını izlediğiniz son 6 yıl içinde sizin gazetecilik anlayışınızı yakından tanıma fırsatı budum.
Şunu bilmenizi isterim ki, bu süre zarfında sizi mesleğinde dürüst,

samimi ve ülkesini seven bir insan olarak gördüm. Bugüne kadar pek çok olayın kamuoyu gündemine taşınarak gerçeklerin ortaya çıkmasında büyük gayretler gösterdiniz. Bunun en somut göstergeleri de mesleğinizde kazandığınız başarılar ve ödüllerdir.

Adaletin er ya da geç tecelli ederek suçlu ile suçsuzu birbirinden ayırt edilmesini sağlayacağından eminim. Bu süreçte sabır ve metanetinizin güçlü olmasını; adalete olan inancınızı yitirmemenizi ve bu sıkıntılı günlerin bir an önce sonlanmasını diliyorum.
Saygılarımla
Dr. Murat Yalçıntaş

Cezaevine ilk mektuplar

Hapse girer girmez mektup gönderenlerin başında eski Devlet Bakanı Ali Doğan ile sevgili büyüğüm, işverenim Müjdat Gezen geldi. Müjdat Gezen deyince Tarık Akan'a da teşekkür boynumun borcu. Ne de olsa mahpusun halinden hapis yatmış olan anlar.

Müjdat Gezen'e "işverenim" dememin nedeni, 2010 yılında Uğur Dündar'la kurdukları Televizyon Okulu'nda bana görev vermiş olmasından kaynaklanıyor. Tutuklanana kadar "Uğur Dündar Televizyon Okulu"nda soruşturmacı gazetecilik konusunda derslere giriyordum.

Soldan sağa; Yılmaz Özdil, Müjdat Gezen, Uğur Dündar, Haluk Şahin ve ben Televizyon Okulu'nun açılış günündeyiz.

Müjdat Gezen'in sağlık konularında ne kadar titiz olduğu Türkiye'nin malumudur.

Müjdat Bey mektuplarında askeri dönemlerde üç kez hapse girdiğini anlatıyordu. Rahmetli olan dostu Savaş Dinçel'le bir kitap nedeniyle hapse giren Müjdat Bey beni uyarıyor, "Aman Nedim, fazla yumurta yeme, karaciğerini bozarsın" diyordu.

Ben de cevap yazdım "Müjdat Bey artık hapishanede çiğ yumurta vermiyorlar. Sebebi çok ilginç: Örgüt suçlarından yatanlar yumurtayı kâğıttan yaptıkları heykel ya da semboller için sertleştirici olarak kullanıyorlarmış. O yüzden seyrek de olsa haşlanmış yumurta veriyorlar. İçinizi rahat tutun" dedim.

Uğur Dündar'ın hayatını da Ergenekon yazdırmış!

Tutuklanma ve tutuklanmamın gerekçelerinin saçmalığına, kısa süre sonra bir gardiyanın kapı aralığından uzattığı bir şikâyet dilekçesi ekleniverdi.

Daha cezaevine gireli birkaç gün geçmişti ki 20 Mart günü infaz koruma memuru elinde katlanmış bir demet kâğıtla demir kapının önünde belirdi. Adımı seslendi ve gittiğimde "Bir tebligatın var" dedi.

Tutuklandığım davayla ilgili bir evrak zannettim, ama şikâyetçi bölümünde Zeki Bingöl adı yazıyordu. Yanılmışım, Silivri'de cezaevindeyken bile hakkımda basın davası açılması için şikâyette bulunulmuş ve soruşturma açılmıştı.

Böyle şeyleri, yani basın davalarını dışarıda bıraktığımı düşünerek "Nasıl olsa bir yanlışlık vardır" diyerek zımbalanmış kâğıtları açıp bakma zahmetine girmedim.

Sonradan zımbayı söktüm ve ilk sayfasını okuduğumda şok oldum. Emekli Binbaşı Zeki Bingöl, Uğur Dündar'ın hayatını konu alan *İşte Hayatım* kitabımda adının geçtiği bölümlerle ilgili suç duyurusunda bulunuyordu.

Kitap, 2010 yılının Nisan ayı gibi yayınlanmış, Zeki Bingöl tam bir yıl sonra adının geçtiği bölümlerle ilgili 20 bin TL tutarında tazminat davası açarken, hakaret, iftira ve terörle mücadele eden kişileri örgütlere hedef göstermek gibi iddialarla suç duyurusunda bulunmuştu. Beni şaşırtan, suç duyurusunu bir yıl sonra yapması ya da suç duyurusunun içeriği olmadı. Beni şaşırtan, Uğur Dündar'ın hayatını anlatan kitabın Ergenekon'un amacına yönelik yazılmış olduğunu iddia etmesiydi. Aslında "iddia etmesi" ifadesi durumu izah etmekten çok uzak ama ben yine de böyle yazayım.

Bayrampaşa Cezaevi'nde yapılan ve onlara kişinin ölümüyle sonuçlanan Hayata Dönüş operasyonuna katılmış olan Binbaşı Zeki Bingöl, dilekçesinde aynen şunları yazmıştı:

Davalı Nedim Şener'in Nisan 2010'da Uğur Dündar'ın hayatın konu alan "İşte Hayatım" isimli kitabı yayınlanmıştır.

.... Özellikle kitapta şahsımla ilgili olarak yer alan hususlar hakkında tarafıma ulaşıp cevap hakkımı kullanmam sağlanmadığı bir gerçektir. Bu da şunu göstermektedir ki, yazılan hususlar tek taraflıdır. Ve de özel kasıt taşımaktadır.

Kanaatimce bu da kamuoyu tarafından Ergenekon diye bilinen soruşturmadaki terör örgütüne hizmet etmek kastı taşımış olması da ihtimal dahilindedir.

Tamamen hayal mahsulü bile olamayacak kadar ciddiyetten uzak bir konu nedeniyle Silivri'den Şişli Adliyesi'ne cezaevi aracılığıyla iki saat gidiş iki saat geliş olmak üzere toplam dört saat yolculuk yapmak, savcıya ifade vermek zorunda kaldım. Savcıya ifade verirken, Uğur Dündar'ın hayatını yazmanın Ergenekon örgütünün amacına hizmet iddiasının akıldışı olduğunu söyledim.

Nitekim savcı da 16 Mayıs 2011 günü takipsizlik kararı vererek hakaret, iftira ve hedef göstermeyle ilgili suçlamaların asılsız olduğunu belirtti.

Ancak başvuru üzerine açıldığından tazminat davası ise hâlâ devam ediyor.

Aslında bu dava, ortaya atılan bir iftiraya inanmaya hazır birilerinin olduğunu göstermesi bakımından hazin bir örnek. Çünkü kitap çıkalı bir yıl olmuş, ben dışarıdayken Zeki Bingöl herhangi bir başvuruda bulunmamış, ama Ergenekon davası kapsamında tutuklanır tutuklanmaz tazminat davası ve ceza davası açılması için başvuruda bulunmuştu.

Dediğim gibi başvuru kanuni hakkıdır, ama Uğur Dündar'ın hayatını konu alan kitabın Ergenekon örgütünün amacına hizmet ettiği iddiasına ne denir bilmiyorum.

Kitaptan bombaya giden yol

Özellikle Avrupa Parlamentosu'nun Türkiye raporunda benim ve Ahmet Şık'ın tutuklanmasının eleştiri konusu edilmesi; yalnız Türkiye'deki meslektaşlarımızın değil dünyanın dört bir yanından gazetecilerin, meslek örgütlerinin, AB üyesi ülkelerin cumhurbaşkanlarının, devlet başkanlarının, bakanlarının Türkiye'yi düşünce ve ifade özgürlüğünü tanımayan otoriter bir ülke olarak tanımlaması, Başbakan Recep Tayyip Erdoğan'ı çok kızdırdı. En başta, yani gözaltına alındığımız 3 Mart ve sonrası birkaç gün "Bu bizim değil, yargının uygulaması" diyerek mesafeli bir tavır takınan Başbakan, bir hafta sonra tavrını sertleştirdi ve Avrupa Parlamentosu'nda katıldığı toplantıda, Ahmet Şık'ın mahkeme kararıyla henüz basılmamış olan kitabının taslağına el konmasını, imha edilmesini, kitabı bombaya benzeterek gerekçelendirmeye çalıştı. Ben de bu süreci gazete ve televizyonlardan şaşkınlık, korku ve endişeyle hop oturup hop kalkarak izliyordum.

Tutuklanmamızdan sonra tepkilerin dineceğini ve unutulacağımızı umanlar, yani operasyon yapanlar ve hükümet üyeleri ile onlara çok yakın gazeteciler yanılıyordu. Fethullah Gülen cemaatinin yayın organları olarak bilinen *Zaman*, *Bugün* gazeteleri ile Samanyolu Televizyonu, hükümete çok yakın *Star* ve *Yeni Şafak* gazeteleri, sorgumuz sırasında bize bile sorulmayan telefon görüşmelerimizi yayınlıyor, polisin hazırladığı saçma sapan raporları manşet yapıp bizim Ergenekoncu olduğumuza herkesi ikna etmeye çalışıyorlardı.

Savcının "gizli" diye bize göstermediği "Ulusal Medya 2010" isimli doküman, *Bugün* gazetesi Ankara Temsilcisi Adem Yavuz Arslan tarafından katıldığı televizyon programlarında gösteriliyordu. Aynı doküman, *Zaman* gazetesinde de manşetteydi. *Star* gazetesi ise Ahmet'in kitabıyla ilgili polis raporunu yayınlıyor, internet sitesinde de rapora yer veriyordu.

Polis, savcılık ve cemaat ile iktidar yanlısı medyanın bu "ikna çabalarına" binlerce meslektaşımız yanında dünyanın en saygın kuruluşları ABD ve Avrupa'dan kaleme aldıkları yazılarla yanıt veriyordu. Bu yazılarda ortak nokta şuydu: Benim, Hrant Dink cinayetinde istihbaratçı polislerin ihmallerini çıkardığım ve bana kızan polisin yürüttüğü Ergenekon operasyonu sonucunda da tutuklandığım yazıyordu. Ayrıca Ahmet Şık'ın kaleme aldığı kitapta, polis içindeki cemaatçi polis yapılanmasını yazdığına dikkat çekiliyordu. Benim ve Ahmet'in ortak özelliği ise hükümeti eleştiren ve Fethullah Gülen cemaatini araştıran yazılar yazmamız şeklinde özetleniyordu.

İşte bazı örnekler:

The Washington Post
Türkiye'nin demokrasi ve otoriterlik konusunda sergilediği kötü örnek

Son tutuklamalar liberal demokratik değerlere saldırının iyi bir örneği.

Tam da otoriterlikten çıkmakta olan Arap ülkeleri için model olarak gösterildiği bir zamanda, Türkiye'nin Müslüman dünyasının öncü demokrasisi olma iddiası tehlikeye düştü. Bunu biz söylemiyoruz. "Olup bitenleri takip ettiğimde intibaım şu ki; kamu vicdanında kabul görmeyen bazı gelişmeler yaşanıyor" diyen Cumhurbaşkanı Gül'ün kaygısını bu şekilde kamuoyu önünde dile getirmesi, Türkiye'nin yurtiçi ve yurtdışında eleştirenlerin tarif ettiği otoriter rejim haline gelmekten uzak olduğunu gösteriyor. Ancak yine de yanlış yönde ilerlediği açık.

Bazı generallerin, hâkimlerin ve kesimlerin AK Parti'yi demokratik olmayan yollarla iktidardan indirmek istediği şüphe götürmez. Ancak Ergenekon soruşturmasını yürüten savcıların da boylarını aştığına dair bolca işaret var. Savcıların sunduğu kanıtların çoğu inandırıcı değil, hatta uydurma.

Eğer şüphesiz biçimde özgür bir basına sahip olan işleyen bir demokrasi olmaktan çıkarsa, ne Arap devletleri ne de başka herhangi bir kimse Türkiye'ye yol gösterici olarak bakacaktır. (11 Mart 2011)

The New York Times
Demokrasi böyle yönetilmez

Türkiye uzun zamandır Müslüman dünya için cesaretlendirici bir demokrasi modeli sunuyordu. Şimdi ise tam da bölgede bu kadar çok insan özgürlük talep ederken, Türkiye'nin hükümeti eleştirel haberleri susturmak için gazetelere baskı yapıyor. Türkiye hükümeti değerlerine ve vatandaşlarına ihanet ediyor. Ergenekon operasyonunda tutuklanan *Milliyet* muhabiri Nedim Şener, Hrant Dink suikastını kurcalayarak yetkilileri geçmişte öfkelendirmişti, ki Hrant Dink de Şener gibi hükümetle ters düşmüş bir Türk-Ermeni gazeteci. Şener daha yakın zamanda da, hükümetin, Erdoğan hükümetini devirmeyi amaçladığı iddia edilen terörist bir komployu ele alış biçimini eleştirmişti. Şener şimdi, bu komplonun bir şekilde parçası olduğuna dair dudak uçuklatıcı bir iddiayla hapishanede tutuluyor. Bu tutuklamalar, Erdoğan hükümetinin kontrolden çıkmış gibi görünen soruşturmasının son veçhesi...

Erdoğan'ın partisi Meclis'teki çoğunluğundan ceza kanununda reform yapmak için yararlanmalı ve araştırmacı gazetecilik bundan böyle bir suç olarak takibe uğramamalı. Onlar şimdi bu dalga dalga süren komplo soruşturmalarını daha güçlü bir hukuki temele oturtmalı, yoksa bu başarıları ve ülkelerinin demokrasisi riske girer.

The Economist

Türkiye gazeteci olmak için tehlikeli bir yer

Yeni tutuklamalar hükümetin eleştirilere tahammülü olmadığı korkularını körüklüyor. Türkiye'nin ılımlı İslamcı Başbakanı Erdoğan, Adalet ve Kalkınma Partisi'nin Türkiye'yi bir ileri demokrasiye dönüştürdüğünü söyleyerek övünmeyi seviyor. Ama iki araştırmacı gazetecinin 6 Mart'ta tutuklanması, daha çok geriye bir adım gibi görünüyor...

Ancak AKP'nin en büyük taraftarları bile, Ergenekon soruşturmasının meşruiyetinin, Şık ve Şener'in tutuklanması gibi sert taktikler sonucunda çökmesinden kaygı duyuyorlar.

Bazıları soruşturmanın, hükümeti eleştirenleri yakalamak için bahaneye dönüştüğünü söylüyorlar.

Bu da oldu:
Mizah dergilerinin kapağındayım!

Hayatta her şey aklıma gelirdi, ama günün birinde mizah dergilerinin kapağında olacağım aklıma gelmezdi. Bugüne kadar siyasetçilerin, sporcuların, bürokratların, işadamlarının, cumhurbaşkanlarının hicvedildiği mizah dergilerine konu olacak ne yapabilirdim ki zaten? Ama 9-16 Mart tarihli haftalık mizah dergilerinin tamamının kapağında bizim tutuklandığımız Ergenekon operasyonu hicvediliyordu. Bazılarında da benim ve Ahmet Şık'ın karikatürleri vardı. Bu karikatürleri görmek, okumak çok büyük bir onurdu benim için, bizim için. Aslında bunlarda da eleştirilen siyasetçilerdi.

UYKUSUZ
Ergenekon operasyonunun son halkasında Ahmet Şık ve Nedim Şener tutuk
Savcılık gazetecilerin, gazetecilik yüzünden değil, açıklanması mümkün ol
delillerle ilgili olarak tutuklandıklarını ileri sürdü.
NİYE TUTUKLANDIĞIMIZI SÖYLEMEYECEK MİSİNİZ?..
ADALET MÜLKÜN TEMELİ
SUSMA HAKKIMIZI KULLANIYORUZ..

Erdoğan, gazeteci tutuklamaları için, "Yargının tasarrufunu bize fatura edemezsiniz" dedi.
Ne faturası o?
Yargının tasarrufu
faturayı da bize kesmişler..
GIRGIR
4 yıla yakın süredir devam etmesine rağmen, herhangi bir mahkumiyet kararı çıkmaması eleştirilen Ergenekon soruşturmasının, muhalefet ve medyayı susturma kampanyasına dönüştüğü iddia edildi.
TBMM Başkanı Mehmet Ali Şahin gazetecilere, "Hakimler, savcılar kadar kendi meslektaşlarınızı da eleştirin" çağrısında bulundu.

203

"Gazeteciysen boyun eğmeyeceksin, boyun eğiyorsan gazeteciyim demeyeceksin"

13 Mart 2011...

Biz Silivri'deki koğuşumuzda başımıza geleni anlamaya çalışırken, tutuklanmamıza karşı oluşan tepkinin boyutu gitgide büyüyordu.

Gazetecilere Özgürlük Platformu (GÖP) bizim tutuklanmamız sonrası hapiste olan 69 gazetecinin durumuna dikkat çekmek üzere Taksim'de bir protesto yürüyüşü düzenledi. Yürüyüşün sloganı çok anlamlıydı:

"Gazeteciysen boyun eğmeyeceksin, boyun eğiyorsan gazeteciyim demeyeceksin."

Yaklaşık 5 bin kişinin katıldığı yürüyüşte *Hürriyet* yazarı ve

Aralarında Uğur Dündar'ın da olduğu gazeteciler sokakları doldurdu.

Sedat Ergin'den tarihi tepki.

Milliyet'te yayın yönetmenim olan Sedat Ergin'in ağzı siyah bantlı fotoğrafı en önemli ayrıntıydı. Sedat Bey son derece serinkanlı, kılı kırk yaran bir kişidir. Eğer o kendisini sokağa atmış, hele hele böyle bir fotoğraf çektirmişse önemli bir sorun gördüğü içindir. Yine aralarında Uğur Dündar ve Yılmaz Özdil'in de olduğu pek çok meslektaşımız bizim için yollara düşmüş, yürüyorlardı.

Can Dündar da ağzına siyah bant takarak baskıları protesto edenlerdendi.

ANGA: Bir grup özgürlük savaşçısı

Tutuklanmamızla birlikte "ANGA" diye bir oluşum çıktı ortaya. Kendilerini, "Ahmet ile Nedim'in gazetecilik faaliyetlerinden ötürü cezaevine konduğunu düşünen; özgür ve bağımsız gazeteciliğin demokrasinin temel koşulu olduğuna inanan, birçok politik farkları olmasına rağmen ifade özgürlüğünden, barıştan, örgütlü toplumdan yana olan gazeteciyiz" diye tanımlıyorlardı.

"Ahmet ve Nedim'in Gazeteci Arkadaşları" adıyla biliniyorlardı ve bu gruba kısaca ANGA deniyordu. Siyasi parti ya da örgüt değildi. Aralarında hiç tanışmadığımız insanlar da vardı, ama Ahmet'i de beni de yalnız gazeteciliğimizle tanıyorlardı.

Bize yapılan haksızlığı kendilerine yapılmış, topluma yapılmış olarak gördüler ve tutuklanmamızdan tahliye olmamıza kadar

Gazeteci Fahri Alakent, üzerine ANGA tarafından hazırlanan tişörtü giyerek 15 kilometrelik Avrasya Maratonu'na katıldı.

> **YANSAK DA DOKUNACAĞIZ**
> ahmet ve nedim'in gazeteci arkadaşları

sokaklarda protesto eylemleri gerçekleştirdiler. Onlara kızanlar da oldu, sahip çıkanlar da. Ama asıl amaçları ifade özgürlüğünü savunmaktı.

Gazetecilere Özgürlük Platformu (GÖP) eylemlerine destek verdiler. Tutukluluğumuzun 100., 200. günlerinde eylemler yaptılar. Hiç pes etmediler. Ta ki biz tahliye olana kadar.

Böyle bir oluşum Türkiye tarihinde fazla yoktur. Onlara burada teşekkür ederken, onları haklı çıkaracak dürüstlükte ve açıklıkta mesleğini yapmış biri olarak onları utandırmamış olmak en büyük onurumdur.

Teşekkürler ARKADAŞLAR.

Hayali ihracatçı olup devleti mi soysaydım acaba?

Tutuklanır tutuklanmaz avukatlarımız üst mahkemeye başvurup tahliyemi istemişlerdi. Ancak 17 Mart günü mahkeme tahliye talebini reddetti. Gerekçesi hiç değişmeyecek, tahliye talebinin reddi kararlarında hep aynı basmakalıp ifadeler yer alacaktı:

1- Kuvvetli suç şüphesi
2- Suçun vasfı ve mahiyeti
3- Kaçma şüphesi
4- Delillerin toplanamamış olması

Daha sonraki tüm mahkeme kararlarında hep bu cümleler kullanılarak tahliye taleplerimiz reddedildi.

Tahliye talebimize ilk ret kararı verildiğinde çok ilginç bir gelişme oldu: 1995-1998 yılları arasında 150 şirket adına 1,8 milyar dolar hayali ihracat yapan ve devletten 300 milyon dolar tutarında haksız kazanç sağlayan Orhan Aslıtürk, 11 yıldır kaçak olarak yaşadığı İngiltere'den elini kolunu sallaya sallaya Türkiye'ye geldi.

Aslında elini kolunu sallamıyordu, polislerin arasında kelepçeli biçimde getirilmişti Türkiye'ye.

Bileklerinde kelepçe vardı, ama elinde taşıdığı şeffaf naylon poşette benim fotoğrafım olan *Milliyet* gazetesi açıkça görünüyordu. Yolsuzluk ve vergi kaçakçılığından sanık olan Aslıtürk, kendisiyle uğraşan kişinin akıbetine, yani benim tutuklanmama vurgu yaparak aklı sıra mesaj veriyordu. *Milliyet* de Aslıtürk'ün bu halini "Gördün mü Nedim?" başlığıyla manşete taşıyordu. Manşet haberin bir tarafında benim tutukluluğa itirazımın "kaçma şüphesi" nedeniyle reddedildiği, diğer yanında da yıllarca kanunundan kaçmış olan ve hakkında sayısız haber ile bir kitap yaz-

> **GÖRDÜN MÜ NEDİM**
>
> Orhan Aslıtürk'ü iyi tanırsın. Türkiye'nin en büyük hayali ihracatçısı. 'Naylon Holding' diye kitabını yazmıştın. 11 yıl kaçtı, Türkiye'ye döner dönmez serbest kaldı. Aynı saatlerde seni 'kaçma şüphesi var' diye bırakmadılar...
>
> **'Ya kaçarsa' diye tahliye edilmedi**
>
> **11 yıl boyunca kaçtı, kurtuldu**
>
> Hayali ihracat yolsuzluklarını yazdığım Aslıtürk, yurtdışından getirildiğinde elindeki poşete benim fotoğrafım görünecek şekilde *Milliyet* gazetesini koymuştu. Ünlü hayali ihracatçı ve vergi kaçakçısı aklı sıra alay ediyordu.

dığım hayali ihracat profesörü Aslıtürk'ün Türkiye'ye gelişi verilmişti. Aslıtürk'ün elindeki poşette benim fotoğrafım olan gazeteye dikkat çeken *Milliyet* o görüntü için de "alay eder gibi" ifadesini kullanmıştı.

Tutuklanmam Aslıtürk'e müthiş keyif vermiş olmalıydı. Çünkü halktan çaldığı vergi iadelerini Türkiye'de rahat rahat yiyemediyse, bunda yaptığım haberlerin etkisi olmuştu. İngiltere'ye kaçmış olmasına rağmen oradaki faaliyetlerini de haberleştirmiştim. Hatta İngiliz istihbaratıyla yakınlığını yazmıştım.

Aslıtürk, ANAP-DSP-MHP koalisyon hükümeti döneminde hayali ihracatın profesörü olarak ünlenmişti. Türkiye'nin önemli işadamları ihracat karşılığı kredi kullanırdı. Düşük faizli bu kredilerden yararlanmak isteyen işadamları, kendi firmaları adına ihracat işlemi yapması için Orhan Aslıtürk'le görüşürdü. Aslıtürk, her firmaya kullandığı kredi kadar ihracat işlemi yapardı. İhracat işlemi tamamen kâğıt üzerinde ve sahte olurdu. Biz buna Türkçede "hayali ihracat" diyoruz. Mal faturaları, gümrük beyannameleri, döviz alım ve satım belgeleri, işçilerin ücret bordroları, işyerlerinin adresleri, şirketlerin ortakları yani belgelerinin tamamı sahteydi. Devlet içindeki uzantıları sayesinde, ihracat taahhüdü karşılığı kredi kullanmış işadamlarının ihracatlarını kâğıt üzerinde kapar, yani "ihracatlarını kapatırdı". Tabii yüzde 3 ila 5 arasında bir komisyon karşılığında.

Bu sahte işlemlerin bir ayağı krediyi alan özel sektör ve Orhan Aslıtürk ile ortağı Muhammed Ciğer, diğer ayağı ise ucuz kredi veren devlet, ihracat karşılığı yüzde 15 vergi iadesi ödeyen Maliye ve Gümrük Bakanlığı'ydı.

Soyan hayali ihracatçılar ve işadamları, soyulan ise devletti. Bu öyle bir yolsuzluk oyunuydu ki, "soyan razı soyulan razı"ydı. Vergileri ödeyen halk ise olup bitenden habersizdi.

Ben yıllarca Orhan Aslıtürk'ün peşinden koşmuş, yolsuzluklarını yazmıştım. Maliye bakanı olan eniştesi, başbakan yardımcısı olan bir başka eniştesinin kardeşi ve Türkçülüğü ile ünlü eski kayınpederini, yolsuzluk paralarıyla aylığa bağladıklarını isim isim yazdım. Hatta Aslıtürk ve Ciğer'in yolsuzluklarını *Naylon Holding* adıyla kitaplaştırmıştım.

Hakkında kırmızı bülten de çıkarılmış olan Orhan Aslıtürk, Türkiye'ye gelmeden adli makamlarla pazarlık yapmış. Çıkarıldığı mahkeme de tutuklanmama sözü gereği Aslıtürk'ü serbest bırakmıştı.

11 yıldır devletten çaldığı paralarla yurtdışında kaçak yaşayan Orhan Aslıtürk, "kaçma şüphesi" bulunmadan Türkiye'ye geliyor ve mahkeme tarafından serbest bırakılıyordu. Bense Aslıtürk'ü kovalayan gazeteci olarak, kaçmayı düşünmek bir yana, radyodan evimin aranacağını duyar duymaz arabamın direksiyonunu evime kırdığım halde tutukluydum ve tutukluluğuma itirazım da hep "kaçma şüphesi" iddiasıyla reddediliyordu.

Bir ziyaretçimin o günlerde bana söylediği "Yolsuzluk yapanları araştıracağına sen de onlardan bir şeyler öğrenip devleti soysaydın şimdi burada olmazdın" sözü kulağıma küpe oldu.

Savcı Öz'den basın tarihine geçen skandal: Basılmamış kitaba toplatma kararı

Hayatımın en uzun mart ayını yaşıyordum. Olay üzerine olay oluyor, mart ayı geçmek bilmiyordu. Meslektaşlarımızın yaptığı eylemlerle, yerli ve yabancı basında çıkan haberlerle ve yazılarla sürekli gündemdeydik. Hakkımızda yazılan olumlu yazılar karşısında özellikle Gülen cemaatine ve iktidara yakın gazetelerde olumsuz yazı ve başlıklar atılıyordu. Bu gazeteleri okurken polis raporu okumuş gibi hissediyordum kendimi.

Aman Allahım, öyle yazı ve başlıklar vardı ki kendimi tanıyamıyordum. Çarpıtma ve yalan ne kadar da açıktan yazılabiliyordu. İnsan "Keşke unutulsam da meslektaşlarımın ne kadar küçüldüğünü görmesem" diye düşünüyor. Bizi tanıdıkları halde nasıl da yalan yazabiliyorlardı! Peki, ne uğruna?

Tam bu düşünceler içindeyken 14 Mart gecesi ünlü türkücü İbrahim Tatlıses'e yapılan silahlı saldırı bir anda gündemi değiştirdi. Oh be, artık manşetlerde değildik, artık itibarımız televizyon ekranlarında üç kuruşluk ağızlar tarafından yerle bir edilmeyecekti. Hatta 17 Mart günü tutukluluğumuza yapılan itirazın reddedilişi küçük bir haber olarak yer bulmuştu.

Ancak Ahmet "İmamın Ordusu" isimli kitabını yayınlamakta kararlıydı. Silivri'ye gelen avukatlarından da kitabın basımı için gerekli çalışmaları yapmalarını istemişti.

Zaten savunmasında kullanmak için kitabın bir fotokopisini getirtmiş, üzerinde çalışmalar yapıyordu.

Polis boş durur mu? Belli ki Ahmet'in avukatlarının da telefonları dinleniyordu ve kitabın basılacağından haberleri olmuştu. Polis ne olursa olsun kitabın basımını engellemek istiyordu. Çünkü tutuklanmamızdan sonra polislerden oluşan bilirkişi heyeti yaklaşık 50 sayfalık bir rapor hazırlamış, Ahmet'in kitabı için "örgütsel doküman" tanımı yapmıştı. Ve polis raporunda kitabın Soner Yalçın, Ahmet Şık, Nedim Şener ve Sabri Uzun'la birlikte "isimleri belirlenemeyen Ergenekon terör örgütü üyeleri" tarafından yazıldığı iddia edilmişti. Eğer bu kitap basılıp piyasaya çıkarsa "örgütsel doküman" niteliği zayıflayacak, hatta operasyon tartışmalı hale gelecekti. Bu nedenle bu kitabın basılması "rezil olma pahasına" engellenmeliydi.

Polisin 16 Mart 2011 tarihli 50 sayfalık raporunu esas alan savcılık, yalnız Türkiye'de değil dünyada basın tarihine geçen bir kararı uygulamaya soktu.

T.C
İSTANBUL
CUMHURİYET BAŞSAVCILIĞI
(CMK. 250. MADDE İLE YETKİLİ)

TUTUKLU İŞ
ACELE

Soruşturma No: 2010/857   23.03.2011

İSTANBUL EMNİYET MÜDÜRLÜĞÜ
ORGANİZE SUÇLARLA MÜCADELE ŞUBE MÜDÜRLÜĞÜ
TERÖRLE MÜCADELE ŞUBE MÜDÜRLÜĞÜ
ve GÜVENLİK ŞUBE MÜDÜRLÜĞÜ

Cumhuriyet Başsavcılığımızca yürütülmekte olan 2010/857 sayılı soruşturma kapsamında, İstanbul 12. Ağır Ceza Mahkemesinin 23.03.2011 tarih ve 2011/397 Değişik İş sayılı el koyma kararı yazımız ekinde gönderilmiş olup, mahkeme kararı doğrultusunda "**İmamın Ordusu**" isimli doküman ve tüm nüshalarına veya kitap taslağına, üçüncü kişilerde bulunan nüshalarına, kitap haline dönüştürülmüş ise suretlerine, **içerik olarak aynı mahiyetteki** evrak ve tüm nüshalarına el konulmasına ve muhafaza altına alınmasına, şüphelinin avukatına da bir nüshasını verdiğini beyan ettiğinden, avukatlarındaki nüshalara da el konulmasına,

Mahkeme kararına rağmen vermeyen veya vermek istemeyenlerin ellerinde bulunan nüshaların temini için gerektiğinde arama ve el koyma kararı talep edilmesi, bulunması muhtemel diğer adreslerin de tespit edilerek bu adresler içini de arama kararı talep edilmesi, aksine davranışın hem CMK 124 hem de örgüte yardım suçunu oluşturacağının bildirilmesi ile düzenlenecek tebliğ belgelerinin Cumhuriyet Başsavcılığımıza gönderilmesi, hususları **ÖNEMLE,**

Rica olunur.

Zekeriya ÖZ-35837
İstanbul Cumhuriyet Savcısı

Eki: Mahkeme Kararı

Polisin 23 Mart 2011 günkü başvurusu ve Zekeriya Öz'ün talebi üzerine İstanbul 12. Ağır Ceza Mahkemesi, basın tarihine "23 Mart Olayı" olarak geçecek o kararı aldı. Kararda Ahmet'in kitabı için "örgütsel doküman" deniyordu ve tüm nüshalarına el konması isteniyordu. Savcı Zekeriya Öz, aynı gün 23 Mart 2011 günü İstanbul Emniyet Müdürlüğü'ne bir üst yazı ile mahkeme kararı gönderiyor, kitabın basılmış basılmamış tüm nüshalarına el konmasını istiyordu. Öz, bu karara uymayanların da, yani kitabın fotokopisini elinde bulunduranların ya da bilgisayarında bulundurup polise teslim etmeyenlerin de "örgüte yardım" suçu işleyeceğine yazısında dikkat çekiyordu. Savcı Öz, işi sağlama almakta kararlıydı. Emniyet'e gönderdiği yazıda Ahmet'in avukatlarına verdiği nüshalara da el konmasını özel olarak talep ediyordu.

Yayınevine ve *Radikal* gazetesine baskın

Polis, Savcı Zekeriya Öz'ün kendilerine verdiği yazıyla İthaki Yayınevi ile kitabı basması muhtemel matbaa yanında "üçüncü kişi" olarak gördüğü herkesin evinde ve işyerinde arama başlatacaktı; durumu, aynı gün 23 Mart akşamı geç saatte televizyon izlerken öğrendik. Polisler Kadıköy'deki İthaki Yayınevi'ne gitmiş ve kitabın nüshalarını aramış, bilgisayardaki kopyalarına el koymuştu. O an yaşadığımız şaşkınlığı anlatmaya kelimeler yetmez.

Verdiğimiz tepkiler koğuşun duvarlarında yankılandıktan sonra kulakları rahatsız edecek boyuta varıyordu. Ancak asıl rezalet ertesi gün çıkacaktı. İthaki Yayınevi sahiplerinin geç saatte yaptıkları açıklamalar, olayın boyutunun tam olarak anlaşılmasını sağlamıyordu. En azından karar metninde ne yazdığını bilen yoktu. Ama ertesi gün polisin *Radikal* gazetesine gidip kitabın gazeteci Ertuğrul Mavioğlu'nun bilgisayarındaki kopyasını imha etmesi, silmesi "rezaletin şahikası"ydı.

Polis, Ahmet Şık'ın evine gidip eşine de kararı tebliğ ederken, avukatı Fikret İlkiz'de bulunan 20 sayfalık özeti de bilgisayarından sildirmişti. Biz ne olduğunu anlamadan 24 Mart 2011 günü koğuşumuz cezaevi yönetimi tarafından baskına uğradı. Meğer Savcı Öz, kitabın bir nüshasının Ahmet'te olabileceğini de düşünerek koğuşta arama yapılmasını istemiş.

Silivri 2 No'lu Kapalı Cezaevi müdürü, yardımcıları ve infaz koruma memurları Ahmet'in, benim ve Doğan Yurdakul'un yattığımız yerdeki dolapları, evrakları ve yatağımızı aradılar. Kitabın bir kopyasını bulmayı umuyorlardı, ama hayal kırıklığına uğradılar. Sonradan öğrendik ki Hanefi Avcı'nın kaldığı koğuşta da benzer bir arama yapmışlar.

Savcı Öz, bir korku iklimi yaratmayı amaçlıyordu herhalde, ama yaptıkları ters tepti. Tutuklanmamız sonrası Türkiye'de ifade özgürlüğü, basın özgürlüğü tartışılır hale gelmişken, basılmamış kitaba dünya tarihinde görülmemiş biçimde el konması, hele hele bilgisayardaki kopyaların polis nezaretinde silinmesi tam bir rezalet olarak yorumlanıyordu.

Tüm dünya ayağa kalktı. Olay tüm dünya medyasının gündemine oturdu. Yurtiçinde ve yurtdışında tüm kuruluşlar uygulamayı kınadı. Hatta Başbakan Yardımcısı Bülent Arınç ile Kültür Bakanı Ertuğrul Günay bile basılmamış kitabın toplatılması kararının yanlışlığını dile getirdiler.

Ama bir kişi, o çok önemli isim, tepkileri hiç de önemsemiyordu. Konuyla ilgili olarak sorulan soruya da "Bunlar benim konum değil. Bunların tamamı yargının konusudur. Bunlar durup dururken olan şeyler değil. Demek ki bir araştırma yeni bir araştırmayı, yeni bir müdahaleyi getiriyor ve yargı buna göre adım atıyor. Olayı bu şekilde değerlendirmekte yarar var. Yani, 'Neler oluyormuş bu ülkede' bu soruyu bir de kendimize herhalde soracak olursak daha isabetli olur diye düşünüyorum" diyordu. O isim, basılmamış kitabı Avrupa Parlamenterler Meclisi'nde "bombaya" benzeten Başbakan Recep Tayyip Erdoğan'dı.

Yaşar Kemal'den karanlık günlere bir ışık

Ben "Haksızlık ortaya çıkacak, hukuk işleyecek ve adalet gerçekleşecek, kısa süre içinde evimize gideceğiz" diye düşünürken, 7-24 Mart arasındaki iki haftada içine düştüğümüz karanlık iyice koyulaşıyordu. Savcı Öz'ün uygulamaları ve ülkeyi yönetenlerin açıklamaları, durumumuzun, ucunda küçük de olsa ışık bulunan bir tünelin başında olduğumuzu değil, dibi karanlık bir kuyunun içine düştüğümüzü gösteriyordu. Madem bu uygulama yargının kararıydı, neden yargının kararına mesafeli durulmuyordu?

İşte o koyu karanlık günlerde, aslında ne olduğumu ve neyin içinde olduğumu anlamaya çalıştığım o günlerde, yazar Yaşar Kemal'in Çağdaş Gazeteciler Cemiyeti'nin (ÇGD) verdiği onur ödülü törenine gönderdiği ve orada okunan yazısı kendime gelmemi sağladı. Bu yazı, aslında benim kim olduğumu, neyle karşı karşıya kaldığımı, korkularımı, korkularımla nasıl baş edeceğimi ve bu karanlığın içinden onurumla nasıl çıkacağımı anlatıyordu.

Düştüğüm koyu karanlık ve soğuk kuyunun içinde bana umut veren küçük bir ateş parçasıydı. Kaç gece uyumadan önce yatağımda o yazıyı okudum. Gazeteden kestiğim ve sakladığım o konuşma metnini insan olarak korkan ve korkusunu nasıl yeneceğini bilen, gazeteciliği ne pahasına olursa olsun gerçeği halka ulaştıran bir meslek olarak yapan meslektaşlarımın özellikle okuması için buraya alıyorum:

Türkiye "Hiç"e layık değildir

1952 yılının son günlerinde Âşık Veysel'i görmeye gitmiştim, köyüne. Tam dönecekken büyük bir deprem haberi geldi, 3 Ocak 1952, Erzurum, Hasankale yerle bir olmuş. Yakında olduğum için ilk giden gazeteci ben oldum. Çok büyük acılar yaşanıyordu. Depremden sağ çıkanlar eksi 30 derecede incecik çadırlarda yaşam savaşı verirken çoğu "Keşke ölseydik, bu halimizden daha iyi olurdu" diyordu.

Taş kesilmiş insanlar, donmuş toprak, gömülemeyen ölüler ve bilen bilir anlatılmaz bir koku... Sakıp Hatunoğlu adında bir arkadaşla birlikte dolaşıyorduk. Bir donmuş bebek gördük, yaşıyor gibiydi. Ben röportajları aktarıyorum telefonla, gazete filan gördüğümüz yok. Günler sonra elimize gazete geçti, ben röportajda o bebeği anlatmışım. Okurken önce arkadaşım ağlamaya başladı, sonra ben... O gün bir kez daha anladım sözün gücünü.

Basının gücü sözün gücüdür. Onun için de basın her zaman büyük baskı altında kalmıştır. Yazarları, gazetecileri, gazeteleri satın alma, o batan Osmanlı'dan kalma bir gelenektir. Daha da yoğunlaşarak sürüyor.

Her darbe döneminde kimi görsem, kiminle konuşsam "İyi yapmıyorsun" derlerdi. "Bugünlerde yazı yazılır mı, söz söylenir mi? Azıcık sabret canım, ne oluyorsun? Sana yazık değil mi? Sonra, ne yazacaksın bu koşullar altında, neyi nasıl söyleyeceksin? Haydi sen söyledin, çalıştığın gazete koyabilecek mi? Çalıştığın gazete kapatılmayı, ekonomik baskıları göze alabilecek mi? Ya gazetede çalışanlar ne diyecekler, gazete kapatılıp onlar işsiz kalınca, yüzlerine nasıl bakacaksın?"

Bizde basından gereğinden fazla korkuluyor. Basın da kendisinden korkuyor. O da kendi kendini eleştiremiyor. Gazetecilik bir yaratıcılıktır. Gazete, okuyucusunu kendi yetiştirir. Politika bir dedikodu arenasına dönerse, gazeteler de gece gündüz aynı kişilerin aynı tür sözlerini, dedikodularını, küfürlerini yazar; bol üstsüz, bol bol ilanla gazete yerine cıncık boncuk verirse milleti canından bıktırır.

Gazete, haber verir. Gazete, öğretir. Gazete, okuyucunun nabzına göre şerbet vermez. Gazete, okuyucularını kışkırtmaz. Kol gibi harflerle manşetler vererek, bir spor karşılaşmasını en büyük ulusal olay durumuna sokmaz. Kürt sorunu gibi büyük ulusal sorunlarla oynamaz. Doğa kırımı gibi ülkenin geleceğiyle ilgili konularda gerçekleri saptırmaz.

Basın zanaat değil sanattır, yaratıcılıktır, dirençtir. Basın hiçbir çıkarın yanında olmamalıdır, kendi çıkarı olsa bile. İşte basının özgür olması budur.

Özgürlük düşüncesi sınırsızdır. Basın, dünyamızdaki pek çok kötülüğün bilinmesini, duyulmasını sağlayarak önemli savaşımlar vermiştir, kahramanlar yetiştirmiştir.

Düşünceyle uğraşmak, düşünceye önem vermek baskıcı düzenlerde her insanın başını belaya sokuyor. Bugüne kadar basın şöyle bir doyasıya özgürlük yüzü göremedi. Hep baskı, hep baskı, hep satın alma... İşte bugünlere geldik.

Hani eskiden bir güç vardı, ona ilerici güç diyorduk ya hepimiz karanlık bir duvarın önüne geldik başımızı son hızla vurmak üzereyiz. Yargı mekanizması adalet yerine öfke ve korku kaynağı olursa işte bir ülke böyle olur.

Hapishane kötüdür, ölüm gibi. Bilincine varınca düzleşir, olağanlaşır. İnsan soyunu zulüm kadar hiçbir şey küçültmez. Ne derler, zulmün artsın ki tez zeval bulasın... Zulüm aşağılık, insanlık dışı bir şeydir, ölümden de beterdir. Bilincine varınca olağanlaşır. Hepsinden beteri de insan soyunun yakasına yapışmış korkudur. İnsan, korkusunun üstüne yürüdükçe korku azalır, gücünü yitirir, insan soyu korkuda çürümez. Zulüm, zulüm değildir aslında, zulüm korkudur. Her şeyin temeli, beteri korkudur.

Diyorum ki, korkulmasın; bugünkü, bu gelip geçici duruma bakıp umutsuzluğa düşmenin bir gereği yok...

Bugün hapishanelerde, mahkeme kapılarında veya mahkeme kapılarına gitmeyi beklerken mesleğinin ve insanlık onurunun hakkını verenler var. Onlar ve onların hakları için omuz omuza yürüyen, sesini yükseltenler insanlığımızın daha bitmediğini, vurdumduymazlığımızın bizi öldürücü hale getirmediğini kanıtlıyorlar.

İnsanoğlu umutsuzluktan umut yaratandır. Demokrasiyi yaratmak insanlığın büyük gücü olmuştur. Çok söyledim, tekrar söylüyorum. Ya demokrasi ya hiç... Ve Türkiye "hiç"e layık değildir.

Selam olsun düşünce özgürlüğü ve insan hakları için direnen meslektaşlarıma.

Selam olsun, korkunun üstüne yürüyenlere.

Selam olsun insanlık toptan tükenmedikçe umudun da tükenmeyeceğini gösterenlere.

İnsan soyu içinde en güzelleri, en kutsanacak olanları onlardır.

Umut tükenmiyormuş

"İnsan soyu toptan tükenmez" diyen yazar Yaşar Kemal'i haklı çıkarırcasına gelişmeler de yaşanıyordu. Yazısıyla, kendimi atılmış hissettiğim o karanlık kuyuda bir umut kıvılcımı yakan Yaşar Kemal'in söyledikleri yavaş yavaş gerçekleşiyordu. O kıvılcım, etrafımı görmemi, aslında yalnız olmadığımızı ve yalnız kalmayacağımızı gösteriyordu.

Meslektaşlarımız sokaklarda bizim için yürüyordu. Türk siyasetçiler, demokrasisi gelişmiş ülkelerdeki mevkidaşlarıyla karşı karşıya geldiklerinde tutuklanmamızla ilgili sorulara muhatap oluyorlardı. Avrupalı siyasetçiler de Türkiye'deki mevkidaşlarına bizim durumumuzu soruyorlardı. Örneğin, Finlandiya Cumhurbaşkanı Tarja Halonen "gazeteciler ve Türkiye'deki ifade özgürlüğü konusunda kaygılı olduklarını" açık açık beyan ediyordu. 29 Mart akşamı televizyon izlerken Yeşilçam Ödülleri törenine gözüm takıldı. Ödül alanlardan biri de yönetmenliğini Seren Yüce'nin yaptığı *Çoğunluk* filmiydi. Ödülü almak için sahneye çıkan Sevilay Demirci'nin "Yayınlanmamış kitapların yasaklandığı zor günleri yaşıyoruz. Gazeteciler Ahmet Şık ve Nedim Şener'in yanındayız" sözlerini iki bakan Egemen Bağış ve Ertuğrul Günay'ın katıldığı törende söylemesi gerçekten umutlu olmam gerektiğini gösteriyordu.

Artık tutuklanmamıza tepki küresel bir boyut almıştı. Ama Savcı Öz de polisle birlikte savaşında kararlıydı. Aralarında Zekeriya Beyaz'ın da bulunduğu beş ilahiyatçı profesörün evlerinde ve üniversitedeki odalarında arama yaptırıyordu. Bir yandan da eski bir polis olan *Taraf* gazetesinde köşe yazarı Emrullah Uslu, Savcı Öz'ün, *Milliyet* gazetesinde benim kullandığım bilgisayara el koyduracağını yazıyordu.

30 Mart 2011 günü eşim Vecide Şener, *Milliyet*'ten Murat Sabuncu ve Orhan Dink'le yaptığım 45 dakikalık "kapalı görüşe" işte bu umutsuzluk hali içinde, ama yine de umutla çıktım. Eşim, Murat ve Orhan Abi bana destek olmaya çalışıyorlardı. Bense "Ne yazık ki iyi hiçbir gelişme olmuyor" deyip onlara umut yerine karamsarlık aşılıyordum. Murat ve Orhan Abi, gidişattan hükümetin de rahatsız olduğuna dair duyumlar aldıklarını söylediler. Ama ben çözümün kolay olmayacağını, hem de hiç kolay olmayacağını biliyordum.

Kapalı görüşten çıkıp koğuşa döndüğümüzde televizyonda ağzımızı açık bırakan bir altyazı gördük: "Ergenekon Savcısı Zekeriya Öz görevden alındı."

İnanılması zor bir gelişmeydi. 29 Mart 2011 günü Hâkimler ve Savcılar Yüksek Kurulu toplanmış, Turan Çolakkadı'yı İstanbul Başsavcılığı'na, Fikret Seçen'i de Özel Yetkili Başsavcı Vekilliği'ne tayin etmişti. Zekeriya Öz ise "özel yetkileri" alınmış olarak başsavcı vekili olarak tayin edilmiş, böylece Ergenekon soruşturmasından el çektirilmişti.

Benim için son derece kötü sorgulama yapan, belki de artık yorulmuş olmasının etkisiyle dikkatini toplayamayan önemsiz biriydi Savcı Öz. Ergenekon soruşturmasını başlatırken birçok kişinin umutlu olduğu Zekeriya Öz, bize sorulan soruları bile kendisi hazırlamamış, işi polise bırakmıştı. Bana göre, kanunların kendisine verdiği yetkiyi polisin bu kadar hoyratça kullanmasına izin verdiği için en büyük kötülüğü de kendine yapmıştı. Elbette Türkiye onu unutmayacak, ama benim için haksız bir gözaltı ve tutuklamanın arkasındaki önemsiz bir isim olarak kalacaktır.

Bu görevden almaları bizim tutuklanmamız ve bize yapılan haksızlığa bağlamak ne kadar gerçekçi olur, bilmiyorum. Nihayetinde Ali Fuat Yılmazer yine İstanbul Emniyeti'nde bir başka şubeden sorumlu müdür yardımcısı, Zekeriya Öz de İstanbul başsavcı vekili olmuştu, özel yetkileri elinden alınmış olsa da terfien görevden alınmış durumdaydı. Zaten hükümet kaynakları da Zekeriya Öz'ün görevden alınmasının değil, terfi ettirilmesinin söz konusu olduğunu söylüyordu. Ama rahatsızlık Zekeriya Öz'ün sözlerine yansımıştı, "Beklemiyordum. Sürpriz oldu" diyordu Öz. Gazete ve televizyonlarda "Nedim Şener ve Ahmet Şık'ın tutuklanmasına tepki olarak önce Yılmazer'in, sonra Savcı Öz'ün görevden alındığına" dair yazı ve yorumlar yayınlanıyordu.

Evet, görüntü böyleydi, ama bunun teyit imkânı yoktu. Ancak aylar sonra 2011 yılı Ekim ayında yayınlanan Avrupa Birliği İler-

leme Raporu'nda bu konu karşıma çıkınca ikna oldum.
Her yıl yayınlanan ve Türkiye ile AB arasındaki ilişkilerin geldiği noktayı ve çözülmesi gereken sorunları anlatan AB İlerleme Raporu'nda bizimle ilgili iki paragraf vardı. İlki şuydu:

> Suç örgütü olduğu iddia edilen Ergenekon ile ilgili dava devam etmiştir. Adli soruşturma daha da genişletilmiş ve resmi verilere göre sanık sayısı, 53'ü tutuklu olmak üzere, 238'e yükselmiştir. Medya mensuplarının söz konusu suç örgütüne dahil olduğu iddialarına ilişkin soruşturma, aralarında Ergenekon soruşturmasının önde gelen destekçilerinin de bulunduğu bazı gazetecilerin tutuklanmasıyla devam etmiştir. Mart 2011'de, tutuklu gazetecilerden biri tarafından yazılan yayınlanmamış bir kitabın kopyalarına, "terör örgütü belgesi" olduğu gerekçesiyle mahkeme kararıyla el konmuştur. Yayınlanmamış bir kitaba suç delili olarak el konması, Türkiye'deki basın özgürlüğü ve davanın meşruiyetiyle ilgili endişelere neden olmuştur.

Avrupa Birliği bu cümleyle bizim tutuklanmamıza tepkisini gösteriyordu. Aynı raporun aynı sayfasında (sayfa 6) iki paragraf aşağıda ise Ali Fuat Yılmazer (İstanbul Emniyet Müdür Yardımcısı; İstihbarat Şube'den sorumlu) ve Zekeriya Öz'ün (özel yetkili Ergenekon savcısı) görevden alınması ve gerekçesi şu cümlelerle anlatılıyordu:

> Mart 2011'de Ergenekon davasına bakan özel yetkili üç savcı, Hâkimler ve Savcılar Yüksek Kurulu tarafından farklı görevlere atanmıştır. Ergenekon soruşturmasında görevli istihbarattan sorumlu İstanbul İl Emniyet müdür yardımcısı da yeni bir göreve getirilmiştir. Bu tedbirler, yargı organlarının ve hükümetin, soruşturmanın ele alınış şekliyle ilgili rahatsızlığının yansıması olarak görülmüştür.

AB'nin Türkiye'deki gözlemcileri ve Brüksel'deki uzmanlar aracılığıyla Türk hükümetiyle görüşmeler yaparak hazırladığı bu rapor, Zekeriya Öz ile Ali Fuat Yılmazer'in görevden alınmasının bizim tutuklanmamızın yarattığı rahatsızlıktan kaynaklandığını gösteren tek resmi kayıt olarak tarihe geçti.

Böylece biz, polis ve savcı AB İlerleme Raporu'nda bir araya gelmiş olduk.

Tarih mi, talih mi, talihsizlik mi? Bilmiyorum.

Benim için anlamı büyük fotoğraf

Evet, biz tam 23 gündür Silivri Cezaevi'ndeydik, ama bu sürede Ergenekon operasyonunu yürüten polis ve savcı koltuğunu kaybetmişti. HSYK elbette bu kararı Ergenekon soruşturmasını engellemek için almamıştı. Aksine, görevden almayla birlikte Ergenekon operasyonuna devam edileceğine özel dikkat çekiliyordu. Turan Çolakkadı İstanbul Başsavcılığı'na oturur oturmaz yaptığı açıklamada "Öz gitti, Ergenekon bitti diye bir şey yok" dedi. 5 Nisan günü ise Beşiktaş Adliyesi'nde devir teslim töreni vardı. Zekeriya Öz, görevini Cihan Kansız'a devretti. Herkes için önemli olmayabilir, ama benim için "çok anlamlı" bir fotoğraf bırakarak Beşiktaş Adliyesi'nden ayrıldı.

Ben o mesajı 6 Nisan günü *Habertürk* gazetesinde okudum, o fotoğrafı da aynı gazetede gördüm. Önce Zekeriya Öz'ün o sözlerine bakalım:

> Bütün işler, devlet millet adına yapılıyor. Tayinden sonra birçok yazı yazıldı. Aleyhte yazılanlara saygı duyuyoruz. Bu işin arkasında herkesin emeği var. Askerler de kanunlara saygı duyarak bu işlerin yapılmasına müsaade etti.

Dikkatli okunduğunda bu sözlerin ne anlama geldiği çok net anlaşılıyordu.

Ama o devir teslim töreninde benim için en önemlisi, önde Zekeriya Öz, yanında Cihan Kansız ve hemen arkalarında ise *Taraf* gazetesinden Mehmet Baransu'nun yer aldığı fotoğraf karesiydi. *Habertürk* gazetesi birinci sayfadan verdiği fotoğrafın altına şu notu düşmüştü:

> İstanbul Başsavcı Vekilliği'ne terfi eden Zekeriya Öz, yeni Ergenekon Savcısı Cihan Kansız'la adliye bahçesinde çay içti. Birlikte yürür-

HALEF, SELEF VE SÜRPRİZ İSİM

İstanbul Başsavcı Vekilliği'ne terfi eden Zekeriya Öz, yeni Ergenekon Savcısı Cihan Kansız'la adliye bahçesinde çay içti. Birlikte yürürken arkalarında Balyoz davasında bavulla belge veren *Taraf* muhabiri Mehmet Baransu vardı. 16'da

ken arkalarında Balyoz davasında bavulla belge veren *Taraf* muhabiri Mehmet Baransu vardı.

Benim içinse o fotoğrafın anlamı şuydu:
"Önde beni tutuklayan Savcı Öz, yanında iddianameyi yazacak Savcı Kansız ve bir adım arkada ise benim terör örgütüne yardım ve yataklık etmekle suçlandığım iddianameye 14 Mart ve 28 Mart tarihli iki yazısı giren *Taraf* muhabiri Mehmet Baransu."

Bir gazeteci nerede duracağına kendisi karar verir. Mesleğinde neyi ararsa onu bulur. Ben Silivri'deyim, Mehmet Baransu o fotoğrafta.

İşte hayatın dengesi, adaleti.

İnsanlık dışı kapı araması

Tutukluluğumuzun üzerinden tam bir ay geçti ve 6 Nisan'da açık görüşümüz vardı. Heyecan, şaşkınlık, ne diyeceğimi bilememe hali üzerimdeydi.

Açık görüş sırasında yaşadığımı mı anlatsam, yoksa görüşten sonra koğuşta Doğan Yurdakul'un anlattıklarından mı söz etsem? Yaşadıklarım, eşimi ve kızımı görmüş olmanın sevincini daha oradan ayrılmadan bitirdi. Koğuşta Doğan Bey'in anlattıkları ise "kâbus" gibiydi. Önce onunla başlayayın.

Doğan Yurdakul'un eşi uzun süredir kanser hastasıymış ve gördüğü tedavi onu tekerlekli sandalyeye mahkûm edecek kadar ağırmış. Doğal olarak aldığı ilaçlardan başında saç olmayan Güngör Yurdakul, peruğunu firketelerle tutturmuş. Tabii tüm bunlar cezaevi kapısından geçerken X-Ray cihazının sinyal vermesine neden olmuş. Ve gardiyanlar yürüyemeyecek halde olan Güngör Hanım'ın başından peruğunu da çıkartarak geçmesine izin vermişler. Bu, güvenliğin de dışında "hastalık" derecesinde ve insan haklarına aykırı bir durumdu.

Eşim de benzer şeyden şikâyet etti açık görüşte. X-Ray cihazı sinyal veriyor diye sekiz yaşındaki kızımıza eteğiyle geçerken sorun çıkartmışlar. Metal aksesuvarlar ötüyor diye eteğini çıkarttıktan sonra kapıdan geçirmişler.

Bir başka rezalet de Doğan Bey'in kızı yaşamış. Yurtdışında yaşayan kızı babasını ziyarete geldiğinde giysilerdeki metal parçaların sorun çıkardığını öğrenmiş. Bu nedenle sutyen giymemiş. Ziyaret günü kapıya gelen Doğan Bey'in kızı, üzerinde metal aksesuvar olan giysi bulunmadığını göstermek için üzerindeki kazağı yukarıya sıyırmış. Gördükleri manzara karşısında şaşkına dönen kapıdaki gardiyanlar hızlı bir müdahaleyle Doğan Bey'in kızının giysisini aşağı indirmişler. Ama olan olmuş, rezalet yaşanmıştı bir kere.

Bunlar unutulacak zulümler değil.

Silivri'de *Agos* yasağı nasıl bitiyor?

Her cuma kitap ve mektuplarımız üzerleri "okunmuştur", "görülmüştür" damgaları basılmış halde teslim ediliyordu. Ama o gün görevlide garip bir gerginlik vardı. Daha Silivri'ye ilk geldiğimiz akşam onun gergin biri olduğunu anlamıştım, "Nedim gel", "Parmağını bas", "Şöyle dur" deyişinden. Gerginliğinin birkaç nedeni olabilirdi. Ya bizden hoşlanmıyordu, ya idarecilerden birinin tanıdığıydı ya da kuzey illerimize has bir ataklık vardı damarlarında. Ama yönetim, mizacına hiç uymadığı halde onu kütüphaneye vermişti. Oraya uygun değildi, zaten bir süre sonra da istifa ettiğini duydum.

Ama istifa etmeden son icraatı gazetelere haber oldu. 8 Nisan Cuma günü kitap ve dergileri teslim ederken "Bize *Agos* gazeteleri gelmiş olacak, neden vermiyorsunuz?" diye soracak oldum. Genç gardiyan "Onları Emniyet'e sorduk, hakkında yasak kararı varmış, o yüzden size veremiyoruz" dedi. Tuhaftı ama karşındaki "devletti" nihayetinde. "Tamam" dedik. 13 Nisan günü kapalı görüş vardı. Durumu *Milliyet*'ten kardeşim Murat Sabuncu'ya anlattım.

Murat ziyaret sonrası cezaevinden çıkınca *Milliyet* Ankara Bürosu'ndan arkadaşımız Gökçer Tahincioğlu'nu aramış. Yıllardır yüksek yargı muhabiri olan Gökçer de Adalet Bakanlığı'nı aramış. Ne olduysa ondan sonra oldu. Önce iki başmemur geldi, gazeteleri alın diye. Ben almayı reddettim, anlamıştım olanları. Yönetim, gazeteleri teslim edecek, böylece bakanlığın sorularından kurtulacaktı. Sonra da bakanlık "Öyle bir sorun yok, *Agos* gazetesi teslim edildi" diye açıklama yapacaktı.

Evet, tutukluyduk, hücredeydik, değil dünyayla hayatla ilişkimiz yoktu, ama bürokrasinin refleksleri hakkında tecrübe sahibiydik.

Başmemurlar gidince cezaevi müdür yardımcılarından biri elinde bir yazıyla geldi; bayağı sinirli ve buyurgandı. Boyu bana göre kısa ama epey tepeden bakıyordu, "Ne o, gazeteleri almıyormuşsun?" diye koğuşa girdi. Normal şartlarda o yaklaşımın karşılığı bellidir, ama "Müdürle müdür olmanın âlemi yok" deyip gerekçelerimi söyledim. "O zaman bu kâğıdı imzala" diye uzattı.

Kâğıtta gazeteleri kendi rızamla almadığım yazıyor ve altında da ismim yer alıyordu. İmzalarsam bakanlığa bu yazıyı gönderecekler, kendilerince sorunu çözmüş olacaklardı.

Güldüm, çocukçaydı. Gerekçesini sorduğumda önce mahkeme kararından söz ettiler, sonra gazetenin içinde bulunan Ermenice sayfaların Emniyet'in kontrolünden geçtiğinden bahsettiler. Ama ne gerekçe anlatırlarsa anlatsınlar, gerekçeleri ne olursa olsun "keyfilik" en önemli nedendi. Çünkü eli boş dönen müdür yardımcısı, bir süre sonra bir gardiyanla gazeteleri gönderdi; ne imzalı kâğıt istedi ne başka bir şey.

Gelen gazetelere baktığımızda bir de ne görelim, cezaevine girdiğimiz günden beri yayınlanmış *Agos* gazetelerinin tamamı beş sayı olarak elimizde. Meğer yönetim, aksini iddia etse de beş haftadır *Agos*'u bize teslim etmiyormuş. İşte böylece en azından bizim için *Agos* gazetesi yasağı bitmiş oldu.

Bir ay önce yazılan kitaba 37 yıllık yasak

Yeri gelmişken, yasaklı yayın konusunda bir başka ilginç olayı anlatmak istiyorum.

Son dönemde kitaplarıyla da dikkat çeken başarılı meslektaşımız, *Radikal* gazetesi muhabiri İsmail Saymaz, misyonerlere yönelik Malatya'daki kanlı saldırıyı *Nefret* ismiyle kitaplaştırdı. İsmail, Ahmet ile bana kitabını cezaevine göndermiş.

Cuma günleri kitapları dağıtan görevli, İsmail Saymaz'ın kitabının geldiğini, ama hakkında yasak kararı olduğu için bize verilmediğini söyledi.

Şaşırdım, kitap çıkalı daha bir ay olmamıştı. "Ne çabuk karar çıktı, acaba kitapta ne var?" diye düşündüm.

Görevliye "Emin misiniz? Yasak kararı ne zaman çıktı?" diye sordum.

"Elbette eminim, listeye baktım; 25-30 bin kitap var yasaklı, yasak kararı 1974 yılında çıkmış" dedi.

Bildiğim kadarıyla İsmail 1980 doğumluydu. Yazdığı kitap hakkında yasak kararı İsmail doğmadan altı yıl önce çıkmış olamazdı. Ayrıca kitap yayınlanalı bir ay olmuştu.

Aslında görevli kitabın basılma tarihine baksa hata yaptığını anlayacaktı. Ancak kitabın basım tarihine bakacağına yalnızca ismine bakıp, listede *Nefret* isminde bir kitabın yasaklı olduğunu görmüş, o "Nefret'i bu "Nefret" sanmış ve kitabı vermeme kararı almıştı.

Ben kitapları dağıtan görevliyi çok seviyordum. Efendi, kibar bir çocuktu. Kendisine, "Bak bir yanlış anlama var. Bu kitap daha yeni; yasak kararı alınmış olamaz. Sen git durumu müdürlerle görüş. Ben bu durumu avukatlara söylemeyeyim, yoksa basına sızar ve haber olur, senin de başın ağrır. Siz bizim kitapları verin" dedim. Görevli, kitapları vereceğine, cezaevi yönetiminin yazılı kararını bize getireceğini söyledi. Ben de "Bak, ciddi bir yanlış yapıyorsunuz, amacınız skandal çıkarmaksa fazlasıyla olur. Ama en çok senin başın ağrır. Ben seni çok seviyorum. Müdürler tüm sorumluluğu senin sırtına yükler. 1974 yılında yayınlanmış, kimin yazdığı bile belli olmayan bir kitabı sırf ismi benziyor diye İsmail'in kitabıyla karşılaştırmayın. O kararı bize vermeyin, bize kitapları verin siz" dedim.

Genç infaz koruma memuru sonunda ne demek ve ne yapmak istediğimi, kendisini korumak istediğimi anlamıştı. "Tamam, ben gidip bir konuşayım" dedi.

Döndüğünde elinde kitaplar vardı. Böylece belki gazeteler için iyi bir haber güme gitmişti. O kararı alıp dışarıya göndersek manşetleri süsleyebilirdi. Evet, manşet haber güme gitti, ama genç bir infaz koruma memurunun da başı ağrımaktan kurtulmuş oldu.

Yazdıklarımdan değil, yazmadıklarımdan tutukluyum

18 Nisan 2010 günü cezaevine girdikten beş hafta sonra Bakırköy'deyim (!) gazetecilik hayatımda binlerce haber, 10 kitap yazdım. Yazdıklarım nedeniyle onlarca kez hâkim karşısına çıktım. Yazdığım her şeyi savundum ve beraat ettim. Milyonlarca dolar tutarında tazminat davaları açıldı hakkımda. Mesela Galatasaray Spor Kulübü eski başkanlarından Faruk Süren, naylon fatura düzenlemek ve kullanmak ile hayali ihracattan soruşturma geçirmiş, yargılanmış, ben de bunlarla ilgili haberler yazmıştım. *Milliyet*'te haber "Naylon Süren" manşetiyle çıkmıştı. Faruk Süren o haber nedeniyle doların 500 bin olduğu 2001 yılında bana tam 5 trilyon liralık, şimdiki parayla 5 milyon TL'lik tazminat davası açtı. Ama o davadan da aklanarak çıktım.

6 Mart 2011 günü tutuklanıp hapse atıldığımda bunun gibi yargılandığım 11 tane daha davam vardı. Ve bunların hepsi yazdıklarım nedeniyle açılmıştı. Ama şimdi ilk kez yazmadığım ya da yazımına herhangi bir katkıda bulunmadığım kitaplar nedeniyle yargılanacaktım. Yargılanmak mesele değil, "yazmadığım kitaplar nedeniyle tutukluydum". Olacak şey değil. Neyse, döneyim konumuza.

18 Nisan günü tutuklandıktan sonra ilk kez üç kişilik koğuştan çıkıp kalabalık bir ortama girecektim. Bir kutuya benzeyen cezaevi aracına bindim ve 1,5-2 saat tek başıma yön duygusu olmadan o kutunun içinde seyahat ettim. Cezaevi aracında daha sonra defalarca geleceğim Bakırköy Adliyesi'ne yaklaşıyordum. Aracın camında yaşadığım Bakırköy'ü görüyordum.

Nihayet Bakırköy Adliyesi'ne ulaştık. Hâkim karşısına çıkmaktan bu kadar memnun olacağım aklıma gelmezdi. Eşim, Hosrof Dink, Uğur Dündar, Sedat Ergin, Haluk Şahin, Ferai Tınç ve adını sayamadığım birçok kişi küçük duruşma salonunu doldurmuş-

Yargılandığım basın davalarının birinde Bakırköy Adliyesi önünde Sedat Ergin açıklama yapıyor. Uğur Dündar ve Nail Güreli de orada.

tu. Ben salona arka kapıdan girdim. Nefesim tutuldu. Herkes oradaydı, duygulu gözlerle bana bakıyorlardı. Eşime sarılıp ağladım. Hosrof Abi'yle de hasret giderdik. Kapıda izdiham vardı. Ahmet Şık'ın eşi Yonca Hanım oradaydı. Ahmet'in selamını ilettim. Ertesi gün gazetelerde gelenlerin tahminimden daha fazla olduğunu gördüm.

Ancak dönüş acı vericiydi. Evime 5 dakikalık mesafede olan adliye binasına gitmiş, sonra 2 saatlik yolla Silivri'ye, hapishaneye dönmüştüm. "Yargılanmaktan" bu kadar çok mutlu olacağım aklıma gelmemişti. Sonra bu mutluluğu yaklaşık on kez yaşadım. Bu sürede davaların tamamına yakını beraatla sonuçlandı. Sadece bir tanesi hâlâ devam ediyor.

Bu dava gibi 10 dosyam vardı Bakırköy Adliyesi'nde. Türkiye'de yüzlerce gazeteci hakkında 4.000 dava var. Bu davalardan 10 tanesi de bana aitti. Bir gazeteci olarak meslektaşlarımla birlikte yazdıklarım nedeniyle yargılanıyordum. Nihayet on basın davasının dokuzu beraatle sonuçlandı. 10'dan fazla Bakırköy Adliyesi'ne gidip geldim cezaevi aracıyla.

Açılmış davalardan beraat etmek yanında bana kalan en büyük kazanç, evime beş dakika uzaklıktaki adliye binasına gidip gelişlerde duruşma salonunda eşimi görmekti. Eşim Vecide ve *Milliyet* gazetesi foto muhabiri arkadaşım Ercan Arslan cezaevi aracında beni görmek için nefes nefese koşturuyorlardı. Eşim bir kez daha görmek için, Ercan da bizi görüntülemek için.

Jandarma, cezaevi aracına götürüyor.

Cezaevi aracının camı çok küçük.

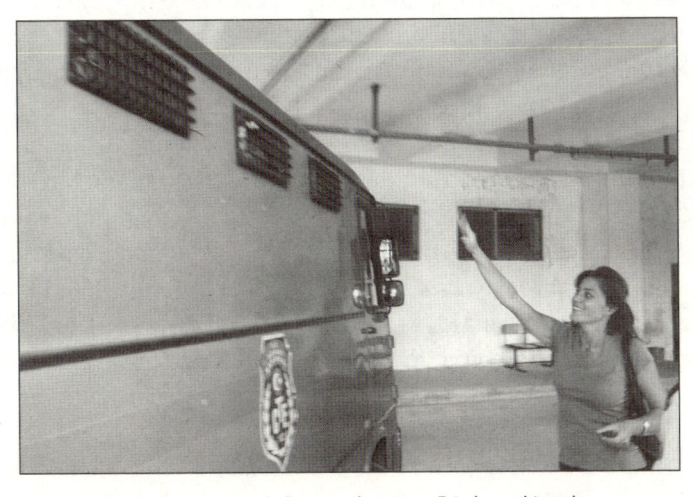

Küçük camdan eşime bakmaya çalışıyorum. Eşimle son bir veda...

Gazetenin şoförleri korkudan numaramı telefonlarından silmişler

Tutuklandıktan sonra çok çeşitli tepkiler oluştu. Büyük çoğunluk destek olurken, önemli bir kesimde korku kendisini gösterdi. Eşimi aramaktan korkan yakınlarımız mı dersiniz, görünce kapıyı kapatan komşu mu ararsanız, hepsi ortaya çıktı. Bir de tüm korku iklimine karşı eşimi ve beni destekleyen dostlarımız var ki hepsini isim isim saymaya kalksam kitap yetmez.

Ancak korkunun sıradan insanları ne hale getirdiğini en iyi anlatan örnek, KCK operasyonunda tutuklanan genç meslektaşım Çağdaş Ulus tarafından aktarıldı.

Bırakın tutuklanmayı, gözaltına alınmış olmam bile herkesi korkutmuştu. Tabii ben bunları gözaltına alınmam sırasında değil, daha sonra cezaevindeyken öğrendim. *Vatan* gazetesinin genç muhabirlerinden ve KCK operasyonunda tutuklanan Çağdaş Ulus, yattığı Maltepe 1 No'lu L Tipi Kapalı Cezaevi'nden 15 Şubat 2012 günü Silivri 2 No'lu L Tipi Kapalı Cezaevi'ne gönderdiği mektupta, biz tutuklandıktan sonra ortamı saran korku iklimini çok çarpıcı bir örnekle anlatıyordu.

Çağdaş, PKK'ya yakın kaynaklardan haber alıp yazdığı için örgüt üyeliği gerekçesiyle tutuklanan onlarca gazeteciden biri. Mektubunda PKK'ya yardım etmesinin mümkün olmadığını, yaptığı haber örnekleriyle anlatan Çağdaş'ın başına gelenler, Türkiye'de konuyla ilgili haber yazan herkesin başına gelebilecek cinsten. Poliste, savcılıkta ve Metris Cezaevi'ne götürülürken beni takip eden gazetecilerden biri olduğunu söyleyen Çağdaş, insanların nasıl bir korku içinde yaşadıklarını mektubunda şöyle anlatıyor:

> Bu arada ağabey, yazımı yazarken aklıma gelen bir anımla gülümsedim az önce. O kadar trajikomik ki. İçinde sen olduğun için anlat-

madan geçemeyeceğim. Okuyunca belki sen de benim gibi güleceksin. Gülerken de bu trajik olayla tıpkı benim gibi güzel ülkemdeki insanların korkuyla yaşadığının bir kez daha farkına varacaksın. Artık uzatmadan başlayayın. Doğan Medya Center'ın eksi ikinci katındaki ulaştırmayı bilirsin. Sen tutuklandıktan bir gün sonraydı. Aşağıya inip her gün beraber işe çıktığım şoförün aracına binip yola çıktığımızda şoför bombayı patlatıyordu. Sen habere gidip gelirken haber dönüşü şoförle birbirinizi bulmanız için telefon numaralarını verdiğinizden birçok şoförde senin telefonun varmış. Bizim şoförler sen tutuklanınca hepsi korkudan telefon numaranı cep telefonlarının rehberlerinden silmişler. Beraber işe gittiğim şoför arkadaş da gülerek kendisinin de telefon numaranı sildiğini anlattı. Bu durum beni güldürmüştü. Ama gülerken durumun ne kadar vahim olduğunu düşünmüştüm. Şimdi şoförlerin sen tutuklanınca yaptığı bu uygulamayı ben tutuklanınca yaptığını düşünüp bir kez daha güldüm. Maalesef ağabey, insanlar böyle bir korkuyla yaşıyor...

"Bu Nedim Şener Ermeni midir nedir?"

Yakın çevremiz ya da onların şahit olduğu yorumlar arasında en ilgincini bir komşumuz aktarmış eşime. Kapı komşumuz, gittiği sağlık ocağında televizyon izlerken bizim tutukluluğumuzla ilgili haberi duyunca dikkat kesilmiş. Oradaki kadınlardan biri "Bu Nedim Şener de Ermeni midir nedir? Tutturmuş bir Hrant Dink diye, ona mı kaldı? Bak yaktı başını" demiş. Kadın, yanında oturanın benim komşum olduğunu nereden bilsin?

Komşumuz Servet Hanım "Nedim Şener benim komşum, o Ermeni olduğu için değil, sadece doğruları yazdığı için başına bunlar geldi" demiş.

Servet Hanım'ın komşuluğunu biliyordum da bu kadar bilinçli bir savunma yapacağını düşünemezdim. Ama asıl önemlisi, Hrant Dink'in hakkını ararken insanlar üzerinde yarattığım izlenimdi. Demek Ermeni kökenli bir gazeteciyi savunduğum için insanlar Ermeni olduğumu düşünebiliyorlardı.

Açık görüş sırasında eşim bana bunu anlattığında "Ne kadar güzel, demek mücadelem anlaşılmış, öyle ya da böyle anlaşılmış. Bundan onur duydum" dedim. Ancak bir kişinin hakkını ararken, onun için risk alırken etnik mensubiyetin insanların gözünde hâlâ belirleyici olmasına üzüldüm. Bunu o kadın gibi düşünenlerin iyileşmesi zor hastalığına veriyorum. Hoş görmüyorum, kabul etmiyorum.

Hrant Dink'le birlikte Ermeni olarak algılanmaksa benim için bu yaşadıklarımın ancak ödülü sayılabilir.

Astsubaydan "15 günde Silivri'desiniz" kehaneti

Tutuklanmamın herkeste yarattığı etki gerçekten farklıydı. Evet, ben başıma bir şeyler geleceğini düşünebilirdim, ama bu durumun dışarıdan da bu kadar açık görüneceğini tahmin etmiyordum. Çünkü kişisel kin duyulsa da memlekette bir hukuk olduğunu düşünürdüm, insanların da buna inandığını sanırdım. Şimdi düşünüyorum da "Benden safı yokmuş herhalde" diyorum kendime.

Silivri 2 No'lu Kapalı Cezaevi'ne girdiğimiz günden itibaren aybaşlarında Jandarma personeli koğuş aramasına geldi. Bu aramalar sırasında bir astsubay bana "Nasılsınız?" diye sordu. "Teşekkür ederim" dedim. "Nedim Bey, dışarıdayken sizi izliyorduk, şimdi burada olmanıza üzüldük. Ama sizin buraya gelmeniz benim için sürpriz olmadı" dedi.

Şaşırdım. "Nasıl, nereden biliyordunuz buraya geleceğimi?" diye sordum.

"Siz farkında değilsiniz belki, ama son zamanlarda çıktığınız programlarda karşınızdaki gazetecilerin kimler olduğuna ve size yöneltilen sorulara dikkat etseydiniz anlardınız. Hele bir programdan sonra [katılan bir gazetecinin adını verdi] o kişinin söylediklerini dinledikten sonra eşime dedim ki: 'Hanım bak, Nedim Şener 15 gün sonra Silivri'de.' Evet, tam 15 gün geçti ve bak buradasınız şimdi" karşılığını verdi.

O görevliyi bir daha görmedim. Sanki bunu söylemek için gelmiş gibiydi.

Bir subay: "İyi ki buradasınız, başınıza daha kötü şeyler de gelebilirdi"

Evet, böyle söyleyenler de oldu. "İyi ki buradasınız [Silivri], başınıza daha kötü şeyler de gelebilirdi" diyen de çıktı karşıma. Birçok kez mahkemelerdeki duruşmalarda ya da Silivri Devlet Hastanesi ile Adliyesi'ne gidip gelirken birçok subay ve astsubayla beraber oluyorduk. Bu gidip gelmelerden birinde bir rütbeli bana "Siz neyle uğraştığınızın farkında olmadınız, ama başınıza çok daha kötü şeyler gelebilirdi. Her şerden bir hayır doğar, iyi ki buradasınız" dedi.

"Ne olabilirdi ki?" diye sordum.

"Dink cinayetinde anlattıklarınız başınıza nelerin geleceğini anlatıyor. Ben bunca yıl devlette çalıştım, OHAL zamanı da dahil Güneydoğu'da görev yaptım. Şahit olduklarımız insanın başına her şeyin gelebileceğini gösteriyor" diye karşılık verdi.

"Ne yani, öldürebilirler mi?" diye sordum.

"Ben demiyorum eh işte, siz anlıyorsunuz" dedi.

Başbakan "bombayı" patlatıyor

14 Nisan 2011 Türk basın tarihine geçti. O gün Başbakan Erdoğan Avrupa Konseyi Parlamenterler Meclisi'nde (AKPM) Türkiye konulu oturuma katıldı. Kendisine birçok konuda sorular soruldu, ama Silivri 2 No'lu Cezaevi'ndeki koğuşumuzda biz bile konunun ifade ve basın özgürlüğüne geleceğini biliyorduk. Öyle de oldu. Başbakan daha önce Türkiye'de takındığı sert tavrı AKPM'de de gösterdi.

Başbakan 8 Mart'ta partisinin TBMM grup toplantısında yaptığı konuşmada şunları söylemişti:

> Son yaşanan gözaltılar ve devam eden yargı süreci kendi mecrasında yürümektedir. Yürütmenin değil, tamamen yargının iradesi dahilinde gerçekleşmektedir. İçinde olmadığımız bir yargılama süreci hakkında bizden görüş belirtmemizin istenmesi son derece yanlıştır. Bu olayın bizimle ilişkilendirilmesi, bu olay üzerinden hükümetin yıpratılmaya çalışılması, AK Parti'nin eleştiri tahtasına oturtulması ise daha büyük bir yanlıştır. (...)
>
> Bazı uluslararası basın kuruluşları, Türkiye'de yaşananları anlamakta zorluk çektiklerini, rahatsızlık duyduklarını açıklıyorlar. Doğrusu hukuk devleti anlayışını savunan, yargının bağımsızlığına vurgu yapan Batılıların, konu Türkiye olunca anlama zorluğu çekmesini de biz yadırgıyoruz. Aslında onların anlama zorluğu çekmesini mazur görmek gerekiyor. Çünkü o ülkelerde basın kuruluşları çetelerin tetikçiliğini yapmıyor. Basın mensupları darbelere çanak tutmuyor. Basın özgürlüğünden istifade ederek psikolojik harekâtlar yürütmüyor veya yürütülmüyor.
>
> 8 yıl boyunca manşetine karıştığımız, –çok açık, dobra konuşuyorum– bir gazete var mı? Açık söylüyorum, rahatsız olduğumuz dö-

nemler oldu, yalan yazıldığı dönemler oldu. Hakaretler edildi, ama hakkımızı gittik yargıda aradık. Bize bazıları nasihat çekti: "Niçin yargıya gidiyorsunuz?" Ne yapacaktım, ben de aynı dille mi konuşacaktım? Bu ülkede yargı niye var? Eğer biz hukuk devleti isek ben hakkımı gider yargıda ararım, kim olursa olsun. Şu anda hükümeti sistematik olarak eleştiren, hakaret eden birçok gazete, köşe yazarı var. Biz hepsine yetişemiyoruz, onu da söyleyeyim.

Biz "Muhtar bile olamaz" diyen medyayla çarpışa çarpışa iktidara geldik. Biz ne kimsenin vesayeti altına gireriz, ne de bu tür yollara tenezzül eden muhalifleri susturmaya çalışırız. Böyle bir derdimiz yok.

Tutuklanan, gözaltına alınan gazeteciler üzerinden "Hükümetin eleştiriye tahammülü yok" diye kampanya başlatanlara da buradan açık açık sesleniyorum: Hangi gazeteci hükümeti eleştirdiği için, basın faaliyetinden tutukludur? Şu an tutuklu ve hükümlü olarak cezaevlerinde mesleği gazeteci olarak kayda geçen 27 kişi var. Bu 27 kişiden bir tanesi bile gazetecilik faaliyetinden dolayı cezaevinde değil.

Anayasal düzeni zorla değiştirmeye kalkışmak, silahlı terör örgütüne üye olmak, cinsel istismar, nitelikli yağma, ateşli silah bulundurmak, resmi belgede tahrifat.

Kitap baskınını da savundu: kitap = bomba

Daha sonra Ahmet Şık'ın kitabının basılmamış halinin toplatılmasıyla ilgili savcının talebi ve mahkemenin kararını da "Bakın neler oluyormuş" diye üstü kapalı biçimde savunmuştu.

Başbakan Erdoğan o nedenle neredeyse 40 gündür süren eleştiriler karşısında cevap vermek için hazırlıklı ve kendinden emindi. O gün televizyonlar AKMP toplantısını canlı yayında veriyordu. Başbakan, Türkiye'de "gazetecilik" faaliyetlerinden dolayı tek bir kişinin bile hapiste olmadığını söylüyordu. Ayrıca hapisteki gazeteci sayısının da 57 değil 27 olduğunda da ısrarlıydı. Ancak olay matematik meselesi olmaktan çıkıyordu.

Başbakan o çok şaşırtan ama gerçekten çok şaşırtan açıklamayı yaptı:

> Basın üzerinde, ifade özgürlüğü üzerinde baskı, kısıtlama olduğuna dair iddialar gerçeği yansıtmıyor. Avrupa'da darbelere çanak tutan, darbeleri teşvik eden gazete ve gazetecilerin olmadığını hatırlatmak isterim...
> Bu kitapları toplatan ben değilim. Bombayı kullanmak suçtur, ama malzemeleri kullanmak da suçtur. Bir yerde bombanın kullanılmasın-

da ne varsa, fitilinden ta diğer maddelerine varıncaya kadar ne varsa bunun ihbarı gelmişse, güvenlik güçleri gidip bunları almaz mı? Çünkü bu da suç teşkil etmektedir.

Eğer belgeler ve bilgiler içerisinde bu tür hazırlıkların olduğu varsa, yargı bununla ilgili kararını vermiştir ve güvenlik güçlerimizden "Şu adreste böyle bir hazırlık vardır, gidin bu hazırlığı alın gelin" demiştir. Bu gerçekleri görmek isabetli olacaktır...

Hep işimize geldiğinde bağımsız yargıdan bahsediyoruz, bağımsız yargıyı her yerde savunuyoruz, ama Türkiye'ye gelince bağımsız yargı istemiyorsunuz. Yürütmeye bağımlı bir yargı istiyorsunuz. Kusura bakmayın, yürütmeye bağımlı bir yargı yok.

Gerçekten konuşmayı hayretle dinledim.

Daha sonra bazı yazarlar konuşmayı, ikinci "one minute vakası" olarak değerlendirse de kitap ile bomba benzetmesi doğru olmamıştı. Birçok kişinin düşüncesi, Erdoğan'ın bu sözleri iç kamuoyuna yönelik olarak söylediğiydi. Eleştiriler de en etkili şekilde cevaplandırıldı. Başbakan'ın kamuoyu önünde özeleştiri yaptığı da zaten pek görülmezdi.

Nitekim iki ay sonra 10 Haziran 2011'de bile NTV'de "Seçime Doğru" programında Ruşen Çakır'ın bu konudaki sorusuna da aynı tonda yanıt verecekti.

Ruşen Çakır "Sizin kitap-bomba benzetmeniz Nedim Şener'i çok rahatsız etti, kitap yazmak nasıl terör olur?" şeklinde bir soru sordu.

Başbakan'ın cevabı netti: "İleride beyefendi ile bir araya gelirsek.... Öyle kitaplar vardır ki bombadan daha tesirlidir."

Aslında Avrupa Parlamentosu tepkisini 14 Nisan günü vermişti. AP Türkiye Raportörü Ria Oomen-Ruijten "Gazeteciler Ahmet Şık ve Nedim Şener'in uzun süre tutuklu kalması demokrasinin özüyle bağdaşmaz. Suçları belli olmadan tutuklanan yüzlerce gazeteci var. Artık sonuçların ortaya konması gerek" dedi.

"Kitap Bomba Değildir"

Başbakan, Avrupa Konseyi Parlamenterler Meclisi'nde yaptığı o konuşmadan sonra Türkiye'nin AB üyeliğini her zaman desteklemiş olan Avrupa Konseyi Genel Sekreteri Thorbjørn Jagland ile görüştü. Bu görüşmede de Türkiye'de basın özgürlüğü sorunu gündeme geldi. Erdoğan, Jagland'a Türkiye'ye durumu incelemek için temsilci gönderilmesini istedi. Ve o temsilci 6 Ekim 2011 günü beni ve Ahmet Şık'ı Silivri Cezaevi'nde ziyarete geldi.

Avrupa Konseyi Genel Sekreteri'nin "özel temsilcisi" olarak gelen Gérard Stoudmann ile her birimiz yaklaşık bir saat görüştük. Stoudmann izlenimlerini daha sonra genel sekretere "özel-gizli" bir rapor olarak sunacağını söyledi ve ayrıldı. Raporun içeriğinin ne olduğunu ise Jagland'ın Türkiye ziyaretinde yaptığı açıklamalardan anlamak mümkün.

Jagland'ın Türkiye ziyareti ve açıklamalarından önce Başbakan'ın kitap-bomba benzetmesine en sert ve nitelikli cevabı veren, merkezi Paris'te bulunan Sınır Tanımayan Gazeteciler'in (RSF) "Kitap Bomba Değildir" başlıklı raporundan söz etmek gerekiyor. Haziran 2011'de yayınlanan raporun özelliği, Türkiye'de birçok kesimle görüşülüp nitelikli bir ayrım yaparak hazırlanması ve durumumuzu en iyi anlatan rapor niteliğinde olması.

Örgüt temsilcileri 11-19 Nisan günlerinde Türkiye'de *Milliyet*, *Radikal*, *Yeni Şafak* ve *Zaman* gazetesi ile IMC televizyonuyla görüşmeler yaptı. Ayrıca Uluslararası Basın Enstitüsü (IPI) Türkiye Temsilciliği, Basın Konseyi, Türkiye Gazeteciler Cemiyeti, Medya Derneği ve Gazeteciler ve Yazarlar Vakfı'yla görüşen örgüt, incelemeler sonucunda hazırladığı ayrıntılı raporu Haziran ayında kamuoyuna açıkladı.

İngilizce başlığı "A BOOK IS NOT A BOMB" yani "KİTAP BOMBA DEĞİLDİR" olan 20 sayfalık raporun ilk cümlesi şöyleydi:

Ahmet Şık ve Nedim Şener'in tutuklanması, olayın kutuplaştırmayı artırmasının ötesinde Türkiye'de medya profesyonellerinin maalesef iyi bildikleri bir gerçeğe kaba bir şekilde ışık tuttu: Adalet onları korumanın değil, onları yargılamanın peşine düşmüştür.

Ergenekon soruşturmasının gazetecileri susturma girişimleri için araç olarak kullanıldığı görüşüne yer verilen raporda şunlar yazıyordu:

Ergenekon davası
Söz konusu yapısal kusurları, çoğunlukla "Ergenekon" davası etrafında yaşanan kutuplaşmayla şekillenen bugünkü siyasi konfigürasyon belirgin hale getiriyor. "Ergenekon" adı, şu anki hükümeti yıkma amacı taşıdığı iddia edilen yasadışı bir örgüte atfediliyor. 2007'den bu yana açılan büyük çaplı birçok davada, devlet görevlisi, yüksek rütbeli askerler, siyasiler ve gittikçe artan sayıda gazetecinin adı geçiyor.

Soruşturma, "derin devlet"in suçlarına nihayet kaba bir ışık tutacağından, başlarda demokratik olgunluğun bir göstergesi olarak memnuniyetle karşılandı. Ancak soruşturma, hızla iktidarın elinde, eleştirel sesleri susturmak ve eski askeri-laik elite karşı yeni bir uzlaşıya ikna etmenin korkunç bir siyasi silahı haline geldi. Soruşturmanın savcısı (iktidardaki AKP) bir diğeri de avukatı (CHP) ilan ettiği yakın zamanlara kadar, Türkiye siyasi yaşamının köşe taşı haline geldi.

Dava, yargıç ve savcılara da orantısız bir güç atfetti. Yargı ve siyasilerin takvimi o kadar birbirini içine çekiyor ki, yargı bağımsızlığının inandırıcılığı tartışma konusu oluyor. Ergenekon davası tartışılan tek konu oldu ki, bu da toplumsal kutuplaşmanın temel ekseni haline gelmesine neden oldu. Oysa, bağımsız her soruşturma karşısında, imtiyazlarını kıskanan bir yargıyı buluyor. Daha önce kamuoyuna yansıyan belgeleri yeniden değerlendirse de gazeteci, gizli belge yayınlamakla, yargıyı etkilemek ve yargıyı hedef almakla suçlanıyor. Hatta, şüphelilerden birisiyle görüşme yaptıysa, onunla gizli anlaşma yapmakla veya terör örgütüne üyelikle suçlanacaktır.

2009 sonunda yayınlanan Avrupa Birliği raporuna göre, Ergenekon süreciyle ilgili gazetecilere 5000'e yakın dava açıldı; 250 gazeteci de halen yargılanıyor.

İnsan hakları haberciliği yapan ve Sınır Tanımayan Gazeteciler'in de partner kuruluşu olan bianet sitesi, 2011'in ilk üç ayında 62 gazetecinin basın ve ifade özgürlüğü çerçevesinde yargılandığını duyurdu. Türkiye'de çoğu basın meslek örgütleri cezaevinde 60 civarında gazeteci olduğunu açıklıyorlar. Birçoğu daha henüz yargılanmadan birkaç yıldır tutuklu bulunuyor. Sınır Tanımayan Gazeteciler'e göre, söz konusu tutuklu gazetecilerden en az beşi sadece habercilik mesleğini yapmaktan dolayı tutuklu bulunuyor. Birçok vakanın daha araştırılması gerekiyor. Rakam kuşkusuz daha yüksektir, ancak yargının donukluğu kesin bir ifadeye yer vermeye imkân vermiyor.

Cemaat "ikinci derin devlet" mi?

Rapor, derin devlet sorununa eğilirken yeni döneme ilişkin ilginç bir yorumda bulunuyor. Raporun 3. sayfasında Fethullah Gülen grubuyla birleşen bir "ikinci derin devlet"ten söz ediliyor.

Derin devlet

Aşırı milliyetçi çevreler ve organize suç uzantıları ile Silahlı Kuvvetler ve devlet unsurları arasında gizli bir anlaşma söz konusu. En milliyetçi ve otoriter şekilde Kemalist dogmanın koruyucusu olarak kabul edilen söz konusu "devlet içinde devlet" uzun süre Türk Devleti'nin gerçek omurgasını oluşturmuştur. Birçok gazeteci bu oluşumu Soğuk Savaş döneminde aşırı sol ile mücadelede İtalya'da NATO tarafından kurulan "Gladio" ile karşılaştırıyor. Söz konusu oluşum özellikle 80'li yıllarda Kürt gerillasına karşı gizli operasyonlara, 2007 yılında Ermeni asıllı Türk gazeteci Hrant Dink'in suikastına ve "Ergenekon" örgütü aracılığıyla AKP hükümetine karşı darbe hazırlama faaliyetlerine karışmıştır.

Bahsi geçen son olayda ardı ardına yapılan tasfiyeler ve AKP tarafından devlet içinde başlatılan personel yenilenmeleri "derin devlet"e ağır bir darbe vurmuştur. Ancak Hrant Dink suikastında yargının gerçek failleri bulmakta ve mahkeme önüne çıkarmaktaki yetersizliğinin de gösterdiği gibi, bu "derin devlet"in yok edildiği anlamına gelmiyor. Sınır Tanımayan Gazeteciler'in görüştüğü birçok gazeteci, şimdi Fethullah Gülen teşkilatıyla birleşen bir "ikinci derin devlet"ten söz ediyor. Bu ise, Ahmet Şık'ın el konan kitabı "İmamın Ordusu"nun konusu.

Şık ve Şener vakaları: Araştırmacı gazeteciliğin iki öncüsü "derin devlete karşı"

Raporun 4. sayfasında tutuklanmamızın sebepleri ve süreci şöyle anlatılıyor:

Nedim Şener ve Ahmet Şık, derin devlet ve Ergenekon ağı üzerinde çalışan iki önce, araştırmacı gazetecidir. Bağımsız muhabir Ahmet Şık, askeri komplonun varlığını ortaya koyan ve soruşturma açılmasını tetikleyen *Nokta* dergisinin gazetecileri arasındaydı.

Ertuğrul Mavioğlu ile birlikte Ergenekon davası hakkında bir referans olarak kabul edilen iki ciltlik bir kitap yazdı. Son yayınlanmamış kitabı "İmamın Ordusu", derin devlet üzerinde yapılan tüm araştırmaları özetleyerek yenilenmiş bir okuma sunuyor. Bu son duruma yol açan ise bu tartışmalı kitaptır.

Milliyet gazetesinde köşe yazarlığı yapan Nedim Şener, Ermeni asıllı Türk gazeteci Hrant Dink cinayeti konusunda en ehil kişilerden olmadan önce, ekonomik yolsuzluklarla ilgili yaptığı araştırmalarla tanındı. Yazdığı makaleleri ve iki kitabıyla, cinayet hazırlığından haberdar olmalarına rağmen suçun işlenmesine göz yuman polis ve istihbarat servislerinin ciddi eksikliklerini titizlikle belgeledi. Yaptığı açıklamalar yargı tarafından da onaylanarak ilgili yetkililere karşı "ihmal"den dava açıldı. Aynı şekilde yargı, halihazırda Hrant Dink suikastının Ergenekon komplosunun bir parçası olduğuna dair savı da ciddi bir şekilde incelemektedir.

İki gazetecinin azmi onlara çok sayıda mesleki ödül getirdi. Hrant Dink suikastı üzerine Nedim Şener'in yaptığı araştırmalar ona Türkiye'de getirdiği tehdit ve davaların yanı sıra, uluslararası alanda tanınmasını da sağladı. 2010 yılında IPI'nin "Basın Özgürlüğü Kahramanı" ödülüne layık görüldü. 2011 yılında ise Uluslararası PEN Ödülü'nü aldı.

Vahşi aramalar
3 Mart 2011 günü, sabahın erken saatlerinde, İstanbul Terörle Mücadele Şubesi'ne bağlı polisler, Ergenekon soruşturmasını yürüten özel yetkili Savcı Zekeriya Öz'ün verdiği yetkiyle 12 kadar gazeteci, yazar ve öğretim görevlisini hedef alan geniş çaplı bir operasyon düzenledi. Tüm evlerde aramalar yapılırken bilgisayarlara ve not defterlerine el kondu, hard diskler tamamen kopyalandı. Bu durum, hassas dosyalar konusunda araştırmalar yapan gazetecilerin haber kaynaklarını gizleme haklarının vahim bir ihlalidir. Ahmet Şık ve Nedim Şener de gözaltına alınan gazeteciler arasındaydı.

Ahmet Şık'ın eşi Yonca Şık durumu Sınır Tanımayan Gazeteciler'e şu şekilde anlattı:
"Sabah 7 civarıydı. Köpeğimizin havlamasıyla uyandım. Hiç böyle yapmazdı. Ardından kapıya birkaç kez vuruldu. Gelen polisti. Ahmet'in üzerinde iç çamaşırları vardı. Gitti kapıyı araladı ve polis ol-

duklarını öğrenince içeri davet etmeden önce gidip giyinmek istedi. Kabul etmediler, çok sinirliydiler. Ahmet kapıyı açtı ve 11 kadar polis içeri girerek ayrıntılı bir aramaya giriştiler. Onlara evde arama yapmaları ve eşimi gözaltına almaları emri verilmişti. Evde altı buçuk saat kaldılar. Polisler paranoyaktı, daire içinde bizi her yerde takip ediyorlardı. Tuvalete çıkarken dahi bir polis memuru kapı önünde bekliyordu. Kimseye telefon etmeme izin verilmiyordu. Sonunda altını üstüne getirerek, müzik CD'lerimizin, tatil fotoğraflarının tamamını götürerek daireden ayrıldılar. Bilgisayarlarımızın ve elektronik cihazlarımızın tüm hafıza kartlarını da kopyaladılar. Ahmet'e ait eşyalar yetmiyormuş gibi şahsi maillerimiz de kopyalandı ve adres defterine de el kondu..."

Nedim Şener'in eşi Vecide Şener, 3 Mayıs 2011'de gerçekleştirilen "Gazetecilere Özgürlük Kongresi"nde operasyon sırasında polislerin tutumu nedeniyle aynı kızgınlığını dile getirdi:

"Her tür belgeye bakıldı ve el kondu. Hamilelik dönemime ayrılan bir günlük ve çocuğumuzun boyama defteri de dahil. (...) Komşumuzun evi de dinlemeye alınmış (...) Polisler, Savcı Öz'ün eşimle ilgili verdiği arama kararını bana tebliğ etmeye ancak 22 Nisan'da geldiler."

Sınır Tanımayan Gazeteciler Örgütü, Ergenekon soruşturmasında kırılma noktasını ise şöyle anlatıyordu raporda:

Gazetecilerin gözünde büyük öncelik, gerçeğin peşine düşmek değil siyasi istismar oldu. Ergenekon davası, muhalefeti suçlamak için hükümetin siyasi bir silahı haline geldi.

Durgun gözüken ilk soruşturmaya onun kadar tartışma götürür yeni pencereler ekleniyor; bu da şüpheli sayısının ölçüsüzce artmasına neden oluyor.

Şık ve Şener'in 18. dalgada tutuklanması bir dönemeçti: Birçok demokrat, aslında gerekli olan bir soruşturmaya güvenin zedelenmesinden ve bu yolla derin devletin değirmenine su taşınmasından şikâyetçi.

Terörizmle bağlanan düşünce suçu

Örgüt, raporunda tutuklanmamıza neden olan soruşturma dosyasından da ayrıntılar veriyordu. Paris'ten gelen heyetin Türkiye'deki meslektaşlarımızın bir kısmından daha dikkatli ve vicdanlı analizler yapması gerçekten sevindiriciydi. Örgütün bizi savunmak gibi bir zorunluluğu yoktu elbette, ama dosyaya bakıldığında ve süreç izlendiğinde eğer vicdanlar kör olmamışsa aynı sonuca varılabilirdi.

Oysa Türkiye'deki bazı meslektaşlarımız –ki soruşturma birimlerine son derece yakınlar– hukuka, akla, vicdana ve dosyadaki olgulara aykırı biçimde bizi peşinen suçlu göstermek için ellerinden, dillerinden geleni yapıyorlardı. Dayanakları ise polis raporları ve savcılık iddialarından başka bir şey değildi. Oysa Sınır Tanımayan Gazeteciler, olayın keyfi biçimde terörizme bağlanan bir düşünce suçlaması olduğunu mevzuatı da inceleyerek raporlaştırmıştı. Raporun o bölümünde şunlar anlatılıyordu:

Gözaltında tutulan gazeteciler, 6 Mart'ta, resmen suçlanarak önce Metris Cezaevi'ne gönderildiler, oradan da "Ergenekon" davası şüphelilerinin bulunduğu Silivri'deki yüksek güvenlikli cezaevine nakledildiler.

Tahliye istemleri, "kaçma şüphesi bulunduğu, kanıtları yok edebilecekleri veya tanıklar üzerinde baskı oluşturabilecekleri" gerekçesiyle 17 Mart'ta reddedildi. (Ceza Muhakemesi Kanunu 100/3 Maddesi). Tüm gazeteciliğe dair materyallerine el konduğu düşünüldüğünde hangi tanıklar üzerinde baskı oluşturabilecekleri veya hangi kanıtları yok edebilecekleri merak konusu. 3 Mayıs 2011'de, Başbakan Yardımcısı Bülent Arınç kamuoyuna yaptığı açıklamada, iki gazetecinin kaçmaları söz konusu olamayacağı için pekâlâ tutuksuz yargılanabileceklerini (...) tutuklamanın istisnai bir önlem olduğunu ve tutuksuz yargılanmasının bir temel kural olduğunu açıkladı.

"Özel yetkili" Savcı Zekeriya Öz'den alınan kararda, operasyonla ilgili özel bir gerekçe belirtilmiyordu. Bu nedenle, gazetecilere yöneltilen suçlamalar da oldukça belirsiz. Gözaltı işlemi sırasında ileri sürülen "kin ve düşmanlığa tahrik" suçlaması resmi suçlamada geri çekildi. Bu durumda "Ergenekon terör örgütüne üyelik" suçlaması kalıyor. Oysa, bu aşamada, şüphelilerin avukatlarına ve ailelerine hiçbir net açıklama yapılmadı.

Basından "sızan" temel bir unsur ise, iki şüphelinin savcılıktaki sorgularının kayıtları oldu. Söz konusu belge, suçlamanın kırılganlığını ortaya koyduğu gibi, absürtlüğe varacak kadar savcılığın paranoyasını ve gazetecilik çalışmasının anlaşılmadığını gözler önüne serdi. Türkiye yargısının güvenliğe dair takıntısı, ifade özgürlüğüne ve haber kaynaklarının gizliliğine saygı aleyhine işliyor.

Esasen sorgunun temelini, polise göre 18 Şubat'ta Odatv sitesine ait büroda bulunan belgeler oluşturdu. Bu muhalif sitenin yetkilisi Soner Yalçın'ın da aralarında bulunduğu üç gazeteci, söz konusu operasyonda tutuklanırken Sait Çakır, Şık ve Şener birlikte 3 Mart'ta gözaltına alındı.

Aralarında Ergenekon davasının itibarsızlaştırılmasını ve kamuoyundaki havayı sanıklar lehine dönüştürecek bir medya kampanyasının başlatılmasını öngören stratejik bir belgenin de olduğu Ergenekon'a dair birçok belgeye el kondu.

İddiaya göre burada, "Tezlerimizi ve faaliyetlerimizi destekleyen kuruluşun üyelerine, Ergenekon ve benzer davaların uydurma olduğu kanaatini dillendirmeleri için bilgi, belge ve teknik destek getirilmeli" ifadeleri geçiyor.

"İmamın Ordusu" kitabının bir taslağının Soner Yalçın'ın bilgisayarında bulunduğu, bir başka belgedeyse son derece belirsiz bir şekilde "Ahmet" ve "Nedim" ifadelerinin de geçtiği savunuluyor.

Sınır Tanımayan Gazeteciler'in bilgi aldığı Şık'ın bir avukatı, dosyaya erişemediklerini doğruluyor: "Şu aşamada, suçlamanın tam olarak hangi yasa maddelerine dayandırılacağını daha bilmiyoruz. Kesin olarak şunu biliyoruz ki, müvekkilimiz başlangıçta 'kin ve düşmanlığa tahrik'ten suçlanıyordu. Bunun dışındaki bilgileriyse basına sızanlardan öğreniyoruz." Soruşturma sürerken yargı "kanıt" bulmakta zorlanıyor.

Gazetecilerin Ergenekon soruşturmasının gelişimiyle ilgili kuşkularını kamuoyuyla paylaşmış olmaları, "İmamın Ordusu"nda bu sürecin siyasi amaçlara alet edilmesinin eleştirilmesi savcılığın, iki gazetecinin terör örgütüne üye olmalarına kani olması için yeterli geldi.

Ahmet Şık ve Nedim Şener'in Odatv ile hiçbir zaman ilişkilerinin olmamış olmasının, yazdıkları yazılar ve tutumlarıyla Ergenekon taraftarlarıyla zıt kutuplarda yer almalarının, hatta aşırı milliyetçi yapılanmanın diğer yönlerinin ortaya çıkarılması için katkı yapmış olmalarının o andan itibaren ne önemi vardı?

Bağımsız çalışma anlayışının Ahmet Şık'ı daha önce çalıştığı gazetelerden ayırmasının da önemi yoktu. Sorguculan, ona "İmamın Ordusu"nu kimlerin talimatıyla yazdığını, şu veya bu değişikliği yaptığını sormada bir beis görmüyorlardı. Sorular "Kimin emriyle bu kitap üzerinde çalıştınız? Kitabın amacı neydi?" oluyordu.

Suçlama

Ahmet Şık, kitabını soruşturmayı itibarsızlaştırmak amacıyla Ergenekon'un talimatıyla ve Nedim Şener'in gözetiminde yazmakla suçlanıyor. Bunun için de geçen yıl yayınlanan *Haliç'te Yaşayan Simonlar* kitabında Ergenekon davasının Gülen Cemaati'nce manipüle edildiğini savunan eski Emniyet Müdürü Hanefi Avcı ile irtibat kurduğu ileri sürülüyor.

Nedim Şener de Ahmet Şık'a yardım etmek ve Hanefi Avcı'ya ait kitabın ikinci bölümünü kaleme almakla suçlanıyor.

Sorgucuların şüpheleri, Odatv'de bulunan ve delil bulundurduğuna inandıkları malzemeler üzerine odaklanıyor. Bunun için de, Ergenekon şüphelileriyle irtibatlardan (oysaki kitap yazmak için bu gereklidir), telefon görüşmelerinden hareketle çıldırtıcı yorumlara kadar her şey devreye sokuluyor.

Nedim Şener'i sorgusunda, polise kimliği belirsiz bir kişinin elektronik postayla gönderdiği ve yazarın Ergenekon ile ilişkilendirdiği ihbara ayrı bir önem atfediliyor. Avcı'ya ait kitabın ikinci bölümünün gazetecinin hazırladığını "göstermek" için savcılık, yayını sırasında Nedim Şener'in kitabı olumlu değerlendiren bir yazı kaleme aldığını iddia ediyor... Oysa kitap, Hrant Dink olayı gibi Şener'inkine ters tezler savunuyor. Ancak gazeteci, Ergenekon davasının Gülen cemaatince manipüle edildiği yönünde kitabın son bölümünde Avcı'nın yer verdiği gözleme katılıyor. İşte suç! Belli bir noktada gözlemde benzerlik, savcılık açısından ayrık diğer tüm yönleri gölgede bırakıyor.

Birinci "Suç": Gazetecilerin profesyonel etkinlikleri

Savcı Zekeriya Öz'den Başbakan'a kadar, Şık ve Şener'in tutuklanmalarının gazetecilik faaliyetleriyle ilgisi olmadığını öne süren onca resmi açıklamaya karşın, soruşturmanın tamamı habercilerin haber kaynaklarına ve kaleme aldıklarına odaklanıyordu. Yazma aşamasına dair şaşırtıcı derecede belirgin sorular sorulmuştur. "Buradan itibaren Emin Aslan'ın, ondan sonra da Mustafa Gülcü'nün durumunu anlatırız" şeklinde Ahmet Şık'ın ikinci okumada ve taslak metninin kenarında tuttuğu notlar, esrarengiz bir azmettiriciden kaynaklanıyormuş gibi değerlendirildi. "Bu notları kim yazdı? Kenar notlardan hareketle yapılan eklemelerle bağlantılı olarak ne gibi bir çalışma gerçekleştirildi? Bu çalışmayı kim yaptı? Bunda sizin rolünüz ne oldu?" Basının Ahmet Şık'ın kitap taslağının Odatv baskınında bulunduğunu duyurmasının ardından yaygınlaşan söylentilerin önüne geçmek için taslak internette yayınlandı. Savcılıksa, Şık'ın kitabı seçimlere yetiştirme talimatı aldığına inanıyor: "Kim sizden kitabı mümkün olduğunca erken yayınlamanızı istedi?"...

Aynı şekilde, gazetecilerin haber kaynaklarıyla, yakınlarıyla ve meslektaşlarıyla yaptıkları telefon görüşmeleri de karşılarına çıkarılarak "Neden bunu sordunuz?", "Kimden emir aldınız?" şeklindeki sorulara muhatap kılındılar. Oysaki, bu görüşmelerin Şık'ın yazmakta olduğu kitap için önemi açık.

İkinci "Suç": Ergenekon şüphelileriyle görüşme

İki gazetecinin "Ergenekon" şüphelileriyle olduğu iddia edilen ilişkileri savcılık incelemesinin merkezinde yer alıyor. Çok sayıda telefon kaydı, gazetecilerin uzun süredir teknik takip altında olduğunu gösteriyor. Bu görüşmeler inceleniyor ve yorumlanıyor, ki bu bazen anlamlarını bozmaya veya onlara başka anlamlar yüklemeye varabiliyor. Oysaki, bu verilerden hiçbiri savcılığın tezini doğrulamıyor. Tam tersine, birçok görüşme Ahmet Şık'ın adının Odatv soruşturmasına karıştırılmasından duyduğu rahatsızlığa tanıklık ediyor. Bir diğerinde Nedim Şener, Odatv'nin işbirliğini soğuk bir şekilde geri çeviriyor. Öte yandan, savcılık bunlarda "sıcak ilişkiler" görüyor.

Söz konusu kayıtların değerlendirmesinde anlaşılıyor ki, Ergenekon soruşturmasıyla ilgilenme belli başına bir kuşku nedeni. Bu dosyada yargısal prosedürün maalesef özerk işletilmediğini göstermek de kuşkuya neden oluyor. Bu dosyada şüpheli olarak yer alanlarla ilişkiye geçmek de –bu kişiler birer yakın değil, haber kaynağı olsalar bile– kuşku nedeni. Ancak öyle anlaşılıyor ki, gazetecilerin haber kaynaklarını gizleme hakkı savcılık için tamamen yabancı bir kavram; sorduğu soruların ve yaptığı telefon dinlemelerin vahim bir hak ihlali olduğunun farkında değil.

Maalesef dikkate alınmasa dahi soruşturma ciddi soruların oluşmasına neden oluyor. Nasıl oldu da Şık'ın kitap taslağı Yalçın'ın bilgisayarında çıktı? Oysaki, Şık bu taslağı Yalçın'a hiçbir zaman göndermediği gibi, sadece görüş ve tavsiye için sınırlı sayıda kişiye ulaştırmıştı. İşte bu, yargının üzerinde durması gereken bir sorundur.

İleri sürülen gerekçelerin hafifliği insanı Şık ve Şener'in tutuklanmasının altında yatan gerçek nedeni merak etmeye itiyor. Acaba savcılık soruşturmada gazetecilere göre geride kaldığını mı hissetti; yeniden bilgileri denetimi altına almak mı istedi? Bir görüşmeci Sınır Tanımayan Gazeteciler'e "Ne aradıklarını bilmiyorlar. Siyasi partilerle ilişkisi olmayan solcuların ortamında neler olup bittiğini, bu kişilerin askerlerle ilişkilerinin ne olduğunu öğrenmek için Ahmet'le uğraşıyorlar. Bu onların alışıldık yöntemleri; kuşkulandıkları ortamlarda soruşturma yürütmek..." dedi.

Yayınlanmamış bir kitap çalışmasına taciz

Yargının bir diğer sürprizi var: 24 Mart 2011'de bir ilke imza atarak, "İmamın Ordusu"na ait olduğu bilinen tüm nüshalara el konmasını ve imha edilmesini istedi.

İstanbul polisi bunun için belgeye rastlayabileceğini düşündüğü üç yerde arama yaptı: İthaki Yayınevi, *Radikal* gazetesi ve hukukçu Fikret İlkiz'in bürosu. Bilgisayarlar, incelemeyi ve kitap taslağını içeren dosyayı kopyalamayı yetersiz bulan polis, –yasalara aykırı şekilde– taslağın izlerini de sildi. Basın Konseyi Genel Sekreteri Oktay Huduti, Sınır Tanımayan Gazeteciler Örgütü'ne bu konuyla ilgili "Türk yasaları arama ve el koymaya izin veriyor, ama belgelerin imhasına izin vermiyor. Üstelik, şüpheliye el konan belgenin bir örneği de verilmeliydi. Ancak bu durumda bu da yapılmadı. Söz konusu olan bir kitap bile değil, henüz yayınlanmamış bir taslak. Bu operasyonun hukuki dayanaklarını anlamak kolay değil" dedi.

Bu yasal boşluk içerisinde, istisnai önlemler bolluk gösteriyor. Polis, Ahmet Şık'ın yakınlarını, meslektaşlarını ve avukatlarını ellerindeki taslak nüshalarını yargıya teslim etmezlerse Ergenekon örgütüyle işbirliği yapmaktan haklarında işlem yapılacağı konusunda uyardı. Bu tehlikeli bir ilk olarak, salt bir dosyayı elde bulundurmak terörizmle işbirliği yapmakla suçlanmaya dayanak oluşturabiliyor.

Savcı Öz'ün sağladığı arama kararında, "İmamın Ordusu" kitap taslağının "terör örgütü propagandası" ve "suç unsuru" içerdiği iddia ediliyor.

Söz konusu operasyonun kitabın tanınırlığını artırmaktan başka bir etkisi olmadı. Baskınlardan birkaç gün sonra taslak internette bulunuyordu ve yasağa rağmen büyük ilgiyle karşılandı. İki günde yüz binlerce örneği internet üzerinden indirildi. Buna karşın, kitap nüshasını bulundurmak hâlâ suç olarak görülüyor.

Ayrıca 30 Mart'ta Savcı Öz Ergenekon dosyasından alındı. Resmi olarak, Hâkimler ve Savcılar Yüksek Kurulu'nun Öz'ü terfi ettirerek ona İstanbul Başsavcılığı'nda daha üst bir yetki verdiği açıklandı. Ancak baskınlardan kısa bir süre sonra gerçekleşen işlem bir gözden düşme olarak değerlendirildi. Siyasi yetkililer için de, bu baskılar biraz fazla ileri gitti; Şık ve Şener dosyası, genel seçimlere iki ay kala baş ağrıttı.

Mesleğin üzerinde gölge: "Bu herkesin başına gelebilir"
Zekeriya Öz'ün görevi bırakmasından bu yana dosyada belirgin bir gelişme yaşandı. Seçimlere kadar her şey olduğu gibi kaldı. Yine de, Ergenekon soruşturması gazeteciler arasında derin izler bıraktı. Sınır Tanımayan Gazeteciler'in nisan ortasında İstanbul'da yaptığı değerlendirme ziyaretinde güvensizlik hissedilebiliyordu. Gazeteciler "Eğer Şık ve Şener gibi tanınmış ve şüphelenilmeyecek gazeteciler terör suçlamasıyla tutuklanabiliyorsa her şey olabilir. Bu herkesin başına gelebilir o zaman" diyorlardı.

İki gazetecinin tutuklanması bir yönelimi doğruladı: Hukuki itilaflar sadece Kürt ve sol gazetecileri değil, her bir gazeteciyi ilgilendiriyor. Geçmişteki kırmızı çizgiler biraz olsun silikleşirken baskılar daha az hedef gözetiyor ve daha geniş bir alanda etkili: Kemalistler gibi, iktidara yakın *Zaman* gazetesinin muhabiri de mağdur olabiliyor.

Araştırmacı gazeteci Ertuğrul Mavioğlu da bu durumu Sınır Tanımayan Gazeteciler'e teyit ediyor: "[Basın özgürlüğü adına verilen] mücadelenin bugün bu kadar genişlemesinin nedeni, tehditlerin sadece kıyıdaki gazetecileri değil, az çok ana akım medyadan gazetecileri de hedef almasından kaynaklanıyor. Eskiden, bu durumlarla Kürt ve sol basından gazeteciler karşılaşırdı. Basının hedef aldığı yelpaze genişlediği için sorun da daha görünür hale geldi."

Ekonomik yatırım, Başbakan'ın kişiliği, din, polislerin savaşı ve devletin yeniden yapılandırılması çoğu kez medya patronlarınca dayatılan yeni tabulardır.

Medyanın otonomisini hiçe sayan bir gazetecilik algısı
Nisan 2011'de Sınır Tanımayan Gazeteciler'in de katıldığı en önemli slogan, "Kitap Bomba Değildir" idi. Bu cümle, Başbakan Recep Tayyip Erdoğan'ın 14 Nisan'da Strasbourg'daki Avrupa Konseyi Parlamenterler Meclisi'nde yaptığı açıklamaya atıf yapıyor. Erdoğan, eleştirilere yanıt verirken "Bomba kullanmak suç olduğu gibi bombanın malzemelerini kullanmak da suçtur" diyordu. Bu talihsiz cümle, basının özerkliğini kabul edemeyen devletçi düşüncenin mirasçısı bir kısım hâkim sınıfın içine işleyen bozuk gazetecilik algısına örnek oldu.

Benzer şekilde, savcı ve yargıçlar yargıladıkları gazetecileri halen sıklıkla siyasilerle veya teröristlerle karıştırma eğilimindeler. Bu uygulama sonuçta bir çeşit sansür haline geliyor.

Medyaya yönelik iç şüphe
Bu tutum, büyük oranda, militarizmle bezenmiş, ulusal ve tekçi toplum fikrine dayanan devletçi bir düşüncenin kalıntılarıyla açıklanabilir. Bu şema içerisinde "dördüncü güç"e yer yoktur. Bir diğer açıklaması ise, aşırı kutuplaşma gösterdiği, bir bölümü bazı gazetecilerin darbeci ortamlarla uzun süre sürdürdüğü yakınlık nedeniyle maalesef itibar yitirdiği için Türkiye medyasına duyulan gerçek bir güvensizlik olabilir.

Ülkenin demokratikleşmesi ve yeni elitlerin gelmesindeki temel rolü dikkate alındığında Ergenekon soruşturmasına gösterilen ilgi, yargı kurumlarını da bir hayli aşıyor. Özellikle de davanın enstrümantalizasyonu savcı ve yargıçları politik yaşamın merkezine yerleştirirken toplumu da geniş ölçüde bölüyor. Soruşturmanın birinci dereceden bir gazetecilik konusu oluşturması bu nedenle normaldir.

(...)

Belirli vakalarda polisler, hâkimler ve savcılar hem hâkimdirler hem de taraftırlar. Ali Bayramoğlu bu konuda "Türkiye, şu aşamada çok çatışmalı bir değişim sürecinden geçiyor. Yargıçlar, gazeteciler gibi, bu dönüşümün hem nesnesi hem de öznesidirler (...) Türkiye, geçmişte askeri rejimlerinden net bir kopuşla kurtulan diğer tüm ülkelerden farklı olarak bu değişimi sürece yaymış durumdadır. Bu süreci hâkimler yürütüyorlar ama ona maruz da kalıyorlar" diyor.

Basına yönelik yargı tacizini anlamak için bu boyutu göz ardı etmemekte fayda var. Sınır Tanımayan Gazeteciler'in bir araya geldiği gazeteciler, bunun geniş bir iktidar mücadelesinin bir parçası biçiminde gerçekleştiğini hatırlatıyorlar. Ne yargı ne de AKP ve Gülen'e yakın yeni elitin sızdığı polis bundan kaçabiliyor.

"İmamın Ordusu" çalışmasıyla Ahmet Şık en acılı noktaya parmak basıyor. Ali Bayramoğlu'nun gözlemi şu şekilde: "2008'deki Balyoz meselesiyle iktidar mücadelesi daha da yoğunlaştı: Polis içinde Gülenci unsurlar Kemalist yapının üyelerini yerlerinden ettiler. Söz konusu olan farklı polis grupları arasında ve farklı güç odakları arasında çetin bir mücadeledir. Nedim ve Ahmet bu çatışmanın rehineleri haline geldiler."

İnsan hakları savaşçısı Hammarberg Silivri'de

Tutuklandığımız günden itibaren bizim dosyamızla ilgilenenlerin başında Avrupa Konseyi İnsan Hakları Komiseri Thomas Hammarberg geliyordu. 1997 yılında Uluslararası Af Örgütü adına genel sekreter olarak Nobel Barış Ödülü'nü alan Hammarberg, 2011 yılı Nisan ayında Türkiye'ye gelerek medya ve ifade özgürlüğü üzerine bir rapor hazırladı. Hammarberg bu raporda benim ve Ahmet'in durumuyla ilgili analizlere de yer verdi. Hammarberg bu yılın başında da Türkiye'de yargı sorunlarıyla ilgili bir de rapor yazdı. Bu raporda da yine bizim yargılandığımız dava hakkında yorumlarda bulundu. Türkiye'de ifade özgürlüğü ihlalleri üzerinde durdu.

Hammarberg, bu raporu yazmadan önce 10 Ekim 2011 günü Silivri Cezaevi'nde bizi ziyaret etti. Ona başıma gelenleri anlattım. Kitap yazma ile terör faaliyeti arasındaki bağlantıyı bir türlü kuramıyordu. Hele kendi durumumu anlatınca sessizce dinledi.

Ona şöyle bir örnek verdim:

"Sayın Hammarberg, bir an için kitap yazmanın suç olduğunu

kabul edelim. Benim o kitapları yazdığıma dair tek bir delil yok. Bahsedilen word dokümanları benden çıkmadı, suçlama konusu olan kitaplardan hiçbiri bende bulunmadı.

Size bir benzetme yapayım; polis sokakta yürürken birinin üzerinde suç unsuru, mesela uyuşturucu buluyor. Suç unsuru ya da uyuşturucu nedeniyle hiç ilgisi olmayan, hatta polisin araması sırasında orada bile bulunmayan başka mahalleden biri tutuklanıyor. Bu ne kadar mantıklı? İşte benim durumum da bu. Ne Odatv ile ilgim var ne o notlarla. Ne talimat aldığıma dair delil var ne de bende ele geçen bir doküman var. Ama bir word dokümanında "Nedim" ismi geçiyor diye –soyadı bile yok– ben tutuklanıyorum ve aylardır hapisteyim."

Ona Dink cinayetiyle ilgili araştırmalardan sonra Ergenekon operasyonuyla nasıl ilişkilendirildiğimi ve kurulan komployu da etraflıca anlattım.

Hammarberg, fazla yorum yapmadı, ama "Pedagojik yönünüz çok kuvvetli" dedi. Hammarberg bizim dosyayı zaten ezbere biliyordu. Görüşlerini de yargıyla ilgili raporunda yayınladı.

Avrupa Konseyi Genel Sekreteri: Kaygılıyım

Başbakan Erdoğan'ın, kitabı bombaya benzettiği 14 Nisan 2011 tarihli Avrupa Konseyi Parlamenterler Meclisi toplantısı sırasında Avrupa Konseyi Genel Sekreteri Jagland ile yaptığı görüşmeye değinmiştim. O görüşmede Başbakan Erdoğan, Türkiye'ye temsilci gönderip sorun varsa yerinde tespit edilmesi davetinde bulunmuştu. Ve Ekim ayında o temsilci bizimle görüşmeye Silivri'ye geldi. Ardından da raporunu hazırlamak üzere Türkiye'den ayrıldı. Bundan sonra da Avrupa Konseyi Genel Sekreteri Türkiye'ye geldi. Ve *Hürriyet*'ten Sedat Ergin'le bir söyleşi yaptı. Türkiye'yi her alanda destekleyen Jagland, bu kez Ragıp Zarakolu ve Prof. Dr. Büşra Ersanlı'nın da tutuklandığı KCK operasyonuna değinerek "Evet, konuyu biliyorum, yakından izliyorum ve kaygılıyım" diyordu. Türkiye'de basın özgürlüğü sınırlamalarından söz eden Jagland "Hâlâ insan hakları ve ifade özgürlüğüyle ilgili sorunlar, düzeltilmesi gereken zafiyetler var" dedi.

AP Başkanı Buzek: Gazetecilerin görevi hükümete karşı aktif çalışmaktır

Kasım ayında Türkiye, Avrupa Parlamentosu Başkanı Jerzy Buzek'i ağırladı. Buzek, TBMM'de yaptığı konuşmada "Bağımsız basın demokratik bir toplum açısından hayati önem taşımaktadır" derken "İfade özgürlüğü ve çoğulcu basın bizim tüm değerlerimizin kalbinde yer almaktadır" diye konuştu. Buzek, Cumhurbaşkanı Abdullah Gül ve TBMM Başkanı Cemil Çiçek gibi isimlerle görüştükten sonra Türkiye'den ayrılmadan bir basın toplantısı yaptı. Buzek burada da şunları söyledi:

Türkiye'de mevcut basın ve ifade özgürlüğü süreciyle ilgili endişe duyuyorum. Türk makamlarınca bunun terörle mücadele konusu olduğu vurgulanıyor. Ama açıkça bu görüşe katılmadığımızı belirtmek isterim. Gazetecilerin hükümete karşı aktif çalışmalar yaptığı söyleniyor. Bu gazetecinin görevidir zaten. Demokrasi serbest medya temellerine dayanmaktadır ve bizim için en önemli husustur. Bazen gazetecilere dair soruşturmalar yapmak gerekebilir. Onlarca gazeteci aynı sebeple yargılanıp cezaevine konuyorsa bu tipik bir durum değil. Başka bir ülkede görmediğimiz bir durum.

Böylece Başbakan'ın kitap=bomba benzetmesiyle alevlenen tartışma yedi ay sonra muhatapları tarafından cevaplanmış oluyordu.

Duvarlar o kadar yüksek ki, sinekler, kuşlar bile uçup çıkamıyor

Tarih 31 Nisan 2011. Silivri'de neredeyse iki ay doldu. Bedenen buradayım, ama aklım dışarıda. Havalar düzelir düzelmez kendimi "havalandırmaya" attım. Artık her sabah düzenli olarak havalandırmadayım. Yeter ki başımın üstünde o çatı değil, gökyüzü olsun. Böyle düşünmesi de, hayal kurması da, içinden konuşması da, küfür etmesi de, ağlaması da kolay.

Sanki bir otobüs durağına oturmuşum, boş gözlerle etrafa bakıp beni eve götürecek otobüsü bekliyorum. Ama iki ay oldu, gelen giden yok. Dün eşimin farklı tarihlerde gönderdiği dört mektup birden geldi. İlki 18 Nisan'da, sonuncusu 22 Nisan'da postalanmış.

Adaletin olmadığı yerde posta gecikmiş, çok mu? Eşim "Günlük tut" diyor. Ama burası günlük tutmaya müsait değil. Eğer Silivri'nin koşullarıyla ilgili bir günlük tutacaksam defterin her sayfasına aynı şeyi yazmalıyım:

07.00: Gardiyanın ayak sesleri ve kapının kilidini açmasıyla uyan.
07.30: "Tüm tutuklu ve hükümlülerin dikkatine, sabah sayımı başlamıştır. Sayım düzeni alın" (iki kez) anonsuyla hazırlan.
08.00: Sayım için gelenlere "Günaydın" de.
08.05: Televizyonda sabah haberlerine göz at.
08.30: Hazırlık yap, havalandırmaya in. Yaklaşık 6-7 km yürü (havalandırmada tur atarak).
11.00: Kahvaltı için koğuşa çık. Televizyonda Ayşenur Arslan'ın "Medya Mahallesi" programını izle.
12.00: Gelen gazeteleri oku.
12.30-13.00: Dağıtılan yemeği al.

13.00'ten sonra: Yazma ve okuma işleri için çekil.
16.00: Yürüyüş ve spor için havalandırmaya çık.
17.00: Akşam yemeğini al.
18.00: Salata yap.
18.30-19.00: Akşam yemeği ye, haberleri izle.
20.00 ve sonrası: Varsa film izle.
02.00'ye kadar: Okuma ve yazma işlerin varsa yap.
02.00-03.00: Uyu uyuyabilirsen.
07.00: Gardiyanın ayak sesleri ve kapının kilidini açmasıyla uyan.

"Süngerli oda" uyarısı

"Silivri'de hapislik nasıldı?" diye sorulsa "Tecridin en ağır hali" karşılığını veririm. Elbette tek kişilik cezalandırma amaçlı tecritten bahsetmiyorum. Türkiye'deki hapishanelerde yüzlerce tutuklu ve hükümlü tek kişilik tecrit hücrelerinde şu an. Öyle odalar da var Silivri'de; agresifleşen, kavgaya karışan mahkûmları "süngerli oda" diye tabir edilen tek kişilik hücreye kapatıyorlar ceza olarak. Anlatılana göre süngerli oda, duvarları tamamen süngerle kaplı ve içeriye konan kişinin kendisine zarar vermesini önlemek amacıyla yapılmış.

Bizim kaldığımız 2 No'lu Kapalı Cezaevi'nde uyuşturucu suçu sanıkları olduğu için ve bu kişilerden bazıları da zaman zaman kriz geçirebildiklerinden böyle bir uygulama yapılıyor olabilir. Başka cezaevlerinde böyle bir oda olduğunu duymadım.

Tek kişilik olmasa da, bizim Silivri'de yaşadıklarımız da tam bir tecrit.

Özellikle siyasi dava sanıkları bakımından. Diğer suçlular yirmi kişi aynı koğuşta kalabiliyor, ama bizim gibi sanıklar bazen tek, bazen iki, bazen üç kişi aynı koğuşu paylaşıyor. Aynı davanın sanığı olan kişiler aynı koğuşa konmuyor diye bir karar ağızlarda.

Tecritten anı bile biriktiremiyorsunuz

Bizim yaşadığımız ise üç kişilik tecrit. Gardiyanlar ve avukatlar ile haftada bir gelen ziyaretçileriniz dışında başka bir insanla ilişki kuramıyorsunuz. Şöyle kalabalık bir koğuşta olsanız her bir insandan bir şeyler öğrenir, karşılıklı anı biriktirirsiniz. Ama Silivri'deki tecritte insan anı bile biriktiremiyor.

Her gün, her şey tam bir rutin.
Her şeyin sıradan.

Diğer hükümlülerle temasımız olmadığı için buradaki hayatlarıyla ilgili bilgimiz olmuyor. Yalnızca 2 No'lu Cezaevi'nde kalan yedi Ergenekon sanığı olduğunu biliyoruz. Aynı günlerde tutuklanan bizler dışında İnönü Üniversitesi Rektörü Fatih Hilmioğlu kalıyormuş. Geri kalanların büyük kısmı uyuşturucu sanığı. Bir de homoseksüeller varmış.

Bu sıradanlığı bozan en önemli şey, yaklaşık on gündür duyduğum bir serçe kuşunun sesi. Baharın geldiğini sabahın çok erken saatinde "cik cik" diye havalandırmayı dolduran bu sesten anlıyorum. Yoksa tek bir dal ot, tek bir dal ağaç ve çiçek yok burada. 7-8 metre yüksek duvarlarla çevrili 40 metrekare betondan bir kutuyu andıran havalandırma bu kuşun sesiyle inliyor.

Havalandırmada iki sivrisinek, bir de osurukböceği gördüm. Cezaevinin etrafı tarla. Belli ki yollarını şaşırmışlar. Ya da hep beraber baharın geldiğini söylemeye gelmişler. Osurukböceği uçup gitsin diye onu duvarın en yüksek çıkıntısına koymaya çalışıyorum, ama orada durmuyor. Zaten buraya düşen çıkamıyor. Kanatlı böcek bile olsa. Duvarlar o kadar yüksek. Hiç durmayan ve nerede olduklarını bilmediğim kurbağa sesleri de koğuşa kadar geliyor.

Ama havalandırmada en çok serçelerle uğraşmayı seviyorum. Çatının oluklarına yuva yapmışlar, girip çıkıyorlar. Bense özgürlüklerine imrenerek bakıyorum. Havalandırmaya giren böceklere, sineklere bakıyorum, sivrisinekleri bile uçurmaya çalışıyorum. İstiyorum ki bari onlar firar etsin. Ama betonu dökenler o kadar yüksek dikmişler ki duvarları, sinekler uçup dışarı çıkmayı başaramıyorlar.

En çok da uğurböceklerine üzülüyorum. Kızım ne çok sever onları oysa. Elime alıyorum, "Uç, uç kızıma git" diyorum, ama biraz kanat çırpıyor, 4-5 metreye kadar çıkıyor, ama 7-8 metrelik duvar geçit vermiyor. Serçelerin neden yuva yaptığını birkaç gün sonra anladım. Sabahları bir iki olan kuş sesleri artık koroya dönüştü. Üç yuvada 3-4 tane yavru kuş ciyak ciyak ötüyordu. Anne babaları onlara yemek getiriyor, onlar da yuvalarında büyüyordu. Ancak bizim havalandırma kuş yuvalarının ilk uçuşu için uygun değildi. İlk uçuş için uzun bir mesafe gerekiyor. Oysa yuvanın karşısındaki duvar dört metre uzakta. Aşağısı da 7-8 metre. Dolayısıyla yavru ilk uçuşta havalandırmanın üstünden geçip dışarıya çıkamazsa kendisini bizim 7-8 metrelik havalandırmanın zemininde buluyor.

O nedenle sabahları havalandırmaya indiğimde bazen köşede korkudan sıkışmış, titreyen yavru serçeler buluyordum. Birinci-

Doğan Yurdakul ve Ahmet Şık'la havalandırmada volta.

sini gardiyanlara verdim. Kapının dışına bıraksınlar diye. Başka bir gün bulduğumu kendim uçurmaya karar verdim. Havalandırmanın bir ucunu geçtim, karşıma en uzun duvarı aldım. Böylece yaklaşık 10 metre mesafe elde ettim. Yavruyu iki elime aldım. Ve havalandırmanın bir ucundan yaklaşık 7-8 metrelik duvarı aşacak şekilde 90 derece açıyla havaya fırlattım. Olduğum noktadan tam yukarıya atsam kuş kanat çırpmadan yere düşerdi. O yüzden uçakların kalkışı gibi yerden duvarın üzerini aşacak şekilde attım. Başarılı olmuştu. Kuşun arkasından uçuşunu gördüm. Ama her zaman bu yöntem başarılı sonuç vermiyor. Düşünün, kuş bile uçup firar edemiyor.

Bir keresinde kabuklu büyük bir böcek gördüm. Uçan cinsten değil. Belli ki bir delikten çıkmış. Ama beton zeminde yolunu kaybetmiş. Hayvanın haline acıdım. Sonunda geldiği deliği buldum. Havalandırmanın bir ucundaki böceği alıp deliğin yanına koydum. Bir gidişi vardı ki hayvanın bir daha o delikten böcek geldiğini hiç görmedim.

Cezaevinde 1 Mayıs

Cezaevinde 1 Mayıs'ı izlemek değişik oluyor. Türkiye Gazeteciler Sendikası yine "gazetecilere özgürlük" pankartlarıyla yürüyor. Taksim Meydanı'nda binlerce insan... Meydandaki konuşmalarda adımız zikrediliyor. Tanıdığımız insanlar emekten, özgürlükten, dayanışmadan söz ediyor. Ekranda Nazım Alpman, Atilla Özsever... Ama ruh halim çok sıkkın.

Televizyonda gerilimli şeyler izleyemiyorum. Zaten pek izlemezdim ama şimdi hiç tahammül edemiyorum. *Radikal*'den Ertuğrul Mavioğlu'nun yıllar önce yargılanıp beraat ettiği olaylar *Zaman* gazetesinde hedef göstericesine yer alıyor. Gazeteciliğin nasıl bir hınç ve linç mesleği haline getirildiğini görmek ve bu kez konusu olmak hayret ve şaşkınlık verici.

Basın tarihi yazılıyor.

"Baba orada televizyon ve kurabiye varsa ben de kalırım"

Her sabah olduğu gibi 2 Mayıs'ta da 07-00-07.30 gibi uyandım. Sayımda yine ayaktayım. Hava bulutlu. Televizyonlarda çok önemli bir haber, El Kaide lideri Pakistan'da ABD güçleri tarafından saklandığı evde öldürüldü.

3 Mayıs Dünya Basın Özgürlüğü günü olduğundan Maçka Parkı'nda bir anıt açılışı yapılacakmış. Ama en güzel haberi her pazartesi olduğu gibi kızım ve eşimle yaptığım 10 dakikalık telefon görüşmesi sırasında alıyorum.

Değil kelimeleri, ağzından çıkan her harfi daktilo tuşlarının sesi gibi tek tek belleğime yazdığım kızım beni şaşırtan ve coşturan şu sözleri ediyor:

"Baba ben anneme diyorum ki 'Ben de içeri girmek istiyorum, ne yaparsam girebilirim?'"

3 Mayıs Dünya Basın Özgürlüğü Günü'nde Maçka Parkı'nda İfade Özgürlüğü Anıtı yapıldı.

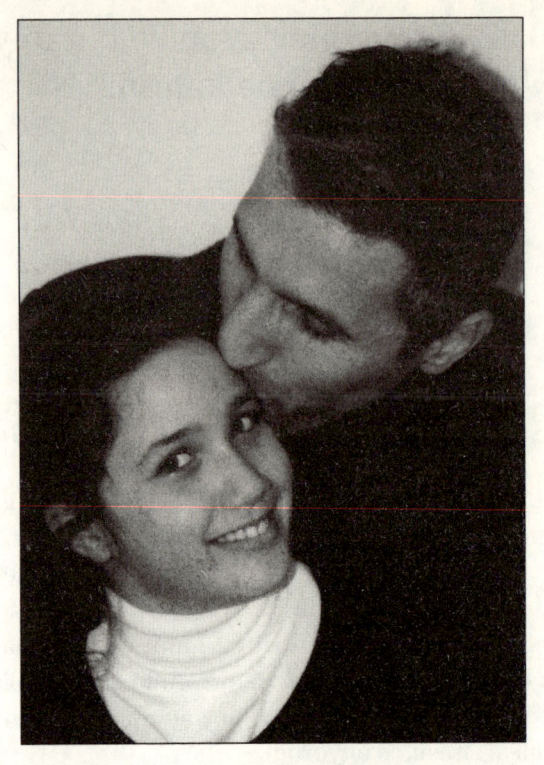

Kızım Vecide Defne ile açık görüşte.

Ben onu yatıştırmak için "Olur mu kızım, sen bekle ben çıkacağım, üzülme" dedim.

Kızım benim sözümü keserek "Baba bak dinle, orada televizyon var mı?" diye sordu.

"Var."

"Kurabiye var mı?"

"Var."

"O zaman hiç problem değil baba, televizyon ve kurabiye varsa ben orada rahat rahat kalırım."

Milliyet ile 17 yıllık beraberliğim hapiste bitti

Dile kolay, 27 yaşında kapısından girdiğim ve tutuklanmadan bir gün önce 2 Mart 2011 akşamına kadar aralıksız 17 yıl çalıştığım *Milliyet* gazetesinin satıldığını 4 Mayıs'ta öğrendim. Aslında satılacağı çok söyleniyordu, ama gerçekleşmeden inanmazdım. Evet, işte gerçekleşti. Doğan Grubu, *Milliyet* ve *Vatan* gazetelerini Demirören ve Karacan gruplarına satmıştı.

Elbette patronumuz Aydın Doğan, ilk göz ağrısı *Milliyet* gazetesini elden çıkarırken çok zorlanmıştır. Ama benim için de hiç kolay olmadı. Böyle ayrılmamalıydık. Ben cezaevindeydim ve *Milliyet* satılmıştı. Oysa her gün *Milliyet* tabelasının altından geçerken nasıl saygın bir kurumda çalıştığımı ve ayrıcalıklı olduğumu hissederdim. Çünkü o 1979 yılında öldürülen Abdi İpekçi'nin gazetesiydi. Ben, İpekçi öldürüldükten 15 yıl sonra *Milliyet*'te çalışmaya başlamıştım, ama İpekçi benim yönetmenimdi.

1994 yılında rahmetli Ufuk Güldemir'in genel yayın yönetmeni olduğu dönemde ekonomi servisinde işe başlamıştım. *Milliyet*'e *Dünya* gazetesinden geçmiştim. Sonra yıllar içinde Derya Sazak, Yalçın Doğan, Umur Talu, Doğan Heper, Mehmet Y. Yılmaz, Sedat Ergin ve son olarak Tayfun Devecioğlu yönetiminde çalıştım.

Belki birçok kişi aynı yerde çalışmaktan rahatsız olur basın sektöründe. Bense kendimi *Milliyet*'in parçası gibi hissediyordum. 17 yıllık muhabir olmama rağmen motivasyonumu hiç kaybetmedim. Geçen 17 yıl içinde üzüntümü ve sevincimi hep *Milliyet*'te yaşadım. *Milliyet*'in uğuruna ve kazandığım maaşın bereketine hep inandım.

Demirören: Nedim Şener'i istemiyoruz

Milliyet'i temsil ediyorum diye her şeyime dikkat ettim hep. Kendimi ve gazetemi hiç kimseye hiçbir amaç için kullandırmadım. *Milliyet* ona olan sevgimin karşılığını her zaman verdi. Onur dolu bir mesleki hayat. Birçok mesleki ödül. 2010 yılında Uluslararası Basın Enstitüsü (International Press Institute-IPI) tarafından Abdi İpekçi ve Hrant Dink'le birlikte adım 60 kişilik "Dünya Basın Özgürlüğü Kahramanları" listesine yazıldı. Bu çatı altında Uluslararası PEN Düşünce ve İfade Özgürlüğü Ödülü'nü kazandım. Babam vefat ettiğinde de *Milliyet*'ten yönetici ve arkadaşlarım yanımdaydı, kızım doğduğunda da.

Hele uzun yıllar şefliğimi yapan Murat Sabuncu. O da benim gibi *Milliyet*'e âşık biridir. Murat, *Milliyet*'teki yıllarımızda olduğu gibi şimdi Silivri Cezaevi'nde de görüşçüm olarak beni yalnız bırakmadı. Beni hapishanede yalnız bırakmayanlar listesinin başında da Aydın Doğan ve Hanzade Doğan ile Doğan Grubu yönetimini saymam gerekir. İlk andan itibaren gerek telefonla gerekse avukatları yönlendirerek hep yanımda oldular. İktidara hoş görünmek adına isteseler ilk anda o günden sonra beni işten çıkararak ailemi de zorluklarla karşı karşıya bırakabilirlerdi. Ama bunu yapmadılar. Bana her zaman sahip çıktılar.

Hatta daha sonra öğrendiğime göre, *Milliyet*'i satın alan Demirören Grubu "Nedim Şener'i istemiyoruz" deyince Hanzade Doğan Boyner, hiç tereddütsüz hemen *Milliyet*'te olan kadromun *Posta* gazetesine tüm haklarımla geçirilmesi talimatını vermiş. Böylece *Milliyet* ile 17 yıllık beraberliğim de sonlanmış oldu. Meğer ben *Milliyet*'ten atılmışım.

Milliyet'ten bir gün böyle ayrılacağım aklıma hiç gelmezdi. Hatta ayrılabileceğim aklıma gelmezdi. Gazetemle öyle özdeşleşmiştim ki bu dışarıdan da açıkça görülüyordu. O yüzden kimse bana transfer dahi teklif edemezdi. Hatta birkaç meslektaş "Biz seni almayı çok düşündük, ama sen o kadar memnun görünüyordun ki, herhalde seni tatmin edecek parayı tahmin edemediğimizden sana transfer teklifinden vazgeçtik" demişti. Benim *Milliyet*'ten memnun olmamı çok yüksek maaş almama bağlamışlardı arkadaşlar. Sonra "Ne kadar teklif edecektiniz?" diye sorduğumda o tarihte aldığımın üç katı maaş vermeyi düşündüklerini söyledi.

Evet, çok daha az maaşa çalışıyordum "muhabir" olarak ama mutluydum, hem de çok. Birçok sıkıntıya, tehlikeye rağmen.

Uğur Dündar: Ben sana "sabah şekeri" ol demedim mi?

5 Mayıs günü Uğur Dündar ve Yılmaz Özdil Silivri Cezaevi'ne beni ziyarete geldiler. Savcıdan aldıkları özel izinle yarım saat görüştük. Uğur Bey ve Yılmaz Özdil'le aramızda duygu dolu konuşmalar geçti. Dışarıdan bahsettiler, gösterilen tepkileri anlattılar.

Uğur Abi'nin bir özelliği de en sıkıntılı anlarda espri yapabilmesi. Zaten yaptığı stresli işin altından da başka türlü kalkılmaz herhalde. Yazdığım haber ve kitaplar nedeniyle bana açılan davaları yakından takip eden Uğur Dündar, zaman zaman davalar gündeme gelince bana şu tavsiyede bulunurdu: "Nedim bak oğlum, bırak bu soruşturmacı gazeteciliği, bir gün başına bir şey gelecek. Boyun bosun yerinde, sana bir 'sabah şekeri' programı ayarlayalım, hem para da kazanırsın."

Ama bu tamamen bir espriydi. Silivri Cezaevi'nde camın arkasından telefonla yaptığımız kapalı görüşte Dündar o sözleri hatırlattı. "Ah Nedim, sana yaptığım öneriyi kabul etseydin şimdi Silivri'de olmazdın" dedi. O ortamda bile bizi güldürdü.

Tutuklanmamız Avrupa'da Ergenekon'un komplosu sanılmış

7 Mayıs Cumartesi günü gardiyanlar ellerinde bir kâğıt, "Nedim Şener, Ahmet Şık açık görüş" diye kapıda bağırıyorlar. "Hayırdır?" dedim. "Avrupalı milletvekilleri gelmiş, bakanlık izni var açık görüş için" dediler.

Ahmet'le hazırlandık. Görüşme salonunda geçen yıl görüştüğüm Avrupa-Türkiye Karma Parlamento Grubu Eşbaşkanı Hélène Flautre ve Ali Yurttagül ile Ankara'da AB temsilciliğinden Sema Kılıçer ile Flautre'in bir yardımcısı bizi bekliyordu. Flautre beni yakından tanıdığı için tutuklanmamızın hemen ardından "Ergenekon soruşturmasına güvenim sarsıldı" demişti. Ve Avrupa Parlamentosu'nda girişimlerde bulunmuştu. Şimdi de tutuklanmamızın üzerinden iki ay geçtikten sonra Silivri Cezaevi'ne ziyarete gelmişti.

Önce bizi dinlediler. Sonra da bizler onu. Dosyamız hakkında da bilgi sahibiydiler. Adalet Bakanı Sadullah Ergin'le yakın ilişki içindeydiler. Bakan Ergin'in de duruma üzüldüğünü aktardılar. Flautre, AB İlerleme Raporu'na adımızın giriş sürecini anlattı ve değişik yorumlar aktardı.

Avrupa Parlamentosu'nda bir grup milletvekili bizim tutuklanmamız üzerine "Hükümetin fundamentalist uygulamalarını hayata geçirdiler" yorumunu yapmış. Ama bu düşüncenin, seçime giden bir hükümeti zorda bırakacağı için mantıklı olmadığını söyledi. İkinci ve kendilerinin de üzerinde durdukları fikirden söz etti. Buna göre "Seçime giderken hükümeti bu kadar zor durumda bırakacak bir operasyonu olsa olsa Ergenekon örgütü yapar" demişler. Yani polis ve yargıdaki Ergenekoncuların oyunu ve komplosuyla tutuklandığımızı düşünmüşler.

"Elbette her şey olabilir" dedim. "Ama o zaman Ahmet ile benim tutuklanmamdan sonra İstanbul Emniyet Müdür Yardımcısı ve Ergenekon operasyonunu yöneten polis Ali Fuat Yılmazer ile bizi tutuklamaya sevk eden, mart sonunda da görevinden terfi ettirilerek uzaklaştırılan Zekeriya Öz'ün rolünü nasıl değerlendireceğiz? Sizin mantığınıza göre ya onlar da Ergenekoncu ya da Ergenekon adına hareket ederek aslında soruşturmayı asıl hedefinden uzaklaştırmış oluyorlar. Böylece Ergenekon'a yardım etmiş oluyorlar. Bu düşünceniz bana mevcut şartlarda mantıklı gelmiyor" diye ekledim.

Onlara dosyamızı anlatmaya çalıştığımızda "Lütfen anlatmayın; Avrupa'da hiç kimse sizin hakkınızdaki iddialara inanmıyor" dediler. Ardından "Hep yanınızda olacağız" deyip ayrıldılar.

İçimdeki iyimseri öldüremedim

8 Mayıs 2011 Pazar
Havalar artık ısınmaya başladı. Havalandırmayı yerde ben, çatıda serçeler bolca kullanıyoruz. Havaların ısınmasından mıdır nedir, hep iyimserim. Hukukun, aklın, gerçeklerin ve vicdanın egemen olmasını bekliyorum. Beklemiyorum; istiyorum, talep ediyorum.
Ahmet daha gerçekçi, "Senin içine Pollyanna kaçmış oğlum" deyip duruyor. Ona göre 7-8 aydan önce tahliye olmazmışız. Bense 6 Mart günü tutuklandığımız için mahkeme 6 Mayıs'ta ikinci kez görüşeceği tahliye talebini kabul edecek umudundayım. Bugün pazar, ya yarın ya yarından sonra mahkemenin tahliye kararı elimize gelir diye bekliyorum. "Tünelin ucunda ışık var" diyorum.

19 Mayıs 2011 Salı
Ahmet haklı çıktı. Tahliye talebi reddedildi. Bu en az bir ay daha buradayız demek. Sinirlendim; oturdum tutuklama, birinci ve ikinci tahliye talebinin reddi ya da tutukluluk halinin devamı kararlarını yan yana koydum bizi neden cezaevinde tuttuklarını anlamaya çalışmak için.
Karşıma şöyle bir tablo çıktı:

05.03.2011 günü tutuklanmamızın gerekçeleri:
Soruşturma kapsamındaki dosyanın içeriği
İletişim tespit tutanakları içeriği
Odatv'de ele geçen belgeler
Kuvvetli suç şüphesi
Adli kontrol tedbirlerinin yetersiz kalacağı

08.03.2011 günü tutukluluğun devamına ilişkin kararda yer alan gerekçeler:
Üzerine atılı suçun mahiyeti
Mevcut delil durumu
Suçlama ve tutuklama tarihine nazaran kaçma şüphesi
Leyhe delil olmaması
Koruma tedbirlerinin yetersiz olması

08.04.2011 günü tutukluluğun devamına ilişkin kararda yer alan gerekçeler:
Suçun vasfı ve mahiyeti
Suç örgütü faaliyetinde delil elde etmedeki zorluk
Delillerin tam olarak toplanamamış olması
Soruşturma kapsamı
Soruşturmanın henüz sonuca bağlanamamış olması
Soruşturmanın bulunduğu aşama
Leyhe değişen veya yeni delil bulunmaması

Ve bu gerekçeler hiç değişmeden her ay yenilenecek gibi görünüyordu.

Allah kurtarır mı bilmem

Her gardiyan sayımda, bir yere giderken dönerken arkamızdan "Allah kurtarsın" diye bağırıyor. Bana gerçekten dokunuyordu bu söz. Benim işim Allah'la değil ki; biraz akıl, bilgi, gerçek ve vicdan arıyordum.

Tamam, hukuk sistemi bu talebime yanıt vermiyordu, ama işin Allah'a bırakılacak yönü de yoktu benim için. Adalet bekliyordum; beklemiyor, talep ediyordum. Ama kapılar duvar, duvarlar sağır ve dilsiz, yalnız kendi sesinin yankısını duyuyorsun Silivri'de.

Ben de "Allah kurtarsın" diyen memurlara, "Allah'a kalsa belki kurtarır da kullar o kadar merhametli değil" diyordum.

100. günde Başbakan şoku

9 Haziran 2011
Başbakan Erdoğan "27 Nisan muhtırası, muhtıra değil Genelkurmay'ın görüşüdür" dedi. Bir şok daha yaşadım... Bir sürü albay, general darbe teşebbüsünden, kaos ortamı yaratmaktan cezaevindeyken, iş demokrasiye en açık müdahale olan 27 Nisan muhtırasına gelince Genelkurmay görüşüymüş. Sanki o muhtıranın hedefi o tarihteki cumhurbaşkanlığı seçimi değildi. Herkes biliyordu ki bu bir muhtıraydı. Zaten hükümetin ilk andan beri gösterdiği tepki, bunun muhtıra olduğunu gösteriyordu. Başbakan Erdoğan böylece dönemin Genelkurmay Başkanı Yaşar Büyükanıt'ı temize çekiyordu. Artık kimse ona dokunamazdı.

Eee biz? Başbakan bizim için "Onlar gazeteci değil, terör örgütü üyeliğinden tutuklu" dememiş miydi? Hem Türkiye'de hem de yurtdışında Başbakan dahil bakanlar Bülent Arınç, Egemen Bağış, Ahmet Davutoğlu, Sadullah Ergin, AKP'lilerin tamamı bizi "anayasal düzeni silah zoruyla değiştirmeyi amaçlayan terör örgütü üyesi" diye damgalamıştı. Ama şimdi elinin altında 800 bin kişilik ordu bulunan ve geçmişi darbelerle dolu olan Türk Silahlı Kuvvetleri'nin başındaki isim, Yaşar Büyükanıt, demokrasiye en açık müdahale olan 27 Nisan muhtırasından temize çıkarılıyordu, "O muhtıra değil Genelkurmay'ın görüşü" denerek. Hapisliğimizin 100. gününde bundan hoş ne olabilir!..

"İyi ki tutuklanmışız..."

Tutuklandıktan sonra basın, ifade ve düşünce özgürlüğü konusunda tartışmalar hem Türkiye'de hem de yurtdışında geniş yer buldu. 94 kuruluşun bir araya gelerek oluşturduğu Gazetecilere

Tutukluluğumun 100. günü gerçekten adaletin kara 100'ü oldu.

Özgürlük Platformu (GÖP), biz tutuklanmadan önce 50 dolayında olan cezaevlerindeki gazetecilerle ilgili sorunu gündemde tutuyordu. 14 Şubat 2011'de Odatv'den üç kişi tutuklandı. 18. Ergenekon dalgasında 3 Mart 2011 günü 7 gazeteci gözaltına alındı. Bir de Prof. Dr. Yalçın Küçük. Ancak tüm tepkiler Ahmet Şık ile benim tutuklanmama yönelik olarak gerçekleşti. Yalnız İstanbul'da değil, Ankara'da, İzmir'de, Bursa'da, Kocaeli'de gazeteciler yürüyüşler düzenledi. Kocaeli'de gazeteciler bir de Kabahatler Kanunu'na aykırı davranmaktan para cezasına da çarptırıldı.

Bizi ziyarete gelen meslektaşlarımız ve avukatların söylediği bir cümle dikkatimi çekiyordu. Herkes "İyi ki tutuklandınız; sizin sayenizde hapisteki diğer gazetecilerin durumu gündeme geliyor. Her şerde bir hayır vardır" diyordu.

Evet, bizim tutuklanmamızla büyük bir tepki dalgası oluşmuştu. Ama bu bedeli ödemek gerekiyor muydu? Demek gerekiyormuş...

Bu düşünceler yalnız bizim yüzümüze söylenmiyordu. *Cumhuriyet* gazetesinden çok sevgili Zeynep Oral 9 Haziran günü bu durumu şöyle anlatıyordu:

> Üç gün kaldı seçimlere, oysa benim seçimlerden önce söylemek istediğim üç bin ton söz var... Hepsini sığdıramam bu köşeye. İşte nicedir içimi yakan düşünceler.
>
> Sevgili Nedim Şener ve Ahmet Şık, beni affetsinler, ama hani şu son dönemlerde "İyi ki onlar da içeri alındı" dediğim çok oldu... Evet, de-

dim çünkü o sayede milletin gözü açıldı. Kimi yandaş gazeteciler "Demek ki içerideler, mutlak vardır bir suçları" mantığıyla (!) iki yıldır tutuklu ya da hücredeki gazetecileri görmezden geldiler! Sadece Mustafa Balbay, Tuncay Özkan, Doğu Perinçek'e değil, Güneydoğu'da işlerini yapan, yapmaya çalışan nice gazeteciye gözlerini kapadılar. Odatv'ye yapılan operasyonla ilgili tutuklanan Meclis muhabiri Müyesser Yıldız'ı yok saydılar... Ve daha isimlerini sayamadığım nicelerini...

Şimdi Nedim Şener ve Ahmet Şık isimleri birer simgeye dönüşürken onların adı geçen her yerde tutuklu ya da hükümlü 70 gazeteciyi en azından anıyor, gündeme getiriyoruz. Hükümetin iddia ettiği gibi onların "terör suçlusu" olmadıklarının bilinciyle mücadeleyi sürdürebiliyoruz. Onların "terör suçlusu" değil, muhalif olduklarını biliyoruz.

Bu arada yargı tarihimizin belki de en ibret verici tümcesini yine bir gazetecinin tutuklanmasına ilişkin yaşadığımı itiraf etmeliyim: *Atılım* gazetesinden Necati Abay "delil yok ama kanaat var" hesabıyla 18 yıl hapse çarptırıldı. Bu kanaati oluşturan, Necati Abay'ın yıllardır tutuklu gazetecilerin savunmasını, örgütlenmesini üstlenmesi olmasın sakın?..

İşte Ahmet Şık ve Nedim Şener iyi ki tutuklandı demiş olmam, kimilerinin yok saydığı, rivayet bellediği gerçekleri görünür kılmaları!

Gazeteciler yürüye yürüye yolları aşındırdı.

Koğuşumuzda bir bakanlık bürokratı
"Belki biz de buraya düşeriz"

Tarih 21 Temmuz 2011. Bunu özellikle yazıyorum, çünkü bir tutuklunun kolay kolay yaşayamayacağı bir şey başımıza geldi. Önce genç infaz koruma memurları, daha sonra başmemurlar koğuşa geldiler. "Hemen hazırlanın, genel müdür buraya geliyor" dediler.

Biz gelen kişinin kim olduğunu bilmeden üstümüzü değiştirdik, ortalığa çekidüzen verdik, beklemeye başladık. Derken koğuşun kapısında bir hareketlilik oldu. Aylardır cezaevinde gardiyan üniformasından başka resmi kıyafet görmemişken kapıda takım elbiseli ve kravatlı adam bolluğundan geçilmiyordu.

Gelen kişi Adalet Bakanlığı Cezaevleri Genel Müdürü Sefa Mermerci'ydi. Rahat, güleç yüzlü ve iletişim kurması kolay, espriye de açık biri gibi görünüyordu. Hele beraber geldiği Silivri Başsavcılığı ve Cezaevi yetkilileriyle kıyaslandığında saydığım özellikleri daha da belirginleşiyordu. Hoş geldiniz, nasılsınız faslından sonra dinlemek için sözü bize bıraktı. Ahmet, cezaevi koşullarından şikâyet ettikten sonra infaz koruma memurlarının ekonomik ve sosyal haklarından, kadro sorunlarından söz etti.

Sefa Bey ise Silivri Cezaevi'nin koşullarının iyiliğinden söz ederken yemek ve barınma koşullarının Anadolu'daki hapishanelerden ne kadar iyi olduğunu anlattı. Anadolu'da bazı hapishanelerde yatacak yer olmadığını, hatta koridor ve kapı önünde yere yatak sererek yatanlar olduğunu söyledi. Yemeklerin ise iyi olduğunu, bazı asker sanıkların yemeği beğendiğini, hatta "Burada çıkan yemek bizde çıkanlara göre daha iyi" dediklerini söyledi. Sefa Bey iyimser bir insandı belli ki ama tutuklulara, hem de her gün haksız bir şekilde tutuklu olduğunu düşünen birilerine cezaevi övgüsü yapmak iyimserliği de aşan bir tuhaflıktı.

Ancak daha ilginci Sefa Bey'in diyaloğa açık haliydi. Cezaevi koşullarından söz ederken empati yapmayı da ihmal etmiyordu. "Belki bir gün biz de buraya düşeriz" dedi.

Bence söylediği anlamlıydı ve içinde bir siyasi duruşu da barındırıyordu. Hatta "Sayın Başbakanımız da buralardan geçti" diyerek durduğu yeri belirtiyordu.

Ben de kendisine şu karşılığı verdim: "Evet, Başbakan Erdoğan da mahkeme kararıyla hapis yattı. Adnan Menderes ve arkadaşları mahkeme kararıyla asıldı. Deniz Gezmiş'ler de. Bize yapılan haksızlık da mahkeme kararıyla. Ama merak etmeyin, biz eğer mesleğimizi yapıyor olursak sizin hakkınızı koruruz."

Ardından isteklerimizden söz ettim. Nâzım Hikmet'in 1940'larda hapishanede daktilo kullanabildiğini hatırlatıp bize de elektrikli daktilo ya da yalnızca yazı yazmak için kullanmak üzere üzerindeki internet ya da kablosuz bağlantı donanımları sökülmüş dizüstü bilgisayar verilmesini istedim. Sefa Bey cezaevi savcısına "Belki elektrikli daktilo düşünebiliriz" dedi. "Belki olur" umuduyla kalabalık bürokrat grubunu yolcu ettik.

Aradan geçen aylarda ziyaretin "nezaket" amaçlı olduğu anlaşıldı. Çünkü avukatlarımın cezaevine getirdiği daktilo içeri sokulmadı. Silivri Savcılığı da bu talebi yerine getirmedi. Savcılık, avukatıma "Canım orada konuşulan iyi niyetli bir düşünce, ama yönetmelik elektrikli daktilo için müsait değil" şeklinde bir karşılık vererek konuyu kapatmıştı.

Hilmioğlu: "Bakın siz de Ergenekoncu oldunuz"

Hapishane ilginç tesadüflere sahne oluyor. Daha önce adını duyduğunuz ünlü bir simayı bir anda gardiyanlar arasında ya da avukat görüşünde karşınızda buluveriyorsunuz. Bizim kaldığımız 2 No'lu Cezaevi'nde bu kişiler genellikle narkotikçiler. Bu bazen ünlü bir uyuşturucu kaçakçısı da olabiliyor.

Aylardır cezaevindeydik ve aslında nereye gideceğimizi bilmiyorduk. Ben ara sıra basın davaları nedeniyle yargılandığım Bakırköy Adliyesi'ne gidip geliyordum. İşte o gidişlerden birinde İnönü Üniversitesi Rektörü Prof. Dr. Fatih Hilmioğlu ile karşılaştık. Bir süre sohbet ettik. Hilmioğlu bana "Dışarıdayken Ergenekon Ergenekon diyordunuz, bakın şimdi siz de Silivri'desiniz" deyince şaşırdım. Beynimin içine dağılmış düşünceler cıva parçacıklarının bir araya gelmesi gibi toplandı.

O konuşmayı ve içinde bulunduğum durumu, Türk basın tarihinde hayata geçen bir proje olan *Tutuklu Gazete*'de yazdım. Bu gazetede o tarihte cezaevinde bulunan yaklaşık 60 gazetecinin yazılarına yer verilmişti. Türkiye'deki hapishanelerde bir değil, birden fazla gazete çıkaracak kadar gazeteci vardı. Türkiye Gazeteciler Sendikası da öncülük ederek *Tutuklu Gazete*'yi çıkarmıştı.

Basında sansürün kaldırılışının yıldönümü olarak kutlanan 24 Temmuz 2010 günü yayınlanan *Tutuklu Gazete*'nin birinci sayısında, Fatih Hilmioğlu ile benim Ergenekon soruşturmasındaki konumumu anlattığım yazı şöyleydi:

Hilmioğlu, Ergenekon ve ben

Silivri 2 No'lu Kapalı L Tipi Ceza ve Tutukevi'nin girişinde beni Bakırköy Adliyesi'ne götürecek jandarma ve aracı beklerken, odaya,

İnönü Üniversitesi eski rektörü ve Ergenekon davası sanığı Prof. Dr. Fatih Hilmioğlu girdi.

Bir iki dakika sonra da aynı davada yargılanan Prof. Dr. Yalçın Küçük getirildi. İnfaz koruma memurlarının nezaretinde selamlaşıp tanıştıktan sonra küçük bir sohbet yapacak zamanımız oldu. İlk sözlerden sonra Hilmioğlu, sanırım bir süredir içinde tuttuğu ve zamanı geldiğinde yani karşılaşmamızda söylemek istediği cümleyi yüzüme söyledi, "Eee... Dışarıdayken Ergenekon Ergenekon diyordunuz, bakın şimdi siz de buradasınız" dedi.

Evet, ben de, Ahmet Şık da, Fatih Hilmioğlu, Yalçın Küçük ve diğer dört kişiyle birlikte Silivri 2 No'lu Kapalı Cezaevi'nde "Ergenekon Terör Örgütü" üyeliği iddiasıyla neredeyse dört aydır tutukluyduk. Elbette nerede olduğumu biliyordum, ama Hilmioğlu başka bir şey söylemek istiyordu.

"Fatih Bey, benim Ergenekon davasıyla ilgim, Hrant Dink cinayetiyle ilgilidir. Ergenekon'da yargılanan bazı sanıklarla Dink cinayeti sanıkları arasındaki bağlantıya dikkat çektim. Burada Danıştay saldırısı yargılanıyorsa Dink cinayeti dosyası da Silivri'de yargılanmalıydı. Ergenekon'u da yargı kesin kararını verene kadar iddia boyutuyla ele aldım" dedim.

Hilmioğlu, bunca yılın profesörü, o, kendine göre bana dersini vermişti. Açıklamamı dinleyip dinlemediğine emin olamadım, jandarma ve nakil aracı geldi. Hilmioğlu ile Küçük'ü Silivri kampüsündeki duruşma salonuna götürdü. Beni Bakırköy Adliyesi'ndeki duruşmama götürecek jandarmalar ile nakil aracı da biraz sonra kapıya yanaştı.

Silivri-Bakırköy arasında 1-1,5 saat süren yol boyunca düşündüm durdum. Hilmioğlu her ne kadar sitem ediyor gibi konuştuysa da benim ve Ahmet'in durumunu da özlü bir şekilde özetlemişti. Bir yandan memleketin kanlı geçmişinde imzası bulunan "derin" yapılarla uğraş ve kaleminle buna karşı dur; değil asker, sivil otoritesi, mahalledeki abi otoritesine, hatta aile büyüklerinin otoritesine isyan et ve her vesayete karşı çık... Sonra da demokrasiyi zehirleyen bir başka vesayetçi zihniyetlerin bir arada olduğu Ergenekon adı verilen yapının üyesi olmakla suçlan.

Bizim de zaman zaman konuştuğumuz bu durumun Hilmioğlu'nun ağzından ama bir başka amaçla tasvir edilmesi bana ilginç geldi. Evet, ben ve biz Ergenekoncu olmadığımızı biliyorduk, silahlı terör örgütüne üye değildik ama işte Silivri'deydik. Hem de dört aydır. Zor bir durum bizimkisi...

Hilmioğlu aslında birçok Ergenekon davası sanığının da düşüncesini dile getirmişti. O, bir akademisyen nezaketiyle bu kadarını söyledi. Ya Veli Küçük, Kemal Kerinçsiz dahil diğerlerinin aklından neler geçmişti?

Oysa 2008 yılı Mayıs ayından beri gece gündüz üzerinde çalıştığım meslektaşım Hrant Dink cinayeti ile Ergenekon davasının birleşmesi için iki kitap, 100'e yakın haber ve yazı yazmış, çıktığım her televizyon kanalında bunun delillerini ve şemalarını kamuoyuyla paylaşmıştım.

Tutuklulukla değil tutkuyla
Benim "gerçek" ile ilişkim tutkuludur. Öğrendiğim bir gerçeği herkesle paylaşmazsam yaşayamam. İnsanın sevdiğine "seni seviyorum" demesi gibidir, bir gerçeği gazetecinin okurlara, halka aktarması. Duygularınız da, haberin özü olan olgular da sahici olacak. O zaman değil tutuklanmaya, ölmeye bile değer. Eee, ben de sevdiğim için ve mesleğim için nefes alır ve veririm. Sahici olarak, gerekirse almamak üzerine veririm nefesimi.

Eğer Hrant Dink cinayetinde gerçeği söyleyemeyecek, yazamayacaksam yaşamanın ne anlamı var? Çünkü yaşamak için vücudumuzun oksijene ihtiyacı var. Ruhumuzun da yaşaması için, ruhumuzun oksijeni adalet duygusudur. Benim için, senin için, bizim için, hepimiz için, Hrant Dink için adalete ihtiyacımız var.

Bu cinayetin tam olarak aydınlatılmadığını biliyorsunuz ve ruhunuzda bir sıkıntı var, hissediyor musunuz? İşte, o ruhunuzun oksijeni olan adalet eksikliğindendir ve ben gazeteci olarak bu eksikliğin giderilmesi için 3,5 yıl çalıştım, her bedeli ödedim ve ödüyorum.

Yazıyı bir başka anekdotla bitireyim. 3 Mart 2011'de gözaltına alındıktan sonra 5 Mart günü Savcı Zekeriya Öz'ün karşısına çıktım. Üç avukatım da yanımdaydı. Sorulardan biri 2009 yılı Temmuz ayında yayınladığım bir kitapla ilgiliydi.

Çalıştığım *Milliyet* gazetesindeki şefimle kitap üzerine yaptığımız bir telefon konuşması okundu. Konuşmada şefim bana, kitabı henüz okuyup eleştirilerini vermeyen gazeteci büyüğümün "Neden benim eleştirilerimi almadan bastırdı. Acele etti" şeklindeki sitemini aktarıyordu. Ben de 1,5 ay önce kitabı kendisine verdiğimi, görüş vermeyince yayınevinin isteği üzerine bastırdığımı söylüyordum. Konuşmada ben son olarak "Ne yapayım, istiyorlarsa beni işten atsınlar" diye tepki göstermiştim.

Savcı Öz "Bir kitap yazmak için neden işten atılmayı göze alıyorsun?" diye sordu.

Ben de cevap olarak "Sayın Savcım, bir savaş çıkarsa devlet bana ölümcül bir görev olan askerliği kanun ile verir. Ama iş, ifade özgürlüğü, basın özgürlüğü olunca ölmek gerekiyorsa önce ben giderim" dedim.

5 Mart 2011 günü tutuklandıktan sonra Türkiye'de ve dünyada ortaya çıkan ifade özgürlüğü ihlalleri konusundaki fotoğrafı çekmek üzere Viyana'dan bir heyet geldi. Uluslararası Basın Enstitüsü Direktörü Alison Bethel McKenzie yaptığı basın toplantısında kendisine "Türkiye'de basın ABD'den daha özgürdür" şeklindeki ifadeye katılıp katılmadığı sorulduğunda "Dalga mı geçiyorsunuz? Ben Amerika'da gazetecilik yaptım. Orada gazeteciler hapse girme korkusu olmadan mesleğini yaparlar" yanıtını vermişti.

Türkiye'de ise gazeteciler hapse girme riskine rağmen ve bu riski bile bile mesleklerini yapıyorlar.

Umarım bu korkular kısa sürede geride kalır.

Son dakika haberi:
İddianame çıkmış

"Babam beni o kadar çok seviyor ki suç işleyip benden ayrılmayı düşünmez"

Ağustos sıcağında havalandırmada güneşlenmekten başka bir şey gelmiyor elimden. Ahmet "Plaja çevirdin burayı" deyip duruyor. Gardiyanlar da gülüyor halime; iki plastik sandalyeyi kullanarak kendime bir şezlong yapıyorum, bayağı güneşleniyorum. Dalgasına "Silivri Beach" diyorum gardiyanlara. Kitap okuyup kemiklerim ısınana kadar, hatta güneş havalandırmayı terk edene kadar güneşleniyorum.

Havalandırmanın duvarları o kadar yüksek ki, saat 17.30-18.00 gibi güneş o duvarların arkasından görünmez oluveriyor yaz olmasına rağmen. Ne zamandır güneşin dağların, denizlerin ardından batışını görmedim. Hep o uzun duvarların ardında batıyor güneş benim için. Ve son anına kadar güneşi görmek için bazen sandalyenin üzerine çıkıyorum. Biraz daha güneş, biraz daha hayat için...

Bir de eşimi ve kızımı düşünüyorum. Onlar Marmara Adası'nda anneannesinin köyünde geçiriyorlar tatili. Mektup geliyor, bolca da fotoğraf. Nasıl bir mutluluk. Eşimin mektupları nasıl mutlu ediyor beni. Hele kızımızdan söz ederken...

Bir gün iskelede beni tanıyan biri yanlarına gelmiş. Konuşmuşlar, kızıma moral vermek için "Kızım senin baban suçsuz" demiş.

Sekiz yaşındaki kızım Vecide Defne "Biliyorum, söylemenize gerek yok. Babam beni o kadar çok seviyor ki, suç işleyip benden uzak kalmayı düşünemez" demiş. Eşim de şaşkınlıktan susmuş kalmış. Eee doğru söze ne denir?

İddianame çıkmamıştı, ama küçük kızımın vicdanındaki masumiyetimi koruyordum.

Gerisi vız gelirdi.

Ayda bir kez yaşadığımız açık görüş.

"Babam terörist ise onu desteklemem"

26 Ağustos 2010 sıcak bir gündü. Havalandırmada hızlı adımlarla yürüyordum. Ahmet birden penceredeki parmaklıklara doğru hızla gelip "İddianame çıkmış" dedi. Şaşırtıcıydı. Çünkü biz ekim, hatta kasım ayından önce iddianamenin çıkmasını beklemiyorduk. Ama olmuştu işte. Hemen koğuşa çıktım ve televizyonda haber aramaya başladık.

İşte oradaydı, altyazıda "Nedim Şener ve Ahmet Şık'ın da tutuklu olduğu Ergenekon soruşturmasında son dakika gelişmesi" yazıyordu. Masada kuru fasulye, bulgur ve salata üçlüsünden oluşan akşam yemeği vardı. Televizyonda spiker "İddianame tamamlandı" deyince rahatladım.

İddianame, Savcı Cihan Kansız tarafından Başsavcı Vekili Fikret Seçen'e teslim edilmişti. Şimdi sıra neyle suçlandığımızı öğrenmeye gelmişti. Çok geçmeden o detay da geldi. İddianamede 1 numaralı sanık Yalçın Küçük, 2 numaralı Soner Yalçın'dı. Haberlerde benim ve Ahmet Şık'ın 7,5 yıl ile 15 yıl hapis cezası istendiği söyleniyordu. Bir de şaşırtıcı detay, biz örgüt üyeliğinden değil, yardım ve yataklıktan suçlanıyorduk. Bu gerçekten şaşırtıcıydı. Çünkü "Ergenekon silahlı terör örgütü üyeliği" suçlamasıyla tutuklanmıştık.

Nedense "sersemce" bir rahatlık yaşamıştım. İddianamenin çıkmış olması ve sonsuz bekleyişin bitmesi mi, yoksa örgüt üyeliği suçlamasının düşerek "yardım ve yataklığa" inmesi mi beni rahatlattı bilmiyorum, ama bu rahatlamanın "sersemce" olduğunun farkındaydım. Normal bir ülkede bir gazetecinin suçlanamayacağı iddialarla neredeyse 6 aydır tutuklu olmasının anormalliğini aşmıştım. Oysa "hukuk devletinde bu iddialarla adamı tutuklamaz, tutuklansa da serbest bırakırlardı". Ama burası Türkiye'ydi. İnsan "örgüt üyeliği" suçlaması yerine "yardım ve yataklığa" seviniyor işte.

Artık önümüzde 15 gün vardı. İddianame İstanbul 16. Ağır Ceza Mahkemesi'ne yollandı. İki hafta sonra iddianamenin kabul edildiği haberi geldi. Ailelerimiz, avukatlarımız ve biz 134 sayfayı altüst ettik. Siyasetçilerin "Ama onlar gazete haberi ve kitap yazdıkları için değil, terör örgütü üyeliği nedeniyle tutuklu" iddiası tamamen düşmüştü.

İddianameyi inceleyince "Bu gazeteciler, haber, yazı ve kitap nedeniyle değil, açıklanması mümkün olmayan gizli deliller nedeniyle tutuklu" diyen Savcı Zekeriya Öz'ün gerçeği söylemediği anlaşılıyordu. Gerçi Savcı Öz, Nisan ayı başında görevinden alınmış, iddianameyi de Cihan Kansız yazmıştı. Ama bir delil olsaydı Zekeriya Öz bunu Kansız'a devrederdi. Dolayısıyla iddianame gösteriyordu ki, bizi tutuklatan Savcı Öz'ün elinde –iddiasının aksine– "kitaplardan ve haberlerden" başka bir şey yoktu.

Bu konuya biraz sonra yine döneceğim, ama kızım Vecide Defne Şener'in iddianameye gösterdiği tepkiyi sizinle paylaşmak istiyorum.

Eşim Vecide Şener, iddianameyi okurken kızım da yer yer göz atıyor, annesinin konuşmalarından suçlama hakkında fikir ediniyormuş. Konuşmalarda ve iddianamede bol bol "terör örgütü", "örgüt üyeliği", "terör" kelimesi geçtiğini gören ve duyan kızım, annesine "Anne babam terörist mi?" diye sormuş.

Eşim "Yok kızım, nereden çıkardın?" demiş.

Kızım "Babam eğer teröristse ben babamı desteklemem, çünkü terörist adam öldürür" demiş.

Evet, biz çocuğumuza yanlışın yanında olmamasını öğretmiştik. Vicdanlı olmayı ve herkesi eşit görmeyi öğretmiştik, şimdi de ektiğimizi biçiyorduk. Gerçekten ben yasadışı bir işe karışsam en önce ailemden tepki görürüm.

Ama sekiz yaşındaki kızımın sağduyusunu savcılığın iddianamesinde görememek ne kötü bir durumdu. Kitap yazmanın insan hayatına son veren "terör faaliyetiyle" nasıl yan yana gelebildiğine şaşmamak mümkün değildi. Ama gelmişti işte, 134 sayfalık iddianame önümüzdeydi.

Kitapları örgütsel doküman yapan tarihi iddianame

Aylardır beklediğimiz iddianame nihayet önümdeydi. Ne çıkacak, hakkımızda o çok gizli deliller nedir, öğrenecektik. Öyle bir gürültü kopmuştu ki, "silahlar", "bombalar", "darbe toplantıları" ne varsa iddianamede görmeyi umuyordum. "Bende olmasa da başkasında olmalı" diye düşünüyordum. Öyle gizemli bir hava vardı ki, Özel Kuvvetler'de görev yapmış Milli İstihbarat Teşkilatı (MİT) mensubu Kaşif Kozinoğlu ve istihbaratçı Hanefi Avcı gibi isimlerin yer aldığı iddianameden de başka bir şey çıkmazdı herhalde!

Ama o da ne? "Herhalde gözüm yanıldı" dedim hızlıca bakarken. Haber, yazı, kitap... İddianamenin başından sonuna hep bunlar var. Bir de İklim Kaleli bölümü. Hani şu Savcı Zekeriya Öz'ün sorgudan sonra serbest bıraktığı gazeteci. O da iddianamenin seks skandalı, daha doğrusu taciz ve şantaj bölümünü oluşturuyor.

İddianamenin 1 numarası, Ergenekon davasının tutuksuz sanığı, ama bizimle birlikte tutuklanan Prof. Dr. Yalçın Küçük. 2 numaralı sanık ise Odatv'nin sahibi Soner Yalçın, 3 numaralı sanık Barış Terkoğlu, 4 numaralı sanık Barış Pehlivan, 5 numaralı sanık Doğan Yurdakul, 6 numaralı sanık Müyesser Uğur, 7 numaralı sanık Coşkun Musluk, 8 numaralı sanık Sait Çakır, 9 numaralı sanık Ahmet Şık, 10 numaralı sanık Hanefi Avcı, 11 numaralı sanık ben, 12 numaralı sanık Kaşif Kozinoğlu oldu. 13 ve 14 numaralı sanıklar sürpriz sayılırdı. Çünkü savcı tarafından serbest bırakılan Mümtaz İdil 13, İklim Ayfer Kaleli 14 numaralı sanıktı.

Suçlamalar da çok ilginçti. Yalçın Küçük örgüt yöneticisiyken, ben, Ahmet Şık, Hanefi Avcı ve Kaşif Kozinoğlu hariç diğer 8 kişi "örgüt üyeliği" ile suçlanıyordu. Hepimiz "örgüt üyeliğinden" tutuklanmıştık, ama ben dahil 4 kişinin suçlaması "örgüt üyeliğinden", "bilerek ve isteyerek örgüte yardım ve yataklık etme" suçlamasına dönüşmüştü.

Tuhaf bir suçlama doğrusu. Çünkü henüz Ergenekon adında bir terör örgütü olduğuna dair tek bir mahkeme kararı yokken bizim "varlığı kesin olmayan bir örgüte hem de bilerek ve isteyerek yardım ettiğimiz" iddiası kendi içinde çelişkili bir durumdu. Bilindiği gibi neredeyse dört yıldır İstanbul 13. Ağır Ceza Mahkemesi'nde görülmekte olan Ergenekon örgütü davası henüz sonuçlanmadı. O yüzden mahkeme bile yaptığı açıklamada "iddia olunan Ergenekon Silahlı Terör Örgütü" ibaresinin kullanılmasını istemişti. Oysa bizim iddianame cümleye doğrudan "Ergenekon Silahlı Terör Örgütü" ibaresiyle başlıyordu. "İddia olunan..." gibi bir naif niteleme yapma ihtiyacı bile hissetmeyen savcılık; ben, Ahmet Şık, Hanefi Avcı ve Kaşif Kozinoğlu hakkında 7,5 yıl ile 15 yıla varan hapis cezaları istiyordu.

Suçlamanın kaynağı ise maalesef kitaptı. Oysa ben aylarca "İnşallah kitaplar yargılama konusu olmaz" diye düşünmüştüm. Bunu Türkiye'ye yakıştıramıyordum. Ama savcı yakıştırmıştı ve kitap yazmak suçlama nedeni olmuştu.

İddianamede bazı sanıklar için, silahlı terör örgütü kurma ve yönetme, üye olma, halkı kin ve nefrete alenen tahrik etme, devlet güvenliğine ilişkin gizli belgeleri temin etme, adil yargılamayı etkileme gibi suçlamalarda bulunuluyordu.

İddianamenin sürprizi ise "müşteki" bölümündeki isimdi: Nazlı Ilıcak. Bu durum ona da sürpriz olmuştu.

İddianamenin 97-104. sayfaları bana ayrılmıştı. Benim savcılıkta verdiğim ifadede Soner Yalçın'ı tanımadığıma yönelik ifadem hatırlatılıyor, ama Soner Yalçın'la 21 Ekim 2009 günü, Barış Terkoğlu ile 16 Eylül 2009 günü haber amaçlı yaptığım telefon konuşmaları ile Odatv'nin bilgisayarında benim 2009 yılı Temmuz ayında yayınlanan *Ergenekon Belgelerinde Fethullah Gülen ve Cemaat* isimli kitabımın word metninin bulunmasına dikkat çekiliyordu. Ayrıca Odatv bilgisayarında "Hanefi.doc", "Sabri Uzun. doc" ve "Nedim.doc" adlı talimat yazılarının bulunmuş olmasının benim Soner Yalçın'la örgütsel ilişki içinde olduğumu gösterdiği iddia ediliyordu.

Soner Yalçın ve Barış Terkoğlu ile haber amaçlı yaptığım görüşme dışında hiçbir temasım olmamıştı. O görüşmeler de 2009 yılı Eylül ve Ekim aylarında gerçekleşmişti. Benim *Ergenekon Belgelerinde Fethullah Gülen ve Cemaat* kitabım bu görüşmelerden iki üç ay önce, 2009 yılı Temmuz ayında piyasaya çıkmıştı.

Savcılık, Odatv'nin bilgisayarında *Ergenekon Belgelerinde Fethullah Gülen ve Cemaat* kitabımın piyasaya çıkmadan önceki taslak halinin bulunduğunu iddia ediyordu. Buna dayanak olarak da Odatv'de bulunan word metnin oluşturulma tarihinin 08 Nisan 2009, son kaydedilme tarihinin ise 15 Mayıs 2009 olmasını gösteriyordu. Tarihe dikkat! Son kaydedilme tarihi 15 Mayıs 2009. Peki, ben bu iddianameye göre Soner Yalçın'la ne zaman konuşuyorum: 21 Ekim 2009. Barış Terkoğlu ile ne zaman konuşuyorum: 16 Eylül 2009. Bu konuşmaların içeriğine baktığımızda da ilk kez –ve son kez– bu telefon konuşmasında tanışmadığımız da anlaşılıyor. Ama savcılık kitabımın yayınlanmasından (Temmuz 2009) iki ve üç ay sonra (Eylül ve Ekim 2009) yaptığım telefon konuşmalarını Soner Yalçın'la örgütsel bağ olarak yorumlarken, telefonda tanışmamızdan dört ay öncesine dayanan son oluşturma tarihli kitabın, Odatv çalışanları tarafından kontrolden geçirildiğini iddia ediyordu.

Savcı bu iddiayı şöyle dile getiriyordu:

> Nedim Şener ifadesinde Odatv'cilerle görüşmediğini, hiçbir birlikteliğinin olmadığını beyan etse de; Odatv'de yapılan aramalarda el koyulan dijital verilerin bilirkişiler tarafından yapılan incelemesi sonucunda "NEDİM" isimli klasör içerisinde "YBelgesi" isimli word belgesi olduğu tespit edilmiş, word belgesinin içeriğine bakıldığında Nedim Şener'e ait "ERGENEKON BELGELERİNDE FETHULLAH GÜLEN VE CEMAAT" isimli kitabın taslak hali olduğu tespit edilmiştir.
>
> "YBelgesi" isimli word belgesinin teknik özelliklerine bakıldığında; Yazarlar ve Son kaydeden kısmında "nsener" yazdığı, içerik oluşturma tarihi kısmında "08.04.2009", son kaydetme tarihi kısmında "15.05.2009" yazdığı tespit edilmiştir. Ayrıca kitabın ilk sayfasında belirtilen birinci basım tarihine bakıldığında; Temmuz 2009 yazdığı görülmüştür. Bu durum söz konusu kitap basılmadan önce Odatv'ye geldiğini ve Odatv çalışanları tarafından kontrolden geçtiğini göstermektedir.

Ancak bu kitapla ilgili iddialar suçlamanın temelini oluşturmuyordu. Temel suçlama, "Hanefi.doc", "Sabri Uzun.doc" ve "Nedim.doc" adlı word dokümanlarındaki talimatlar doğrultusunda Hanefi Avcı'yı ve Ahmet Şık'ı yazdığı kitap (örgütsel doküman) konusunda yönlendirmek ve bu çalışmalara katkı sağlamaktı.

Önce Hanefi Avcı'nın kitabıyla ilgili iddialara yer vereyim:

Hanefi Avcı'nın kitabı 20 Ağustos 2010 günü piyasaya çıkmıştı. İddianamede benim Hanefi Avcı ile 2009 yılı Mayıs ve Ekim ayında yaptığım iki telefon görüşmesine yer verilerek aramızda "bağlantı" olduğu yazılıyordu. Ne hikmetse 2009 yılı Mayıs ve Ekim aylarındaki iki telefon konuşması ile 2010 yılı Ağustos ayında yayınlanan kitap çalışması "örgütsel bağlantı" diye yorumlanmıştı. Eğer bir kitap Ağustos 2010'da yayınlanmışsa bu kitap konusunda "örgütsel bağı" gösterecek telefon görüşmelerinin birkaç ay öncesine dayanması gerekirdi. Hadi bilemediniz, konuşmaların 2010 yılına ait olması ve içeriğinde de kitap konusunun geçmesi gerekirdi. Oysa Hanefi Avcı ile 2009 yıl Mayıs ve Ekim ayında yaptığım ve örgütsel bağlantı diye iddianameye giren konuşmalar tamamen başka konuda haber amaçlı yapılmıştı.

Aslında bu bölümde yalnızca iddialara yer vermenin daha iyi olacağını düşünüyorum. Çünkü bu iddialara savunma bölümünde yanıtlar vereceğim. O yüzden şimdi iddianamenin beni suçlayan –çelişkili olsa da– beni "yardım ve yataklık etmekle" suçlayan satırlarına yer veriyorum:

Nedim Şener her ne kadar kitaptan yayınlandıktan sonra haberinin olduğunu beyan etse de; "Haliç'te Yaşayan Simonlar" isimli kitaptan alıntılar yaparak köşe yazıları yazdığı, ancak yazılarındaki "kitaptan alıntılar" bölümlerinin kitabın basılmış nüshalarında bulunmadığı anlaşılmıştır. Bu durum "Haliç'te Yaşayan Simonlar" isimli kitabın taslak halinin daha önce Nedim Şener'de bulunduğunu, söz konusu kitap çalışmasının Nedim Şener ile birlikte yapıldığını açıkça göstermektedir.

Savcılık bu bölümde daha önce Mehmet Baransu'nun 14 Mart ve 28 Mart 2011 günü *Taraf* gazetesinde yazdığı yazılarına tamamen yer vermişti. Ve altında da şöyle deniliyordu:

Bu tespitlere bakıldığında Nedim Şener'in gazetedeki köşesinde "Haliç'te Yaşayan Simonlar" kitabından alıntı yapıldığını belirterek yazdığı kısımların kitabın basılmış halinden değil de taslak halinden alıntı yapıldığı açıkça anlaşılmaktadır.

Dolayısıyla bu tespitlere "Haliç'te Yaşayan Simonlar" isimli kitabın ikinci bölümünün Odatv'den ele geçirilen notlarda belirtildiği gibi Ergenekon Silahlı Terör Örgütü'nün talimat ve yönlendirmeleri ile hazırlandığı ve bu faaliyetlerde Nedim Şener'in, Hanefi Avcı ile irtibat sağladığını ve yönlendirdiğini açıkça göstermektedir.

Ahmet Şık'ın kitabına katkı iddiası

Savcılık iddianamenin bu bölümünde de hayal gücümüzü zorluyordu. "Deliller" bölümü şu satırlarla başlıyordu:

"Sabri Uzun" isimli word belgesinde "Sabrinin kitap konusunda çekincesi var ikna etmeye çalışalım, kitabı seçimden önce yetişmeli. Nedim Ahmet Şık'la bu konuda görüşsün. Kitaba çalışırken cesur olun. Çıkarma ve ekleme yapmaktan çekinmeyin. Bu kitap Simon'dan daha kapsamlı olmalı. Nedim'i kutlarım. Ahmet'i çalıştırsın. Hanefi çıkacak ve size katılacak. Emin ve Sabri'ye moral verin. Sabri adıyla çıkmasına zorlayın. Çabuk olması şart. Seçimden önce yetişsin" şeklinde notların yazılı olduğu tespit edilmiştir.

Bilirkişilerce incelemesi yapılan bahse konu word dosyasının teknik özelliklerine bakıldığında 20.12.2010 11:29 tarihinde "Soner" isimli kullanıcı tarafından oluşturulduğu tespit edilmiştir. Bu bağlamda bahse konu notların Hüseyin Soner Yalçın tarafından hazırlandığı ve Nedim Şener'e örgütsel talimatlar verildiği anlaşılmıştır.

Diğer taraftan şüpheli Nedim Şener ifadesinde "Ulusal Medya 2010" isimli örgüt dokümanı ve dokümanda belirtilen örgüt stratejileri hakkında herhangi bir bilgisinin olmadığını beyan etmişse de; "Ulusal Medya 2010" örgüt dokümanında "Operasyon sürecini yürüten kurumlara mensup olup tezlerimize ve faaliyetlerimize destek veren, kamuoyunun yakından tanıdığı ve güvendiği kişilere, Ergenekon ve benzeri davaların tertip olduğu yönünde açıklama ve yayın yaptırılması için bilgi, belge ve teknik destek sağlanmalıdır" şeklinde belirtilen strateji kapsamında eski emniyet müdürleri Hanefi Avcı ve Sabri Uzun ile irtibata geçtiği, Hanefi Avcı adıyla yayınlanan "Haliç'te Yaşayan Simonlar" isimli kitabın yazım aşamasında görev aldığı, yine Sabri Uzun adıyla "Haliç'te Yaşayan Simonlar" benzeri yeni bir kitap çalışması yaptığı anlaşılmıştır.

Peki, iddianameye göre Soner Yalçın'ın 20 Aralık 2010 tarihinde oluşturduğu ve benim Sabri Uzun'la irtibat kurmamı "emreden" talimatın gereği Sabri Uzun'la hangi tarihte görüşmüş olmam lazım? Talimatın oluşturulduğu ve bana ulaştığı varsayılan 20 Aralık 2010'dan sonra değil mi? Elbette. Ama savcılığın, bu talimat gereği Sabri Uzun'la irtibat amaçlı görüşmeye delil olarak koyduğu telefon konuşmasının tarihi 26 Eylül 2009 ve 17 Ekim 2009.

Buna göre Soner Yalçın'ın talimat oluşturmasından 14 ay önce ben Sabri Uzun'la irtibat kurmak amacıyla telefon görüşmesi yapmışım.

Tamam, savcı hayal gücümüzün sınırlarını aşıyor, ancak Sabri Uzun'la yaptığım telefon görüşmelerinin içeriğine bakılsa bunun konuyla ilgili olmadığı hemen anlaşılacak.

Arada Ahmet Şık'la bir telefon konuşması, başka bir delil, bir mesaj yani hiçbir delil olmadan savcılık tamamen varsayım üzerine benim Ahmet Şık'ı kitap konusunda yönlendireceğimi yazıvermişti. Bunu da şu satırlarla anlatıyordu:

> Bütün bilgi ve belgelerdeki delillere göre şüpheli Nedim Şener'in, Ergenekon Silahlı Terör Örgütü'nün amaç ve hedeflerine uygun olarak, dava sürecini olumsuz etkilemek ve yönlendirmek amacıyla, örgütün güncel medya stratejisini ortaya koyan "Ulusal Medya 2010" dokümanında belirtilen stratejiler doğrultusunda Hanefi Avcı ismiyle yayınlanan "Haliç'te Yaşayan Simonlar" isimli kitabın yazılmasında ve Sabri Uzun adıyla yayınlanması planlanan "İmamın Ordusu" isimli örgüt dokümanın hazırlanmasında görev almıştır. Bu süreçte Nedim Şener'in, Hüseyin Soner Yalçın'ın talimatı ile Hanefi Avcı ve Ahmet Şık'ı yönlendirdiği belirlenmiştir.

Polis ve savcı kararsız:
"Sen yazdın, o yazdı, siz yazdınız, onlar yazdılar"

Gözaltından savcılık sorgusuna, tutuklanmamızdan iddianamenin açıklanmasına kadar aynı konuda birbiriyle çelişen tam 14 suçlama havada uçuştu. Hatırlayacaksınız, savcılıkta Hanefi Avcı'nın kitabının bir bölümünü yazmakla suçlanmıştım. Aynı savcılık, Hanefi Avcı'nın kitabını Ahmet Şık'la birlikte "bizim" yazdığımızı iddia eden sorular sormuştu. Polislerin raporlarında da bu iddialara yer verilmişti.

İddianame çıktığında da gördüm ki kafa karışıklığı devam ediyor, üstelik artmış. Polis ve savcı aklına hangi "olasılık" geliyorsa iddianameye yazmış. Tam 12 olasılığa iddianamede yer vermiş. Size sayfa ve satır numarasıyla örneklerini vereceğim, ama kafa karışmasın diyorsanız şöyle özetleyebilirim: "Sen yazdın, o yazdı, siz yazdınız, onlar yazdılar."

Şimdi iddianameden yaptığım alıntılara göz atalım:

İddianamenin Hanefi Avcı bölümünden:

Sayfa 95 / satır 30-31
Söz konusu kitap çalışmasının Nedim Şener ile birlikte yapıldığını gösterdiği anlaşılmıştır.

Sayfa 96 / satır 11-13
Soruşturma kapsamında elde edilen delillerden "Ulusal Medya 2010" dokümanında belirtilen stratejinin aynen uygulandığı ve bu kapsamda Emniyet Müdürü Hanefi Avcı'ya "Haliç'te Yaşayan Simonlar" isimli kitabın yazdırıldığı anlaşılmıştır.

Sayfa 96 / satır 36
Dolayısıyla tespit edilen bu çelişkiler kitabın ikinci bölümünün Hanefi Avcı tarafından kaleme alınmadığını (...) ortaya koymaktadır.

Sayfa 96 / Satır 48
Hanefi Avcı'nın (...) Ergenekon silahlı terör örgütünün talimatı ve yönlendirmesiyle yazdığı "Haliç'te Yaşayan Simonlar" isimli kitapta sanık Doğu Perinçek'in etkisi ve yönlendirmelerinin olduğu...

Sayfa 97 / Satır 14
Hanefi Avcı'nın, Hüseyin Soner Yalçın'ın talimatı ve Nedim Şener'in yönlendirmesi doğrultusunda hareket ettiği (...) anlaşılmıştır.

İddianamenin Nedim Şener bölümünden (Avcı'nın kitabıyla ilgili)

Sayfa 98 / satır 27
[Nedim Şener] örgütün amaçları doğrultusunda "Ulusal Medya 2010" örgüt dokümanı stratejilerine uygun olarak 20.08.2010 tarihinde Hanefi Avcı ismiyle yayınlanan "Haliç'te Yaşayan Simonlar" isimli kitabın yazılmasında ve "İmamın Ordusu" isimli örgüt dokümanının hazırlanmasında Hüseyin Soner Yalçın'ın talimatı ile görev almıştır.

Sayfa 100 / satır 33
Bu durum "Haliç'te Yaşayan Simonlar" isimli kitabın taslak halinin daha önceden Nedim Şener'de bulunduğunu, söz konusu kitap çalışmasının Nedim Şener ile birlikte yapıldığını açıkça göstermektedir.

Sayfa 104 / Satır 48
Dolayısıyla bu tespitlerde "Haliç'te Yaşayan Simonlar" isimli kitabın ikinci bölümünün Odatv'de ele geçirilen notlarda belirtildiği gibi Ergenekon silahlı terör örgütünün talimat ve yönlendirmeleri ile hazırlandığı ve bu faaliyetlerde Nedim Şener'in Hanefi Avcı ile irtibat sağladığını ve yönlendirdiğini açıkça göstermektedir.

İddianamenin Ahmet Şık bölümünden

Sayfa 80 / satır 33
Hüseyin Soner Yalçın'ın Ahmet Şık ile örgütsel faaliyetler kapsamında görevler verdiği anlaşılmıştır.

Sayfa 84 / satır 43
Bu süreçte Ahmet Şık'ın Hüseyin Soner Yalçın'ın talimatı ve Nedim Şener'in yönlendirmesi doğrultusunda hareket ettiği belirlenmiştir.

Sayfa 102 / satır 13

"Ulusal Medya 2010" örgüt dokümanında (...) belirtilen strateji kapsamında eski emniyet müdürleri Hanefi Avcı ve Sabri Uzun ile irtibata geçtiği, Hanefi Avcı adıyla yayınlanan "Haliç'te Yaşayan Simonlar" isimli kitabın yazım aşamasında görev aldığı, yine Sabri Uzun adıyla "Haliç'te Yaşayan Simonlar" benzeri yeni bir kitap çalışması yaptığı anlaşılmıştır.

Sayfa 104 / satır 45

Nedim Şener (...) Hanefi Avcı ismiyle yayınlanan "Haliç'te Yaşayan Simonlar" isimli kitabın yazılmasında ve Sabri Uzun adıyla yayınlanması planlanan "İmamın Ordusu" isimli örgüt dokümanının hazırlanmasında görev almıştır. Bu süreçte Nedim Şener'in, Hüseyin Soner Yalçın'ın talimatı ile Hanefi Avcı ve Ahmet Şık'ı yönlendirdiği belirlenmiştir.

Hani kitap, haber, yazı değildi; nerede o gizli deliller Savcı Öz?

Tam altı yedi ay iddianameyi geciktirerek sesimizi kestiler. Ne acı; savcıdan çok savcı, polisten çok polis gazeteciler, polis fezlekesinden acımasız gazete sayfalarında insanlık onurunuzu ezip yok etmeye çalışıyorlar ve siz hapishane koğuşunda olup biteni seyrediyorsunuz. Sığınabileceğiniz tek yer sizi tanıyan insanların temiz vicdanları. Ta ki iddianame çıkana kadar. İddianame çıkınca artık söyleyecek sözümüz olmuştu. Hele kitaptan başka bir suçlama olmaması, aylardır biriktirdiğim soruları sakladığım yerden çıkarmamı gerektiriyordu. Ama en önemli soruyu Zekeriya Öz'e soracaktım; beni haksız, belgesiz tutuklatan savcıya. Tabii yargısız infaz yapan siyasetçi ve gazetecilere de sorularım vardı.

Sonra da tutuklandığımdan beri iki bakana soracağım soruları beynimden kâğıda dökecektim. Altı yedi ay geçmişti, ama daha dün gibiydi Adalet Bakanı Sadullah Ergin ile Gümrük Bakanı Hayati Yazıcı'nın sözleri. Şimdi iddianame çıktığına göre bu iki bakan bana birer cevap borçluydu. Ve tüm bu kişilere sorularımı ve görüşlerimi yazılı kamuoyuyla paylaşarak 18 Eylül 2010 günü sordum. İşte o mektuplar ve sorular:

Komplocular utansın

Altı ay, fazlası var, azı yok tam 6 ay beton bir mezarın içinde canlı ama ölü gibi iddianamenin çıkmasını bekledim. Yer beton gök beton, kendini savunacak imkânın olmadığı bir yerde meslektaşım dediğim adamlar/kadınlar sesimiz çıkmasın iyice duyulmaz olalım diye köşelerinden üzerimize mürekkep görünümünde çimento döküyorlardı.

Benim nasıl bir "silahlı terör örgütü üyesi" olduğumu, Ahmet Şık'ın ve diğer gazetecilerin nasıl kötü adam olduklarını kendi meşreplerince çimentolamaya çalışıyorlardı. Bütün bu 6 ay boyunca bizi destekleyenlere, sevenlere hep şunu söyledim: Siz bizi tanıyor ve destek oluyorsunuz, ama bu bize olan güveninizden kaynaklanıyor. Ama ben ya da başkası sizin de onaylamayacağınız bir durumda olabilir. Elbette ben kendimi biliyorum, beni destekleyenlerin yüzünü yere baktıracak hiçbir şeyin içinde olmam ve olmadım. Ama bundan öte benim durumum hakkında desteğiniz beni tanıyor olmanızdan geliyor. Ancaaak bizim Ergenekon ya da başka bir yapı ile ilişkimiz olmadığını bizi Silivri'ye diri diri gömmeye çalışan meslektaşlarımız, bizi takip eden polis, savcı, mahkeme biliyor.

Sizler Ergenekon ile irtibatlı olup olmadığımı/zı bilemezsiniz, ama bu düşmanlığı yapan ve bu komplonun parçaları olanlar Ergenekon vb ile ilgimiz olmadığını, en iyi bilenlerdir. İşte 6 ay geçti ve iddianame çıktı. "Üyelik" iddiasıyla tutuklandık, üyelikten "yardım ve yataklığa" düşürüldük. "Kitap tutuklama nedeni değil, savcı 'gizli deliller var' diyor, beklemek lazım" diyenler dahil, herkes iddianameyi okusun. Hanefi Avcı'nın kitabına katkı yaptığıma dair tek bir somut delil yok. Bırakın onu, bu konuda kimseyle geçen bir konuşma dahi yok. Odatv'de bir bilgisayarda bir word dokümanı ile 6 aydır "terörist" diye hapis tutuluyorum/tutuluyoruz. Aynı şekilde Ahmet Şık'ın kitabına katkı yaptığıma dair de tek bir somut delil yok. Yine Odatv'de bir bilgisayarda bulunan bir word dokümanı üzerine 6 aydır tutukluyum/tutukluyuz. İşte size adalet.

Ama ben kendimden ve Ahmet'ten eminim. Bir an bile endişeye kapılmadım. Ömrümün son anına kadar bu kitaplara katkım olmadığını söyleyeceğim. Elinde kanıt olan varsa ortaya çıksın.

Tutuklandığım andan beri kanundan, polisten, savcıdan, mahkemeden, hatta siyasetçilerin kırıcı yorumlarından hiç korkmadım. Tek endişem okurlardı. Türkiye'de ve dünyada destek olan meslek kuruluşları, gazeteciler, muhabirler, köşe yazarları ve Hosrof Dink başta, Dink ailesi üyelerinin benden şüphe etmesiydi. Devletin koskoca savcısı "Tutuklamanın nedeni kitap değil, açıklanması mümkün olmayan gizli deliller" deyince ister istemez insanlarda şüphe oluşması doğaldı. Ben de iddianameyi beklemek gerektiğini söyledim hep. Ve işte iddianame... Asılsız, yalan ve iftira ile benim katkım olduğu söylenen iki kitap dışında suçlama yok. Zaten bu kitaplara katkı yaptığıma dair tek bir delil de yok. O yüzden bu kitapları "nasıl yazmadığımı" anlatmam da beklenmemeli diye düşünüyorum.

İddianame bu yönüyle bana "suçsuzluğumu ispatlama yükümlülüğü" getiriyor. Bu da modern hukuk sistemlerinde olan bir durum değil. İnsan fiilinden dolayı suçlanır. Ben yazmadığım kitapları yazmadığımı nasıl ispatlayacağım?..

Öyle ya da böyle 6 ay... Gazeteci miyim, terörist mi bunu da gördüm. Ben biliyordum da herkes gördü. Yani gazeteciliğim tam 6 ay, bedeli çok ağır check-up'tan geçti. Her şeyimiz ortaya döküldü. Devletin tüm kurumları elindeki avucundakini ortaya koydu. Eldeki tüm bulgular terörist değil, gazetecilik diyor. İki kitap meselesi mi? O iddianameyi yazanların hatalı tahlilleri...

Adalet Bakanı Sadullah Ergin'e:
Evet, basına sansür oldu Sayın Adalet Bakanı

"Silahlı terör örgütü üyesi" iddiasıyla tutuklanıp Silivri Cezaevi'ne gönderildiğimiz gün Adalet Bakanı Sadullah Ergin, Savcı Zekeriya Öz'ün yaptığı yazılı açıklamaya dikkat çekerek "Davayı yürüten savcı bir açıklama yaptı ve 'Bu gözaltılar gazetecilikten değil' dedi. Sadece gazetecilikten alınırsa basına darbe olurdu" şeklinde konuşmuştu.

Zekeriya Öz, 6 Mart tarihli basın açıklamasında aynen şunları söyledi: "Yürütülmekte olan soruşturma bir kısım basın mensubunun gazetecilik görevleri, yazdıkları/yazacakları yazılar, kitaplar ve ileri sürdükleri görüşleriyle ilgili olmayıp (...) şu aşamada açıklanması mümkün olmayan bir kısım delillerin değerlendirilmesi sonucu yapılması zorunlu hale gelen hukuksal bir işlemdir."

Hem Zekeriya Öz hem de onun basın açıklamasına bağlı olarak yorum yapan Adalet Bakanı Ergin'in açıklamalarının üzerinden tam 6 ay geçti. 6 ay sabırla bekledim ama Sayın Ergin'in sözlerini hiç unutmadım: "Sadece gazetecilikten alınırsa basına darbe olurdu."

Evet, sabrın sonu selamet ve iddianame çıktı. Öz'ün "açıklanamayacak gizli delil" dediği hiçbir şey ortaya konmadı. Çok doğal, olmayan bir şey ortaya konamaz zaten. İddianamenin benimle ilgili bölümünü okuduğunuzda tamamen soyut bir biçimde Hanefi Avcı'nın kitabının ve Ahmet Şık'ın kitabının yazımına katkı yapmakla suçlanıyorum. Ne Avcı ne de Şık böyle bir iddiayı kabul ediyor zaten. Benim onların çalışmalarına katkı yaptığımı gösteren tek bir belge, telefon görüşmesi yani delil yok. Ben de böyle bir suçlamayı kabul etmediğim gibi bir başka yazarın arkasında yer almayı ya da bir başkasının adını kullanarak kitap ya da haber ve yazı yazmayı "alçaklık" sayarım.

Bugüne kadar 10 kitap ve binlerce haber yazmış bir muhabir olarak Avcı ve Şık'ın kitabına katkı yapmayı, hele hele talimatla onların isminin arkasına saklanmayı düşünecek kadar zavallılaşmadım. Yazdığım haber ve kitaplarla yurtiçinde ve yurtdışında ödüller almış bir muhabir olarak beni o iddianameye koymak hukuk, adalet, akıl ve vicdanla bağdaşır şeyler değildir.

Yazdığım kitaplar ve haberlere bakıldığında Avcı ve Şık'ın kaleme aldıkları konularda yıllardan beri çalıştığım görülecektir. Kendi adımla bunları zaten yazıyorum, bir başkasının adına neden gerek olsun? İddianameyle ilgili savunmaya burada yer vermek zor ve uzun olur. Ama benim Sayın Adalet Bakanı'na bir sorum var: Zekeriya Öz'ün açıklamasında yer verdiği "açıklanması mümkün olmayan" deliller olmadığına, sizin de bu açıklamaya dayanarak "Gazetecilikten alınırlarsa basına darbe olurdu" dediğinize göre hakkımdaki suçlama –haksız ve yersiz olmasına rağmen– iki kitabın yazımına katkı sağlamaksa bu durum "basına darbe olmuş mudur, olmamış mıdır?"

Devlet Bakanı Hayati Yazıcı'ya:
Kimseyi hapse atmayın, hakkımızı teslim edin Sayın Bakan
Dürüstlüğü ile bilinen Devlet Bakanı Sayın Hayati Yazıcı, tutuklanmamızın ardından *Hürriyet* gazetesi Ankara Bürosu'nu ziyaretinde aynen şunları söyledi: "Sadece isimsiz-imzasız ihbarla insanların gözaltına alınıp tutuklanması (...) Böyle bir şey olmaz. Eğer öyleyse bu vicdansızlık. Ben de hâkimlik yaptım, bu konularda karar verirken adamın vicdanının rahat etmesi lazım. Eğer sadece isimsiz-imzasız ihbarla oluyorsa bunlar sonuçta göreceğiz, kıyameti koparırız o zaman. O adamları biz atarız içeriye..."

– Bir insanın kitap yazmasından ötürü gözaltına alınması gibi bir şey olmaz, oluyorsa doğru olmaz.

– Gizli delil diye bir şey olmaz, hukuk devletinde kişi ne ile suçlanıyorsa bilmek zorunda...

Sayın Yazıcı, 3 Mart 2011'de gözaltına alınmamız ve 6 Mart'ta tutuklanmamız ve 6 aydır tutuklu kalmamız sürecinde, hukuka, adalete, akla ve vicdana aykırı olan tüm unsurları 25 Mart 2011 tarihli *Hürriyet* gazetesinde sıralamış.

Yani sahte bir isim (M. Yılmaz) ile polise gönderilen bir e-mail ile 2009 yılının Mayıs ayından beri polisin takibinde yaşamışım meğer.

Yani haksız ve yersiz biçimde Hanefi Avcı ve Ahmet Şık'ın kitaplarının yazımına katkı yaptığım iddiasıyla 6 aydır tutukluyum. İddianamede bu kitaplar dışında suçlama da yok zaten.

Yani Zekeriya Öz'ün "açıklanması mümkün olmayan çok gizli deliller var" diyerek aslında hiç olmayan delillerle gözaltı ve tutuklama işlemini yaptığı ortaya çıktı. İddianamenin çıkmasıyla esas olarak Sayın Bakan Yazıcı'nın dikkat çektiği usulsüzlüklerin tamamı gerçekleşmiş oldu. Şimdi Sayın Bakan'a sorum şu: "Bu durum karşısında bir şey yapabilir misiniz? Kimseyi içeri atmayın ama hakkımızı teslim edebilir misiniz? Söyleyin Sayın Bakan, ben derdimi, dağlara, taşlara, kurtlara, kuşlara mı anlatayım? Söyleyin ne yapayım..."

Tutuklanmam da medya operasyonu

Özellikle iddianame ekleri gelince kendi yazdığım yazı ve haberler yanında televizyon programlarında yaptığım konuşmaların, hatta konuşmadığım konuların bile aleyhimde delil olarak kullanıldığını gördüm.

Ekler arasında yer alan belgelere göre, Hanefi Avcı'nın kitabının Ergenekon'un amacına yönelik bir kitap olduğu ve benim bu kitaba katkım olduğu iddiası, Ergenekon kapsamında yapılan bir soruşturmaya, delile ya da herhangi bir ifadeye dayanmıyordu. Bu, tamamıyla bir avuç gazetecinin köşe yazılarında ve televizyonlardaki programlarda soyut ve gerçekdışı iddialarına dayanıyordu.

Polise oldukça yakın gazeteciler önce bir iddiayı ortaya atmışlar, polis bu iddiaya bağlı olarak Ergenekon savcısından soruşturma izni istemişti. Soruşturma aşamasında bu gazeteciler kendi ortaya attıkları iddiaları yaptıkları haberlerle, yazdıkları kitaplarla güçlendirmeye çalışmış ve bu iddiaları kamuoyunun önünde dile getirerek bir algı yaratmışlardı. Bu gazetecilerin ortaya attığı iddiaların benzeri ifadeler, Odatv'ye yapılan baskında ele geçen dokümanlarda da yer almıştı.

Polis operasyon sonrası yaptığı incelemede, bu gazetecilerin yazdığı yazılardan ve televizyon konuşmalarından yararlanarak raporlar hazırlamış, savcılık da bu gazeteci ve polise yakın yazarların yazı ve görüşlerine yer verilen polis raporlarını, iddianameye birebir almıştı.

Bu kişiler operasyondan çok önce başlattıkları dezenformasyon faaliyetine gözaltına alınmamız ve tutuklanmamız sırasında olduğu gibi savcılık soruşturması sırasında ve cezaevinde kaldığımız süreçte de devam etmişlerdi. Aynı isimler televizyonlarda katıldıkları programlarda benim suçlu olduğumu iddia eden konuşmalar yapıp yazılar yazmışlardı. Hatta Mehmet Baransu gibi bazı gazetecilerin yazdığı yazılar doğrudan iddianameye girmişti.

Şimdi bunun medya yayınlarına dayanan nasıl bir operasyon olduğunu örnekleriyle anlatacağım. Tabii dosyadaki belgelerden. Hanefi Avcı'nın kitabının bir başkası tarafından yazıldığına ilişkin görüşü ilk yazan kişi *Habertürk* Genel Yönetmeni Yiğit Bulut'tur.

Yiğit Bulut 1 Eylül 2010 günü köşesinde şunu yazdı:

... Sevgili dostlar, Hanefi Avcı'nın kitabını bir kez daha okuyup, bazı arkadaşların yazdığı kitaplar ile karşılaştırınca, tesadüflerin fazla olduğunu gördüm.

Tezlerin kurgusu, olayların "akış içinde" sebep-sonuç kurgusu bazı köşe "babalarına" ve onların "bağlaşık yazarlarına" çok benziyor.

Hatta ilginç bir tespit yapayım:

Kitabın "adını bile" kimin koyduğundan, o arkadaşı çok iyi tanıdığım ve efendi efendi yazdığı kitapların "klasik cümlelerinden" dolayı eminim...

Yiğit Bulut bu yazısında *Efendi* kitabının yazarı Soner Yalçın'ı işaret ediyordu.

Taraf gazetesi yazarı Rasim Ozan Kütahyalı, 1 Eylül 2010 günü "Ergenekon ve Hanefi Avcı" başlıklı bir yazı kaleme aldı. Kütahyalı bu yazısında Hanefi Avcı'yı Ergenekon amaçlı kitap yazmakla suçladı.

Bir başka yazı ise *Taraf* gazetesi yazarı Alper Görmüş tarafından kaleme alındı. Görmüş'ün yazısının başlığı ise "Avcı'nın Kitabı: İki Bölümde İki Ergenekon" idi. Görmüş yazısında, Hanefi Avcı'nın kitabın birinci bölümünde Ergenekon'u tehlikeli bir örgüt olarak anlattığını, ama ikinci bölümde, Ergenekon'a atfedilen suçlamaları temize çıkardığını yazıyordu.

Bunların yanında Polis Akademisi Öğretim Üyesi Önder Aytaç da Samanyolu Haber isimli internet sitesinde "Hanefi Avcı'nın Yalanları ve Onun Kullandığı Medya" başlıklı bir yazı kaleme aldı. 8 Ekim 2010, 9 Ekim 2010 ve 19 Ekim 2010 tarihli üç yazıda da benzer iddialar gündeme getirildi.

Gazeteci Şamil Tayyar ise 24 Eylül 2010 günü yayınlanan bir röportajında "Hanefi Avcı'nın, kitabını yazarken üç gazeteciden yardım aldığını" söyledi.

İstanbul Emniyet Müdürlüğü de bu yazıları esas alarak 20 Ekim 2010 günü İstanbul Cumhuriyet Başsavcılığı'na başvurdu.

Polis, Devrimci Karargâh örgütü kapsamında tutuklanan Hanefi Avcı'nın yazdığı *Haliç'te Yaşayan Simonlar* isimli kitabını Ergenekon terör örgütü tarafından yazdırıldığını iddia etti. Hem de gazete ve televizyon haberlerine dayanarak... Polis, savcılığa yazdığı yazıda şu ifadeleri kullanıyordu:

... son dönemde ülkemizde faaliyet yürüten yazılı ve görsel basın yayın organlarında, Hanefi Avcı'nın bahse konu kitabının, iddia olunan Ergenekon Silahlı Terör Örgütü tarafından bir dezenformasyon faaliyeti kapsamında yazdırılmış olabileceğine dair yayınlar yapıldığı tespit edilmiştir...

Savcı Kadir Altınışık da polise 20 Ekim 2010 tarihinde, yani aynı gün bir yazı göndererek kitapla örgütsel bağı ortaya koyacak her türlü delilin savcılığa gönderilmesini istedi.

Polisler herhangi bir örgütsel bağ ortaya koymadan kitap hakkında bir ön inceleme raporu yazdılar. 28 Eylül 2010 tarihli ön inceleme raporunda, kitapta Ergenekon ve Balyoz soruşturmalarını yürüten savcı, hâkim, bilirkişi veya tanıkları etkilemeyi amaçlayan bölümlerin olduğu; terörle mücadele eden savcı, hâkim ve kolluk kuvvetlerine suç isnat eden, onları hedef gösteren bölümler bulunduğu; Emniyet Disiplin Tüzüğü'ne aykırı biçimde emniyet mensupları arasında ayrım yapıcı tutum ve davranışlarda bulunduğu belirtildi.

Ancak bu yazı ve Emniyet'in raporu, Avcı'nın kitabını Ergenekon'a bağlamak için yetmezdi. Çünkü Hanefi Avcı'nın Ergenekon soruşturmasında hakkında işlem yapılan kişilerle bir ilişkisi yoktu. Ancak onu ilişkilendirmek için 14 Şubat 2011 günü yapılan Odatv operasyonunu beklemek gerekecekti. Ama o zamana kadar polise yakın, hatta polisin içinde bulunan gazeteci ve yazarların "toplumu ikna faaliyetlerine" devam etmesi gerekiyordu.

İkinci perde başlıyordu. Bu kez gündeme getirilecek tartışma konuları, ileride yapılacak operasyonda ele geçen dokümanlarla benzer nitelikte olacaktı.

Burada işlenen konular şunlardı:

1. Hanefi Avcı'nın kitabının ikinci kısmının sayıları üç ila altı arasında değişen gazetecilerin katkısıyla yazıldığı konusu işlenecekti.

2. Kitabın 12 Eylül referandumuna yetiştirilmek amacıyla yazıldığı ve AKP hükümetini hedef aldığı özellikle vurgulanacaktı.

3. Hanefi Avcı'nın kitabının amaçlarından en önemlisinin –re-

ferandumu etkilemek dışında– Ergenekon operasyonunda görev yapan hâkim, savcı ve kolluk kuvvetlerini yıpratmak ve Ergenekon ve Balyoz soruşturmalarını boş bir dava gibi göstermeyi amaçladığı sürekli vurgulanacaktı. Dava dosyasına da giren gazete yazıları ve televizyon bant çözümlerinden görüldüğü gibi eski bir polis olan Emrullah Uslu'nun, Polis Akademisi Öğretim Üyesi Önder Aytaç'ın, gazeteci Şamil Tayyar'ın üzerinde durdukları konular hep bunlar olmuş. Şimdi dava dosyasına da giren o yazı ve konuşmalara göz atalım.

Eski bir polis memuru olan ve *Taraf* gazetesinde yazan Emrullah Uslu, Ahmet Hakan'ın 30 Eylül 2010 günü CNNTürk kanalındaki programında aynen şunları söyledi (bunların hepsi ek delil klasörlerinde yer alıyor):

... arka planına baktığınızda ben bu kitabın da, tutuklama olayının da bir proje olduğuna inanıyorum. Ve projenin ikinci ayağı tutuklama ayağı. Şöyle izah edeyim: Şimdi Türkiye'de özellikle Ergenekon operasyonları yapılmaya başlayınca Ergenekon çevreleri bir karşı hamleye geçti, bunun içinde medya hamlesi de var... Yani Ergenekon'un karşı hamlesinin hedef aldığı ortak nokta Ergenekon operasyonlarını yöneten emniyetçiler, savcılar ve mümkünse mahkemeler. Burada Hanefi Avcı'nın yazdığı kitabın özellikle tartışılan ikinci bölümünü okuduğunuzda ilginç bir manzara çıkıyor karşımıza... Ortak hedef Ergenekon operasyonlarını özellikle bu emniyet müdürlerini, Hanefi Avcı'nın kitabında yer verdiği birtakım emniyet müdürlerine yönelik operasyonları ve onları yapan savcıları hedef alıyor...

... Hanefi Avcı, yetersiz psikolojik sorunlu diyerek İstanbul'da Ergenekon operasyonlarını yapan birimin başındaki Ali Fuat Yılmazer'i işaret ediyor.

30 Eylül 2010 günü Ahmet Hakan'ın CNNTürk'teki programının katılımcılarından biri de Polis Akademisi Öğretim Üyesi Doç. Dr. Önder Aytaç'tı. Aytaç da 14 Şubat 2011 tarihinde gerçekleşen Odatv baskınında bir bilgisayarda bulunan "Hanefi.doc" isimli word dokümanında yer alan "... Hanefi'nin kitabı referanduma yetişmeli..." ifadesini başka kelimelerle de olsa ilk kez "... Hanefi Avcı, derin devletle iç içe olan, uyuyan hücre pozisyonunda biriymiş. Daha sonra anayasa oylamasındaki kaderi değiştirmek için bilinçli olarak kullanıldı" şeklinde dillendiriyordu.

3 Ekim 2010 tarihinde Habertürk televizyonunda benim de katıldığım "Olduğu Gibi" isimli programda gazeteci Şamil Tayyar ve

Polis Akademisi Öğretim Üyesi Önder Aytaç, Hanefi Avcı'nın kitabına katkısı olduğu iddia edilen gazeteciler konusunda "iddiayı" bir adım daha ileri götürdüler. Şamil Tayyar programda şunları söyledi:

> Ya şöyle bir şey sayı söylendi... Bana ulaşan bilgiler içerisinde üç gazetecinin ismi geçiyor, bunlarla ilgili araştırmalarımız devam ediyor, yani ben onu ortaya koyduğum zaman belgesiyle falan koymam lazım. O nedenle isim açıklamıyorum...

Ancak Polis Akademisi Öğretim Üyesi Önder Aytaç, o programdaki konuşmalarında Avcı'nın kitabının "Cemaat" bölümünün başkaları tarafından yazıldığına isim verecek kadar emindi.

Aytaç, Avcı'nın kitabına katkı yaptığını iddia ettiği gazetecilerin isimlerini şöyle sıraladı:

> Bu konuda polis-medya ilişkilerine master dersi veren bir hoca olarak söylüyorum, sanki bana bunlar –ama yanılıyor– olabilirim. Tayfun Hopalı, Nedim Şener, Ruşen Çakır, Soner Yalçın, Toygun Atilla, Necdet Aşan...

Aytaç bu isimleri "yaptığım araştırmalara" göre diyerek açıkladı.

Böylece benim ismim ilk kez Hanefi Avcı'nın kitabıyla yan yana gelmiş oldu.

Önder Aytaç'in bu açıklamasında dile getirdiği "Soner Yalçın" ismi de ilk kez telaffuz ediliyordu. Hanefi Avcı, Nedim Şener ve Soner Yalçın isimleri 14 Şubat 2011 günü yapılan Odatv operasyonunda bir araya geliyordu.

Dink cinayeti araştırmalarını itibarsızlaştırma çabaları

Olayın bir de kitap boyutu var. Şamil Tayyar, *Bugün* Gazetesi Ankara Temsilcisi Adem Yavuz Arslan, *Taraf* yazarı Mehmet Baransu ve Samanyolu haber yazarı Polis Akademisi Öğretim Görevlisi Önder Aytaç, 2010 yılı Eylül-Kasım arasındaki kitaplarında hep aynı şeyi yaptılar: Hedef gösterme ve itibarsızlaştırma çabası. Bazıları kitaplarında öncelikle Hanefi Avcı ile benim adımı olabildiğince bolca kullanıp bir algı yaratmaya çalıştılar. Yaptıkları ikinci şey ise benim Dink cinayeti konusunda yaptığım, hem Türkiye'de hem de yurtdışında ses getiren çalışmalarımı gölgeleme ve itibarsızlaştırma girişimiydi. Onların yaptığını şöyle özetleyebilirim:

"Nedim Şener, Dink cinayetinde polisleri suçlu gösteriyor. Onun amacı Ergenekon operasyonunu baltalamak. Çünkü Nedim Şener'in suçladığı polisler Ergenekon operasyonunu gerçekleştiriyor."

Oysa benim bildiğim Ergenekon operasyonunu savcılar yürütüyor, polis birimi olarak da Terörle Mücadele ve Organize Şube görev yapıyordu. Oysa Dink cinayetinde görevi ihmalle suçlananlar ise istihbaratçılardı. Suçlamayı yapan da ben değil, Başbakanlık müfettişlerinin hazırladığı raporu 2 Aralık 2008'de imzalayan Başbakan Recep Tayip Erdoğan'dı. Biz şimdi kitaplar yoluyla dezenformasyonun nasıl yapıldığına göz atalım.

Burada akıllara şu soru gelebilir: "Ey Nedim Şener, bu kitaplar çıktığı zaman neden bu gazetecileri ve yazdıklarını mahkemeye vermedin de şimdi burada anlatıyorsun?" Şunu özellikle vurgulamak isterim ki, hiçbir gazeteciyi "iftira, hakaret ve küfür" etmedikçe yazdıkları nedeniyle mahkemeye verme düşüncesinde olmadım.

Yazıya yazıyla karşılık vermeyi tercih ettiğim için yaşadıklarımı ve düşündüklerimi yazarak anlatmayı tercih ettim. O yüzden adı geçen gazetecileri, yazdıkları kitapları ve olayları bu kitapta anlatmayı tercih ettim. İşte o kitaplardan ilki gazeteci (daha sonra AKP Gaziantep milletvekili oldu) Şamil Tayyar'ın, *Çelik Çekirdek* (Eylül 2010 Timaş Yayınları) isimli kitabıydı. Tayyar'ın kitabının bir bölümünün başlığı "Hrant Dink Yalanı" idi. Bu bölümde Hanefi Avcı'nın yazdığı kitapta Hrant Dink cinayeti hakkındaki görüşlerini eleştirirken bana yönelik çok ciddi bir iftira atmayı tercih etti.

Tayyar kitabının 342. sayfasında şunları yazdı:

Kitapta [*Haliç'te Yaşayan Simonlar* N.Ş.] Hrant Dink cinayetinin aydınlatıldığını ve karanlıkta kalan hiçbir yanının bulunmadığını anlatan Avcı, bu sözleriyle, eski İstihbarat Dairesi Başkanı Sabri Uzun'la birlikte yazımına katkıda bulundukları belirtilen Nedim Şener'in *Dink Cinayeti ve İstihbarat Yalanları* kitabıyla asıl hedefin, cinayeti aydınlatmaktan öte karanlık eylemlerin üzerine gidenleri bezdirmek olduğunu ortaya koyuyor.

Kitabımda ne Avcı'nın ne de Uzun'un katkısı vardır. Ayrıca bu kitap nedeniyle İstanbul 11. Ağır Ceza Mahkemesi'nde 20 yıl hapis istemiyle yargılandım. Ve mahkeme kararıyla kitapta kullandığım belgeleri mahkeme dosyasından temin ettiğim karara bağlandı.

Ama bu paragrafta asıl önemli olan şey, kitabı yazarken amacımın Dink cinayetini aydınlatmak değil, Ergenekon operasyonunu yürütenleri bezdirmek olarak anlatıyor olması. Tayyar burada "karanlık eylemlerin üzerine giden" tabiriyle bunu anlatıyor, kibar bir şekilde.

Gazeteci Mehmet Baransu'nun *Mösyö* (Kasım 2010, Karakutu Yayınları) kitabında Hrant Dink cinayetiyle ilgili uzun bir bölüm yer alıyor. Kitabın 426. sayfasındaki ara başlıklardan biri benim yazdığım kitabın başlığına atıfla "Dink Cinayeti ve İstihbaratçı Yalanları" idi. Baransu, 16 Nisan 2010 tarihli *Akşam* gazetesinden alıntı yaptığı bu başlık altında şu satırlara yer verdi.

Sabri Uzun, Hrant Dink cinayeti sırasında İstihbarat Daire Başkanlığı'ndan alınmış, yerine Ramazan Akyürek atanmıştı. (s. 426)
Uzun, Nedim Şener'in yazdığı kitapla ilgili mahkemede ise tanıktı. Uzun bu tanıklığı sırasında alt kademelerde görev yapan meslektaşlarını suçlamıştı. En başta da dönemin C Şube Müdürü'nü. Ona gö-

re belge saklamıştı. C Şube Müdürü o günlerde Ali Fuat Yılmazer'di. (s. 422)

... Avcı da yazdığı kitapta, istihbaratı gelen ve gidilemeyen adrese gidilmiş gibi gösteren sahte belgeler düzenleyen Güler'i korumaya, Yılmazer'i suçlamaya başlayacaktı. (s. 424)

... Avcı acaba neyi perdelemeye çalışıyordu ve Hrant Dink cinayetinin arkasındaki hangi gerçek Avcı'yı bu kadar tedirgin ediyordu? Avcı ekibi ve ilişkide olduğu gazetecilerin İstihbarat'tan Sorumlu İstanbul Emniyet Müdür Yardımcısı A.F.Y.'yi hedef almalarının nedeni neydi? Neden çok basitti aslında. Yılmazer son dönemde Türkiye tarihinin en önemli operasyonlarının Ergenekon, Kafes, Poyrazköy soruşturmalarının beyni konumundaydı. Tüm teknik takip ve dinlemeler Yılmazer'in başkanlığında yapılıyordu. Yılmazer'i yıpratmak ve görevden almak bu operasyonlara büyük darbe vuracak, Avcı ve ekibi kendilerine ulaşacaklarından endişe ettikleri soruşturmalardan kurtulacaklardı.

Ancak Erdoğan ise hemşerisi olan Yılmazer'in arkasında hep duracaktı. Hanefi Avcı'nın iddia ettiği gibi Yılmazer, Cemaat mensubu olduğu için değil, Erdoğan'a yakın olduğu için bu koltuğa atanmıştı.

Mehmet Baransu, kitabının bu bölümünde Dink cinayetini anlatırken sözü benim kitabıma getiriyor. Sabri Uzun'un benim yargılandığım davada tanık olarak verdiği ifadede belirttiği kişi ile Hanefi Avcı'nın kitabında adını verdiği polisin aynı kişi olduğu ve "Hanefi Avcı'ya yakın gazeteciler" ifadesiyle adımı vermese de beni kastettiği açıktı.

Güya herkes işi gücü bırakmış, aynı polisle uğraşıyormuş. Sebebi de Ergenekon operasyonunun "beyni" oluşuymuş. Şamil Tayyar'ın iki cümlede anlattığını Baransu burada uzun, detaylı ve isim vererek gerçekleştiriyordu.

Bugün Gazetesi Ankara Temsilcisi Adem Yavuz Arslan, 2011 yılı Ocak ayında yayınladığı *Bi' Ermeni Var* isimli kitabında da benim Dink cinayetiyle ilgili olarak yazdığım kitaba ilişkin yorumlarda bulundu. *Dink Cinayeti ve İstihbarat Yalanları* kitabımda Başbakanlık Teftiş Kurulu'nun Aralık 2008 tarihli raporundan söz etmiştim. Başbakanlığın bu raporunda Emniyet İstihbarat Daire Başkanı Ramazan Akyürek ile aynı yerde C Şube Müdürlüğü yapmış olan Ali Fuat Yılmazer, Dink cinayetinde "görevi ihmal" ile suçlanmıştı.

Gazeteci Adem Yavuz Arslan, bu raporun ve benim kitabımın yayınlanmasından iki yıl sonra kaleme aldığı kitabında, Başbakanlık raporu ve benim çalışmam hakkında şu garip yorumları yapıyordu:

... Bazı çevreler Ergenekon operasyonundan rahatsız oldukları için tüm faturayı polise kesti. (s. 249)

... Başbakanlık raporunun sadece Emniyet'i, özellikle de istihbaratı hedef alması dikkat çekici. Bu tercihin gerekçesi olarak da sürmekte olan Ergenekon süreci gösteriliyor. Çünkü istihbarat dağıtılırsa bundan sonra yapılacak operasyonlar da sekteye uğrayacaktı. (s. 231)

Başbakanlık raporunu muhtemelen herkesten önce Nedim Şener, ardından da *Milliyet* okurları gördü. Ya da en azından Türkiye Cumhuriyeti Başbakanı'ndan önce. Çünkü Başbakan yurtdışındayken rapor *Milliyet*'in internet sitesine kondu. Böylece kamuoyu baskısı oluşacaktı. Nitekim öyle de oldu. Başbakan buna göre mi hareket etmiştir, bunu bilmek zor ama Başbakanlık müfettişlerinin raporunun böyle bir amaç için sızdığı; zamanlamasından, sunumundan ve içeriğinden anlaşılıyor. Rapor, yaklaşık iki ay *Milliyet*'in internet sitesinde kaldı, ardından da Nedim Şener'in "İstihbarat Yalanları" kitabında genişçe alıntılandı. (s. 228)

Üstüne fırtınalar kopartılan, uzun süre *Milliyet* internet sitesinde asılı kalan Nedim Şener'in kitabının hemen hemen tüm içeriğini oluşturan Başbakanlık raporu hakkında söylenenlerdi:

... O rapor bir engizisyona dönüştürüldü. Ergenekon karşıtlarının, hatta Ergenekon'un can simidi oldu. Konuyu anlamaya çalışanlar bir kenara, Başbakanlık'ın raporu Ergenekon karşıtlarının "Operasyon Ergenekon"u oldu. (s. 230)

Bugün gazetesinden Adem Yavuz Arslan, tamamen gerçekdışı ve hayal mahsulü bir şekilde, benim Başbakanlık Teftiş Kurulu raporunu herkesten, hatta Başbakan Recep Tayyip Erdoğan'dan da önce gördüğümü yazacak kadar absürd bir iddiayı kaleme alabildi. Hatta kitabını bir yurtdışı seyahatinde Başbakan Erdoğan'a kendi eliyle vermişti. Başbakan, imzasını taşıyan 2 Aralık 2008 tarihli raporla ilgili satırları okuyunca ne düşündü acaba?

Arslan da biliyordu ki raporun Başbakan Erdoğan tarafından imzalanma tarihi 2 Aralık 2008. Bu rapor, aralık ayı sonuna doğru İstanbul 14. Ağır Ceza Mahkemesi'ne gönderildi. Ve buradan da Dink ailesi avukatları bir kopyasını aldı. Ben raporun kopyasını Dink ailesinin bir üyesinden aldım. Ve çok kısa bir özetini kitabımda yayınladım. Kitabım 2009 yılı Ocak ayının ilk haftasında yayınlandı. Ancak raporun kamuoyuna geniş bir biçimde sunulması, 13 Ocak 2009 tarihli *Taraf* gazetesinde yayınlanmasıyla gerçekleşti. Ancak *Taraf* raporda "görevi ihmalle" suçlanan kamu görevlilerinin adını yazmadı. Bunun üzerine raporun yazılmayan o kısmını 15 Ocak 2009 günü *Milliyet*'te biz yayınladık. Haber, Dink cinayetinde İstihbarat Dairesi Başkanı Akyürek ve C Şube Müdürü Yılmazer'i suçluyordu. Bu çok ama çok önemli iddiayı taşıyan haber, gazetenin yanı sıra *Milliyet* internet sitesinde de yayınlandı. Raporun özeti de belge olarak internette yayınlandı. Dolayısıyla kamuoyu oluşturmak için raporun *Milliyet*'te yayınlanması, böylece Başbakan'ı da etki altında bırakmak gibi bir amaç söz konusu değildir.

Yazar Adem Yavuz Arslan'ın görüşlerinin, Dink cinayetinde ihmali olduğu açık olan polislerin işine yarayacak ve cinayeti karartmaya neden olacak kara propaganda değilse bile tamamen hayal mahsulü olduğu açıktır. Yok değilse, Arslan'ın, Başbakan'ın zaten iki ay önce imzalamış olduğu raporu görmemiş olduğunu yazabilmesinin bir nedeni olmalı.

14 Şubat 2011 günü Odatv'ye yapılan baskın sırasında bulunan word dokümanları ise medyada aylar süren dezenformasyon faaliyetinin meyvelerini vermesiyle sonuçlanıyordu. Odatv'deki bir bilgisayardaki "Hanefi.doc", "Nedim.doc" isimli word dokümanları, polise yakın gazetecilerin boşuna konuşmadıklarını gösteriyordu. Onlar ne söylediler, ne yazdılarsa bu word dokümanlarında da aynısı yazıyordu. Bu dokümanlarda bahsedilen talimatların bana ulaştığına dair tek bir delil olmadığına ve benim bahsedilen fiilleri işlediğime dair tek bir kayıt, tanık ve delil bulunmadığına göre iki olasılık aklıma geliyor: Ya Odatv çalışanları –Soner Yalçın dahil– bu talimatları hazırladı ve takip eden polis bunu öğrendi ve gazetecilere bildirdi ya da bu talimatların oluşumunda başka birileri görev aldı. Hiçbiri değilse bu komployu kim hazırladı?

Ancak dezenformasyon faaliyeti, polis operasyonu, tutuklamayla iş bitmedi; tutuklandıktan sonra tam olarak savunmasız hale gelince gazete yazılarıyla ve televizyonlardaki konuşmalarla o öldürücü "son vuruşun" yapılmasına sıra geldi.

Yine aynı isimler devreye girdi. Mehmet Baransu, Önder Aytaç ve Emre Uslu gibi isimler en savunmasız anımda ölüm vuruşu için tetikte bekliyordu. Yaptıkları açıklamalarda nasıl "silahlı terör örgütü üyesi" olduğumu anlatıyorlardı. Mehmet Baransu 14 Mart 2011 ve 28 Mart 2011 tarihli yazılarında, haber ve yazılarındaki Hanefi Avcı'nın kitabından yaptığım alıntıların kitabın basılmış nüshasından farklı olduğunu yazdı. Baransu'ya göre, alıntı ile kitap arasında fark, benim elimde kitabın taslağı bulunduğu anlamına geliyordu, dolayısıyla kitabın yazımına katkı yaptığım sonucu çıkıyordu. Savcılık da bu yazıları o kadar ciddiye almış ki doğrudan delil diye iddianameye koydu.

Eski polis Emrullah Uslu da *Taraf*'taki köşesinde, Hanefi Avcı'nın kitabının bir proje olduğunu yazdı. Ancak bu kitaptan önce benim *Dink Cinayeti ve İstihbarat Yalanları* isimli kitabımın projenin ilk kitabı olduğunu yazıyordu. Emrullah Uslu'ya göre "proje" üç kitaptan oluşuyordu. Üçüncüsü ise Ahmet Şık'ın basılmadan toplatılan ve "örgütsel doküman" denen "İmamın Ordusu" isimli kitabıymış.

Böylece başından sonuna bir algı yaratılmış oldu.

Ancak buna bir de isim lazımdı. Ergenekon, soruşturmanın başından beri darbeye zemin hazırlamak için silahlı eylem düzenleyen bir örgüt olarak telaffuz ediliyordu. Şimdi ise gazeteciler tutuklanmıştı, ancak suç aleti silah ya da el bombası değil, gazete haberleri ve kitaplardı. O yüzden buna normal Ergenekon demek zordu. Nitekim daha önce yazılarından örnek verdiğim ve Ergenekon operasyonlarını başından beri destekleyen Ahmet Altan, Ali Bayramoğlu, Cengiz Çandar, Taha Akyol gibi isimlere bile bizimle ilgili iddialar inandırıcı gelmemişti. Ama imdada entelektüel camianın kavramsallaştırma ustalarından *Zaman* gazetesi yazarı Etyen Mahçupyan yetişiyordu. Mahçupyan buna "Post-Ergenekon" diyordu.

Böylece birkaç ay içinde kâğıt üzerinde demokrasi düşmanı bir terörist haline getirilmiş oluyorduk. Bundan sonrası iddianameyi yazmaktı. Eh o da çocuk oyuncağı...

Gülen cemaati bu operasyonun neresinde?

Çoğu şeyi olduğu gibi Fethullah Gülen cemaatinin benim ve Ahmet Şık'ın tutuklanmamızdaki rolünü de tahliye edildikten sonra yaptığımız değişik sohbetlerde konuşabildik. Gazeteciler ve Yazarlar Vakfı'ndan yöneticiler, yakın bir arkadaşıma, kesinlikle bana yapılan operasyonla ilgilerinin olmadığını söylemiş. Benimle cezaevinde görüşebilen kişilere hep bu yönde mesajlar ulaşmış. Bunları bir an için doğru kabul edelim. Peki, *Zaman* gazetesinin Samanyolu Televizyonu'nun polis fezlekesinden beter yazı ve yorumlarını ne yapacağız? İşte onun için burada Gülen cemaatinin rolünü tartışacağım.

3 Mart günü polislerin arasından araca binerken Ahmet Şık o sihirli lafı etmişti: "Dokunan yanar."

Ne demek istediği hemen anlaşıldı. Muhatapları duymazdan gelse de bu söz toplumda geniş yankı buldu. "Dokunan yanar" binlerce insanın sloganı oldu. Özellikle basın özgürlüğünü savunmak ve destek olmak amacıyla gazeteci arkadaşların kurduğu ANGA (Ahmet ve Nedim'in Gazeteci Arkadaşları) grubunun sloganı ise çok anlamlıydı "Yansak da dokunacağız." Ahmet "İmamın Ordusu" adını verdiği kitabında Fethullah Gülen'i ve cemaatini, bu cemaatin yargı, polis ve bürokrasideki faaliyetlerini inceliyordu. Onu Ergenekon'a bağlayacak hiçbir ilişkisi yoktu. Hedefin kitabı olduğu açıktı.

Basında çıkan birçok yazıda "Dokunan yanar" ifadesinin ilk uygulaması Erzincan Başsavcısı İlhan Cihaner'in yürüttüğü soruşturma ve Eskişehir Emniyet Müdürü Hanefi Avcı'nın yazdığı *Haliç'te Yaşayan Simonlar / Dün Devlet Bugün Cemaat* isimli kitabın yayınlanmasından sonraki gelişmeler örnek olarak gösteriliyordu. Yılların sağcı polis müdürü devletin üst düzey görevler verdiği Hanefi Avcı, bir yandan PKK'ya yakın ve solcu bir örgüt olan hem de polis şehit etmiş Devrimci Karargâh örgütüne yardım ve yataklıktan tutuklanıp Silivri Cezaevi'ne konmuş, diğer yandan Ergenekon davasından tutuklanmıştı.

Benim durumum malum. Bir yandan Hrant Dink cinayetini araştırırken "görevi ihmal" ettiği iddia edilen polis müdürleriyle ilgili kitap yazmıştım. Diğer yandan *Ergenekon Belgelerinde Fethullah Gülen ve Cemaat* isimli bir kitap yayınlamıştım. Üstüne üstlük Hrant Dink cinayetinde ihmali olan polislerin cemaatle ilişkili olduğu iddiaları ortaya çıkınca benim durumum "çifte hedef" konumuna geçmişti.

O yüzden Ahmet Şık'ın evden çıkarken söylediği "Dokunan yanar" sözüyle ne demek istediği net anlaşılmıştı.

Değil dokunmak, adını anmak bile insanın başını belaya sokabiliyor bazen. O yüzden birçok gazeteci yalnızca "cemaat" kelimesini kullanıyordu. Cemaatin yapısı, amaçları ve yöntemleri ile üyeleri hakkında hiç kimse soru soramıyordu. Yalnızca onların kendi anlattıklarıyla yetinirseniz hiç problem olmaz. Ama merak ederseniz başınız belaya girebilir. İşte böylesine etkili bir güçle karşı karşıyasınız.

Fezleke gibi gazete manşetleri

Cemaat, medya gücüyle yapılan operasyonları desteklediğinde artık sizin o cendereden kurtulma şansınız son derece zayıflıyor.

Nitekim cemaatin amiral gazetesi *Zaman*'ı takip ettiğinizde ne demek istediğim net olarak anlaşılacaktır. Bırakın yorumları, savcılıkta ve poliste bizim suçlanmamıza neden olan ve bize "gizli" diye gösterilmeyen ve soru olarak sorulmayan dokümanlar ve telefon görüşmeleri *Zaman*'da yayınlanabiliyordu. *Zaman*'ın bu konudaki yayınlarına o kadar çok güveniyordum ki, yayınladığı belge ve telefon tapeleri asla gerçekdışı olamazdı.

Onların polis ve savcıda olan belgeler olduğuna kesinlikle inanıyordum. Örneğin, benim savcılık sorgumda bana gösterilen belgelere göre telefonum 2009 yılı Mayıs ayından 3 Mart 2011 tarihine kadar dinlenmiş görünüyordu. Oysa bu konu gazetelere haber olduğunda *Zaman*'da "Nedim Şener'in telefonu iki yıl değil 6 ay 8 gün dinlendi" diye haber çıktı.

Gerçekten de iddianame çıktığında hiç kimsenin bilmediği, benim ve avukatlarımın bile ancak iddianamenin ek klasörlerinin çıktığı Ekim ayında öğrenebildiğimiz bu bilgiyi *Zaman*, ben tutuklandıktan (6 Mart 2011) birkaç gün sonra yazmıştı. Tabii *Bugün* gazetesi de.

Zaman gazetesinin manşet ve haber başlıkları

Cemaatin amiral gazetesi *Zaman*'ın gözaltından sonraki bir ay içinde yaptığı yayınlar doğal olarak "cemaat" tartışmasını gündeme getirdi. Bu tartışmaya geçmeden *Zaman*'ın bizim gözaltı ve tutuklanma sürecimizle ilgili haberlerine göz atalım:

4 Mart 2011: Odatv'de ikinci dalga
Aynı gün cemaatin ileri gelenlerinden Hüseyin Gülerce köşe yazısında şunları yazdı:

Ergenekon soruşturması kapsamında yapılan Odatv operasyonunun ikinci dalgasında, yeni aramalar ve gözaltılar var. Biliyorum, bugün birileri yine basın özgürlüğünü hatırlayacak. İktidarın, gazetecilere ve muhaliflerine yönelik yeni bir yıldırma hamlesi başlattığını söyleyecek, yazacak. Ergenekon dostları ve dayanışma merkezleri, seslerini yine yükseltecekler.

Ergenekon davası başladığından beri, bu ülkede vesayet sisteminin devamını isteyenler, statükoya "zaptiyelik" yapanlar, müthiş bir direnç gösteriyorlar. Payandalıklarını gizleyebilmek için, sureti haktan görünüyor, "muhalif" ayağına yatıyor, "askeri vesayete karşı olmak iyi bir şeydir ama sivil vesayete de karşı olmak lazım" deyip konuyu AK Parti düşmanlığına kaydırıyorlar. Devam eden bir davada yargıya açıkça baskı var. Bir yandan "yargısız infaz yapılmasın" denirken, bir yandan tutuklular için mahkemelerin kararı beklenmeden, "onlar suçsuz, onlar birer kahraman" deniliyor.

5 Mart 2011: Başbakan'ın konuya ilişkin sözleri "Bırakın yargı işini yapsın" manşetiyle veriliyor. İç sayfada ise tam sayfa haber "Odatv'de 'itiraf' korkusu" şeklinde yer aldı.
6 Mart 2011: Manşetten "BU MU GAZETECİLİK" şeklinde verilen haber "Odatv'deki belgelerden kaos taktikleri çıktı" üst başlığıyla verildi. 3 Mart'ta gözaltına alınmamızdan çok 14 Şubat'ta Odatv'de baskında bulunan dokümanlar üzerinden haber yazıldı.
7 Mart 2011: Savcı Zekeriya Öz'ün "Açıklanamayacak deliller var" sözü manşette. Haber iç sayfadaki devamında ise "İşte darbecileri kurtarma planı" başlığıyla verilmiş.
8 Mart 2011: Birinci sayfa manşet "Ergenekon'un medya planı hiç değişmiyor." Haberin spotunda ise şunlar yazıyor:

Odatv ile başlayan operasyonlar, Ergenekon-medya ilişkisini yeniden tartışmaya açtı. İddianamelerde, darbeye zemin oluşturmak için hazırlanan planları dikkat çekiyor. Veli Küçük ve Doğu Perinçek'te çıkan "Ulusal Medya 2001" isimli belge ile Odatv'de bulunan "Ulusal Medya 2010" dokümanı örtüşüyor. Medyayı ele geçirme stratejisinin değişmediğini gösteren belgelerde, sadece hedef seçilen basın kuruluşlarının ismi farklı.

Haberde savcılıkta bize "gizli" denerek gösterilmeyen "Ulusal Medya 2010" belgesinin fotoğrafı ve içeriği de yayınlandı.

Bu haberde ayrıca bana savcılıkta sorulmayan ve herhangi bir şekilde bana gösterilmeyen Soner Yalçın'la benim aramda geçen 21 Ekim 2009 tarihli telefon görüşmesinin metni de yayınlandı. Oysa bunlar "gizli" denerek bana gösterilmediği gibi savcılıkta ve poliste soru konusu da olmadı. İşte benim tutuklanırken bile görmediğim telefon konuşmasının *Zaman*'daki haber metni.

Şener'le Yalçın arasında telefon trafiği

Ergenekon soruşturması kapsamında tutuklanan Nedim Şener, sorgusunda Odatv'nin yöneticisi Soner Yalçın'ı tanımadığını söyledi. Ancak Şener'in Yalçın ile yaptığı samimi telefon sohbetleri mahkeme kararı ile yapılan polisin teknik takibine takıldığı iddia edildi. Şener'in Yalçın'a "Gözlerinden öpüyorum" diyecek kadar samimi olması dikkat çekti.

Nedim Şener, daha önce medyaya yaptığı açıklamalarda ve savcılığa verdiği ifadelerde defalarca Soner Yalçın'ı tanımadığını söyledi. Ancak Şener'in İstanbul Cumhuriyet Savcılığı'na yalan beyanda bulunduğu, delilleriyle tespit edildi. Şener'e savcılık sorgusunda "14 Şubat 2011 tarihinde gözaltına alınan Hüseyin Soner Yalçın, Barış Pehlivan, Barış Terkoğlu ve Ayhan Bozkurt isimli şahıslarla aranızdaki ilişkiyi anlatınız" şeklinde soru yöneltildi.

Şener, bu soruya "Bu şahısların hiçbirini tanımıyorum" şeklinde cevap verdi.

Fakat Şener "tanımıyorum" dediği Yalçın'ı Hanefi Avcı'nın aleyhine yapılan bir haberden dolayı aradı. O tarihlerde *Hürriyet* yazarı Tufan Türenç, Hanefi Avcı'nın, Edirne'den Eskişehir'e, Belediye Başkanı Yılmaz Büyükerşen'in yolsuzluklarını ortaya çıkarma karşılığında tayin edildiğini ileri sürmüştü.

Şener'in görüşmede, aleyhindeki bu haber nedeniyle Hanefi Avcı'nın itibarını korumaya çalışması da dikkat çekti. Şener, Yalçın ile görüşürken, dinlemeye karşı "sabit numara" istemesi de gözden kaçmadı.

Nedim Şener'in, Hanefi Avcı'nın Eskişehir'e tayin olmasıyla ilgili olumsuz haber yazan Tufan Türenç'in aleyhine Odatv'de analiz yayınlanmasını istediği ortaya çıktı. 21 Ekim 2009'daki telefon görüşmesinde şu kısımlar dikkat çekiyor.

HÜSEYİN SONER YALÇIN: Efendim!
NEDİM ŞENER: Soner Bey!
H. S. Y.: Efendim!
N. Ş.: Nedim Şener, *Milliyet*'ten.
H. S. Y.: Ha üstat! Ne var ne yok?
N. Ş.: Teşekkürler, siz nasılsınız?
H. S. Y.: İyidir!
N. Ş.: Rahatsız ediyorum, şimdi bu şeyi okudum da, Tufan Türenç'in açıklamasını...
H. S. Y.: He!
N. Ş.: Şimdi daha dün yazınızda siz kendi analizinizde diyorsunuz ki bu Eskişehir'dir ve bu Hanefi Avcı'dır diye. Oysa bugün onun açıklamasını koyarken ben onu kastetmedim diyor. Böyle manipülatif yani böyle kendi dün yazdığını bugün inkâr edecek bi noktada bir açıklama hakikaten benim kafamı karıştırıyor yani.

Soner Yalçın: Ben aynayım!
H. S. Y.: Bize mi kızıyorsun, Tufan Türenç'e mi kızıyorsun?
N. Ş.: Türenç'e kızıyorum, ama sizin olaya yaklaşımınız da ayrıca şey ilginç.
H. S. Y.: Ama ben aynayım.
N. Ş.: Ama şimdi...
H. S. Y.: Ben aynayım (...)
N. Ş.: Tamam, gözlerinden öpüyorum sağ ol...

9 Mart 2011: "YALAN RÜZGÂRI" manşetiyle birinci sayfada yer alan haberin spotları şunlardı:

– Ahmet Şık için "Darbe günlüklerini ortaya çıkaran gazeteci" dediler. Alper Görmüş, haberi kendisinin yazdığını açıkladı.
– Odatv, "MİT Müsteşarı'nın kardeşi cemaat mensubu" diye yazdı. MİT yalanladı: Müsteşarın o isimde bir kardeşi yok.
– Nedim Şener, Soner Yalçın'ı tanımadığını söyledi. Ama "gözlerinden öpüyorum" diyecek kadar samimi olduğu tespit edildi.
– Ahmet Şık, hazırladığı kitabın Odatv'ye nasıl gittiğini bilmediğini söyledi. Ancak "kitap üç aylık taslak" sözü dinlemeye takıldı.

– Soner Yalçın, suç unsuru dosyalar için "'Virüslü e-posta ile yüklediler" dedi. Fakat bilgileri kendisinin kaydettiği ortaya çıktı.

26 Mart 2011: *Zaman* gazetesinde polisin Ahmet Şık'ın kitabının dijital kopyalarına el koyma operasyonları savunuluyor. Haberin başlığı: "Savcılık, taslağa 100 sayfa ekleme yapan isimleri arıyor."
Haberin spotu ise son derece kararlı.

Ergenekon silahlı terör örgütü soruşturması kapsamında ele geçirilen Ahmet Şık'ın "İmamın Odusu" isimli çalışmasının geçtiğimiz yıl Aralık ayında Odatv'ye gönderildiği tespit edildi. Son kayıt tarihi 17 Aralık 2010 olarak görülen doküman 189 sayfaydı. Ancak Ahmet Şık'ta ele geçirilen taslağa ait nüshaların sayfa sayıları 299, 301 ve 302'ydi. Savcılık, şimdi örgütsel dokümana ekleme yapan isimleri arıyor.

Zaman bir de hatırlatma yapıyor: "Hanefi Avcı'nın kitabının ikinci kısmı da sonradan eklenmişti" başlığıyla.

27 Mart 2011: *Zaman* yine kesin bir ifadeyle manşetini atıyor: "İşte Ergenekon'un gazeteciye talimatları". İçeride "Ergenekon'un talimatları kitaba tek tek aktarılmış" ifadesinin yer aldığı haberin spotu şüpheye hiç yer bırakmayacak şekilde yazılmış:

Ergenekon soruşturması kapsamında tutuklanan Ahmet Şık'ın "İmamın Ordusu" isimli çalışmasıyla ilgili çarpıcı bilgilere ulaşıldı. İstanbul Cumhuriyet Savcılığı'nın Ergenekon operasyonları kapsamında Odatv ve Ahmet Şık'ta ele geçirilen dokümanın taslaklarında açık şekilde Ergenekon örgütünün talimatları görülüyor.

Üç "uzman"dan görüş alınmış: Nazlı Ilıcak, Mehmet Baransu ve eski polis Emrullah Uslu.
28 Mart 2011: *Zaman*'ın birinci sayfasında "Ahmet Şık'a Devrimci Karargâh'la Görüş Talimatı" başlıklı haber yayınlandı.
29 Mart 2011: Manşette "Hakkımda Yargısız İnfaz Yapılıyor" başlıklı bir haber. Eğer uzaktan baksanız ve fotoğrafı görmeseniz bu sözün bana ya da bize ait olduğunu düşünebilirsiniz. Çünkü poliste ve savcılıkta bize bile gösterilmeyen "Ulusal Medya 2010" isimli doküman ve hiçbir şekilde soru sorulmayan telefon kayıt-

ları *Zaman*'da yayınlanmış, "Ergenekoncu" olduğumuz gazetenin yöneticileri tarafından ilan edilmişti. Evet, bizim "Hakkımda yargısız infaz yapılıyor" demeye hakkımız vardı. Ve biz bunu gerek avukatlarımız gerek gazeteci arkadaşlarımız aracılığıyla kamuoyuyla paylaşıyorduk. Ama *Zaman* hiçbir şekilde bunlara yer vermedi. Bu kez vermiş olabilir miydi? Elbette hayır. Zaten gazetenin manşetine bakıldığında "Hakkımda yargısız infaz yapılıyor" sözünün bize değil, Fethullah Gülen'e ait olduğu da görülüyordu.

Gülen, ABD Pennsylvania'dan avukatı aracılığıyla, kendisi ve cemaati hakkında yazılan "İmamın Ordusu" kitabı ve yazarı Ahmet Şık ile ilgili bir şikâyeti olmadığını ve yargıya da konuyla ilgili bir talimatının söz konusu olmadığını söyledi.

Ancak aynı gün Fethullah Gülen'in açıklamasının hemen yanında "Ulusal Medya Planı Satır Satır Kitap Taslağında" başlıklı haber yer alıyordu.

3 Nisan 2011: *Zaman* gazetesi manşeti "Kadrolaşma Yalanının Tirajı Kitap Taslağından Çıktı" şeklindeydi.

Cemaat kendisini nasıl savunursa savunsun ilk kez kendisi hakkında büyük bir tartışmanın fitili ateşlenmiş oldu. Yalnızca Türkiye'de değil ABD, Avrupa basınında da cemaatin amaçları hakkında haber ve yorumlar çıkıyordu. Türkiye-AB Karma Parlamento Eşbaşkanı Hélène Flautre, Nisan ayı başında katıldığı bir toplantıda Ergenekon'u, Gülen'i ve Kürt meselesini araştıran gazetecilerin de baskı altında olduğunu söylüyordu. Flautre benim ve Ahmet Şık'ın tutuklanmamızın Gülen hareketiyle ilgili olarak yazdıklarımızdan kaynaklanabileceğini söyledi.

Hele *Zaman* gazetesinin İngilizce versiyonu olarak çıkan *Today's Zaman* gazetesi yazarı Andrew Finkel'in üç yıldan beri sürdürdüğü köşe yazarlığı görevine beni ve Ahmet Şık'ı savunan bir yazısından sonra son verilmiş olması tartışmayı başka bir boyuta taşıdı. Finkel, 27 Mart günü köşesinde bizim tutuklanmamızı eleştirirken 29 Mart günkü "Gülen Cemaatine saldıran bir kitap yazmak suç değildir" şeklindeki eleştirel yazısı gazeteye hiç girmedi. Finkel'e de çıkışı bildirildi.

Dünya, Gülen bağlantısına dikkat kesiliyor

İngilizlerin ünlü ekonomi gazetesi *Financial Times*, Gülen hareketi hakkında çok çarpıcı bir yazı yayınlandı. 29 Nisan günü yayımlanan ve Gülen okulları ile cemaatin Türkiye'deki etkilerini analiz eden yazı hakkında basında çıkan haber şöyleydi:

Delphine Strauss tarafından kaleme alınan ve "İlham Verici mi Sinsi mi?" başlığıyla yayınlanan analiz, okulları gittikçe daha fazla ülkeye yayılan Gülen'in savunduğu "hoşgörülü İslam"ın genel olarak olumlu karşılandığı, ancak Türkiye'de hareketin etkileriyle ilgili endişelerin var olduğu tespitiyle başlıyor.

Analizde, "Gülen'in ilham verdiği hareketin Türkiye toplumunu şekillendiren önemli bir güç olduğuna şüphe yok. Bu durum, dindar, aklı iş dünyasına yatkın orta sınıfın çıkardığı liderlerin gittikçe eski, katı laik eliti gölgede bıraktığı daha geniş bir evrimin parçası" ifadesi yer alıyor.

Gülen hareketinin Türkiye'deki en etkin dini cemaat olduğu vurgulanan analizde şöyle deniyor: "Hizmetin içeriğinin önemi Türkiye sınırlarının ötesine taşıyor. Artan refah ve diplomatik güç, Ankara'yı Ortadoğu'da baskın bir aktör yaptı. Yeni piyasalardaki önde gelen Türk işadamları aynı zamanda Gülen hayranları ve Ankara'nın dünya siyasetinin merkezinde kendisine yer aradığı bu dönemde, söz konusu işadamlarının hareketleri Türkiye'nin imajı için belirleyici olabilir."

İlhan Cihaner'in gözaltına alındığı ve Nedim Şener'in tutuklandığının hatırlatıldığı yazıda, "İmam'ın Ordusu" kitabının basılmadan toplatılmasının Gülen Cemaati'nin toplumda yarattığı endişeyi doruğa ulaştırdığı belirtiliyor.

"Gülenci gazeteler siyasete..."
Yazıda, Gülen'in siyasete karışmaktan imtina ettiği belirtiliyor ancak şu ifade dikkat çekiyor: "Ancak Gülen yanlısı medyanın siyasi gündemi şekillendirmeye çalıştığı açık."

Gülen hareketinin ana unsurlarından biri olan "hizmet"in sınırlarının muğlaklığına dikkat çeken yazı, şu tespitle noktalanıyor:

"Destekçileri bu muğlaklığın bir güç kaynağı olduğunu düşünüyor. Ancak hizmet genişledikçe ve daha etkili hale geldikçe, bu yapısızlığı dolayısıyla kendi çıkarını düşünen kişiler tarafından kullanılmaya da açık olabilir mi? Gülen, Ahmet Şık'ın kitabının engellenmesi yönünde bir isteği olmadığını belirten bir açıklama yaptı. Ancak bir teori, yayınevlerine yapılan baskının polisin içindeki Fethullahçılar tarafından organize edildiği ve bu grubun herhangi bir yetkiliden aldığı direktifler doğrultusunda değil, kendi çıkarları çerçevesinde hareket ettiği [yönünde]."

Cemaat cephesinden ilk yorumlar

Tutuklanmamızın ve Ahmet Şık'ın basılmamış kitabının toplatılmasının hükümet yanında cemaate de etkisi büyüktü. Mehmet Ali Birand, hem kişisel yorumunu hem de cemaatin bu olaya ilk tepkisini 29 Mart 2011 günü *Posta* gazetesindeki köşesinde şöyle yazıyordu:

Faturanın biri AK Parti'ye çıkarılıyorsa, diğeri ve belki de daha ağırı Fethullah Gülen cemaatine çıkarılıyor. Bundan önce Hanefi Avcı'nın yazdığı kitap ve ardından tutuklanma olayında da aynı durumla karşı karşıya kalınmıştı. Ahmet Şık olayı bunun üstüne gelince, tuz biber ekti.

Cemaate "dokunanın yandığı" bir ortama girildi.

Komplo teorileri dahi giderek inandırıcılık oranlarını artırır oldu.

Sanki gerçekten "imam"ın her yerde eli kulağı ve isimsiz askerleri var ve ona dokunanı yakıveriyorlarmış izlenimi yaygınlaşıyor.

Siz istediğiniz kadar tepki gösterebilirsiniz.

İstediğiniz kadar bunların tamamen bir yargı-polis hoyratlığından kaynaklandığını, incelemenin bitmesi ve tüm verilerin ortaya dökülmesinin, iddianamenin ortaya çıkmasının beklenmesi gerektiğini de söyleyebilirsiniz.

Cemaat için bundan önce de son derece eleştirisel yayınlar yapıldığına dikkat çekip, bunlara hiçbir tepki gösterilmediğini de örnek olarak gösterebilirsiniz. Hatta kitabın içinden terör bağlantısı çıkacağını dahi söyleyebilirsiniz.

Ancak kimseleri inandıramazsınız.

"Zekâmıza hakaret ediliyor, biz bu kadar cahil ve köylü değiliz..."

İşte şu sıralarda Fethullah Gülen'in etrafında bulunan ve ona gönül vermişlerin en büyük sıkıntıları da bu... Gülen'e yakın isimlerle konuştuğunuz zaman, nasıl ateş püskürdüklerine tanık oluyorsunuz.

Zira onlar da, faturanın bir bölümünün kendilerine çıkarıldığını görüyorlar. Sanki gizli bir mason örgütlenmesi veya çete yaklaşımıyla kadrolaşmış bir cemaat görüntüsü verdiklerinin farkındalar ancak işin içinden nasıl çıkabileceklerini de bilemiyorlar. Bu nedenle, her zamanki gibi içlerine kapanıp beklemeye geçmiş durumdalar.

Kendilerini anlatmaktan mı çekiniyorlar, belli değil. Ancak zaman geçtikçe onların da faturası kabarıyor.

"... Ortadaki fotoğraf bizim içimizi daraltıyor. Böylesine bir saçmalık olabilir mi? Kitap olayında bizim parmağımızın bulunduğunu söylemek, resmen zekâmıza hakaret etmek anlamına geliyor... Böyle bir işe karışmak için, ahmak ötesi olmak gerekir..." diyen Fethullah Gülen'e yakın isimlerden biri, tepkisini adeta bir gönderme yaparak anlattı: "... Biz bu kadar cahil, bu kadar köylü davranabilecek bir toplum değiliz..."

Cemaatin tepkisi sert ancak ne yapacaklarını da bilemiyorlarmış gibi bir tutumları var. Eskiden olduğu gibi, bu fırtınanın da bir gün hızını kaybetmesini ve unutulmasını bekliyorlar. Tabii unutulmaması gereken bir nokta var. O da bu tip olayların toplum belleğinde doğru yanlış bir tortu bıraktığıdır.

Ben, Gülen hareketinin böylesine bir kara komplo içinde olduğu ve Türkiye'yi perde arkasından yönettiği görüşlerine katılmıyorum. Ancak benim gibi birçok kişinin katılmaması toplumdaki genel algıyı da değiştirmiyor.

Yani cemaatin daha başka şeyler yapması giderek zorunlulaşıyor.

Dumanlı "Global Ergenekon" diyor

Birand'ın konuştuğu cemaatçiler mi sahici, yoksa *Zaman* gazetesini yönetenler mi, anlaşılır gibi değil. Bir yandan temkinli cemaatçiler, diğer yandan Ekrem Dumanlı gibi "Global Ergenekon" diye yazanların olduğu bir anlayış.

Gülen cemaatinin amiral gemisi *Zaman* gazetesinin, tabii aynı cemaatin gazete ve televizyonlarının saldırıdan savunma noktasına gelişini gazetenin yayın yönetmeni Ekrem Dumanlı'nın yazılarından takip etmek de mümkün. Dumanlı, pazartesi günleri yazdığı yazılarda benim ve Ahmet Şık'ın etrafında yaşanan "basın ve ifade özgürlüğü tartışmalarında" polis ve savcılık kaynaklı görüşlerden yana tavır alıyor.

Dumanlı'ya göre biz Ergenekoncuyduk, hatta bizi savunanlar da öyle. Ancak polis ve savcının görevlerinden başka yerlere kaydırılması, ardından başlayan "cemaat" tartışması Dumanlı'nın zamanını "savunmaya" vermesine neden oldu. Aslında cemaat hakkında –belki haklı, belki haksız– başlayan tartışmanın bir nedeni polis ve savcı ise bir nedeni de cemaatin özellikle *Zaman* gazetesi çerçevesindeki yayın politikasıydı. Polis ve savcı operasyonu yönetemeyeceğine göre bu konuda tüm yük aslında gazetecilik anlamında Dumanlı'nın sırtına binmişti. Ama bir dakika, hakkını yemeyelim, *Zaman* yazarı Etyen Mahçupyan da "Post-Ergenekon" kavramını dolaşıma sokarak büyük bir "entelektüel destek" veriyordu.

Ekrem Dumanlı 7 Mart günü "Paniğe Gerek Yok, Hukuki Süreç İşliyor" başlıklı soğukkanlı sayılabilecek bir yazı kaleme aldı. Yazısında "Şu suçludur, şu suçsuzdur demek biz gazetecilerin görevi değildir. Cunta ve darbeciliğin bir ayağı medyadır. O ayak üzerine hiçbir çalışma yapılmasın demek o çerçevede yapılan her soruşturmayı mesleki alınganlıkla göğüslemek, gerçekle yüz yüze gelmekten korkmaktır" diyordu.

Ahmet Şık'ın "Dokunan yanar" sözüne de cevap veriyordu:

> Şöyle bir propaganda pompalanıyor! Fethullah Gülen ile ilgili kitap yazanlar hakkında soruşturma açılıyor. O kitapları yazanlar derdest ediliyor, hapse atılıyor. Doğru mu? Yanlış!

Dumanlı, *Cumhuriyet*'ten Hikmet Çetinkaya'yı örnek vererek "Hikmet Bey yüzlerce yazı onlarca kitap yazdı. Gülen'in avukatları dava açtı o kadar" diyor.

Aslında burada durmak lazım. Gülen hakkında yazmanın kendisine bir faturası olmuş mu onu da meraklı gazeteciler araştırır sanırım.

Şimdi gelelim Ekrem Dumanlı'nın 14 Mart 2011 günü kaleme aldığı "Gazetecilik Yerle Bir Olmuşken" başlıklı yazısına. Dumanlı, gösterilen tepkilerle "Ergenekon'a destek vermek" diye etiketlemeye çalıştığı yazısında şöyle diyordu:

> Bazı meslektaşlarımız ortalığı velveleye vererek bazı gerçeklerin görünmez kılınabileceğini sanıyor galiba. Oysa ortaya çıkan acı gerçek, gürültüye pabuç bırakmayacak kadar sarsıcı. Bağırsan da, çağırsan da, tepinsen de manzara ayan beyan ortada: Kendine gazeteci sıfatını layık gören birileri bu mesleği bir zırh gibi kullanmakta ve psikolojik harp yürütmekte.
>
> Ergenekon'a destek vermek için, tutuklanan gazetecileri kendilerine kalkan yapmak ne kendilerine bir yarar sağlar, ne mesleklerine. Nedim Şener, Ahmet Şık vs. bahane...

Dumanlı'nın kendisine has tespitlerinin tavan yaptığı yazı ise tüm asabiyetini gösterdiği 28 Mart 2011 tarihli "Tam Bir Operasyon" başlığıyla yayınladığı yazıydı.

Dumanlı, daha önceki yazılarında olduğu gibi burada da cemaatle ilgili olumsuz bir algı üzerine soru soruyor, cevabı da kendisi veriyordu:

> Hafta içinde iki polis memuru *Radikal* gazetesine gidip bir kitap hakkında yayın yasağını tebliğ edince, bir kısım çevreler koro halinde "cemaat" suçlamasına başlayıverdi. Önde giden ateşli bir ekip, etraftaki pek çok kişiyi de peşine takarak bir algı oluşturmaya çalıştı. Neydi o algı? Cemaat aleyhine yayınlanacak olan bir kitabı "cemaat",

polis gücüyle baskı altına alıyor; düşünce özgürlüğü bu yolla engellenmiş oluyor. Doğru mu bütün bunlar? Hayır!

Bu yazı Fethullah Gülen'in de avukatları aracılığıyla yaptığı açıklamayla aynı tarihe denk geliyordu. Yani Pennsylvania'dan *Zaman* gazetesinin bulunduğu Yenibosna'ya kadar yüksek bir gerilim olduğu muhakkaktı.

Kendisine göre teşhisi koyan Dumanlı, dünya çapında oluşan tepkiyi de şöyle yorumluyordu:

Eski bir istihbaratçıyla başlayan o insafsız süreçte kitap operasyoncularına sonuna kadar destek veren bazı kişileri bugünden itibaren izleyin. Göreceksiniz, bunların önemli bir kısmı soluğu yabancı basın mensuplarıyla sohbette, yabancı diplomatlarla muhabbette alacak ve şu an hiçbir somut bilgiye dayanmaksızın yaydıkları cemaat algısını ve hükümet düşmanlığını yurtdışına da taşımak için çırpınıp duracaklar.

Bu kitap üzerinden birileri ciddi bir psikolojik harekât yapmayı planlıyor. Kitap, on binlerce yayınlansa da, yasaklansa da bugün davul zurna eşliğinde cemaat düşmanlığı yapan kişiler aynı gayreti ortaya koyacaktı. Bu, belge üretmekten başlayıp adli kovuşturmaya kadar devam edecek bir süreci hedefleyen bir teşebbüstür ve asıl amacı Ergenekon soruşturmasını boşa çıkarma hatta mümkünse bu tarihi süreci tersine çevirme girişimidir.

Aylar geçti, tutuklanmamızın ardından 12 Haziran'da seçimler yapıldı. Herkes tepki dalgasının biteceğini düşünüyordu. Cemaat "Yargıya bırakalım" dedi. İddianame çıktı, ek klasörler geldi. Bir de baktık ki kitaptan, yazıdan başka bir suçlama yok. Sağduyu, vicdan yani gerçekler kazandı. Cemaat yayınları sessizleşti. Ama bu onların başta öne sürdüğü görüşlerin, suçlamaların da zayıflığını, hatta boşluğunu gösteriyordu. Dolayısıyla Fethullah Gülen ve cemaati bu kez mercek altındaydı. Çünkü Brüksel'de Avrupa Birliği kuruluşlarının koridorlarında, cemaat gazetelerinin temsilcileri, bize yönelik desteği kırmak için yalan yanlış konuşmalar yapıyordu. İddianame sonrası asıl onların durumu ve inanılırlığı tartışılır oldu.

Bu tartışma dalgası her yere Gülen'in yaşadığı ABD'deki önemli medya kuruluşlarına da yansıdı. Artık "Okyanus Ötesinde" de rahat, kaçacak gibi görünüyordu. Bu sürece KCK operasyonu da eklenince Fethullah Gülen ve cemaati tartışmaların odağına oturdu.

Ruşen Çakır: Tutuklanma cemaat-hükümet ittifakının ilk çatlaklarından

Ruşen Çakır, bazen hapisteki kaçıncı günümüzde olduğumuzu karıştırdığımızda hemen *Vatan*'daki köşesine müracaat ettiğimiz bir meslektaşımız. Yalnız meslektaş değil, aynı zamanda ağabeyimdir de. Metis Yayınları'ndan çıkan ve ilk kitabım olan *Tepeden Tırnağa Yolsuzluk*'ta çok emeği vardır.

Tutuklandığımız günden beri de köşe yazılarının içine Ahmet ile benim fotoğrafım olan bir klişe koydu ve "içeride" olduğumuz günleri adeta "hapismetre" gibi saydı.

Ruşen, Türkiye'de İslami hareketleri en yakından takip eden gazetecilerdendir. Dolayısıyla bu bölümde konu ettiğim Gülen cemaatinin tutuklanmamıza dair operasyonun neresinde olduğunu bilecek kişilerden biridir.

Ruşen Çakır bu durumu, hükümet-cemaat çatışması olarak bilinen KCK soruşturması kapsamında MİT Müsteşarı Hakan Fidan ve 4 eski MİT'çinin ifadeye çağırılması olayı kapsamında kaleme aldığı yazı dizisinde dile getirdi.

Ruşen Çakır'ın *Vatan* gazetesinde "Erdoğan-Gülen İlişkisi: Dün/Bugün/Yarın" başlıklı dizi yazılarının 19 Şubat 2012'de yayınlanan üçüncüsünde, cemaat ile siyasi iktidar arasında "yeni tür savaş" dediği çatışmanın ilk çarpıcı örneği olarak ÇYDD Genel Başkanı Türkan Saylan'a yönelik operasyon ile benim ve Ahmet'in tutuklandığımız operasyonu gösteriyor.

Ruşen Çakır, "ittifak" olarak yorumladığı cemaat-hükümet birlikteliğinin kırılma noktasını şöyle anlatıyor:

> Ergenekon sürecinde yaşanan kimi kırılmaların bu ittifaka gölge düşürdüğünü biliyoruz. "Prof. Türkan Saylan" olayı bunlara örnektir, ama hükümeti en çok zorlayan gelişmenin Ahmet Şık ile Nedim Şener'in tutuklanmaları olduğu açıktır.

Ruşen Çakır, 30 Mart 2011'de *Vatan*'da bu tutuklamalardan Türkiye'nin, hükümetin yanında Gülen cemaatinin de nasıl zarar göreceğini şöyle yazmıştı:

Gülen cemaati zarar görüyor. Şener ve Şık'ın, Gülen hareketini rahatsız edecek gazetecilik faaliyetleri nedeniyle tutuklandığı yolundaki iddialar sadece Türkiye'de değil, dışarıda da giderek tırmanıyor. Özellikle "kitap avı"nın ardından, Gülen cemaatinin yıllar boyunca sabırla ve büyük bir özveriyle, "diyalog, hoşgörü ve empati" gibi kavramların üzerine inşa etmiş olduğu imajı sarsıntı geçiriyor. Gülen'in açıklamasının, Ekrem Dumanlı başta olmak üzere bazı kanaat önderlerinin yazı ve yorumlarının bu gelişmeden kaynaklandığını söyleyebiliriz.

Her yerde Gülen adı

İstanbul 16. Ağır Ceza Mahkemesi'nde açılan davanın her duruşması da özellikle yabancı basın yayın organlarında, gazeteci tutuklamaları ile Fethullah Gülen cemaatinin adının yan yana gelmesine neden oluyordu. Bunun doğal bir nedeni Ahmet Şık'ın davada konu edilen kitabının cemaati anlatmasıydı. 24 Kasım 2011 tarihli Fransa'dan *Le Monde* haberinde "Nedim Şener ve Ahmet Şık, Mart ayında tutuklanmışlardı. Ahmet Şık hükümet yanlısı güçlü bir lobi oluşturan ılımlı İslamcı Fethullah Gülen cemaati ile polis arasındaki bağları ele alan bir kitap yazmıştı" deniyordu.

23 Kasım tarihli *Libération* gazetesinde ise "Ahmet Şık 'İmamın Ordusu' adlı kitapla Fethullah Gülen'in güçlü İslamcı cemaatinin polise ve devlete sızmasını anlatmıştı" ifadeleri kullanılıyordu.

ABD'den de benzer sesler geliyordu. 1 Aralık 2011 günü merkezi New York'ta bulunan Gazetecileri Koruma Komitesi, dünyadaki tutuklu gazetecilerle ilgili bir rapor yayınladı. Rapor, Türkiye'de çok eleştirildi. Çünkü tutuklu gazeteci sayısını 8 olarak gösteriyordu. Ancak bu doğru değildi. Çünkü Türkiye'de 100'e yakın tutuklu gazeteci vardı ve bu dünyada Türkiye'yi ilk sıraya oturtuyordu. Ama rapora göre en fazla gazetecinin tutuklu olduğu ülke 42 kişiyle İran'dı.

Onu 28 tutuklu gazeteciyle Eritre, 27 gazeteci ile Çin, 12 gazeteciyle Mynmar, 9 gazeteciyle Vietnam izliyordu. Türkiye 8 tutuklu gazeteciyle listede altıncılığı neredeyse bir diktatörlüğe dönüşen Suriye ile paylaşıyordu. Listede *Azadiya Welat*'tan Vedat Kurşun, *Devrim Yolunda İşçi Köylü*'den Barış Açıkel, Gün TV'den Ahmet Birsin, *Hawar and Aram*'dan Bedri Adanır, Dicle

Haber Ajansı'ndan Hamdiye Çiftçi, *Azadiya Welat*'tan Ozan Kılıç, *Posta* gazetesinden Nedim Şener ve serbest gazeteci Ahmet Şık olarak Türkiye'den 8 gazeteciye yer verilmişti.

Her gazetecinin de tutuklanma tarihi ve nedeni anlatılan raporun benimle ilgili bölümde şöyle deniyor:

> Gazeteci Hrant Dink'in 2007 yılında öldürülmesiyle ilgili olarak iki kitabın yazarı olan Şener, bu yılın sonlarına doğru hükümeti devirme amacıyla kurulduğu iddia edilen askeri ve milliyetçi Ergenekon oluşumuna yardım etme suçlarından yargılanmaya başladı. Şener, suçlamaların Dink cinayetine ilişkin yapmış olduğu araştırmaların intikamı olduğuna inandığını iddia ediyor. Dink cinayeti davasında yargılanan kişilerin sadece tetikçi ve cinayet planını hazırlayan düşük düzeyli kimseler olması, kamuoyunda yargılanmanın yetersiz biçimde ilerlediği şeklinde algılanıyor. Şener ve diğer gazeteciler tarafından ortaya konan deliller ise polis ve milli istihbarat güçlerinin cinayet kapsamında iştirak niteliğinde değerlendirilebilecek oranda ihmalkâr davrandıklarını göstermektedir.

Raporda, Ahmet Şık'la ilgili şu ifadeler yer alıyor:

> Şık, tutuklanmadan önce polis ve devlet istihbaratı içindeki Fethullah Gülen cemaatine bağlı kişilerin faaliyetleri hakkında "İmamın Ordusu" başlıklı bir kitap yazıyordu.

Raporda ayrıca Ahmet'in avukatlarından Tora Pekin'in yorumuna da yer veriliyordu:

> Hükümeti eleştirmek ve Fethullah Gülen cemaatinin polis ve yargı içindeki faaliyetlerine dikkat çekmek Ergenekoncu olarak suçlanmanız için yeterli.

Zaman gazetesi yayın yönetmeninin dünyanın demokratik, düşünce ve ifade özgürlüğüne sahip ülkelerinde yaşanan bazı tartışmalara değindiği 5 Aralık 2011 tarihli yazısı, Fethullah Gülen ve cemaati hakkında yazılan, çizilen ve söylenenlere tepki özelliği taşıyordu. Dumanlı'nın, Fethullah Gülen ve cemaatinin sorgulanan ve tartışılan faaliyetlerine yönelik küresel eleştirilere yanıt verdiği yazısının başlığı "Global Ergenekon"du.

Yazısında, Almanya, Yunanistan, Norveç'teki gelişmelere değinen Dumanlı, ırkçılık ve İslam fobisinin gittikçe yaygınlaştığını belirtiyordu. Dumanlı "Global Ergenekon" başlıklı yazısını şu sözlerle bitiriyordu:

Görünen o ki, dünya yeni bir hercümerç yaşıyor. Onca karmaşanın arasında, bizdeki Ergenekon'a benzeyen örtülü yapıların derin hamleler yapmasına hazır olmak gerekiyor. Bazı güçlü lobilerin derin operasyonlarla "Global 28 Şubatlar" üretmesi de ihtimal dahilinde. Bizim gibi kendi ayakları üzerinde durabilmek için büyük gayret sarf eden, ancak henüz o olgunluğa erememiş ülkelerin hem içerideki maceraperestlerin illegal yapısını dağıtması gerekiyor hem de dışarıdakinin şerrinden emin olabilecek hamleleri yapması. Çok zor bir süreç. Umarım bizdeki basiret ve feraset, o karanlık tüneli aşmaya yetecek kıvamdadır...

Ama Dumanlı'nın "Global Ergenekon" yazısının en önemli bölümü ise sayfasının altındaki bölümdü. "Kuşatma Sürüyor" başlığıyla yer alan yazıda "Global Ergenekon" ifadesiyle ne anlatmak istediğini gösterir gibi Dumanlı:

Kuşatma sürüyor

Uzun bir süreden bu yana devam eden bir çalışmaya daha önce de temas etmiştim. Türkiye içinde antidemokratik güçlerden umudunu kesenler dışarıya yöneldi. Panellere katılıyorlar, görüşmeler yapıyorlar, makaleler yazıyorlar. Türkiye'nin eksen değiştirdiğini, Ergenekon davasının siyasî bir sindirme hareketi olduğunu, basın üzerine yoğun bir baskı yapıldığını, Kürtlerin siyasetten soğutulup dağa çıkmasının tek seçenek haline getirildiğini vs. iddia ediyorlar.

Aslında bu suçlamalar yeni değil; ancak bazı gazetecilerin tutuklanmasını ya da KCK'da bazı tutuklamaları vesile yapıp tekrar yükleniyorlar. Sanki bahsi geçen gazetecilerden önce Ergenekon soruşturmasına destek veriyorlarmış gibi; ya da KCK davasına malum tutuklamalar öncesi olumlu bakıyormuş gibi yapıp gizli ve silahlı örgütlenmeleri hasıraltı ediyor, AK Parti'yi, "cemaat"i, Tayyip Erdoğan'ı, Fethullah Gülen'i vs. sürekli dış dünyaya gammazlıyorlar. Bunu gazetecilik adına yapıyorlar güya. Dünya standartlarında yayıncılık yaptığı sanılan gazete ve dergiler de "karşıt görüş" olmaksızın bu kara propagandaya teslim olup uluslararası lobicilerin dümen suyunda çırpınıp duruyor.

Sadece gazetecilik kisvesiyle yapılmıyor bu işler. Brüksel ve Washington'u mesken tutmuşlar, her fırsatta kara propaganda yapıyorlar. Şimdilerde AİHM'yi zorluyorlar. Yalan yanlış bilgileri yabancılara boca edenler aslında siyasî bir şartlanmışlık içinde ideolojik bir savaş veriyor. Aslında "yabancı dostlar"ını da yanıltıyorlar, çünkü hiçbir analizleri sosyal gerçekliği yansıtmıyor.

Bu yazı da nereden çıktı, diye meraklananlara son birkaç aydır Batı basınındaki "saygın" yayınlarda neşredilen Türkiye yazılarını okumalarını öneririm. Resmen yalanlar üzerinden bir kuşatma yapılıyor. Umarım Türkiye, bunun farkındadır...

Böylece Ergenekon ve KCK operasyonlarıyla ilgili eleştirilerde bulunan sadece Türkiye'deki Türk ve yabancı gazeteci ve analistlerin değil, yurtdışından yayın yapan kuruluşların da Ergenekon'un hem de Global Ergenekon'un parçası olabileceği belirtiliyor. Belki de Dumanlı haklıdır, ne dersiniz?

Bu işin içinde Fethullah Gülen cemaati algısı var

İddianamemiz çıktıktan sonra *Habertürk* gazetesinden Amberin Zaman, CHP Lideri Kemal Kılıçdaroğlu ile bir söyleşi yapmış, bizim hakkımızda hazırlanan iddianameyle ilgili görüşlerini sormuştu. Kılıçdaroğlu beni hayli şaşırtan bir cevap vermiş:

> Bu iddianame demokrasi için bir utanç belgesi. Hem yeni Anayasa diyorsunuz, hem böylesi bir iddianameyle gazeteciler için 15 yıl hapis diyorsunuz. Ve her ne kadar herhangi somut bir dayanağı olmasa dahi bu işin içinde Fethullah Gülen Cemaati'nin de olduğu algısı var ne yazık ki.
>
> Tam bu yüzden bu iddianameye en büyük tepkiyi Fethullah Gülen Cemaati göstersin. Demeliler ki 21. yüzyılda böyle bir iddianame insaf dışı.

Bu sözler bana 23 Nisan tarihli *Vatan* gazetesinde, Temmuz ayında da *Express* dergisinde röportajını okuduğum Demokrat Yargı Derneği Eşbaşkanı Orhan Gazi Ertekin'in sözlerini hatırlattı. Son referandumda "Yetmez Ama Evet" kampanyasıyla dikkat çeken Derneğin Eşbaşkanı Ertekin, o söyleşilerinde "Ergenekon iddianamesinin 'müştekisi' Gülen cemaati" diyordu.

Ve sözlerini şöyle açıklıyordu:

> Bu davanın tılsımı müştekisinde. Normalde bu davanın müştekisi kim olabilir? 1960'larda Seferberlik Tetkik Kurulu'ndan kim müştekiydi? Devrimci örgütler, sol hareketler, Kürt hareketi, Kürt politik

varlığı, gayrimüslimler, Aleviler... Derin devletin esas müştekileri bu kesimler. Ama Ergenekon Terör Örgütü'nün, "ETÖ"nün müştekisi cemaat. Bence tılsım burada. Birbirinden farklı isimlerin bir örgütmüş gibi tanımlanarak bir araya getirilmesinin temel sebebi müştekisinin cemaat olması ve bu davaya asıl kimliğini veren de giderek bu. (...) İlk başlarda müşteki olarak bütün AKP bileşenlerini içeren bir darbe soruşturması vardı. Darbe soruşturması bu davanın ilk ana temelini işgal ediyordu, arkasından giderek kendi işini görmeye başlayan bir yapıdan söz edebiliriz. En son gelinen nokta ise, AKP bileşenlerinden sadece birisinin müşteki haline gelmesi.

Ertekin'e ve birçoklarına göre o müşteki "cemaat."

Fethullah Gülen de "yargısız infazdan" şikâyetçiymiş (!)

3 Mart 2011'de gözaltına alınmamızdan 12 Mart 2012 günü tahliye edilmemize kadar yaşanan gelişmeler Pennsylvania'da bir çiftlikte yaşayan Fethullah Gülen'e de rahat nefes aldırmadı. Daha önce söylediğim gibi Fethullah Gülen cemaatinin amiral gemisi *Zaman* gazetesi, Samanyolu Televizyonu, cemaate yakın internet sitelerinden, tutuklanmamızın hakkında Gülen cemaatinin pozisyonunu ortaya koyuyordu.

Cemaatin yayın organları, gazete, televizyon ve internet siteleri bize saldırırken, Fethullah Gülen'in bizzat kendisi biz tahliye olana kadar üç açıklama yapmak zorunda kaldı.

Bize yargısız infaz yapan yayın organlarının bağlı olduğu cemaatin lideri Gülen, tutuklanmamızın üzerinden bir ay geçmeden yoğunlaşan eleştiriler karşısında kendisine "yargısız infaz" yapılmasından şikâyet eder hale gelecekti.

Cemaatin bizim tutuklanmamız hakkındaki tutumu şuydu:

> Yargı sürecinde neyin ne olduğu ortaya çıkacaktır. O zaman bugün birtakım insanlara "kefilim" diyenlerin, bize önyargıyla yaklaşanların belki de yüzleri kızaracaktır.[*]

Yani "Bekle-gör"

Zekeriya Öz'ün, Ahmet Şık'ın basılmamış kitabı "İmamın Ordusu"nu toplatma kararı çıkarması dikkatlerin bir kez daha Fethullah Gülen'e yönelmesine neden oldu.

Gülen, Pennsylvania'dan şu açıklamayı yaptı:

---

[*] Amberin Zaman, 11 Mart 2011, *Habertürk* gazetesi.

Bugüne değin aleyhimde birçok yayın yapıldı ve onlarca kitap yayınlandı. Ancak basılmamış bir kitabı engellemek gibi bir gayretim hiç olmadı. (...) Hukuka aykırı olduğu tespit edilmiş ve hakkında tazminat kararı verilmiş kitaplar bile tekrar basılıp satılmaktadır.

(...) İletişim çağında her türlü yayının internet gibi vasıtalarla rahatça yapılabildiği bir zamanda herhangi bir yayının muhatap okuyucuya ulaşmadan engellenmesinin mümkün olmadığı açıktır.

Pennsylvania'dan ikinci mesaj

Kitap toplamasıyla ilgili toplumsal infial öyle fazlalaştı ki, bizim tutuklandığımız Ergenekon operasyonu konusunda tüm eleştiriler doğrudan Fethullah Gülen'in şahsına yöneldi. Genelde cemaatin saldıran yayın organlarının bu kez tamamı savunmadaydı. 1 Nisan 2011 günü, yani tutuklanmamızın üzerinden bir ay geçmemişti ki Gülen, "yargısız infazdan" şöyle şikâyet eder hale geldi. Avukatları şu açıklamayı yaptı:

İddianamelerde "Ergenekon Terör Örgütü" olarak geçen davalarda ilk operasyonlardan itibaren toplumda bir kesim, soruşturma ve kovuşturmalarda yaşanan her gelişmeyi, kamuoyunu yanıltarak Muhterem Fethullah Gülen aleyhinde iftira kampanyalarına dönüştürmeye çalışmaktadır.

Bu maksatla ortaya atılanlar medya organlarında sanıkların hukuki haklarını korumak adına "masumiyet karinesi" ve "hukukun üstünlüğü"nden dem vurarak masum insanlara "yargısız infaz yapıldığını" savunmaktadırlar. Maalesef konuyu Sayın Gülen'e getirdiklerinde, onun hukuki haklarını yok sayarak, savundukları değerleri ayaklar altına almakta ve insafsız bir biçimde müvekkilime karşı büyük bir kin ve husumet oluşturmaya çalışmaktadırlar.

Gayriresmi CIA belgesinde komplo iddiası

Fethullah Gülen ne derse desin, ne açıklama yaparsa yapsın, savcılar ve cemaat medyayı nasıl korkutmaya çalışırsa çalışsın tutuklanmamızın arkasındaki algıyı değiştiremiyordu. Yalnız Türkiye'de değil dünyada da cemaatin "hoşgörü-diyalog yanlısı" imajı ağır yara alıyordu. Aslında Fethullah Gülen'in açıklamaları, cemaatin bu işin neresinde olduğunu ya da olmadığını gösteriyordu.

Ancak bu durumun şahikası 7 Mart 2012 günü *Taraf* gazetesinin manşetinde yer aldı.

Gazete Wikileaks tarafından yayınlanan ABD'li Stratfor'a ait bir raporu 7 Mart 2012 günü "Şık ve Şener, AKP-Cemaat Kavgasının Kurbanı" başlığıyla manşetten verdi. (Kurban olma meselesine daha sonra geleceğim.)

"Gayriresmi CIA" olarak bilinen ve ABD Merkezi Haberalma Teşkilatı (CIA) gibi ekonomik, siyasi ve askeri alanlarda bilgi toplayan ve bunu ABD Savunma Bakanlığı Pentagon dahil dünya devi şirketlere ve talep eden kurumlara rapor olarak sunan Stratfor uzmanları şunu yazmıştı:

> Cemaat AKP'den seçimlerde 150 milletvekili istedi. AKP'ye baskı yapmak için Şener ve Şık'ı tutuklattı.

İlginç olan, bu raporun tutuklanmamızdan hemen sonra yazılarak ABD'ye yollanmış olmasıydı. Bu raporda Stratfor uzmanları, Gülen cemaatinin Milli İstihbarat Teşkilatı'nı da ele geçirmek istediklerini yazmışlardı. Yani olmuş (bizim tutuklanmamız) ile olacağı (MİT Krizi) bilmişlerdi.

Tutuklanmamızın ardından kuruluşun başkanı George Friedman aynı gün, Türkiye'de tutuklamalara gösterilen tepkiden yola çıkarak, kuruluştaki analistlere "AKP'nin bu adımı niye attığını bana açıklayın. Bu adım AKP'yi güçlendirmekten ziyade, muhalefete enerji katmış gibi görünüyor. Kafalarında ne var?" diye sormuş.

Stratfor Türkiye uzmanı (bugünkü TÜSİAD Washington Temsilcisi) Emre Doğru'nun Friedman'a yanıtı şöyle olmuş:

Bence bu adımı atan AKP değil, Gülen hareketi. İki hafta önce generaller ve bazı diğer gazeteciler gözaltına alındıklarında AKP, muhalefetin ve ABD'nin eleştirisine maruz kaldı. Dolayısıyla iki gazeteciyi (ki çoğu kişi bunların AKP karşıtı komplolardan hiçbiriyle alakalı olmadıklarına inanıyor) daha gözaltına alarak, seçimler öncesinde yeni bir tartışma yaratmak AKP açısından hiç akıllıca değil. Erdoğan pragmatik bir adamdır, seçimler öncesinde halkın AKP'den korkusunu artıracak ek bir baskı istemez. Dolayısıyla, Gülen hareketi bu gözaltıları gerçekleştirerek AKP'ye baskı yapıyor. Sorulması gereken soru: Niye? Bunu yakın bir zaman önce Austin'e gelen Türk arkadaşımızla tartıştım. O, Erdoğan eğer üzerindeki baskının azalmasını istiyorsa, Gülencilerin buna karşılık AKP'den 150 vekillik talep ettiğini söylüyor. Bu esasen seçim sonrasına yönelik bir pazarlık.

Bunun üzerine bir başka Stratfor çalışanı Kamran Bokhari, 12 Haziran seçimleri öncesindeki TBMM'yi kastederek "Şu andaki parlamentoda kaç Gülenci var?" diye sormuş.
Emre Doğru yanıtlıyor:

> Gerçekten bilmiyorum, bunun tam olarak bulunabileceğini de düşünmüyorum. En iyi ihtimalle bunu bakanlar düzeyinde bilebiliriz. Cumhurbaşkanı Gül ve Dışişleri Bakanı Davutoğlu mesela Gülen'e yakınlar.

Bokhari "150 [vekil] çok büyük bir rakam. Ben bunu Gülen'in AKP'yi devirmesinin bir yolu olarak görürüm" deyince, Doğru bu kez şöyle yazmış:

> Katılıyorum ama şunu unutmayın ki bu seçimler Gülen'in AKP'yi ele geçirmesi için son büyük fırsat. Erdoğan yeniden başbakanlığa aday olmayacak, cumhurbaşkanı olacak. AKP'nin oyları (Erdoğan'ın liderliği olmaksızın) bu seçimlerden sonraki seçimlerde düşme eğilimine girebilir. Ayrıca, Gülen'in bu vekilleri yok yere istediklerini de düşünmeyin. Gülen hareketi de AKP'nin oylarını artıracaktır, dolayısıyla kendi payını ve belki biraz daha da fazlasını talep ediyor.

Erdoğan da, Ali Fuat Yılmazer'i görevden alarak cemaati vurdu. Bu yazışmadan beş gün sonra, Emre Doğru, Türkiye'deki bir başka gelişme üzerine daha önceki analizinin doğru olduğunu savunan bir e-postayı George Friedman ve diğer Stratfor yöneticilerine göndermiş. Doğru'nun 11 Mart 2011 tarihli mesajı şöyle:

İstanbul'da Emniyet İstihbarat'ın başı olan Ali Fuat Yılmazer dün görevinden alındı. Eskiden Erdoğan'a çok yakındı. Yılmazer, AKP'nin rakiplerinin hareketlerini sınırlamak için kullandığı Ergenekon, Balyoz vs davalarda bütün gazetecilerin, akademisyenlerin ve askerlerin gözaltına alınmasını yöneten kişiydi. Ancak, daha önce tartıştığımız üzere, son gözaltılar AKP'nin otoriterliğinden duyulan korkuyu artırdı, çünkü herkes son gözaltıların bu komplo planlarıyla bir ilişkisi olmadığını biliyor. Pazar günü sorduğunuz şu soruya cevaben (Gözaltılar muhalefete enerji katıyorsa, AKP buna niye izin veriyor?), bunu yapanın AKP değil, Erdoğan'a baskı yapmak ve parlamentoda daha fazla vekillik almak isteyen Gülen hareketi (Emniyet İstihbarat üzerinden) olduğunu, Gülen hareketinin bu amaçla daha fazla gazeteci gözaltına alarak sınırlarını aştığını savunmuştum. Başbakan Erdoğan'ın İstanbul Emniyet İstihbarat'ın başındaki Yılmazer'i görevden alması teorimi kanıtlıyor. Bu hareket, Erdoğan'ın seçimler öncesinde Gülen'e bir karşı darbe vurması ve baskı altına alınamayacağını söylemesi anlamına geliyor. İki taraf da birbirini test etti. Şimdi ortam pazarlığa müsait.

Fethullah Gülen bir kez de Stratfor belgeleri için açıklama yapmak zorunda kaldı. 8 Mart günü şu açıklamayı yaptı:

Taraf gazetesinde yayınlanan haberde ileri sürülen "Gülen'in AKP'yi ele geçirmeye çalıştığı, AKP'den 150 vekil istediği" şeklindeki iddiaların hiçbir dayanağı bulunmamaktadır. İddia sahipleri bu konuda hangi delillere sahiplerse, derhal ortaya koymalıdırlar. Aksi halde kamuoyu önünde müfteri addedileceklerdir.

"Gülen hareketinin Başbakan Erdoğan üzerinde baskı kurmak için gazetecileri tutukladığı" iddiasının da akıl ve mantıkla bağdaşır hiçbir yönü bulunmamaktadır.

Gülen'den Twitter açıklaması

Fethullah Gülen'in son mesajı ise 27 Mart 2012 günü geldi. Hem de Twitter üzerinden. Özellikle tahliye olduktan sonra benim ve Ahmet'in yaptığı açıklamalardan rahatsız olmalı ki, Gülen "Başlarına geleni benden de bilseler" gibi bir ifade kullanıyor açıklamasında.

Twitter'daki FGulencomTR hesabından "twit atan" Gülen'in açıklaması geçen bir yıl içinde kendisinin de bazı şeylere dikkat etmeye başladığını gösteriyordu. Mesela "basın ve ifade özgürlüğü" gibi. Nihayetinde, bizim tutuklanmamızdan en ağır darbeyi alanlardan biri de Fethullah Gülen ve cemaatiydi. Gülen'in bir yıl sonra geldiği noktayı anlamak bakımından Twitter aracılığıyla yayınladığı mesajı okumak gerekiyor:

Daha önce de açıkladığım üzere, ifade ve basın hürriyetinin geniş bir şekilde uygulanmasına taraftarım.

Düşünceleri tamamıyla zıt bile olsa, kendi başlarına gelenleri –haksızlık ederek– benden dahi bilseler, onların da düşünce, fikir ve ifade hürriyetlerini, hür bir şekilde kullanmalarından tarafım.

Sözün özü: Bu ne perhiz bu ne lahana turşusu

Fethullah Gülen'in son açıklamasını okuyunca, Türkiye'deki basın özgürlüğü konusunda özgün bir yorum yapan ABD Büyükelçisi Francis Ricciardone "Madem basın özgürlüğü var, o zaman tutuklu gazeteciler ne oluyor?" diye sorduktan sonra Türkçe eklemişti: "Bu ne perhiz bu ne lahana turşusu!"

Fethullah Gülen ve avukatları her daim basın ve ifade özgürlüğünü savunduklarını iddia ederken, ancak kişilik haklarına saldırılmaması gerektiğini söylüyorlar.

Oysa kendi kontrolleri altındaki yayın organlarından insanların onurlarını ayaklar altına alan "yargısız infaz" niteliğindeki yayınlara neden dikkat etmiyorlar? Özellikle Fethullahçı tanımlamasına kızgınlıklarını "İnsanlara ... şucu, ... bucu denmesine karşıyız" cümlesiyle öne çıkarıyorlar. Ama kendi gazetelerilerindeki haberlerde ve köşe yazılarında benim hakkımda "Ergenekoncu..." demekten de geri durmadılar.

Ama ilahi adalet kendisini hatırlatır.

Kutsal kitap İncil'de de geçtiği gibi "Kılıçla yaşayan kılıçla ölür."

Ya da "Çalma kapıyı çalarlar kapını" ya da "Etme bulma dünyası" derler.

Daha da açık yazmak gerekirse:
"Yargısız infaz yapan, yargısız infaza kurban gider."

Komik deliller

Bugün 12 Eylül 2011. 12 Eylül'ün en bilineni 1980 yılındakidir: Askeri darbe.
Bugün ise benim için bizim için başka bir darbe yaşandı. 9 Eylül 2011 günü Özel Yetkili İstanbul 16. Ağır Ceza Mahkemesi iddianameyi kabul etti. Duruşma günü ve olası tahliye talebini değerlendirmeyi Pazartesi yani 12 Eylül 2011'e bıraktı. İddianamedeki suçlamalara bakınca tahliye olacağımızı düşünüyordum. En azından ben, Ahmet Şık, Hanefi Avcı ve Kaşif Kozinoğlu için böyle bir beklentim vardı.

Bu beklentiyi de yüksek sesle dillendirdim. Ahmet'e "Akşam evdeyiz" dedim durdum. Doğan Yurdakul da "Çıkınca ilk işin tavaya yumurta kırıp yemek olacak herhalde..." dedi. Ben "Yok yalnızca kızımın elini elime alıp öyle yürümek istiyorum, ama en çok okul açıldığında yanında olacağıma seviniyorum" dedim. Ne saflık; memlekette vicdan, adalet, hukuk var sanıyorum hâlâ.

Aslında böyle düşünmem için nedenlerim de vardı. Çünkü "silahlı terör örgütü üyesi" diye tutuklanmıştık. Bu suçlama düşmüştü; "üyelik" yerine "örgüt hiyerarşisi içinde olmamakla birlikte örgüte yardım etmek" suçlamasıyla karşı karşıyaydık ben ve Ahmet.

O yüzden tahliye bekliyordum. Ama mahkeme kararı saat 19.00'a doğru son dakika olarak geçti: Reddedilmişti. Duruşma tarihi ise 22 Kasım 2011 olarak belirlenmişti, yani 70 gün sonra. 3 Mart'ta gözaltına alınıp 6 Mart'ta tutuklandıktan bu yana 194 gün geçmişti. Tam 194 gün iddianamenin yazılmasını beklemiştik. Şimdi de mahkemeye çıkıp kendimizi savunmak için 70 gün bekleyecektik. Böylece 264 gün, yani 8,5 ay sonra kendimizi savunacaktık.

Nasıl, çok adil değil mi?

Evet, 70 gün kendi başına bile ceza anlamına gelen 70 gün mahkemeye çıkmayı bekleyecektik. Sanki birileri yemin etmiş bize savunma yaptırmamaya, içeride iyice unutturmaya. Bu neyin intikamıydı böyle?

Bu arada birkaç hafta sonra 72 klasörden oluşan ekler geldi. Önce klasörleri isim isim ayırdık. Herkes önce kendisi hakkında ne gibi "gizli" deliller olduğunu görmek istiyordu. Savcı Zekeriya Öz demişti ya "Açıklanması mümkün olmayan gizli deliller var" diye. Biz de bu gizli delillerin neler olduğunu merak ederek tüm sayfalara tek tek bakıyorduk. Haber, haber, haber, kitap, kitap, kitap, yazı, yazı, yazı... Başka da bir şey yoktu.

İddianameyi okuyunca "Bizi bununla mı tutuyorlar?" demiştik. Ekleri görünce ise "kahrolmuştuk". Hukuk, adalet, hem de hukukçular tarafından, bu kadar ayaklar altına alınmamalıydı. 2009'un Mayıs-Kasım dönemi ile 24 Şubat-3 Mart arası telefon dinleme kayıtları, benim Ergenekoncu olduğumu iddia eden Sahtekâr Muhbir'in e-posta metni ve *Taraf* yazarı Mehmet Baransu'nun 14 ve 28 Mart tarihli yazıları deliller arasındaydı.

Polis ve savcılık pek çoğu özel hayatımla ilgili olan ve soruşturmayla hiçbir ilgisi bulunmayan yüzlerce telefon görüşmesini eklerin arasına koymuştu. Toplam 276 adet telefon konuşması vardı ve bunlardan yalnızca 5 tanesi iddianameye girmişti. Konuşmalarda komik diyaloglar da vardı.

Duruşmayı beklerken parça parça tüm deliller üzerinde düşüncelerimi yazdım. Kimi zaman güldüm, kimi zaman haksızlığın büyüklüğü karşısında ağladım ama hepsini yazdım. Önce beni güldüren ve "delil" diye dosyaya konan telefon tapeleri ile işe başlayalım. Sonra sırasıyla haksızlığın, hukuksuzluğun, skandalların boyutlarına göz atarız.

Şuppilulima delil klasöründe

"Hitit ülkesi Hattuşaş'tan Nedim yoldaşımın mücadelesine gönülden selam, Şuppiluliuma'nın torunu Musaluliuma:)" Bu, şimdi terör örgütüne yardım ve yataklık ettiğimi iddia eden savcılık dosyasındaki ek klasörlerde "delil" olarak yer alan telefon dinleme kayıtlarından biri. Bu bir cep telefonu mesajı, gönderen ise gazeteci Musa Ağacık. Emektar gazeteci Musa esprili kişiliğiyle kimi zaman böyle mesaj atar, kimi zaman "Ben Hazreti Musa..." diye telefon açar. Dinleme yapıp bu telefon görüşmelerini kâğıda döken polislerin Musa Ağacık'ı tanımaması doğal, ama yukarıda yer verdiğim mesajın suç delili muamelesi görmesi insanın ağzını açık bırakıyor.

Şaşırtıcı olan, siyasi soruşturma yapan polislerin bilgi, görgü ve birikiminin 30-40 yıl önceki meslektaşlarıyla aynı oluşuydu. Evet, 30-40 yıl içinde çok şey değişti, teknoloji gelişti ama bizim polisin kafası aynı kalmış. Neden böyle yazdığıma dair bir iki örnek vereyim.

Referansım, 1970'lerden bu yana sosyalist hareket içinde olan koğuş arkadaşım Doğan Yurdakul. Doğan Bey 30-35 yıl öncesinden bir iki örnek veriyor: Bir eve baskına giden polis, gözaltına alacağı kişiye duvardaki resmi sorar. Resim sakallı birine aittir. Polis, adama "Bu Marx'ın resmi niye duvarda?" diye çıkışır.

12 Eylül 1980 darbesi öncesi olduğu için resim ve kitaplar suç delili muamelesi görmektedir.

Adam, polise "O benim dedem" yanıtını verir. Polis "Demek Marx senin deden ha" der ve adamı karakola götürür.

O yıllarda "komünist avına çıkan polis" sosyalist dünyaya o kadar yabancıdır ki 1917 Rus Devrimi'nin lideri Lenin'in yazdığı kitabın kapağında V. LENİN adını görüp bunu "Beşinci Lenin" diye kayda geçirecek kadar bilgisizdir.

Hatta antikçağ felsefecisi Platon'un yazdığı *Devlet* isimli kitapla ilgili de buna benzer söylenti vardır. Polis, diğer bilinen adı Eflatun olan Platon'un *Devlet* adını taşıyan kitabını bulur. Kitabın kapağında üstte "EFLATUN", altında da "DEVLET" yazmaktadır. Polis kitabı bulduğu evin sahibine "Ulan Kızıl Devlet diyordunuz, şimdi Eflatun Devlet mi ortaya çıktı?" diye azarı basar.

Tabii bunlar abartı da olabilir ama benim yaşadığım gerçekti. Musa Ağacık'ın geçtiği o şaka mesajı terör soruşturması dosyasına girmişti.

Yalnız bununla kalsa iyi. Ünlü televizyoncu Uğur Dündar'la 16 Temmuz 2009 günü saat 17.28'de yaptığımız telefon görüşmelerinin kâğıda dökümü tam bir bilgisizlik, kabalık, özensizlik ve cahillik ürünüydü.

Hürriyet gazetesi yazarı Yılmaz Özdil, yine *Hürriyet*'ten Ayşe Arman'la yaptığı röportajda "Uğur Dündar televizyon haberciliğinin Zeusu'dur" demişti. Ben de bu söyleşi üzerine konuşmak için Uğur Bey'i aradığımda "En içten dileklerimle sizi selamlıyorum Yüce Zeus" demiştim. Polis de bunu "En içten dileklerimle sizi selamlıyorum Yüce Deyus" olarak kâğıda dökmüştü. Hani bu hatayı, yani "Zeus" kelimesini "Deyus" diye yazmayı bir kez yapsa iyi; 15-20 saniye süren toplam 64 kelimelik konuşmada geçen üç

"Zeus" kelimesini de "Deyus" diye kayda geçirmişti.
Gazetelere manşet ve köşe yazılarına konu olan bu konuşmayı okurken lütfen polisin "Deyus" olarak anladığı kelimenin gerçekte "Zeus" olduğunu aklınızdan çıkarmayın. İşte o konuşma:

Uğur Dündar: Efendim Nedim.
Nedim Şener: En içten dileklerimle sizi selamlıyorum yüce Deyus.
Dündar: (Gülüyor)
Şener: Ama yani bunu da kalbimle inanarak ve tastik ederek yani şey yaparak söylüyorum yüce Deyus.
Dündar: Sağol, sağol.
Şener: Bundan sonra hani siz bana diyorsunuz ya albay Nedim diye ben de size sayın Deyus.
Dündar: Sağol Apollon, sağol Apollon.
Şener: Eyvallah abicim, maçta mısınız?
Dündar: Çocuklarla basketbol idmanındayız.
Şener: Öyle mi tamam hadi bakalım.
Dündar: Hadi.
Şener: Peki hürmetler.
Dündar: Sağol, sağol.
Şener: Çok güzel olmuş.

Bu konuşmayı kâğıda döken acaba kelimeyi yanlış mı anladı diye iyi niyetle bir soru akla gelmiyor değil. Ama o zaman da insan kendisine "Deyus" diyen birine herhalde kayıtsız kalmaz. "Bu bir küfür kelimesi. Uğur Dündar'ın böyle bir kelime karşısında tepki vermemesi düşünülemez, herhalde ben yanlış anladım" diye düşünmek polisin aklına bile gelmiyor. Hadi "Zeus"u bilmiyorsun. "Deyus" kelimesi özel isim mi ki D harfini satır başı olmadığı halde büyük harfle başlatıyorsun? Cümlenin tam sonunda yer alan deyus kelimesini büyük harfle başlatacak kadar hassas olan polis "Herhalde ben yanlış anladım" diyerek kaydı bir kez daha dinlese doğruyu bulacak. Tabii amacı doğruyu bulmaksa.

Ama bizim gizlimiz saklımız hiç olmadı. Yıllardır adıma kayıtlı aynı telefonu kullandım ve dinlendiğimi bile bile her şeyi açık açık konuştum. Bunun en açık örneği telefon dinleme kayıtlarında bacanağım Ç. A. ile yaptığım telefon konuşmasıdır.

6 Haziran 2009 günü tatil programı yaparken telefonda şöyle konuştuk:

Nedim Şener: Dedin ya oradan da gideriz Bodrum'a falan diye. Oradan şeye Akyarlar'a geçeriz.

Ç. A.: Evet onu diyorum.
Şener: Ondan sonra Celal beyler de orada otobüsle atlar gelirler.
Ç. A.: Evet.
Şener: Bir hafta da orada onlar kalır.
Ç. A.: Tamam uygun uygun.
Şener: Konuşalım hatunlarla.
Ç. A.: Tamam tamam.

Bu konuşmadan sonra hemen aklıma geliyor: Koca kulak. Bunların ruhunu bildiğim için "Hatunlar" kelimesinden ne komplolar kurabileceklerini tahmin ediyordum. O yüzden telefonu kapatır kapatmaz Ç.A.'yı hemen aradım ve şunu söyledim.

Ç. A.: ... (anlaşılmadı)
Şener: Telefonu dinleyenler için arıyorum da "hatunlar" dedim yanlış anlamasınlar yani eşlerimiz.
Ç. A.: Tamam bay bay.

Güldal Mumcu ile dertleşme bile delil sayıldı

Telefon kayıtlarının dökümü hep böyle esprili konulardan oluşmuyor elbette. Birçok kişiyle tamamıyla haber içerikli konuşmalar yapmıştım. Polis nedense yaptığım binlerce konuşmadan bazılarını seçip koymuştu. Bunlardan biri de 1993 yılında öldürülen gazeteci Uğur Mumcu'nun eşi Güldal Mumcu ile olandı.

Güldal Hanım, polisler bana dava açınca basında çıkan haberler üzerine endişelenmiş ve destek için beni aramıştı. Güldal Hanım gibi ailesiyle birlikte Türkiye'deki demokrasi ve ifade özgürlüğü savaşında en ağır bedeli ödemiş birinin beni desteklemek için araması ve bu telefonun da benim dinleme kayıtlarımın arasına konması bana ancak onur verir. Polisin bilmediği işte bu. O polislere göre Güldal Mumcu ile görüşmek bir terör faaliyeti için delil olmalı ki dosyaya koymuşlar. Oysa konuşmanın içeriği, beni o an en iyi anlayabilecek bir insanla yapılan sohbetten ibaret.

Hrant Dink cinayetinde ihmallerini ortaya çıkardığım İstihbaratçı polisler beni mahkemeye vermiş ve Güldal Mumcu ile de bu konuda konuşmuştuk. İşte 14 Haziran 2009 günü gerçekleşen ve 7 dosyaya giren 7 dakikalık o konuşma.

NEDİM ŞENER: Alo

ŞÜKRAN GÜLDAL MUMCU: Alo nasılsınız.

NEDİM: Merhaba Güldal hanım sağolun siz nasılsınız.

GÜLDAL: Merhaba ben de iyiyim iyiyim çok üzüntüler.

NEDİM: Valla alışkınsınız böyle şeylere Gül Hanım.

GÜLDAL: Alışkın aşkın mı da yani böyle olmadık olamadık işler.

NEDİM: Komedi valla be gülüyorum sadece mevcut duruma sadece gülüyorum inanın yani hani Uğur beyin yaşadığı şeyleri hiç asla eşleştirmiyorum ve şey bir benzetmeye bile cüret etmiyorum ama mevcut durum komedi başka hiçbir şey değil.

GÜLDAL: Değil vallahi gerçekten.

NEDİM: Ama şeyi anlıyorsunuz memleketin emniyet bürokrasisiyle hukuk alanında belli bir anlayış birliği olduğunu ve kanunları zorlayarak da olsa sizin aleyhinize çalıştırabileceklerini anlıyorsunuz ya bir gazeteci Terör Mücadele yasasına aykırılıktan yararlanıyor.

GÜLDAL: Evet doğru.

NEDİM: Ve şikâyet edenler de yarın sanık olma ihtimali bulunanlar.

GÜLDAL: Evet doğru.

NEDİM: Yani işte ben onu dedim Emniyet Genel Müdürlüğü'nü bile ben yani kurumsal bazda rencide olacağını düşünüyorum hatta diyorum ki bazen açıklamalarda yani başbakan ya iç işleri bakanının bu işten haberi dahi olduğunu zannetmiyorum çünkü mesele şu Avrupa birliğinde işte bi takım yerlerde konuşuluyor bu ha Türkiye'nin adının böyle bir konuda benim üzerimden tartışılması bile beni üzüyor.

GÜLDAL: Doğru diyorsun ama ilginç olan şey soru sormanın da önüne geçilmek istenmesi.

NEDİM: Tabi tabi tabi bide şunu düşünüyorum yani ben hani zaman zaman diyorsunuz ki ya bu soruşturmacı gazetecilikte Uğur beyin yaptığı gibi acaba kendi başınıza bağımsız birey şey yapabilir misiniz böyle bir demokratik anlayışa geldi mi bu ülke falan diye düşünüyorsunuz fakat hayır grupta Sedat beylen diğer meslek grupları sahiplenmeseler yani amiyane tabirle ham edecekler adamı yani onu anlıyorum.

GÜLDAL: Yani mahvederler yani çünkü çünkü böyle bir kurgunun içinde gidiyor soru sormayı bunun nasıl geliştiğini ve ne olduğunu belgeleriyle ortaya koyuyorsun söylüyorsun rahatsızlık veriyorsun tabi

NEDİM: Evet evet

GÜLDAL: Rahatsızlık veriliyor

NEDİM: Ben mesela yurt dışından yabancı gazeteciler falan geldi işte röportajlar falan yaptık şimdi dedim ki yani dedi ki korkuyor musunuz dedim ki ben vurulmaktan edilmekten korkmuyorum hani mesela bazen uğur beyin durumunu anlatırlar yani biz o kadar değerli gazeteciler değiliz bize öyle bir şey hazırlamazlar öyle büyük büyük büyük işte mesaj yüklü bir saldırı bize yapmazlar bize ancak ne olur ya araba çarpar

GÜLDAL: Allah korusun

NEDİM: Valla yani

GÜLDAL: Allah korusun Allah saklasın olmasın olmaz öyle şey

NEDİM: Tabi canım İstanbul da beş yüz kişi ölüyor nerdeyse yani yani

GÜLDAL: Allah saklasın

NEDİM: ..(anlaşılmadı) yani Türkiye de günde yani bu araya kurban gidersiniz ya da dedim ki mesela şuanda bi bizim aleyhinde göründüğümüz yada bizim karşı karşıya olduğumuz adamlar Ergenekon soruşturması yapıyorlar sizi de bir yere ekleyiverirle yani olmayacak şey değil ki b

GÜLDAL: Evet evet sonrada anlatana kadar zaman geçiyor zaten ya

NEDİM: Tabi canım ya der ki ama hiç de kazın ayağı öyle olmadığı görüldü yani bu hem Deniz beyler sağolsun hem Sedat beyler sağolsun yani gerçekten meslek büyükleri de yani ciddi sahip çıktılar ki bende o anlamda biraz rahatladım yoksa kişisel olarakböyle bir kaygı şey yapıyordum hatta bugün biraz sizin de vaktinizi alıyorum biraz da çok konuşuyorum kusura bakmayın

GÜLDAL: Yok rica ederim

NEDİM: Altı yaşında bir kızım var böyle araba da konuşuyorduk bi konu açıldı kızım başladı ağlamaya ben babamı istiyorum sarıldı ağlamaya yani.

GÜLDAL: Niye canım benim.

NEDİM: Yemin ediyorum bana dedi ki Hollandalı bir gazeteci yani endişe duyuyor musunuz böyle bir şeyden dedim ki ber değil de kızım endişe duyuyor ben eve gittiğim zaman bana o ilk gece şey dedi baba seni hapse mi atacaklar diye şimdi ben duymuyorum ama benim kızımın gözünden yaş getiriyorlar yani bu beni üzüyor sadece başka bir şey yok.

GÜLDAL: Ya bu da yapabilecek bir farklı bir zulüm çeşididir bu da hiç uygun değil yani.

NEDİM: Tabii.

GÜLDAL: Yapanların yanına kar kalmaz yani hiçbir şekilde zulmetmek

NEDİM: Ama inanın şey insana şey uygulatmaya çalışıyorlar oto sansür kendini denetle bak bunlarla uğraşma ama şey malesef yanlış adama çattılar bu konu da yani yakında onu da görecekler zaten.

GÜLDAL: Evet evet yapabileceğimiz bir şey var mı diye ben sormak istedim.

NEDİM: Sağolun sağolun, çok naziksiniz sizin gibi değerli bir insanın aramışı zaten benim için en büyük gurur sağolsunlar bir çok insan aradı böyle hakikaten ama sizin aramanız gerçekten çok şeref verici bir şey çok teşekkür ediyorum size.

GÜLDAL: Kaç gündür arayacağım fakat fırsat bulamadım televizyonda izledim birkaç şeyini dinledim ondan sonra ama gerçekten; Sedat da çok sahip çıktı.

NEDİM: Çok çok.

GÜLDAL: O çok önemli bir şey.

NEDİM: Gerçekten çünkü bir kere gazetenin dışında bir olay bir kitap yazmışsınız ve belki de bu hani başka bir anlama gelebilir, hani orda hakikaten sahip çıktı ve 26'sında 11. ağır cezada yargılanacağım şimdi 26 Haziran günü bu dava iki tane giriyo bir tanesi Türk Ceza Yasası'na aykırılık bir de Terörle Mücadele Yasasına aykırılık, bu terörle ilgili olarak ağır ceza'da yargılanacağım 20 yıl hapis isteniyor. Onda da o da 26 Haziran günü şimdi oraya Haluk ŞAHİN Türki-

ye Gazeteciler Cemiyeti bildiğimiz kim varsa aradı ve geleceğini söyledi hatta işte belki Deniz Bey şey yaptı sahip çıkacağız sana falan dedi ondan sonra orası baya bir curcuna olacak zaten.
GÜLDAL: Evet.
NEDİM: O yüzden şey çok rahatım o anlamda da yani.
GÜLDAL: İyi iyi moralini bozma her şey bunlar gelip geçer çünkü gerçek ve doğru olan bir şeyi sen ortaya koyuyorsun gerçekler hiçbir zaman örtülemeyecek ...(anlaşılmadı)
NEDİM: Aynen öyle ve tek burada tek benim için en kaliteli en iyi örnek rahmetli Uğur MUMCU başka bir şey değil onu da söyleyeyim tekrar söyleyeyim ve yani bazıları böyle yan yana isim yazdığı zaman böyle en çok gurur duyduğum şey o başka hiç bir şey değil onu da söyleyeyim yani.
GÜLDAL: Canım benim çok var ya sana şimdi kolay gelsin diyorum.
NEDİM: Sağolun, çok teşekkür ediyorum.
GÜLDAL: Moralini yüksek tut bir de çocukların yanında fazla konuşmayın.
NEDİM: Evet doğru.
GÜLDAL: Tedirgin olmasınlar ister istemez içlerinde bir şey kalır onun için onun gerisinde gereken hepsi yapılacaktır emin ol.
NEDİM: Çok çok teşekkür ediyorum.
GÜLDAL: Eşine çok sevgiler hoşça kal.
NEDİM: Sağolun baş üstüne sağolun.

Sorumluluk gazetecilerin değil savcının

Artık iddianamenin 72 klasörlük ekleri elimizdeydi. Benim elime önce telefon tapeleri geçmişti. İncelendikçe bir yandan gülüyor, bir yandan da kızıyordum. Telefon görüşmelerimin gazetelerde yayınlanmasına hiçbir itirazım yoktu. Yeter ki çarpıtma olmasın. Madem savcı bunları ek klasörler arasına koymuştu, o zaman onları yayınlayan gazetecilere kızmak söz konusu olamazdı benim için. Ama telefonda konuşurken kullandığınız bir kelime bambaşka anlamlara çekiliyor, manşet ve yazılara amacı dışında konu oluyordu. Buna rağmen aklıma hiçbir zaman "Benim özel hayatımı deşifre ettiniz" düşüncesiyle bir meslektaşıma dava açmak gelmedi. Bundaki hukuki ve ahlaki sorumluluk savcıya aitti. Onun ahlaki ve mesleki duruşu bunu gerektiriyorsa söyleyecek söz yok elbette. Ama dinlenme kayıtlarının teknik detaylarını inceledikçe birbirinden ilginç şeyler ortaya çıkıyordu. Ben de bu durumu 9 Ekim 2011 günü bir yazıyla dile getirdim. Ayrıca iddianamede kitap suçlama nedeni, gazete de delil sayılmıştı. Bunu da 16 Ekim'de bir yazıyla dile getirdim. Ama asıl, benim hakkımda "Ergenekoncu" ihbarı yapan e-muhbir M. YILMAZ'ın kim olduğu ilgimi çekiyordu.

Onu da 26 Ekim tarihli bir yazıyla irdeledim. Şimdi sırasıyla o yazıları dikkatinize sunuyorum.

Canlı Yayından "Dinlemişler" - 9 Ekim 2011

Gazeteci meslektaşlarıma;

2009 Mayıs ayından 3 Mart 2011'e kadar kaydedilen telefon görüşmelerimi, meslektaşlarımın sabırla okumalarını öneririm.

Ocak 2009'da *Dink Cinayeti ve İstihbarat Yalanları* kitabını yayınladıktan sonra ihmalleri ortaya çıkan ve aynı zamanda Ergenekon soruşturmasını yürüten polislerin Şubat ve Mart (2009) şikâyetleriyle Nisan ayında 30 yıla varan hapis istemiyle dava açılmasının ardından 6 Mayıs 2009'da yine aynı polislere M. YILMAZ sahte ismiyle gönderilen bir e-posta ile dinlemeye alınan telefonlarım, bir muhabirin nasıl köşeye sıkıştırıldığını gösteriyor.

Bu konuşmaların sokağa düşmesinden gocunmuyorum, yalnızca benimle konuşanlar adına üzgünüm.

Hrant Dink'in kardeşi Orhan Dink, eski Adalet ve Kalkınma Partisi (AKP) milletvekili Azmi Ateş, gazeteciler, eski Merkez Bankası Başkanı Süreyya Serdengeçti, TMSF'den bürokratlar ve Enerji Bakanlığı avukatı adına üzgünüm.

Bu konuya tekrar döneceğim ama önce gazeteci olarak bir soru sormak istiyorum:

Benim telefonlarım 6 Mayıs 2009 tarihli bir ihbarla 22 Mayıs 2009'dan itibaren dinlenmeye başladı. Dosyada 2009 sonuna kadar kaydedilen telefon dinlenmelerinden yalnızca biri, BBC'de belgesel çeken Julia Rooke ile yaptığım görüşme deşifre edilerek yazıya döküldü. 2009 Mayıs ve Aralık döneminde yaptığım telefon konuşmalarından yalnızca 15 tanesi 2010 yılı Ocak ayında deşifre edilerek kâğıda dökülmüş.

2009 yılına ait toplam 250 telefon görüşmesi ise 2011 yani bu yılın Ocak ayında deşifre edilmiş. Bunu, her görüşme dökümünün altındaki "Bu iletişim tespit tutanağı ********* tarihinde *** saat *** sahife olarak tarafınızdan tanzimle imza altına alınmıştır" notundan anlayabiliyoruz.

Madem benim (ve tabii Ahmet Şık'ın) tutuklanmam 14 Şubat 2011'de Odatv'ye yapılan baskında bilgisayarda bulunan, "Hanefi", "Nedim", "Sabri Uzun" isimli word dokümanları sonucunda gerçekleşti, polis neden Ocak ayında bana ait 2009 yılı telefon görüşmelerini hem de sabahlara kadar varan çalışmayla deşifre etti? Sabahlara kadar diyorum çünkü kâğıda döken polisler tarih yanında saatini de yazmışlar.

"Yoksa Odatv operasyonu için son hazırlıkları yapanlar oradaki bilgisayarlarda neler çıkacağını biliyor muydu?" gibi bir soru aklıma geliyor. Belki de yersiz bir soru...

2009'da kayıt altına alınan telefon görüşmelerimin Ocak 2011'de, tam da Odatv baskınından önce kâğıda dökülmesinin başka bir cevabı varsa elbette dinlemeye hazırım.

Başka siyasetçilerle de görüştüm
Şimdi gelelim görüştüğüm kişilere ve içeriklerine...

Öncelikle belirtmeliyim ki, görüşmenin yapıldığı tarihte Cumhuriyet Halk Partisi (CHP) Grup Başkanvekili olan Kemal Kılıçdaroğlu'nun bahsettiği Eyüp'te yaşanan olayla ilgili haber yapılmadı. Kemal Bey mağdurların iletişim bilgilerini gönderdiğini söyleyip, erkek ve kadın muhabir gönderme önerisi yaptığında benim, "Hallederim" dediğim şey mağdurlarla görüşme konusudur. O görüşme de yapılmadı ve öyle bir haber yazılmadı.

Ayrıca benim telefon konuşmalarında, "üstat", "şef", "abi", "kardeş" gibi kelimeler kullanmam alışkanlıkla ilgilidir. Karşımdakiler ile kavga ederken bile bu tür kelimeler kullanırım, merak edenler Savcı Zekeriya Öz'e de sorabilirler. Tapeleri okuyun, gazeteci büyüklerime, AKP'li Azmi Ateş'e, Milli İstihbarat Teşkilatı'ndan (MİT) Mehmet Eymür'e, Milliyetçi Hareket Partisi'nden (MHP) Oktay Vural'a, Sadettin Tantan'a, bürokratlara da bu tür hitaplarım olmuştur. Hatta Silivri'deki infaz koruma memurlarına, müdür ve müdür yardımcılarına bile bu tür hitaplarım oluyor. Alışkanlık işte.

Telefonda konuştuğum, haber amaçlı görüştüğüm tek siyasetçi o tarihte CHP Grup Başkanvekili olan Kemal Kılıçdaroğlu değildi. Nitekim telefon dinleme kayıtlarına girdiği için burada yazmamda sakınca yok.

Yolsuzluklar konusunda çok önemli çalışmalar yapmış olan Ateş'in de adı var, yine yolsuzluklar konusunda çalışan Vural, eski bakan Sadettin Tantan da bulunuyor. CHP'den Kart ve MHP'den Deniz Bölükbaşı ile görüşmeler de dosyada. Tebrik için beni arayan ve dertleşme içerikli bir görüşmeyle İlhan Kesici de dosyamda. CHP'den Gürsel Tekin ve Uğur Mumcu'nun eşi Güldal Mumcu ile görüşmeler kayıt altına alınarak dosyaya konmuş tıpkı eski bakan Ufuk Söylemez ile yaptığım görüşme gibi.

En üzücü konulardan biri de TMSF'de görev yapan ve Ahmet Ertürk başkanlığı döneminde hortumculardan 15-20 milyar dolar tahsilat yapan bürokratların isimlerinin de dosyada yer alması.

Başbakan Recep Tayyip Erdoğan'ın çalışmalarıyla gurur duyduğu TMSF'cilerin Ergenekon gibi bir konuyla ilgisi olmadığı açık. Konuşmaların içeriği de soruşturmayla ilgili konular değil. Peki, neden TMSF'cilerle konuşmalara yer verildi?

Öte yandan Libananco Davası'nda Enerji Bakanlığı'nın avukatlığını yapan Aydın Coşar ile haber amaçlı görüşmelere de dosyada yer verildi.

Enerji Bakanlığı'nın kazandığı bu davada Türkiye'yi 10,5 milyar dolar yükten kurtaran ve hükümetin üst düzeyi ile de yakın olan Coşar'ın benimle haber amaçlı konuşmasında ne gibi suç unsuru yer alıyor?

Coşar'ı hatırlayacaksınız, Başbakan'ın danışmanlarından Cüneyt Zapsu'nun ve Başbakan'ın "Kendisine kefilim" dediği Suudi işadamı Yasin el Kadı'nın da avukatıdır. Ama polis, Coşar ile konuşmalarımızı da Ergenekon ile ilişkilendirmiş olmalı ki dosyaya koymuş.

Konuştuğum kişilerden Merkez Bankası Başkanı Süreyya Serdengeçti'nin telefon konuşması da Ergenekon dosyasına girdi. MİT'çi Mehmet Eymür ile yaptığım konuşma gibi... Polisin dinleme yaptığı Mayıs 2009 ile sonraki altı ayda gazetecilerle çok sayıda görüşme yaptım. 2009 yılına ilişkin toplam 266 konuşmanın 80'i gazetecilerle. Burada en fazla konuşma "konuk" olarak katıldığım "Arena" programının yöneticisi Uğur Dündar ile gerçekleşmiş. Polis, Dündar ile aramızda geçen toplam 36 konuşmayı dosyaya koymuş.

Gazetecilerle o dönem fazla sayıda konuşma yapmış olsam da, konuşmaların içeriği, yazdığım kitap nedeniyle aleyhime açılan davalar, aldığım ödüllerin kutlanması ve gündeme ilişkin konuşmalardan ibaret. Aşağıda isimlerini vereceğim meslektaşlarımızın, meslek büyüklerimizin Ergenekon dosyasıyla ne ilgisi olabilir?

Umur Talu, Nail Güreli, Sedat Ergin, Haluk Şahin, Ahmet Hakan Coşkun, Celal Toprak, Yalçın Bayer, Yalçın Doğan, Sabetay Varol, Nurten Ertuğ, Musa Ağacık, Sayım Çınar, Ercan Arslan, Atilla Özsever, Sevilay Yükselir, Erdal Kılıç, Hikmet Çetinkaya, Belma Akçura, Toygun Atilla, Barış Yarkadaş, Utku Çakırözer, Ali Dağlar, Yavuz Baydar, Güngör Uras, Erol Önderoğlu, Atilla Dişbudak, Cüneyt Özdemir, İrfan Bozan, Emin Çölaşan, BBC'den Julia, *New York Times*'tan Şebnem Arsu.

Gazeteciler listesindeki isimlerle birkaç kez görüşmüşüm, ancak tüm dinleme kayıtlarına bakıldığında aynı örgüt davasından yargılanacağım ve kendisinden talimat aldığım iddia edilen Soner Yalçın ile bir kez haber içerikli görüşmem yer alıyor. Yine Odatv'den Barış Terkoğlu'nun araması üzerine bir kez olan görüşmenin kaydı dosyada bulunuyor.

Dinleme kayıtlarında hayli ilginç tapeler var. Televizyonlardan gelen talep üzerine özellikle Dink cinayeti konusunda canlı yayına telefonla bağlanmıştım. Bu televizyon kanalları arasında NTV, Sky Türk, Cem TV ve Hayat TV bulunuyor. Polisler bu kanallara telefonla yaptığım açıklamaları hem de canlı yayında milyonlarca izleyicisi olan televizyon kanallarındaki açıklamaları suç unsuruymuş gibi dosyaya koymuş.

Bu şu demek oluyor: "Biz sizin TV'lere yaptığınız açıklamaları bile takip ediyoruz." Asılsız e-posta bir isimsiz ihbar mektubunun ardından televizyon ve radyolardaki konuşmalarınız herkesin karşısına suç delili olarak çıkabilir.

Polis ve savcılık Hrant Dink'in kardeşi Orhan Dink ile yaptığım telefon görüşmelerini de dosyaya koymuş.

İddia olunan suçla ilgisi olmamasına rağmen Orhan Dink ile kardeşinin öldürülmesi konusunda bilgi ve görüş, haber amaçlı görüşmeler suçmuş gibi gösterilmiş. Dinlerken de amirlerinin, bir cinayetin sorumluluğunu taşıdıklarını öğrenmişlerdir.

Ergenekon kapsamında "yardım ve yataklık" suçlamasıyla tutuklu bulunduğum davanın iddianamesinde bana yöneltilen suçlama, Ahmet Şık ve Hanefi Avcı'nın kitaplarına hiçbir katkım olmamasına rağmen yazımı konusunda bu iki ismi yönlendirmek. Ancak iddianame eklerinde bulunan 2 Mart 2011 tarihli polis tespit tutanağında benim Ergenekon'la ilgim ortaya konurken yıllar önce yazdığım ve halen internetten ulaşılabilen *Milliyet*'teki haberlerin delil diye gösterilmesi beni şaşırttı, hâlâ da şaşırtıyor.

Eh tabii, suçlama kitap olunca delillerin de kendi yazdığınız haberler olması doğaldır.

Silivri'den yalnızca "Ama onlar gazetecilikten dolayı değil, terör faaliyetlerinden tutuklular" diye konuşanlara selam olsun.

Yıllar önce yazdığım ve halen internetten ulaşılabilen haber metinlerinin, hakkında Ergenekon soruşturması yapılan birinin bilgisayarında bulunmasının aleyhimde delil olarak kullanılabileceği aklıma gelmedi.

Yazımında herhangi bir katkım olmayan kitaplar nedeniyle tutuklu olduğum düşünüldüğünde çok fazla şaşırmaya hakkım yok aslında.

Ancak insan yine de şaşırıyor. İstanbul Emniyet Müdürlüğü Terörle Mücadele Şubesi gözaltına alınmamdan bir gün önce benim nasıl bir Ergenekon üyesi olduğumu göstermek için 13 sayfalık bir "Tespit Tutanağı" hazırlamış.

Tutanak, Hrant Dink cinayetinde MİT'in, Emniyet'in ve Jandarma'nın ihmal ve kusurlarını anlattığım kitabımın yayınlanması sonrası polislerin hakkımda açtığı davalardan hemen sonra, 6 Mayıs 2009'da yine polise gönderilen asılsız bir e-postayla başlıyor. (Klasör 21, sayfa 126-127)

Ardından El Kaide finansörü olarak malvarlığı BM tarafından dondurulan Yasin el Kadı hakkında yıllar önce yazdığım haberler üç madde olarak veriliyor. Halen internette bulunan bu haberlerin delil olmasının nedeni, Ergenekon sanığı İsmail Yıldız isimli şahsın bilgisayarında bulunmuş olması. Yıldız da herkes gibi bu haber metinlerini internetten bilgisayarına kopyalamış. Haber metinlerinin altında "Nedim Şener/*Milliyet*" şeklinde kaynak belirtilmiş olmasına rağmen polis "Nedim Şener" adı geçiyor diye halen herkesin internetten ulaşabileceği haberi delil kabul ederek dosyaya koymuş.

Tespit Tutanağı'nın 2., 3. ve 4. maddesi benim imzamla yayınlanan haberlerden oluşuyor.

Yine tutanağın 11. maddesinde TMSF Başkan Yardımcısı Fethi Çalık ile yaptığım ve yayınlanmış olan röportaj delil olarak kullanılmış.

Tutanağın 12. maddesinde TMSF'nin elindeki Star TV'nin Canwest isimli kuruluşa satışını konu alan bir haberim delil diye kullanılmış.

Polis hazırladığı tutanakta internette aleyhime yayınlanmış ve beni hükümete yakın yazar olarak niteleyen yazıları da delil olarak değerlendirmiş. Bu yazıların özelliği İsmail Yıldız'ın bilgisayarından çıkmış olması.

Uzanlara danışmanlık hizmeti de veren SESAR isimli kuruluşun sahibi olan Yıldız, Uzan Medya Grubu'nun Ankara temsilcilerinden Hayrullah Mahmud'un beni "Tayyipçi Yazar" diye etiketlediği internet yazısını bilgisayarına kopyalamış. Mahmud o yazısında Ahmet Kekeç ve Nazlı Ilıcak ile beni "Tayipçi Yazar" olarak niteliyor. Ayrıca Mahmud, Medya Faresi isimli internet sitesine bir röportaj vermiş. O röportajda da aleyhimde sözler söylenmiş. Sebebi de benim Uzanlar hakkında yaptığım haber ve yayınladığım kitap. İsmail Yıldız bu söyleşiyi de bilgisayarına kopyalamış. Polis de bunu benim aleyhimde delil diye tutanağa koymuş. Hem Uzanların hem de polisin hedefi olmak oldukça ilginç.

Polisin 2 Mart 2011 tarihli tutanağında 5. maddede (Klasör 21, sayfa 124) benim aleyhimde olduğunu belirttiği bir yazıya yer vermiş.

18 Nisan 2004 tarihinde yazıldığı anlaşılan yazının başlığı: "Uzan ve Gerçekler/Nedim Şener'e Cevap".

"Arena"nın bant çözümleri de delil

Polisin tespit tutanağında 9. ve 10. maddede yer verdiği deliller ise oldukça ilginç:

Uğur Dündar'ın davetiyle katıldığım "Arena" programında adım geçtiği tespit edilmiş, Uğur Dündar'la birlikte konuk ettiğimiz eski polis müdürlerinden Adil Serdar Saçan'ın katıldığı programın bant çözümü Ergenekon kapsamında soruşturmaya uğrayan Emcet Olcaytu'nun bilgisayarında bulunmuş. Benim de adım burada yer alıyormuş. Konuğa soru soran bir kişinin adının, bant çözümünde yer almasından daha doğal ne olabilir?

Yine Ayhan Çarkın isimli polisin 20 Ekim 2008'de katıldığı "Arena" programının bant çözümleri de delil olarak görülmüş. Savcılığın talimatıyla bant çözümü yapılan, Ayhan Çarkın'ın katıldığı "Arena" programında benim de adım geçiyormuş. Bu nedenle polis bu çözümleri de delil olarak kullanmış.

Sözün özü: Yani gazetecilik adına ne yaparsanız polisin gözünde "terörist" olarak değerlendirilmekten kurtulamazsınız. "Onlar gazetecilikten değil, terör faaliyetinden, illegal faaliyetten tutuklular" diyenler utansın...

Beni Ergenekonculukla suçlayan ihbarı polis mi yazdı?

Daha önce M. YILMAZ sahte ismiyle polise gönderilen e-postadan söz etmiştim. İşte o e-postanın tam metni dava dosyasının ek klasörlerinden çıktı. İlk kez, iddianameden sonra dağıtılan ek klasörlerde gördüm o sahtekâr tarafından gönderilen e-postayı.

Aslında e-postayı görmedim, polis dosyaya yalnızca ihbar metni olduğu söylenen bir tutanaktan başka bir şey koymamış.

Her ne kadar e-postanın orijinalini görmesek de içeriği bana pek çok ipucu veriyor, aslında kurulan komplonun arkasında kimin olduğunu bile tarif ediyor.

Önce de söylediğim gibi, dava dosyası eklerinde yer alan M. YILMAZ adıyla polise gönderilmiş bir e-posta ihbarıyla benim de Ergenekon maceram başlamıştı.

Ümraniye'de bombaların bulunduğu Haziran 2007'de başlayan ve 2008'de operasyona dönüşen Ergenekon soruşturmasının binlerce klasör dolusu belgesinin içinde adım geçmezken, 2009 yılı 6 Mayısı'nda M. YILMAZ isimli şahsın polise gönderdiği bir e-ihbar (elektronik posta) ile cep ve ev telefonlarım mahkeme kararıyla dinlemeye alınmıştı.

Polise gönderilen ihbar e-postasının tarihine özellikle dikkatinizi çekiyorum. İhbar e-postası 2009 yıl Ocak ayında *Dink Cinayeti ve İstihbarat Yalanları* kitabında ihmallerini yazdığım, aynı zamanda Ergenekon operasyonunu yapan polislerin dava açmasından hemen sonra, 2009 yılı Mayıs ayı başında yine aynı polislerin görev yaptığı birime gönderiliyor.

Konusu "Ergenekon'un Yeni Planı" olan ihbarın zamanlamasına dikkat çektikten sonra şimdi 6 Mayıs 2009 günü polise gönderilen M. YILMAZ rumuzlu bu e-postayı lütfen sabırla sonuna kadar okuyun. (İmla hataları metnin orijinaliyle aynıdır):

Sayın yetkililer, *Milliyet* gazetesi muhabiri Nedim Şener aslında ergenekonun propaganda biriminde çok gizli bir görevlidir. Döneme göre kendisine verilen görevi büyük bir ustalıkla yapar. Bunun en büyük delili Nedimin ilgi alanının ticaretten, ekonomiden bir anda Ergenekon örgütüne karşı olanları kıskaca almaya doğru sinsice değişmesi. Yıllardır kitapları ve gazete yazıları ile ekonomi ve finans ağırlıklı çalışmalar yaptı. Nedimin bu zamanlarında görevi ticari alanda sıkıştırılacak ve gelir sağlanacak grupları tehdit etmektir. Derin devlete karşı görünür ve bu perdenin arkasında Ergenekon tetikçiliği yapar. Onun işaret fişeğini atmasının ardından grup uyarıyı alır ve Ergenekonla pazarlığa başlar. Pazarlığa yanaşmayanlar ise ticari olarak bitirilmekle kalmaz, korkudan adım bile atamaz olurlar. Bunun örneklerini gördük. O zamanlar SESAR isimli Ergenekon biriminin başında bulanan İsmail YILDIZ ile çok gizli belge paylaşmıştır.

Bir dönem Ergenekon tarafından uyarılması gereken Uzan grubu ile ilgili gizli bilgi ve belgeler Nedime servis ettirilmiştir. Kimsenin elde edemeyeceği Ergenekonun gizli dinleme merkezinden aldığı mailleri o kadar deneyimli gazeteci varken sıradan bir muhabir olan Nedim yayınlamıştır. Ancak ergenekonun bir ihbar üzerine deşifre olması, Nedim'in kuluçka süresini yarım bıraktı ve erken çıktı piyasa. Ani bir değişim geçirdi ve ekonomi yazarı birden uzmanlık alanını bırakıp Ergenekon sanıkları Veli Küçük ve doğu perinçeklerin mevzisine yerleşti. Tabii bu değişim dışarıdan görünen tarafı. Aslına bakarsanız Nedim emir almadan kılını kıpırdatacak birisi değildir. Emri veren de tabii ki Ergenekon. Doğu perinçekler ve ondan akıl alan fuat turgutların misyonunu şimdilerde Nedim üstlendi... Hrant Dink davası üzerinden emniyeti, Jandarmayı ve Mit'i hedefe koyarak ergenekonun gizli hedefine odaklandı ve dezenformasyon biriminin plandığı ve organize ettiği faaliyetler. Susurluk sonrasında aydınlık grubu uluslar arası susurluk konferansı ile susurluğun görüntüde aydınlatılması için panel düzenlemişti. Gerçekte susurluk davasının kapatılması üstünün örtülmesi için yapılan panellerde ergenekonun varlığı konuşulunca ferit ilsever onu itiraf eden paşaları ihtiyarlıkla ve beyni sulanmışlıkla suçlamıştı. O dönemde susurluğun örtülmesi için konuşan bu Ferit ilsever neden gayret etmişse, Ergenekon operasyonun bitirilmesi görevi verilenlerden biri olan Nedim de onun için çırpınmakta. Ferit İLSEVER tarafından Fuat TURGUT'un yanı sıra Nedim'e Ergenekon örgütü içerisinde farklı görevler verildi. Nedim talimatları Ferit İlsever'den alıyor ve örgütün amacı doğrultusunda faaliyet gösteriyor, yazmış olduğu kitaplarda bu görevinin bir ürünü, Nedim 2006 yılından sonra uzmanlık alanı dışına çıkarak ve maddi menfaatler karşılığında ısmarlama kitaplar ve makaleler yazmaya başladı. Açık Toplum Vakfı'nın sponsorluğunda yapılan çalışmalarda yer aldı. Binnaz Toprak ve Hakan Altınayın grubuyla birçok kez toplantılar düzenlediler. Basın yayın kuruluşlarında yürütülecek kara propagandanın yol ve yöntemlerini kararlaştırdılar ve bu kararları aynen uyguladılar. Ferit İlseverin emrindeki genç Aydınlıkçılar Nedim ile gizli bir ilişki içerisinde. Ayrıca Deniz Feneri davası ile ilgili de Ergenekon tarafından besleniyor. Örgüt ile ilişkili şahıslara da ergenekonun üzerine gelen hükümete karşı bir koz olarak kullanmak için bu konuda yardımcı oluyor. Bir dönem Ergün POYRAZ'ın yürüttüğü misyonu üstlenecek. Bu amaçla Başbakanın ailesi ilgili birçok istihbarat Nedim'e akıyor. Bilal ERDOĞAN ile ilgili ABD'den bilgi almaya çalışıyor. Nedim'e verilen asıl görev Ergenekon davasını destekleyen kesimlere yönelik saldırı yürütmek. Davaya destek verdiğini düşündükleri görevlileri belirlediler. Polis ve savcılar ile ilgili şantaj ve tehdit amaçlı hazırlıklarını neredeyse tamamladılar. Nedim'e verilen kısmı ile yavaş yavaş gündem oluşturacaklar. Bu kadar açıklamadan sonra asıl önemli konuya geçiyorum. Ergenekonun bu birimi bütün bunların dışında dink cinayeti gibi YENİ BİR CİNAYET PLANLIYOR. Yurtdışından desteklenecek eylemin kurgusu tamam. Basit görünecek bu cinayet üzerinden Ergenekon davasını destekleyen kamu görevlilerini tavsiye edecekler. Nedimin görevi tavsiye edilecek polisleri belirlemek ve onlara pusu kurmak. Bir muhbir gibi verilecek bilgiler ile polis ve Ergenekon savcıları oltaya takılacak ve istedikleri alana çekilecek. Bir çok şey planlı. İhmali olacak görevliler teker teker tespit edilmiş durumda. Asıl oyun cinayetin kendisi değil. Bu cinayet öyle olacak ki hükümet ile Ergenekon savcıları ve polis karşı karşıya getirilecek. Cinayet öncesi yapılacak şaşırtmaca ihbarlar ve polisi çekilecek alanlar kesinlikle polisi güç durumda bırakacak. Cinayetin hedefi ise hükümeti ve özellikle BAŞBAKANI CAN EVİNDEN VURACAK. Eğer eylem gerçekleşirse başbakanın gözü değil ergenekonu kendini bile göremez. Yani can evinden vurulacak. Tek umudum bu konuyu açığa çıkartmanız. Yoksa çok kötü şeyler olacak. saygılar. M. Yılmaz.

6 Mayıs 2009 günü saat 10.39.55'te IP numarası 94.23.49.47 olan bilgisayar aracılığıyla İstanbul Emniyet Müdürlüğü Muhabere Elektronik Şube Müdürlüğü'ne yollanan bu ihbar e-postası, üzerine el yazısıyla "2. Grup 06.05.2009 Önemle takibi" notu düşülerek gereği için Terörle Mücadele Şubesi'ne yollandı.

İhbardaki iddialar gerçekten "önemle takip" edilecek cinstendi. Çünkü muhbir M. YILMAZ gerçekten çok şey biliyordu:

1- Ergenekon diye bir örgüt olduğunu biliyor.
2- Ergenekon örgütünün "propaganda birimi" olduğunu biliyor.
3- Nedim Şener'in de bu birimde görevli olduğunu biliyor.
4- Nedim Şener'in kimden talimat aldığını biliyor.
5- Prof. Dr. Binnaz Toprak ve Açık Toplum Vakfı yöneticisi Hakan Altınay'ın da içinde bulunduğu grupla bir cinayet planlandığını biliyor.
6- Cinayetin BAŞBAKAN'I CAN EVİNDEN vuracak cinsten olduğunu biliyor.

Metni okudunuz M. YILMAZ polis açısından çok önemli bir bilgi kaynağı olabilir.

M. YILMAZ'ın polise gönderdiği ihbar e-postasının konusu da çarpıcı: "Ergenekonun Yeni Planı".

İçeriğinde BAŞBAKAN'I CAN EVİNDEN VURACAK bir cinayetten söz eden ihbarı alan polisin, savcıyı ve mahkemeyi alarma geçirmesi gerekirdi, değil mi?

Hatta bu ihbarı okuyunca, benden bahsetmemiş olsa "Hakkında bu şekilde ihbar gelen birinin hemen adı geçen kişilerle tutuklanması gerekir" diye düşünürüm.

Size saçma sapan bir laf edeyim; yetkim olsa ben bu ihbarla kendi kendimi bile tutuklarım.

Başbakan'ın otomobili geçerken yol kenarında laf attı, el kol hareketi yaptı diye Başbakan'ın can güvenliğini tehlikeye attığı gerekçesiyle öğrencilerin gözaltına alındığı, sorguya çekildiği Türkiye'de bu ihbarı alan polis ne yaptı dersiniz?

İhbarın içerdiği iddialara hiç değinmeden, gönderildikten yedi gün sonra, 13.05.2009 tarihli bir rapor hazırladı. Bu raporun temel dayanaklarını Ergenekon kapsamında daha önce tutuklanmış beş kişiyle yaptığım görüşmeler (içerik olmadan, sayıyla belirtilmiş); Ergenekon kapsamında tutuklanmış iki kişinin, internetten ulaşılabilen gazete yazılarını bilgisayarlarına kopyalamış olması; yine bir Ergenekon sanığının aleyhimde yazdığı ve beni "Tayyipçi yazar" olarak nitelediği hakaret içeren yazısı ve bir başka Ergenekon sanığının verdiği röportajda adımı aleyhine zikretmesi oluşturuyordu.

İnsan ister istemez, "İhbarda adı geçen herkes için mutlaka bir hukuki girişimde bulunulmuştur" diye düşünüyor. Ancak bu kadar ciddi iddiaların yer aldığı ihbardan sonra polis nedense yalnız benim telefonlarımın dinlenmesi için 22.05.2009 günü savcılığa başvurmakla yetinmişti.

Özel yetkili savcılık bu talebi aynı gün İstanbul 14. Ağır Ceza Mahkemesi'ne yollamış. İstanbul 14. Ağır Ceza Hâkimi Yakup Hakan Günay aynı gün, yani 22.05.2009 günü üç ay süreyle benim ev ve cep telefonumun dinlenmesine karar vermişti. 13. Ağır Ceza Mahkemesi Hâkimi Ömer Diken de bu kararı 20.08.2009 günü üç ay süreyle uzatıverdi.

Böyle bir ihbar üzerine hiçbir araştırma yapmadan bir kişinin (gazeteci demiyorum) ev ve cep telefonunu dinlemiş olmanın skandal ve rezalet yönünü tartışmıyorum bile.

Bu polis, savcı ve hâkimler bu durumu kendilerine yakıştırdıktan sonra bize düşen yargı yoluyla hakkımızı aramaktır. Ancak beni asıl sarsan şey, savcının başvurusunda ve devamındaki mahkeme kararında tamamı gerçekdışı bilgiye yer vermesiydi.

Savcı talep yazısında aynen şunları yazmıştı:

"Nedim Şener isimli şahsın iddia edilen Ergenekon Terör Örgütünün propaganda biriminde gizli görevli olduğu, ticari alanda çalışan grupları tehdit amaçlı çalışmalar yaptığı, Uzan Grubu ile ilgili kendisine bilgi sızdırıldığı, Ergin POYRAZ ve Faruk TURGUT'un misyonunu üstlendiği, Açık Toplum Vakfı'nın organizesinde Binnaz TOPRAK ve Hakan ALTINAY grubu ile beraber çalışmalar yaptığı, şahsın asıl görevinin Ergenekon davasını destekleyen grupları yıpratma amaçlı çalışmalar yapması ve bu bağlamda savcılık ve Emniyet birimleri arasında şantaj ve tehdit amaçlı oluşumları tamamladığı, bu birimin DİNK cinayetine benzer bir cinayet planladığı ve bu cinayet üzerinden bahse konu soruşturmada görev yapan kamu görevlilerini yıpratarak tasfiye süreci başlatacağı" şeklinde bilgiler elde edilmiş olup; soruşturmanın tam olarak aydınlatılabilmesi ve şüphelilerin tespiti ile suç delillerinin eksiksiz toplanabilmesi, grubun hiyerarşik yapısının deşifre edilerek faaliyetlerinin ortaya çıkarılması ve şüphelilerin suç delilleri ile birlikte yakalanabilmesinin fiziki takip ve tarassut çalışmaları ile mümkün olmadığından, başka türlü delil elde edilme imkânı bulunmadığı da anlaşıldığından iletişimin dinlenmesine karar verilmesi talep edilmiştir.

Savcı talep yazısında "... Başka türlü delil elde etme imkânı bulunmadığı da anlaşıldığından iletişimin dinlenmesine karar verilmesi talep edilmiştir" cümlesine özel vurgu yapıyordu.

Ey savcı, ey hâkim, polise sordunuz mu "Delil ele geçirmek için daha önce hangi çalışmaları yaptınız?" diye.

Yok her şey ayarlanmış sanki, polis savcıya başvuruyor, savcı, mahkemeye hepsi "entegre biçimde" istedikleri kişi hakkında istedikleri kadar telefon dinleneme kararı veriyor.

Böylece mahkeme "hukuk devleti" Türkiye'de yıllardır oturduğum ve adıma kayıtlı ev ve cep telefonlarım hakkında 3 (üç) ay süreyle dinleme kararı verebildi.

Savcıdan itiraf gibi cevap

Ancak bu ihbar e-postası, iddianamenin kamuoyuna açıklanmasından sonra büyük ses getirdi. Çünkü bu ihbarda Binnaz Toprak –ki kendisi önemli bir akademisyendir– ile Ergenekon'la uzaktan yakından ilgisi olamayacak Açık Toplum Vakfı Yöneticisi Hakan Altınay'ın Ergenekon yapısıyla, cinayet planlayan grupla ve benimle ilişkili oldukları belirtiliyordu.

Mahkeme kararında da yer aldığı için Açık Toplum Vakfı Yöneticisi Hakan Altınay ile Prof. Dr. Binnaz Toprak hakkında da dinleme kararı alınmış olmalıydı. Hatırlayacaksınız, polis ihbar yazısının üzerine "önemle takibi" yazıp imzalamıştı.

Bu konu basında yer aldıktan sonra dinleme kararında adı geçen Açık Toplum Vakfı ve Hakan Altınay vekili Av. Fethiye Çetin, 13 Ekim 2011 tarihinde Özel Yetkili Başsavcılık Vekilliği'ne bir başvuru yaptı.

Başvuruda, dinleme kararında adı geçen Açık Toplum Vakfı ve Hakan Altınay'la ilgili olarak Ergenekon soruşturması kapsamında ne tür işlemler yapıldığını sordu.

Özel yetkili Savcı Cihan Kansız bir gün sonra, 14 Ekim 2011 günü verdiği yazılı cevapta şunları belirtti:

> İstanbul Emniyet Müdürlüğü'ne gelen bir ihbarda sanık Nedim Şener ile bağlantılı olarak Açık Toplum Vakfı ve yöneticisi Hakan Altınay'ın isimleri geçmiş olmakla birlikte CMK'nın 250. Maddesi ile yetkili Cumhuriyet Başsavcılığımızca yürütülmekte olan Ergenekon silahlı terör örgütüne yönelik soruşturma kapsamında müvekkiliniz Hakan Altınay ve yöneticisi olduğu Açık Toplum Vakfı ile ilgili herhangi bir teknik takip veya bir soruşturma bulunmamaktadır.

Görüldüğü gibi 6 Mayıs 2009 tarihinde M. YILMAZ sahte ismiyle İstanbul Emniyet Müdürlüğü'ne gönderilen ve içerisinde çok vahim iddiaların olduğu ihbar e-postasında adı geçenlerden NEDENSE yalnızca benim cep ve ev telefonlarım dinlenmişti.

Şok şok şok!
Savcılık kararı: M. Yılmaz sahtekâr, ihbar yalan

Ancak Açık Toplum Vakfı ve Hakan Altınay işin peşini bırakmadı. Bu kez e-postayı gönderdiği iddia edilen M. YILMAZ isimli kişi hakkında "iftira attığı" gerekçesiyle savcılığa suç duyurusunda bulundu.

Bu suç duyurusuna yanıt, kitabın yazımı tamamlanma aşamasında televizyoncuların deyimiyle "Şok, şok, şok..." ya da "Flash haber..." veya "Son dakika gelişmesi..." diye verilecek cinstendi.

Savcılık, benim hakkımda Ergenekon terör örgütünün propaganda biriminde görevli diye ihbarda bulunan M. YILMAZ'ın iddialarının soyut, temelsiz ve yalan olduğu gerekçesiyle takipsizlik kararı verdi.

Bu durum, benimle birlikte haklarında Ergenekoncu diye ihbarda bulunulan Açık Toplum Vakfı ile yöneticisi Hakan Altınay'ın İstanbul Cumhuriyet Savcılığı'na yaptığı başvuruyla belirlendi.

Polis ve savcılık M. YILMAZ'ın kim olduğu ya da iddiaları hakkında tek bir araştırma yapmazken, ihbarda Ergenekoncu diye adı geçen Açık Toplum Vakfı yöneticileri bu ihbar hakkında savcılığa suç duyurusunda bulundu. Başvuruyu Açık Toplum Vakfı adına Avukat Fethiye Çetin yaptı. Çetin, savcılıktan M. YILMAZ hakkında "suç uydurma ve iftira" maddesi gereğince işlem yapılmasını istedi.

İstanbul Cumhuriyet Savcısı Hasan Özberk yapılan başvuruyu inceledi ve 29 Şubat 2012 günü M. YILMAZ'ın ortaya attığı iddiaların soyut ve genel ifadeler içerdiğine, somut verilere dayanmadığına karar verdi. Savcı Özberk kararında, 6 Mayıs 2009 tarihinde benim telefonlarımın dinlenmesine neden olan e-postadaki ifadelerin, soruşturma birimleri tarafından da ciddiye alınmadığı için M. YILMAZ hakkında bir inceleme yapılmadığına yer verdi.

Savcı Özberk 29 Şubat 2012 tarihli kararında şu ifadeleri kullandı:

> Müştekiler, (Açık Toplum Vakfı-Hakan Altınay) (...) e-mail göndererek kendilerine suç isnat ettiğini bildirerek şikâyetçi olduklarını, müştekiler vekilinin dilekçesi üzerine CMK.nun 250. maddesi ile yetkili; İstanbul Cumhuriyet Başsavcı vekilliğince verilen 14.10.2011 günlü cevabi yazıda Ergenekon Silahlı Terör Örgütüne yönelik soruşturma kapsamında müştekiler hakkında herhangi bir teknik ta-

kip çalışması veya bir soruşturma bulunmadığının bildirildiği, e-mail içeriğinin soruşturma makamları tarafından da ciddiye alınmadığının böylece tespit edildiği, e-mail içeriğinde genel ve soyut ifadelere yer verildiği, somut isnatta bulunulmadığı, somut olgu ve olaylara dayanmayan genel ve soyut ifadelerin ise iftira ve suç uydurma suçunun oluşması için yeterli olmayacağı, şüphelinin atılı suçu işlediğine dair yeterli şüphe oluşturacak delil bulunmadığı anlaşılmakla, KOVUŞTURMAYA YER OLMADIĞINA karar verildi. 29/02/2012

Hasan Özberk
Cumhuriyet Savcısı

T.C.
İSTANBUL
CUMHURİYET BAŞSAVCILIĞI

Soruşturma No : 2011/183799
Karar No : 2012/12484

KOVUŞTURMAYA YER OLMADIĞINA DAİR KARAR

MÜŞTEKİLER :1- AÇIK TOPLUM VAKFI,
:2-ALİ HAKAN ALTINAY, ÖMER YILMAZ Oğlu GÜLTEKİN'den olma, 16/02/1968 doğumlu, Emirgan Mah. Şirin Sok. Gürsoy Apt No:26 Sarıyer/ İSTANBUL
VEKİLİ :Av. FETHİYE ÇETİN, İSTANBUL, Şerifali Yolu Cad. Güzel Sitesi No:64 B Blok D:1 Küçükbakkalköy Ataşehir / İSTANBUL
ŞÜPHELİ : M. YILMAZ,
SUÇ : Suç Uydurma, İftira
SUÇ TARİHİ : 06/05/2009

Soruşturma Evrakı İncelendi:
Müştekilerin müracaat ederek M.Yılmaz isimli bir şahsın İstanbul Emniyet Müdürlüğüne "Nedim Şener isimli şahsın iddia edilen Ergenekon terör örgütünün propaganda biriminde gizli görevli olduğu, ticari alanda çalışan grupları tehdit amaçlı çalışmalar yaptığı, uzan gurubu ile ilgili kendisine bilgi sızdırıldığı, Ergün Poyraz ve Fuat Turgut'un misyonunu üstlendiği, Açık Toplum Vakfının organizesinde Binnaz Toprak ve Hakan Altınay grubu ile beraber çalışmalar yaptığı, şahsın asıl görevinin Ergenekon davasını destekleyen grupları yıpratma amaçlı çalışmalar yapması ve bu bağlamda savcılık ve emniyet birimleri arasında şantaj ve tehdit amaçlı oluşumları tamamladığı, bu birimin Dink cinayetine benzer bir cinayet planladığı..... şeklinde bilgiler elde edilmiş olup...." içerikli e-mail göndererek kendilerine suç isnat ettiğini bildirerek şikayetçi oldukları, müştekiler vekilinin dilekçesi üzerine CMK.nun 250 maddesi ile yetkili İstanbul Cumhuriyet Başsavcı vekilliğince verilen 14.10.2011 günlü cevabi yazıda Ergenekon Silahlı Terör Örgütüne yönelik soruşturma kapsamında müştekiler hakkında herhangi bir teknik takip çalışması veya bir soruşturma bulunmadığının bildirildiği, e-mail içeriğinin soruşturma makamları tarafından da ciddiye alınmadığının böylece tespit edildiği, e-mail içeriğinde genel ve soyut ifadelere yer verildiği, somut bir isnatta bulunulmadığı, somut olgu ve olaylara dayanmayan genel ve soyut ifadelerin ise iftira ve suç uydurma suçunun oluşması için yeterli olmayacağı, şüphelinin atılı suçu işlediğine dair yeterli şüphe oluşturacak delil bulunmadığı anlaşılmakla,
KOVUŞTURMAYA YER OLMADIĞINA, kararın müştekiler vekiline tebliğine, tebliğ tarihinden itibaren müştekiler vekilinin onbeş gün içerisinde bu karara karşı Bakırköy Ağır Ceza Mahkemesi Başkanlığına itiraz hakkı bulunduğuna CMK.nun 172 ve 173. maddeleri gereğince karar verildi. 29/02/2012

HASAN ÖZBERK 31001
Cumhuriyet Savcısı
(e-imza)

Böylece telefonlarımın dinlenmesine yol açan M. YILMAZ adıyla gönderilen e-postanın sahte bir ihbar olduğu ortaya çıkmış oldu. Tabii M. YILMAZ'ın da sahtekârın teki olduğu belirlendi.

Bu ihbarın gönderildiği polis, bu polisin benim telefonlarımın dinlenmesi için yaptığı başvuruyu mahkemeye götüren Savcı Zekeriya Öz ve savcının başvurusu üzerine ev ve cep telefonlarımı dinleme kararı veren İstanbul 14. Ağır Ceza Mahkemesi ve 13. Ağır Ceza Mahkemesi görevlileri acaba şimdi ne diyecek?

İhbarcı M. YILMAZ resmi görevli mi?

M. YILMAZ adı arkasına saklanan komplocular beni içeri attırmayı başardılar, ancak Açık Toplum Vakfı yönetimi bu sahtekâr ya da sahtekârların peşini bırakmamakta kararlıydı.

Savcı Hasan Özberk'in verdiği takipsizlik kararına mahkeme nezdinde itiraz ettiler. Kitap basıma hazırlandığı sırada bu başvuru henüz sonuçlanmamıştı.

Açık Toplum Vakfı ve yöneticisi Hakan Altınay'ın avukatları, Bakırköy Nöbetçi Ağır Ceza Mahkemesi'ne verdikleri dilekçede M. YILMAZ adıyla gönderilen e-postadaki bilgilerin "resmi görevi bulunan" biri tarafından yazıldığı olasılığı üzerinde durdular.

Avukatlar, savcılığın takipsizlik kararı verirken, M. YILMAZ'ın ihbarının, a) soruşturma makamlarının e-posta içeriğini ciddiye almadığı, b) e-posta içeriğinde genel ve soyut ifadelere yer verildiği, c) somut bir isnatta bulunulmadığı gerekçesini öne sürdüğünü hatırlattılar.

Ancak avukatlar savcılığın bu gerekçelerine şöyle itiraz ettiler:

1- Savcılığın suç oluşmadığı yönündeki değerlendirmesi hatalıdır:

a) Soruşturma makamlarının e-mail içeriğini ciddiye almadığı değerlendirmesi doğru değildir:

İstanbul 16. Ağır Ceza Mahkemesi'nin 2011/14 sayılı dosyası ile yargılanmakta olan Nedim Şener hakkında açılan davanın dayanağı 2008/1692 sayılı soruşturmadır.

Şüpheli M. Yılmaz tarafından 6 Mayıs 2009 tarihinde İstanbul Emniyet Müdürlüğü'ne gönderilen e-mailde yer alan isnatlar Emniyet ve savcılık tarafından ciddiye alınmış ve Nedim Şener hakkında bu e-mailde geçen iddialar gerekçe gösterilerek İstanbul 14. Ağır Ceza Mahkemesinin 2009/391 teknik takip karar numarasıyla dinleme kararı verilmiş ve bu karar uyarınca, Nedim Şener 22.05.2009 tarihinden itibaren dinlemeye alınmıştır.

Söze konu "İletişimin Dinlenmesi Kararı"nın sebebi, "Nedim Şener isimli şahsın iddia edilen Ergenekon terör örgütünün propaganda biriminde gizli görevli olduğu, ticari alanda çalışan grupları tehdit amaçlı çalışmalar yaptığı, Uzan Grubu ile ilgili kendisine bilgi sızdırıldığı, Ergün POYRAZ ve Fuat TURGUT'un misyonunu üstlendiği, Açık Toplum Vakfı'nın organizesinde Binnaz TOPRAK ve Hakan ALTINAY grubu ile beraber çalışmalar yaptığı, şahsın asıl görevinin Ergenekon davasını destekleyen grupla yıpratma amaçlı çalışmalar yapması ve bu bağlamda savcılık ve emniyet birimleri arasında şantaj ve tehdit amaçlı oluşumları tamamladığı, bu birimin DİNK cinayetine benzer bir cinayet planladığı... şeklinde bilgiler elde edilmiş olup..." olarak gösterilmiştir ve bu sebep M. Yılmaz tarafından gönderilen e-mail içeriğinin aynısıdır.

Soruşturma makamlarının bu e-mail ihbarı üzerine harekete geçerek Nedim Şener hakkında dinleme kararı alması karşısında, kovuşturmaya yer olmadığına karar veren savcılığın "e-mail içeriğinin soruşturma makamları tarafından ciddiye alınmadığı" şeklindeki değerlendirmesi tümüyle isabetsizdir.

Bu e-mail içeriğinin ciddiye alındığının en önemli kanıtı müvekkil vakıf ve müvekkil A. Hakan Altınay ile "Açık Toplum Vakfı'nın organizesinde Binnaz TOPRAK ve Hakan ALTINAY grubu ile beraber çalışmalar yaptığı, şahsın asıl görevinin Ergenekon davasını destekleyen grupları yıpratma amaçlı çalışmalar yaptığı" iddia edilen Nedim Şener'in bir yılı tutuklu olmak üzere halen yargılanıyor olmasıdır.

b) E-mail içeriğinde genel ve soyut ifadelere yer verildiği değerlendirmesi doğru değildir:

E-mail içeriğinde genel ve soyut ifadelere yer verildiği yönündeki gerekçe de aynı şekilde isabetsizdir.

Yukarıdaki anlatımlarımız bu konuda da geçerlidir. Eğer emailde yer alan ifadeler genel ve soyut ifadeler olarak kabul edilse idi Nedim Şener hakkında bu ifadelere dayanarak dinleme kararı almak mümkün olmazdı. Hem Emniyet birimleri ve savcılık hem de dinleme kararını veren İstanbul 14. Ağır Ceza Mahkemesi bu ifadeleri somut bulmuş olacaklar ki bir soruşturma ve dava söz konusu olabilmiştir.

Öte yandan, Nedim Şener'in "Ergenekon davasını destekleyen grupları yıpratma amaçlı çalışmalar yaptığı" ve bu çalışmaları da müvekkillerle birlikte yaptığı şeklinde email metninde yer alan iddia Nedim Şener'in yargılandığı davanın iddianamesinde de yer almıştır ve Nedim Şener'e isnat edilen suçlamalardan biri de budur.

İddianamenin 36. sayfasında "ERGENEKON SORUŞTURMASI VE

DAVA SÜRECİNİ ETKİLEMEYE YÖNELİK FAALİYETLER" başlıklı bölümünde "Soruşturma kapsamında elde edilen delillerden, şüphelilerin devam etmekte olan ERGENEKON davası ve soruşturmasını etkilemeye yönelik faaliyetlerini iki ayrı yöntemle gerçekleştirdikleri, bunlardan birincisinin ULUSAL MEDYA 2010 dokümanında belirtilen stratejiler doğrultusunda yayın yapmak olduğu anlaşılmıştır.

Şüphelilerin Ergenekon davası ve soruşturmasını etkilemeye yönelik gerçekleştirdikleri yayın faaliyetleri iddianamenin ilerleyen bölümlerinde şüpheli şahıs konumları anlatılırken ayrıntılı olarak anlatılacaktır" demek suretiyle "Ergenekon davasını yıpratma çalışması" şeklinde bir suç ya da suç unsurunun varlığının kabul edildiği görülecektir.

Nedim Şener hakkında açılan davaya esas teşkil eden iddianame, email içeriğinin genel ve soyut ifadeler içermediğinin kanıtıdır.

c) Email içeriğinde somut bir isnatta bulunulmadığı şeklindeki değerlendirme de hatalıdır:
Email içeriğinde, bizzat müvekkil Açık Toplum Vakfı ve müvekkil A. Hakan Altınay'ın adı geçmekte, Nedim Şener, Binnaz Toprak, Ali Hakan Altınay'ın Açık Toplum Vakfı bünyesinde bir birim oluşturdukları iddia edilmekte ve bu birimin DİNK cinayetine benzer bir cinayet planladığı ileri sürülmektedir. Kişi ve kurumların oldukça somut olmasının yanında DİNK cinayetinin de ne kadar somut bir olgu olduğunu izah etmeye herhalde gerek yoktur.

2- Atılı suçlar oluşmuştur:
Çok açık olmasına rağmen savcılığın hatalı bir biçimde göremediği nokta, müvekkiller ile ilgili ileri sürülen iddiaların Nedim Şener hakkında bir davaya yol açmış olmasıdır. İhbar metninde Nedim Şener'in müvekkil vakıf bünyesinde diğer müvekkil A. Hakan Altınay ile birlikte yürüttüğü iddia edilen faaliyetler sıralanmış, bunun ardından savcılık vasıtasıyla soruşturma başlatılmış ve dinleme kararı alınmıştır. Son olarak Nedim Şener mealen "Ergenekon davasını destekleyen grupları yıpratmak için yürüttüğü faaliyetler" nedeniyle örgüte yardım suçlamasıyla yargılanmaktadır.

Eğer iftira suçunun oluşmadığını kabul edersek, yani ihbar metninde yer alan iddiaların soyut ve genel iddialar olduğunu, isnat içermediğini kabul edersek, bu durumda Nedim Şener hakkında alınan dinleme kararı da hukuki dayanaktan yoksun hale gelir. Ancak Nedim Şener halen yargılandığına göre yargılama makamları hukuki dayanak konusunda bir şüphe taşımadıkları ortadadır.

Bu durumda müvekkiller hakkında email içeriğindeki iddialar nedeniyle bir soruşturma açılmadığına ancak bir üçüncü kişi hakkında bu iddialar nedeniyle dinlemeye tabi tutulduğuna göre müvekkillerin iftira suçunun mağduru olduklarını kabul etmek bir zorunluluktur.

Şüpheli M. Yılmaz müvekkillerin işlemediği ancak Nedim Şener hakkında dava açıldığına göre soruşturma ve yargılama makamlarının suç olarak değerlendirdikleri bir fiili müvekkillere isnat etmek suretiyle iftira suçunu işlemiştir.

Aynı değerlendirmeyi "suç uydurma" konusunda da yapmak mümkündür. Zira kovuşturmaya yer olmadığına karar veren savcıya göre "email içeriği soruşturma makamları tarafından ciddiye alınmadığına" ve müvekkiller hakkında herhangi bir soruşturma açılmadığına göre suç oluşmamıştır. Ancak yine aynı iddialarla bir üçüncü kişinin soruşturulması ve yargılanması mümkün olduğuna göre bu suçun oluştuğunun da kabulü gerekir.

İhbar istihbaratçılardan mı?

Açık Toplum Vakfı ve Hakan Altınay'ın avukatları verdikleri dilekçede, ihbar e-postasındaki bilgilerin "istihbari" olduğuna vurgu yaptılar. Bazı bilgilerin Hakan Altınay'ın yaptığı toplantılar ve ilişkileri üzerine olduğunu belirten avukatlar, bu bilgilerin resmi görevi olan kişiler tarafından sahip olunabilecek cinsten olduğuna dikkat çektiler. Dilekçede bu konu şöyle anlatıldı:

3- Savcılık eksik soruşturma yürütmüştür:

İstanbul Cumhuriyet Başsavcılığı, yapılan şikâyet ile ilgili olarak yeterli bir soruşturma yapmamış, şikâyet edilen şüphelinin kimliğini dahi tespit etmemiş ve ifadesine başvurmamıştır.

Ancak şüphelinin ihbar içeriğinde yer alan bilgileri nereden ve kimden aldığı, müvekkiller hakkında neden böylesi iddialar ileri sürdüğü araştırılmaya muhtaçtır. İhbar metninde yer alan ifadelere bakıldığında şüpheli, müvekkil A. Hakan Altınay ve müvekkil vakfın yürüttüğü faaliyetler, toplantılar, görüştüğü kişiler hakkında bilgi sahibi olduğu anlaşılmaktadır. Belki de şüphelinin elinde bundan daha fazlası da vardır ve bunun özel hayatın gizliliğini ihlal, kişisel verilerin hukuka aykırı olarak elde edilmesi gibi suçlara vücut vermesi de mümkündür.

Öte yandan M. Yılmaz tarafından İstanbul Emniyet Müdürlüğüne gönderilen 13 sayfalık ihbar metninin bütünü incelendiğinde müvekkiller dışında başka pek çok ismin geçtiği ve resmi görevli olmayan kişilerin elde etmesi mümkün olmayan bilgileri içerdiği görülecektir. Eğer M. Yılmaz resmi görevli biri ise ve bu bilgiler "istihbari" bilgi mahiyetinde ise neden bir e-mail ile gelmiş suç ihbarı muamelesi yapıldığı anlaşılamamaktadır.

Eğer M. Yılmaz resmi görevi olmayan, basın yayın organlarından elde ettiği bilgilerle birtakım insanlar hakkında düzmece ihbarlar yapan biri ise bunun da bir cezai soruşturma konusu yapılması gerektiği açıktır. Bu hem hukuk devleti ilkeleri, hukuki güvenlik hakkı gibi vazgeçilemez değerler açısından gereklidir, hem de bireylerin onur ve haysiyetlerini de korumakla yükümlü olan bir devletin görmezden gelemeyeceği bir sorumluluktur.

Nedim Şener hakkında hazırlanan iddianamenin kabulü ile gizlilik kararının kalkmasının ardından dosya içeriği alenileşmiş ve müvekkillerle ilgili bölümler de basın yayın organlarında (*Hürriyet* gazetesinin 29-30 Eylül 2011 tarihli sayıları ve çeşitli internet siteleri) yer almıştır.

Türkiye'de 10 yıldır faaliyet gösteren ve yaptığı ve desteklediği bütün çalışmalar www.aciktoplumvakfi.org.tr adresli internet sitesinde kamuoyuna açık olan, her zaman özgürlükçü demokrasiden, hukuk devletinden, istisnasız her yurttaşın başının dik durabilmesinden yana olan müvekkil Açık Toplum Vakfı ve değişik dönemlerde bu vakfın yönetim kurulu ve danışma kurulu üyesi olarak görev yapmış, açık toplum ilkesinin ve demokratik ilkelerin toplumda yerleşmesi için yürütülen çeşitli projelerde görev almış olan müvekkil A. Hakan Altınay'ın itibarının zedelendiği, asılsız bir karalamanın mağduru oldukları açıktır.

Açık Toplum Vakfı, Türkiye'nin Avrupa Birliği üyelik hakkını Avrupa'da en etkin savunan kuruluş olduğu, 2003-2004 döneminde Kıbrıs'ta Birleşmiş Milletler parametrelerinde çözümü desteklediği, silahlı kuvvetlerin evrensel normlar içinde sivil ve demokratik denetime tabii olması gerektiğini savunduğu için bugün kamuoyunda "Ergenekon" davası olarak bilinen davada yargılanan bazı kişiler tarafından şiddetle eleştirilmiştir.

Hal böyleyken müvekkilleri şiddetle karşısında durdukları yasadışı bir yapılanmayla ilgili yürütülen davayı yıpratma niyetinde olduğunu ileri süren M. Yılmaz isimli şahsın kim olduğunun dahi tespit edilmeden, eksik soruşturmayla verilen bu Kovuşturmaya Yer Olmadığı Kararı hukuka aykırıdır.

Aslında, M. YILMAZ'ın kim olduğuna dair adım adım ilerliyoruz. Bunun istihbaratçı polisler olma ihtimali yüksek. Ama ben bu ihbarın polisler tarafından sırf benim telefonumu dinlemek amacıyla yazılıp kendi kendilerine gönderdiklerine inanmak istemiyorum.

Ancak bu noktada beni endişelendiren şu soru aklıma geliyor: Peki, polis bu kadar ciddi ihbarda bulunan M. YILMAZ'ın kim olduğunu neden araştırmıyor, hem de yasal görevi olduğu halde? Savcı, polisten bu durumun araştırılmasını neden istemedi, anlamıyorum.

O zaman aklıma bu yorum geliyor.

İhbarda tanıdık ifadeler

M. YILMAZ her ne kadar meçhul bir şahıs olsa da polise e-posta yoluyla gönderdiği ihbardaki üslubu kendisi hakkında bilgi sahibi olmamızı sağlıyor.

Bir kere ihbarda soyisimleri verirken büyük harfle yazıyor; ŞENER, YILDIZ, ERDOĞAN gibi. Bu soruşturma dosyasındaki adli yazışma kurallarıyla örtüşüyor.

İhbar metninde ayrıca şunlar yazıyor:

... Nedim Şener isimli şahsın iddia edilen Ergenekon terör örgütünün propaganda biriminde gizli görevli olduğu, (...) Açık Toplum Vakfı'nın organizesinde Binnaz TOPRAK ve Hakan ALTINAY grubu ile beraber çalışmalar yaptığı, şahsın asıl görevinin Ergenekon davasını destekleyen grupları yıpratma amaçlı çalışmalar yapması ve bu bağlamda savcılık ve emniyet birimleri arasında şantaj ve tehdit amaçlı oluşumları tamamladığı, bu birimin DİNK cinayetine benzer bir cinayet planladığı...

İhbarın içeriğinde de gerçek kimliğini ortaya koyan cümlelere yer veriyor, birçok saçma cümle yanında. Örneğin, Uzan operasyonunun Ergenekon değil AKP hükümetinin başarısı olduğunu duymayan yoktur. Ayrıca George Soros'un yönetiminde olan Açık Toplum Vakfı'nın Ergenekon faaliyeti içinde olmayacağını da herkes bilir.

Soros da Ergenekoncu mu?

İstanbul 14. Ağır Ceza Mahkemesi'nin, benim telefonlarım hakkında verdiği dinleme kararında ABD'li ünlü yatırımcı George Soros'un başında olduğu Açık Toplum Vakfı ve Türkiye'deki yöneticisi Hakan Altınay ile Pof. Dr. Binnaz Toprak'ın da adı geçince, *Hürriyet* yazarı Sedat Ergin çok ironik bir yazı kaleme aldı. Ergin'in 30 Eylül 2011 günü yayınlanan "George Soros Ergenekoncu mu Oldu?" başlıklı yazısı yaşanan trajikomik durumu çok iyi anlatıyordu:

> Gazeteci Nedim Şener'in 6 Mart tarihinde tutuklanmasına yol açan deliller arasında mahkeme izniyle altı ay süreyle dinlenen telefon konuşmalarının kayıtları da yer alıyor.
>
> Şener'in telefonlarının dinlenmeye alınması, İstanbul Emniyeti'ne 6 Mayıs 2009 tarihinde "M. Yılmaz" imzası ile elektronik posta olarak gönderilen bir ihbar mesajıyla tetiklenmiştir.
>
> Polisin bu ihbar mesajını Özel Yetkili Savcılığa aktarması ve ardından savcılığın başvurusu üzerine Özel Yetkili Mahkeme tarafından verilen dinleme kararı, Türkiye'deki yargı sisteminin bir vatandaş hakkında bir dinleme kararını nasıl alabildiğini göstermesi bakımından üzerinde durulması gereken özel bir örnek oluşturuyor.

Ergenekon'un gizli görevlisi

Şimdi Odatv iddianamesinin 21 numaralı ek klasörünün 110. sayfasında yer alan "iletişimin dinlenmesi kararı"nda, "Dinleme Talebinin Sebebi" bölümünü özet olarak okuyalım:

Nedim Şener isimli şahsın iddia edilen Ergenekon terör örgütünün propaganda biriminde gizli görevli olduğu, ticari alanda çalışan grupları tehdit amaçlı çalışmalar yaptığı, Uzan Grubu ile ilgili kendisine bilgi sızdırıldığı, Ergün POYRAZ ve Fuat TURGUT'un misyonunu üstlendiği, Açık Toplum Vakfı'nın organizesinde Binnaz TOPRAK ve Hakan ALTINAY grubu ile beraber çalışmalar yaptığı, şahsın asıl görevinin Ergenekon davasını destekleyen grupları yıpratma amaçlı çalışmalar yapması ve bu bağlamda savcılık ve emniyet birimleri arasında şantaj ve tehdit amaçlı oluşumları tamamladığı, bu birimin DİNK cinayetine benzer bir cinayet planladığı (...) şeklinde bilgiler elde edilmiş olup...

14. Ağır Ceza Hâkimi Yakup Hakan Günay, 22 Mayıs 2009 tarihli Savcılık talep yazısına aynı gün "üç ay süre ile" onay vermiştir. Üç ay sonra 22 Ağustos 2009 tarihinde bu kez 13. Ağır Ceza Mahkemesi Hâkimi Ömer Diken tarafından "telefon dinlemelerinin devamına ihtiyaç duyulduğu" gerekçesiyle 3 ay süreyle uzatma kararı verilmiştir.

Vakıf, mahalle baskısını araştırmıştı

Dava dosyasında Şener hakkındaki ihbar mektubunun tam metni de yer alıyor. Mektupta dikkat çeken, Uzan grubunun ticari olarak çöküşünün AK Parti'nin iktidar olmasından sonra hükümet ve TMSF'nin inisiyatifi değil, Ergenekon'un bir tertibi sonucu olduğunun ima edilmesidir.

İhbarda Şener'in İşçi Partili Ferit İlsever'den talimat aldığı da iddia ediliyor. Ancak dava dosyasındaki delillere baktığımızda bunu teyit eden bir bilgiye rastlamıyoruz.

Tutarlı gözükmeyen başka noktalara da dikkat çekilebilir. Ancak Savcılığın talebine resmen girmiş olan ve hâkimin de onay verdiği gerekçelerden biri olarak Açık Toplum Vakfı'na yapılan atıf özel bir önem taşıyor. Çünkü izin kararında, Nedim Şener üzerinden Ergenekon ile Açık Toplum Vakfı bir şekilde irtibatlandırılmış oluyor.

Burada adı geçen Hakan Altınay Açık Toplum Vakfı'nın Danışma Kurulu Başkanı. İlginç olan nokta, bu vakfın 2008 yılında, geçen 12 Haziran seçiminde CHP milletvekili seçilen Prof. Binnaz Toprak'a Anadolu'da "mahalle baskısı"nı irdeleyen "Türkiye'de Farklı Olmak-Din ve Muhafazakârlık Ekseninde Ötekileştirilenler" başlıklı bir rapor hazırlatmış olması. Bu projenin saha çalışmasında Nedim Şener de görev almıştı.

Karl Popper bu işe ne derdi?

Burada yine bir çelişkiyle karşılaşıyoruz. Ergenekon iddianamelerine bakıldığında, Açık Toplum Vakfı'nı ve onun finansörü durumunda olan George Soros'un bu davaların sanıklarının en önemli ideolojik hedeflerinden biri olduğunu görüyoruz. Ergenekon delilleri arasında sanıklarda ele geçirilen Açık Toplum'la ilgili şemalara, listelere rastlamak mümkün.

Ergenekon sanıklarının hedef olarak gördüğü Açık Toplum'un Ergenekon'un faaliyetlerine sponsor olması sorunlu gözüküyor. Açık Toplum Vakfı, özellikle AB'ye tam üyelik süreci içinde demokratikleşme sürecine katkı yapan pek çok önemli çalışmaya destek vermişti. Keza hükümete sıcak bakışıyla bilinen bir düşünce-araştırma kuruluşu olan TESEV'in de en önemli finansörlerinden biridir Açık Toplum Vakfı. Gelgelelim, geçenlerde açıklanan Odatv iddianamesinde, dinlemeye yol açan ihbar mektubunda ileri sürülen iddiaların aksine, Açık Toplum ile Ergenekon arasında ilişki bulunduğuna dair hiçbir tespit yer almıyor. İddianameye göre Nedim Şener yalnızca "gizli doküman hazırlama amaçlı olarak Ergenekon'a yardım etmekle" suçlanıyor.

Böyle de olsa "Açık Toplum" düşüncesinin, liberalizmin en önemli kuramcılarından biri olarak kabul edilen Karl Popper'ın bu süreç içinde mezarında ters döndüğünü düşünebiliriz.

Muhbir M. YILMAZ da polisi koruyor

Benim hakkımda polise ihbar yollayan M. YILMAZ'ın en önemli özelliği polisleri koruması. Ama onun korudukları sıradan polisler değil. Dink cinayetinde ihmali olduğu anlaşılan polisler. Bu korumayı da benim üzerimden yapıyor. Şöyle diyor M. YILMAZ ihbar e-postasında, zaten asıl derdi bu cümlelerde gizli:

... Hrant Dink davası üzerinden Emniyeti, Jandarmayı ve MİT'i hedefe koyarak Ergenekon'un gizli hedefine odaklandı.

Davanın devam etmesini (Ergenekon) engellemek birçok birimin yaptığı faaliyetler aslında Ergenekon'un propaganda ve dezenformasyon biriminin planladığı ve organize ettiği faaliyetler...

Gördünüz mü, bana dava açan polislerin mahkemede öne sürdüğü gerekçe olan ve Odatv operasyonu kapsamında tartışılan "Ergenekon operasyonunu yapan polisleri yıpratma" teması burada da işleniyor.

Hayır, kendimi bilmesem, ayrıca Dink cinayeti sanıkları ile Ergenekon sanıkları arasındaki irtibatı gösteren şemaları yayınladığım için halen Bakırköy 2. Asliye Ceza Mahkemesi'nde "Ergenekon soruşturmasında gizliliği ihlal" suçlamasıyla yargılanmıyor olsaydım ben de bu iddialara inanabilirdim.

Bir gazetecinin "yardım ve yataklık" ettiği örgütün şemalarını yayınlamaktan yargılanıyor olması da Türkiye hukukuna has bir çelişki ama neyse, bu konumuz değil.

M. YILMAZ e-ihbarın ilerleyen bölümünde yine aynı konuya dönüyor:

... Nedim'e verilen asıl görev Ergenekon davasını destekleyen kesimlere yönelik saldırı yürütmek. Davaya destek verdiğini düşündükleri görevlileri belirlediler. Polis ve savcılar ile ilgili şantaj ve tehdit amaçlı hazırlıklarını neredeyse tamamladılar.

Peki, bu kadar tehlikeli biriyim, hatta cinayet planlayan bir yapıyla bağlantılıyım, o zaman polis, savcı ve mahkemeler ne yaptı acaba? Kocaman bir HİÇ. Neden kocaman bir HİÇ olduğunu mahkemede yaptığım ve ileriki sayfalarda yer verdiğim savumamı okurken göreceksiniz. Peki, polis, savcı neden bu bilgileri veren muhbiri araştırmadı, neden benim dışımda kimsenin telefonunu dinlemedi?

Onların amacının da yalnızca bu olduğu açık: Benim telefonumu dinlemek.

Peki, kim bu M. YILMAZ? Bu araştırıldığında ve gerçek ortaya çıkarıldığında komplo da çözülmüş olacak.

Bakan kadar değerimiz yok

M. YILMAZ bu e-postayı 6 Mayıs 2009'da saat 10.39'da İstanbul Emniyeti Muhabere Elektronik Şube Müdürlüğü'ne göndermiş. İddianame eklerindeki 21 klasörde sayfa 107'de bulunan e-postanın gönderildiği bilgisayara ait IP numarası da "94.23.49.47" olarak belirtilmiş.

Tamam, Gümrük Bakanı Hayati Yazıcı'nın adını kullanarak YÖK Başkanı'na sahte torpil e-postası atan şahıs gibi 24 saat içinde bulunmasını beklemek abes olur biliyorum, ama polis M. YILMAZ'ı neden araştırmadı, şaşırıyorum.

Polis bu e-postayı gönderenin de peşine neden düşmedi, çünkü zaten yalan olduğunu biliyordu. Polisin ya da savcılığın derdi e-postayı götüreni değil, Nedim Şener'i takip etmekti. Amacına da ulaştılar zaten. Umarım bu şüphem gerçek olmaz.

Deniz Feneri sanıkları kadar eşitlik istemiyorum

Deniz Feneri e.V soruşturmasındaki tahliyeler hukuk ve adalet konusunda yeni bir tartışma açtı. Genellikle olayları kendi vicdanında tartarak konuşan Başbakan Yardımcısı Bülent Arınç "Deniz Feneri'ndeki tahliyeler diğer davalara da örnek olsun" dedi. Yani çok önemli bir kavrama, "eşitlik" kavramına dikkat çekti.

Sayın Arınç her ne kadar temennisini dile getirse de ben hiçbir zaman Deniz Feneri soruşturması sanıkları kadar kendimi "eşit" görmedim. Zahid Akman ve diğerleri hep bizim gibi gazetecilerden "daha eşitti".

Bildiğimiz ve görünen o ki, onların bu "daha eşit" hali varlığını hep koruyacak. Bize düşen haddimizi bilmektir. Tamam, Akman ve Deniz Feneri sanıklarıyla "eşit" olmayalım, ama insan yargılandığı davanın iddianamesindeki diğer sanıklarla eşit olmak istiyor doğrusu.

Odatv iddianamesinde iki tutuksuz sanık var: Mümtaz İdil ve İklim Ayfer Kaleli.

3 Mart tarihinde gözaltına alınıp savcılık sorgusunun ardından 5 Mart 2011 tarihinde serbest bırakıldılar. Diğer Odatv çalışanları ile ben ve Ahmet Şık da aynı dönemde gözaltına alındık; ama tutuklanıp önce Metris'e, sonra Silivri'ye gönderildik. Neredeyse sekiz ay soruşturmanın bitmesini, iddianamenin çıkmasını bekledik. Sonunda iddianame çıktı. Bir de ne göreyim; Mümtaz İdil ve İklim Ayfer Kaleli TCK 314/2, yani "silahlı terör örgütü üyesi" olmakla suçlanıyorlar. Gerçekten şaşırtıcıydı. Savcılık sorgusunun ardından mahkemeye bile çıkarılmayan insanlar örgüt üyesi diye sanık yapılmıştı.

Ben ve Ahmet Şık da "örgüt üyesi" diye tutuklandık. Ancak iddianame geldiğinde gördük ki suçlama TCK 314/2 değil, TCK 220/7 yani "örgüte üye olmakla birlikte yardım ve yataklık etmek".

Odatv çalışanı Mümtaz İdil'in ve Kaleli'nin hukuki durumu ile tutuklu olan Odatv çalışanlarının durumu arasında da hemen hemen hiç fark yok.

Yani Doğan Yurdakul da TCK 314/2'den suçlanıyor. Mümtaz İdil de, İklim Kaleli de 314/2 suçlanıyor. Sait Çakır ve Coşkun Musluk da...

Bana ve Ahmet Şık'a (tabii Hanefi Avcı ve Kaşif Kozinoğlu'na) yöneltilen suçlama ise TCK 220/7 yani "örgüte yardım".

Bu durumda elbette İdil ve Kaleli'nin de tutuklanması gerektiğini düşünmüyorum, bu zalimlik olur. Ama diğer 314/2'den yargılanacak olanların canı yok mu?

Ben ve Şık 220/7'den, yani daha hafif bir suçlamayla hâkim karşısına çıkmayı bekliyoruz. Hem de sekiz aydır. Mahkemeye çıkmamıza daha da bir ay var önümüzde.

Ama mahkemeler iddianame çıkmasına, deliller toplanmasına rağmen halen "Atılı suçun vasfı ve mahiyeti, delil durumu, kaçma şüphesi ve delilleri karartma İHTİMALİ" gerekçesiyle tahliye taleplerini reddediyor.

"Tam sekiz aydır Mümtaz İdil ve İklim Ayfer Kaleli delil karartmadı, kaçmadı; biz mi delil karartacak ve kaçacaktık?" diye soruyorum şimdi.

O yüzden Deniz Feneri sanıkları kadar değil, kendi yargılanacağımız davanın sanıkları kadar "eşitlik" yeter bana diyorum.

MİT'çi Kozinoğlu'nu virüs öldürdü

Odatv iddianamesindeki 14 sanığa baktığınızda Milli İstihbarat Teşkilatı (MİT) mensubu Kaşif Kozinoğlu tuhaf duruyordu. Ne o kimseyi tanıyor, ne de kimse onu. Hatta ben *Kod Adı Atilla* kitabımda, Alaattin Çakıcı ile garip ilişkilerini yazmıştım. Odatv'nin bilgisayarında "KOZ.doc" isimli bir word dokümanı çıkmış, buna dayanarak o da bizimle birlikte sanık olmuştu.

İddianameye göre, Soner isimli kullanıcı tarafından 04.08.2010 günü oluşturulduğu belirtilen "Koz.doc" isimli word dokümanında "Rusya ve Özbekistan'daki cemaat operasyonları hakkında Kozinoğlu'ndan gelen belgeleri mutlaka gündeme taşıyalım. Kozinoğlu'ndan gelen belgeleri de değerlendirelim" yazıyordu. Odatv bilgisayarında MİT'e ait olduğu iddia edilen Fethullah Gülen cemaatine ait dokümanların da çıktığı iddia ediliyordu.

Savcının iddiasına göre Kozinoğlu, bu belgeleri Odatv'ye vermiş ve Ergenekon örgütüne yardım etmişti. Oysa MİT'ten gelen bir yazıda, Odatv'de çıkan belgelerin MİT'e ait olduğu, ancak bunlara Kozinoğlu'nun ulaşmasının mümkün olmadığı belirtilmişti. Zaten Kozinoğlu da ne bir Odatv çalışanını ne de başka bir gazeteciyi tanıdığını söylemişti. Ama MİT'in yazısı da, herhangi bir delil bulunmayışı da savcının ve mahkemelerin gözünde bir anlam taşımıyordu. Gerçekten de dosyaya göre Kozinoğlu'nun Odatv'den herhangi biriyle ilişkisi yoktu.

Tutuklandığımız dosyada adı geçen tüm sanıklar ses veriyordu. Ben, Ahmet, basında haber oluyor, Odatv çalışanları kendi internet sitesinden seslerini duyuruyorlardı. Yalnız Hanefi Avcı ve Kaşif Kozinoğlu tam bir sessizliğe gömülmüştü. İşin aslı, ben de mahkemede onun nasıl bir savunma yapacağını merak ediyordum. Ama Kozinoğlu, 12 Kasım 2011 günü tutuklu kaldığı Silivri 1 No'lu Kapalı Cezaevi'nde hayatını kaybetti.

Tam da mahkemeye 10 gün kala bir MİT'çinin ölmesi önce akla suikastı getiriyor. 56 yaşında TSK'da Özel Kuvvetler Komutanlığı'nda görev yapmış, MİT'te de aktif bir yaşamın içinde bulunmuş Kozinoğlu, akşam spor yaptıktan sonra rahatsızlanmış ve bir saat içinde hastaneye yetiştirilemeden ambulansta hayatını kaybetmişti. Gerçekten içim çok acıdı haberi duyunca. Bir insanın savunma yapmadan cezaevinde ölmesi çok korkunç. Hayatını devlet hizmetinde geçiren Kozinoğlu, cezaevine "terör örgütüne yardım ve yataklık" eden biri olarak girdi ve öyle öldü. Kendini değil aklama, savunma fırsatı bile bulamadan.

Kaşif Kozinoğlu'nun ölümü hakkında çok değişik spekülasyonlar ortaya atıldı. İlk gün yapılan açıklamaya göre Kozinoğlu, ağır spor sonrası kalp krizi geçirdi. Koğuş arkadaşları tarafından gardiyanlar çağrıldı ve Kozinoğlu revire kaldırıldı. Bu arada ambulans geldi. Kozinoğlu ambulansta fenalaştı ve hastaneye götürüldü. Hastanede yapılan müdahaleye rağmen kurtarılamadı. Ama sonra Kozinoğlu'nun hastaneye geldiğinde ölmüş olduğu açıklandı. Yapılan kalp masajına rağmen hayata döndürülemediği söylendi.

Bir iddiaya göre Kozinoğlu, mahkemede itiraflarda bulunacaktı, o yüzden öldürüldü. Bunu özellikle *Zaman* ve *Bugün* gazeteleri dile getirdi. *Aksiyon* dergisi de Kozinoğlu'nun tahliller sonucunda anlaşılamayan bir maddeyle öldürüldüğünün anlaşıldığını iddia etti. Adli Tıp'ın raporu ise kalp damarlarında tıkanıklık olduğu, ilk bulguların kalp krizi ihtimali olduğu yönündeydi. Zehirlenip zehirlenmediğini anlamak için kan ve doku örnekleri alındı.

Ancak ister kalp krizi yüzünden ister suikastla hayatını kaybetmiş olsun onun gerçek ölüm sebebi benim gözümde hep "mbvd.exe" adlı bir virüs olarak kalacak. Çünkü onun öldüğü yer Silivri 1 No'lu Kapalı Cezaevi'ydi. Ve burada olmasının sebebi de "Koz.doc" adı taşıyan 17 kelimelik, iki satırlık bir word metnidir.

Yıldız Teknik Üniversitesi Bilgisayar Mühendisliği Bölümü'nde görevli öğretim üyesi Prof. Dr. Coşkun Sönmez ve araştırma görevlisi Dr. Göksel Biricik, Odatv'nin el koyduğu bilgisayar hard diski üzerinde yaptıkları incelemede "Koz.doc" isimli belgenin dışarıdan "mbvd.exe" olarak bilinen virüs aracılığıyla oluşturulduğunu raporlaştırdılar.

Akademik raporlar "virüs" diyor

Akademisyenlerin hazırladığı raporda, Odatv'nin bilgisayarının hard diskinde bulunduğu söylenen "000KITAP. docx", "Sabri

Uzun.doc", "Nedim.doc", "Hanefi.doc", "Koz.doc" adlı dosyaların yazılma tarihinin, disk üzerindeki yaratılma tarihinden eski olduğuna dikkat çekilerek "Bu durum, dosyanın kesinlikle incelenen bilgisayarda oluşturulmadığını, bir başka bilgisayarda hazırlandığını ve incelenen bilgisayarda hiç değiştirilmediğini göstermektedir. Dosyanın bilgisayara hangi kaynaktan nasıl geldiğiyse elde edilen verilerle kesin olarak söylenemez" dendi.

"Koz.doc" adlı silinen dosyanın bıraktığı alanda "mbvd.exe" olarak bilinen virüsün izlerine rastlandığı, bu virüsün bilgisayardaki dosyalar üzerinde işlem yapma, bilgisayara dosya kopyalama, dosya silme gibi işlemleri yapabildiği anlatıldı. "Nedim.doc" adlı dosyanın yaratılma ve son erişim tarihinin "Koz.doc" adlı dosyayla birebir aynı olduğu belirtilen raporda, şu ifade yer aldı:

Ancak bu iki dosyaya ait ve aynı olan tarih kayıtları, aynı klasörde silinmiş olarak bulunan başka dosya ve klasörlerle aynı değildir. Bu durum iki dosyanın aynı anda silindiğini göstermektedir. "Koz.doc" adlı dosyadaki virüs etkisi göz önüne alındığında, bu dosya üzerinde de virüsle işlem yapıldığı mütalaa edilmektedir.

"Hanefi.doc", "CHP.doc" adlı dosyaya, kullanıcının kontrolü ve işletim sistemi yöntemleri dışında bir yoldan erişildiğine işaret edilen raporda, "simon.doc"un da aralarında bulunduğu 13 dosyanın kaydına rastlanmadı. Bu dosyaların diskte kayıtlarının olmalarına karşın disk üzerinde silinmiş ya da silinmemiş olarak mevcut olmadıkları belirtilerek "Bu durumun normal kullanıcı davranışlarıyla oluşamayacağı, bulunan izlerin virüs kaynaklı bir işlemle yapılabileceği düşüncesindeyiz" dendi.

Dijiital bir doküman üst verilerinin, o dokümanın kime ait olduğunu kesinlikle ispatlamayacağı ifade edilen raporda, üst verilerin, casus programlarla değiştirilebilmeleri nedeniyle delil olarak yeterli olmadıkları vurgulandı.

Ya virüs iddiaları doğru ya da profesörler Ergenekoncu

Böyle tuhaf bir başlığı, dikkat çekmesi için attım. İçinde çok ciddi iddialar barındırıyor bu başlık. Nedendir bilinmez, 14 Şubat 2011 günü polisin Odatv'yi basmasından sonra el konulan bir bilgisayarın hard diskindeki o meşhur suçlama konusu olan dokümanların "bilgisayar korsanlığı" ya da "virüslü e-posta" ile dışarıdan konduğu iddiasını savcılık hiç araştırmadı. Oysa çok basitti. Bir uzman kuruluştan, TÜBİTAK ya da bir üniversitenin ilgili bölümünden bu dokümanlar hakkında inceleme yapmalarını isteyecekti. Savcılık bunu yapmadığı gibi yapma imkânı bulunan polise de bu yönde bir talimat vermedi. Odatv yöneticileri kendi imkânlarıyla Boğaziçi Üniversitesi Mühendislik Fakültesi'nden bir öğretim üyesine hard disk kayıtlarını gösteren kâğıt çıktıları üzerinden bir teknik bilirkişi raporu hazırlattı.

Yalnızca kâğıt üzerinden bile şüphe uyandıran bir durum vardı. Birçok word dosyasının oluşturulma, son kaydedilme tarihleri saat, dakika ve saniyesiyle aynıydı. Detaylı bir inceleme hard disk üzerinden yapılmalıydı. Ama ne olduysa tam bu inceleme başlayacakken savcılık Odatv'nin elindeki hard disklere el koydu. İnceleme şansı ortadan kalktı. Tabii beklenti bu incelemeyi savcılığın yapması yönündeydi. Ama tam sekiz ay sonra bu mümkün olacaktı. Bu da savcılığın değil, iddianame çıktıktan sonra mahkemenin izin vermesiyle mümkün olabildi. "Bunda kötü niyet yoksa da eksik soruşturma da mı yok?" diye soruyor insan kendisine...

Savcı, Odatv'nin Boğaziçi Üniversitesi'ne yaptırdığı rapor hakkında yine polise bir karşı rapor hazırlatmıştı. Yani elindeki hard diski inceletmek yerine Boğaziçi Üniversitesi'nin hazırladığı rapor hakkında rapor hazırlatmakla yetinmişti. Polisin o raporu 25 Ağustos 2011 tarihini taşıyordu. Savcı da 26 Ağustos 2011 günü iddianameyi bitiriyordu.

Suçlamaya dair en önemli delil sayılan dokümanlar iddianamede şöyle sıralanıyor:

1- Ulusal Medya 2010
2- Hocadan Notlar
3- Yalçın Hoca ile görüşüldü
4- Toplantı
5- Bilinçlendirme
6- Tertemiz
7- Soner Bey'den gelen
8- Kılıçdaroğlu'na destek zorunlu
9- Koz
10- Org mu
11- Hanefi
12- Nedim
13- Sabri Uzun

Bu başlık altındaki "word" dokümanlarının bir kısmı Odatv'nin bir bilgisayarının "silinmiş dosyalar" bölümünde, bir kısmı da Barış Pehlivan ile Müyesser Yıldız'ın bilgisayarında bulundu.

Önce Müyesser Uğur Yıldız, 21 Ekim 2011'de Ortadoğu Teknik Üniversitesi Mühendislik Fakültesi Bilgisayar Mühendisliği Bölümü'ne bir rapor hazırlattı. Prof. Dr. Göktürk Uçoluk ve araştırma görevlisi Gökdeniz Karadağ bir rapor hazırladı. Raporda, Yıldız'ın bilgisayarında bulunan "Ulusal Medya 2010" ve "Hanefi" isimli dokümanların söz konusu bilgisayarda hiç açılmadığına oluşturma tarihleriyle oynandığına ilişkin şüphelere yer verildi.

YTÜ virüsü buldu

Yıldız Teknik Üniversitesi de 16.12.2011 ve 23.12.2011 tarihinde iki ayrı rapor hazırlayarak Odatv bilgisayarındaki hard disklerde şüpheli virüslere rastlandığını tespit etti. YTÜ öğretim üyeleri Prof. Dr. Coşkun Sönmez ve Dr. Göksel Biricik tarafından hazırlanan 16.12.2011, 23.12. 2011 ve 06.01.2012 tarihli teknik raporlar virüslü olduğu tespit edilen belgeler şunlardı:

Dijital dokümanın ismi	Virüsün cinsi	Virüsün özelliği
Koz.doc	mbvd.exe	Bilgisayara dosya kopyalama, değiştirme ve silme.
Fabrikatör.doc	b00ijwpu.exe	Bilgisayara dosya kopyalama, değiştirme ve silme.
Ulusal Medya.doc	mbvd.exe	Bilgisayara dosya kopyalama, değiştirme ve silme.
TV Analiz Proje.doc	mbvd.exe	Bilgisayara dosya kopyalama, değiştirme ve silme.
Reosta Operasyonu.doc	9b9w3.exe	Bilgisayara dosya kopyalama, değiştirme ve silme.
Kadrolaşma Bilgi Notu (Ocxak 2004).doc	hjvjte.exe	Bilgisayara dosya kopyalama, değiştirme ve silme.
toplantı.doc	mbdm.exe	Bilgisayara dosya kopyalama, değiştirme ve silme.
teRTEmiz.doc	9b9w3.exe	Bilgisayara dosya kopyalama, değiştirme ve silme.
Bilinçlendirme.doc	b00ijwpu.exe	Bilgisayara dosya kopyalama, değiştirme ve silme.
Sn.komutanım.doc	9b9w3.exe	Bilgisayara dosya kopyalama, değiştirme ve silme.
Kılıçdaroğlu'na Destek Zorunlu	srgo.exe	Bilgisayara dosya kopyalama, değiştirme ve silme.

Yıldız Teknik Üniversitesi öğretim üyeleri olan Prof. Dr. Coşkun Sönmez ve Dr. Göksel Biricik tarafından hazırlanan 16 Aralık 2011 tarihli Bilirkişi Raporu'nda diğer dokümanların ise ".exe" uzantılı virüs tespit edilen dokümanlarla yaratıldığı ve son erişim tarihlerinin aynı olduğu, ancak bu iki dosyaya ait tarih kayıtlarının aynı olduğu aynı klasörde silinmiş olarak bulunan başka dosya ve klasörlerle ise farklı olduğu, bu durumun iki dosyanın aynı anda silindiğini gösterdiği belirtiliyordu.

Yine bir önceki dosyanın silinmesinde virüs etkisi olduğu göz önüne alındığında, bu dosya üzerinde de virüsle işlem yapıldığı mütalaa edilmişti. Değerlendirmelerin devamında son yazım tarihlerinin, dosyanın disk üzerindeki yaratılma tarihinden eski olduğu tespiti yapılarak bu durumun, dosyanın kesinlikle incelenen bilgisayarda oluşturulmadığı ve bir başka bilgisayarda hazırlandığını ve incelenen bilgisayarda hiç değiştirilmediğini gösterdiği vurgulanıyordu.

ABD'den şok rapor

Odatv sahipleri iddianamenin 5. sayfasındaki eleştiriyi dikkate alarak hard diskler üzerinde bir inceleme daha yaptırdı. İddianamede, Boğaziçi Üniversitesi'nin yaptığı teknik raporun hard disk üzerinden yapılmadığı, kullanılan "Active Undelete" adlı programın adli bilişim incelemelerinde geçerli olmadığı yazıyordu.

Odatv avukatları bu eksikliği gidermek için ABD'de FBI gibi kuruluşlara adli bilişim hizmeti veren ve uluslararası geçerliliği olan programlarla çalışan DataDevastation isimli şirkete bir rapor hazırlattı. İnceleme, baş tetkikçi Joshua Marpet tarafından yapıldı. 21 Aralık 2011 tarihli rapor son derece ilginç detaylar içeriyordu.

Rapora göre Odatv'nin söz konusu bilgisayarı dışarıdan "Trojen" ya da "Truva atı" denen yöntemlerle ele geçirilmişti. Uzmanı olmadığım bir konu olduğu için doğrudan rapordan alıntı yapacağım.

> Birçok kişisel bilgisayarda olduğu gibi, söz konusu sabit disk üzerinde çeşitli formatlarda birçok belge vardır. Bu belgeler çoğunlukla basit Microsoft Word belgeleri, e-postalar, Excel çalışma sayfaları, Adobe PDF dosyaları ve benzer türdeki belgelerdir. Ancak bunlardan bazıları adli açıdan ilginçtir.
>
> **Kötü amaçlı yazılımlar (KAY) listesi:**
> Bazı dosyalar, diğer araçlarla birlikte hex editörleri kullanılarak

incelenmiştir. Bu belgelerin birçoğunun üzerinde veya içinde virüs, Trojan ve diğer KAY çeşitleri vardır.

Çok fazla sayıda KAY sorunu tespit edilmiştir, diskte basit bir anti-virüs/anti-KAY taraması yapılması 4 saatten fazla sürmüştür. Bulunanlara dair bir örnek aşağıda gösterilmektedir. Bu bilgisayarda o kadar çok virüs, Trojan ve solucan bulunmuştur.

Bu liste trojanları, gizli kapı (backdoor) uygulamalarını ve virüsleri içermektedir. Esasen, bu çeşit KAY programları, hem makineyi kontrol etmek hem de makinenin bulaşan bu virüslerden hiçbir zaman başarılı bir şekilde temizlenememesini sağlayacak birden fazla erişim yolu vermeyi amaçlayan bir birim şeklinde tasarlanır. Diğer her şey temizlenmiş olsa bile sisteme yeniden virüs bulaştırabilecek korumalı bir solucanın ve genel amaçlı bir virüsün ve komut kabuğunun oluşturduğu gizleniş virüslerin kombinasyonunun bulunduğu bu bilgisayarın, uygulamada hiçbir zaman temizlenememesi, veya temizlenmesinin mümkün olamaması garanti edilmiştir.

Odatv makinesine el konmuş ve asıl sahiplerinin makineyi geri almasına izin verilmemiştir.

Ve ABD'li uzmanın vardığı sonuç:

DataDevastation'ın ve Baş Tetkikçi Joshua Marpet'in profesyonel görüşüne göre, söz konusu sabit diski barındıran Odatv bilgisayarı, bir yemleme veya hedefli yemleme saldırısı tarafından hedef alınmıştır. Bu saldırı, kandırma amaçlı e-posta adreslerine sahip 2 veya daha fazla e-posta ile gerçekleştirilmiştir. Bu e-postalarda hem PDF hem de SCR (ekran koruyucu) uzantılı dosyalar olan ekler bulunmaktadır. Bu dosyalar, yukarıda da gösterildiği gibi, envai çeşit KAY ile yüklüdür. Bunlar bir kez bulaştığında, bilgisayara yeniden virüs bulaştırabilmek için birden fazla gizlenmiş yollara sahip olduğundan, bilgisayar ve bilgisayar sahibinin bu virüsleri temizleme veya yok etme şansı çok düşüktür. Bir kez bu yolla virüs bulaştıktan sonra, artık bu bilgisayarın Odatv kullanıcılarının kontrolünde olamayacağı, ancak bu virüsün yaratıcısının/sahibinin kontrolü altında olacağı açıktır. Virüs yaratıcısının/sahibinin emri ile her şey değiştirilebileceği, yok edilebileceği, oluşturulabileceği, makineden kaldırılabileceği veya makineye konabileceği için, bu noktada makinenin üzerinde bulunan hiçbir şeye güvenilemez.

Bu kadar detayı niye verdim? Şimdi onun cevabını vereyim. Odatv iddianamesinde ve bizimle ilgili suçlamalarda Odatv'nin bir bilgisayarındaki word dokümanları büyük önem taşıyor. Eğer bu dokümanların sahtecilik yoluyla dışarıdan oluşturulduğu belirlenirse çok şey değişecek. Tersi durumda da cevaplanması gereken çok iddia ortada duracak.

Ancak ODTÜ, YTÜ profesörlerinin, ABD'li adli bilişim uzmanının hazırladığı raporlar çok ciddi şüpheyi gösteriyor. Eğer bu akademisyen ve uzmanlar "Ergenekon'a yardım etme amacı" taşımıyorlarsa raporların bilimsel gerçeklik taşıdığı gibi bir sonuç ortaya çıkacak. Eğer raporlar mahkemenin yaptıracağı raporla örtüşürse daha önce de yazdığım gibi bu "BÜYÜK KOMPLO"yu kimin kurduğunu ortaya çıkarmamız gerekecek.

Evet, daha sonra da ortaya çıkacaktı ki beni ve suçlanmamıza dayanak oluşturan word dokümanları hakkında Türkiye'nin en ciddi üniversitelerinden uzmanların virüs ya da bilgisayar korsanlığı iddialarını gündeme getiren raporları hiç de yabana atılır değil.

Elbette virüs ya da bilgisayar korsanlığı iddiası beni doğrudan değil, dolaylı olarak etkiliyor. Çünkü "Nedim.doc", "Hanefi. doc" ve "Sabri Uzun.doc" adlı dokümanların, ister gerçek olsunlar ister sahte, benimle bir ilgileri yoktu. Ne ben bu tür talimatlar aldım ne de uyguladım. Ben ne yaptığımı ya da yapmadığımı bilirim. Ama sözü edilen virüs ve bilgisayar korsanlığı iddiası ispatlanırsa o zaman şu büyük soru gündeme gelecek: BU BÜYÜK KOMPLOYU KİM KURDU?

Ama bu soru ve cevabını bulmak o kadar kolay değil. Buna karşın tekrar tekrar Kozinoğlu olayına dönersek, "gizemli MİT'çiyi" Odatv'nin bilgisayarına "mbvd.exe" isimli virüsle gönderilen "Koz.doc" isimli dosya öldürdü. En azından Yıldız Teknik Üniversitesi raporu böyle bir yorum getiriyor. Eğer o virüslü dosya Odatv'de olmasaydı Kozinoğlu Silivri'ye kapatılmazdı. O zaman doğal yollardan da olsa kalp krizi geçirdiğinde en azından erken müdahale şansı olurdu. Bir cumartesi akşamı stetoskop ve tansiyon aletinden başka bir tıbbi cihazın olmadığı cezaevi revirinde ölümü beklemememiş olurdu.

Gardiyandan muzip öneri: "Ben sizin yerinizde olsam burada kalp krizi geçirmem"

Kaşif Kozinoğlu'nun ölümünü 6-7 saat sonra CNNTürk'te saat 01.30'da geçen altyazıdan öğrendik. Ahmet'le televizyon izlerken "Kaşif Kozinoğlu öldü" diye altyazı geçince şok olduk. Hemen diğer kanallara baktık, ama hiçbir yerde bunu teyit edecek haber yoktu. Biz de yanlış haber dedik, ama bir süre sonra da net bilgiler yayınlanmaya başladı. Biz tabii "Adam kahırdan ölmüştür" falan dedik kalp krizi sözünü duyunca. Ama ertesi gün Adalet Bakanlığı "Ağır spor sonrası kalp krizi" deyince burada da dikkatler bizim üzerimizde toplandı. Özellikle Doğan Yurdakul kalp rahatsızlığı çekiyor ve günde 4-5 ilaç içiyor. Ona bir şey olacak diye endişeleniyoruz. Bana da "Spor yapma, bırak sporu" önerileri geliyor. Tabii biz cezaevindeki sağlık hizmetleri koşulları hakkında eleştirilerimizi infaz koruma memurlarına, başefendilere söylüyoruz. Ama onlarda da koşulların iyi olacağına dair umutları yok. Mesela tecrübeli bir memurla sohbet ederken "Kriz geçirsek kaç dakikada müdahale edebilirsiniz, doktora yetiştirirsiniz?" dediğimizde, "Ben sizin yerinizde olsam kalp krizi geçirmem" yanıtını aldık.

"Peki, bize ne önerirsin?" dediğimizde de "Valla yağlı yiyeceklerden kaçınırdım sizin yerinizde olsam" diyor, sanki verilen yemeklerin durumunu bilmezmiş gibi.

Beş yıllık bir memur ise "Ya lütfen kriz geçireceğiniz zaman haber verin, ben o gün nöbette olmayayım, sonra üzerimde kalır" deyip moral veriyor.

Tabii bunları söylerken kötü niyet taşımıyorlar. Cezaevindeki koşulların ne olursa olsun, kim ölürse ölsün değişeceğine dair umutlu olmadıklarını bu sözlerle anlatmaya çalışıyorlar.

Nasıl olsunlar ki? Biz ilk geldiğimizde doktor odasında bir tansiyon ölçme aleti, bir de stetoskop vardı. Kozinoğlu öldüğünde de aynı aletler vardı. Doktor saat 5'ten sonra yok. Düşünün, binden fazla insan var, ama gece gündüz bir doktor yok. Hafta sonu hiç yok. Hafta arası gündüz saatlerinde olan doktor ise muayeneye gitmemeniz için her türlü olumsuz davranışı sergiliyor. Daha önce bir doktorumuz vardı. O çok şefkatli yaklaştığı için yönetimle arası açıldı. Şimdi ise daha sert ve yüzünüze bakmadan "Neyin var?" diye soran bir doktor. Hangi ilacı istiyorsan yazdırıp gitmen için görevlendirilmiş biri. Yani doktora gitmek sağlık için iyi değil burada.

Kozinoğlu'nun ani ölümü cezaevini telaşlandırdı. Telaşlandırdı derken olağanüstü önlemlerin alındığı ya da ölüm riski bulunanların tahliyesine yönelik adımların atıldığı sanılmasın. Ahmet ile bana "Aman Doğan Bey'i gece siz kontrol edin, bize haber verirsiniz" dediler. Yalnızca tansiyon aleti ile stetoskop bulunan revire teknolojik cihazlar da alınmadı. Donanımda bir değişiklik olmadı. Onun yerine Doğan Bey gibi riskli hastaların günde iki kez tansiyonu ölçülmeye başlandı. Bir de Doğan Bey'e kendisine bir tansiyon aleti satın alması gerektiği söylendi. Cezaevi yönetimi alacak, Doğan Bey'in hesabından kesecek. Doğan Bey "Şimdi bana bir de 150 TL masraf çıkardılar" diye tepki gösterdi. Ancak bu "sözde" önlemler Doğan Bey'i rahatlatmıyordu. O da bana "Bir şey olursa yanlış müdahalede bulunmasınlar" diye tembihte bulundu.

Mesela Kozinoğlu'nun koğuş arkadaşı Atilla Uğur isimli eski bir subay da hastalanmış ve anjiyo olmak için hastaneye gönderilmiş. Doğan Bey bu haberi okuduktan sonra beni uyardı: "Aman beni hastaneye kaldırırlarsa sakın anjiyo yapmasınlar. Çünkü damardaki pıhtı anjiyo sırasında atarsa ölüme sebebiyet verir. Beni kaldırırlarsa söylemeyi unutmayın: Anjiyo yok."

Ben de "Doğan Abi öyle bir kargaşa anında bu aklımıza gelmez. Sen bana durumunu yaz. Ne yapıp ne yapılmayacağını gelen görevlilere bildiririz. Çünkü bu koğuş kapısının dışında bizim bir sözümüz olmaz."

Doğan Bey sağ olsun, haftada bir çıktığı bilgisayar hakkını kullanırken hastalığını ve kullandığı ilaçları, nelerin yapılıp nelerin yapılmayacağını yazıp "Müdahalede bulunmasınlar, yanlışlıkla adamı öldürür bunlar" diyerek bana verdi. Bir şey olursa gelen ekibe bu notu verecektim:

Doğan Yurdakul'un Sağlık Durumu

1985'ten beri hipertansiyon hastasıdır. 1988 yılında Almanya'nın Frankfurt kentinde bir enfarktüs geçirmiştir.

2006 yılı Ocak ayında İbni Sina Hastanesi'nde teşhis edilen periferik arter hastalığının özellikle bacaklarında yoğun tıkanıklık gösterdiği anlaşıldı. Aynı hastanede yapılan anjiyo sırasında atan bir emboli sol el işaretparmağının ucuna yerleşti, o parmak ucu kangren tehlikesine karşı kesilmek zorunda kaldı.

Aynı yıl Mayıs ayında fenalık geçirerek Güven Hastanesi'ne kaldırıldı. Akciğer enfarktüsü geçirdiği belirlenerek müdahale edildi. Oradan taburcu edildikten sonra Haziran ayında böbrek yetmezliği nedeniyle Başkent Hastanesi'ne yatırıldı. 10 seans diyalizle bu rahatsızlığı giderildi. Sonra aynı hastanede bir anjiyo daha yapıldı. Yüzde 90 tıkanmış olduğu saptanan şahdamarının açılması için karotis ameliyatı oldu. Bu ameliyattan sonra periferik arter hastalığının tedavisi için ömür boyu ilaç alması belirtildi.

Aynı yıl Ekim ayında ise Ankara'da Doktor Ahmet Görgül tarafından kalınbağırsağında ülseratif kolit hastalığı olduğu saptandı. İki yıl tedavi gördükten sonra hastalığın pasif hale geçtiği belirlenmekle birlikte ilaç tedavisine devam etmesi belirtildi.

Önemli not: Anjiyo olması emboli atması riski taşımaktadır. Ayrıca anjiyo için verilen opak ilaç böbreklerinde üre kreatin yükselmesine neden olarak yetersizlik yaratmaktadır.

Her gün aldığı raporlu ilaçlar: (Damar sertliği için): Plavix 75, Delix 5 mg, Monodur 60 mg, Cardura 4 mg, Diltiazem 60 mg.

Ülseratif kolit için: Salofalk 500 (günde 3 adet)

Yargı amma da hızlıymış, tabii AİHM de

Tutukluluğumun altı ayı dolduğunda Avukatım Prof. Dr. Köksal Bayraktar ve bürosunda çalışan meslektaşları, Avrupa İnsan Hakları Mahkemesi'ne (AİHM) başvuru için kolları sıvadılar. Temmuz ayında yapılan başvurum çok kısa süre içinde cevaplandı ve "öncelik verileceği" bildirildi. AİHM başvuruyu kabul edip etmeyeceğini normal şartlarda 3-3,5 yılda belirliyor. Bu sürenin sonunda başvuruyu kabul edilebilir ya da edilemez buluyor. Kabul edilirse Türkiye devletine dosya kapsamında sorular yöneltiyor. Bu ön inceleme daha önce belirtildiği gibi üç yılı aşıyor. Ancak AİHM, avukatlarımızın benim adıma yaptığı başvuruyu 3,5 ayda kabul etti. Ardından Ahmet Şık'ın başvurusunun da kabul edildiği haberi geldi.

Kasım ayının 21'inde ise AİHM Türkiye hükümetine beş soru gönderdi. "Kişi özgürlük hakkı", "ifade özgürlüğü ihlali" ve "işkence yasağı" maddelerine aykırılıktan kabul edilen dava kapsamında AİHM Türk hükümetinden şu soruları yanıtlamasını istedi:

1- Şener ve Şık'ın gözaltı koşulları ve tutuklanış şekli, Avrupa İnsan Hakları Sözleşmesi'nin ilgili maddelerine uyumlu mudur?

2- Halen tutuklu bulunan bu kişilerin bulundukları koşullar hakkında ayrıntılı bilgi verebilir misiniz?

3- Piyasada serbestçe satılan bir kitabı yazmak veya yazımına katkıda bulunmak ile bir terör örgütü üyesi olmak arasındaki bağlantı nedir?

4- Bu kitabın, bazı hükümet politikalarını eleştirmesi, davalıların suçlanmalarına katkı yapmış mıdır?

5- Kişilerin suçlandıkları kitaplar, Avrupa İnsan Hakları Sözleşmesi'nin ifade ve düşünce özgürlüğünü güvence altına alan 10. maddesiyle uyumlu mudur?

6- Nedim Şener'in sorgulanma şartları, "işkence ve kötü muamele"yi suç sayan Avrupa İnsan Hakları Sözleşmesi'nin 3. maddesiyle uyumlu mudur?

AİHM, Ankara'dan gelecek "savunma içerikli" cevap sonrası dava açıp açmamaya karar verecek. Davanın açılmasıyla ilgili karar çıkması halinde, Strasbourg'da tarafların katılacağı bir duruşmanın gerçekleşmesi bekleniyor.

AİHM'deki eski yargıcımız Rıza Türmen'in bu hızla ilerleyen sürece ilişkin görüşü, Türkiye'de 11 ay tek bir savunma yapamadan bizi hapiste tutan hukuka karşı evrensel hukuk kurallarının ne kadar hızlı yürüdüğünü gösteriyordu.

Türmen, soruların gönderilmesini "AİHM Türk hükümetine soru sorarak, Nedim Şener ve Ahmet Şık'ın dava istemine öncelik verdiğini bildirmiş oluyor. Normal olarak AİHM'de başvurular beş yılda sonuçlanırken, şimdi soru sorarak bu davayı en çok bir yıl içinde sonuçlandıracağını belirtmiş oluyor. AİHM, soruların yanıtlarını hukuk açısından zaten biliyor. Hükümete sorarak bir anlamda savunma istiyor. Bence AİHM, Şener ve Şık'tan yana tavır almış görünüyor" şeklinde yorumladı.

Evet, AİHM Türkiye Cumhuriyeti hükümetine 1 Şubat 2012 tarihine kadar süre verdi. Gönderilen cevaplar sonrası dava ele alınacak. Muhtemelen davayla ilgili sonuç bir yıl içinde çıkmış olacak.

Böylece ben de AİHM'de adalet arayan 16.800 kişi arasına katılmış oldum.

Hayatımın en güzel doğum günü hediyesini cezaevinde aldım

Biraz garip gelecek ama hayatımın en güzel doğum gününü Silivri'de cezaevinde kutladım. Öyle kalabalık bir parti, havalı bir pasta ve çeşit çeşit hediyelerden söz etmiyorum. Hatta bunların hiçbiri yoktu. Koğuşta ben, Doğan Yurdakul ve Ahmet Şık'tan başka kimse yoktu. Benim doğum günüm 28 Kasım. Oysa bu kez hediyemi bir gün sonra aldım. Meğer kızım bana sürpriz yapmak için Radyo D'de sabah program yapan arkadaşım Hakan Gündüz'ü telefonla aramış. Benim de dinlediğimi düşünerek radyo aracılığıyla yaş günümü kutlamış. Ben bu durumu 29 Kasım günü gazetelerde yayınlanan haberlerden öğrendim. Kızım Vecide Defne, Hakan'la konuşurken şunları söylemiş:

> Doğum günü kutlu olsun babamın. Ben onu çok özledim, tüm ailemiz onu çok özledi. 46'ncı yaşını doldurması çok güzel ama bizimle olsaydı daha mutlu olacaktık. Olsun yarın bir gün gelecek. Babama çok da "İyi ki doğdun baba" demek istemiyorum. Çünkü o burada yok, babam olmadığı için üzgünüm, kendimi kötü hissediyorum. Ben babamı çok seviyorum, eninde sonunda gelmesi lazım. Bizim bir şarkımız var. O şarkıyı bana hem annem hem babam söyler: "Sular akar yavrum büyür, nenni kuzum hemen yürür." Benim babam Sezen Aksu'yu çok seviyor. Babamın morale çok ihtiyacı var. Bunun için Sezen Aksu'nun "Yandık Desene" isimli neşeli şarkısını istiyorum. Baba seni çok seviyorum. Doğum günün kutlu olsun.

Kızımı radyodan dinleyen Yılmaz Özdil ise 29 Kasım'da "Nedimcim İyi ki Doğdun Kardeşim" başlıklı bir yazı yazdı. Ama ne yazı. Tüm hayatımı bir köşe yazısında özetlemişti. 29 Kasım günü kızımın sesinden gazeteye yansıyan haberler ve kızımın sesi üze-

Kızımla fotoğraf çektirirken duvardaki resimler bize eşlik ediyordu.

rine Yılmaz Özdil'in yazdığı o yazı, 2011 yılı 28 Kasımı'nı hayatımın en güzel doğum günü haline getirdi.

İşte Özdil'in benim 45 yıllık hayatımı özetleyiveren köşe yazısı:

Dün, 28 Kasım'dı.
Değerli arkadaşım...
Nedim'in doğum günü.

* * *

1966'da işçi ailesinin evladı olarak gurbette, Almanya'da dünyaya geldi. Bolu Mengen'de, anadan-babadan uzak, anneannesinin yanında büyüdü, okumak için İstanbul'a teyzesinin yanına geldi. Hep tek başınaydı. Taa ki Vecide'yle tanışana kadar... Evlendi, baba oldu.

* * *

Kızına, eşinin ismini koymak istedi. Vecide ise, ender görülen, söylemesi hayli güç isminden çok çekmişti; Vecihe, Macide gibi isimlerle karıştırılıyordu, kızımızın ismini Defne koyalım dedi. Nedim öyle düşünmüyordu... Hayatını anlamlı kılan Vecide sayısını artırmak istiyordu. Eşinin de gönlünü kırmadı, kızına Vecide Defne ismini koydu.

* * *

Fotoğraf çektirmeyi birbirimize sarılma imkânı verdiği için seviyordum.

Dünya bi yana...
Vecideler bi yanaydı.
İşiyle evi arasındaki raylarda yaşayan, tren gibi adamdı... Tek istasyonu yuvasıydı. Kendi çocukluğunda hasret yaşayan, kendi çocuğuna asla hasret yaşatmak istemeyen bi babaydı.

* * *

Gel gör ki, 19 Eylül.
Kızının doğum günü.
İlk kez ayrıydı.
Anne Vecide, her gün olduğu gibi, okula gitti, minik Vecide'yi aldı, evine döndü ki, sürpriz... Nedimciğim, kendisini ziyarete gelen arkadaşlarıyla çoktan doğum günü partisi organize etmişti. Çikolatalı pasta, üstünde not, "Seni seviyorum kızım, nice senelere..."

* * *

Dilek tuttu Vecide.
Üfledi mumlarını.

İlk kez yanında olamayan babasının hediyesi bebeğe sarılarak uyuyor her gece.

* * *

10 Ekim...
Evlilik yıldönümü.
Gene ilk kez ayrıydılar.

Eşi Vecide açık görüşe gitti, karşılıklı oturdular, merhabadan bile önce, Nedim elini cebine attı, kırmızı bi kutucuk çıkardı, ki, sürpriz... "Nice senelere aşkım" dedi; minicik tek taş yüzüktü.

* * *

Çünkü...
Avukatlarından rica etmiş, avukatlar Vecide'ye sezdirmeden enişteye telefon etmiş, enişte siparişi almış, Vecide'ye çaktırmadan babasına vermiş, kayınpeder o günkü açık görüşe katılmak için illa ısrarcı olmuş, kızıyla beraber Silivri'ye gelmiş, beklerlerken, kayınpeder bi ara gözden kaybolup, cezaevi görevlileriyle konuşmuş, kutucuğu aktarmış, vicdan sahibi görevliler de açık görüşe çıkmadan önce emaneti Nedim'e teslim etmişti.

* * *

Kızına, eşine, sevgili...
Organize suç işlemişti!

* * *

Ve dün.
Gene ilk'ti, gene ilk kez ayrıydılar.

* * *

İşe geliyorum, Radyo D açık, Hakan Gündüz'ü dinliyorum. Pat diye minik bi kız aradı, ben Vecide dedi, babamın doğum günü, şarkı göndermek istiyorum.
Hangisi? Nedim'in dinleme imkânı oldu mu bilmiyorum ama, Sezen Aksu'dan şunu hediye etti 8 yaşındaki Vecide...

* * *

Oooo yandık desene
Tam topun ağzına...
Durduk desene

52 santim (gazete sayfasının boyu) bir insanın hayatının özetine yetiyordu bazen...

Sevdiğinin ölümünü cezaevinde öğrenmek

İyi günü de kötü günü de artık cezaevinde yaşıyorduk. Koğuşumuzdaki televizyon bizi yalnız yaşama değil, ölüme de bağlıyordu. Örneğin, *Milliyet* gazetesinden Yalçın Çınar Ağabey'in ve yine *Milliyet*'te beraber çalıştığım ve daha sonra NTV ve *Vatan* gazetesinde görev yapan Hikmet Bilâ Ağabeyimin vefatlarını televizyonda öğrenmiş, cenaze törenlerini koğuşumda izleyip üzülmüştüm. Ancak 15 Eylül günü yaşadığımız, benzer ama derin bir acıydı. Koğuş arkadaşımız Doğan Yurdakul'un eşi Güngör Yurdakul vefat etmişti.

Tutuklandığımız günden beri Doğan Ağabey'in anlattığı tek şey eşinin sağlık durumuydu. Kendisi birçok hastalıkla boğuşuyor, gün içinde bir avuç hap yutuyordu. Ama Doğan Bey'in tek derdi Güngör Yurdakul'un hastalığıydı. Güngör Hanım uzun süredir kanser tedavisi görüyordu. Doğan Bey'in elinden başka bir şey gelmiyordu. Mektuplarla moral vermeye çalışıyordu. Haftada bir 10 dakikalık telefon görüşmesiyle de birbirlerine dayanışma mesajları veriyorlardı.

Ama kaçınılmaz son 15 Eylül günü yaşandı. Ve Doğan Bey eşinin vefatını Ayşenur Arslan'ın CNNTürk'te yayınlanan "Medya Mahallesi" programından canlı yayında öğrendi. Güngör Yurdakul'a 2001 yılında kanser teşhisi konmuş. Doğan Bey o tarihte "Ne olur beraber 10 yıl daha yaşayalım" diye dua ediyor. Gerçekten de 10 yıl sonra 2011 yılında Güngör Hanım vefat etti.

Eşinin son nefesinde yanında olamamak Doğan Bey'i çok sarsmıştı. Ama o her şeye hazırdı. Hatta vefatından iki hafta önce 10 dakikalık telefon konuşmasında eşiyle vedalaşmıştı bile. Doğan Bey eşine "Hastaydın, zor günler geçiriyordun. Ben cezaevindeyim, yanında olamadım, kırgın mısın?" diye sorunca Güngör Hanım, o zayıflamış ve hastalığın tüm gücünü aldığı bedenin aksine ruhunun tüm gücüyle "Hayır Doğan, benim bu en zor hallerimi görmeni istemezdim. Sana kırgın değilim. Beni hep iyi günlerimizdeki gibi hatırla" cevabını vermişti.

Aslında Doğan Bey mevzuat izin vermediği için eşinin son nefesinde yanında olamamıştı. Soner Yalçın, kamuoyuna bir mektup yazmış, "Doğan Ağabey son bir defa eşinin yanına gitsin, vedalaşsın. Merhamet edin" çağrısında bulunmuştu. Doğan Bey ise "Adalet Bakanı'ndan bir talebim yok. Merhamet değil, adalet istiyorum" diyerek vefat halinde cenazeye katılmak şeklinde yasal hakkını kullanmak istediğini yazmıştı.

Ancak tüm iyi niyetli çabalara rağmen Doğan Bey'in eşiyle son nefesinde buluşması sağlanamamıştı. Adalet Bakanlığı ile Doğan Bey'in avukatları arasında ilginç bir olay yaşanmıştı. Madem "mevzuat" Doğan Bey'in cezaevinden çıkıp eşini ziyarete izin vermiyordu, o zaman eşi Doğan Bey'in olduğu yere getirilebilirdi. Buna göre, Güngör Hanım o hasta haliyle İstanbul'a getirilip şehir içinde bir hastaneye yatırılacak, Doğan Bey de önce revire çıkarılarak, Güngör Hanım'ın yatacağı hastaneye sevki sağlanacaktı. Böylece Doğan Bey sevk edildiği o hastanede eşiyle vedalaşacaktı. Ama Doğan Bey bu öneriyi duyar duymaz reddetmişti. Zaten son zamanlarını yaşayan ve komada olan Güngör Hanım'ın böyle bir eziyete maruz kalmasını istememişti. Sürekli "Biz zaten son vedamızı yaptık" diyordu.

Bize de bütün bu olay sırasında Doğan Bey'in yanında olmak düşüyordu. Bir de bu olayın yarattığı acıyı yaşamak. Gözümüzün önünde bir insanın yıllarını paylaştığı eşinin vefatını ondan uzakta, cezaevinde, hem de haksız yere tutukluyken öğrenmesi eminim günün birinde hukuksuzluğumuzun tarihinde yerini alacaktır. Ergenekon davası üzerinden siyasi hesaplarını görenler, Güngör Hanım ile Doğan Bey'in hiç hak etmedikleri böyle bir ayrılığın sorumluluğu altında kalacaklardır.

Doğan Bey hayatta her şeye hazır insanlardan. İlk eşiyle de cezaevinde evlenmiş, ikinci eşinin de vefatını cezaevinde öğrendi. Ondaki metanet ve sabır bize örnek olacak cinstendi. Ama onun metaneti ve sabrı mutlaka birilerinin utancı olacaktır gelecekte.

Doğan Bey'den eşine son veda

Şimdi Doğan Bey'in eşine ve kamuoyuna yazdığı mektubunu paylaşmak istiyorum. Güngör Hanım'ın hatırasına.

Huzur içinde yatın Güngör Hanım.

Silivri'deki hücremde dün gece yansı saat 03.00'te göğsümün üstünde bir ağrıyla uyandım. Kalktım, elimi yüzümü yıkayıp bir dilaltı ilacı aldım. Biraz ferahladıktan sonra içeriden, "ortak yaşam alanımızdan" Ahmet'in (Şık) tıkırtılarının geldiğini duydum. Ahmet genellikle geç yatar, ama birkaç gündür iddianame üzerinde çalıştığı için iyice geç yatıyor. Bir an yanına gitsem mi diye düşündüm, sonra vazgeçtim. Zaten Ahmet'le Nedim (Şener) her gece bana bir şey olur mu diye diken üstünde yatıyorlar, ortalığı velveleye vermenin gereği yok deyip yattım, uyumuşum.

Sabah Nedim ilaç yazdırmak için doktora çıkmıştı. Ahmet kalktı, saat 11'de CNNTürk'te "Medya Mahallesi" programını açtık. Ayşenur Arslan acı haberi verdi: "Odatv davası sanıklarından Doğan Yurdakul'un eşi Güngör Yurdakul hayatını kaybetti..."

Ahmet hemen elini omzuma attı, "Başın sağ olsun" dedikten hemen sonra "Abi iyi misin?" diye sordu. Dokuz gündür acı içinde bu haberi bekliyorum, kendimi oldukça hazırlamışım, ne kadar iyi olunursa o kadar iyiyim. Bunu söyleyebildim ilk taziyeyi aldığım sevgili koğuş arkadaşıma.

O sırada televizyondan geçen altyazı eşimin gece yarısı 02.50'de hayatını kaybettiğini bildiriyordu. Ahmet'e gece o saatte kalp ağrısıyla uyandığımı söyledim. "Seni duydum ama, sonra yattın, o yüzden merak etmedim" dedi.

Hapiste olan insan, eşinin ölüm haberini bile yarım gün sonra alabiliyor...

* * *

Altı buçuk aydır tutuklu bulunduğum Silivri'de bir yandan yoğun bir sözlük çalışması içindeyken, bir yandan da yavaş yavaş anılarımı yazmaya başlamıştım.

Meğer o anıları yazmaya yaşantımın başından değil sonundan başlayacakmışım.

3 Mart 2011 Perşembe günü sabah saat 7.00'de polisleri karşımda gördüğümde ilk düşündüğüm şey Güngör'ün hastalığı oldu. Aralık ayında son bir ameliyat daha olmuştu ve kemoterapi tedavisi görüyordu. Ama vücudu tedaviye yanıt vermiyordu, melun hastalık yayılmaya başlamıştı ve biz bunu ona söylemiyor, güç ve moral veriyorduk. Hani filmi geri sarmak derler ya, polisler bana içinde "Ergenekon soruşturması" sözünün de geçtiği gözaltı evrakımı okurlarken ben filmi ileri sarıyordum. Böyle gidenlerin hiçbirinin kolay kolay ge-

ri dönmediğini biliyordum ve eşimi ben Silivri'deyken kaybedeceğimi anlamıştım.

Tutuklandıktan sonra onu ilk ve son kez nisan ayı başındaki açık görüşte gördüm. Görüşe gelirken (kemoterapi yüzünden saçları döküldüğünden kullandığı) peruğun firketeleri ve sutyenindeki metalin sinyal vermesi yüzünden çok eziyet görmüştü. Zaten oğlunun koluna tutunarak zor yürüyordu. Bu zulmü tekrar çekmemesi için bir daha gelmemesini rica ettim. Zaten o görüşten sonra yürüyemez oldu, kanser kemik metastazı yapmıştı, hastaneye yattı. Sonra da durumu hep kötüye gitti.

Kaçınılmaz sona gidişimizi cezaevinden adım adım izledim. Güngör bu acı dolu süreci müthiş bir dirençle göğüsledi. Mektuplarında ve telefonlarda hep bana moral vermeye çalıştı. Çok sancılar çektiği halde durumunu hep bana olduğundan iyi göstermeye çalıştı.

5 Eylül'deki son veda görüşmemizde bile aynı tutum içindeydi. Ona bacakları için yapılan fizik tedaviye önem vermesini söylediğimde "Merak etme, ayakta durmaya, hatta adım atmaya başladım" dedi, hâlâ beni kandırmaya çalışıyordu. Oysa ben artık sona yaklaştığımızın haberini almıştım. Zaten ertesi gün gelen avukatlarım komaya girdiğini haber verdiler. Tam dokuz gün serumla beslenerek uyudu. O dokuz günü cezaevinde nasıl geçirdiğimi anlatmam mümkün değil. Koğuş arkadaşlarımın da, benim de bu konuyu hiç açmamaya gayret ettiğimiz bir dokuz gün. Koğuşun demir kapısının veya üstündeki göz deliğinin gümbürtüyle her açılışında sıçrayarak yerinden kalktığın, her avukata çağrılışında dilaltı kalp ilacı aldığın, haber kanallarında sürekli altyazıları yürek heyecanıyla takip ettiğin bir dokuz gün. Bir telefon görüşmemizde Güngör'e anılarımı yazmaya başladığımı söylediğimde "Asıl birlikte bizim hikâyemizi yazmalıyız" demişti, "Öyleyse sen hemen yazmaya başla" demiştim. Şimdi ona böyle bir borcum var. Bu veda mektubumla ona borcumu ödemeye başlıyorum, ama yaşamın bana yaptığına bakın ki, o hikâyeyi yazmaya sonundan başlamak zorundayım.

Saat 12.00'de Silivri cezaevlerinden sorumlu savcısı koğuşa geldi ve 16. Ağır Ceza Mahkemesi'nin cenazeye gitme talebimizi kabul ettiğini bildirdi.

Bu acı olay, ülkedeki tutukluluk koşullarının insanileştirilmesi konusunda bir düzelmeye yol açarsa, bunu Güngör'ün o yiğitçe direnişinin bir ödülü sayacağım.

Acımızı paylaşan herkese, o her satırı içime işleyen yazılar yazan tüm meslektaşlarıma sonsuz teşekkürlerimi sunarım.

Huzur içinde yat canım sevgilim.

Bize "terörist" diyen devlet, gardiyanları bile ikna edemedi

3 Mart 2011 günü gözaltına alındığımızda PEN Genel Sekreteri Sabri Kuşkonmaz Silivri Cezaevi'nde tutuklu bir gazeteciyi ziyaret ediyordu. Biz daha Emniyet'in nezarethanesinde gün saymadan Sabri Kuşkonmaz o gün cezaevi çıkışında arkadaşı Avukat Ayhan Erdoğan'dan bir telefon alır. "Sabri oradan ayrılma, bekle Nedim Şener de geliyor" der. Aralarında gülüşürler. Ama bu şaka 7 Mart günü gerçek oldu ve ben de Silivri'deki 13 aylık tutukluluğuma başlamış oldum.

Sabri Kuşkonmaz; Silivri'de iki haftalık tutukluyken ziyaretimize gelerek bize PEN Yazarlar Birliği üyeliği teklif etti. Ve bana PEN Yazarlar Birliği Üyesi olduğuma dair bir kimlik hazırladı. Devlet ise Silivri Cezaevi'ne girdiğimizde bize birer pembe kart vermişti. Üzerinde kimlik bilgilerimizle birlikte hangi suçtan içerde olduğumuz gösteren. Kartlarda "Silahlı Terör Örgütü Üyesi" yazıyordu.

Ancak buna, bizimle ilgilenen cezaevi yöneticileri ile infaz koruma memurları bile inanmıyordu. Memurlar yaşanan tartışmalardan etkileniyor, çoğu da "Sizinle ilgili yazıları internetten okudum. Sahi siz buraya niye geldiniz anlamadım" diyordu.

Hatta biri "Valla ben de devlet görevlisiyim, ama sizin burada olmanızdan devlet adına utanıyorum" dedi.

Görevli bize gardiyanlık yapmaktan utanıyordu adeta. O yüzden onlarla orada arkadaşlık yaptık. Kendilerinin, yakınlarının sorunlarını, dertlerini, umutlarını, üzüntülerini, hayal kırıklıklarını dinledik. Dertleştik.

Eğer insanın gardiyanı onun suçlu olduğuna inanmıyorsa cezaevinde yaşam yarı yarıya kolaylaşıyor. Yani bize terörist diyen devlet gardiyanları bile ikna edememişti aslında.

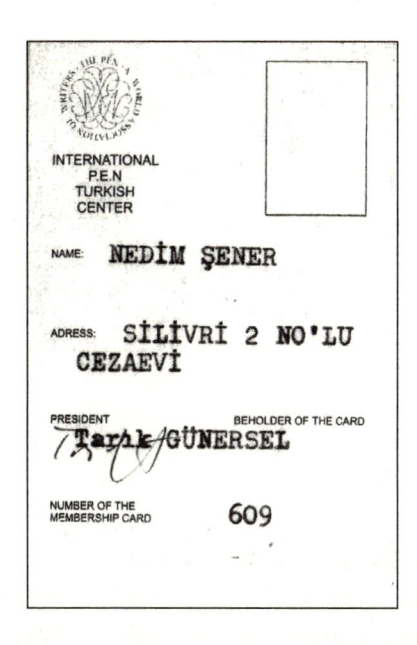

```
INTERNATIONAL
    P.E.N
   TURKISH
   CENTER

NAME:  NEDİM ŞENER

ADRESS:  SİLİVRİ 2 NO'LU
         CEZAEVİ

PRESIDENT        BEHOLDER OF THE CARD
  Tarık GÜNERSEL

NUMBER OF THE         609
MEMBERSHIP CARD
```

Cezaevinde PEN Yazarlar Birliği Üyesi oldum

İkna olmayan, hatta karşı çıkanlar arasında merkezi Londra'da bulunan Uluslararası PEN de vardı. Uluslararası PEN Kulüpleri Federasyonu Türkiye Merkezi aldığı karar doğrultusunda Ahmet Şık ile benim üye olmamızı teklif etti. Bu amaçla Avukat Sabri Kuşkonmaz bizi cezaevinde ziyaret etti. Hem uluslararası PEN hem de Türkiye PEN'in desteğini bildirdi ve bizi üye yapacaklarını söyledi. "Kısmet bugüneymiş, dışarıda böyle bir şey aklımıza gelmedi, ama şimdi gündem geldi. Ama siz bizim neyle yargılanacağımızı biliyorsunuz değil mi?" diye sordum.

Sabri Bey "Biz hepsini biliyoruz, iddiaların boş olduğunu da görüyoruz. Siz terörist değil, yazarsınız, o yüzden PEN size üyelik teklif ediyor" dedi.

Kısa süre üzerinde adım, adres olarak Silivri 2 No'lu Cezaevi yazan, International PEN Turkish Center damgalı ve Başkan Tarık Günersel imzalı 609 numaralı üyelik kartım elime geldi. Böylece 1950'de Halide Edip Adıvar'ın girişimiyle yazarların dayanışması amacıyla kurulan Türkiye PEN'in üyeleri arasında yer almış oldum. Uluslararası PEN 1921 yılında Londra'da kurulmuş, dünya genelinde 102 ülkede 145 merkezi olan yazarların düşünce ve ifade özgürlüğü için mücadele eden bir örgüt. Bu örgüte her siyasi görüşten yazar kabul ediliyor. Sadece muhalefet etme hakkını reddeden yazarlar üye olamıyor.

"Nedim Amca, herkes bu devletten korkuyor"

Yaşadıklarımız ifade ve düşünce özgürlüğü tartışmaları yanında otoriterlik endişelerini de beraberinde getirmişti. Avrupa İnsan Hakları Mahkemesi'nin (AİHM) beş yıl başkanlığını yapan Jean Paul Costa, 2011 yılı Aralık ayı ortasında görüştüğü gazeteci Can Dündar'a, Türkiye'nin durumunu şu genel ilkeyi hatırlatarak özetliyordu: "Bütün otoriter rejimler, ifade özgürlüğünü kısıtlayarak işe başlar."

Başbakan başta olmak üzere hükümet üyelerinin "Hapiste olan gazeteciler gazetecilik faaliyetinden dolayı tutuklu değil" sözlerine kendilerinden başka inanan yok. Zaten ifade, düşünce ve basın özgürlüğü sicili bozuk olan Rusya, Çin, İran gibi ülkelerin yöneticileri de gazetecilerin yazdıkları nedeniyle hapiste olmadıklarını söylüyorlar. O ülkelerin liderlerine göre dünyanın en özgür basını kendi ülkelerinde. Hapisteki gazeteciler ise ya "terörist", ya "casus" ya da "örgüt üyesi" oldukları için oradalar. Bazı ülkelerde de hele bir ya da birkaç tane maddi çıkar, cinsel suç ya da cinayet ve yaralama gibi suçlardan hapse girmiş olan varsa siyasetçi kendisine yönelen otoriterlik iddiasını bunları örnek göstererek savuşturuyor. Başbakan Erdoğan'ın 26 Ocak günü yaptığı bir konuşmada olduğu gibi.

Gazetecilere Özgürlük Platformu'nun (GÖP) verilerine göre şu an 97 gazeteci hapiste. Ve bu listede silahla polis öldüren biri de yer alıyor. Ancak o kişi de gazetecilik mesleği yaptığı için listeye alınmış. İddia doğruysa son derece yanlış. Bu kişinin veya buna benzer adli suçlar işlemiş kişilerin gazetecilerle ayrımının iyi yapılması lazım. Bu ayrım maalesef yapılmadığı için de "otoriter" suçlaması altında kalan Başbakan da 97 kişilik listeden o berbat örneği seçip kendisini savunmaya çalışıyor. Ne polis şehit edenin ne de küçük yaşta kız çocuğuna cinsel tacizde bulunan H. Ü. gibi kişilerin bu tür listelerde yer almaması gerekir.

Neyse biz yine dönelim ifade özgürlüğü ve otoriterlik meselesine.

AİHM eski Başkanı Costa'nın dediği gibi: "Bütün otoriter rejimler, ifade özgürlüğünü kısıtlayarak işe başlar." Kesinlikle doğru, toplumun bilgi alma hakkı ve farklı düşüncelerin ifade edilebilmesi yalnız özgür bir basın sayesinde olur.

Ama amacınız toplumdaki farklı düşüncelerin seslendirilmesini, eleştiri yapılmasını önlemekse ilk yapmanız gereken basını susturmak, gazetecileri de hapse atmaktır. Böylece yalnız muhalif sesleri susturmuş olmazsınız, aynı zamanda toplumda korku iklimini de yaratmış olursunuz. Korku iklimi de otoriterinizin yerleşmesi için en uygun zemindir. Bu konuda rakamlar, listeler ve raporlar ile yazılardan bahsedeceğim, ama bu durumu şimdi aktaracağım iki mektuptan daha iyi anlatan örnek olacağını sanmıyorum.

Birinci mektup yılbaşında geldi. Yalnızca adını yazan ilkokul ikinci sınıf öğrencisi bir çocuk "Sizin suçsuz olduğunuzu herkes biliyor, herkes bu devletten korkuyor" diye yazıyordu. Yalnız bu çocuk değil, gözaltına alındığımda, gazetemizin şoförlerinin cep telefonlarının rehberlerinden benim telefon numaramı silmiş olmaları toplumda nasıl bir korku iklimi olduğunu gösteriyordu.

"Mektup yazma amca, seni Ergenekoncu zannederler"

Bu korkuyu gösteren ikinci mektup ise Hanefi Avcı'ya Edirne'den 13.11.2011 günü yollanmış. Mektubu, duruşma sırasında Hanefi Avcı'dan aldım. Tam metin olarak veriyorum, ne demek istediğini siz de anlayacaksınız:

Sayın Müdürüm
Sözlerime başlamadan önce sizlere geçmiş olsun. Ben Edirne .....
İlkokul Aile Birliği Başkanı ...... size sevgi ve şükranlarımı sunarım.
Okulum ve öğrencilerim verdiğiniz destek ve katkılarınızdan dolayı sizleri unutmuş değiliz. Şu an hapiste olmanız bizi üzmektedir...
Büyük bir özveri ile gerçekleştirdiğiniz Sarayspor projesi amacında ilerliyor. Gerçekten boşta kalan başıboş gezen çocuk sayısı çok azaldı...
Bizim Sarayspor'un en küçük sporcusu 4. sınıfa giden İ... K... bana demişti ki; "İ... amca Hanefi Bey'e telefon et veya Eskişehir'e bizi gezmeye alsın!"

İlk günlerde televizyonda tutuklanıp hapse girdiğini öğrenince bizim küçük İ...'nin ağladığını gördüm. Bana "Ona mektup yaz" dedi. Çocuklardan biri de "Yazma İ... amca seni de Ergenekoncu zannederler seni de hapse atarlar" dedi. ...... sevgi ve saygılarımı sunarım.
İ. Ş.

İnsanlar gazetecilerin hoyratça, delile dayanmadan keyfi bir şekilde hapse atıldığını görünce böyle korkuya kapılmakta haklı. Durumu, bu iki mektuptan daha iyi özetleyecek şey var mı bilmiyorum. Eğer Terörle Mücadele Kanunu'nda terör, cebir ve şiddet kullanarak; baskı, korkutma, yıldırma, sindirme veya tehdit yöntemlerinin biriyle ...... temel hak ve hürriyetleri yok etmek şeklinde tanımlanıyorsa, eğer terör Türk Dil Kurumu sözlüğünde, yıldırma, korkutma gibi fiilleri içeriyorsa bu iki çocuk resmen terörün etkisi altındalar. Türkiye'nin büyük bölümü gibi herkesin telefonunun dinlendiğini düşündüğü herhangi bir nedenle "terör örgütü üyesi" gibi tutuklanabileceği endişesi, kadınların eşleri için, çocukların babaları için korku ve endişe duydukları bir ülkede terör var demektir. Evet, Türkiye'de terörist örgütler vardır. Peki korku, yıldırma ve endişe kanun eliyle, polis eliyle yapılıyorsa adına ne diyeceğiz?..

En iyisi ben bir şey demeyeyim. Asıl dünyadan bakınca Türkiye nasıl görünüyor ona bakalım. Sondan başlayalım.

Askeri döneme geri dönüş

Sınır Tanımayan Gazeteciler Örgütü'nün (RSF) Paris'te 25 Ocak 2012'de açıkladığı 2011 Dünya Basın Özgürlüğü Endeksi'ne göre Türkiye, bir önceki yıla göre 10 basamak gerileyerek, 179 ülke arasında 148. sırada yer aldı. Arap dünyasındaki ayaklanmalar nedeniyle endekste büyük değişiklikler yaşandığı kaydedilen raporda, "Türkiye eski alışkanlıklarına geri dönüyor" adlı özel başlıkta Türkiye'nin, Belarus'la birlikte Avrupa'nın basın özgürlüğü açısından en kötü iki ülkesi arasında bulunduğu belirtildi.

2011 yılında "gazetecilere karşı hukuki tacizlerin önemli derecede arttığı" ve "terörizmle mücadele bahanesiyle Ergenekon ve KCK soruşturmalarında onlarca gazetecinin yargılanmadan hapse atıldığı" belirtilen raporda, Türk medyasının, tutuklanmaların dışında, telefon dinlemeleri ve gazete kaynaklarının gizliliği ilkesinin çiğnendiği pek çok vakayla "bir korku atmosferiyle yeniden tanıştırıldığı" kaydedildi. Raporda "Türkiye kendisini bölgesel bir model olarak gösterdiği dönemde büyük bir geri adım atarak 10 sıra geriledi. Reform vaatlerine yerine getirmekten çok uzaklaşılması bir yana, yargı sistemi, askeri dönemden beri görülmemiş bir şekilde gazetecilere yönelik tutuklama dalgası başlattı" dendi. 10 ülke birden gerileyerek basın özgürlüğünde 179 ülke arasında 148. olan Türkiye, 90'dan fazla gazetecinin tutuklu olduğu bir korku iklimi altında. Evet, yargı tacizi var, ama asıl gazetecileri taciz ve baskı altında tutan şeylerden biri de meslektaşları. Hangi gazetecinin tutuklanacağı, Silivri'ye gönderileceği konusunda yazı yazanlar kendi düşüncelerini mi, yoksa polis ve savcının planlarını mı dillendiriyor, anlamak zor.

Ama ne olursa olsun Türkiye'nin uluslararası saygınlığı zedeleniyor. Türkiye'nin kimseye rol model olması gerekmiyor. Gerekmiyor, ama 1709 ülkenin yer aldığı listenin 148. sırasında bulunan Türkiye, hele üzerindeki ülkelere baktığımızda hak ettiği yeri alamıyor yorumuna neden oluyor. Bakın Türkiye'nin üzerinde hangi ülkeler var ve kaçıncı sıradalar:

Zambiya (86), Kongo (90), İsrail (92), Lübnan (93), Arnavutluk (96), Kamerun (97), Brezilya (99), Moğolistan (100), Gabon (101), Çad (103), Ekvador, Gürcistan (104), Nepal (106), Karadağ (107), Kırgızistan (109), Güney Sudan (111), Birleşik Arap Emirlikleri (112), Panama (113), Katar (114), Kamboçya, Umman, Zimbabve (117), Cezayir, Tacikistan (122), Brunei Sultanlığı (125), Burundi (130), Hindistan (131), İsrail (dış yerleşimler) (133), Fas (138), Uganda (139), Gambiya (141), Rusya (142), Kolombiya (143), Svaziland (144), Demokratik Kongo Cumhuriyeti (145), Malavi (146).

Melez demokrasiyiz vesselam

Basın özgürlüğünün gerilemesiyle Türkiye'nin demokrasi endekslerindeki yeri de geriliyor. Economist Intelligence Unit (EIU) bu yıl yayınladığı 2011 Demokrasi İndeksi Göstergesi'ne göre Türkiye "melez demokrasi" ülkeleri arasında. 167 ülkeyi kapsayan araştırmaya göre Türkiye'nin demokrasi puanı 5,73. Türkiye bu puanla 167 ülke arasında 88. sırada. Araştırma ülkeleri 4 kategoriye ayrılıyor: Tam demokrasiler (10-8 puan arası); kusurlu demokrasiler (7,99-6 puan arası); melez rejimler (5,99-4 puan arası); otokratik/otoriter rejimler (4 puanın altı).

Türkiye'nin "siyasal katılım" puanı 3,89; "yurttaşlık hakları ve özgürlükleri puanı 4,71; "politik kültür" puanı 5. Türkiye 5,73 ortalama puanla şu ülkelerin gerisinde kalıyor: Arnavutluk-Malavi, Honduras, Bolivya, Bangladeş, Ukrayna, Gana, Filipinler, Karadağ, Makedonya, Moğolistan, Romanya, Endonezya, Bulgaristan, Arjantin, Meksika, Hindistan...

İnsan haklarında gerileme

AKP, Türkiye'nin bölgesel çıkarlarını, demokrasi yanlısı Arap Baharı hareketine destek vermekte görse de, ülke içinde insan hakları gerilemenin acısını çekiyor. Hükümet 2005'ten beri insan hakları reformlarına öncelik vermedi. Devam eden yargılamalar, tutuklanan gazeteciler, ifade özgürlüğünü yaralıyor.

Ahmet Şık, Nedim Şener, Büşra Ersanlı ve Ragıp Zarakolu'nun terör suçlamasıyla tutuklanması özellikle kaygı verici bir durum. Şık ve Şener'e yönelik suçlamalardaki tek kanıt, onların şiddet içermeyen yazıları. Şık'ın dosyasında henüz basılmamış müsvedde halindeki metinler var...

Bu cümleler de İnsan Hakları Örgütü'nün (Human Rights Watch) 2011 yıl sonu itibariyle hazırladığı yıllık rapordan. 690 sayfalık raporda, Türkiye'de insan haklarının özellikle hukuk, savcı ve yargıçlar konusunda önemli sorunlar bulunduğu belirtilerek şu tespitlere yer verildi:

> Türkiye son on yılda tartışmalı konuların konuşulmasında önemli bir ilerleme gösterse de, Türk hukuku, savcıları, yargıçları ve siyasetçileri bunun gerisinde kaldı. Türkiye'de oldukça geniş bir şekilde yapılan terör tanımı, teröre ya da şiddet olaylarına azıcık bile maddi ya da lojistik destek veren kişilerin en sert terör suçlamalarıyla karşılaşmalarına yol açan keyfi dayatmalara olanak sağlıyor.
>
> Savcılar şiddet içermeyen konuşmalar ve yazılar hakkında sık sık dava açıyor. Siyasiler kendilerini eleştirenlere karşı hakaret davaları açıyor. Mahkemeler ifade özgürlüğünü korumakta yetersiz. İfade özgürlüğünü kısıtlayan tüm yasalar vadesini doldurmuş durumda.

En çok teröristi olan ülke: Türkiye

Avrupa Parlamentosu'nun 66 ülkedeki araştırmasına göre 11 Eylül 2001'den Eylül 2011'e kadar tüm ülkelerde 119 bin 44 kişi tutuklanmış, 35 bin 117 kişi terörist hükmü giymiş. Sıkı durun: Bunların 12 bin 897'si Türkiye'de. Türkiye'yi 7 bin kişiyle Çin izliyor. Yani 90'ın üzerinde "terör örgütü üyeliği" ile suçlanan gazetecilerde olduğu gibi dünyada en fazla "terörist" damgası yiyen insan da Türkiye'de yaşıyor. Şurası kesin ki Türkiye bu alanlarda birinciliği asla hak etmiyor. Ama siyasal iktidar korku siyasetiyle ülkeyi yönetmeyi tercih ettiği için gerçekler rakamlara yansıyor.

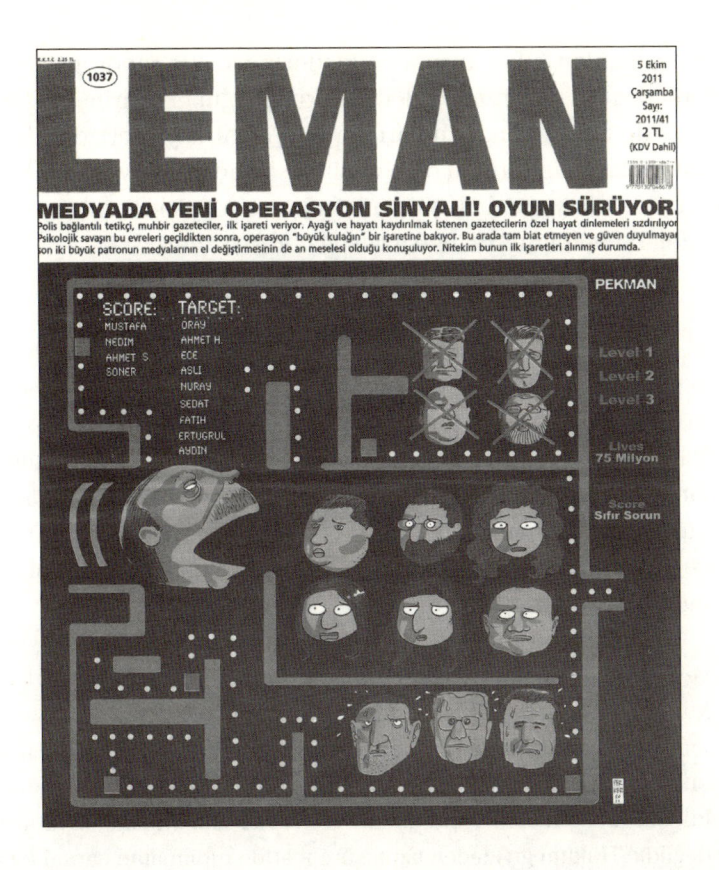

Bu olgular Türkiye'nin uluslararası saygınlığını sarsıyor. Özellikle AKP'nin kuruluşundan beri destek olan yabancı siyaset adamları, Türkiye'nin rol model olmak bir yana sahip olduğu demokratik değerleri de yitirdiğini belirtiyorlar. Bunu Avrupa Konseyi ve Avrupa Parlamentosu yetkilileri yanında ABD'den yetkililer de açıkça ifade ediyor.

Düşünce suçlusu ve hapishane

Türkiye son seçim sonrası "ileri demokrasi" sözüyle tanıştı. Biz o tarihte tutukluyduk. Henüz hapisteki gazeteci sayısı 60'ın biraz üzerindeydi. 2011 yılı sonuna doğru rakam 97'ye çıktı. Dünyanın "en fazla" terörist gazetecisi bu ülkede yaşarmış meğer. Biz kendimizi kendimize ne kadar anlatsak boş, o yüzden bizden uzaklarda olan ülke, kurum ve kişilerin yazı ve raporlarıyla bir tablo çizmeye çalıştım. Bizden ise iki çocuğun, birbirini hiç tanımayan iki çocuğun mektupları her şeyi anlatmaya yetiyor. Bir de yazar İnci Aral'ın tutuklu olan düşünce insanlarının yaşadığı duyguları, dış dünyanın bakışını anlattığı yazısı çok şey anlatıyor. O yüzden bu bölümü Aral'ın o yazısıyla bitiriyorum:

Dünya birincisi

Hapishaneler, insan doğasına aykırı korkunç yerlerdir. Çehov'a göre toplum tarihi, insanları nasıl hapsettiğimizin tarihidir. Edebiyatta da ceza kavramının sorgulanması ve eleştirisi ile sık karşılaşırız. Batı düşüncesinin gelişimi hapis cezası ile etkileşimi içinde anlaşılabilir. Bizim edebiyatımız da kültürel geleneğimizin büyük bölümünün, Pir Sultan'dan Namık Kemal'e, Nâzım Hikmet'ten Sabahattin Ali ve Orhan Kemal'e, hapis ve sürgün koşulları altında biçimlenmiş olduğunu gösterir.

Düşünceleri, yazdıkları ya da siyasi konumları nedeniyle keyfilik ve zorbalıkla hapsedilenler, ceza ile kendileri arasında bir bağlantı kuramaz, gördükleri zararın verecekleri daha büyük zararı engelleme amaçlı olduğunu asla benimsemezler. Çünkü cezaevi öncelikle onların düşüncelerini hapseder, ifade özgürlüğüne yönelmiş tutukluluk durumunun adı ise intikamdır ve yasalar gibi intikam da tarafsız değildir. Hüküm giymeden uzun süre içeride tutulmanın karanlık bir amaç taşıyan bir uygulama, kendinden olmayana acı vermekten alınan doyumun en kolay biçimi olduğu ise açıktır.

Vicdan sahibi her insan, ardında toplumsal adaletsizliği sürdürme ve şiddetlendirme amacı olduğunu düşündüğü yasal eziyete öfke duyar. Bilir ki özgürlüğünden, ailesinden, mesleğinden, var olan konumundan uzak tutulan suçu belirsiz kişi, güçlü bir saldırganın zayıf kurbanıdır. Bulunduğu tecrit ortamında, birçok korkunç şey bir araya gelip üstüne yığılmıştır.

* * *

Düşünce ve ifadeye yönelmiş, genelde gözdağı vermek için uydurulmuş olsa da kanıtlanıp sabit olmamış suçlamalarla kapatılan insanlar, genelde sınırsız bir öfke ve bayağılığın hedefi olurlar. Çünkü toplumun yıldırılıp biçimlenmesi için öne çıkmış ama susturulmuş örneklere ihtiyaç duyulur. Egemene göbekten bağlı yargılayıcılar ise hukuk kurallarını delerek adaletsizlik gönüllüsü durumuna düşerler. Büyük siyasi-adli hataların bu hesaplı aracıları, doğrunun silahsız masumiyeti karşısında güçlünün karanlık yok etme projesinin ortağı da olabilirler. Çünkü dikta rejimlerinde yasalar, kurbanların varsayılan suçlarına ceza biçerken kendi şiddetini tanıyamama gibi bir aldırışsızlık içine düşer. Yasanın atanmış uygulayıcıları ise tartışmalı hukuk kuralları, çelişkili örnekler ve lastikli yorumlarla kendi kariyerlerini kollayan uzatmacılar olarak iş görürler. Böylece yazılı hukuktan talimatlı uygulamaya geçişte insana dair acıklı kayıplar yaşanır.

Özet: Türkiye, bugün sansürlü medyası, tutuklu gazeteci ve yazar sayısıyla, dünya birinciliğine yükselmiş durumdadır.

Ve hâkim karşısındayız

Nihayet dokuz ay sonra hâkim karşısındayız

Nihayet aylardan beri beklediğim/beklediğimiz gün geldi. Tam 265 gün sonra hâkim karşısına çıkacaktık. İddianamenin kabul edilmesinden sonra ilk duruşma için verilen 22 Kasım 2011 gününe geri geri 72 gün saymıştık ve neredeyse tam dokuz ay sonra kendimizi savunacaktık.

Ancak bu savunma şansı Odatv sahibi Soner Yalçın ve arkadaşlarının "reddi hâkim" talebi nedeniyle gerçekleşmedi ve duruşma, savunma şansı için ilk tarih olarak 26 Aralık 2011'e ertelendi. Aslında böyle bir risk, yaklaşık on gün önceden belirmişti. Reddi hâkim talebinin kabul görmeyeceği belliydi, ancak savunma hakkı gereği bunu yerine getirmelerinden doğal bir şey olamazdı.

Duruşmalar boyunca arkadaşlarımız bizi yalnız bırakmadı.

Soner Yalçın'la cezaevi aracında tanışma

Zaten zor zahmet gittiğimiz adliyeden aynı zorluklarla geri döndük. Vücudum, beynim altüst olmuştu.

Bu arada kendisinden talimat aldığım iddia edilen Soner Yalçın'la da mavi cezaevi aracında da olsa ilk kez tanışmış oldum. Bundan önce poliste, savcılıkta, mahkemede "Tanımıyorum" dediğim Soner Yalçın'ı ilk kez görmüş oldum. Tabii diğer Odatv sanıklarından Barış Pehlivan'ı, Müyesser Yıldız'ı da.

Davanın en ilginç sanığı MİT'çi Kaşif Kozinoğlu idi, ama 10 gün önce cezaevinde hayatını kaybettiği için 14 sanıkla başlanan soruşturma 13 sanıkla ilk duruşmasını yapacaktı. Avukatların tahliye talepleri de reddi hâkim talebinde bulunulduğu için karara bağlanamadı.

Oysa aylar sonra kendimizi savunup belki de tahliye olma umudumuz vardı, ama olmadı. Eşim ve kızım, 28 Kasım gününü beraber kutlama planı bile yapmıştık. Çünkü tutuklandığımdan beri kızımın yılsonu tatilinde yanında olamamıştım. Baharı, yazı ve neredeyse sonbaharı ayrı geçirmiştik. Ne 19 Eylül tarihindeki doğum gününde kızımın, ne de 10 Ekim evlilik yıldönümümüzde eşimin yanında olabilmiştim. Evliliğimizin yirminci yılını ayrı, hem de cezaevinde geçireceğim aklıma bile gelmezdi.

Ama "Hayat siz planlar yaparken başınıza gelenlerdir" sözü doğruydu galiba.

Gazeteci olduğum olgudur, terörist olduğum ise yakıştırma

Ama biz şimdi gerçeğe dönelim. Yani kendimi anlattığım savunmama. Aylar sonra, 22 Kasım günü İstanbul 16. Ağır Ceza Mahkemesi huzuruna çıktığımızda Mahkeme Başkanı Mehmet Ekinci'nin "Burada olgular ile yakıştırmaları ayıracağız" sözü umut vericiydi.

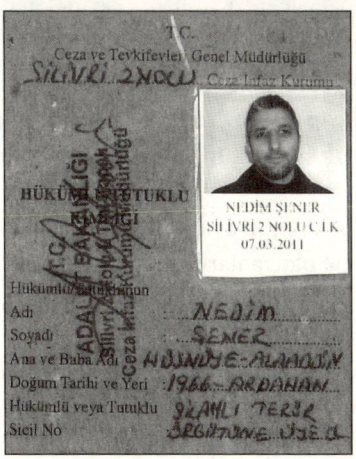

Ben de terör örgütüne bilerek ve isteyerek yardım ve yataklık ettiği iddiasıyla terör örgütü üyesi gibi cezalandırılma talebiyle mahkemedeydim. Savunmamı da bu cümleye dayalı olarak yaptım. Her ayrıntıya yanıt verdim.

İşte savunmam:

Benim, "gazeteci" olduğum bir olgudur, "terörist ya da teröre yardım yataklık ettiğim" bir yakıştırmadır. Ve bu yakıştırma tamamen polis kaynaklıdır. Bizde bir söz var; "Şeriatın kestiği parmak acımaz" diye; günümüzde "Adaletin kestiği parmak acımaz" diye söyleniyor. Evet, adaletin kestiği parmak acımaz ama polisin kestiği parmak acıyor.

Neden derseniz: Çünkü hakkımdaki suçlamanın başlangıç ve bitiş noktası hep polise dayanıyor. Mesleğinin henüz başında olan iki komiser yardımcısının savcılığa yazdığı raporlarla kitaplar örgütsel dokümana dönüşüyor, ben hiçbir etkim olmayan kitapların yazımına katkı yapmakla ve yazarlarını yönlendirmekle suçlanıyorum.

Polis raporları birebir iddianameye dönüşüyor ve durum Türkiye'nin uluslararası imajında "düşünce ve ifade özgürlüğüne saldırı" olarak iz bırakıyor. Ve eğitimleri, birikimleri ne olduğu bilinmeyen iki komiser yardımcısının imzalarını taşıyan raporlarla oluşan iddianame ile Türk mahkemeleri yüz yüze bırakılıyor.

İşte o yüzden mahkemenizin görevi, tarihidir.

Öncelikle şunu söylemeliyim; hiç kimsenin suç işleme lüksü yoktur. Buna gazeteciler de dahildir. Ve gazeteciler yargılanmaz diye bir şey de söz konusu değildir. Hatta gazeteciler herkesten fazla yargılanır, hem mahkemelerde hem de kamuoyunda. Ve gazeteci nasıl ki –halkın bilgi alma hakkı– adına soru sorabiliyorsa, kendisi de –bu kamu mesleğini yaparken– kendisine sorulan her soruya yanıt verebilmelidir.

Demokrasi; şeffaflık ve hesap verebilirlik rejimi ise gazeteci işe kendisinden başlayıp meşru çizgiden ayrılmamalıdır.

Ben yirmi yıllık meslek hayatım boyunca hep bu çizgide durdum.

Elbette insan hakları, Anayasa ve yasalar çerçevesinde mesleğimi icra ettim. Ama asıl okuyanların, halkın vicdanında temiz bir şekilde kalmaya çalıştım.

Devlet, mesleğimi yaparken beni 100'e yakın davada yargıladı. Bu davalardan hiç korkmadım. Yanlış bir şey yapmadığımı biliyordum, hukuka ve adalete inanıyordum. Ve bu davalardan beraat ettim.

Ben hiçbir zaman yargılanmaktan korkmadım. Ama halkın vicdanında yargılanmaktan hep korktum. Çünkü vicdanlarda yargılanarak alacağım ceza utanmaktır.

Bana göre utanmak, utanılacak bir şey yazmak, söylemek ve yapmak en büyük cezadır. Ama ne devletin bugüne kadar açtığı 100'e yakın davada ne de bu davalarda insanların yüzüne rahatça, utanmadan bakıyorsam gerçeklere ihanet etmeyişimdendir.

Halkımın, eşimin, dostumun, çocuğumun, meslektaşlarımın yüzüne utanmadan bakabiliyorsam bu hiçbir gücün önünde boyun eğmeyişimdendir.

Eğer boyun eğseydim "Kalemini kır ama satma" diyen Sedat Simavi'den, Abdi İpekçi'den, Uğur Mumcu'dan, Hrant Dink'ten, Yaşar Kemal'den utanırdım.

Sakın ola yanlış anlaşılmasın, bu hem suçlu hem güçlü sözündeki gibi suçluların yüzsüzlüğü gibi bir durum değil, haklılığın güçlülüğüdür.

Ve ben şimdi burada güçlülerin adaletini değil, adaletin gücünü görmek istiyorum.

Eşim iddianameyi okurken sekiz yaşındaki kızım ismimin yanında "terör" kelimesini görünce "Anne, babam terörist mi?" diye sormuş. "Eğer babam teröristse ben babamı desteklemem, çünkü terörist adam öldürür" demiş.

Oysa yıllardır "gazetecilik"ten başka bir şey yapmayan benim için üzerinde "silahlı terör örgütü üyesi" yazılı evraklarla polisi evime gönderen savcılığın böyle bir ayrıma gitmemesi hayret ve endişe vericidir.

1991 yılından beri muhabir olarak görev yapıyorum. 20 yıllık gazetecilik hayatım süresince amacım sahnenin arkasında neler olup bittiğini anlatmak, gerçekler ile halkın arasına örülen duvarı yıkmak oldu. Demokrasinin, sağlıklı bir demokrasinin gerçeklere eşit biçimde erişebilen yurttaşların verecekleri siyasi kararlarla gelişebileceğine, eşitliğin ve adaletin de yine bu yolla mümkün olabileceğine inandım.

Basın özgürlüğünün de bu ideallerin gerçekleşmesi için olmazsa olmaz koşul olduğunu bilerek görevimi yaptım. 20 yıldan beri terör, terör faaliyeti, örgütlere yardım ve yataklık ile değil, gerçeği sadece gerçeği ortaya çıkarmak için 1000'den fazla haber, 10 kitap yazdım.

1993 yılından beri yazdığım haberler nedeniyle ve bugüne kadar gazetecilik meslek örgütlerinden birçok ödül kazandım.

Ayrıca Uluslararası Basın Enstitüsü tarafından dünyada 60 kişinin yer aldığı "Basın Özgürlüğü Kahramanı" listesine adım girdi. Dünya'da 60 gazetecinin adının bulunduğu bu listede Türkiye'den

Abdi İpekçi ve Hrant Dink'in adı bulunmaktadır. Ayrıca Uluslararası PEN Yazarlar Birliği Ödülü, Düşünce ve İfade Özgürlüğü Ödülü verildi. Bu ödül Türkiye'de Hrant Dink ve Ragıp Zarakolu'na verilmiştir.

Ancak ne gariptir ki PEN Düşünce ve İfade Özgürlüğü Ödülü verilen gazeteci Hrant Dink 2007 yılında bir suikast sonucu öldürüldü. Ben Mart 2011'de Ergenekon soruşturması, Ragıp Zarakolu da Ekim 2011'de KCK soruşturması kapsamında tutuklandık.

Yazdıklarım nedeniyle 100'e yakın mahkemede yargılandım. Yüzlerce yıl hapis isteminde, milyon dolarlarca tazminat talebinde bulunuldu. Bedeli ne olursa olsun gerçeği yazdım ve yazdığımı da savundum. Yüzlerce yıl hapis cezası istemiyle yargılandım. Son olarak 20 yıl hapis istemiyle yargılandığım İstanbul 11. Ağır Ceza Mahkemesi'ndeki davadan beraat ettim. Halen beş ayrı davadan da yargılanıyorum.

Ama ilk kez, hayatımda ilk kez yazmadığım kitaplar için suçlanıyorum. Hem de fikren ya da madden yanında olmadığım ve karşısında durarak Hrant Dink cinayetindeki rolünün de ortaya çıkması için uğraştığım, bu nedenle de "gizliliği ihlal" iddiasıyla yargılandığım bir örgüte yardım ve yataklık etmek iddiasıyla 10 aydır tutukluyum.

Bunları anlatmamın nedeni şudur: Ben bugüne kadar hep yazdığım haber ve kitaplardan yargılandım. Ve bu davalarda da yazdıklarımın arkasında durdum ve kendimi savundum. Tamamından da beraat ettim. **Ancak hayatımda ilk kez yazmadığım ve herhangi bir katkımın olmadığı kitaplar nedeniyle tutukluyum ve yargılanıyorum.**

Ben objektiflikten ayrılmadan halkın bilgi alma hakkı kapsamında her bilgiyi bedeli ne olursa olsun yazan ve bunun için yargılanma dahil her bedeli ödemeye hazır özgür bir gazeteciyim.

Yazdığını savunacak kadar şerefli ve onurluyum.

Ancak yazmadığım ve yazımına herhangi bir katkım olmayan kitaplarla ilgili ortaya atılan iddiaları asla ve asla kabul etmiyorum.

Benim bu davada sözü edilen ne "Nedim", "Sabri Uzun", "Hanefi", ne de "Ulusal Medya 2010" isimli dokümanda bahsedilen kapsamda gazetecilik yapmam ya da yazı yazmam, başkalarının kitabına katkıda bulunmam söz konusu değildir, böyle bir fiilim olmamıştır.

Bir gazeteci olarak kimse beni yönlendiremez ve bugüne kadar da yönlendiremedi. Benim gerçekten topluma ulaştırmam için bir başkasının aklına ya da iddia edilen plana ihtiyacım yoktur. Eleştiri yapacaksam da bunu yalnızca gerçekler ve olgular üzerinden yapabilirim. Hiçbir zaman kimseye karşı siyasi pozisyon almam; gazeteciliğimi siyasi düşüncelerle yapmadım. 20 yıllık gazetecilik hayatımda bugünkü siyasetçiler gibi önceki siyasetçilerin de yolsuzluk ve usulsüzlüklerini yazdım.

Olumlu söz ve davranışlarını da naklettim. Ama gerçeği gizleyen kim olursa olsun onları da isim isim yazdım. Bu, gün geldi siyasi iktidar, gün geldi bürokrat, gün geldi istihbaratçılar ve polisler oldu.

Bu kişilerin konumları ve gücü ne olursa olsun eğer gerçeği gizliyorsa ya da halkın bilmesi gereken fiilin içindelerse bunun bedeli ne olursa olsun yazdım ve söyledim.

Bunu yaparken referanslarım evrensel anlamda insan hakları, düşünce ve ifade özgürlüğü ilkeleri olmuştur. Ve basın özgürlüğünü de, demokrasinin olmazsa olmaz koşulu olan halkın düşünce ve ifade özgürlüğünün garantisi olarak özümsemişimdir.

Size bir yazarın cümlesinden örnek vermek istiyorum: "İnsanlığın refahına ve güvenliğine en uygun rejim ulusal egemenliğe dayanan rejimdir. Milli egemenliği meclis sağlar, meclisin ayakta durması için basın özgürlüğü şarttır. Basın özgürlüğü olmayan yerde ne meclis vardır ne de (Meşrutiyet)." (Kaynak: Hıfzı Topuz, *Özgürlüğe Kurşun*, 2007)

Bu cümleler 6 Nisan 1909'da Galata Köprüsü üzerinde kafasından vurularak öldürülen ilk basın şehidimiz Hasan Fehmi Bey'e aittir.

II. Meşrutiyet'in ilanı ile güya özgürlükler gelmiş ve İttihat ve Terakki iktidarı eleştiriye tahammülsüzlüğünü Hasan Fehmi Bey'in infaz kararının arkasında olarak göstermiştir.

Hasan Fehmi Bey o günkü iktidara yönelik eleştirileri ve gazetesi *Serbest*'te de yazdığı yolsuzluk haberleri nedeniyle siyasi iktidarın tepkisini çekmiş, aldığı açık tehditlere rağmen gerçekleri yazmaktan korkmamıştır. 6 Nisan 1909'da Galata Köprüsü'nde patlayan tabanca ile başlayan gazetecilerin bedel ödeme, gerçeği yazma uğruna bedel ödeme serüveni tam 98 yıl sonra 4-5 kilometre uzaklıkta Şişli'de *Agos* gazetesi önünde Hrant Dink'in başına sıkılan kurşunlarla sürmüştür.

Gerçeği yazma, bedeli ne olursa olsun gerçeği olduğu gibi yazmanın bedeli de maalesef artık hukuk eliyle ödetiliyor. Diğer gazeteci cinayetlerinde olduğu gibi gazetecilerin yazdıkları için hapse atılmasının ardında da devletin içine sızmış ve hukuk sistemini kullanarak adalet duygusunu zehirleyen karanlık güçlerin parmağı olduğu dünyadaki ve Türkiye'deki vicdanlı insan ve kurumlar tarafından kabul ediliyor. Herkes oynanan oyunun farkında.

Ve şunu biliyorum ki, benim bir komplo sonucu tutuklanmam

Dink cinayetini aydınlatma çabalarının kırılması amacıyladır. Ve maalesef devletin imkân ve yetkilerini hukuk sistemini araç olarak kullanan karanlık güçler, Türkiye'nin düşünce ve ifade özgürlüğü alanındaki kara lekesi olan Hrant Dink cinayetinin aydınlanmasını engellemek için ne kadar pervasız olabileceklerini göstermişlerdir. Bu oyunu bozmak da yine bağımsız yargıçlara düşmektedir.

Peki neden, nasıl ve kim?

Benim Hanefi Avcı'nın ve Ahmet Şık'ın kitabının yazımına katkım olduğuna ya da yönlendirmede bulunduğuma dair tek bir tane somut kanıt olmadığı ortadadır. "Peki, burada bulunmamın nedeni ne?" diye bir soru akla gelmiştir.

"**Neden?**" sorusunun cevabını iki cümleyle yukarıda anlattım. "**Nasıl?**" sorusunun yanıtını da şimdi anlatayım. "**Kim?**" sorusunun yanıtını da siz bulacaksınız.

Bu dava kapsamında ne Hanefi Avcı'nın kitabını ne de Ahmet Şık'ın kitabını yazdım. Ne de bu kitapların yazımına bir katkım olmuştur. Her iki yazarın da söylediği gibi Avcı ve Şık'ı yönlendirmem söz konusu değildir. Ve bunun aksine dosyada tek bir delil ortaya konmamıştır. İddianame benim gazetecilik geçmişimi dikkate almadan yazılmıştır! Her şey Hanefi Avcı'nın kitabıyla başlayıp Ahmet Şık'ın kitabıyla bitiyor.

Ancak iddia olunan Ergenekon örgütüyle ne maddi (fiziki ya da eylem) ne de manevi (fıkren) ilgim ve bağlantım vardır. Bugüne kadar binlerce haber, 100'den fazla köşe yazısı ve 10 adet kitap yazdım. Hiçbirinde Ergenekon davaları, davayı yürüten adli makamları hedef alan bir görüş ortaya konmamıştır.

Ergenekon örgütü ile bağlantım varmış gibi gösterilmeye çalışılmam ise 06.05.2009'da İstanbul Emniyet Müdürlüğü'ne gönderilen ve gerçek kimliği bilinmeyen ve bugüne kadar sahte bir isim olup olmadığı ne polis ne de adli makamlar tarafından araştırılan M. YILMAZ isimli şahıs tarafından gönderilen bir e-postayla olmuştur.

Bu sahte içerikli e-posta benim Hrant Dink cinayeti hakkında yaptığım araştırmam olan *Dink Cinayeti ve İstihbarat Yalanları* isimli kitabımı yayınlamamdan ve bu cinayette ihmali olan polislerin beni mahkemeye vermesinden kısa bir süre sonra yine bu polislerin görev yaptığı İstanbul Emniyet Müdürlüğü'nün içerisindeki başka bir birimin talebiyle telefonlarım dinlenmeye alınmıştır. Gelişmeleri kronolojik olarak vermem gerekirse ortaya şöyle bir tablo çıkmaktadır:

Ocak 2009: *Dink Cinayeti ve İstihbarat Yalanları* isimli kitabım yayınlandı. Kitapta MİT, Jandarma ve polisin cinayetteki ihmalleri isim isim ortaya kondu.

7 Şubat 2009: Emniyet Genel Müdürlüğü, kitabımda polisin ihmalini yazdığım için hakkımda TCK 301'inci maddeden suç duyurusunda bulundu.

26 Şubat 2009: Dink cinayetinin azmettiricisi olarak yargılanan Trabzon Emniyet Müdürlüğü Yardımcı İstihbarat Elemanı Erhan Tuncel ile cinayetten hemen sonra konuşan istihbaratçı polis memuru Muhittin Zenit hakkımda suç duyurusunda bulundu.

20 Mart 2009: Dink cinayeti planlandığında Trabzon Emniyet Müdürü olan ve cinayet işlendiğinde de İstihbarat Dairesi Başkanı olan Ramazan Akyürek hakkımda suç duyurusunda bulundu.

23 Mart 2009: Dink cinayeti planlandığında ve cinayet işlendiğinde bu konudaki tüm ihbar, bilgi, belge ve raporların toplandığı İstihbarat Dairesi C Şubesi Müdürü olan Ali Fuat Yılmazer hakkımda suç duyurusunda bulundu.

20 Nisan 2009: Hrant Dink öldürüldüğünde katil ve azmettiricilerin yaşadığı Trabzon'un Emniyet İstihbarat Şube Müdürü olan Faruk Sarı hakkımda suç duyurusunda bulundu.

Nisan 2009: İstanbul Özel Yetkili Savcılığı dilekçeler üzerine hakkımda İstanbul 11. Ağır Ceza Mahkemesi'nde 20 yıl hapis istemiyle dava açtı. Ayrıca 2. Sulh Ceza Mahkemesi'nde de 8 yıl hapis istemiyle dava açıldı.

6 Mayıs 2009: M. YILMAZ isimli şahıs tarafından İstanbul Emniyet Müdürlüğü'ne benim Ergenekon ile ilgili olduğum yalan bilgisiyle bir e-posta göndereni hiçbir araştırmaya tabi tutmadan özel yetkili savcılığa göndererek ev ve cep telefonlarımın dinlenmesini talep etti.

22 Mayıs 2009: Savcılık, talebi İstanbul 14. Ağır Ceza Mahkemesi'ne yolladı. Mahkeme de 2008/1692 soruşturma no'lu kararıyla dinleme kararı verdi.

20 Ağustos 2009: Savcılığın talebi üzerine İstanbul 13. Ağır Ceza Mahkemesi 3 aylık dinleme uzatma kararı verdi. (Soruşturma no. 2008/1756)

22 Kasım 2009: Ev ve cep telefonu dinlemesi kararının süresi bitti. ODATV BASKININA KADAR HİÇBİR HUKUKİ İŞLEM YAPILMADI. ERGENEKON'UN PROPAGANDA BİRİMİNDE OLDUĞUM YÖNÜNDEKİ İHBAR VE CİNAYET PLANLAYAN BİR ÖRGÜT İLE ANILMAMA RAĞMEN POLİS DİNLEMEYİ BIRAKIRKEN SAVCILIK AĞIR İDDİALARA RAĞMEN HİÇBİR HUKUKİ GİRİŞİMDE BULUNMADI. 14 ŞUBAT 2011 ODATV BASKININA KADAR.

14 Şubat 2011: ODATV baskınında "Hanefi", "Nedim", "Sabri Uzun" isimli word dokümanları bulundu.

24 Şubat 2011: ODATV'de bulunan dokümanlara dayanarak ev ve cep telefonlarımın dinlenmesi kararı verildi. Kararı İstanbul 13. Ağır Ceza Mahkemesi bu kez 2010/857 sayılı soruşturma no'su ile verdi.

3 Mart 2011: Silahlı terör örgütü üyesi olma iddiasıyla gözaltına alındım.

6 Mart 2011: Tutuklandım.

Ergenekon soruşturmasına nasıl dahil edildim?

Görüldüğü gibi Ergenekon soruşturmasıyla hiçbir ilgim olmamasına rağmen yaptığım araştırmayla Dink cinayetinde ihmali çıkan polislerin görev yaptığı Emniyet Müdürlüğü'ne gönderilen sahte isimli bir e-postayla Ergenekon'la ilişkilendirildim.

Yaptığım araştırmalar nedeniyle doğan husumet sonucu husumet duyan böyle bir operasyona sahte isimli bir e-posta ile dahil edilmiş olmam, gerçekleri ortaya çıkarmaya çalışan gazeteciliğe olduğu kadar Türk yargı ve hukukuna da yapılmış saldırıdır.

Emniyet Teşkilatı'nın hakkımda asılsız ve göndereni belli olmayan e-posta ile hukuku araç olarak kullandığı açıktır. **Çünkü e-postanın gönderilmesinin üzerinden geçen iki yıl içinde e-postanın içeriğini doğrulayacak tek bir delil bulunmadığı gibi e-postayı gönderenin kim olduğuna dair tek bir araştırma yapılmamıştır.** Dolayısıyla, yalanlarla dolu e-posta aracılığıyla yalnızca telefonlarımın dinlenmesinin amaçlandığı ortadadır. Aksi halde içerisinde cinayet hazırlığından söz edilen e-posta hakkında, adı geçen herkes için çok daha etkili ve kapsamlı soruşturma yapılması gerekirdi.

Bu yapılmadığı gibi yalnızca benim ev ve cep telefonumun dinlenmesiyle yetinilmiştir. Bu durum bile baştan beri amacın benim telefonlarımın dinlenmesi olduğunu gösteriyor. Oysa cinayet planından söz edilen ve mahkemeye taşınacak kadar ciddiye alınan bir e-postada adı geçen olarak benim ve diğer kişilerin hakkında yalnız telefon dinlemesi talebiyle yetinilmemeli, diğer soruşturma teknikleri (fiziki takip vs) kararları da talep edilmeliydi.

Buna karşın Emniyet Müdürlüğü, yalnızca benim ev ve cep telefonumun dinlenmesi talebiyle yetinmiştir. Benim hakkımda fiziki takip kararı talep etmezken adı geçen birçok kişi hakkında herhangi bir talepte bulunma ihtiyacını da hissetmemiştir.

Bu durum bile bana, yaptığım araştırmalar nedeniyle husumet duyan polislerin Ergenekon soruşturmasını kullandığını ve adımı bu operasyona karıştırdıklarını düşündürtmektedir.

Böyle düşünmemin haklı nedenleri vardır. Ama en önemlisi, telefonlarımın dinlenmesine neden olan e-postada adı geçen Açık Toplum Vakfı'nın başvurusu üzerine iddianameyi hazırlayan Savcı Cihan Kansız'ın 14.10.2011 tarihli ve 2011/605 savcılık esas numarası taşıyan cevabi yazısıdır.
Dosyamın eklerinde yer alan ve 14. Ağır Ceza Mahkemesi'nin benim ev ve cep telefonlarımın dinlenmesi ile ilgili 22.05.2009 tarihli mahkeme kararında "İletişimin Dinlenmesinin ve Kayda Alınması Talebinin Sebebi" bölümünde aynen şunlar yazmaktadır:

"'Nedim Şener isimli şahsın iddia edilen Ergenekon Terör Örgütü'nün propaganda biriminde gizli görevli olduğu, ticari alanda çalışan grupları tehdit amaçlı çalışmalar yaptığı, Uzan Grubu ile ilgili kendisine bilgi sızdırıldığı, Ergin POYRAZ ve Faruk TURGUT'un misyonunu üstlendiği, Açık Toplum Vakfı'nın organizesinde Binnaz TOPRAK ve Hakan ALTINAY grubu ile beraber çalışmalar yaptığı, şahsın asıl görevinin Ergenekon davasını destekleyen grupları yıpratma amaçlı çalışmalar yapması ve bu bağlamda savcılık ve emniyet birimleri arasında şantaj ve tehdit amaçlı oluşumları tamamladığı, bu birimin DİNK cinayetine benzer bir cinayet planladığı ve bu cinayet üzerinden bahse konu soruşturmada görev yapan kamu görevlilerini yıpratarak tasfiye süreci başlatacağı' şeklinde bilgiler elde edilmiş olup;
Soruşturmanın tam olarak aydınlatılabilmesi ve şüphelilerin tespiti ile suç delillerinin eksiksiz toplanabilmesi, grubun hiyerarşik yapısının deşifre edilerek faaliyetlerinin ortaya çıkarılması ve şüphelilerin suç delilleri ile birlikte yakalanabilmesinin fiziki takip ve tarassut çalışmaları ile mümkün olmadığından, başka türlü delil elde edilme imkânı bulunmadığı da anlaşıldığından iletişimin dinlenmesine karar verilmesi talep edilmiştir."

Bu konu basında yer aldıktan sona dinleme kararında adı geçen Açık Toplum Vakfı ve Hakan Altınay vekili Av. Fethiye Çetin, 13.10.2011 tarihinde Özel Yetkili Başsavcılık Vekilliği'ne bir başvuru yapmıştır.

Başvuruda dinleme kararında adı geçen Açık Toplum Vakfı ve Hakan Altınay ile ilgili olarak Ergenekon soruşturması kapsamında ne tür işlemler yapıldığına dair aşağıdaki sorular sorulmuştur:

1- Müvekkil vakıf hakkında yürütülmekte olan herhangi bir soruşturma bulunup bulunmadığı,

2- Bir soruşturma yürütülüyor ise 2009 yılından bu yana bu soruşturmanın neden sonuçlandırılmadığı,

3- Müvekkil vakıf hakkında dinleme kararı bulunup bulunmadığı, bulunuyor ise bunun süresi ve ne zamandan beri devam ettiği,

4- İletişimin tespiti kararının sonucunda, müvekkil vakıf hakkında bir dava açılmadığına göre, CMK m. 137/son gereğince tarafımıza bilgi verilmesi gerektiği halde neden tarafımıza bilgi verilmediği,

5- Müvekkil vakfın faaliyetleri, açık ve yasal çalışmaları "kara propaganda" olarak nitelendirilmesine ve Nedim Şener'in dinlenmesi için gerekçe yapılmış olmasına rağmen bu hususların neden iddianamede yer almadığı,

6- Müvekkil vakfın faaliyetleri, açık ve yasal çalışmaları "kara propaganda" olarak nitelendirilmesine ve Nedim Şener'in dinlenmesi için gerekçe yapılmış olmasına rağmen bu hususların müvekkil vakıf hakkında neden yasal işlem yapılmadığı,

7- Müvekkil vakfın kamuya açık ve yasal çalışmalarının kim ya da kimler tarafından "kara propaganda" olarak nitelendirildiği, hususlarının yanıtlanması için bilgilerinize sunarız.

Özel Yetkili Savcı Cihan Kansız, bir gün sonra 14.10.2011 günü verdiği yazılı cevapta şunları belirtti:

"**İstanbul Emniyet Müdürlüğü'ne gelen bir ihbarda sanık Nedim Şener ile bağlantılı olarak Açık Toplum Vakfı ve yöneticisi Hakan Altınay'ın isimleri geçmiş olmakla birlikte CMK'nın 250. Maddesi ile yetkili Cumhuriyet Başsavcılığımızca yürütülmekte olan Ergenekon silahlı terör örgütüne yönelik soruşturma kapsamında müvekkiliniz Hakan Altınay ve yöneticisi olduğu Açık Toplum Vakfı ile ilgili herhangi bir teknik takip veya bir soruşturma bulunmamaktadır."**

Görüldüğü gibi 06.05.2009 tarihinde M. YILMAZ sahte ismiyle İstanbul Emniyet Müdürlüğü'ne gönderilen ve içerisinde çok vahim iddiaların olduğu ihbar e-postasında adı geçenlerden NEDENSE yalnızca benim cep ve ev telefonlarım dinlenmiştir.[*]

---

[*] Önceki bölümlerde M. YILMAZ hakkında savcılığa yapılan suç duyurusu ve savcılığın verdiği takipsizlik kararından söz etmiştim. Hatırlayacaksınız, savcılık M. YILMAZ'ın iddialarını soyut ve ciddi olmadığı gerekçesiyle takipsizlik kararı vermişti.

Gazetecilik anlayışım, objektif gazeteciliği siyasetle karıştırmamaktır. Savcılık, 20 yıllık gazetecilik çalışmalarım, Türkiye ve dünya kamuoyunun meslek kuruluşlarının takip ettiği yazarlık ve gazeteciliğim yokmuş gibi davranarak dosyada yer verdiği bazı telefon tapeleri ile beni bir gazeteci gibi değil, yasadışı oluşumlarla ilgisi olan bir terörist gibi göstermeye çalışmıştır. Oysa ben 1992 yılından beri fiilen gazetecilik yapıyorum. 1994 yılında *Milliyet* gazetesine transfer oldum ve el konan Marmarabank, Impexbank ve TYT Bank yolsuzluklarıyla ilgili haberler yaptım.

1994 ekonomik krizi sonrası yolsuzluk haberleri konusunda yoğunlaştım. 1996 yılında Susurluk skandalı sonrası kumarhaneler kralı Ömer Lütfü Topal'ın öldürülmesi sonrası bu kişinin vergi kaçakçılığı haberlerini yaptım. Aynı şekilde kumarhaneci Sudi Özkan hakkında da vergi kaçakçılığı haberleri yazdım. Daha sonra 1999 yılında Devlet Bakanı Cavit Çağlar'ın sahibi olduğu Interbank ile ilgili yolsuzluk haberleri yaptım. 2000 yılında ise Türkiye'nin en büyük hayali ihracat ve vergi kaçakçılığı skandalı olan Orhan Aslıtürk'ün yasadışı organizasyonunu yazdım.

Adı hayali ihracata karışan işadamlarından Faruk Süren bir rekor olan 5 trilyon liralık, o günün dolar kuruyla 10 milyon dolarlık tazminat davası açtı. 2000-2002 yılları arasında gerçekleştirilen birçok yolsuzluk operasyonu hakkında birçok haber yazdım. 2001 yılında Türkiye'nin yolsuzluk tarihi ve güncel yolsuzluk olaylarını anlattığım *Tepeden Tırnağa Yolsuzluk* (Metis Yayınları) kitabını yayınladım. 2002 yılında da hayali ihracatçı Orhan Aslıtürk'ün döneminin ANAP-DSP-MHP koalisyon hükümetine uzanan yolsuzluğunu *Naylon Holding* (OM Yayınları) adıyla kitaplaştırdım.

2002 yılında Adalet ve Kalkınma Partisi'nin seçilmesiyle kurulan Yolsuzlukları Araştırma Komisyonu hakkında haberler yazdım. 2003 yılında AKP hükümetinin yürüttüğü Uzan ailesi hakkındaki yolsuzluk operasyonunu takip ettim. 2004 yılında bu haberimi *Uzanlar-Bir Korku İmparatorluğunun Çöküşü* adıyla kitaplaştırdım. Daha sonra TBMM Yolsuzlukları Araştırma Komisyonu raporu hakkında haberler yazdım.

Alaattin Çakıcı ve Türkbank yolsuzluğunu *Kod Adı Atilla* (Güncel Yayıncılık) adıyla kitaplaştırdım.

Uzanlar kitabını, dosyada bulunan ve benim telefonlarımın dinlenmesine temel olan 06.05.2009 tarihli M. YILMAZ sahte ismiyle polise gönderilen e-postadaki sözde iddianın aksi-

ne, Hanefi Avcı'nın değil, Uzan operasyonunu İstanbul'da yöneten Emniyet Müdür Yardımcısı Ş. A. ve Mali Şube Müdürü M. A.'nın önemli yardımlarıyla yazdım.

Kod Adı Atilla isimli kitap konusunda da en fazla yardımı Türkbank Araştırma Komisyonu Başkanlığı'ndan aldım. Bu arada birçok yolsuzluk haberi yaptım. Maliye Bakanı Kemal Unakıtan'ın yolsuzluklarını anlatan *Kemal Abi* kitabını yayınladım. Ardından El Kaide Finansörü olan Yasil El Kadı ile ilgili *Hayırsever Terörist* kitabını yayınladım. Ayrıca 2004-2010 arası banka hortumlamaları konusunda sayısız haber yazdım.

Kendi hakkımda bu detayları vermemin nedeni herhangi bir siyasi düşünceye karşı olma gibi saikle habercilik yapmadığımı anlatmaktır. Herhangi bir siyasi partiye yakın olma ya da uzak olma düşüncesiyle değil, tamamen halkın bilgi alma hakkına saygım çerçevesinde gazetecilik yaptım.

Gazeteci olarak mağdurun kökeni ya da görevi gibi ayrıntılarla ilgilenmediğim gibi araştırdığım kişiler hakkında da bu tür ayrımları dikkate almadım. **Benim için önemli olan gerçeklerdir, olgulardır, okurun gerçekleri öğrenme hakkıdır.**

Yolsuzluk haberlerini de yolsuzluğu kimin yaptığına göre yapmadım. Bugünkü iktidar gibi geçmiş hükümetlerin yolsuzluklarını yazdım. Öte yandan yolsuzluğa karşı kim mücadele ediyorsa onu da tarafsızca haberleştirdim.

Örneğin, bu hükümetin Uzan operasyonunu, banka hortumcularına karşı mücadelesini de yazdım, Maliye Bakanı Kemal Unakıtan'ın adının karıştığı hayali ihracat ve vergi kaçakçılığını da yazdım.

Gazeteci/yazar Nedim Şener ve Ergenekon soruşturması

Benim ismim ile Ergenekon adını aleni olarak yan yana getiren ilk isim, Emniyet Müdürlüğü İstihbarat Daire Başkanı Ramazan Akyürek'tir. Ergenekon operasyonunu da yürüten Ramazan Akyürek, *Dink Cinayeti ve İstihbarat Yalanları* isimli kitabım hakkındaki şikâyeti üzerine İstanbul 11. Ağır Ceza Mahkemesi'nde açılan davada verdiği katılma dilekçesinde, "benim kendisini Ergenekon örgütüne hedef gösterdiğimi iddia etmiştir".

O güne kadar hiç kimsenin dile getirmediği bu iddiayı, Ramazan Akyürek dilekçesinde yazmıştır. Ben de 11. Ağır Ceza Mahkemesi'nde görülen davanın duruşmasında "... bu polisler Dink cinayetiyle Ergenekon örgütü arasında ilişki olduğunu gizliyorlar. Oysa ben Dink cinayeti ile Ergenekon arasında bağlantı olduğunu belgeliyorum. Dolayısıyla olsa olsa ben kendimi Ergenekon'a hedef göstermiş oluyorum" cevabını vermiştim. O gün Ramazan Akyürek'in neden benim adım ile Ergenekon adını yan yana getirdiğini anlayamamıştım. Şimdi anlıyorum...

Oysa bilindiği gibi Ergenekon soruşturması 12 Haziran 2007 günü Ümraniye'de bir evde el bombalarının bulunmasıyla başladı. 2008 yılı Ocak ayında da operasyonlar başlamıştır.

Ergenekon soruşturması kapsamındaki belgeler 1999 yılına dayanmaktadır. Belgelerin bulunduğu Tuncay Güney 2001 yılında polis tarafından sorgulanmıştır.

Ne bu belgelerde ne 2001 tarihli Tuncay Güney sorgusunda ne de Ergenekon soruşturması kapsamında adım geçmiştir. Gözaltına alındığım 3 Mart 2011 gününe kadar bu konuda hiçbir hukuki işleme tabi tutulmadım, ifadem alınmadı, soruşturma geçirmedim.

Ancak tutuklandığım 6 Mart 2011 günü savcılık sorgusunda, hakkımda 6 Mayıs 2009 günü İstanbul Emniyet Müdürlüğü Muhaberat Müdürlüğü'ne M. YILMAZ adıyla kimliği bilinmeyen bir kişinin gönderdiği e-posta nedeniyle telefon dinleme kararı alındığını öğrendim.

Bugüne kadar kim olduğu hakkında bilgi sahibi olmadığım ve soruşturma makamlarının da merak etmediği M. YILMAZ ismiyle gönderilen e-postanın içeriğinin gerçekdışı olduğu bilinmesine rağmen İstanbul Emniyet Müdürlüğü Terörle Mücadele Şubesi'nin başvurusu üzerine İstanbul 14. Ağır Ceza Mahkemesi cep ve ev telefonum hakkında dinleme kararı vermiştir.

E-postanın içeriğinin iftira ve yalan olduğunu en iyi bilecek kurum, İstanbul Emniyet Müdürlüğü'dür. Çünkü e-postada Uzan operasyonunun Ergenekon talimatıyla yapıldığı belirtilmektedir. Oysa Uzan operasyonu AKP hükümetinin bir kararı ve İstanbul Emniyeti'nin yürüttüğü bir çalışmaydı.

Ayrıca e-postada Açık Toplum Vakfı ile yaptığım çalışmaları da Ergenekon faaliyeti gibi göstererek akıldışı bir iftira atılmıştır. Tamamı yalandır.

Cep ve ev telefonum şu mahkeme kararları ile dinlenmiştir:

22.05.2009 14. Ağır Ceza Mahkemesi 3 aylık dinleme kararı.
Soruşturma No: 2008/1692

20.08.2009 13. Ağır Ceza Mahkemesi 3 aylık uzatma kararı.
Soruşturma No: 2008/1756

24.02.2011 13. Ağır Ceza Mahkemesi 3 aylık dinleme kararı. Soruşturma No: 2010/857

Yasa gereği 3 aylık iki dinleme ardından 1 aylık uzatma kararı alınabilirken benim telefonlarım yasaya aykırı olarak üçüncü kez 3 aylık dinlemeye alınmıştır.

20 Ağustos 2009 tarihinde 2008/1756 sayılı soruşturma kapsamında yapılan dinleme 22 Kasım 2009'da bitmiştir. Bu durumda dinlemenin kesilmesiyle ilgili kararların dosyada bulunması gerekirdi. Ancak bu belgeler dosyada yer almamaktadır. (Dosyaya celbini talep ediyorum.)

14 Şubat 2011 günü gerçekleştirilen Odatv baskını sırasında bir bilgisayarda bulunan word dokümanlarında "Nedim" adı geçiyor diye 24 Şubat 2011 günü, 2010/857 sayılı soruşturma kapsamında, cep telefonum ve ev telefonum dinlemeye alındı ve 3 Mart 2011 günü ise gözaltına alındım.

Hakkımdaki temel suçlama, "Hanefi Avcı ve Ahmet Şık'ın yazdığı kitaplar konusunda bu kişileri yönlendirmek ve bu kitapların yazımına katkı yapmak"tır.

Ancak ne bu kişileri yönlendirdiğime, ne Soner Yalçın'dan bu talimatları aldığıma ne de herhangi bir katkım olduğuna dair dosyada tek bir delil vardır.

Modern hukukta kişilere işledikleri suçlara ilişkin deliller ortaya konur ve savunması beklenir. Ancak burada benden **bu kitapları yazmadığımı ispatlamam,** yani iddianamenin bakışıyla olumsuz bir durumu ispatlamam isteniyor. Yani yıllar sonra "ispat hakkı" geri dönmüş oluyor.

Mahkemeler delillerin toplandığı değil, delillerin değerlendirildiği yerdir. Savcılık aleyhte olduğu gibi lehte delilleri de toplamak ve mahkemeye sunmak zorundadır.

İddianame kapsamında yöneltilen suçlamalarla ilgili olarak dosyada benim lehime olan hiçbir delil ve ifade dikkate alınmamıştır. Savcılığın aleyhte olduğu gibi lehte olan delilleri de toplamak gibi bir sorumluluğu bulunmaktadır. Bu tür bir çabanın olmadığı görülmekle birlikte, hiçbir fazladan çabaya gerek kalmadan dosyada bulunan lehe deliller iddianame hazırlanırken dikkate alınmamıştır.

Oysa dışarıdan ek bir delile veya tanığa gerek kalmadan ek klasördeki bilgi, belge ve ifadeler benim Hanefi Avcı'nın ve Ahmet Şık'ın kitabının yazılmasında katkımın ve rolümün olmadığını ortaya koymaktadır.

Hanefi Avcı'nın ve Ahmet Şık'ın ifadeleri yanında Avcı'nın kitabını basan yayınevinin, dosyaya giren 61 no'lu klasördeki belgelerinde benim bu kitaba bir katkım olmadığını göstermektedir. Tersine bir delil bulunmadığı halde mevcut **deliller iddia edilen fiillerin içinde bulunmadığımı göstermektedir. Mahkemenizin bu delilleri dikkate almasını bekliyorum.**

Nedim Şener'in H. Soner Yalçın'dan aldığı talimat ile Hanefi Avcı'yı yönlendirdiği iddiasına karşı beyanlarım:

Soner Yalçın'dan talimat aldığım iddiası ve aldığım talimat ile Hanefi Avcı'yı yönlendirdiğim iddiası tamamen asılsız, delilsiz bir varsayımdır. Gerçeklerle hiçbir ilgisi yoktur. Zaten iddianamenin bizzat kendisi bu iddiayı çürütmektedir.

İddianamenin 96. sayfasının 12. satırında "... Hanefi Avcı'ya *HALİÇ'TE YAŞAYAN SİMONLAR* isimli kitabın yazdırıldığı anlaşılmıştır" denmektedir.

Yine 96. sayfanın 36. satırında "dolayısıyla tespit edilen bu çelişkiler kitabın ikinci bölümünün Hanefi Avcı tarafından kaleme alınmadığını (...) ortaya koymaktadır" denmektedir.

Yine 96. sayfanın 48. satırında "Hanefi Avcı'nın (...) Ergenekon Silahlı Terör Örgütü'nün talimat ve yönlendirmeleri ile *HALİÇ'TE YAŞAYAN SİMONLAR* isimli kitabı yazdığı, kitapta sanık Doğu Perinçek'in etkisi ve yönlendirmelerinin olduğu..." denmektedir.

İddianamenin 97. sayfasında, "Hanefi Avcı'nın, Hüseyin Soner Yalçın'ın talimatı ve Nedim Şener'in yönlendirmesi doğrultusunda hareket ettiği ve 12 Eylül Referandumu öncesi ülke gündemini etkilemeyi veya yönlendirmeyi amaçladığı anlaşılmıştır" denmektedir.

Yine soruşturmayı yapan Emniyet Organize Suçlarla Mücadele Şubesi'nin savcılığa yazdığı iki arama talebini içeren 2 Mart 2011 tarih ve 2011/54 suç no'lu evrakta "Nedim Şener ve Ahmet Şık'ın Hanefi Avcı'nın *Haliç'te Yaşayan Simonlar* kitabının yazılmasında GÖREV aldıklarının tespit edildiği, 12 Mart 2011 günlü tespit tutanağında ise Nedim Şener'in KATKISININ OLABİLECEĞİ, 21 Temmuz 2011 günlü tutanakta ise YÖNLENDİRDİĞİ" ileri sürülmüştür.

BU ÇELİŞİK TESPİTLER hakkımdaki SUÇLANMAYA NASIL GEREKÇE OLABİLİR? Ancak bu temelsiz gerekçeler hakkımdaki suçlamanın tek dayanağıdır.

(...)

İddianamenin 104. sayfasında yer alan hakkımdaki temel suçlamaya gelecek olursak;

"Ayrıntılarıyla sunulan bütün bilgi ve belgelerdeki delillere göre şüpheli Nedim Şener'in, Ergenekon Silahlı Terör Örgütü'nün amaç ve hedeflerine uygun olarak, dava sürecini olumsuz etkilemek ve yönlendirmek amacıyla, örgütün güncel medya stratejisini ortaya koyan 'Ulusal Medya 2010' dokümanında belirtilen stratejiler doğrultusunda Hanefi Avcı ismiyle yayınlanan *Haliç'te Yaşayan Simonlar* isimli kitabın yazılmasında ve Sabri Uzun adıyla yayınlanması planlanan 'İmamın Ordusu' isimli örgüt dokümanın hazırlanmasında görev almıştır. Bu süreçte Nedim Şener'in, Hüseyin Soner Yalçın'ın talimatı ile Hanefi Avcı ve Ahmet Şık'ı yönlendirdiği belirlenmiştir."

Burada da görüleceği gibi benim her iki kitabı ya da birini veya bir bölümünü "yazdığı" şeklinde bir iddiada bulunulmuyor. Temel suçlama, H. Soner Yalçın'ın talimatıyla Hanefi Avcı ve Ahmet Şık'ı "yönlendirmektir."

Bu kapsamda TCK'nın 220/7 maddesine göre "üye olmamakla birlikte bilerek ve isteyerek suç işlemek amacıyla kurulan örgüte yardım etmek" ile suçlanıyorum. Öncelikle belirtmek isterim ki Ergenekon isminde bir örgütün olup olmadığı halen İstanbul 13. Ağır Ceza Mahkemesi'nde süren yargılama ile karara bağlanacak ve Yargıtay kararıyla kesinleşecektir. Halen "Ergenekon terör örgütü" denmemesi için yayın yasağı vardır.

Olup olmadığı henüz kesinleşmeyen ve mahkemesinin dahi "iddia olunan Ergenekon Terör Örgütü" şeklinde tanımladığı bir örgüte "bilerek ve isteyerek" nasıl yardım ve yataklık etmiş olabilirim? Bu konudaki suçlama tamamen soyuttur, DAYANAKSIZDIR. "Yardım ve yataklık", kitap yazımı konusunda H. Avcı ve A. Şık'ı "yönlendirmek" şeklinde nitelendirilmiştir.

"Yönlendirme" konusunda temel delil olarak "Soner" isimli kullanıcı adı olan ve H. Soner Yalçın'ın sahibi Odatv isimli internet sitesindeki bir bilgisayarda ele geçirilen "Hanefi", "Nedim" ve "Sabri Uzun" isimli word dokümanlarıdır.

Soner Yalçın'ın ifadesinde kendisinin hazırlamadığını ve bilgisinin olmadığını söylediği söz konusu dokümanlardaki talimatlardan benim de hiçbir zaman bilgim olmamıştır.

(...)

İfadelerimde ve kamuoyuna yansıyan açıklamalarımda ısrarla H. Soner Yalçın'ı tanımadığımı söyledim. Soner Yalçın da Nedim Şener'i tanımadığını söylemiştir.

İddianamede Soner Yalçın'la aramızda 21 Ekim 2009 günü gerçekleşen ve içeriği bir gazete haberi olan telefon görüşmesi "tanıma" olarak belirtilmektedir. Bir muhabir olarak bir

gün içerisinde 30 ila 50 arasında telefon görüşmesi yaparım. Hafta sonlarını çıkardığımızda mesai günleri hesaplanarak bir yıl içinde 7 bin ile 10 bin telefon görüşmesi demektir. 20 yıldır gazetecilik süresince bu görüşmelerin sayısı 100 binlerle ifade edilebilir.

Bu süre zarfında yüzlerini bile görmediğim her meslek grubundan binlerce insanla konuştum. Dolayısıyla o insanlar gibi Soner Yalçın'la da ilişkim iki adet telefon konuşmasından ibarettir.

Bu telefon konuşması dışında benimle hiçbir iletişim bağı / teması olmayan Soner Yalçın'ın bana talimat verdiği iddiası temelsizdir.

(...)

Öte yandan benim Soner Yalçın'ın talimatıyla yönlendirdiğim iddia edilen Ahmet Şık ve Hanefi Avcı da, bu iddiaları ifade ve açıklamalarında reddetmişlerdir.

Hem Avcı hem de Şık savcılık ve mahkeme sorgularında yazdıkları kitaplar konusunda benim bir yönlendirmem ve katkım olmadığını da beyan etmişlerdir. Zaten dosyanın tamamında benim Avcı ve Şık'ı yönlendirdiğime dair tek bir delil, telefon konuşması, mesaj, belge vb şey yoktur.

Hanefi Avcı ile 2009 yılına ilişkin yapılan telefon görüşmeleri 2010 yılı Ağustos ayında yayınlanan bir kitaba ilişkin olarak H. Avcı ile benim aramda ilişkiye delil olarak sunulmaktadır.

Ben, Hanefi Avcı'yı 2004 yılında Adalet ve Kalkınma Partisi hükümetinin ilk yolsuzluk operasyonları nedeniyle tanıdım. Edirne Emniyet Müdürü olduktan sonra da haber amaçlı olarak Hanefi Avcı ile birçok görüşme yaptım. Ancak bunların hiçbiri "örgütsel bir ilişki amaçlı ve içerikli" değildir.

Yıllarca Emniyet'te üst düzeyde görev yapmış olan Hanefi Avcı ile görüşen herkes hakkında "örgütsel ilişki" nitelemesi yapılacak olursa, özellikle birçok yazar, yayın yönetmeni, haber müdürü ve muhabiri hapse atmak gerekir.

Dolayısıyla Hanefi Avcı'yla aramızdaki ilişki gazeteci-haber kaynağı ilişkisinin ötesinde değildir.

Oysa hiçbir dayanağı olmadığı halde, H. Avcı ile 2009 yılında yaptığım telefon görüşmeleri "Hanefi Avcı ile "bağlantı" şeklinde yorumlanmıştır. Hanefi Avcı ile "bağlantı" olacak şekilde bir ilişkim olmamıştır. Kendisiyle iddianamede yer verilen telefon görüşmeleri öncesinde ve sonrasında birçok telefon görüşmem olmuş, bunların bir kısmı fotoğraflı haber olarak yayınlanmıştır. Örneğin Edirne Emniyet Müdürü iken gümrük yolsuzluğu operasyonu yapan Avcı ile röportaj yaptım, bu görüşme fotoğraflı olarak *Milliyet* gazetesinde yayınlandı. Yine kendisiyle yaptığım telefon görüşmesi sonucunda "Ben yaparım o yapmaz" şeklindeki manşet haberim yayınlanmıştır. Ayrıca kendisinin yazdığı kitap nedeniyle yaptığım röportaj 26 Ağustos 2010 günü *Milliyet* gazetesinde yayınlanmıştır.

Savcılık, internet gibi açık kaynaklardan ulaşabileceği bu bilgilere iddianamede yer vermemiştir. Yer vermiş olsa idi H. Avcı ile ilişkimin "bağlantı" değil, haber kaynağı-gazeteci ilişkisi olduğu sonucuna kendiliğinden ulaşmış olacaktı. **Oysa yalnızca iki telefon görüşmesine yer vererek H. Avcı ile ilişkimi, zorlama bir yorumla "bağlantı" şeklinde algılatmaya çalışmıştır.**

Buradan yola çıkarak tekrar belirtmek isterim ki ben kimseden talimat almadım, kimseye talimat da vermedim. Hiç kimseye bir başkasının talimatını aktarmadım. Hanefi Avcı ile haber dışında başka hiçbir ilişkim olmadı. Bunun aksini ispatlayan tek bir somut delil de yoktur.

Odatv'de ele geçen dokümanlar ve Nedim Şener

I- Bana yönelik suçlamalara kaynaklık eden dokümanlardan biri de Odatv'de ele geçen "Nedim" isimli "word" dokümanıdır. Teknik incelemede 09.08.2010 tarihinde oluşturulduğu iddia edilen "Nedim" isimli word belgesinde **"Nedim'in Emniyet bağlantıları önemli,** irtibatlarını devam ettirsin. Toygun'un gazete ile problemleri var, Nedim çözebilir mi? Haber yayınlatamıyorsa biz neden değerlendirmiyoruz, Hanefi ve ekibini çok iyi tanıyor. **Nedim ile Hanefi'nin Dink konusundaki görüş ayrılıkları gündem yapılmamalı,** üzerinde durulursa savunmamız ve etkisini arttırmamız zor olabilir, Nedim bu konuda duyarlı olmalı, çok fazla Hanefi'nin üzerine gidilmemeli, ana gündemden kopup Hanefi'yi tartışılır hale getirmiş oluruz" şeklinde notların yazılı olduğu tespit edilmiştir.

Dokümanın içeriğine bakıldığında şu sonuçlara varmak mümkün:

1- Bu dokümanda geçen "Nedim" isminin ben olduğuma dair bir delil yoktur.

2- Belgenin içeriğinde bir **başka tutarsızlık göze çarpmaktadır. Toygun isimli birinden söz edilmekte ve bu kişinin gazete ile ilgili problemlerinin çözümü konusunda Nedim isimli kişinin** devreye girmesi önerilmektedir. "Toygun" adının, birinin kod adı mı, yoksa gerçekten bir gazetede çalışan Toygun adındaki bir kişiyi mi anlattığı açık değil. Dolayısıyla ben yalnız "Toygun" adında birini tanımıyorum.

3- Soruşturmanın diğer evraklarında Toygun isimli kişinin *Hürriyet* gazetesinde görevli muhabir Toygun Atilla olduğu iddiası gündeme gelmiştir. Eğer Toygun isimli kişiyle Toygun Atilla kastediliyorsa ve çalıştığı *Hürriyet* gazetesiyle problemleri varsa çözümüne *Milliyet*'te muhabir olarak görev yapan Nedim Şener değil, *Hürriyet* gazetesi yazarı ve talimatı hazırladığı iddia edilen H. Soner Yalçın'ın bizzat kendisi yardımcı olabilecek konumdadır. Dolayısıyla böyle bir talimatın gerçek olamayacağı açıktır.

4- "Nedim.doc" adlı dokümanda "Nedim'i kullanalım" cümlesi ise tamamen gerçekdışıdır. **Nedim Şener ne kendisini kullandırır ne başkasını kullanır.**

Nedim Şener, 20 yıllık gazetecilik hayatında bırakın bir örgütü, kendi imzasını koymayacağı hiçbir kitap çalışmasının içinde yer almamıştır.

II – Odatv'de ele geçen "Hanefi.doc" ve "Nedim.doc" isimli Word dokümanlarının içerik değerlendirmesi:
Soner isimli kullanıcı tarafından bilgisayarda 12.07.2010 tarihinde oluşturulduğu iddia edilen "Hanefi" isimli word belgesinde; "Hanefi'nin kitabı ne durumda, referandum öncesi yetiştirilmeli. **Nedim'i sıkıştırın hızlandırsın...**" Referandum sürecinde cemaati yıpratmalı ve kamuoyu üzerinde güvenirliliğini azaltmalı; Hanefi kullanılmalı. Böyle bir şeyi kendini ortaya koyarak teklif etmesi önemli. Avcı ile direkt görüşmeyelim, **Nedim'i ve Cumhur'u kullanalım**" yazdığı tespit edilmiştir.

Öncelikle şunu belirtmem gerekir:

1- "Hanefi" isimli belgede geçen "Nedim" adının Nedim Şener olduğuna dair bir delil yoktur.

2- Bu dokümanın içeriğinde talimat denilen konuların Nedim Şener'e ulaştığına ve Nedim Şener'in sözü geçen konularda çalışma yaptığına dair tek bir delil, telefon konuşması, mesaj yoktur. "Hanefi dokümanı dışında öne sürülen başka da bir delil yoktur."

3- "Hanefi" isimli dokümanın içeriğine bakıldığında ise "Hanefi kullanılmalı. Böyle bir şeyi kendini ortaya koyarak teklif etmesi önemli..." denmektedir.

Bir an için **bu dokümanın doğru olduğu kabul edilse**, kendisi (Hanefi Avcı) adını ortaya koyarak böyle bir şeyi (kitap) teklif eden birini, başka birinin yönlendirmesine gerek olmadığı açıkça görülmektedir.

Ayrıca gerçek olarak kabul ediliyorsa, H. Avcı ile Soner Yalçın doğrudan görüşüyor. Çünkü iddiaya göre talimatı yazan H. Soner Yalçın, bunu "[Hanefi. Avcı'nın] böyle bir şeyi kendini ortaya koyarak teklif etmesi önemli..." şeklinde ifade ederek bu teklifi kendisinin aldığını da anlatmış oluyor.

İddiaya göre talimatı yazanlarla görüşebilen birinin (H. Avcı) yönlendirme amaçlı bir aracı (Nedim Şener'i) kullanması ise maddi gerçeklere aykırı bir durumdur.

4- "Hanefi.doc" isimli dokümanın oluşturulma tarihi 12 Temmuz 2010 olarak veriliyor. Ne o tarihten önce ne de sonra Hanefi Avcı'yla dokümanda geçen içerikte bir görüşme yapılmıştır.

5- Ben, H. Avcı'nın, kitap yazdığından kitap yayınlanana kadar haberdar olmadım. Yayınevinin gönderdiği kitap 19 Ağustos 2010 günü akşama doğru *Posta* gazetesindeki adrese ulaşmıştır. Hızlı bir okumam ve göz atmam sonrası *Milliyet* gazetesinde kitapla ilgili haberi hazırladıktan sonra, şefimin okuması, haber merkezi ve yazı işleri redaksiyonunun ardından belirlenen başlıklarla söz konusu haber, 20 Ağustos 2010 günü *Milliyet*'te yayınlanmıştır. Söz konusu kitap, aynı tarihte *Vatan* ve *Hürriyet* gazetesinde haber olarak yayınlanmıştır.

Hanefi Avcı da gerek tutuklanmadan önce yaptığı açıklamalarda gerek savcılık ve mahkeme ifadeleri ile verdiği dilekçelerinde, kitap konusunda benim hiçbir katkımın olmadığını söylemiştir.

6- Dokümanda, "Hanefi'nin Dink konusundaki görüş ayrılıkları gündem yapılmamalı, üzerinde durulursa, savunmamız ve etkisini artırmamız zor olabilir, Nedim bu konuda duyarlı olmalı..." denmektedir.

"Hanefi" adlı doküman, 12 Temmuz 2010 tarihinde oluşturulmuş. Bu şekilde bir içeriğin, yaşanan gerçeklerle ilgisi yoktur.

Bu dokümanın, kitap yayınlandıktan yani 19 Ağustos 2010 tarihinden sonraki dönemi kapsadığını varsayarak, talimat içeriğinin **Nedim Şener'in gazetelere verdiği röportaj ve TV programlarında** "Hanefi Avcı'nın kitabında Dink cinayeti konusunda yanlış bir tespitte bulunduğunu, bunu bazı meslektaşlarını korumak amacıyla yapmış olabileceğini, hatta Avcı'nın Dink konusunda 'Dink cinayeti aydınlanmıştır' şeklinde bir tespiti hakkında bilgisi olması halinde buna hukuken engel olurdum" **şeklinde röportaj verdiği gerçeği ile taban tabana zıttır.**

Nedim Şener'in, Dink cinayeti konusunda Hanefi Avcı'ya yönelik eleştirileri dikkate alındığında söz konusu dokümanda talimat olduğu ifade edilen yazıların geçerli olmadığı ve Nedim Şener'in bu tür talimat almadığı görülecektir.

***Ergenekon Belgelerinde Fethullah Gülen ve Cemaat* kitabının taslağı olduğu iddia edilen word metnin Odatv'nin bilgisayarında bulunduğu iddiasına karşı beyanlarım:**

Ergenekon Belgelerinde Fethullah Gülen ve Cemaat kitabının Odatv'deki bir bilgisayarda taslak halinin bulunması hakkında hiçbir dahlim yoktur. **Bu kitabı çok büyük bir ölçüde, iddia olunan Ergenekon örgütü ile ilgili açılmış olan davaların iddianamesine ait ek klasörlerdeki belgelerden oluşturdum.**

Kitabı tamamen kendi çabamla oluşturdum ve aylar süren bir çalışmanın ardından 2009 yılı Temmuz ayında yayınladım.

İddianamedeki gibi "Kitap basılmadan önce Odatv'ye geldiğini ve Odatv çalışanları **tarafından kontrolden geçtiğini göstermektedir" ifadesini ne bir yorum ve görüş ne de suçlama olarak kabul ediyorum. Hiçbir zaman Odatv çalışanları ile bu tür bir ilişkim olmamıştır.**

Ben kitabımı yayınlamadan önce doğal olarak yalnızca yayınevine gönderirim. Asıl önemlisi kitabımın taslağının benim tarafımdan gönderildiğine dair tek bir delil yoktur.

İddianamede ifade edildiği gibi Odatv çalışanlarının nasıl bir "kontrolden geçirdiğine" ait somut tek bir delil dosyada bulunmamaktadır. Ayrıca Odatv çalışanlarının ne tür bir kontrol işlemi yaptığı ve bu "kontrol edilmiş" kitabın bana ulaşıp ulaşmadığı, ulaştıysa hangi yolla gerçekleştiği anlatılmamış, soyut biçimde kontrolden geçtiği yorumunda bulunulmuştur.

Oysa, **bu kitabın taslağını, Odatv'cilere benim vermediğime dair en önemli delil iddianamenin 98. sayfasındadır;**
Odatv çalışanı Barış Terkoğlu ile ilk ve tek telefon görüş-

memin tarihi 16 Eylül 2009'dur. Bu görüşmede Terkoğlu bir konuda benden görüş almak istiyor. Ben ise olumsuz yanıt veriyorum. Bunun üzerine Terkoğlu "Tamam o zaman biz sizinle hani hem şöyle bi tanışmış olduk" diyor ve telefonu kapatıyor. Benim kitabım ise 2009 yılı Temmuz ayında yayınlanmıştı. **Yani kitabımın yayınlanmasından tam iki ay sonra, Odatv çalışanlarından Barış Terkoğlu ile ilk kez telefonda görüştüğüme göre kitabımı kontrol amacıyla Odatv'ye gönderdiğim iddiasının hiçbir geçerli dayanağı olamaz.**
Yine iddianamenin 98. sayfasında H. Soner Yalçın ile yaptığım telefon konuşması tarihinin 21 Ekim 2009 olduğu görülmektedir. **Bir haber konusunda yaptığımız bu konuşma ise Barış Terkoğlu ile yaptığım görüşmeden bir ay, kitabımın yayınlanmasından üç ay sonra gerçekleşmiştir. Dolayısıyla yazdığım kitabı Odatv'ye kontrol edilmesi için gönderdiğim, kitap taslağının kontrol edildiği (!) iddiası kabul edilemez.**

Ayrıca kitabımı Ergenekon savcılarının dava dosyaları eklerinde yer verdikleri raporlardan oluşturdum, kitabımda herhangi bir hakaret amacı da yoktur. Kitabımda "tarikat" ya da "örgüt" gibi bir nitelemede dahi bulunmadım, sadece kamuoyunu bilgilendirme amacıyla kaleme aldım.

Öte yandan iddianamenin eklerinde bulunan telefon dinleme kayıtlarında "Ayten", "Aysel Akdaş" ve "Talip" isimli kişilerle yaptığım telefon konuşmaları, kitabın tamamen benim tarafımdan yazıldığını göstermektedir. Çünkü adını verdiğim kişiler, kitabı basan yayınevinin sahibi ve editörlüğünü yapanın eşidir. Görüşmelerin içeriğine bakıldığında kitaptaki imla hatalarının bile karşılıklı konuşmalarla tarafımızdan giderildiği anlaşılmaktadır.

Ergenekon silahlı terör örgütünün amaç ve hedeflerine uygun olarak *Haliç'te Yaşayan Simonlar* kitabının hazırlanmasında görev aldığım iddialarına ilişkin savunmalarım:
Öncelikle Hanefi Avcı'nın kitabının yazımına katıldığım, yazımına katkıda bulunduğum veya yönlendirdiğim iddialarını ardından da bunu, iddia olunan Ergenekon terör örgütünün amaç ve hedeflerine göre yaptığım iddialarını REDDEDİYORUM.

Hakkımda yöneltilen suçlamanın temelsizliğini anlatmak için bu iddiaların kaynağına da inmek gerekiyor. Hanefi Avcı'nın kitabının Ergenekon'un amaç ve hedeflerine uygun olarak yazıldığı iddiası, soruşturma birimlerinin çalışmalarına mı dayanmaktadır?

Hanefi Avcı'nın kitabının Ergenekon'un amaç ve hedeflerine uygun olarak yazmam hakkındaki iddia, soruşturma birimlerinden değil, biri Polis Akademisi öğretim üyesi beş köşe yazarı ve bir gazetenin haberine dayanmaktadır.

O gazeteciler şunlardır:
Yiğit Bulut (*Habertürk* gazetesi)
Alper Görmüş (*Taraf* gazetesi)
Rasim Ozan Kütahyalı (*Taraf* gazetesi)
Şamil Tayyar (*Star* gazetesi)
Bugün Gazetesi Ankara Temsilciliği'nin, Önder Aytaç'ın (Polis Akademisi Öğretim Üyesi) yazı, yorum, haber ve söyleşilerine dayanmaktadır.

Nitekim bu durum İstanbul Emniyet Müdürlüğü Terörle Mücadele Şube Müdürü Yurt Atagün'ün 20.10.2010 tarih ve B.05.1.EGM.4.34-45400-19386 sayılı yazı ile İstanbul Cumhuriyet Başsavcılığı'na (CMK 250 SYM) gönderdiği talimat talebiyle ortadadır.

Bu yazıda, iddia olunan Ergenekon terör örgütünün faaliyetleri arasında dezenformasyon faaliyetlerinin de bulunduğu hatırlatılarak, Avcı'nın kitabıyla ilgili tespit şu şekilde dile getirilmiştir:

"Yine son dönemde ülkemizde faaliyet yürüten yazılı ve görsel bazı yayın organlarında Hanefi Avcı'nın bahse konu kitabının iddia olunan Ergenekon Silahlı Terör Örgütü tarafından bir dezenformasyon faaliyeti kapsamında yazdırılmış olabileceğine dair yayınların da yapıldığı tespit edilmiştir."

67. klasörde 337. sayfada yer alan bu resmi yazıda da belirtildiği gibi Hanefi Avcı'nın kitabının Ergenekon faaliyeti olduğu 2007'den beri süren soruşturmaya değil, gazetelerde ve internet sitelerindeki yazı ve söyleşilere dayanmaktadır.

Yine 67. klasörün 335. sayfasında Cumhuriyet Savcısı Kadir Altınışık, polisin 20 Ekim 2010'da kendisine gönderdiği yazıya aynı gün cevap vererek konuyla ilgili araştırma yapılması talimatı vermiştir. 2009/1868 sayılı bu soruşturmanın sonucu bilinmemektedir.

Nitekim savcının talimatla görevlendirdiği İstanbul Terörle Mücadele Şubesi tarafından hazırlanan 28 Eylül 2010 tarihli ön inceleme tutanağının 67. klasörünün 334-323. sayfaları arasında bulunan bu inceleme raporunun hiçbir yerinde benim bir katkım olduğuna dair bir tespit yoktur.

Benim Hanefi Avcı'nın kitabının yazımında rol oynadığımı ilk iddia eden kişi ise yine polise çok yakın, hatta polisin içinden biri olan Polis Akademisi Öğretim Üyesi Önder Aytaç'tır.

Önder Aytaç, 3 Ekim 2010 günü Habertürk televizyonunda katıldığı, benim ve Şamil Tayyar'ın da bulunduğu "Olduğu Gibi" programında bazı gazetecilerle birlikte benim adımı ilk kez dile getirmiştir.

Bu programın bant çözümü 33. klasörde (sayfa 147) bulunmaktadır.

Dolayısıyla Hanefi Avcı'nın kitabına bir katkım ya da yönlendirmem söz konusu değil, medyada dolaşan yayınlarla linç edilmem söz konusudur. Zaten dosya içinde benim Hanefi Avcı'nın kitabıyla ilgim olduğunu iddia eden tek HUSUS Odatv'de bilgisayarda bulunan word dokümanlardır.

Hangi "delil", hangi talimat?..

Savcılık, bu bölüme, Hanefi Avcı'nın kitabının yazımına yaptığım iddia edilen katkıya ilişkin "deliller" demiştir.

Bu bölümün başlığı her ne kadar "deliller" şeklinde ise de Hanefi Avcı'nın kitabının hazırlanmasında nasıl bir görev aldığıma dair **tek bir somut yasal delil yer almamaktadır.** Savcılık tarafından delil bulunmaması doğaldır. Çünkü Hanefi Avcı'nın "Kitabının hazırlanmasında Nedim Şener'in katkısı olmamıştır" ve "Kitabı yazdığımı haber vermedim" şeklindeki ifadelerini de savcılık dikkate almamıştır.

"Avcı'nın 'Kitap yazdığımı haber vermedim' şeklindeki ifadelerini de savcılık dikkate almamıştır."

Odatv isimli internet sitesine yapılan baskında bir bilgisayarda bulunan "Nedim.doc", "Hanefi.doc" ve "Sabri Uzun.doc" adlı dokümanlardan benim hiçbir zaman haberim olmamıştır. Bu tür talimatlardan haberim olmadığı gibi bu içerikte bir talimat ya da yönlendirme kimse tarafından bana yapılmamıştır. Ayrıca 71 klasörü bulan ekler içinde yer alan binlerce sayfalık telefon görüşmesi kayıtlarında, e-posta mesajlarında, MSN yazışmalarında veya başka bir belgede bu tür sözü edilen doküman içeriğine ilişkin bir delil, konuşma, tek bir kelime bile yoktur.

Dolayısıyla ne Hanefi Avcı'nın kitabının yazılmasına yardım ettiğime ne de Soner Yalçın'dan talimat aldığıma dair tek bir delil vardır.

(...)

Adı geçen word dokümanlarda "Nedim" şeklinde geçen kişinin ben olduğuma dair delil de yoktur. Bu dokümanlar 3 Mart 2011 günü gerçekleştirilen ev ve araba aramalarında bana ait dijital veri ve belgeler arasında yer almadı.

(...)

Ben yaklaşık yirmi yıllık gazetecilik hayatım boyunca 10 ki-

tap ve yüzlerce belki de binlerce haber yaptım. Bugüne kadar yazdıklarım nedeniyle yüzlerce kez mahkemeye çıktım. Her yazdığımı savundum. Hayatımda ilk kez yazmadığım şeyler hakkında yargılanıyorum.

Tüm meslek hayatım boyunca hiçbir habere politik açıdan bakmadım ANAP, DYP, MHP, CHP, gibi AKP'li siyasetçilerin de yolsuzluklarını yazdım. Hiçbir zaman kara propaganda gibi bir kavramı duymadım, böyle davranan gazeteci de tanımadım. Yazdığım haber, kitap ve yazıların hiçbirinde Ergenekon operasyonlarını yürüten adli makamlarla ilgili konular yer almamıştır. Benim gazeteci olarak ilgilendiğim konulardan biri de Hrant Dink cinayetidir.

Ben, huzurunuzda Ergenekon örgütüne yardım iddiasıyla yargılanıyorum, ancak Ergenekon ile Dink cinayeti arasındaki bağlantıyı ortaya koyan şemaları yayınladığım için de Bakırköy 2. Asliye Ceza Mahkemesi'nde "Ergenekon soruşturmasında gizliliği ihlal" iddiasıyla yargılanıyorum. Yani mevcut durum göz önüne alındığında, "ben yardım ve yataklık yaptığım bir örgütü deşifre eden ve bu örgütün Dink cinayeti arasındaki bağlantıyı gösteren şemaları yayınlayan bir kişiyim". Bu durumun makuliyetini takdirinize bırakıyorum.

İddianamenin 100. sayfasında da, Hanefi Avcı ve benim ifadelerimden bazı satırlara yer verilmiştir. Burada Hanefi Avcı, kitabından benim haberim olmadığını ve yayınlandıktan sonra bilgim olduğunu beyan etmiştir. Aynı şekilde benim ifademden alıntı yapılmış ve Hanefi Avcı'nın kitabını basıldıktan sonra ilk kez gördüğüm ve böylece haberdar olduğum bilgisi verilmiştir.

Savcılık, birbirini doğrulayan bu ifadeleri aktarırken benim kitaptan alıntı yaparak yazdığım haber ve yazılardan örnek vermek suretiyle "kitaptan alıntılar" ile kitabın basılmış nüshasındaki farklar olduğu, dolayısıyla **kitabın taslak halinin bende bulunduğu iddiasında bulunmuştur.**

Bunu da iddianamede şöyle ifade etmiştir: "Ancak Nedim Şener her ne kadar kitaptan yayınlandıktan sonra haberinin olduğunu beyan etse de; *HALİÇ'TE YAŞAYAN SİMONLAR* isimli kitaptan alıntılar yaparak köşe yazıları yazdığı, ancak **yazılarındaki 'kitaptan alıntılar' bölümlerinin kitabın basılmış nüshasında bulunmadığı** tespit edilmiştir. Bu durum *Haliç'te Yaşayan Simonlar* kitabının taslak halinin daha önceden Nedim Şener'de bulunduğunu, söz konusu kitap çalışmasının Nedim Şener ile birlikte yapıldığını açıkça göstermektedir."

Savcılığın bu iddiasının somut hiçbir dayanağı yoktur. Çünkü Hanefi Avcı'nın kitabı 19 Ağustos 2010 günü öğleden sonra gazeteye gelmiştir. Bu konuda yayınevi tarafından adıma kesilen fatura ve 19 Ağustos 2010 tarihli kargo teslim belgesini ekte sunuyorum.

Kitabın bana ulaşmasından sonra kitabın yazıldığını öğrenince hızlı bir çalışma yaparak kitap hakkında, 20 Ağustos 2010 tarihinde *Milliyet*'teki ve aynı gün *Posta* gazetesindeki köşe yazılarımı yazdım.

20 Ağustos 2010 günü, hem *Hürriyet* hem de *Vatan* gazetesinde de kitapla ilgili geniş haberler yayınlanmıştır. **Kitabın basılmadan önceki halinin bende olduğu varsayılıyorsa benim söz konusu kitapla ilgili haberi diğer gazetelerden önce yapmış olmam gerekirdi. Yani diğer gazetelere "haber atlatmam" gerekirdi.**

Diğer gazetelerde de kitapla ilgili haberin aynı gün, yani 20 Ağustos 2010'da yayınlanmış olması, kitabın benim ve diğer gazetecilerin **eline aynı tarihte geçtiğini göstermektedir. Dolayısıyla kitabın taslağının benim elimde önceden bulunduğu iddiası somut gerçeklerle bağdaşmamaktadır.**

Nitekim kitabı basan yayınevinin elinde olan ve bize gönderdiği kargo ulaşım bilgileri kitabın 19 Ağustos 2010'da teslim edildiğini göstermektedir.

Mehmet Baransu'nun temelsiz ve kasıtlı iddiaları, savcı tarafından inceleme yapmadan aynen iddianameye alınmıştır.

Öte yandan savcılık, kitapla ilgili yazdığım haber ve yazılardaki "alıntıların" kitabın basılmış nüshasında bulunmadığını iddia etmektedir. Bu durumun da elimde kitabın taslağının bulunduğu anlamına geldiğini kabul etmektedir.

Ancak savcılığın Hanefi Avcı'nın yazdığı ve halen piyasada satılmakta olan *Haliç'te Yaşayan Simonlar* kitabının yazımına katkı yaptığıma dair delil kabul edilen bu iddiaları, ilk kez *Taraf* gazetesinde çalışan Mehmet Baransu'nun 14 Mart 2011 günkü yazısında dile getirilmiştir.

Tarihe özellikle dikkat çekiyorum: 14 Mart 2011!

Yani 3 Mart 2011'de gözaltına alınmamdan 11 gün, 6 Mart 2011'de tutuklanmamdan sekiz gün sonra; iddianamede delil diye gündeme getirilen konu ne hakkımdaki soruşturma ne gözaltı ne de tutuklandığım tarihte ortadaydı! Nitekim Mehmet Baransu'nun 14 Mart'ta gündeme getirdiği konu polis sorgusunda, savcılık sorgusunda ve mahkeme sorgusunda bana yöneltilmemiştir. **Bu konuda savcılık ilerleyen aşamada da ifademe başvurmamış ve Mehmet Baransu'nun gündeme getirdiği gerçekdışı iddialar hakkında savunma hakkı tanınmamıştır.**

Mehmet Baransu'nun gündeme getirdiği gerçekdışı iddialar, İstanbul Emniyet Müdürlüğü Organize Suçlarla Mücadele Şubesi Müdürü Nazmı Ardıç imzasıyla 2 Ağustos 2010 günü savcılığa gönderilen 23 sayfalık "Tespit Tutanağı"nda aynen yer almıştır. Savcılık da iki komiser yardımcısının imzasını taşıyan "Tespit Tutanağı"ndaki iddiaları aynen iddianameye almıştır. (40 no'lu ek delil klasörü)

ELİNDE YASALARIN VERDİĞİ HER TÜRLÜ TEKNİK VE İSTİHBARAT İMKÂNLARI BULUNAN VE SAVCILIK TARAFINDAN GÖREVLENDİRİLEN EMNİYET MAKAMLARI, DELİL OLARAK MEHMET BARANSU'NUN 14 MART 2011 VE 28 MART 2011 GÜNKÜ YAZILARINA TESPİT TUTANAĞINDA YER VEREREK GERÇEKDIŞI KASITLI İDDİALARIN SAVCILIĞIN İDDİANAMESİNE" DELİL" DİYE GİRMESİNE NEDEN OLMUŞTUR.

Savcılık, Baransu'nun yazılarındaki gerçekdışı ve yalan iddiayı bu konuda savunmama başvurmadığı halde iddianamesine aynen almıştır. Savcılık iddianamesinde aynen şöyle denmektedir:

"Ancak Nedim Şener her ne kadar kitaptan, yayınlandıktan sonra haberinin olduğunu beyan etse de *HALİÇ'TE YAŞAYAN SİMONLAR* isimli kitaptan alıntı yaparak köşe yazıları yazdığı ancak yazılarındaki 'kitaptan alıntılar' bölümlerinin kitabın basılmış nüshalarında **bulunmadığı anlaşılmıştır."**

Savcılığın **bu iddiasını,** yine bizzat savcının hazırladığı **iddianamenin ilerleyen satırları yalanlamaktadır:**

Örneğin, 20 Ağustos 2010 günü *Milliyet* gazetesinde benim imzamla yayınlanan haberden bazı satırlar iddianameye alınırken savcılık bu satırların kitabın basılmış nüshasının 583. sayfasında olduğunu yazmıştır.

Yine aynı haberin başka bir bölümünden örnek verirken bu satırların kitabın 480-481. sayfasında bulunduğunu belirtmiştir. Yine 20 Ağustos 2010 günü *Posta* gazetesindeki yazımdan örnek verirken alıntı yaptığım satırların kitabın basılmış nüshasının 569-570. sayfalarında olduğunu yazmıştır.

31 Ağustos 2010 günü *Posta* gazetesindeki yazdığım yazıdan örnek verirken de benim alıntı yaptığım satırların kitabın 480-481. ve 432-433. sayfalarında olduğunu ifade etmiştir.

Yalnızca bu ifadeler, benim haber ve yazılarımda yaptığım "kitaptan alıntıların", kitabın basılmış nüshasında "bulunmadığı" tespiti ile çelişmektedir. Bu çelişki de 2 Ağustos 2011 tarihli Polis Tespit Tutanağı'ndan kaynaklanmaktadır. Oysa haber ve yazılarımdaki alıntılar ile kitabın basılmış nüshası karşılaştırıldığında, yalnızca "bazı farklardan" söz edebiliriz. Yani kitaptan alıntı yapılırken, okur için okunup anlaşılmasını kolaylaştıracak kısaltma, düzeltme ve anlamı bozmayacak ifade değişiklikleri yapılmıştır.

Savcılık makamının "kitaptan alıntıların" kitabın basılmış nüshasında bulunmadığı iddiası yerine "Kitaptan alıntılar yapılırken bazı cümleler çıkartılmış, düzeltme yapılmış ve anlamı bozmayacak biçimde cümle değişiklikleri yapılmıştır" demesi doğru olurdu. Çünkü yapılan tam da budur. **Bunlar, bütün dünyadaki gazetelerde yapılan rutin "editoryal faaliyetler"dir.**

Elbette ideal olan bir yazılı metinden yapılan alıntının birebir aynı şekilde yazılmasıdır. Ancak özellikle günlük gazetelerde yer darlığı, sürat ve kısa ama öz bilginin aktarılması amacıyla editoryal faaliyetler önemlidir.

Bir gazetede benim gibi bir muhabir haberini yazdığında bu haber sırasıyla servis şefi, haber merkezi editörleri, haber merkezi müdürü ve yazı işleri sorumluları tarafından okunur, düzeltilir, kısaltılır ya da uzatılır, içeriğinde detay bilgi vermek amacıyla değişiklikler yapılır ve yer alacağı sayfanın sorumlularına teslim edilir.

Sayfa sorumluları kullanılacak görsel malzeme ve fotoğrafların seçimini yapar, önceden belirlenen yere haberi yerleştirir. Ancak haberin macerası burada bitmez. Kullanılacak görsel malzemenin büyüklüğüne bağlı olarak haber metninde kısaltma yapılır. Haberin başlığının bir ya da iki satır olmasına bağlı olarak haber metni kısaltılabilir.

Ve tüm bu aşamalarda haberi yazan muhabirin etkisi sıfıra yakındır. Tüm bu safhalar muhabirin bilgisi ve etkisi dışında gerçekleşir. Muhabirin haberde çok önemsediği bir cümle ya da bölüm ertesi gün gazetede yer almayabilir. **Bu durum bütün günlük gazetelerde bu şekilde gerçekleşir ve bu şekilde yapıldığı için de kimse terör örgütüne yardım ve yataklıkla suçlanamaz.**

Nitekim *Milliyet* gazetesi gibi *Vatan* ve *Hürriyet* gazetesi de Hanefi Avcı'nın kitabı hakkında 20 Ağustos 2010 günü geniş birer haber yayınlamış, her iki gazetede de kitaptan yapılan alıntılar ile kitabın basılmış nüshası arasında fark ortaya çıkmıştır.

Uzun bir bölüm iki cümlede özetlenmiş, kitabın içinde soyadından bahsedilen kişilerin isimlerine haberde yer verilmiştir. Yapılacak karşılaştırmada bunlar rahatlıkla görülebilecektir.

HATTA *MİLLİYET, VATAN* VE *HÜRRİYET* GAZETELERİNDEKİ HABERLERDE, KİTABIN AYNI BÖLÜMÜNDEN ALINTILARA YER VERİLMİŞ, ANCAK AYRI METİN HALİNE GETİRİLMİŞTİR. SAVCILIĞIN İDDİANAMEDEKİ YAKLAŞIMI İLE BAKILDIĞINDA HER ÜÇ GAZETEDE AYRI BİRER TASLAĞIN OLMASI GEREKİRDİ.

Yalnız günlük gazeteler değil haftalık yayın organları, televizyon ve radyolar hatta internet siteleri bile alıntı yaparken orijinal metinden farklı metinler oluşturabilirler.

Hatta ve hatta aynı konuda haftalar ve aylar sonra kitap yazanlar bile alıntı yaptıkları kaynaklardaki orijinal metinden farklı bir metin yazabiliyorlar.

Konunun anlaşılması için iddianameden önce benim hakkımdaki bu iddiayı ortaya atan Mehmet Baransu'nun *MÖSYÖ* isimli kitabından (Karakutu Yayınları 2. Baskı Aralık 2010) bir örnek vereceğim. Hanefi Avcı'nın kitabı hakkında onu eleştiren bir kitap yazan M. BARANSU kitabının 358. sayfasında aynen şunları yazmaktadır:

"...
Hanefi Avcı kitabının 'Neşter-2' bölümünü ele aldığı 264. sayfasında da bir çelişkiye imza atmıştı.

Avcı, "HSYK eski Başkanvekili ve o zaman Yargıtay üyesi Ergün Güryel de grubun içindeydi. Savcı Aldan'ın değerlendirmesine göre (ki biz de bu görüşe katılıyoruz), Yargıtay üyeleri de sanıktı ve onlara da işlem yapmalıydı ama bu daha önce yapılmış bir şey değildi" diye yazacaktı."

Baransu, Avcı'nın kitabının 264. sayfasından yaptığı alıntıyı kendi kitabının 358. sayfasında bu şekilde aktarmıştı.

Şimdi Baransu'nun kitabında "alıntı" olarak aktardığı bu bölümün, Avcı'nın kitabının basılmış nüshasında bu şekilde olup olmadığına bakalım; Avcı'nın kitabının 264. sayfasında bu bölüm şöyle kaleme alınmış;

"HSYK Başkanvekili ve o zamanın Yargıtay üyesi Ergün Güryel ve **iki üç kişi ile irtibatları vardı. Bir zaman sonra tahkikat belli bir olgunluğa gelmiş ve operasyonun yapılması gerekiyordu. Savcı Aldan'ın değerlendirmesine göre (ki ben de bu görüşe katılıyordum)**, Yargıtay üyeleri de bu, daha önce yapılmış olan bir şey değildi."

Şimdi Baransu'nun alıntı şeklinde kitabında yer verdiği bölümü Avcı'nın kitabındaki bölümle karşılaştırdığımızda şu farklar ortaya çıkmaktadır:

1- Avcı'nın kitabından alıntı olarak verdiğim bölümde (bold) cümleler Baransu tarafından alıntı yapılırken çıkarılmış. Yani 53 kelimelik bölüm Baransu'nun kitabında 34 kelimeye indirilmiş.

2- Asıl dikkat çekici olansa bu alıntıda parantez içindeki (ki ben de aynı görüşe katılıyordum) cümlesi Baransu tarafından (ki biz de bu görüşe katılıyoruz) şeklinde yayınlanmıştır.

Baransu'nun, *MÖSYÖ* kitabında, buna benzer birçok editoryal faaliyet yer almaktadır. Alıntı yaptığı bölümler kitabın orijinalinde farklı biçimde yayınlanmıştır.

İstenmesi halinde örneklerini verebilirim. **Buradan da yola çıkarak "kitaptan alıntı" ile kitabın basılmış nüshası arasındaki farklar olması bir suç değil, özellikle günlük gazetelerde editoryal faaliyet olduğu açıkça görülmektedir.**

ÇARPITARAK ZEHİRLENEN GERÇEĞİN, HUKUK VE ÖZGÜRLÜĞÜMÜZÜN PANZEHİRİ DE YİNE HUKUK VE ADALET OLACAKTIR.

Bu aşamada şunu söylemek isterim; Mehmet Baransu'nun *Taraf* gazetesindeki köşesinde yaptığı yorumun, savcılığın bilirkişi diye görevlendirdiği polis teşkilatından iki komiser yardımcısının "Tespit Tutanağı"nın, iddianameye aynen alınması, önce Türkiye hukukuna ve adalet sistemine, düşünce ve ifade özgürlüğüne, Cumhuriyet Savcılığı'ndan beklenen objektif hukuk adamı özelliğine ve Türk milleti adına karar verecek olan mahkemesine saygısızlık olarak görüyorum.

Çünkü en azından Hanefi Avcı'nın kitabıyla ilgili bu şekilde Tespit Tutanağı hazırlayan iki kişi "komiser yardımcısıdır".

Bilgisinin, tecrübesinin ne olduğunu bilmediğimiz iki komiser yardımcısı sırf öyle yorumladığı için kim tarafından hazırlandığı bilinmeyen, gerçek olup olmadığı kanıtlanmayan ve asla benim bilgim olmayan "Hanefi" ve "Nedim" isimli iki word dokümanını, gerçekmiş, doğruymuş ve ispatlanmış kabul ederek, gazetede kitap hakkında yazdığım yazılardaki ifade farklarını dikkate alarak ve kitap basılmadan bir yıl önce haber amaçlı telefon konuşmalarına dayanarak benim Hanefi Avcı'nın kitabının **yazımına katkı yaptığımı tutana-**

ğa geçirebiliyor ve savcılık makamı da bunu kelimesi kelimesine iddianameye alabiliyor.

Eğer savcılık bu tespitlerle yetinecek ise Polis Tespit Tutanağı'na ihtiyaç duymamalıydı. Doğrudan Mehmet Baransu'nun yazısından alıntı yapabilirdi. Yani Mehmet Baransu'nun gazetesindeki yorumu ve iki komiser yardımcısının bu yoruma **bağlı tespit tutanağı, Türkiye'deki adalet sistemini, hukuka inancımızı, kişi hak ve hürriyetlerini, düşünce ve ifade özgürlüğümüzü, yaşam ve güvenlik hakkımızı, basın özgürlüğünü, özel hayat güvenliği ve gizliliğini, ailelerimizin güvenliğini yani tüm hayatı zehirlemiştir.** Ve **bu zehrin panzehiri de yine hukuk içinde olacaktır.** Bu zehrin ilacının adı da özgürlüktür, adalettir.

SAVCILIK VE POLİS KENDİ KAYITLARINDAN BULABİLECEĞİ BİR GERÇEK YERİNE YALAN OLAN BİR GAZETE MANŞETİNİ SORU OLARAK SORABİLMİŞTİR.

Savunmamın başlangıcından bu yana İstanbul Emniyet Müdürlüğü'nde bu soruşturmanın yürütülmesinde yanlı tutumların nedenleri hakkında açıklamalarda bulundum.

Bu tutumun en bariz örneklerden biri de, polisin kendi verilerinden birkaç dakikada öğrenebileceği gerçek yerine *Güneş* **gazetesinin 29 Eylül 2010 tarihli yalan manşetini bana sorabilmesidir.** *Güneş* gazetesinin "Hanefi Avcı'nın Devrimci Karargâh Örgütü soruşturmasında tutuklanmasının ardından, eşine, gönül ilişkisi içinde olan kişiye ve bana 'Tutukluluk çıktı haklılığımız anlaşıldı' şeklinde mesaj attığı" manşetten haber yayınlanmış.

Ve İstanbul polisi ardından Savcı Zekeriya Öz bana "Hanefi Avcı'nın tutuklandıktan sonra eşi ve gönül ilişkisi olduğu bayandan hemen sonra ve sadece size mesaj atmasını nasıl değerlendiriyorsunuz?" şeklinde bir soru sorabilmiştir.

Oysa bu bilgi, Şamil Tayyar'ın ortaya attığı bir yalandı. Emniyet, gazete manşetlerine çıkan yalan manşetlere dayanarak soru hazırlayıp Ergenekon soruşturmasını sulandıracağına **elindeki kayıtlara baksa Hanefi Avcı'nın tutuklandığında daha başka kimlere mesaj attığını görürdü.** Ancak o zaman bu soruyu sormasına gerek kalmazdı. Amacın gerçek bir terör soruşturması değil polisin, maalesef soruşturma ile savcılığı da yanıltarak bana karşı kasıtlı düşüncesinin tatmini olduğu kanısındayım. Şamil Tayyar'ın yalanına tereddütsüzce polis, savcılık ve mahkemeler de ortak olmuş ve 8,5 aydır tutuklu kalmama neden olan dosyada, hukuk devletine yakışmayan bu tür ciddiyetsizlikler yer bulmuştur.

Savcılık Hanefi Avcı'nın kitabını basan yayınevinden gelen delilleri hiç dikkate almamış, kitabı basanların ifadelerine başvurmamıştır. 61. klasör hakkında beyanlarım:

Savcılık yazdığım haber ve yazılardan yola çıkarak benim elimde kitabın basılmamış taslağının bulunduğunu iddia etmektedir. Buna ilişkin tek bir somut kanıt yoktur. Ancak iddianamenin 61. delil klasörü savcılığın bu konudaki iddialarının tamamını çürütmektedir. Hanefi Avcı 7 Haziran 2011 günü savcılığa verdiği dilekçesinde kitabı nasıl yazdığını detaylarıyla anlatmaktadır.

Kitabının redaksiyonunda çalışan editörlerin adlarını vermekte, kitabı basan Angora Kitabevi'nden konuyla ilgili olarak aldığı belgeleri ve yazışmalarını delil olarak sunmaktadır.

Ama asıl önemlisi, kitabının ilk yazdığı taslak metni ile ilerleyen süreçte editörlerle birlikte oluşturulan taslaklarının bazı sayfalarından örnekler verilmektedir.

Bu örnek sayfalarda, kitabın kaç aşamada ne gibi değişikliklere uğradığını ve nihai şeklini nasıl aldığını izlemek mümkün. Bu örnek sayfalardan bazıları da benim haber ve yazı yazarken alıntı yaptığım bölümlerin yer aldığı sayfalardır.

Eğer savcılığın iddiasını doğru kabul edersek benim alıntı yaptığım bölümlerdeki kelime farklılıklarının bu taslaklarda da olması gerekir. Olması gerekir ki ben bu alıntıları sözü edilen taslaktan almış olabileyim.

Milliyet'teki haber ve *Posta*'daki yazılarımda yer alan ve kitabın basılmış nüshasında bulunmayan kelime ve ifadeler yayınevinin elinde olan ve savcılığa da gönderdiği taslaklardan hiçbirinde yoktur. Olmaması doğal çünkü ben haber ve yazı yazarken herhangi bir taslaktan değil kitabın basılı halinden yararlandım. Ancak anlamı bozmayacak kelime ve ifade değişikliği olmuş, yalnız adı yazan bir kişinin soyadı ile kamuoyu tarafından bilinen özelliği metne eklenmiştir.

Bunlar da tamamen gazetenin yazı işleri faaliyetidir, yukarıda anlattığım editoryal faaliyetidir.

Görüldüğü gibi *Posta* gazetesinin 31 Ağustos 2010 günkü sayısında Nedim Şener imzasıyla yayınlanan yazı ile Hanefi Avcı'nın kitabında yer verdiği ilgili bölümdeki tek fark belirsiz olan isimlerin kimliklerini ve özelliklerini okura anlatmak için yazar ya da yazı işleri tarafından yapılan editoryal eklemelerdir.

İddianamenin 102. sayfasındaki "İmamın Ordusu" isimli dokümanın yazdırılmasında görev aldığım iddiasına yanıtlarım:
İddianamede Nedim Şener'in "İMAMIN ORDUSU" isimli kitabın yazdırılmasında görev aldığına ilişkin delil olarak Odatv'ye yapılan polis baskınında ele geçen bir başka "word" dokümanı gösterilmiştir.

Ahmet Şık'ın kitabına katkım iddiası polis bilirkişilerin dosya eklerinde yer alan 49 sayfalık raporunda yalnız bir kez adımın geçmesine dayanmaktadır.

İddianamede ve eklerinde Ahmet Şık ile bu konuda çalıştığımıza dair tek bir delil yoktur. İddia tamamen polisin ve savcılığın varsayımıdır.

Soner Yalçın tarafından oluşturulduğu iddia edilen "Sabri Uzun.doc" isimli dokümanda,
"Sabri'nin kitap konusunda çekincesi var ikna etmeye çalışalım, kitabı seçimden önce yetişmeli.
Nedim Ahmet Şık'la bu konuda görüşsün...
Nedim'i kutlarım. Ahmet'i çalıştırsın..." yazdığı ileri sürülmektedir.

İddianamede, söz konusu dokümanda geçen "Nedim" isminin, Nedim Şener olduğuna dair geçerli hiçbir somut delil bulunmadan, Nedim Şener'in haberdar olmadığı, üçüncü kişilerce hazırlanmış sözde word dokümanını talimat olarak yorumlamış, Nedim Şener hakkında doğruluğu tartışmalı olan "Ulusal Medya 2010" belgesine dayanarak Sabri Uzun ile bir kitap konusunda temas geçtiği ve bir kitap çalışması yaptığını iddia etmiştir.

İddianamenin bu bölümünün devamında, "İmamın Ordusu" isimli kitap konusunda Ahmet Şık'ı yönlendirdiği iddia edilmektedir. **Bu iddia da tümüyle haksız ve dayanaksızdır.**

1- Öncelikle "Nedim" olarak geçen ismin Nedim Şener olduğuna dair hiçbir delil yoktur.
2- Nedim Şener "Sabri Uzun.doc" isimli dokümanı ve "Ulusal Medya 2010" isimle dokümanı görmemiş, haklarında bilgi sahibi olmamıştır.
3- İddia edildiği gibi H. Soner Yalçın'dan bu içerikte bir görüşmesi olmamıştır. "Hanefi", "Nedim" ve "Sabri Uzun" adlı dokümanların içerikleri hakkında yalnız Soner Yalçın değil, hiç kimseyle görüşmeye, telefon konuşması, mesaj alışverişi yapmamıştır.
4- Nedim Şener, H. Avcı'nın ve A. Şık'ın kitap çalışmalarında bulunmamış, herhangi bir yönlendirmede ya da talimat gibi bir eylemin içinde yer almamıştır.
5- H. Avcı gibi A. Şık da savcılık ve mahkeme ifadelerinde yazdık-

ları kitapta Nedim Şener'in bir katkısı ya da yönlendirmesi olmadığını açıkça beyan etmişlerdir.

6- Yapılan aramalarda Nedim Şener'in evinden ne talimat olduğu söylenen dokümanlar ne "Ulusal Medya 2010" adlı doküman ne de adı geçen herhangi bir delil bulunmuştur.

Varlığını bu soruşturmayla öğrendiğim bir kitap çalışmasıyla uzak yakın ilgim olmadığı halde, nerede nasıl oluşturulduğu belli olmayan sadece bir word dosyasına dayanılarak Ahmet Şık'ı, bir örgüt stratejisi olarak kitap çalışmasına yönlendirdiğim şeklindeki temelsiz iddia ve suçlamayı tümüyle reddediyorum.

AÇIKLADIĞIM BU NEDENLERLE,

a. Dayanağı hiç araştırılmadan sözde hakkımda gönderilen e-posta ihbarı üzerine Ergenekon terör örgütü soruşturmasına dahil edilerek iki yıldan bu yana telefonlarım yasaya aykırı olarak dinlenmiş ve hiçbir bilimsel inceleme yapılmadan bir bilgisayarda bulunan word dosyaları içeriğine ve üçüncü kişilerin kasıtlı beyanlarına dayanarak oluşturulan kasıtlı tespit raporları ile

b. Hiçbir somut geçerli yasal delil olmaksızın piyasada satılan bir kitabın yazılmasına katkıda bulunduğum, diğer kitap çalışması içinde olduğum kabul edilerek terör örgütüne talimatla yardım ettiğim suçlaması nedeniyle evrensel hak ve özgürlük olan ifade özgürlüğü, kamuoyunun bilgilenme hakkı apaçık ihlal edilerek,

20 yıllık gazeteci /yazar ben Nedim Şener hakkında, yardım ederek terör örgütü üyeliği suçlaması ile cezalandırılmam için açılan bu davadaki, tüm suçlama ve tespitlerin yasal dayanaktan yoksun olduğunu ve atılı suçun yasal unsurlarının bulunmadığını bir kez daha belirtiyorum ve beraatımı talep ediyorum.

Prof. Dr. Köksal Bayraktar: Bu dava, tarihe sansür davası olarak geçecektir

Mahkemede avukatlığımı değerli hukukçu Prof. Dr. Köksal Bayraktar ve ekibi yaptı. Çalıştığım gazetenin avukatı da olan Bayraktar, saygın hukukçu kimliğiyle de tanınıyor.

Kendisi Silivri'ye ziyaretime geldiğinde ona şunları söyledim: "Hocam, benim sizin kişiliğinize ve hukuki kariyerinize büyük saygım var. Bir toz zerresi kadar suçum olsa sizin benim suçumu savunmanıza karşı çıkardım. Sizden benim masumiyetimi savunmanızı istiyorum. İddianameyi okuduğunuzda eğer 'Ama Nedim sen de şunu şöyle yapmışsın' gibi bir düşünceniz oluşursa sizden savunma yapmanızı istemem. Yine söylüyorum, sizden benim suçumu değil masumiyetimi savunmanızı istiyorum."

Ve ilk görüşmemizde ne konuştuysak her şey öyle gelişti.

Köksal Hoca da benim savunmamı üstlendi.

Köksal Hoca'nın hukuk çevrelerinde saygınlığına en küçük gölge düşmemesi benim için önemliydi. Öyle de oldu. Hoca da savunma sırasında son derece samimi ve bilgi dolu açıklamalar yaptı. Ama asıl önemlisi, davanın geneli ve özelde de benimle ilgili sözleriydi.

Ben Köksal Hoca'nın ne söyleyeceğini hiç bilmiyordum. Hoca savunmasını duruşma sırasında hazırladığı notlarla ve doğaçlama olarak yaptı.

Davanın 8. duruşmasının yapıldığı 27 Ocak 2012 tarihli oturumda davanın adını koydu: "Bu dava 20 yıl sonra basında sansür davası olarak anılacak."

Köksal Bey, Odatv davası ile 1972 yılındaki sıkıyönetim mahkemelerinde görülen *Yön* dergisi ve *Devrim* gazetesiyle ilgili davaları karşılaştırdı. O tarihte sıkıyönetim mahkemesinin dergide yazı yazanlar hakkında örgüt üyeliğinden (komünizm) dava açamadığını anlattı. Hoca'nın yaptığı savunmanın özetini burada okurlarla da paylaşmak istiyorum:

Sayın başkan ve değerli üyeler, müvekkilimiz 11 aydan bu yana tutukludur. 6 Mart 2011 tarihinde, üç gün süren gözaltı süresinden sonra tutuklanmıştır.

Ve bugün de 27 Ocak 2012 tarihini yaşadığımıza göre, tam 11 aydır tutukluyuz. Çoğu kişinin sormadığı soruyu soracağım. Bu tutukluluktan Türkiye ne kazanmıştır? Bu tutukluluktan Türkiye hiçbir şey kazanmadı.

Ne kaybetti? Çok şey kaybetti.

Bir yıl içinde belki Nedim Şener yeni bir kitap yazacaktı. Belki bir yıl içinde bulduğu araştırdığı, kendi arşivi içerisinde emekleyerek, sabahlara kadar uyumadan, çalışarak bulduğu bazı delillerle bütün Türkiye'nin caddeleri dolaştığı, caddeleri doldurduğu, telin ettiği, lanetlediği bir cinayeti yeni bir sayfa açarak aydınlatacaktı.

Ama 11 aydan bu yana Nedim Şener sessiz. Dört duvar arasında.

Gazetecilik davası olduğunu söylemişlerdir.

Evet, tabiidir ki bu dava basın özgürlüğü davasıdır.

Ama bir adım daha gidelim isterseniz.

Bu davada söylenmeyen şeyi söyleyeyim.

Bir çeşit sansür girişimidir. Bugün Türkiye insanı konuşmasın diye, Türk insanı düşüncelerini ileri sürmesin diye, Türk insanı yüksek sesle düşüncelerini rahatça ifade etmesin diye bu dava ortaya çıkarılmıştır.

Açık söyleyelim, sadece 24 Temmuz değildir sansürün kaldırıldığı gün.

Bu dava, tam anlamıyla bir sansür davasıdır.

Bakın bundan 20 yıl sonra bu dava sansür davası olarak nitelenecek. Tarihe böyle geçeceğiz.

Devrim gazetesi örneği
Ben başka bir şey söyleyeceğim hafızamı yoklayarak. Doğan Avcıoğlu'nun çıkardığı bir *Devrim* gazetesi vardı. *Yön*'den sonra bir *Devrim* gazetesi çıktı.

Yıl 1972 ya da 73.

Devrim gazetesi ve Doğan Avcıoğlu ve ekibine 141. Madde'den dava açılmak istendi. Komünist örgütü davası açılmak istendi.

Ve o zamanlar hepimizin karşı çıktığı Sıkıyönetim Mahkemesi'nde, bakın Sıkıyönetim Mahkemesi'nde tartışmaları hatırlıyorum. Neden hatırlıyorum? Adli Müşavirlik'te görevliydim.

Acaba bir gazetedeki yayınlar nedeniyle o gazetede yazı yazan kişiler, yöneticiler, örgüt üyesi midir? Çünkü komünist örgüt de bir örgüttür.

Ve inanır mısınız? Hep tarihe geçmişe gidiyoruz.

1972 yılı, Türkiye'nin 1972 yılı 12 Mart'ın faşizmi altında inlediği 1972 yılı, 2012 Türkiyesi'nden daha iyiydi.

Açamadılar bunu. Bu davayı yani *Devrim* gazetesi aleyhine TCK 141/1 Madde'den dava açılmadı. Çünkü denildi ki: "Sadece yazı yazmak örgütü ifade etmez."

Sayın iddia makamı diyor ki, sadece iletişimde bulunmak ve diğerleriyle yazı, iletişim kurmak örgüt suçudur.

Bakın, Türkiye 1972'de "Örgüt değildir" diyebiliyor. Ama bugün biz "Örgüt değildir" diye çırpınıyoruz. Bu hazin bir geri gidiştir.

Şimdi Odatv, biz hangi suçtan yargılanıyoruz? Silahlı örgütten. Nerede silahımız? Nerede benim silahım?

Nerede beni mitralyozüm? Mitralyozüm nerede? Kırmızı mürekkebi bırakın; nerede benim mitralyozüm?

Nerede tabancam? Kırıkkale tüfeğim?

Yani şimdi Türkiye her üç kişiye örgüt diyor. Hepimiz birer örgütüz. *Milliyet* gazetesi avukatları. Doğan Medya avukatları. Böyle şey olur mu? Böyle bir düşünce olur mu?

Nerede kaldı Ceza Kanunu'nda iştirak müessesi? Nerededir?

Bunu bilmiyoruz. Silahlı örgüt olabilmesi için örgüt olması lazım.

Bakın hep söylendi, arkadaşlarım da hep söyledi. Hiyerarşik yapı olacak, emredicilik olacak ve örgütte suçu işlemeye elveriş olacak.

Şimdi Odatv iletişimi kurarak Türkiye'de yasama organını cebir ve şiddet yoluyla devirmeye mi teşebbüs edebilir? Nerede elverişlilik?

Aynı şekilde 314/2'den söz edebilmek için 313. Madde'ye gidelim. Hükümeti zorla cebirle çalışmaktan men etmeye teşebbüs etme.

Böyle bir şey nasıl olabilir? Yani biz Odatv olarak, biz gazeteciler olarak, biz yazarlar olarak bunları nasıl yapabiliriz? Hakikaten inanılır bir şey değil.

Silahlı örgütün, mitralyözüm nerede, dedim. Tabancam nerede, dedim. Bizim silahımız, bizim tabancamız maalesef bu olayda düşüncemiz, maalesef kalemimiz, maalesef klavyemiz, maalesef hep masanın üzerinde oynadığımız mausumuz.

Bunlarla mı biz Türkiye'de ihtilal yapacağız?

Hayır, hayır. Bizi bu noktalara kolay koyabiliyorlar. Buna inanabilmek mümkün değil.

Peki, Nedim Şener müdafii olarak ben şu soruyu soruyorum:

Biz hangi eylemden yargılandık? Şimdi artık çok şükür sevmem bu terimi ama bunu sevinerek söylüyorum. Bizim artık Hanefi Avcı tarafından yazılan kitabın ikinci bölümünü yazmadığımızı sağır sultan hiç olmazsa bu davayla öğrendi. Hanefi Avcı, çekilen ihtarnamede "Bu kitabının ikinci bölümünü ben yazdım" diyor.

Pekâlâ, Hanefi Avcı emekli Emniyet müdürü olarak bir kitap yazabiliyormuş. Yazabilirmiş ve yazdığını herkesin ortasında yüksek sesle söyledi.

Biz bu kitabı yazmadığımıza göre biz neden burada bulunuyoruz?

Bunu sormak lazım şimdi. Ve iddianameyi bölüm bölüm değerli arkadaşlarım eleştiriyorlar. Ben eleştirmeyeceğim, ama şunu arz etmek isterim: Türk yargısı bugün büyük bir tehlike altındadır.

Nedir o? İddia makamı ve yargılama makamının yanında üçüncü makam gelip oturmuştur. O da kolluktur.

Biz bugüne kadar 200-300 sayfa iddianame görmezdik.

Bu iddianame eskiden 5-6 sayfayla biterdi. Böyle 300 sayfa iddianame mi olur?

Bakın, benim yaptığım telefon konuşması 10 defa dinlenerek iddianamenin 10 sayfası dinlenir mi?

Nerede kaldı benim düşünce özgürlüğüm, nerede kaldı özel hayatımın gizliliği?

"Soner Yalçın, Nedim Şener'e talimat verecek konumda değildir"

Şimdi iddianamenin 98. sayfasında sayın iddia makamı diyor ki: "Şüpheli Nedim Şener, her ne kadar ifadesinde Soner Yalçın'ı tanımadığını, herhangi bir ilişkisinin olmadığını beyan etmişse de, soruşturma kapsamında Soner Yalçın'ın örgütsel talimatlarının yazılı olduğu birçok belge elde edilmiş, bu belgelerden Hanefi, Nedim ve Sabri Uzun isimli örgütsel notların oluşturucusunun Soner Yalçın olması hususu göz önüne alındığında Soner Yalçın'ın Nedim Şener'e örgütsel faaliyetler kapsamında görevler verdiği anlaşılmıştır."

Biraz önce okuduğum 98. sayfanın aynen size naklettiğim paragrafının hemen arkasında sayın iddia makamı diyor ki: "Nedim Şener, Hanefi Avcı adı altında yayınlanan *Haliç'te Yaşayan Simonlar* kitabını Soner Yalçın'ın talimatıyla, bunun yazımında görev almıştır." 98. sayfada aynen bunu söylüyor.

Önce şunu ifade edelim efendim; "talimat" Türk Dil Kurumu Lügati'ne göre uyulması mecburi sözleri ifade eder.

Yani siz birine talimat verdiğinizde, o kişi ona mutlaka uymak zorundadır. Hiçbir zaman, hiçbir zaman Soner Yalçın müvekkilime talimat veremez.

Aralarındaki ilişki hiçbir zaman bu doğrultuda değildir, zaten aralarında ilişki yoktur.

Ayrıca burada mutlaka söylemek zorunda olduğum, müvekkilimin huzurunuzda söylemediği, ama yazılı olarak beyan ettiği ve 20 yıldan bu yana Türk gazetecilik hayatında sahip olduğu konum, eriştiği düzey itibariyle Soner Yalçın saygı duyulacak bir kişidir, ama Nedim Şener'e talimat verecek bir kimse değildir.

Çünkü gazeteci –müvekkilimin duygulanarak söylediği gibi– hiçbir zaman kalemini satmaz. Bunların başında da Nedim Şener vardır.

Terörden takip edilen ile takip eden aynı örgütte!

Odatv davasında yargılananlar son derece absürt bir görüntü veriyordu. Beni en çok güldüren, 1990'larda PKK örgütüne yönelik istihbarat çalışmaları kapsamında takip edilen Prof. Dr. Yalçın Küçük ile onu takip eden istihbaratçı Emniyet Müdürü Hanefi Avcı'nın şimdi aynı örgüt davasında beraber yargılanıyor olmasıydı. Hanefi Avcı bu durumu savunmasında da anlattı.

Yıllarca sol terör örgütlerine yönelik istihbarat işlerinin içinde olan Hanefi Avcı, kitap yazdıktan sonra önce yasadışı Devrimci Karargâh örgütü davasında sanık oldu. Ardından da Ergenekon sanığı. PKK ve TİKKO örgütlerini övmek iddiasıyla suçlanan Avcı hakkında, bir yandan da Ankara'da yürütülen faili meçhul cinayetler davasında "şüpheli" sıfatıyla işlem yapıldı. Gazetelerdeki haberlere göre, 12 Eylül 1980 darbesiyle ilgili davanın ikinci ayağı olan o dönem görev yapan bürokratlarla ilgili soruşturmada da adı geçiyor.

Bakmayın terör örgütü davalarında adı geçmesine ve yargılanmasına, onun uzmanlık alanı yasadışı terör örgütleriyle mücadele. O nedenle savunması buram buram uzmanlık kokuyordu. Prof. Dr. Haluk Şahin'in deyişiyle "Bu davada sanık olmasa uzman olarak görev yapabilirdi." Ya da anlattıklarını "Bu dava neden bir terör örgütü davası olamaz" dersi olarak yorumlamak mümkün.

Yıllarca değişik örgütlere, özellikle sol örgütlere karşı savaş veren Emniyet Müdürü Hanefi Avcı, kim bilir kaç kişiyi örgüt propagandası yapmak yoluyla örgüt üyesi diye tutuklamıştı bilinmez ama savunmasına "Düşünce açıklaması suç olarak yorumlanamaz" diye başlaması son derece anlamlıydı.

Soğan cücüğüyle adam öldürme davası

Duruşmada savunmalar gerçekten ilginçti. Koğuş arkadaşım Doğan Yurdakul'unki ise 12 Mart ve 12 Eylül dönemine ilişkin anılarla doluydu. Hele bir soğan cücüğüyle adam öldürme davası var ki Doğan Bey o dava ile şimdi yargılanmasına neden olan iddiaları birbiriyle karşılaştırıp anlatıyordu:

İddianameyi ve eklerini okuyup bitirdiğimde geçmişte yaşadığım bir olayı daha yeniden yaşar gibi oldum. 12 Eylül'den sonra, 1981 yılında gittiğim Brüksel'de Türk işçileriyle resmi makamlar arasında tercümanlık yapıyordum. Brüksel'in bir mahallesi, Afyon Emirdağ'dan göçmen işçi olarak gelmiş Türklerin bir nevi işgali altında gibiydi. Lokantaları, kahvehaneleri, marketleri, fırınları Türk adları taşıdığı gibi, semtin ana caddesine Emirdağ adının verilmesi için belediyeye yapılmış başvurular bile vardı. İşte bu Türk lokantalarından birinde bir gün bir olay olmuş. Bir Türk, bir baş soğanı "bizim usul" kırmak istiyor. Soğana yumruğu indirince cücüğü fırlıyor ve karşı masada yemek yemekte olan başka bir Türk'ün gözüne geliyor. Rastlantıya bakın ki bu iki kişi arasında uzun zamandır süren bir husumet var. Gözüne tesadüfen soğanın cücüğü isabet eden kişi, bu düşmanlığın verdiği hırsla "Vay, bana ha!" diyerek masadan çatalı bıçağı kapıp ötekine saldırıyor; kavga, karşılıklı yaralama, polis müdahalesi derken olay mahkemeye intikal ediyor. Gözüne cücük isabet eden kişi, soğanı yumrukla kırmak isteyenden "Beni öldürmek istedi" diye davacı olmuş. Duruşmada ben davalı tarafın, yani "soğanın cücüğüyle adam öldürmeye teşebbüs eden" kişinin ve avukatının tercümanıyım. Gözüne soğanın cücüğü isabet eden davacı iddiasında ısrar ettiği için davada yol alınamıyor. Yargıç, olaydan hiçbir şey anlamadığı için zor durumda. Bu yüzden benden yardım almak istiyor ve soruyor: "Mösyö, sizin ülkenizde buna çok sık rastlanır mı? Yani insanlar, böyle soğana yumruk atmak suretiyle kavga ederler mi?" Ben de Belçikalı yargıca bu kişilerin zaten uzun zamandır kavgalı olduklarını, soğanın bahane olduğunu anlatıyorum.

Şimdi Odatv iddianamesine bakınca aklıma o yargıç geliyor. Velev ki bu iddianameyi okumuş olsa diyorum. Acaba bana şöyle sorar mıydı? "Mösyö, sizin ülkenizde terör örgütü böyle mi oluyor? Yani yazıyla, kitapla mı adam öldürülüyor?" Bizim davamızla ilgili yabancı basında çıkan haber ve yorumları takip etmeye çalışıyorum. Bu davadaki suçlamaların dışarıdan görünüşü aynen "soğanın cücüğüyle adam öldürmeye" benzemektedir.

"Tiyatroya hoş geldiniz"

Mahkemede yapılan savunmalar ve bilgisayardan ele geçirilen tartışmalı (virüslü olduğu iddia ediliyor) word dokümanları aslında her şeyi anlatıyordu. Sanıklar, savunmalarıyla iddianameyi kıyasıya eleştirdiler.

İlk duruşmada mahkeme başkanı, "Olgular ile yakıştırmaları ayıracağız" demişti. Umutlanmıştım.

Duruşmalardan birinde salonda Uğur Dündar'ı görünce bir anda "Tiyatroya hoş geldiniz" dedim.

Çünkü iddianame kötü yazılmış bir senaryo gibiydi. Seyircilerin konumu, anlatılanlar, savunmalar, her şey bana kötü bir şaka gibi geliyordu. Yalçın Küçük'ün kendine has üslubuyla abartılı anlatım biçimi bendeki "tiyatro" izlenimini artırıyordu. Elbette yargılandığım/yargılandığımız ceza maddeleri, cezaevi gerçekti ve "silahlı terör örgütü üyeliği" suçlaması bana zorla verilen bir rol gibi geliyordu. Oynayamıyordum. Bir şey anlatmaya çalışsam konu yine gazete haberine, Dink cinayetine geliyordu. O yüzden bazen kendimi seyirci gibi hissediyordum. Bu nedenle Uğur Dündar'a "Tiyatroya hoş geldiniz" demiştim.

Ertesi gün gazetelerde başlık olmuştu bu cümle.

Sanki toplumda, siyasette yaşanan tartışmaların karşılığı buymuş gibi sonrasında birçok kişi de bu tanımlamayı kullanacaktı.

Doğan Bey heyecandan çöp torbasını da götürmüş

Kaşif Kozinoğlu'nun cezaevinde hayatını kaybetmesinden sonra daha önce anlattığım gibi Doğan Bey'in sağlığı bizi daha da endişelendirmeye başlamıştı. Neyse ki korkulan olmadı. Doğan Bey, 23 Şubat günü tahliye oldu. Gerekçe sağlık sebepleriydi.

Aslında Doğan Abi bizim daha önce tahliye olacağımızı düşünüyordu, biz de öyle bir durumda kiminle kalacağı konusunda görüş belirtiyordu. Ama 23 Şubat günü o bizden önce tahliye edildi.

Tahliye haberini de tam akşam saatinde havuç rendelerken gördüm. Bir televizyonda son dakika haberi olarak Doğan Yurdakul'un tahliye edildiği yazıyordu. Karşımda duran Doğan Bey'e bunu söylediğimde inanamadı. Dondu kaldı. Sonra Ahmet'e bağırıp haber verdim.

Ahmet de geldi, birbirimize sarıldık, sanki tribünde gibi "tahliye tahliye..." diye slogan attık.

Çok sevindik; neredeyse bir yıldır iyi bir şey yaşamamıştık. MİT'çi Kaşif Kozinoğlu'nun ölümünden sonra "Odatv sanıklarının çıkış yolu bu olacak galiba" diye düşünmüştüm şakayla karışık. Hele Doğan Abi'nin sağlık durumundaki ciddiyeti takip edince aklıma o umutsuzluk içinde başka bir şey de gelmiyordu doğrusu.

Neyse Doğan Abi şaşkın bir halde odasına gidince bir de baktık ki eli ayağı tutulmuş, hiçbir şeyini toplamıyor. Hemen nevresim takımından bir denk yaptık, içine elbiselerini koyduk. Kutulara kitaplarını ve çalışmalarını yerleştirdik. Bazı eşyalarını çöp torbalarına koyduk. Hepsini kapının önüne yığdık.

Son akşam yemeği için masaya oturduk. Mönü yine zengin, havuç salata ve süzme ıspanak. Ne olduğunu sormayın; yiyince anlıyorsunuz.

Neyse yemeğimizi yedik. Tahliye işlemleri tamamlanmış, infaz koruma memurları Doğan Abi ve eşyalarını almaya gelmişti. Kutularla beraber kapının önüne koyduğumuz çöp torbalarını da alıp gittiler. Biz de Doğan Abi'nin arkasında baktık ve onun adına, belki bize de umut olur diye kendi adımıza da çok ama çok sevindik.

Doğan Abi tahliye olduktan sonra eşim Vecide onu ziyarete gitmiş Murat Sabuncu ile birlikte. Doğan Abi bize bir mesaj göndermiş, "Nedim ile Ahmet çöpü boşuna aramasınlar, bende" diye. Meğer Doğan Abi çıkarken koğuş kapısının önündeki tüm çöp torbalarını alıp götürmüş. Götürdüğü torbalar arasında içinde koğuşumuzun çöpü bulunan torbayı da almış. Ve infaz koruma memurları eşliğinde o çöp dolu torba dışarıya çıkarılmış, Doğan Abi'nin diğer eşyalarıyla birlikte arabanın bagajına konmuş. Hatta o çöp torbası iki gün arabanın bagajında gezmiş. Daha sonra farkına varmışlar ki, Doğan Abi heyecandan koğuşun çöpünü de alıp Silivri'den Ankara'ya götürmüş.

Pandora'nın Kutusu'nu açan mahkeme kararı

17 Ocak 2012 günü hava kararmaya yakın havalandırmadaki yürüyüşümü tamamlayıp koğuşa çıktım. O gün İstanbul 14. Ağır Ceza Mahkemesi, Hrant Dink'i öldüren Ogün Samast'ı azmettirdiği bilinen Yasin Hayal ve polis istihbarat elemanı Erhan Tuncel'in de aralarında bulunduğu sanıklar hakkında kararını verecekti. Ben akşam yemeği için kırmızılahanadan salata yapmak için malzemelerimi almış masanın başında, televizyondan gelişmeyi izliyordum. Bir anda üst üste altyazı geçmeye başladı haber kanalları:
"Yasin Hayal müebbet hapis cezasına çarptırıldı."
"Erhan Tuncel McDonald's bombalamasından 10 yıl 6 ay hapis cezası aldı."
"Cinayette 'örgüt yok' kararı."
"Erhan Tuncel Dink cinayetinden beraat etti."
Ben art arda bunları okuyunca odasında olan Ahmet'e seslendim, "Ahmet gel bak, bir cinayetin üstü nasıl örtülür, gör" dedim.
Ahmet geldi. Gözlerine inanamadı. Her zamanki heyecanıyla ağzına geleni söylüyordu. Plastik tabureyi kaldırıp yere vurdu. Tepkisinde sonuna kadar haklıydı.
Bense kırmızılahanayı ince ince kıymış, karavana kabının içinde tuzla yoğuruyordum. Akşam yemeğinde salatamız olsun diye. Tepkimi açığa çıkaramadım, çünkü Ahmet zaten çok heyecanlıydı. Kararın beni şaşırtmadığını söyledim. Zaten beş yıllık yargılama süreci böyle bir kararın çıkacağını gösteriyordu.
Erhan Tuncel'in bir şekilde davanın dışında tutulmak istendiğini fark etmiştim. Çünkü Erhan Tuncel, cinayette Trabzon'daki devlet görevlilerinin parmak iziydi. Eğer cinayetin arkası merak ediliyorsa Erhan Tuncel'in Emniyet ve Jandarma'yla ilişkisi iyi araştırılmalıydı. Erhan Tuncel bağlantıları üzerinden Dink

cinayetinin devlet görevlileriyle ilişkisi ortaya konabilirdi. O nedenle Erhan Tuncel'in her söylediği önemliydi. Birilerinin Erhan Tuncel'in konuşmasından rahatsız olacağı açıktı. Erhan Tuncel de zaten 25 duruşma boyunca bana göre şifreli cümleler kullanmıştı. Hatta davayı takip edenler "Bu adam bir yerlere mesaj veriyor" yorumları yapmışlardı.

Bu nedenle Erhan Tuncel'in "susturulabileceği" ya da "az bir cezayla dava dışında" kalabileceği seçenekleri benim açımdan hep "masanın üstündeydi". Hatta "susturulabileceği" konusunu *Posta* gazetesinde yazmıştım. Erhan Tuncel'in "akıl sağlığı yerinde değildir" gibi bir raporla etkisizleştirilebileceğini de hatırlatmıştım. Bunlardan "susturulacağı" olasılığını daha yüksek görüyordum. Benim aklımda hep "Hukuku kirli amaçlara alet edemezler" diye bir düşünce olduğu için Erhan Tuncel'in dava dışında tutulabileceği ihtimalini her zaman aklımda tutmakla beraber daha düşük bir olasılık olarak görüyordum.

Beni şaşırtansa bu iki seçenekten az ihtimal verdiğimin gerçekleşmesiydi. Yoksa Erhan Tuncel'in bir şekilde Dink cinayeti hakkında bildiklerinin birilerine zarar vermemesini sağlayacak formülün uygulanacağını hep düşünüyordum.

Ama açıklanan karar, Hrant Dink'in her türlü haksızlığa ve hukuksuzluğa rağmen göstermelik de olsa sanıkların cezalandırılacağını bekleyen ailesini ve avukatlarını şaşırtmıştı. Duruşma çıkışı ailenin avukatı Fethiye Çetin, yanında Rakel, Hosrof ve Arat Dink olduğu halde tepkisini şu sözlerle dile getiriyordu:

Bu 5 yıl içerisinde Arat Dink ne demişti? "Bizimle dalga geçtiler." Dalganın en büyüğünü meğerse en sona saklamışlar. Onu da bugün öğrendik. Meğer Dink bütün o planlı eylemlerden değil, üç beş kendini bilmez tarafından öldürülmüş. Burada örgüt yokmuş; bu kadarını beklemiyorduk. Bu karar ne anlama geliyor? Bu karar, yerleşik bir geleneğin bozulmadığı ve hiçbir şekilde bozulmasına izin verilmediği anlamına geliyor. Nedir bu gelenek? Devletin siyasi cinayetler geleneği ve devletin bir kısım vatandaşını ötekileştirerek düşmanlaştırma geleneğidir. Bu gelenek devam ediyor. Bugün bu kararla bunu bir kez daha tescil ettiler. Kanlı ve acılı tarih ve bu yaratan gelenekte yüzleşmek, arınmak, böyle yeni cinayetlere bir daha asla diyebilmek ve demokratikleşmek için Hrant Dink davası eşsiz bir fırsattı, ama onlar bu fırsatı kullanmadılar. Biten bir komedi dosyasıdır, bizim için bu dava yeni başlıyor. Karanlıkta saklanmaya çalışan gerçek fail ve failler aslında bütün çıplaklığıyla ortaya çıktılar. İşte bu nedenle bu dava yeni başlıyor. Gideceğimiz pek çok yol, kullanacağımız çok sayıda alan var. Bunların her birini büyük bir kararlılıkla kullanacağız. Karanlıkların sorgulanmasına, faillerin yargılanmasına bu dava biz bitti diyene kadar bitmeyecek.

Arat Dink, 2010 yılı 19 Ocak günü *Agos* gazetesinin penceresinden seslenmiş, "Geçmiş üç yılda bizimle dalga geçtiler, alacağımıza bir üç yıl daha eklendi" demişti. Gerçekten beş yıllık dava sonucunda açıklanan karar tam anlamıyla dalga geçmekti.

Katil Ogün Samast daha önce Çocuk Ağır Ceza Mahkemesi tarafından 22 yıl 10 ay hapis cezasına çarptırılmıştı.

Yasin Hayal azmettiricilikten müebbet hapis cezası aldı.

Erhan Tuncel, Dink cinayetinde azmettirici olduğu suçlamasından beraat etti. Diğer iki sanık Ahmet İskender ve Ersin Yolcu 12,5 yıl hapis cezasına çarptırıldı.

Unutmadan, Yasin Hayal'e, Orhan Pamuk'u tehditten üç ay, ruhsatsız silahtan bir yıl hapis cezası verildi. Hepsi bu!

Yok, hepsi bu değil; bu dalga geçer gibi kararı veren mahkeme,

Yasin Hayal'in, Dink cinayetinde Trabzon Jandarması'nın bağlantılarını anlatan eski eniştesi Coşkun İğci hakkında karar almayı unutmuştu. Yani dalga içinde dalga gibi bir karardı.

Karara tepki çok büyüktü. Cinayetin devlet içindeki bağlantılarının artık isim isim bilinmesine rağmen, Avrupa İnsan Hakları Mahkemesi'nin "Bu görevliler hakkında etkin bir soruşturma yapın" demesine rağmen gerçeğin üzerinin örtülüyor olması tam ama tam bir infiale neden oldu. Tepkiler henüz bu aşamadayken duruşma savcısı Hikmet Usta kararı temyiz edeceğini açıkladı.

Ama dalganın dalgasının dalgası o akşamın ilerleyen saatlerinde Erhan Tuncel'in cezaevinden tahliyesiyle yaşandı. Mahkeme, Coşkun İğci hakkında karar almayı unutmuş, ama Erhan Tuncel'in hapis yattığı süre ile verilen ceza karşılaştırıldığında ve "örgüt yok" kararıyla birlikte "tahliye edilmesi" kararını vermeyi unutmamıştı. Cinayet davasında "dalga geçer" gibi karar veren mahkemeye tepki gösterenler, sokaklardaki yürüyüşten henüz evlerine gitmeden Erhan Tuncel, cezaevinden çıkmıştı bile.

"Dink davasının mahkemesi vicdanlardır"

Siyasi cinayet davaları mahkeme salonlarında değil vicdanlarda görülür. Salonlarda tetikçiler olur, ama vicdanlarda gerçek failler yargılanır. Mahkeme salonlarında tetikçilere küçük cezalar verilir. Ama gerçek failler orada yargılanmaz. O yüzden tetikçisi de yargılanıp ceza da verilse siyasi cinayetler hep "faili meçhul" diye adlandırılır. Ama vicdanlarda o karanlık fail bilinir. Eğer bir cinayet de faili meçhul kalmışsa devlet fail olarak görülür. Çünkü eğer o cinayet aydınlanmıyorsa bu sadece aydınlanması istenmediği içindir.

Hrant Dink'in kardeşi Hosrof Dink'le bu konuyu her konuştuğumuzda, ihmali olan devlet görevlilerinin bırakın görevden alınmasını, terfi ettirildiğini duyduğumuzda, bir tekinin bile yargı önüne çıkarılmadığını gördüğümüzde hep şunu söylerdi: "Bu davanın asıl görüldüğü yer vicdanlardır, sokaklardır. Orada da gerçek failler zaten mahkûmdur. Biz sadece mahkemeden o vicdanlara uygun karar vermesini bekliyoruz."

Mülkün temeli adalet çatladı

Ertesi gün siyasetçilerden gelen tepkiler şöyleydi:
Cumhurbaşkanı Gül: "Rahatsızlık var."
Başbakan Erdoğan: "Kamuoyu vicdanı rahat değil."
Başbakan Yardımcısı Arınç: "Karar vicdanları tatmin etmedi."
AKP Genel Başkan Yardımcısı Ömer Çelik: "Örgüt yok kararı kabul edilemez. Bu kadar organize bir cinayette örgüt üyesi, örgüt aranması gerekirken, örgüt yok denmesi kamu vicdanımızda karşılık bulmadı. Tam tersine çok organize bir örgütün varlığını daha da çıplaklaştırdı."

Bakan Çelik'in son cümlesi bence en çarpıcı olanıydı ve her şeyi anlatıyordu.

Ama o günün asıl bombası, *Vatan* gazetesinde Özge Demirkıran'ın haberiydi. Tartışmalı kararı veren mahkemenin başkanı da açıklama yapmıştı. Türkiye'de herkes mahkemenin kararını eleştiriyordu. Dünyadan karara tepkiler geliyor, kararın vicdanları tatmin etmediği ve adil olmadığı ifade ediliyordu.

Ama absürt olan, mahkeme başkanının "Karar şahsen beni de tatmin etmedi" demesiydi. Üstüne üstlük "Cinayetin arka planı aydınlatılmadı, bu basit bir cinayet değil, örgüt yok diyemeyiz" şeklindeki açıklaması insana saçını başını yolduracak cinstendi.

Mahkeme başkanının açıklamaları tek başına skandaldı, yargı tarihine geçecek bir skandal. Hele bunu bir de protesto gösterilerine giden, konser bileti satan, çevre eylemlerine katılan öğrencilerin "örgüt üyesi" diye yıllarca hapiste tutan bir adalet sisteminin bir hâkimin söylüyor olması tüm ülkeyle, insanlık tarihiyle dalga geçmek gibiydi.

Haber, yazı ve kitap yazanların, gazetecilerin, bilim insanlarının "terör örgütü üyesi" diye tutuklandığı, yargılandığı memlekette, "en organize cinayet"te örgüt bağlantısı yok şeklindeki karar, bence AKP Genel Başkan Yardımcısı Ömer Çelik'in açıklamasında olduğu gibi çok organize bir örgütün varlığını daha da çıplaklaştırdı.

Başbakan: Ankara'nın derin dehlizleri

Fakat en önemli açıklamayı Başbakan Erdoğan yaptı. Başbakan, toplum vicdanının talep ettiği adalet yolunda sözünü tutacağını söyledi.

Şunu herkes bilsin ki; ne Uludere'deki 34 vatandaşımızın, ne de İstanbul'da, sokak ortasında hunharca katledilen Türkiye Cumhuriyeti vatandaşı Hrant Dink'in davası, hiç kimsenin endişesi olmasın, geçmişte olduğu gibi, Ankara'nın derin dehlizlerinde kaybolmaz, kaybolamaz. Türkiye artık eski Türkiye değil. Hiç kimsenin yaptığı yanına kâr kalmaz. Hiçbir tezgâh, hiçbir komplo, hiçbir provokasyon gizli kalamaz. Bir kere şunu herkes bilsin: Altı farklı dilde aynı ezgiyle, aynı duyguyla söylenen "Sarı Gelin" türküsünü, Şişli'de sıkılan bir kurşun susturamaz.

Trabzon Valisi: Kontrgerilla tezgâhı

Artık "Pandora'nın Kutusu" açıldığına göre kötülükler tek tek ortaya dökülüyordu. 17 Ocak 2012 tarihli mahkeme kararı buna neden olmuştu.

Dink cinayeti konusunda taraf olan herkes, "Evet, bir örgüt var, ama bizimkiler içinde yok" diyordu. Oysa herkes vardı bu kanlı oyunun içinde. Siyasetçilerin, hâkim ve savcıların, polislerin, jandarma ve MİT'çilerin bu tür davranış ve söylemleri "işlerinin doğası"na uygundu ve doğaldı. Ama gazetecilerin örgüt tarifi yaparken birilerini işin içine katıp birilerini dışında tutmaya çalışmasına ne demeli? Bu konuya daha sonra değineceğiz, ama önce bu süreçte en önemli açıklamalardan birini yapan ve Dink cinayeti planlandığında ve cinayet işlendiğinde, planlamanın yapıldığı, suikast ekibinin hazırlandığı Trabzon'da vali olan Hüseyin Yavuzdemir'in açıklamasına yer vermek istiyorum.

Vali, cinayetten sonra görevinden alınmıştı. Daha önce inceleme yapan müfettişlere, Dink cinayetiyle ilgili olarak bir hazırlık yapıldığına dair bir bilgisi olmadığını açıklamıştı. Oysa Dink cinayeti planlandığı Trabzon Emniyeti'nin ve Trabzon Jandarması'nın bilgisi dahilindeydi. Ancak ne Emniyet Müdürü Ramazan Akyürek ne de İl Jandarma Alay Komutanı Albay Ali Öz bu konuyu her ay yapılan "İl Güvenlik Kurulu" toplantısına getirmişti. Adı geçenler bunu konu hakkında inceleme yapan müfettişlere de anlatmıştı. Hepsi raporlarda mevcut.

Cinayet işlendikten, mahkeme kararı çıktıktan, dolayısıyla görevden alınmasının üzerinden beş yıl geçmesinden sonra Vali Yavuzdemir, daha önce söylemediği bir şeyi söyledi ve "Trabzon'da yaşanan olayların tesadüfi olmadığını ve devlet içindeki kontrgerilla tarafından tezgâhlandığını düşünüyorum" dedi.

Bence ileride çok daha önemli tartışmalara neden olacak bu açıklama tam olarak şöyle:

"Trabzon'un en şanssız valisi" diye bir tanımlama yapmak gerekir mi bilmem ama benim görevde olduğum süreçte azımsanmayacak kadar şanssızlıklar yaşandı. Ama bunlar bizim dışımızda geliştiği için yaşamak zorunda kaldığımız kader sırrı diyorum. Trabzon'da, yaşanan olaylar elbette benim de yöneticilik alanında deneyimlerimi artırdı.

Kontrgerillanın devlet teşkilatı içindeki etkinliğini ondan sonraki süreçte daha iyi değerlendirebildim. Trabzon'da yaşanan olayların tesadüfi olmadığını ve devlet teşkilatı içinde yuvalanmış kontrgerilla tarafından tezgâhlandığını düşünüyorum. Verdiğim kararları düşünerek veririm. Bu nedenle verdiğim hiçbir karardan pişmanlık duymadım.

Dink davası, TAYAD olayları ve Rahip Santoro olayında mahkeme süreçlerine baktığımız zaman, sadece tetikçi durumunda olan kişiler mahkemelerde cezalandırılmış, perde arkasında kimlerin olduğu ortaya çıkarılamamıştır.

Bana göre bunun asıl sebebi, suç delillerinin toplanması aşamasında cumhuriyet savcılarının, kendilerince yapılması, gereken soruşturmaları ve delil toplamaları polis ve jandarmaya havale etmiş olmalarıdır. Bu açıdan bakıldığında polisin veya jandarmanın hazırladığı tahkikat dosyası neredeyse savcının iddianamesine dönüşmektedir ki bu tamamen yanlıştır.

Cumhuriyet savcıları olaylardan sonra hemen inisiyatif alarak soruşturma sürecini bizzat kendileri yönetmelidir. Bu yapılmadığı sürece mahkemelerin karanlık cinayetleri ve olayları aydınlatması mümkün değildir.

Peki, valinin işaret ettiği ve "kontrgerilla tezgâhı" dediği o olaylar neydi?

24 Ekim 2004: Yasin Hayal ve Erhan Tuncel, Trabzon McDonald's şubesini bombaladı. Bu olaydan sonra Erhan Tuncel, Trabzon İstihbaratı'nın resmi elemanı oldu.

29 Kasım 2004: KTÜ Öğretim Üyesi Yard. Doç. Dr. Hicabi Cındık öldürüldü.

7 Ocak 2005: KTÜ'den Prof. Dr. Sadettin Güner ve oğlu çapraz ateşle öldürüldü.

19 Ocak 2006: Doğulu işçilerin gittiği bir kahvehaneye molotofkokteyli atıldı.

25 Ocak 2006: MHP binasına bomba kondu.

6-10 Nisan 2005: Bildiri dağıtmak isteyen TAYAD'lılara linç girişiminde bulunuldu. (Yasin Hayal, linç girişimi eyleminde Erhan Tuncel'in de rol oynadığını söyledi. Bakınız *Kırmızı Cuma*, Doğan Kitap).

5 Şubat 2006: İtalyan Katolik Kilisesi Rahibi Andrea Santoro öldürüldü. Trabzon polisinin "Pontusçu" diye telefonlarını dinlediği Santoro, telefonları dinleme altındayken 15 yaşında biri tarafından öldürüldü. Santoro'nun görev yaptığı kilise de Jandarma ve Emniyet İstihbarat'ın izlemesi altındaydı.

19 Ocak 2007: Hrant Dink cinayeti. Trabzon'da bulunan cinayetin failleri hakkında tüm bilgi polis ve jandarmanın elindeydi.

9 Eylül 2004 tarihinde Trabzon'a vali olarak atanan Hüseyin Yavuzdemir, Dink cinayetinden sonra 27 Ocak 2007 günü görevinden alındı. Hüseyin Yavuzdemir bu dönemde Trabzon Emniyet Müdürü olarak Ramazan Akyürek ve Reşat Altay'la, ayrıca Jandarma Alay Komutanı Albay Ali Öz'le çalıştı.

Tüm bu gelişmeler 17 Ocak 2012'de 14. Ağır Ceza Mahkemesi'nin o tartışmalı kararını vermesinden sonra yaşandı. Daha önce söylediğim gibi Pandora'nın Kutusu açılmıştı.

Peki, Vali'nin sözlerini kiminle tartışabilirdim? 23 Ocak tarihli duruşma iyi bir fırsat olabilirdi. Çünkü Hanefi Avcı'ya "Her yönüyle aydınlandı" dediği Dink cinayetiyle ilgili mahkeme kararını hatırlatacaktım ve yanlış, haksız, tamamen gerçeğe aykırı o satırları nasıl ve neden yazdığını bir kez daha soracaktım. Bir de Vali Yavuzdemir'in "Kontrgerilla tezgâhı" dediği konuyu, yani "kontrgerilla"nın ne olduğunu soracaktım. "Herhalde bu konuyu ondan daha iyi kimse bilemez" diye düşünüyordum.

Cezaevi aracında Hanefi Avcı'yla kontrgerilla tartışması

Cezaevi aracında Silivri'den Çağlayan'a giderken Ahmet Şık, ben, Doğan Yurdakul, Barış Pehlivan ve Hanefi Avcı genellikle aynı kabinde oturduk. 23 Ocak günü duruşmaya giderken ben konuyu, 17 Ocak günü verilen Dink cinayeti kararına getirdim. Ve hep sorduğum gibi Hanefi Avcı'ya "Nasıl olur da bu kadar veriye rağmen siz 'Dink cinayeti aydınlanmış, arkasında bir şey aramaya gerek yok' diyebildiniz?" diye sordum.

Hanefi Avcı yine bildiğimiz şeyleri söyledi. "Ben cinayet olayından söz ettim" dedi. Bir de cinayetin işlendiği toplumsal atmosferi tarif etti.

Ben de "Allah aşkına bunu söylemeyin. O iklim birileri tarafından yanıltılmadı mı? Trabzon'da bir iki kişi dışarıdan önemli destek görmese böyle bir cinayeti işleyebilir mi? Daha sonra cinayetle ilgili delil karartanlara bakın, mahkemeleri yanıltmayı amaçlayan sahte belgeler hazırlayanlara bakın. O desteğin kaynağını görürsünüz. Dönemin Trabzon valisi bile 'Cinayetin arkasında kontrgerilla var' diyor, siz nasıl bunu söylersiniz?" diye eleştirdim.

Hanefi Avcı da kontrgerilla hakkında bir tanım yaptı. "Eğer bir görüşten insanlar karşı görüşten insanlara karşı kullanılıyorsa, yani sağcı grubu bir solcu gruba yönelik eylemde kullanıyorsanız bu kontrgerilla faaliyetidir" dedi.

Tepkim daha yüksek sesle konuşmak oldu: "Eee Hanefi Bey, Hrant Dink cinayetini aynı görüşten insanlar mı işledi? Hayır, onunla görüşleri farklı, onun düşüncesini düşman diye gören kişiler Hrant Dink'i öldürdü. Peki, bu kişiler dışarıdan yönlendirildi mi? Evet. Peki, yönlendiren kişinin/kişilerin devletle ilişkisi var mı? Evet. Amaç siyasi mi? Evet. Cinayetten sonra deliller devlet görevlileri tarafından karartıldı mı? Evet. Mahkeme kararı bile cinayetin arkasındaki gölgeleme gibi bir sonuca hizmet ediyor mu? Evet. Valla işte bu cinayet, cinayet işlendiğinde Trabzon valisi olan Hüseyin Yavuzdemir'in dediği gibi, devlet içindeki kontrgerillanın işidir" dedim. Ve ekledim: "Her şeyiyle kontrgerilla faaliyeti kapsamında olan bu cinayete halen basit, üç beş çocuğun işlediği bir cinayet gibi bakanlar ya kontrgerilla faaliyetine hizmet ediyordur ya da bizzat kontrgerilladır."

"Tutuklama için teşekkürler hâkim bey"

23 Ocak günü yeniden hâkim karşısına çıktığımızda yarım kalan savunmayı tamamlamak için söz istedim. Ve mahkeme heyetine şunu söyledim:

Eşim ve kızım kusura bakmasın, ama size geçen celse beni tahliye etmediğiniz için teşekkür ederim. Çünkü bu arada 17 Ocak'ta 14. Ağır Ceza Mahkemesi Dink cinayeti hakkında karar verdi. Böylece o karar benim neden burada olduğumu da gösterdi. 10 kitap yazsam, bu kadar iyi anlatamazdım. O karar, Dink cinayetini karartmak isteyenlerin gücünü gösteriyor. Emniyet muhbiri, örgüt yok denilerek serbest kalıyor. Böylece Dink cinayetinin devlet içindeki uzantıları da çıkarılamamış oluyor. İşte o devlet görevlilerinin düzenlediği operasyonla huzurunuzdayım. Polis muhbiri serbest, ama ben örgüt üyesi gibi tutukluyum. Nasıl bir güçle mücadele ettiğimi de görmüş oldum. Sadece ben değil, herkes görmüş oldu. O yüzden eğer beni geçen celse tahliye etseydiniz her şey bu kadar net anlaşılamazdı.

Bu hapisliğin bana öğrettiği şey iki kelimelikti: "Gerçekler hapsedilemez."
Tutuklanmadan önce bu cümleyi "Gerçeklerin üstü örtülemez" diye kullanırdım. 3 Mart 2011 günü gözaltına alınırken polis arabasının kapısında "Hrant için, adalet için" demiştim. Ve 11 ay sonra yine aynı cümleye geldik. Bu kez hep beraber aynı cümleyi kullanıyoruz: "Hrant için, adalet için."
Ben kitaplarımda, haber ve yazılarımda Ergenekon sanıkları dahil –ki Ergenekon örgütü de diyebiliriz– devletin içindeki MİT'çi, jandarma ve polislerin "organize" biçimde Dink cinayetinin içinde olduğunu yazdım ve söyledim. Ve bunu 2009 yılı ba-

şından beri söyledim ve yazdım. Ulaştığım bilgi ve belgeleri *Dink Cinayeti ve İstihbarat Yalanları* ile *Kırmızı Cuma* adıyla kitaplaştırdım. Belge dediğim de öyle gizli odalardan çıkan türden değil. Tamamı Dink cinayetinin görüldüğü İstanbul 14. Ağır Ceza Mahkemesi dosyasındandı. Bu kitap nedeniyle 20 yıl hapis istemiyle yargılandığım İstanbul 11. Ağır Ceza Mahkemesi'nin hakkımda verdiği beraat kararında bu durum açık şekilde yazılmıştır. Devlet yetkilerini elinde tutan ve Dink cinayetinde ihmali ve sorumluluğu olanların da aralarında bulunduğu "derin güç" ise bir türlü açığa çıkarılmak istenmiyordu.

Nitekim Dink cinayeti davasına bakan İstanbul 14. Ağır Ceza Mahkemesi'nin "Cinayette örgüt yoktur" kararı vermesi ve yalnızca Yasin Hayal'e azmettiricilikten müebbet hapis verirken polisin resmi istihbarat elemanı Erhan Tuncel'i beraat ettirmesi, kimilerine göre o derin gücün etkisinden geliyordu. Erhan Tuncel'in, beraat kararı verilmesinden birkaç saat sonra kaldığı hapishaneden salıverilmesi ise herkesin aklına "Ne oldu da bu sonuç yaşandı?" sorusunu getirdi.

Dink ailesinin avukatları Arzu Becerik ve Fethiye Çetin "cinayetin arkasında Ergenekon'u da aşan bir örgütlenmenin olduğunu" söylediler. Becerik, davada örgüt bağlantısı bulunmadığı yönündeki kararın Erhan Tuncel üzerinden devlet içindeki yapılanmayı ortaya çıkaracak yolu kapattığına dikkat çekiyordu. Nasıl bir güçtü bu, neydi?

Bu kararın benim başıma gelenlerle bir ilgisi var mıydı?

Ben başıma gelenlerin Dink cinayeti araştırmalarıyla ilgili olduğunu savundum, söyledim. Çünkü Ergenekon denen yapıyla herhangi bir bağlantım olmamasına rağmen *Dink Cinayeti ve İstihbarat Yalanları* kitabı hakkında dava açılmasından sonra şikâyetçi olan polislerin görev yaptığı İstanbul Emniyeti'ne gelen sahte bir e-posta ihbarına dayanılarak telefonlarım dinlemeye alınmıştı. Ayrıca hakkımda dava açılmasını sağlayan –ki kendisi Ergenekon operasyonunu da yönetiyormuş– İstihbarat Dairesi Başkanı Ramazan Akyürek yargılandığım mahkemeye bir dilekçe vererek benim kendisini Ergenekon örgütüne hedef gösterdiğimi iddia ediyordu. Böylece ilk kez bir kişi benimle Ergenekon arasında bağlantı iddiasında bulunuyordu. Ama bunların tamamı bu istihbaratçıların yalanlarını, ihmallerini, sorumluluklarını araştırdığım için yapılıyordu. O davalarda da söylemiştim, polis hiçbir araştırmasında Dink cinayeti ile Ergenekon arasında bağlantı kurmadı, hatta bu konuda hazırladığı ve Başbakan Erdoğan ile Dink ailesine ulaştırdığı şemaları bile gizledi. Bense kitabımda o gizlenen şemalara yer verdim. Hatta "gizliliği ihlal ettiğim" iddiasıyla da yargılandım. Beraat ettim. Ama polis ısrarla bu örgütsel bağı yok saydı.

Artık Dink cinayetinde suç ortağı olan Ergenekon, polis, MİT'çi ve jandarma ile resmi görevlileri koruyan siyasetçi karşısında yalnız kalmıştım. Duyarlı bir kamuoyu vardı. Uluslararası kuruluşlar çalışmalarımı anlamıştı, ama tehlike büyüktü. İşin aslı ben tehlikeyi kaza ile ölüm olarak bekliyordum. Dink cinayetinde rol oynayan Ergenekon sanıklarının yargılandığı davaya adımın karışacağı asla aklıma gelmemişti. Yani hukukun bana tepki duyanların aracı haline getirileceğini düşünemezdim. Çünkü sorunlara rağmen hukuk sistemi ayrı bir kurumsal yapıydı. Savcının polise talimat verebileceğini, ama bunun tersinin mümkün olmadığını düşünürdüm. Ama yaşamak, bu çok ağır bedeli görmek gerekiyormuş.

Dink cinayetiyle ilgili karar çıktıktan sonra *Vatan* gazetesinden Ruşen Çakır, 18 Ocak 2012'de yazdığı yazıda birkaç kelimeyle durumu özetleyiverdi:

> Mahkemenin neden böyle sonuçlandığını anlamak için, Hrant suikastının gerçek anlamda aydınlatılması yolunda onca çaba sarf eden Nedim Şener'in neden 322 gündür tutuklu bulunduğunu anlamamız şart.

Başıma geleni tam olarak anlamam ve tam olarak anlaşılması için 17 Ocak 2012 gününü beklemek gerekiyormuş. 17 Ocak akşamı mahkeme kararını Silivri'deki koğuşumda izlerken hiç şaşırmadan oturmuştum. Sadece acı acı gülüyordum. Soyut olan güç, artık o mahkeme kararının arkasındaydı. Ve bu durum başıma gelenleri anlatıyordu. Süreci çok yakından takip edenlerin şaşkınlığı ise bana garip geliyordu.

Ertesi gün yani 18 Ocak Çarşamba kapalı görüş vardı. Görüşte "Cinayetin arkasındaki gücü görmeyenlerin, mahkeme kararına şaşkınlığı beni şaşırtıyor" demiştim. Benim yorumum da buydu. Ruşen Çakır, yazısında, "Mahkeme kararını anlamak için Nedim Şener'in neden tutuklu olduğunu düşünün" derken aslında o güce işaret ediyordu. Ama adını koymakta o da zorlanıyordu.

Gazeteciler, Erhan Tuncel'in tahliye edilmesine ve benim "örgüt üyesi gibi" tutuklu olmama dikkat çekiyorlardı.

Hürriyet'ten Yalçın Doğan şöyle soruyordu:

Dink cinayetiyle ilgili bir araştırma kitabı yazan Nedim Şener bir yıla yakın süredir hapiste, istihbarat elemanı Erhan Tuncel serbest. Nedim neden içerde, Tuncel neden serbest? Bu çarpıklık Türkiye'deki tabloyu yansıtmaya yetiyor.

Doğan'ın sorduğu sorunun bir yanıtı olabilir, ona biraz sonra geleceğiz.

Hürriyet'ten Mehmet Y. Yılmaz da "Hrant Dink'in öldürülmesinin neden önlenmediğini araştırıp, bir de kitap yazan Nedim Şener ise 'örgütlü suç'tan cezaevinde. Yaşasın Türk adaleti!" diyordu.

Hrant Dink'in kardeşi Hosrof Dink ise gerçekten çok üzgündü. 2008 yılı bahar aylarında onunla tanışmıştım; kitabı yazarken kaç kere görüştüğümü hatırlamıyordum bile. Her tespitimi beraber değerlendirmiş, çalışmamın bilirkişisi gibi bana yardımcı olmuştu. Hosrof Abi başıma gelecekleri biliyor gibiydi. Çoğu zaman "Sana da bir şeyler yapacaklar diye korkuyorum" diyordu.

Başıma gelenlerin nedenini en iyi bilen kişi Hosrof Abi'ydi. *Dink Cinayeti ve İstihbarat Yalanları* kitabını yazarken son sözü ona vermiştim. Hosrof Abi "Ergenekon operasyonunu yapanlar ile Ergenekoncular, abimin [Hrant Dink] öldürülmesi konusunda aynı noktadalar" demişti.

Hosrof Abi aslında her şeyi 2008 yılı sonuna doğru yaptığımız o söyleşide bu cümleyle özetlemişti. Ama yaşadıklarımdan/yaşadıklarımızdan şaşkındı.

Kırmızı Cumalar

Milliyet gazetesinden yazar Mehveş Evin, Erhan Tuncel'in beraat ve tahliye edilmesinin, *Zaman* gazetesine verdiği yazılı cevaplarla ilgisini kurarak benim neden tutuklandığımı anlatan bir analiz yaptı. "Nedim Neden İçerde, Erhan Neden Dışarda?" başlıklı 21 Ocak 2012'de yayınlanan o yazıyı okuyalım:

> Mahkeme Başkanı "Örgüt yok diyemem, delil yok" diyor, savcı "Yeterince delil vardı" diye itiraz ediyor...
> Hrant Dink cinayeti davası, gözümüzün önünde oynanan trajikomik bir oyun. Bu konuda herkes hemfikir. Ancak bu oyunun devamı nasıl gelecek, kestirebilen yok.
> Asıl soru şu: Cinayetin detaylarını yazan gazeteci Nedim Şener içerideyken, cinayetin kilit ismi Erhan Tuncel nasıl tahliye ediliyor?

Belki de cevabı, sandığımız kadar karmaşık değildir. Buyrun, *Zaman* gazetesinde dün çıkan habere...

Tuncel'in, karar duruşmasından önce gazeteye yazdığı mektup, dikkatleri başka yerlere çekmek için dört dörtlük bir malzeme... Aynı zamanda Tuncel'in neden, nasıl bu kadar kolay salıverildiğinin de ipuçlarını veriyor.

Karanlık noktanın projektörleri!
Ne diyor mektubunda Tuncel? Davanın 25. celsesinde de belirttiği gibi, "Cinayet, Ergenekon işi" diyor... Güzel. Bunu Dink'in avukatları da diyor, bu davaya isyan edenler de.

Ancak Tuncel'in bazı isimleri aklamak için gösterdiği olağanüstü çaba kayda değer:

"Ramazan Akyürek ve Ali Fuat Yılmazer, Türkiye'nin en karanlık noktasına projektör tuttu. Bu iki isim, Dink cinayetinin mağdurudur..."

...
Nedim nasıl "Ergenekoncu" oldu?
Buradan Nedim Şener'e dönelim... Şener, 2009'da yayınlanan *Dink Cinayeti ve İstihbarat Yalanları* isimli kitabında, polisin Dink cinayetindeki ihmallerini yazdı, Emniyet, hakkında TCK 301'den suç duyurusunda bulundu.

5 Ocak 2012'de, Odatv davasındaki savunmasında Şener, Emniyet mensupları Erhan Tuncel, Muhittin Zenit, Ramazan Akyürek, Ali Fuat Yılmazer ve Faruk Sarı'nın açtığı suç duyurularını kronolojik olarak sıraladı. (Şener'in savunmasının tam metni için: (http://www.hurriyet.com.tr/gundem/19613745.asp)

Şener, Ergenekon'la nasıl ilişkilendirildiğini de şöyle cevapladı:

"Ergenekon'la nasıl mı ilişkilendirildim? Ramazan Akyürek benim hakkımdaki şikâyetinde 'Bizi Ergenekon'a hedef gösterdi' dedi!"

Fazla kafa yormanıza gerek yok. Her şey ortada. Kırmızı cumalar, cümlemize...

Bilmiyorum, fazla söze hacet var mı?

Polisi savunan gazeteciler

Nazlı Ilıcak ile polis muhbiri Tuncel'in ortak noktası

Dünya anladı, ama birileri bizi Dink cinayeti araştırmasında gerilere götürmek için uğraşıyordu. Gazeteci Nazlı Ilıcak gibi. Yargılandığım davanın müştekisi Nazlı Ilıcak'tı. Nazlı Ilıcak, 23 Ocak 2012 tarihinde yapılan duruşmada şikâyetini geri çektiğini açıkladı. Ancak o gün benim açımdan önemli bir şey oldu: Davada şikâyetini geri çeken ve müşteki olmaktan vazgeçen Ilıcak'ın kaleme aldığı son kitabı *Her Taşın Altında "The Cemaat" mi Var?* elime geçti.

Kitabında bana özel bir yer ayırmış. Ve özellikle benim Dink cinayeti konusunda yaptığım araştırmaları sanki belli bir amaçla yaptığımı anlatmaya çalışmış.

Ilıcak'a göre, polis içinde bir çatışma varmış ve ben o çatışmada Hanefi Avcı ve ekibinden yana taraf olmuşum, bu nedenle yeni kuşak polislere haksız yere saldırmışım. Bunun için de hiçbir kusuru olmadığı halde Ergenekon operasyonlarını yöneten İstihbaratçı Ali Fuat Yılmazer ile Ramazan Akyürek'i Dink cinayetinde kusurlu gösterip onları hedef almışım. Ilıcak kitabında bu nedenle benim polis içindeki çatışmada "gönüllü kurban" olduğumu iddia ediyor.

Kurban değil, kirli polislerin hedefiydim

Nazlı Ilıcak'a göre, istihbaratçı Ali Fuat Yılmazer'e, Fethullah Gülen cemaatinden olduğu için karşı çıkıyormuşum. Ilıcak, kitabının önemli bölümünü daha önce bazı yazarlar tarafından tekrar tekrar gündeme getirilen ve boş olan bu teze ayırmış. Öncelikle Ilıcak, bu tezi ilk kendisinin yazdığını düşünmekle yanılıyor. Ama asıl hatası "gönüllü kurban" olma meselesi. Ben polis içindeki çatışmada kurban olmadım, ben kirli polislerin ve onların kirli amaçlarına aracılık eden hukukçuların "hedefi" oldum. O taşın altındaki yapıya değinmiyorum bile.

İkincisi ve en önemlisi, Hanefi Avcı kitabında "Dink cinayeti aydınlatılmıştır" derken, sözde benim hedef aldığım tüm polisleri, MİT'i, Jandarma'yı ve Emniyet'i, yani sorumluluğu olan herkesi bir cümlede aklıyordu. Avcı'ya göre katiller dışında Dink cinayetinde sorumluluğu olan yok. Daha açık yazayım, Nazlı Ilıcak'ın Dink cinayeti nedeniyle haksız yere suçlandığını düşündüğü Yılmazer ve Akyürek de Hanefi Avcı tarafından temize çıkarılmış oluyor.

Bu durumda benim Hanefi Avcı ile ortak hareket edip Yılmazer ve Akyürek'i hedef aldığımı nasıl yazabiliyor anlaşılır gibi değil. Tabii ben anlıyorum da...

Ilıcak, kitabında Dink cinayetinde sorumluluğu olan polislerin savunmalarına geniş biçimde yer vermiş. Beni de o polislerin savunmalarını görmezden gelmekle suçlamış. Ben o bilgilerin yabancısı değilim. Çünkü kitabım 2009 yılı Ocak ayında yani üç yıl önce yayınlanınca adı geçen polisler beni mahkemeye verdi. Toplam 28 yıl hapis istemiyle yargılandım, 1,5 yıl sonra beraat ettim.

Nazlı Ilıcak'ın yeni sanıp yazdığı o tez, yargılanmam sırasında polisler ve avukatları tarafından dile getirilmişti. Polisler de Ilıcak gibi aynı şeyi söylüyordu: "Nedim Şener'in *Dink Cinayeti ve İstihbarat Yalanları* isimli kitabı yazmasının amacı, Ergenekon operasyonunu yapan polisleri yıpratma yani Ergenekon operasyonuna zarar vermek." Polisler hep bunu dillendirerek Dink cinayetindeki sorumluluklarını Ergenekon operasyonuyla perdelemeye çalıştılar. Polisler bu tezi bizzat işlemekte başarılı olamadılar. Çünkü ne de olsa onlar polisti ve Dink cinayetindeki sorumlulukları raporlarla sabitti. Fakat 2011 yılı Eylül ayından itibaren bazı gazetecilerin kaleme aldıkları kitaplarda polislerin o tezleri açık-kapalı yer almaya başladı. Şamil Tayyar'ın *Çelik Çekirdek,* Mehmet Baransu'nun *Mösyö* ve Adem Yavuz Arslan'ın *Bi Ermeni Var* kitaplarında, ana konu yanında mutlaka bir *Dink Cinayeti ve İstihbarat Yalanları*'na yönelik ifadeler de yer aldı.

Bu kitaplarda benim yaptığım çalışma itibarsızlaştırmaya çalışılırken ısrarla, doğrudan ya da dolaylı polislerin Dink cinayetinde sorumluluğu olmadığına yönelik imalarda bulunuluyordu. Ortak bakışı bir kez daha hatırlatayım: Dink cinayetinde sorumlu olarak adı geçen polislerle ilgili kitap yazmamın amacı, bu polislerin yürüttüğü Ergenekon operasyonunu sekteye uğratmakmış;

Nazlı Ilıcak da özet olarak kitabında bunu anlatıyor.

Nazlı Ilıcak'ın kitabının ayrıntılarından bahsetmeden önce Hrant Dink cinayetinde azmettirici olarak yargılanan Trabzon Emniyeti istihbarat elemanı Erhan Tuncel'in *Zaman* gazetesine yaptığı açıklamayı hatırlatmak istiyorum. Polis muhbiri Tuncel o açıklamasında Dink cinayetinde ihmalleri Başbakan Erdoğan'ın 2 Aralık 2008'de imzaladığı Başbakanlık Teftiş Kurulu raporuyla ortaya çıkan İstihbaratçı Ramazan Akyürek ile Ali Fuat Yılmazer'i şöyle savunuyordu:

> O dönem (2007) Ergenekon'a dokunan yanıyordu. Ramazan Akyürek ve Ali Fuat Yılmazer, Türkiye'nin en karanlık noktasına projektör tuttu. Bu iki isim Dink cinayetinin mağdurudur. Israrla bu iki isim zikrediliyor. İstihbarat iç mantığına göre en son sorumlu tutulacak kişiler.

İşte Nazlı Ilıcak ile polis muhbiri Erhan Tuncel'in ortak noktası da yukarıdaki cümlelerde gizli. Ilıcak, kitabının 120 ile 142. sayfalarını buna ayırmış. Kitabının girişinde "Acaba Yılmazer'in 'Fethullahçı' diye hedef alınmasının sebebi, Ergenekon davasını tetikleyen baş aktörlerden biri olması mıydı?" diye bir soru soruyor ve kendince bir cevap veriyor:

> Amaç (benim Dink cinayetiyle ilgili kitaplarımı kast ediyor N.Ş.) Dink cinayetindeki gerçek sorumluları mı ortaya çıkarmak, yoksa üzerlerine "Cemaatçi" yaftası yapıştırılan birilerini kusurlu göstererek tasfiye etmeye mi çalışmak? Cevabım, her ikisi de. BİR TAŞLA İKİ KUŞ VURMAK!

Aslında hakkını da yememek gerek, benim için "Ergenekoncu" deyip kestirip atmamış; "Nedim Şener, Ergenekon ya da Kafes gibi yapılanmalara da karşıydı. Bu yüzden, ısrarla Ali Fuat Yılmazer'i suçlamasının sebebini, Ergenekon'dan ziyade, Emniyet içindeki bir çatışmanın 'gönüllü kurbanı' olmasına bağlayabiliriz" diyerek kendince bir sonuca varmış.

Biraz sonra detaylarını anlatacağım birçok hata, yanlış, eksik bilgilerle çıkardığı sonuçlar bir yana, daha önsözde kendini ele veriyor Ilıcak; kitabının girişinde "Ben olayı, savcının iddianamesinden yola çıkarak anlattım" diyor. Ilıcak'ın kitabı 2012 yılının Ocak ayının üçüncü haftasında yayınlandı. Oysa iddianame Eylül ayında çıktı ve ilk duruşma Kasım ayında yapıldı. Kitabı çıkana kadar dokuz duruşma yapıldı ve yargılananlar bir mahkeme huzurunda savunmalarını yaptı. Suçlamaya konu olan bazı "word" dokümanların sahte olabileceğine dair Ortadoğu Teknik Üniversitesi, Yıldız Teknik Üniversitesi ve Amerika'da FBI gibi kuruluşlara da danışmanlık yapan adli bilişim uzmanı bir kuruluşa yaptırılan inceleme raporları internette bile var.

Nazlı Ilıcak "müştekisi" olduğu davanın hiçbir duruşmasına gelmedi. Ama yargılanan gazetecilerin savunmaları da internette var. Bunları hiç okumadığı halde ve savunma hakkını önemsemeden kendi deyimiyle yalnız "savcının iddialarına dayanarak" polisleri savunmaya çalışan bir kitap yazmak, ancak Ilıcak'a ve ona benzemek isteyenlere yakışır.

Benim açımdan Nazlı Ilıcak'a sorulacak temel soru şu: Ben kitabımı 2009 yılı Ocak ayında yayınladım. Bu polisler bana dava açtı, yargılandım. Beraat ettim. Yetmedi; ikinci kitabı da yazdım. O polislerin yürüttüğü operasyonla tutuklandım. Ve 376 gün Silivri'de tutuklu kaldım. Kendimi Nazlı Ilıcak gibilerin lincinden koruyacak imkânlardan uzaktım.

Peki, siz Nazlı Ilıcak, üç yıl sonra neden benim kitabımın amacını ve içeriğini sorguluyorsunuz? Neden 2009'dan beri piyasada olan kitabımı eleştirmediniz de şimdi bunu yapıyorsunuz? Elbette yapabilir, eleştirebilirsiniz, peki neden gerçekleri eğip büküyorsunuz, 2011 Ocak ayında yayınlanan *Kırmızı Cuma-Dink'in Kalemini Kim Kırdı?* kitabını neden görmezden geliyorsunuz?

Ben ilk günden beri tutuklanmamın nedeninin Dink cinayetiyle ilgili araştırmalarım olduğunu söyledim. Gelişmeler de bunu doğruladı. Nazlı Ilıcak'ın, Dink cinayetinde ihmali olan ve benim tutuklandığım operasyonun başındaki ismi hararetle savunması da aslında tutuklanmamın gerçek nedenini bana bir kez daha gösterdi.

Ben yalanlara sessiz kalacak biri değilim, hele konu Dink cinayeti olunca. Çünkü şunu biliyorum: Her kim Dink cinayetine tarafgirlikle yaklaşır, bir tarafı koruma amaçlı yazı, kitap yazar söz söylerse Dink'in *Agos* önündeki hâlâ sıcak kanı onun üzerine bulaşır, suçun ortağı olur.

Şunu öğrenmiş olmanız gerek: Bu işte temiz polis yok, jandarma yok, MİT'çi yok. Bu tartışma 2009'da benim kitabımla bitti. Yalanlar üç yıl önce yazıldı, tartışması kapandı. Kitabımın yayınlanmasından neredeyse iki yıl sonra Avrupa İnsan Hakları Mahkemesi, benim tespitlerime yakın bir karar verdi kamu görevlileri bakımından. Beş yıl sonra şimdi de Cumhurbaşkanlığı Devlet

Denetleme Kurulu, MİT'in, Jandarma'nın ve Emniyet'in cinayette sorumluluğu olduğunu raporlaştırdı. Dolayısıyla onların çabası artık kimseyi temize çıkarmayacak; sıra bu kişilerin soruşturulmasına ve yargılanmalarına geldi.

Onların yeni sandığı ve inandırıldığı yalanların "son kullanım tarihi" çoktan doldu. Yakında "suçsuz" olduklarını iddia ettikleri kişiler hakkında yeni davalar açıldığını görürlerse o kitabı ne yapacaklar?

Yine söylüyorum, yalanların "son kullanma tarihi" doldu, raf ömrü tükendi; geç de olsa dönem gerçeklerin zamanı.

Ama bu onların ne ilk ne son hatası. Susurluk döneminde de faili meçhullerin baş sorumlusu ve kaçırılıp infaz edilen ve tehdit edilen işadamlarından alınan paraları Susurluk raporuna konu olan eski Terörle Mücadele Dairesi Başkanvekili İbrahim Şahin'i savunmuşlardı. Gerçeği görmek için bayağı zaman geçmesi lazım onlar için. Bu iyi niyetli bir yorum. Ya da aslında gerçeği biliyor da buna uymak yerine gerçeği bilerek eğip büküyorlarsa?.. Allah muhafaza bunu ne onlar ne de bir başka gazeteci için düşünürüm.

Ben iyi niyetli yoruma katılıyorum ve o yüzden iddialara cevap vereceğim. Kötü niyetli yoruma katılsam elime kalem almazdım, alamazdım. Onları kendi sonlarına bırakırdım. Ama ben "çıkmamış candan umut kesilmez" diyenlerdenim. Şimdi gelelim gerçeklere...

Önce, Nazlı Ilıcak'ın "göğsünü siper" ettiği Ali Fuat Yılmazer'in kim olduğuna bakalım.

Emniyet Genel Müdürlüğü İstihbarat Dairesi C Şubesi müdürüydü. Bu; azınlıklar, misyonerlik ve sağcı terör örgütleriyle ilgili istihbarat bilgilerinin toplandığı, değerlendirildiği, gerektiğinde de 81 ildeki Emniyet birimleri arasındaki koordinasyonu sağlayan birim. Hrant Dink azınlık mensubu bir vatandaş olduğu için onunla ilgili bilgiler ve raporlar da bu şubede yer alıyordu. Keza, 2006 yılında öldürülen rahip Santoro, Malatya'da katledilen misyonerlerle ilgili –varsa– bilgi ve raporlar da bu şubede olmalı.

Yılmazer, Hrant Dink öldürüldükten sonra İstanbul Emniyet Müdürlüğü İstihbarat Şube Müdürü oldu.

5 Şubat 2007'de bu göreve başladı. O yıl 12 Haziran'da Ümraniye'de bulunan mühimmatla ilgili soruşturmayı yürüttü. 2008 yılı Ocak ayında başlayan Ergenekon operasyonunu yönetti. Başbakanlık Teftiş Kurulu'nun 10 Ekim 2008 tarihli raporuyla Dink cinayetinde kusurlu bulundu. Başbakan Erdoğan'ın 2 Aralık 2008

tarihli imzasını ve olurunu taşıyan raporda, Yılmazer'in yanı sıra Ankara'da bulunan İstihbarat Dairesi Başkanı Ramazan Akyürek de sorumlu tutuluyordu.

Benim de tutuklandığım operasyona kadar gerçekleşen 18. Ergenekon operasyonu dalgasında Yılmazer görev yaptı.

3 Mart 2011 günü gözaltına alınıp 6 Mart günü tutuklanmamızdan birkaç gün sonra 9 Mart 2011 günü saat 03.00'te görevden alındı. İstihbarat Şube'den sorumlu emniyet müdür yardımcılığından Bomba ve Koruma Şube'den sorumlu müdür yardımcılığı görevine atandı.

Bunları niye yazdım? Çünkü Ali Fuat Yılmazer, bazı yorumculara göre "işine şahsi hesabını" katmıştı. Benim Ergenekon konusuyla ilgim olmadığını iyi bilecek noktadaydı. Bana şahsi kin duymasının nedeni de Başbakan'ın imzasını taşıyan rapora dayanarak kendisi ile Akyürek'in Dink cinayetindeki sorumluluğunu yazmamdı. Ayrıca müfettiş raporlarını okumuş, dava dosyalarından elde ettiğim belgelerle mahkemeleri yanılttığını belgelemiştim.

Bu nedenle Yılmazer ve Akyürek'le birlikte Dink cinayetinde kusuru olan iki polis Faruk Sarı ile Muhittin Zenit beni mahkemeye vermişlerdi. Ama gazetecilerin ve kamuoyunun desteği, mahkemelerden aldığım beraat kararları onu/onları iyice öfkelendirdi. Tam mahkemeler devam ederken polise bir e-posta ulaştı. M. Yılmaz sahte adıyla gönderilen e-postadaki yalanlara dayanarak cep ve ev telefonlarım dinlenmeye başlandı.

Ali Fuat Yılmazer'in başında olduğu İstihbarat'ın kulağı artık benim üzerimdeydi. Bir yandan mahkemelerde "süründürüyorlar", diğer yandan dinleyip izliyorlardı. Tabii ben beraat ettim, polis dinlemeyi kesti. Ama öfkeleri yatışmamış olacak ki bir yıl sonra 14 Şubat 2011 günü yapılan Odatv baskınıyla yine benim adım Yılmazer'in başında olduğu İstihbarat'ın önündeydi. Önce dinleme, sonra tutuklama. İşte benim Yılmazer'le kısa hikâyem. Ben 6 Mart 2011 günü tutuklandım. O da 9 Mart 2011 günü görevinden alındı.

"Canım bu haber gazetelerde yayımlandığında İstanbul Emniyet Müdürü Hüseyin Çapkın 'Rutin bir uygulama' demişti. Tutuklanmamla ilgisi olduğunu söylemediler" dediğinizi duyar gibiyim.

Bunun cevabını ben değil, Avrupa Komisyonu'nun hazırladığı ve Avrupa Konseyi'ne ve Avrupa Parlamentosu'na sunduğu 12 Ekim 2011 günü yayınlanan "Türkiye 2011 Yılı İlerleme Raporu"nun 6. sayfasındaki şu paragraf veriyor:

Mart 2011'de Ergenekon davasına bakan özel yetkili üç savcı, Hâkimler ve Savcılar Yüksek Kurulu (HSYK) tarafından farklı görevlere atanmıştır. Ergenekon soruşturmasında görevli istihbarattan sorumlu İstanbul İl Emniyet Müdür Yardımcısı da yeni bir göreve getirilmiştir. Bu tedbirler, yargı organlarının ve hükümetin, soruşturmanın ele alınışıyla ilgili rahatsızlığının yansıması olarak görülmüştür.

Bu paragrafta ifade edilen üç savcıdan biri, özel yetkileri kaldırılan, Ergenekon soruşturmasının başından alınan ve Çağlayan Adliyesi'ne başsavcı vekili olarak atanan Zekeriya Öz'dür. Zekeriya Öz'ün görevden alınmasıyla aynı anda Özel Yetkili Başsavcı Vekilliği'ne Fikret Seçen atandı.

İstanbul Cumhuriyet Başsavcılığı'na da Turan Çolakkadı atandı. Bu paragrafta bahsedilen polis tabii ki Ali Fuat Yılmazer'di.

O nedenle Nazlı Ilıcak, Yılmazer'i ne kadar savunsa da gerçek yalnız Türkiye'de değil tüm dünyada biliniyor. Avrupa Birliği raporunda da belirtildiği gibi, Ali Fuat Yılmazer'in görevden alınmasının nedeni açıktır. Hükümet de bizim tutuklanmamızın ardından bu gerçeği görmüş, onu bombalardan sorumlu müdür yardımcısı yapmıştır.

Aradan geçen zaman gerçeği daha anlaşılır hale getirdi. Özellikle Odatv iddianamesi, tutuklanma gerekçemin yazımına hiçbir katkım olmayan iki kitap olduğunu gösterdi. İlk tutuklandığımda "Ama onlar gazetecilik faaliyetinden değil, terör örgütüne üyelikten suçlanıyorlar" diyenler iddianameyle birlikte sustular. Suçlama "terör örgütü üyeliğinden", "suç işlemek amacıyla kurulan örgüte üye olmamakla birlikte bilerek isteyerek yardım etmek" şekline dönüştü. Bu durum iddianameye bakıldığında suçlamanın kitap yazma ya da kitap yazmaya katkı yapma iddiasından kaynaklandığını ortaya koyuyordu. İddianamede o kitapların yazımına katkı yaptığıma dair bir tek delil olmadığı görülüyordu.

İşte o zaman tutuklanmamın –iddianamedeki değil gerçek nedenini– daha iyi anladım. Yalnız ben değil Silivri Cezaevi'ne ziyarete gelen Avrupa Konseyi İnsan Hakları Komiseri Hammarberg, Avrupa Konseyi Genel Sekreteri özel temsilcisi, Avrupa Parlamentosu üyesi milletvekilleri, Türkiye ve dünyadan basın örgütü temsilcileri, merkezi New York'ta bulunan Gazetecileri Koruma Komitesi ve en önemlisi Türkiye kamuoyu daha iyi anladı.

Nazlı Ilıcak ise bu süreçte kendisine ve geçmişine uygun tarihsel rolünü oynadı. Bir kitap yazdı. Benim tutuklandığım operasyonu yöneten ve Dink cinayetindeki sorumluluğu yalnız görevi ihmalle değil, mahkemeyi yanıltıcı belge göndererek iyice ortaya çıkan polisi savunan bir kitaptı bu. Ilıcak'a "Bu kitabı size o mu yazdırdı?" sorusunun abesliğini bir tarafa bırakırsak, Ilıcak'ın mesleki kıdemine uygun biçimde objektif davranmadığına dair mantıklı bir gerekçe bulamıyorum. Kitabındaki her iddiaya satır satır cevap yazarken onun adına utandığımı koğuş arkadaşlarım Ahmet Şık ve Doğan Yurdakul'a kaç kez söyledim.

Bakalım Ilıcak cevaplarımı okurken utanabilecek mi?

İşte Ilıcak'ın iddiaları ve su katılmamış gerçekler:

Nazlı Ilıcak diyor ki: "... Dink ailesi tarafından savcılığa verilen suç duyurusunda da Ali Fuat Yılmazer'in ismi de yer almıyordu." (Sayfa 125)

Gerçek: *Taraf* gazetesi 17 Ocak 2012 tarihli sayısında yer alan "Dink Cinayeti: İçinden 'Devlet' Geçmeyen Dava" başlıklı haberdeki "Dink avukatlarınca, listede adı olmayan dönemin Emniyet Genel Müdürlüğü İstihbarat Daire Başkanlığı C Şube Müdürü Ali Fuat Yılmazer'in soruşturma kapsamına alınmıştı" cümlesi Ilıcak'ı yalanlıyor.

Nazlı Ilıcak diyor ki: Nedim Şener *Dink Cinayeti ve İstihbarat Yalanları* kitabının bütün baskılarında sadece Başbakanlık Teftiş Kurulu müfettişlerinin, Ali Fuat Yılmazer'i suçlayan 10 Ekim 2008 tarihli raporuna dayandı. 9 Kasım 2009 tarihli Mülkiye müfettişlerinin [Ali Fuat Yılmazer ve Ramazan Akyürek'i aklayan N. Ş.] raporunu görmezden geldi.

Gerçek: *Dink Cinayeti ve İstihbarat Yalanları* kitabı 2009 yılı Ocak ayında yayınlandı. Dolayısıyla Başbakanlık müfettişlerinin 10 Ekim 2008 tarihli raporunun üç ay sonra yayınlanan bir kitapta olması normal. Bu polisleri aklayan ve Nazlı Ilıcak'ın "görmezden geldi" dediği rapor kendisinin de yazdığı gibi 9 Kasım 2009'da yani kitabın yayınlanmasından 11 ay sonra hazırlanmıştır. Ancak 9 Kasım 2009 tarihli "aklama" raporu, benim imzamla 21 Nisan 2010 ve 25 Ekim 2010'da *Milliyet* gazetesinde iki ayrı habere konu oldu. 25 Ekim 2010 tarihli haberde Başbakanlığın 10 Ekim 2008 tarihli polisleri suçlayan, Mülkiye müfettişlerinin 9 Kasım 2009 tarihli polisleri aklayan ve Başbakanlığın 18 Ocak 2010 tarihli Mülkiye müfettişlerine yazdığı "Polisleri aklama raporunuz hukuksuzdur" mealindeki 11 sayfalık sert cevabi yazısını yayınladım. Bu gelişmelerin tamamına ise 2011 yılı Ocak ayında Doğan Kitap tarafından yayınlanan *Kırmızı Cuma-Dink'in Kalemini Kim Kırdı?* isimli kitabımda yer verdim.

Nazlı Ilıcak diyor ki: Nedim Şener *Kırmızı Cuma* kitabında ise mülkiye müfettişlerinin Yılmazer lehindeki raporunun bir aldatmacadan ibaret olduğunu anlatmak için sayfalar ayırdı. Niçin? Ayrıca, madem Başbakanlık raporuna dayanıyor, Şener aynı raporda sorumlu bulunan Sabri Uzun'u da suçlamıyor? Bunlar cevaplanması gereken sorular.

Gerçek: Başbakanlık raporu yalnız Ali Fuat Yılmazer'i suçlamıyor. Ramazan Akyürek'i de suçluyor. Sabri Uzun'un ismen suçlandığı bölüm yok. İstihbarat Dairesi Başkanlığı yetkilileri hakkında suçlama var. Ama Başbakanlık raporu "kadük" hale getirildiği için ismen suçlananlar dahil hiç kimse hakkında işlem yapılmadı. Mülkiye müfettişlerinin Yılmazer lehindeki raporunun aldatmaca olduğunu değil, "hukuksuz" olduğunu yazdım. Bunu da Başbakanlığın Mülkiye Teftiş Kurulu'na yolladığı 18 Ocak 2010 tarihli 11 sayfalık yazısına dayanarak yazdım. Bu yazıda dönemin Başbakanlık Teftiş Kurulu Başkanı'nın da imzası var. Dolayısıyla nasıl 10 Ekim 2008 tarihli polisleri suçlayan raporun altında Başbakan Erdoğan'ın imzası varsa 18 Ocak 2010 tarihli ve mülkiye müfettişlerine gönderilen sert yanıttan aynı makamların haberdar olmadığını düşünemeyiz.

Ayrıca Sabri Uzun'un görevden ayrıldığı tarihe kadar İstihbarat Dairesi'nden kaynaklanan tüm sorumluluğu kabul ettiğine dair görüşü yalnız ve yalnız benim tarafımdan 2009 yılı Ocak ayında yayınlanan kitabımda yer almıştır. 2011'deki *Kırmızı Cuma* kitabında da bu görüşe yer verilmiştir.

Nazlı Ilıcak diyor ki: AİHM, Trabzon ve İstanbul'da sorumlu mevkiide olanlar hakkında "takipsizlik" kararı nedeniyle Türkiye'yi mahkûm ediyor. İstihbarat C Şube'den bahsetmiyor. (Sayfa 128) Peki, Yılmazer'i kusurlu bulmayan AİHM yargıçları da mı Fethullahçı?

Gerçek: AİHM, haklarında herhangi bir soruşturma açılan ancak "takipsizlik" kararı çıkmış olan kişiler için etkin soruşturma yapılmadığına karar verdi. Bilindiği gibi bugüne kadar Ankara'daki İstihbarat Daire Başkanlığı ve yetkilileri hakkında hiçbir soruşturma açılmadı. Dolayısıyla savcılıklardan da "takipsizlik" kararı bulunmuyor. Eğer Başbakanlığın 2 Aralık 2008 tarihli polisleri suçlayan raporu Mülkiye müfettişleri tarafından "kadük" edilmeyip soruşturma konusu olabilseydi bu polisler hakkında ya dava açılır ya da takipsizlik kararı çıkardı. Takipsizlik kararı çıksaydı o zaman AİHM'e ek dilekçeyle durum bildirilirdi. Ama bürokrasi dehlizlerinde Başbakan'ın imzasını taşıyan o rapor kaybedildi. Bu nedenle Ali Fuat Yılmazer hakkında AİHM bir karar vermedi. Yalnız Yılmazer hakkında değil İstihbarat Daire Başkanı olarak Akyürek hakkında da bir karar alamadı. Akyürek'in adının AİHM kararında olması sizi şaşırtmasın, o Trabzon Emniyet Müdürü olması nedeniyle alınmış bir karardır. Trabzon Emniyeti hakkında açılan soruşturmada savcılık takipsizlik verdiği için AİHM kararında yer aldı.

Nazlı Ilıcak diyor ki: Amacım, Hrant Dink suikastında Ali Fuat Yılmazer'in sorumluluğunu tartışmak değil. Sadece Nedim Şener'in, Hanefi Avcı'nın her lafını doğru kabul edip, Yılmazer'i "kusurlu" ilan etmesinin sebebini anlamakta zorlanıyorum. (Sayfa 140)

Gerçek: Hanefi Avcı'nın Dink cinayeti konusundaki görüşü belli. Ona göre Dink cinayeti aydınlanmış. Avcı'nın kitabının en fazla eleştirilen noktalarından biri de Dink cinayeti hakkındaki görüşüdür. Avcı "Dink cinayeti aydınlanmıştır, arkasında bir şey aramaya gerek yoktur" derken, Yılmazer dahil tüm polisleri, MİT'çileri ve Jandarma'yı aklıyor. Dolayısıyla Hanefi Avcı'nın Dink cinayeti hakkında Yılmazer'i kusurlu gördüğüne dair tek bir satır yok. Nazlı Ilıcak bunu nereden uyduruyor bilmiyorum.

Benim 2009'dan beri yazdığım haber ve kitaplarda Dink cinayetinin aydınlanmadığı gibi arkasında polis, jandarma, MİT'çi ve Ergenekon sanıklarının bulunduğu büyük bir organizasyonun bulunduğunu isim isim yazıyorum.

Nazlı Ilıcak diyor ki: "İnsan ister istemez soruyor: Amaç, Dink cinayetindeki gerçek sorumluları mı ortaya çıkarmak, yoksa üzerlerine 'cemaatçi' yaftası yapıştırılan birilerini kusurlu göstererek tasfiye etmeye mi çalışmak? Cevabım her ikisi de."

Gerçek: Emniyet İstihbarat Dairesi ve il şube müdürlüklerinde "cemaatçi" olmayan yok gibidir. Dolayısıyla Yılmazer'in "cemaatçi" yaftasıyla tasfiyesi iddiası doğru değildir. Kendisinden önce görev yapan da "cemaatçi" olduğu iddiasıyla karşılaşmıştır. Nazlı Ilıcak'ın kitabının 115-117. sayfasındaki listeye tekrar bakarsak orada Yılmazer ve kendisinden önce görev yapan Güler'in adı mevcuttur. Esasen bir kişinin cemaatçi olması da suç değildir. Problem, Dink cinayetinde ihmali açık olan Güler gibi Yılmazer'in de İstihbarat Şube'de görev yapmasıdır. Çünkü Dink cinayetini aydınlatma noktasında görev verilen kişi hakkında bu cinayette ihmal iddiasının olmaması gerekir. Ben mahkemelerde de ekranlarda da "İstihbarat Şube'nin başına cemaatçi de olsa fark etmez, hukuka uygun davranan ve temiz olan biri getirilsin" dedim Ayrıca Dink cinayeti davası dosyasına bakarsanız, bu isimlerin gerçekdışı bilgiler içeren belgeleri mahkemeye gönderdiğini görürsünüz.

Nazlı Ilıcak diyor ki: Bu isim görevden alınmasaydı cinayeti aydınlatabilirdi. (Bu röportajındandır, *Radikal*).

Gerçek: Ne Akyürek ne de Yılmazer Dink cinayeti nedeniyle görevden alındı. Yılmazer, Dink cinayeti işlendiğinde İstanbul İstihbarat Şube'nin başına getirildi. Daha sonra bu şubeden sorumlu müdür yardımcısı oldu ve cinayet işlendikten dört yıl sonra görevden alındı. Dört yıldır cinayeti aydınlatmak için ne yaptılar? Kocaman bir hiç. Aksine, gazetecilerle paylaştıkları bilgileri mahkemelerden gizlediler. Mahkemelere içeriği gerçek olmayan belgeler yolladılar. Ramazan Akyürek, Dink cinayetinden 2,5 yıl sonra başka bir nedenle görevden alındı. Yılmazer de benim 6 Mart 2011'de tutuklanmamdan sonra 9 Mart günü 03.00'te bakanlık emriyle görevden alındı. Gerekçesini öğrenmek için 2011 yılı AB İlerleme Raporu'nun 6. sayfasına bakın.

Nazlı Ilıcak diyor ki: "... Nedim Şener ise İstihbarat Daire Başkanı Ramazan Akyürek'in Mülkiye başmüfettişini aldattığını, zira log kayıtlarının silindiğini ileri sürüyordu.

Oysa... Nedim Şener'in iddialarının aksine Mülkiye müfettişlerinin görevlendirdiği iki bilirkişi 'İstihbarat Daire Başkanlığı veritabanı yapılarını barındıran disk sisteminden, zaman ayarlarının değiştirildiği, log kayıtlarının silindiği ya da değiştirildiğine dair kesin bir bulguya rastlanmamıştır' sonucuna vardı. İstanbul İstihbaratı'nın kusurunu örtmek için ortaya atılan 'Aslında çalışma yapıldı ama log kayıtları silindi' iddiası böylece dayanağını kaybetti."

Gerçek: İstanbul İstihbarat Şubesi'nin kusurunu kimse örtemez. Çünkü Mülkiye müfettişleri Mustafa Üçkuyu ve Mehmet Canoğlu, 11 Mart 2010 tarihli raporla, İstanbul polisinin, cinayetin azmettiricisi Yasin Hayal'in ağabeyi Osman Hayal'in Ümraniye'deki fırında çalışmadığını tespit etti. Ayrıca söz konusu kişilerin telefon kayıtlarının sorgulanmadığını rapora yazdılar. İstanbul polisi hakkında soruşturma izni verilmesini istediler. Ben de bu raporu *Kırmızı Cuma* kitabının 365-367. sayfalarında yazdım.

Öte yandan, Ramazan Akyürek'in log kayıtları konusunda mülkiye başmüfettişi (Şükrü Yıldız'ı) aldattığı iddiası Mülkiye Başmüfettişi Akif İkbal'in 19 Haziran 2008 tarihli raporunda yer almıştır. Akif İkbal de bu tespitini İstanbul İstihbarat Şube'nin bilgisayarında İstanbul Üniversitesi Bilgisayar Bilimleri Uygulama ve Araştırma Merkezi'nin (BUYAMER) 9 Mayıs 2008 tarihli raporuna dayandırıyor. İ. Ü. BUYAMER, raporda telefon sorguları isimli dizin altında "'Yasin Hayal en son xls." isimli dosyanın 20.02.2006 günü saat 17.18'de yaratıldığını ve dosyanın 8 dakika açık kaldığını, değişikliklerin de 17.26'da kaydedildiğini belirtti.

Üniversitenin bu raporundan sonra Akif İkbal, Akyürek imzalı yazının müfettişi yanıltmak amacıyla hazırlandığını raporuna yazdı. Ben de tüm bu gelişmeleri 2009 yılı Ocak ayında yayınlanan kitabımda yazdım. Ayrıca Başbakanlık Teftiş Kurulu da İstihbarat Dairesi Başkanlığı bilgisayar veri sisteminin sağlıklı olmadığını, Başbakan Erdoğan'ın imzasını taşıyan 2 Aralık 2008 tarihli rapora koydu. Bu bilgiyi de kitabımda yazdım. Nazlı Ilıcak ise yalnızca Ramazan Akyürek'in yaptırdığı rapora itimat ederken, Akif İkbal'in raporundan hiç söz etmiyor. Böylece bilgi gizleyerek polisleri aklama yoluna gidiyor. Öte yandan Başbakanlık Teftiş Kurulu raporundaki log kayıtları hakkındaki tespitleri de okurlarından gizliyor. Bunu polisleri aklamak için yapıyor. Ama bir yandan da Dink cinayeti hakkındaki bilgileri gizliyor.

Nazlı Ilıcak diyor ki: "Nedim Şener bir taşla iki kuş vurmak istiyor."

Sonsöz: Nedim Şener hayatında taş atıp hiç kuş vurmamıştır.

Ama şu kesindir, aklamak istediğiniz polislerle anılacak adınız hep. Nasıl Susurluk zamanı yargısız infazların faili meçhullerin sorumlularından İbrahim Şahin gibi isimleri savunduysanız şimdi de Dink'in cinayetinde imzası olanlar için aynı şeyi yapıyorsunuz. Bir nevi gazeteciliğinizi suç ortaklığına alet ediyorsunuz. Gerçek faillerin parmak izi oluyorsunuz.

DDK Raporu da sizi kurtarmaz

Tam kitabın yazımı tamamlandığı aşamada Cumhurbaşkanlığı Devlet Denetleme Kurulu'nun raporu yayınlandı. Rapor, çoğunun dediği gibi yeni bir şey söylemiyor. Çünkü içindeki iddialar zaten gündeme getirilmişti. Ancak Nazlı Ilıcak, DDK raporunda da "Başbakanlık Teftiş Kurulu raporuyla kusurlu görülen İstihbarat Dairesi Başkanlığı personeli hakkında yapılacak bir işlem bulunmadığı..." tespitini gündeme getirerek benim polislerden özür dileyip dilemeyeceğimi sormuş.

DDK raporu hakkında söylenecek çok şey var. Elbette DDK'nın yaptığı görev kapsamının yasal sınırlarıyla ilgili. Yapabilecekleri şeyler belli. Ama görmezden gelinen gerçeklerin neler olduğu, tartışmalı kanaatler, dosyada var olan ve görmezden gelinen deliller...

Ama bu tartışma başka bir kitabın konusu olacak.

Öncelikle, artık Dink cinayeti konusunda İstanbul Özel Yetkili Savcılığı'nda açılmış bir soruşturma var. Ve kimin suçlu kimin suçsuz olduğu burada yapılacak hukuka ve adalete uygun bir soruşturma ve mahkemedeki yargılamayla ortaya çıkacak. Hukuka ve adalete özellikle vurgu yapıyorum, çünkü birçok gerçek bu aşamalarda ortadan kayboluyor.

Ancak, Dink cinayetinde polislerin kusurlu olduğunu gösteren Başbakan Erdoğan'ın 2 Aralık 2008 tarihli raporu hakkında Cumhurbaşkanlığı DDK müfettişlerinin yapılacak bir işlem bulunmadığını yazmaları nasıl olup da aklanma olarak yorumlanabiliyor. DDK müfettişlerinin kanaatlerinin hukuki bir bağlayıcılığı olmadığı açıkken nasıl olup polislerin aklandığı iddia edilebiliyor.

Gazetecinin görevi, Dink cinayeti arkasındaki gerçeği ortaya koymaktan başka bir şey değildir. Elbette kimseye iftira atılması doğru değildir. Devletin birbiriyle çelişen raporları, ortaya çıkan diğer gerçekler varken bir gazeteci polis aklamaya çalışmaz. Zaten uğraşsa da başaramaz, gerçeği karartamaz.

Cemaatçiler Ilıcak gibi düşünmüyor

Nazlı Ilıcak, kitabında benim Ergenekon'a karşı olduğumu yazarken, Ali Fuat Yılmazer'i Dink cinayeti nedeniyle kusurlu gösterme çabası içinde olduğumu, bunun da Yılmazer'in Fethullahçı olarak bilinmesinden kaynaklandığını ileri sürüyor.

Ilıcak, belki Fethullah Gülen cemaatinin gözüne girmek istiyor olabilir, ama cemaat onun gibi düşünmüyor. Son zamanlarda Dink cinayeti hakkında yazılar yazan *Zaman* gazetesi yazarı Bülent Korucu, Ilıcak'ın tersine daha önce gazetedeki köşesinde dile getirdiği şu görüşü gazetenin 5 Mart 2012 tarihli aylık kitap ekinde dile getirdi:

> Nedim Şener ve arkadaşlarının derdi cemaat düşmanlığı değil. Ergenekon dostluğu. Bu dostluğu rahatça yapabilmenin kılıfı ise cemaat karşıtlığı. Aynı listede aynı suçlamaya muhatap iki polis müdürü (Dink cinayetinden sonra görevden alınan Ahmet İlhan Güler ve yerine atanan Ali Fuat Yılmazer), biri sırma saçlı badem gözlü olurken (Güler), diğeri tukaka haline geliyor. Aralarındaki tek fark, birinin (Yılmazer) hasbelkader Ergenekon operasyonlarında görevli olması...

Cemaatin bu konudaki resmi görüşü olarak okuyabileceğimiz bu iddia Nazlı Ilıcak'ınkiyle ters yönde. Ilıcak, "Fethullahçı" nitelemesi yüzünden Yılmazer'e karşı olduğumu iddia ederken, Korucu, benim cemaat düşmanlığı yapmadığımı, Ergenekon operasyonunda görevli olduğu için Yılmazer'e karşı olduğumu iddia ediyor. Korucu, yazısında hem Güler'in hem de Yılmazer'in aynı suçlamaya muhatap (Fethullahçılık) olduğuna özel vurgu yapıyor.

Tabii bu suçlamanın ne derece doğru olduğunu iyi bilecek kişi kendisidir.

Daha önce de söylediğim gibi aslında ikisi de yanlış.

Güler ya da Yılmazer ayrımı yoktur. Emniyet ve Jandarma ile MİT arasında da ayrım yoktur. Cemaatçi olan olmayan ayrımı da yoktur benim için. Dink cinayetinde sorumluluk vardır ve mahkemeler bu konuda son sözü söyleyecektir.

Yeni korkunun adı: Polis telsiziyle uyanmak

Bu sefer hissedilen korku öncekilerden farklı. Öncekiler gibi seni düşman gören açık ve tanımlanmış bir otoritenin baskısına benzemiyor yaşananlar. Ne üniforması var, ne elinde süngüsü, ne de ayağında postalı. "Demokrasi" denerek, "bağımsız yargı" aracılığıyla "üniformasız siviller" eşliğinde oluşturulan bir korku bu. Hasan Cemal'in yazdığı gibi "tank sesiyle uyanmak" değil, "polis telsiziyle uyanmak" şeklinde değişti korkunun kaynağı.

"Tank sesiyle uyandıranlar", "sağcı", "solcu", "bölücü" ve "irticacı" diye tanımlanan gerekçelerle topluyorlardı kitleleri. Herkes de biliyordu az çok neden tutuklandığını, siyasi meşrebine göre.

Ama şimdi "polis telsiziyle uyandıranlar" sadece bir A4 kâğıdı üzerinde "silahlı terör örgütü üyesi" suçlaması yazan mahkeme kararıyla dalıyorlar evlere sabahın en erken saatlerinde. Sen de o polislerden öğreniyorsun, gazeteci değil terörist olduğunu, öğrenci değil terörist olduğunu, akademisyen, yazar değil terörist olduğunu.

Ne olduğunu bilmeden "Herhalde bir hata var" diye düşünüp evden çıkıyorsun; kemerin, cüzdanın, gözlüğün, ayakkabı bağın alınıyor, üç ya da dört gün Emniyet'in bodrumunda nezarethanede tutuluyorsun. Gün dediğime bakmayın güneşi göremediğin için gün kavramı yok oluyor düşük voltajlı florasan ışığıyla karartılan nezarethanede.

Sen nezarethanede parmaklıkların ardından koridordaki o ışığa doğru bakarken hayvanat bahçesinin bekçisi gibi dolaşan polisin merhametsiz bakışıyla karşılaşıyorsun. Sonra Behzat Ç. geliyor aklına. "Ne fark var bunlarla arasında?" diye düşünüyorsun ve Behzat Ç.'nin Ç'si hakkında kendince yorumda bulunuyorsun:

"Polis Behzat da olsa Ç-ekilmez" diyorsun kendi kendine. Ne gazete, ne saat, ne güneş; hayattan kopuyorsun. Yerin kaç kat altındaysan artık dünya ayağa kalksa tek ses duymuyorsun.

Sonra bir koşturma savcılığa gidiyorsun. Savcının "İşte biz adamı böyle yaparız" bakışı altında ifade veriyorsun. "Bir hata var herhalde, bırakır" diye düşünüyorsun. Ama o seni tutuklama talebiyle mahkemeye sevk ediyor. Delil, birkaç yüz sayfadan oluşan bir klasör. Ne silah ne bomba. Telefon dinlemelerinden, ifadelerden, yazılardan oluşan belge demeti seni değil, savcının kafasındaki teröristi tarif ediyor.

Diyorsun ki: "Mahkeme var. Bir hata var herhalde burada düzelir." Anladığını zannedeceğin her tepkiyi veren hâkim güle oynaya ifade aldıktan sonra yüzüne bile bakmadan "Tutuklandın" deyip kestirip atıyor.

Polis kordonu arasında araca binmem ile Metris'e varman bir oluyor. Beşinci günün sabahı saat 06.00'da gardiyanların "Allah kurtarsın" sözüyle başlıyorsun güne. Yok, Allah da kurtarmıyor. Doğru koğuşa.

Kendini entegre bir fabrikadaki üretim bandının başlangıcındaki pamuk gibi görüyorsun. Pamuk ipliğe, iplik kumaşa, kumaş elbiseye dönüşüyor. Gazeteci olarak gözaltına alınıyorsun; polis, savcı, mahkeme derken cezaevi kapısında eline tutuşturulan üzerinde "Suçu: silahlı terör örgütü üyesi" yazan pembe bir kartla "terörist" olarak cezanı çekmeye başlıyorsun. Sendeki insanlık kumaşından bir başka elbise dikmeye çalışan üretim değil hayatı tüketen bandın cezaevinde son bulan çalışmasındaki tiksindirici mükemmelliğe hayran kalıyorsun.

Hakkındaki suç delillerinin ne olduğunu bilmeden en az altı ay hapsediliyorsun. İddianame çıksa da "Deliller toplanmadı" diye tahliye edilmiyorsun. Mahkemede savunma nafile bir çaba. Sonra anlıyorsun o "hayatları tüketim bandı"nın tek mamulü sen değilsin. Meğer sonunda ortaya çıkan ürün "konfeksiyonel hayatlarmış." Bandın başındakiler başka başka hayatları tüketim bandının girişinden (polis) sokup, savcı ve mahkemeden sonra cezaevinde tek tip konfeksiyon ürünü gibi "terörist" diye çürümeye bırakıyor.

Sen "Haksızlığa karşı basın var" diyorsun; ancak, sesi adaleti savunanlardan daha gür çıkanlar cümle âleme senin "terörist" olduğunu anlatmaya çalışıyorlar.

Artık diri diri mezardasın. Hayati fonksiyonların çalışıyor ve üzerine toprak ve taş attıklarını duyuyorsun. Tek çaren kalıyor;

nefesini tutabildiğin kadar tutacaksın, bir nefes alacak aralığın oluşmasını bekleyeceksin, bekleyeceksin, bekleyeceksin...
Gazeteciler korkuyor çünkü...
Özellikle tutuklu gazetecilerin sayısının 100'ü geçmesi ve hükümetin de sanki 100 kişiden hiçbiri gazeteci değilmiş gibi duyarsız davranması, içeri atılan kişilerin yeni atılacak isimlerin gölgesinde kalması ve toplumun da olan bitenle hiç ilgilenmemesi, korkunun, endişenin kaynağı. Medyada çok önemli isimlerin Nuray Mert gibi, Ece Temelkuran gibi, Mehmet Altan gibi, Ruşen Çakır gibi, Uğur Dündar gibi, Banu Güven gibi, Can Dündar gibi işlerini kaybetmeleri çok şeyi anlatıyor. Sansür kurulu oluşturursanız elde edilemeyecek "başarı" bu yolla tüm basında "otosansür" dalgasına neden oluyor. Ece Temelkuran bu durumu Hrant Dink, Ahmet, kendisi ve benim başıma gelenler bağlamında bir yazıda dile getirdi.

27 Ocak 2012 tarihli İngiliz *Guardian* gazetesinde "Türk Gazeteciler Korkuyorlar, Ama Bu Korkuya Karşı Savaşmalıyız" başlıklı bir yazı yazdı. Yazıya gösterilen tepkilerin sert, tahripkâr, hakaretamiz ve çok saldırganlığı aslında "korkunun" haklı temelleri olduğunu gösteriyor. Eleştirinin çok ötesinde "Ergenekon üyesi" suçlamasıyla karşılaşan Temelkuran, o yazısında şunları söylüyor:

Türk Gazeteciler Korkuyorlar,
Ama Bu Korkuya Karşı Savaşmalıyız!

Bir gazetecinin öldürülmesi ve diğer ikisinin hapsedilmesi, medyayı susturmak için bir girişimdir –ancak bunlar beni daha fazla konuşma konusunda daha kararlı hale getiriyor.

Benim duygusuz teşekkürüm dahil olmak üzere, telefon görüşmesi, bir dakikadan daha az sürdü: "Gazete sahibi karar verdi ... Eee... .... sizin sözleşmenizi yenilemek istemiyor."

Zaten tutuklanan iki gazeteci hakkında çok fazla yazmaktan dolayı ikaz edilmiştim ve son iki makalem (biri Kürt halkının hakları, diğeri de Başbakan'ın gazetecilerle savaşı üzerine) çok tartışma yaratmıştı. Yani bu konuşma beklenmedik değildi.

Ama daha sonra Twitter'daki okuyucularım galeyana geldi. Bazı köşe yazarı arkadaşlarım kovulmamdaki siyasi oyunları protesto ederken, hükümet yanlıları "O, bunu hak etti" diyorlardı.

Büyük resmi görmem birkaç gün sürdü. Farkına vardığımda olayın üç kayıp meslektaşımla ilintili olduğunu anladım: Biri ölü, ikisi hapiste; beş yıl önce başlayan bir hikâye..

19 Ocak 2007 tarihinde Ermeni gazeteci Hrant Dink İstanbul'da ofisinin önünde güpegündüz vurularak öldürüldü. Bu cinayetten sadece 17 yaşında bir adam, beş yıl sonra suçlu bulundu. Ancak ilk günden Türkiye'de suikast geçmişini bilenler için bu açıkça siyasi bir cinayetti.

Cinayet, Ermeni diasporası hakkında yazmamı istediği bir kitap için Hrant'la buluşmayı planladığımızdan sadece iki gün önce meydana geldi. Buluşma yerine, kendimi onun ofisi önünde kanlar içinde yattığı sahnenin ortasında buldum.

Daha sonraları ona gelen ölüm tehditlerini çok hafife aldığım için kendimi suçlu hissettim ve onun yazmamı istediği "Derin Dağ" (Ağrı'nın Derinliği) kitabını yazmak için daha da kararlı hale geldim. O zaman bunun farkında değildim, ama Hrant'ın cenazesinde yürüyen 100 bin kişi arasında yaptıklarını ona adayan iki kişi vardı: Arkadaşlarım ve meslektaşlarım Nedim Şener ve Ahmet Şık.

Milliyet gazetesinde dört yıl boyunca yayınlanan makaleler, polisin ihmaline işaret ediyor, istihbarat servisinin delil gizlediğini ve aslında mülki makamların Dink cinayeti planını önceden bildiğini söylüyordu.

Ancak kısa süre sonra bu raporların yazarı NedimŞener tutuklandı. Dink davasındaki bulguları bir araya getiren ve katillerin devletle bağlantılarını ortaya koyan; *Kırmızı Cuma-Dink'in Kalemini Kim Kırdı?* kitabının yayınlanmasından üç ay sonra tutuklama kararı geldi. Bu arada 3 Mart 2011'de muhabir Ahmet Şık, aynı gün tutuklandı ve daha önceden aynı konu üzerine yazdığı kitabı yayınlamak için fırsat bulamadı.

Her ikisi de 11 aydır hapiste olan bu adamlar, Dink'i öldüren terör örgütüne üye olmakla suçlanıyor. Bu sözüm ona, kaos yaratmak ve askeri darbe için zemin hazırlamaya dönük bir dizi yüksek profilli suikast planlandığı söylenen, emekli generaller, gazeteciler ve politikacılardan oluşan gizli bir örgüt olan Ergenekon'muş!

Mahkeme iddianamesi, gazetecilik çalışmalarının kendi gerçek terörist kimliklerini gizlemek için sadece bir maske olduğunu söyledi. Başbakan Recep Tayyip Erdoğan'dan, Nedim ve Ahmet'in tutuklanmasını haberleştiren ve protesto eden gazetecilere karşı açık tehditler gelmeye devam ediyordu.

Fakat 27 Aralık'ta, korkutucu tutuklama kararına karşın, Türkiye'nin en cesur gazetecileri mahkemeden Tweet atmaya başladı. Zayıf kanıtlar, bize herhangi bir gazetecinin Ergenekon, Ahmet ve Nedim'le bağlantılı olmaktan, bilgisayarındaki virüslü bir belgeden, telefon konuşmalarından dolayı terörizmle suçlanabileceğini gösteriyor. İddianamenin ne kadar saçma olduğu mahkeme salonunda yükselen sürekli kahkahalardan da anlaşılabilir.

Cinayet hakkında, beş yıl sonra, 23 Ocak günü (Dink davasında) bir karara varıldı. 30 bin kişilik güçlü bir gösteriye yol açan mahkeme, katiller ve devlet arasındaki bariz bağlantıları kabul etmeyi reddetti. Üç gün sonra, Nedim, savunma sırasında, açıkça Dink davasında delil gizlemek için yapılan girişiminin bir parçası olarak cezaevinde tutulduğuna inandığını ve Hrant davasında hükme varıldığı sırada cezaevinde olmasının iyi olduğunu söyledi. Ayrıca Hrant Cinayeti ile bağları olduğu iddia edilen bütün görevlilerin hükümetçe terfi ettirildiğinden bahsetmeye bile gerek olmadığını söyledi.

Paramiliter örgütler konusunda uzman olan Ahmet, ılımlı İslamcı bir ağ olan Fethullah Gülen hareketinin istihbarat servisine nasıl sızdığını ifşa eden İmamın Ordusu adlı bir kitap yazmıştı. Savunmasının bir yerinde dedi ki: "Bir sosyalist olarak, beni militarist, milliyetçi terör ağı içinde, Ergenekon üyesi olmakla suçlamanızı aşağılayıcı buluyorum." Ahmet ve Nedim beşinci kez, davanın devam ettiği mahkemede kendilerini savunmak zorundalar.

Ergenekon için sorgular beş yıl önce başladı ve binlercesini tutuklanmasına ve mahkûm edilmesine rağmen herhangi bir hükme varılamamıştır. Fikir hürriyeti savunucuları, Ergenekon davasının, (silahlı Kürt hareketi PKK ile bağlantılı) –KCK davası ile birlikte hükümetin, muhalefeti rahatsız etmek için kullanışlı bir aracı haline geldiğini söylemektedir.

Hükümet karşıtlarından kurtulmak için rezil bir anti-terör yasası kullanıyorlar. Ve Hrant'ın kararından birkaç gün önce İçişleri Bakanı İdris Naim Şahin, şunları söyledi: "Terör, psikoloji ve sanatı da içeren (bazen günlük makalelerde, ya da esprilerde, bir şiirde, bazen de tuval üzerinde olabilecek) çok yönlü bir olgudur. Biz, bir dernek ya da sivil toplum örgütüyle ilişkili üniversite üyelerinin terör hücreleriyle ilişkili olduğunu biliyoruz."

Bu zihniyet sayesinde, Türkiye artık Sınır Tanımayan Gazeteciler Basın Özgürlüğü Endeksi'nde 179 ülke arasında 148. sırada yer alıyor –Afganistan'ın biraz üstünde ve sürekli aşağı gidiyor. Düşünün ki 3 bin 500 Kürt ve Türk politikacı, 500 öğrenci ve 100 gazeteci şu anda hapiste, daha da önemlisi gazeteciler arasında yayılan sessiz korku rakamlarla ifade edilemez.

Dün başbakan, "Bunlar gazetecilikten değil, cinsel taciz ya da terör suçları için tutuklanarak, demir parmaklıklar ardına gönderildiler" mealinde bir açıklama yaptı. Dink'in yazdığı son makalede beş kere söylediği gibi, biz gazeteciler "ürkek güvercinler gibiyiz". BİRİ

ÖLDÜRÜLDÜ, İKİSİ HAPSEDİLMİŞ VE BEN İŞSİZİM. Nedim'in yaptığı son savunmasında ifade ettiği gibi: "Bu bize acı veriyor."

Ece Temelkuran bu yazısında –bilerek ya da bilmeyerek– çok önemli bir konuya girdi. Bu yazının bana göre alt mesajı var. Ya da yalnız ben öyle görüyorum. Ama olsun ya da olmasın Hrant Dink cinayeti dosyasındaki ortaya çıkan gerçeklerin nereye varacağının işaretlerini de taşıyor. Zaten yazıya tepki gösterenlerin kimler olduğuna bakın, hangi savaşın tarafı olduklarını anlarsınız. Ama onlar da günün birinde beraber savaştıkları müttefikleri ile Dink cinayeti gerçekleri arasında seçim yapmak zorunda kalacaklar. Dostluk, gerçekler ve gazetecilik bunu gerektirecek. Zira dün görmek istemedikleri gerçekleri hiç olmazsa bugün yazabiliyor olmaları gelecek açısından da umutlu olmam gerektiğini gösteriyor.

Dink cinayetinde gerçekler-medya-dostlar

2009 yılı Ocak ayında yayınlanan *Dink Cinayeti ve İstihbarat Yalanları* kitabının hazırlığı sırasında Dink ailesinden birine şöyle demiştim: "Bir dava dosyasına bakıyorum, bir 'Hrant'ın dostuyum' diyenlerin yazdıklarına bakıyorum, şaşıp kalıyorum. Dostlarının yazdıkları Trabzon'daki Jandarma'ya açılmış dava dosyasını yansıtıyor. Ama İstanbul'daki cinayet sanıklarının dava dosyasıyla hiç ilgileri yok. Nasıl olurda burada açık olan gerçeklere sırtlarını dönerler anlamıyorum."
Çok sevdiğim büyüğüm bana, "Dosya kapsamlı o yüzden" karşılığını vermişti.
Ancak köşe yazılarında yalnız Jandarma ve İstanbul İstihbarat Şubesi'ni konu alan yazılar vardı. Bir de hükümete yönelik eleştiri yok denecek kadar azdı. Şu sözü söylediğimi hem de birkaç kez söylediğimi iyi hatırlıyorum: "Bir gün Dink cinayeti aydınlanırsa dostlarına rağmen aydınlanacaktır." Umudum gerçeğe tamamen sırtlarını dönmemeleriydi. Öyle de oldu.
Benden günah gitti. 14 Ocak 2009 günü raporu haber haline getirdim, 15 Ocak 2009 *Milliyet*'in sürmanşetinde "Akyürek'e Suçlama" başlığıyla yayınlandı. Hem Akyürek, hem Yılmazer adı, hem de Başbakan Erdoğan'ın imzası gazetenin tepesinde yer alıyordu.

Mahçupyan'ın Dink sıkıntısı

İşte Etyen Mahçupyan'ın sıkıntısı da bu şahit olduğum olaylara benziyor. Hrant Dink öldürüldüğünde kendisiyle yapılmış bazı söyleşileri izlemiştim televizyonda. Hrant Dink'in ağzından "Etyen benim beynim, ben onun yüreğiyim" gibi bir söz duymuştum. Yanılıyor olabilirim, ama böyle bir sözdü. Ve her iki taraf açısından da baktığımda benim için gıpta edilecek bir ilişki olarak göründü gözüme. "Karşılıklı güven böyle olmalı iki insan arasında" diye düşündüm.

"Dostluk" ile siyasi iktidara yakınlık arasına bir gün gerçekler girebilirdi. Nitekim kitabı yayınladığım 2009 yılı Ocak ayında 20 Ocak akşamı çok saygı duyduğum bir gazetecinin yönettiği bir televizyon programına katıldım. Orada kendisi benim kitabımdan söz ederken, "Bugüne kadar biz hep Kışla'ya baktık, bu çalışma Emniyet'in rolünü bize gösteriyor" demişti.

O dönem *Milliyet*'in bulunduğu DMC binasının kapısında "Hrant Dink'in dostu" bir meslek büyüğümle karşılaşmıştım. Başbakan'ın 2 Aralık 2008'de imzaladığı rapora geldi söz. Raporda Ramazan Akyürek suçlanıyordu. O büyüğüm, "Ben Başbakan'ın raporu imzalamasına şaşırdım" dedi.

Asıl ben şaşırmıştım. "Neden?" diye sordum.

Elindeki cigarallos'undan bir nefes çekti, "E çünkü Akyürek Ergenekon operasyonunu yapıyor" diye karşılık verdi.

"Nasıl yani Ergenekon operasyonunu yapıyor diye ihmali görmezden mi gelecek Başbakan? Onu görevden alsa Ergenekon'u başka bir müdür yapar nasıl olsa, sonra savcı değil mi asıl sorumlu?" dedim.

Bana "Yok, o öyle senin dediğin gibi değil" karşılığını verdi.

Çok ilginç şeyler gördüm o süreçte. Örneğin, Hrant Dink'le çalışmış kişilerin onu tanıyan dostlarının ve arkadaşlarının bulunduğu bir gazete, Dink cinayeti ile Ergenekon sanıkları arasında irtibatı gösteren şemaları yayınlamamıştı. Sebebini çok yakın birinden öğrendim. Bu şemalar Emniyet tarafından hazırlanmış, Başbakan'a bile sunulmuş ve gazetecilerle paylaşılmıştı, ama yayınlanmaması istenmişti. Ergenekon iddianamesi çıkana kadar verdiğim sözü tutardım, ama iddianamede Dink cinayeti Ergenekon'la bağlanmamışsa verilen sözün bir önemi kalmazdı; yayınladım. Ama onlar yayınlamama kararı vermişler. Neyse ben 2009 Ocak ayında bu şemaları yayınladım.

Yine aynı gazete 13 Ocak 2009 günü Başbakanlık Teftiş Kurulu'nun 10 Ekim 2008 tarihli ve Başbakan'ın 2 Aralık 2008 tarihli olurunu taşıyan raporunu tam sayfa haber yaptı.

Raporun o gazeteye de verildiğini bana kaynaklarım söylemişti. Ben de "Dink cinayeti konusunda o gazete çok yazı yazdı. Şimdi bu raporu da yayınlamak onların hakkı" diyerek emeklerine saygı göstermiştim.

Bunu, onların emeklerine saygı yanında kendime olan saygımdan da yapmıştım. Yoksa ben bu haberi 10-11 Ocak 2009'da yayınladım. O gazete, 13 Ocak 2009'da haberi tam sayfa yayınladı. Bir de ne göreyim, cinayette polisin sorumluluğu anlatılıyor, ama raporda ihmalle suçlanan istihbaratçıların isimleri haberde yer almıyordu.

O iki isim İstihbarat Dairesi Başkanı Ramazan Akyürek ile İstanbul İstihbarat Şube Müdürü Ali Fuat Yılmazer'di.

Hrant Dink'in siyasi duruşu hakkındaki yazıları beni hiç ilgilendirmiyor. Ne Dink ile Mahçupyan dostluğu ne de Dink ile sosyalist arkadaşlarının ilişkisinin içine ya da arasına girmeyi düşündüm. Ben istemesem de adım geçti bazı konularda ve Mahçupyan "Hrant'ın Parazitleri" başlıklı yazısında Ece Temelkuran'ı, beni ve Ahmet Şık'ı başlıktaki kelimeyle suçladı. Yazının konusu Ece Temelkuran'ın İngiliz *Guardian* gazetesinde yayınlanan, "Türk Gazeteciler Korkuyorlar, Ama Bu Korkuya Karşı Savaşmalıyız" başlıklı yazıydı. Mahçupyan, bu yazıyı 5 Şubat 2012 tarihli *Zaman* gazetesinde şu satırlarla eleştiriyordu.

> Temelkuran, yazısına şu başlığı uygun görmüş: "Türk gazeteciler çok korkuyorlar –ama bu korkuya karşı savaşmalıyız." Hemen anlayabileceğimiz gibi bu makaleyle Temelkuran, büyük bir cesaret örneği verdiğini, meslektaşlarına öncülük ettiğini düşünmüş. Ama ne yazık ki sonuçta patetik ve doğruyu söylemek gerekirse gülünç bir değerlendirmede karar kılmış. Buna göre Temelkuran'ın *Habertürk* gazetesinden çıkarılması, meğerse hükümetin Hrant'ın öldürülmesine kadar geri giden baskı stratejisinin sonucuymuş. Anlaşılan aslında Hrant'ın üzerine gidilmesinin ve katledilmesinin ardındaki esas irade hükümete aitmiş. (...)
> Böylesine çürük bir temel üzerinden yürümeniz için gerçeklerin üzerinden geçip giden bir asma köprüye ihtiyacınız var. Temelkuran, bu işlevi Ahmet Şık ve Nedim Şener tutuklamasına yüklemiş. Bu iki gazetecinin Ergenekon ağının doğrudan parçası olmadıkları ve tutuklu yargılanmalarının adil yargılanma hakkını ihlal ettiği konusunda fazla fikir ayrılığı bulunmuyor. Ancak Temelkuran, Hrant'ın ölümünün perde arkasının sanki sadece bu iki gazeteci tarafından araştırıldığını ima ediyor. Bunun yanlışlığı bir yana, Şener'in kitabı polisteki bilgileri açığa çıkarma açısından yararlı olmakla birlikte, siyaseten askeri kollamayı da hedefliyor izlenimi vermekte. Şık'ın kitabı ise bu konuyla hiçbir ilgisi olmadığı gibi, Gülen hareketinin devlete nüfuz etmiş olduğunu kanıtlamak üzere kaleme alınmış. Ayrıca Şener yazmış olduğu değil, Hanefi Avcı adına yazılmış olan bir başka kitap-

la ilgili olarak suçlanıyor. Sorun şu ki, her iki kişinin de yazarlık eylemleri Ergenekon çevrelerinin çıkarına uygun gözüküyor ve gerçeği henüz bilmiyoruz. Ancak bu iki kişiyle ilgili olarak asıl konu siyasi fikirleri veya angajmanları değil... Şener'in tutuklandığında "Hrant için" diye bağırması, Şık'ın "dokunan yanar" demesi, eğer kendilerini fazla önemsemekten gelen bir abartma değilse, açıkça iç dünyalarındaki daha derin bir zaafa işaret ediyor.

Bu gazetecilerin yargı sürecindeki koşulları tasvip edilemez. Temelkuran'ın gazeteden çıkarılmasının da nedenlerinin kamuoyu ile paylaşılması gerekir ve bu nedenlerin makul olması da şarttır. Ama bu mağduriyetlerin ideolojik olarak kullanıma sokulması ve Hrant'ın buna müdanasızca alet edilmesi ancak ahlaksızlık olarak değerlendirilebilir. Çünkü sadece gerçekler çarpıtılmıyor, katledilmiş bir insanın bizzat kendisi çarpıtılarak, gerçeklerin yeniden kurgulanmasına harç yapılıyor.

"Ahlaksızlık" ya da "parazitlik" bu kelimeleri yazan kişinin beynini, kişiliğini ve kalemini yansıtır. Hani bir deyiş var, "Kötü söz sahibine aittir" diye, işte öyle. Aslında Mahçupyan'ın yazısına bu kadar karşılık yeter. Ama yazısının göbeğine koyduğu gerçekdışı bir bilgiyi düzeltmek gerek.

Diyor ki: "Şener'in kitabı polisteki bilgileri açığa çıkarmakla birlikte, siyasetten askeri kollamayı da hedefliyor izlenimi veriyor."

Ağzından, kaleminden "ahlak" kelimesini düşürmeyen Mahçupyan'a 'Entelektüel' ahlakınız gereği *Dink Cinayeti ve İstihbarat Yalanları* ile *Kırmızı Cuma* kitabını okuyup bu konuda yargıda bulunmanız gerekmez mi?" diye sormak gerek. Birinci kitabın 184 ile 225. sayfaları, ikinci kitabın 218 ile 259. sayfalarının arası Dink cinayetinde Jandarma'nın sorumluluğunu anlatır. Sizlerin adını merak etmediğiniz MİT'çinin adını ben 2009 yılı Ocak ayında ortaya çıkarıp yazdım. Ayrıca o MİT'çinin Hrant Dink'i uyarmasının kaynağının da Genelkurmay olduğunu 2011'de yayınladığım *Kırmızı Cuma* kitabında yazdım.

Jandarma'nın bu konudaki sorumluluğu en hızlı ortaya çıkan kısımdır.

Hanefi Avcı'nın kitabı hakkında bana yöneltilen suçlamalar, iddianame ve savunmalarla birlikte okunduğunda da ahlaklı bir sonuca varmak mümkün.

Şunu hatırlatmakta yarar var: Mahkemenin kararına ve Yargıtay'ın onaylamasına rağmen Dink, TCK 301. Maddesi gereği mahkûm edilmişti.

Son gününe kadar "Türklüğü aşağılamadım" diyen Dink, Mahçupyan'ın da itibar ettiği savcılıklarca suçlanmış ve mahkemelerde yargılanmıştı. Mahçupyan'ın bugünkü pozisyonu, dava sürecinde Dink'i "yargısız infaza" tabi tutan köşe yazarlarından farksızdır benim gözümde. Bir de "Nedim Şener tutuklandığında, 'Hrant için' diye bağırması, Şık'ın 'Dokunan yanar' demesi, eğer kendilerini abartma değilse, açıkça iç dünyalarındaki daha derin bir zaafa işaret ediyor" diye yazmış.

Ben tutuklandığımda, "Hrant için" demedim, "Hrant için, adalet için" dedim. Arada fark büyük. Eğer "Hrant için" demiş olsam Hrant Dink'in siyasi görüşleri ya da onun mağduriyetinin ortağı olarak yorumlanırım. Ancak "Hrant için, adalet için" sözleri, Hrant Dink'i tanısın ya da tanımasın herkese onun mağduriyetinin giderilmesi için bir çağrıdır. Daha da geniş yorumla Hrant Dink cinayetinde gerçeğin ortaya çıkarılması ve adaletin sağlanması toplumdaki yaralanan adalet duygusunun iyileşmesini sağlayacaktır. Ben de gazeteciliği bu amaçlarla yaptım ve yapıyorum.

Ben Hrant Dink'in arkadaşı ya da dostu olmadığım gibi siyasi görüşleriyle de ilgilenmedim. Yalnızca gerçeğin peşinde oldum. Bedelini ödeme pahasına. Ancak Mahçupyan'ın kendisine yakışacak "parazit" kelimesi ise bir yararlanmayı gerektirir. Ben ne siyasi ne de başka bir yarar elde etmedim hiç. 3,5 yıldır benim payıma düşen, davalar, tehdit, uyarı ve cezaevi oldu yalnızca.

Mahçupyan'ın seçimi

Şimdi geldik sözün özüne. Mahçupyan yazısında, "... her iki kişinin de [Şener-Şık] yazarlık eylemleri Ergenekon çevrelerinin çıkarına uygun gözüküyor ve henüz gerçeği bilmiyoruz" diyor.

Hangi eylem bu merak ettim doğrusu. Dink cinayeti ile Ergenekon arasında bağlantıyı delillendirmeye çalışmak mı? Dink'i tehdit eden MİT'çinin –ki kendisi Bedrettin Dalan'a kaç dediği için Ergenekon sanığı olmuştur– adını ortaya çıkarmak mı?

Yoksa Dink'i tehdit eden MİT'çiye verilen görevin Genelkurmay kaynaklı olduğunu yazmak mı?

Mahçupyan'ın sıkıntısı şu: Benim Dink cinayetiyle ilgili araştırmalarım polisin ne kadar kirlenmiş olduğunu gösterdi. Bu polisler Ergenekon soruşturmasını yapan ekipten. Bu polisler Mahçupyan'ın yazı yazdığı *Zaman* gazetesinin bağlı olduğu Fethullah Gülen cemaatine yakın ve korunan isimler.

İşte bir yanda Hrant Dink, bir yanda cinayette sorumluluğu olan polislerin içinde olduğu cemaat.
İşte konu geliyor Mahçupyan'ın seçimine.
Hrant Dink'in solcu arkadaşlarına çatması ve Dink'in "solcu" değil "liberal demokrat" olduğu yorumlarını bir kenara bırakıyorum. O çatışma, yaptığı seçimin doğal sonucu.
Beni ilgilendiren şeyse yaptığı seçimde Dink cinayeti hakkında yazarken olguları tuhaf biçimde gözden kaçırma çabası ve olgulara rağmen bilinenlerle alay edercesine sonuçlar kaleme alması. İki örnek vereceğim. Mahçupyan, 18 Eylül 2011 günü *Zaman* gazetesindeki köşesinde "Namuslu Bir Devlet" başlıklı bir yazı yazdı. Son derece doğru tespitlere yer veren Mahçupyan, hiç iktidar partisinin adını vermeden devletin günahlarını bir bir saymış. Sanki devlet ile hükümet ayrı şeylermiş gibi.
Mahçupyan ne yaparsa yapsın gerçekler ona da kendisini dayatıyor. İstanbul 14. Ağır Ceza Mahkemesi'nin Dink cinayeti sanıkları hakkında verdiği skandal kararı dokuz gün sonra "AKP'nin Dink Sıkıntısı" başlıklı yazısında bu sefer sekiz kez AKP adını geçiriyor ve hükümetin cinayeti aydınlatmakta neden gönülsüz kaldığını dört nedene bağlıyor. Bakın Mahçupyan'a göre o dört nedenden üçüncüsü neymiş:

> Bunlardan biri Ergenekon dava ve soruşturmalarının sağlıklı sürdürülebilmesinin bürokrasinin bir bölümünün desteğini gerektirmesi. Nitekim Dink cinayetinde en azından "ihmalkârlar"ı arasında adı geçen birçok kişi, bugün Ergenekon'un askeri kanadının deşifre edilmesinde hükümete önemli destek veriyor.

Buraya dikkat:

> Oysa Dink davasının derinleştirilmesi, bu kişilerin sorgulanmasını ve belki de dolaylı Ergenekon bağlantılarını ortaya çıkaracak. Dolayısıyla hükümet özellikle Emniyet Teşkilatı'na ilişkin olarak kendi elini bağlı hissediyor.

Şimdi hatırlayalım, Ergenekon operasyonunda etkili olan, ama aynı zamanda Dink cinayetinde "ihmalkârlar" diye adlandırılan kaç kişi var?
Ben söyleyeyim: Ramazan Akyürek ve Ali Fuat Yılmazer.
Peki, Mahçupyan bizim bilmediğimiz bir şeyi mi biliyor, bu kişilerin "... Ergenekon'la dolaylı bağlantıları ortaya çıkacak ilişkilerine" dair.

Akyürek ile Yılmazer'in Ergenekoncu olmayacakları kesin, ama bu iki isim "cemaat" adıyla birlikte anılıyor. Şimdi Mahçupyan'ın son cümlesindeki Ergenekon kelimesini cemaat kelimesiyle değiştirerek bir kez daha okuyalım: "Oysa Dink davasının derinleşmesi bu kişilerin sorgulanmasını ve belki de dolaylı cemaat bağlantılarını ortaya çıkaracak."
Şimdi anlatabildim mi "Mahçupyan'ın Dink sıkıntısını"?

Cezaevinde olmama rağmen neden benim yazdığım gerçeklerle mücadele ettiğini, benim ortaya çıkardığım gerçekleri tersyüz etmeye uğraştığını, kendi deyimiyle "Sadece gerçekleri çarpıtmayıp, katledilmiş bir insanın bizzat kendisini çarpıtarak, gerçekleri yeniden kurgulamaya çalıştığını".

Mahçupyan'ın dilindeki sertlik ortaya çıkan gerçeklerin çarpıcılığından olabilir. O tartışmanın zeminini kaydırmayı amaçlayabilir, ama gerçeklerin gücü buna izin vermez.

"Cezaevi eza evi"

Cezaevi aracında tahliye haberi almak

12 Mart günü son duruşma oldukça heyecanlı geçti. Ahmet Şık'ın avukatı Fikret İlkiz'in sarsıcı savunmasından sonra Ahmet'e bazı sorular yöneltildi. Ardından bana da kitap çalışmaları hakkında sorular soruldu. Duruşma boyunca tahliye kararı konusunda yine umutluydum, ama eşimle göz göze vedalaşırken çok fazla umutlu olmamasını istiyordum. Çünkü her defasında yaşadığı hayal kırıklığı onu biraz daha sarsıyordu. Kızım ise evde annesinden gelecek iyi haberi bekliyordu. Mahkeme her zaman olduğu gibi bizim kararı beklemeden cezaevine gönderilmemizi istemişti. Bu bende yine tahliye kararı çıkmayacağı düşüncesine yol açtı.

Jandarma komutanı nezarethaneden çıkarken, "Kararı cep telefonuyla öğreniriz, biz gidelim" demişti. Kapalı bir kutu gibi olan insanın yön duygusunu bile kaybetmesine yol açan o cezaevi aracına girerken bu nedenle umudum iyice tükendi. Aracın son bölümünde Barış Pehlivan, Hanefi Avcı, Ahmet ve ben oturuyorduk. Diğerleri sohbet ederken, ben köşeye büzüşmüş, kendimi uykuya vermeye çalışıyordum. Yola çıkalı bir saati geçmişti galiba. Kapıda bir anda Serkan Komutan'ı gördük, "Tahliye" dedi. "Nedim, Ahmet, Coşkun ve Sait Çakır tahliye edildi" diye ekledi.

O anda kaskatı olan vücudum öyle bir gevşedi ki, olduğum yerden kalkacak halim kalmadı. Araç bir yandan hızla ilerliyor, bir yandan da kararı konuşuyorduk. Diğer tutuklular için aynı kararın çıkmaması üzüntü yarattı bizde.

Ama yine de sevinmiştik.

Eşimle, kızımla buluşma heyecanı sardı her yanımı.

1 No'lu Cezaevi kapısına vardığımızda Soner Yalçın, Barış Pehlivan, Barış Terkoğlu ile vedalaşırken, onlar bizim için seviniyor, biz onlar için üzülüyorduk. Herkes birbirine iyi dileklerini söyledi.

> **TUTANAK**
>
> 02/03/2012 Tarihinde kurumumuza sevk/doğrudan kabul ile gelen hükümlü/tutukluya kurumumuzca verilen malzemelerin ad ve miktarı belirtilerek teslimi yapılıp birlikte imza altına alınmıştır.
> İş bu tutanak tarafımızca imza altına alınmıştır.
>
> | CİNSİ | MİKTARI |
> |---|---|
> | 1-BATTANİYE | 2-ADET |
> | 2-NEVRESİM TAKIMI | 1-ADET |
> | 3-YASTIK | 1-ADET |
> | 4-SÜNGER YATAK | 1-ADET |
>
> TESLİM EDEN
> 146380
>
> TESLİM ALAN
> TUTUKLU/HÜKÜMLÜ
> Nedim ŞENER

"Al battaniyeni, ver çaldığın bir yılımı"

Koğuşa gittiğimizde hızla eşyalarımızı topluyorduk. Ahmet'le birbirimize kocaman bir sarıldık. Sonra eşyalarımızı hızla topladık. Kitapları kutuya, eşyaları çöp poşetlerine tıktık. Ve infaz koruma memurlarının bizi alması için beklemeye başladık. Tahliye işlemlerimiz bir saatten fazla sürdü.

Devlet bize hapse girerken, iki battaniye, bir nevresim takımı, yastık ve sünger yatak vermişti. Şimdi imza karşılığı biz onları geri veriyorduk.

Peki, hayatımızdan çalınan 13 ayı bize kim verecekti?..

O heyecanla jandarma minibüsüne binip, arındırma denilen yere gittik. Eşim, kızım ve avukatlarımız orada bekliyordu. 13 ay sonra özgür bir ortamda gece karanlığında birbirimize sarıldık. Artık uzaklardaki ışıkları görebiliyordum. Gözlerimin sınırını duvarlar çizmiyordu. Eşimin ve kızımın sesini özgürce duyabiliyordum. Sonrasını tüm kamuoyu canlı yayında seyretti.

Kapıdan çıktığımda ise gazeteci ordusu karşımdaydı. Hrant Dink cinayetinin içinde olanlar özgürlüğümüze ve güvenliğimize saldırmıştı. Hapse girerken söylediğim sözü çıkarken de tekrar ediyordum:

"Hrant için, adalet için..."

Renk yok, koku yok...

Bu bölümde cezaevi koşullarından söz edeceğim. Rengin, kokunun olmadığı, beton ve demirle örülü cezaevinin koşullarından. İnsanın insan yapan duyuların zaman içinde yok olduğu bir yer Silivri Cezaevi. Zamanla tat alma duygusu, dokunma hissi ve yankı nedeniyle duyma yetisi de ağır hasar alıyor. Yani beş duyunuz birden köreliyor.

Silivri'de kokunun ama hiçbir şeyin kokusunun olmamasına şaşırdım. Görebildiğiniz en uzak mesafe birkaç metreyle sınırlı. Renkler de sınırlı; beyaz, lacivert, kirli mavi, yosun yeşili, metal grisiyle sınırlı hayat.

Beyaz, duvarların rengi, lacivert infaz koruma memurlarının giysisinin rengi, kirli mavi demir kapının parmaklıklarının rengi, yosun yeşili güneş almayan duvardaki nemden oluşan küfün rengi, gri ise metal karavanaların rengi.

Toprak, ağaç, dal, çimen yok, yer beton gök beton Silivri'de. En çok olan şey ise özlem, hasret, sevgi. Nice ozan şiirlerle nice yazar kitaplarla anlattı hapisliği. Bense yaşadıklarımın bir bölümünü sayılara döktüm daha iyi anlaşılsın diye.

Sayılarla tutukluluk: 13 ayda kızımı yalnız 16 saat görebildim

Bir de böyle anlatacağım 13 ayı bulan tutukluluk süresinde yaşadıklarımı. Bazı sayıların büyük bazı sayıların küçük olduğunu göreceksiniz. Ama ben bazı küçük sayıların büyüklerle yer değiştirmesini tercih ederdim. Mesela kızımla toplam görüşme süresinin 16 saatle sınırlı kalmamasını isterdim. Ya da tutukluluğumun 375 gün sürmemesini...

Sayıları alt alta toplamaya çalıştım. Tutuklandığım 6 Mart 2011'den tahliye edildiğim 12 Mart 2012 tarihine kadar adaletin olmadığı bir dönemi yaşadım. İşte sayılarla tutukluluğum:

375	hapiste kaldığım gün sayısı
54	hapiste kaldığım hafta sayısı
13	hapiste kaldığım ay sayısı
45	dakika kapalı görüşün süresi
75	dakika açık görüşün süresi
13	eşim ve kızımla yaptığımız açık görüş sayısı
16	saat tutuklu kaldığım süre içinde eşim, kızım ve görüşmecilerle yaptığım toplam açık görüş süresi
39	eşim ve görüşmecilerimle yaptığım kapalı görüş sayısı
29	saat eşim, kızım ve görüşmecilerimle yaptığım kapalı görüş süresi
3	eşim ve kızım dışında görüşmeci sayım
7	metre duvarın yüksekliği
3	koğuşumuzdaki yemekleri aldığımız metal karavana sayısı
1	koğuşumuzdaki semaver sayısı
200	TL kantinden bir seferde yapılabilecek haftalık alışveriş miktarı (sonra 300 TL oldu)
45	dakika haftada bir halı sahada bazen Ahmet'le, bazen tek başıma geçirdiğim vakit
30	ilk altı ayda verdiğim kilo
32	havalandırmada yaptığım bir turdaki adım sayısı
3	koğuşumuzda oda sayı
3	bulundurabildiğimiz gömlek sayısı
3	bulundurabildiğimiz ayakkabı sayısı
2	bulundurabileceğimiz pantolon sayısı
23	televizyondaki kanal sayısı
9	her gün aldığımız gazete sayısı
40	kilo toplam 8 su damacanasını bağlayarak yaptığım halterin ağırlığı
2000+	kilometre havalandırmada tur atarak yürüdüğüm yolun uzunluğu
2	yürüyerek tabanını delip eskittiğim spor ayakkabı sayısı
12	metrekare yattığım hücrenin büyüklüğü
3	hapsedildiğimiz B 9 üst koğuşundaki hücre sayısı
7	hapse girerken kızımın yaşı
8	hapisten çıktığımda kızımın yaşı
2	bir yıl boyunca kaldığımız kapalı cezaevinin numarası
1	tahliye olmadan önce nakledildiğimiz kapalı cezaevinin numarası
10	tutuklandığımız Özel Yetkili Mahkeme'nin numarası
16	Yargılandığımız Özel Yetkili Mahkeme'nin numarası
+	

ADALETİN OLMADIĞI DÖNEM (06.03.2011-12.03.2012)

Aynı yemeğin üç adı var

Silivri'ye düşer düşmez sizi bulgur ve nohut karşılıyor. Ve bu dostluk çıkana kadar hiç bitmiyor. Onları kuru fasulye ve pirinç pilavı izliyor. Haftanın iki üç günü bu dörtlüyle karşılaşıyorsunuz. Yenmesi mümkün olmayan şey ise sebze yemekleri. O yemeklerin içinden işe yarar durumdaki sebzeleri ayırıp yıkadıktan sonra yeniden bir yemek haline getirebilirsiniz.
Yemeklerin en kötü tarafı yağı. Korkunç.
Hele bir yemek var, haftanın üç günü karşımıza mutlaka çıkıyordu. Aslında aynı yemek ama adı mönüde farklı yer alıyor. Bu yemeğin bir adı orman kebabı, bir diğer adı sebzeli kebap, başka bir adı ise bezelyeli kebap.
Aslında mönü de farklı yazıyor olabilir, ama görevliler bu yemeği bu adlarla servis ediyor. İçeriği ise aynı, biraz et, bezelye, biraz havuç ve patates. Bu yiyecekler aşağı yukarı bulamaçtan biraz daha likit halde servis diliyor. Ama tüm yeme girişimlerine karşı aldığımız bu kebabı çöpe dökmek zorunda kalıyorduk.
Sabah, öğle ve akşam öğünleri arasında yemeye müsait olmayanı ise kahvaltıydı. Genellikle hemen hemen her gün adam başı bir küçük paket tereyağı, bal ve benzeri veriliyorlar. Zeytin yenmeyecek kadar kötü. Bana en çok koyan ise –ki bunu yöneticilere de söyledim– belki biz yemek zorunda değiliz ama kantinden alışveriş yapamayıp bu yemeklerle hayatını sürdürmek zorunda olanlar var. Onlara yazık.

Başbuğ geldi, yemekler düzeldi

Yemekler konusunda eleştiri gelince Adalet Bakanlığı, hemen "Ama o yemekten personel de yiyor" şeklinde savunma yapıyor.

Aslında mesele biraz da şu: Personelin de o yemeği yememesi lazım. Onlara da yazık, eğer oradaki yemekle besleniyorlarsa personelin de mide ve diğer rahatsızlıkları yaşaması kaçınılmaz. O yüzden infaz koruma memurlarıyla bu konuyu konuşurduk, onlar da rahatsız olduklarını söylerdi. Ama Anadolu çocuğu işte gardiyan da olsa tutuklu da olsa zor şartlarda yaşamaya alışmış. 3 bini personel olmak üzere 12 binden fazla insanın yemeği tek bir mutfakta pişerse daha farklı bir sonuç çıkmaz elbette. Oysa her birinde binden fazla tutuklu ve mahkûm olan kapalı cezaevlerinde de birer mutfak olsa yemeklerin kalitesi daha da artar.

Ancak tüm olumsuzluklara rağmen Silivri'de tatsız ve kokusuz da olsa et çıkıyordu. Tavuk ise çok fazla olmasa da veriliyordu. Hatta son dönemde piliç pane, elma dilimi şeklinde patates kızartması çıkmaya başlamıştı.

Bir infaz koruma memuru buna dikkat çekti, "Abi farkında mısın, İlker Başbuğ geldiğinden beri yemeklerde bir düzelme var" dedi.

Hiç saat takmadım, zihnimin saatini çarşambadan çarşambaya kurdum

Gözaltına alındığımdan hapisten çıkana dek hiç saat takmadım. Çünkü hapiste zaman dakika ya da saatle geçmiyor. Ben zamanı haftalara böldüm. Mesela Ahmet sabırla duvardaki takvimin yapraklarını yırtıp yattığımız günleri tek tek sayarken, ben en küçük zaman dilimini hafta olarak böldüm.

Benim için zamanın başlangıcı Çarşamba günleriydi. Çünkü o gün kapalı veya açık görüşümüz olurdu. Kapalı görüşte eşim ya da arkadaşım Murat ve Hosrof Dink ile yakın akrabalarım, açık görüşte ise ayrıca kızım olurdu. O yüzden zamanı çarşambadan çarşambaya bölüyordum. Benim için bir ay yoktu, dört tane Çarşamba vardı hep.

Böylece saatler ve günler beni tüketemiyor, ben saati ve günleri haftanın içinde tüketiyordum.

O nedenle saatle hiç işim olmadı. İhtiyaç olduğunda Doğan Abi'ye sorar, hiç olmadı televizyondan saate bakardım.

Bana göre günlerin anlamı

Pazartesi: Hafta başı, hafta sonu yazdığım mektubu sabah sayımına gelen infaz koruma memurlarına teslim etmek demek. Pazartesi mesainin başladığı gün olduğu için, daha fazla infaz koruma memuru, daha fazla gürültü demek.

Haftalık manav alışverişi için kantin fişini vermek demek. Avukat gelir umudu beslemek, saat 16.30'dan sonra eşim ve kızımla 10 dakikalık telefon görüşmesini beklemek demek.

Salı: Pazartesi gelmemişse bir avukatın gelmesi demek. Haftalık, sebze ve meyvenin teslim edilişi. Çarşambayı iple çekmek demek.

Çarşamba: Benim için zamanın başlangıcı demek.
Her hafta kapalı ya da ayda bir açık görüş demek.
Sabah erkenden ekmek arası peynir hazırlamak,
Bisküvi paketlerini poşete yerleştirmek,
Meyveleri dilimlemek,
Meyve sularını hazırlamak, ailem için hazırlanmak.
Eşimin getirdiği kıyafetlerden özenle seçtiklerimi giymek,
Heyecandan titremek,
Gülümser, iyimser dolaşmak,
Saat 11.00 veya 11.30 gibi Ahmet'i uyandırmak,
Varsa kirli çamaşırları hazırlamak,
Kapalı 45, açık 75 dakika görüşme mutluluk, cümlelerin, kelimelerin noktasız ağızlardan dökülüşü,
"Görüşme bitmiştir" anonsuyla infaz koruma memurlarının "Hadi..." demeleri.
Zorla ayrılış, vedalaşırken gözyaşları,
Ardından sıkı bir üst araması, Ahmet ve Doğan Abi'yle süt dökmüş kedi gibi koğuşa götürülüş,
Sonra koğuşta çöküntü, görüşmenin sevincinin yerini ayrılığın hüznünün alışı,
Sıkıntıdan havalandırmaya çıkış ve kilometrelerce yürüyüş, 45 dakikalık spor saati,
Sonunda kendini toparlama ve gelecek çarşambayı hayal ederek umutlanma demek.
Perşembe: Avukat ziyareti. Cuma günü verilecek kantin alışverişi fişlerini hazırlamak.
Cuma: Mektup ve getirilen kitapların teslim edilişi demek.
Kantinden sipariş ettiğimiz ihtiyaçların teslim edilmesi demek.
Cumartesi: Koğuşun zemininin yıkanması sonrası rutin, daha az ses demek.
Pazar: Sessizlik... İyice sessizlik.

Havalandırma aktiviteleri

Havalandırma dediğimiz alan istediğimiz zaman çıkabildiğimiz beton bir kutuydu. Hani küçük yavru civcivler pazarlarda kutularda satılır ya, işte insan kendini öyle hissediyor havalandırmada. Sanki beton bir kutuya konmuş gibisiniz. 7 metreyi aşan beton duvarın üzerinde dikenli tek ve 24 saat açık kamera her şeyi kaydediyor. Havalandırmanın duvarları orada bulunduğunuz sırada güneşin doğuşu ile batışına eşlik ediyor. Güneş o duvarların ardından doğuyor sizin için. Dolayısıyla güneşi görmeniz saat 8-9'u buluyor. Batışı da herkesten erken oluyor. Yaz aylarında bile güneş saat 17.00 gibi batıyordu bizim için. 10 metre uzunluğunda 4 metre genişliğindeki havalandırmanın etrafını 30-32 adımda turluyordum.

2000 km yol yürüdüm

Gözlemlediğim kadarıyla diğer tutuklular volta atarak yürüyor. Yani düzenli biçimde havalandırmayı uzunlamasına yürüyorlar. Aynı hat üzerinde bir duvardan diğer duvara yapılan volta yürüyüşü benim için çok zordu. O yüzden havalandırmanın etrafında sürekli tur atıyordum. Böylece yol hiç bitmiyordu. O kadar çok yürüdüm ki, iki çift spor ayakkabı eskittim. Bir seansta 300 yada 400 tur atıyordum. Bazen günde iki seans yapıyordum. Bir seans iki saat sürüyordu. Böylece bir günde yürüdüğüm yol en az altı kilometre oluyordu. Bazen de 10-12 kilometreye çıkıyordu. Güneşte, yağmurda hep yürüdüm. Bir yılın sonunda yaptığım hesaba göre, 2000 kilometreden fazla yol yürümüştüm.

Havalandırmadaki "telefon"

"Havalandırmadaki telefon" başlığını görünce şaşırdınız sanırım. "Ne yani Silivri'de kapalı cezaevinde havalandırmada telefon mu vardı?" diye sorduğunuzu duyar gibiyim. Bu bildiğiniz telefonlardan değil. Bizim B 9 üst koğuşun havalandırması ile Coşkun Musluk, Sait Çakır ve Yalçın Küçük'ün kaldığı B 9 alt koğuşun havalandırmaları ayrıydı. Altlı üstlü koğuşlarda kalıyorduk, ama birbirimizle fiziksel bir temasımız yoktu. Yalnız onların koğuşunun duvarında 50x20 santim büyüklüğünde iki pencere bizim havalandırmaya açılıyordu. Ama bu pencerelerden herhangi bir alışveriş mümkün değildi. Fiziksel temas; cam, parmaklık ve tel örgüyle tamamen kesilmişti. Yalnız havalandırmaya indiğimizde Sait ya da Coşkun, taburenin üzerine çıkıp bizimle konuşabiliyordu. Tabii bu aktivitemiz de havalandırmanın tepesindeki kameralar tarafından da kayıt altındaydı. Ama üçümüz dışında başka bir insanla tek temas noktamız işte o küçük aralıktı. Dediğim gibi tel örgü ve parmaklıkla sıkı sıkıya örülü olduğu için konuştuğumuz kişinin yüzünü net olarak göremiyorduk. O yüzden alt koğuştakilerle tek sesli iletişim aracı olduğu için o pencereye "telefon" diyorduk.

Silivri'deki koğuşlar arası mesajlaşma

Dünyanın neresinde olursa olsun, cezaevi yönetimlerinin engelleyemediği şey, tutuklu ve mahkûmlar arasındaki iletişimdir. İnsanoğlu en zor şartlarda bile iletişim sağlayabilmiştir. 12 Eylül döneminin cezaevleriyle ilgili yazılan kitaplar ve anlatılanlarda tutukluların duvarlara, kalorifer peteklerine vurarak haberleştiği, hatta siyasi tutukluların, el yazısıyla cezaevinde gazete çıkardıkları, bunu da koğuş koğuş dolaştırdıkları anlatılır. Öyle ki birbiriyle hiç teması olmayan siyasi mahkûmların, ayrı koğuşlarda duvara çizdikleri satranç tahtası üzerinden birbirinin yüzünü dahi görmeden oyun oynadıkları bilinir.

Devlet, cezaevi sisteminde "yüksek güvenlikli" diye Silivri'yi kurmuş. Tutuklu ve hükümlülerin birbirleriyle teması olmaması için tecrit derecesinde uygulamalar yapmış, ama orada kalan mahkûmlar arasında iletişimi kesebilmiş değil. Bunu tahminen söylemiyorum, yaşadıklarımızdan biliyorum.

Öncelikle şunu söyleyeyim, Silivri de olsa mahkûmlardan çok azı içeriye bir şekilde cep telefonu sokabiliyor. Nitekim yapılan aramalarda cep telefonu bulunduğu da oluyor.

Haberleşmenin en konvansiyonel yöntemi ise not ulaştırma. Not, kalem pile sarılmış biçimde koğuşlar arasında havalandırmadan havalandırmaya atılarak ulaştırılıyor. Her not yerine ulaşmıyor. Bazen cezaevinin çatısında tak diye bir ses duyuluyor. O zaman atılan notun çatıda kaldığını anlıyordum. Ayrıca not, içi boşalmış diş macunu veya ilaç tüpüne sarılarak da havalandırmadan havalandırmaya atılıyor.

Şunu hatırlatmakta yarar var, biz 2 No'lu Kapalı Cezaevi'nde kalıyorduk, o yüzden buradaki tutuklular bu tür işlerde diğerlerine göre daha mahirdi.

Bir gün Ahmet ve Doğan Bey'le halı sahaya çıktığımızda kalem pile sarılı bir not önümüze düştü. Notta "Geçmiş olsun" yazıyor ardından da "Siz gazetecisiniz bilirsiniz, yakında af var mı?" diye soruluyordu.

Yine bir gün havalandırmadayım, yedi metre yükseklikteki duvarın üzerinden bir şey gökten süzülerek yere düştü. Baktım yine kalem pile sarılmış ve üzeri ıslanmasın veya zarar görmesin diye sigara paketinin üzerindeki jelatinle sarılmış bir not. Yine aynı şeyi soruyor: "Gazeteci ağabeyler, siz bilirsiniz yakında bir af var mı?"

Tabii racon karşıya bir cevap yazmayı gerektirir, ama biz bu notların nereden geldiğini bilmediğimiz için ayrıca af konusunda da bir bilgimiz olmadığı için cevap gönderemedik. Ama koridorda kiminle karşılaşsak ne zaman yemek dağıtan tutuklularla karşılaşsak hep aynı umutlu bakış ve hep o soru: "Abi af umudu var mı?"

İnsan o durumda umutsuz bir cevap veremiyor, "İnşallah" deyip geçiştiriyorsun işte...

Gardiyan değil, infaz koruma memuru

Ziyaretçilerimiz ve avukatlar dışında Silivri'de temasta olduğunuz kişiler infaz koruma memurlarıydı. Cezaevine ilk girdiğinizde de çıktığınızda da lacivert giysiler içindeki bu kişilerle temas edersiniz. Elleriyle sizi arar, fotoğrafınızı o çeker, mektubunuzu, kitabınızı o getirir, kapıdan "yemek" diye, "Nedim Şener avukat..." diye bağırır, havalandırmaya o çıkarır, havalandırmadan o alır.

Avukat görüşüne o götürür, bazen kapı önü sohbetini onunla yaparsın.

Sağlık problemiyle, aile sorunuyla ilgilenirsin. Memleket, siyaset meselesini konuşursun. Aralarında sosyalisti de var, muhafazakârı da, cemaatçisi de.

"Başefendi" denenler insan sarrafı, tutuklunun psikolojisini adamın gözünden anlıyorlar. Zaten feleğin tokadını yediğin için bir de onlar vurmuyorlar. Tutuklamada, polis, savcılık, mahkeme, cezaevi entegre sistemi içinde en insancıl olanı yine de infaz koruma memurları. Onlar da haksızlığa uğradığı için –işkenceci olanlar hariç– bizimle empati yapabiliyorlar. Maaşlarının düşüklüğünden, mesai alamamaktan, diğer adliye personelinden ayrı tutulmaktan, yıpranma payı olmamasından, işe gidiş gelişlerde servis parası olarak maaşlarından 150 TL kesilmesinden şikâyetçiler.

İnfaz koruma memurları genellikle "gardiyan" diye anılmaktan rahatsızlar. Gardiyanların geçmişteki imajlarından rahatsız oldukları için bu isimle anılmak istemiyorlar. Zaten yeni nesil memurlar tam da yasal adlarına yakışır biçimde "infaz koruma memuru" halindeler.

Onlar daha hassas ve daha duygulu. Ama bazıları var ki –bence duyguların saklıyorlar– "Biz, bize verilen görevi yaparız, biz infaz koruma memuru değiliz, gardiyanız" diyorlar övünerek.

Tek kaçış yolu ön kapı

Hapishane kelimesinin kardeşi, tahliye ya da firardır. Hapishaneye düşenin aklına ilk gelen şeylerden biri de oradan kaçmak yani firardır. Biz de buna kafa yorduk tabii kaçmak için değil, "Silivri'den kaçmak istersen nasıl başarırsın?"diye. Yeri kazarak kaçmak mümkün değil, çünkü arasında çelik levhalar olan beton zemin var.

Ayrıca koğuş ve havalandırma 24 saat kameralarla izleniyor... Duvarlar da aynısı. Filmlerdeki gibi ya da Latin Amerika'da olduğu gibi helikopterle kaçmak imkânsız, çünkü havalandırma alanları bu tür kaçışa imkân tanımıyor, ayrıca çevre güvenliği çok sıkı.

Yönetim ya da yönetimden birileri yardım etmezse kaçış çok zor. Zaten bu olasılık mümkün değil. Gardiyan kıyafeti giyip kaçmak imkânsız, çünkü lacivert giysi yasak.

Hem "Fethullah" hem "Erdoğan"

Bana göre Silivri'den tek kaçış yolu ön kapı. Zaten bu da mümkün oldu. Bizim kaldığımız 2 No'lu Kapalı Cezaevi'nde kalan ünlü uyuşturucu kaçakçısı Baybaşin'in ortaklarından biri, bir yakının cenazesi gerekçesiyle "ölüm izni" alarak jandarma kontrolünde dışarıya çıktı. İstanbul'daki cenaze gerekçesiyle iki gün evinde kalma hakkı bulunan bu kişi jandarmalarla birlikte gittiği evinde yattığı odanın penceresinden kaçıp gitti.

Pencere demirlerinin o gelmeden kesildiği ve kaçış için planın aslında önceden yapıldığı ortaya çıktı. Olan da jandarmalara oldu. Bizi de mahkemeye götüren jandarmalar tutuklandı ve Maltepe Askeri Cezaevi'ne kondu.

Jandarmalardan biri vardı ki adı da soyadı da ilginçti. O astsubay o kadar iyi bir insandı ki, bir mahkeme dönüşü adını sordum. "Fethullah" deyince gözlerim açıldı. "Soyadın ne?" diye sordum. "Erdoğan" demez mi? "Abicim, sen ne yaptın ya hem adın hem soyadın tehlikeli" deyip gülüşmüştük.

O askerin de tutuklanmasına çok üzüldüm. Çünkü çok iyi bir insandı. Ama kısa süre sonra tahliye olup, görevine döndüğünü öğrendim ve sevindim.

Cereyan yapıyor diye koğuş kapısını kapatınca gardiyanlar güldü

İnfaz koruma memurları yani gardiyanlar, zaman zaman bizi koğuşta ziyarete gelirlerdi. Kimi sabit kameranın göreceği şekilde, kimi görünmeyecek şekilde oturur, çay içer, sohbet ederdik.

Bir gün yine sohbet etmeye geldiklerinde koğuş kapısını açık bırakmışlardı. Koğuş kapısı gece yattığımız tek kişilik odaların bulunduğu koridorun sonundaydı. Bizi dışarıya bağlayan demir kapıydı.

Ziyarete gelen memurlarla masada, yani koğuş kapısını görmeyecek bir noktada oturuyorduk. Ben masadan kalktım. Koridora doğru yürüdüm. Odama mı gidiyordum ya da kapıya mı, belli değil. Gidip açık olan koğuş kapısını kapattım.

Memur masadan kalkmış, arkamdan bakıyor. Ben koğuş kapısını kapatınca "Sen ne yapıyorsun?" diye sordu.

"Kapıyı kapatıyorum" dedim.

"Neden?" diye sordu.

"Cereyan yapıyor; üşüyorum" dedim.

Memur, masadaki arkadaşına gülerek baktı. "Adama bak, açık kapıyı üşüyorum diye kapatıyor" dedi. Durumun absürtlüğü hepimizi güldürdü.

Klostrofobisi olan gardiyan

Bir gardiyan düşünün... Yirmi yıldır bu işi yapsın ve kapalı yerde kalma korkusu yani klostrofobisi olsun.

Uzun yıllar Diyarbakır'da görev yapmış tecrübeli infaz koruma memuru işte böyle biriydi. Zaman zaman bizimle sohbete gelirdi. Geldiğinde de koğuş kapısını mutlaka açık bıraktırırdı. Bunu da "Benim klostrofobim var, o yüzden açık kalmalı. Orası kapalı olursa, beni burada kimse tutamaz" diye açıklardı.

"Baba onlar insandı, hırsız değil"

Bu infaz koruma memurunun o kadar renkli bir hayatı vardı ki, memleketinin güzelliklerini de anlatırdı. Diyarbakır Cezaevi'nde yapılan insanlık suçu işkencelere söz gelince susar, duygulu bir şekilde bakardı. Hayata ilişkin bakışı da hassas ve gözlemciydi.

Oğlu çok küçük yaşta babasının mesleğini öğrenince, hep tele-

vizyonda duyduğu "hırsızları" görmek istemiş.
Babası da ona "Tamam, seni bir gün cezaevine götüreceğim, o zaman 'hırsızları' görürsün" diye söz vermiş.
Gerçekten de bir gün sözünü tutmuş. Cezaevine götürmüş. Küçük çocuk orada tutuklu ve hükümlüleri görmüş. Ama çocuk tatmin olmamış, "Baba hani 'hırsızları' gösterecektin, söz vermiştin?" demiş.
Gardiyan baba, "İşte oğlum, orada gördüklerin hırsızdı" diye karşılık vermiş.
Çocuk, "Ama baba, ben hırsızları görmek istiyorum, orada gördüklerim insandı" demiş.

Kâğıttan mum, bisküviden pasta

İnsan cezaevinde iyi şeyler yapmak istiyor. Öyle bir ortamda küçük sürprizler yaparak eşini, kızını şaşırtmak istiyorsun, hüznün yerini şaşkınlık ve sevinç alsın istiyorsun.

Kızımın doğum gününde dışarıda yanında olamadığım için onun üzüntüsünün yerine açık görüşte yaptığım erken bir kutlama olsun istiyordum. Mum yok, pasta yok. Ben de bir çikolatalı kurabiyenin üzerine elimle kâğıt üzerine çizdiğim yanan bir mumu yerleştirip, doğum günü pastası yaptım. Kızımı sevindirmek için.

Bir de yirminci evlilik yıldönümü kutlaması var ki tam bir organizasyon. Önceden cezaevi yönetimine haber verip bir yakınıma eşim için yüzük sipariş ettim. Yönetim, açık görüşten hemen önce yüzüğü teslim aldı ve görüş yerinin kapısında bana verdi. Ben de 20 yıllık eşim neredeyse 25 yıllık arkadaşım Vecide'ye gülücükler içinde yüzüğü verdim. Bu gerçekten onu şaşırttı, çünkü cezaevinde maddi değeri olan eşya sokamazsınız. Bu nedenle 2 No'lu Kapalı Cezaevi yöneticilerine ve infaz koruma memurlarına, ayrıca organizasyonda emeği geçen yakınlarıma teşekkür ediyorum.

Kızımın doğum günü için Halley bisküviden pasta hazırladım.

Cezaevini yapan müteahhidi kesinlikle Silivri'de yatırmak lazım

Biraz da Silivri Cezaevi'nin fiziki koşullarından söz edeyim. Silivri, konum itibariyle Trakya Bölgesi'nin özelliklerini taşıyor. Sonbahar, kış ve ilkbaharda serin. Kış, İstanbul'dakinin içinden çok daha sert. Cezaevi konum olarak yüksekte 7-8 metrelik duvarlara rağmen rüzgârın koğuşlara girişi hiç engellenemiyor. Duvarlar dökme beton olduğu için soğuğu ve ısıyı iletiyor. Rüzgâr sanki duvardan da geçiyor. Camların çerçeveleri metal doğrama. Tam kapanmadığı için müthiş rüzgâr giriyor ve koğuşu ısıtmanın imkânı yok. Yağmur rüzgârla birlikte çerçevelerden içeriye giriyor, hava sıfırın altına düşünce de koğuşta buzlanma oluyor.

Isıtma da yetersiz merkezi kalorifer sistemiyle yapılıyor. Ama petek sayısı az olduğu için koğuş ısısı normal seviyeye yükselmiyor. Biz ek petek taktırdığımız halde bazen beş kat giysi giyip vücut ısısını düşürmemeye çalışıyorduk. Soğukta kafamızda birer şapka ya da bereyle oturuyorduk. Bazı günler atkıyla kulaklarımı sarma ihtiyacı hissediyordum.

Yazın da duvarlar ısıyı iletiyordu. Camı da açsan koğuşun ısısı düşmüyordu. Sonunda bir vantilatör alabildik de birkaç gün ortalık serinledi. Yoksa Silivri'deki bunaltıcı hava sineklerle çekilecek gibi değil.

Daha girer girmez bu aksilikler dikkatinizi çekiyor. Birkaç kez yöneticilere de söyledim: burayı yapan müteahhit dört mevsim burada yatmalı, yatmalı ki hem böyle kötü bir işçiliği nasıl yaptığını düşünsün, hem de yaşanan sıkıntıları görüp eksiklikleri gidersin.

Şort davasını kaybettik

Cezaevlerinde bir cezadan hüküm giymiş olan ile soruşturma ya da yargılama sonucu aklanabilecek "tutuklu" arasında hiçbir ayrım yapılmıyor. Cezaevi yönetimi ve savcılık "Burası cezaevi önce cezanın infazı gelir" diyor. "Ben hükümlü değilim ceza almadım, ben tutukluyum belki aklanacağım" deseniz de anlamı yok. Bunu bizzat Silivri Başsavcısı'na söylediğimiz için birinci ağızdan yazıyorum. Adı tutukevi de olsa girdiğinizde cezanızı çekmeye başlıyorsunuz. Hatta hüküm giymiş olanların diğer mahkûmlarla haftalık 10 saat görüşme hakları var. Tutuklunun böyle bir hakkı da yok.

Ahmet'in deyimiyle "Cezaevi değil eza evi".

Aslında formlarda kâğıt üzerinde her şey Avrupa Birliği standardında. Cezaevi Gözlem Heyetleri bile oluşturulmuş. Ama bir yıl geçirdik cezaevinde, bir gün gözlemci görmedik. Cezaevi yönetmeliklerinde tüm kurallar belirlenmiş. Cezaevlerine neyin gireceği tek tek yazıyor. Yazılmayanlar ise yönetmelikte adı yok diye giremiyor. Mesela spor şortu. Halı saha var, ama spor şortu yasak; gerekçe yönetmelikte olmaması. Hatta bu konuda yönetimle tartıştık. Olay Adalet Bakanlığı'na kadar yansıdı.

Cezaevi Müdürü Hasan Bey; Doğan Bey, Ahmet ve benimle bir toplantı yaptı şort yüzünden. Neden içeri alamadıklarını anlattı. Sonunda "İnfaz hâkimliği karar verirse alırız" dedi. Biz de şort için dilekçe yazdık, cezaevi kurulu yönetmelikte olmadığı için aldığı ret kararını bize tebliğ etti. Ardından Silivri Adliyesi'ndeki İnfaz Hâkimliği'ne başvurduk. Mahkeme heyeti toplandı ve yönetmelikte adı yazmadığı için şortun cezaevine giremeyeceği yönünde karar aldı. Karar, cezaevi yöneticileri tarafından bize bildirildi. Doğan Abi, ben ve Ahmet şort davasını kaybetmiştik. Ancak Ahmet işin peşini bırakmamaya karar verdi. Yönetmelik aleyhine İdare Mahkemesi'ne, hatta Danıştay'a kadar gitme kararı almıştı.

Silivri'de yalnız kilonu değil, sağlığını ve aklını da kaybedersin

Havalandırma, benim her şeyi çoğu zaman tek başıma yaşadığım yerdi. O yüzden havaların hep iyi olmasını diliyordum. Havalandırmaya çıkmadığım gün sayısı çok ama çok az oldu. Tutukluluğumuzun birinci ayından sonra nisanda sabahtan itibaren havalandırmaya çıkmaya başladım.

Bir iki saat yürüyüş ve ip atlama gibi sporlardan sonra yukarı çıkar, Doğan Bey'le törensel biçimde kahvaltımızı yapardık.

Gazeteleri okuduktan sonra öğlen saatlerinde yeniden havalandırmaya iner, kilometrelerce yürürdüm. Oturduğum yerde ya da koğuşta yaşadığım sıkıntı ve stresi havalandırmada yürüyerek atıyordum.

O turlarım sırasında dosya üzerine ya da gazetelerde çıkan bir haber üzerine içimden konuşur, cevap verememekten kahrolur, tetikçilere kızardım.

İnsan uğradığı haksızlığı her gün, her gün kendi kendiyle konuşur mu? Konuşuyormuş meğer.

İftira atılmasına mı kızayım, koskoca devletin polisinin, savcısının, mahkemesinin hiçbir somut neden yokken beni hapsetmiş olmasına mı yanayım, yoksa eşim ve kızımın yaşadıklarına mı üzüleyim?

Öyle zamanlar oluyordu ki nerede, hangi koşullarda olduğumu unutuyor, eşim ve kızımı düşünüyordum yalnızca. O havalandırmanın dili olsa da söylese döktüğüm gözyaşlarını, içimden haykırışlarımı.

Nelere üzülmedim ki; eşimin doğum gününü kutlamış, ertesi gün 3 Mart'ta gözaltına alınmıştım.

Tutuklu kaldığım sürede, kızımın okulunun yıl sonu törenini, karne törenini, yaz aylarında beraber yapmayı düşündüğümüz şeyleri, kızımın doğum gününü, yeni okul dönemi açılış törenini kaçırdım. Bunlara mı yanayım, yoksa kızımın yeni dişlerinin çıktığını göremediğime, ona masal okuyamadığıma mı, onun haksız yere babasız bırakılmasına mı, eşimden ayrı tutulmama mı? Silivri'ye gelirken ya da giderken trafikte bir şey olacak korkusunu mu anlatayım?

Kızım yaz aylarında yanında ben yokken bir tehlike yaşar mı endişesini, deprem olduğunda yanlarında olamama kahrını, eşimin bir an önce çıkabileyim diye verdiği mücadeleyi gördükçe, mektuplarını okudukça yüreğimin yangınından mı bahsedeyim?

Kızımın, babaları yanında olan çocukları görmemek için parka bile çıkmak istemeyişine mi kahrolayım, yoksa eşime ben hayattayken yaşatılan zalimce sıkıntılara mı üzüleyim?

Silivri'de betonun içine gömüldüğümüz yetmiyormuş gibi, televizyonlarda, gazete köşelerinde alçakça itibar katliamı yapan kadın ve erkek gazetecilerin "yargısız infaz"larına duyduğum öfkeyi mi anlatayım?

İşte havalandırmada bu kahır ve sıkıntı içinde insan kilosunu da kaybeder, aklını da.

Böylece altı yedi ay içinde 25-30 kilo kadar verdim.

Ben hiç olmazsa 40 metrekare gökyüzüne açılan beton bir kutu içinde sürekli dönüp kilometrelerce yürüyerek sıkıntılarımın, stresimin havaya karışmasını istiyordum. Silivri Cezaevi tabandan çatıya, duvarlara kadar beton. Oradayken, beton bir kutudasınız. O kutunun içinde kaldığınız sürece çıkardığınız her ses içerde kalıyor. Ama havalandırmada saatler geçince içinizden yaptığınız konuşmaların sizi kavuran öfkesi havaya karışıyor. Tabii kilo da kaybediyorsunuz. Fakat ani ve yüksek kilo kaybım eşim dahil arkadaşlarımı endişelendirdi. Ancak sağlık kontrollerinde bir sorun çıkmadı.

Sonunda Prof. Dr. Binnaz Toprak'tan kilo kaybım konusunda endişe dolu bir mektup aldım. Binnaz Hoca kilo kaybımı "anoreksia" rahatsızlığıyla izah ediyordu. Uğradığı haksızlığı doğuran koşulları değiştiremeyen kişiler, değişiklik konusunda kendi bedenlerine yöneliyorlarmış. Benimki bir açlık grevi değildi ama uğradığım haksızlığı hazmedememenin etkisi de vardı kilo kaybında. Gardiyanlarla konuşurken espriyle karışık şöyle derdim: "Burada uğradığım haksızlığa karşı elimden hiçbir şey gelmiyor. Anlıyorum ki sistem adil değil ve bizi bırakmayacak. Anladık ki buradan çıkmanın tek yolu var, o da sıfır kiloya inmek. Devlet özgürlüğümüzü almış, kilo kaybetmişsiz çok mu?"

Sonsöz

Üzerimize dökülen betonu vicdan sahibi kalemler kırdı

Polisler arasında evden çıkarken gazetecilere "Hrant için, adalet için" demiştim. Bu söz benim için siyasi mesaj değil, bir umut parolasıydı. Devletin Dink cinayetini aydınlatmak istediğini, ama bilgiyi tam olarak toplayamadığını, bu eksiklik giderilirse adaletin yerine geleceğini düşünüyordum 3 Mart 2011 gününe kadar. Böylece Hrant Dink için adalet sağlandığında herkesin adil bir ülkede mutlu olabileceğini sanmıştım. Kendi yaşadıklarımı bile bir ya da birkaç polisin hukuku kendilerine araç kılarak yaptıkları bir –istisnai– haksızlık olarak yorumlamıştım.

Meğer ne yanılmışım...

Devletin ne olduğunu anlamak için bu rezilliği yaşamak zorundaymışım. Benim istisna dediğim haksızlık meğer bir sistemin adıymış. Ben ki trafik ışıklarını bile toplumda düzeni sağladığı için uyulması gereken kulların başına koyan bir gazeteciyim, çarpık sistemi nasıl göremedim?

Yolsuzluk yapan siyasetçinin küçük bir istisnai azınlık olduğunu, bu konuda haber yaparak bununla mücadele edilebileceğini düşünürdüm. O yüzden dürüst siyasetçiye her zaman saygı duyardım. Hâlâ duyarım.

Siyaseti insanların sorunlarını çözmek için yetkiyi doğrudan o insanlardan alan en üst düzeyde bir meslek olarak görürken, politikanın "tanımadığınız insanların hayatını karartma mesleği" olduğunu öğrenmek için böyle bir bedel mi ödemem gerekti?

İnsanlara çektirilen işkencenin istisna, işkencecilerin küçük bir azınlık değil yöntem olduğunu öğrenmek bu kadar mı zordu?

Devletin, aile üyelerine işkence yapan bir "Baba" olduğunu neden göremedim?

İşte 13 ay bana bunu öğretti.

Hak, hukuk, adalet, devlet, kanun; inandığım ne varsa çatladı, yıkıldı içerde.

Ama vicdan tükenmemiş, üzerimize dökülen ve diri diri gömüldüğümüz beton mezarları kalem darbeleriyle kıran vicdan ayakta hâlâ. İnsan yaşadıkça da var olacak.

12 Mart'taki tahliyem ise son anda yetişti kendimi tüketmeden. O günden beri onarmaya çabalıyorum çatlayan, yıkılan değerlerimi. Yaralarımı sarmaya çabalıyorum.

Ama hâlâ korkuyorum.

Ama susmuyorum, susmayacağım.

"Söyle baba, özgürlük ne?"

Çıktığımda kızım benimle gazetecilik oynuyordu.

Soruları çocukçaydı (doğal olarak), ama ciddi.

"Baba anlat bakalım hapishane nasıldı, özgürlük nasıl?" diye.

Bir ona baktım, bir eşime, sonra yüzümü dışarıya dönüp şöyle dedim: "Hapishane, hapislik bedeninin bir yere kapatılması ama ruhunun ve aklının sevdiklerinde olmasıdır. Özgürlük hem bedeninin hem de aklının ve ruhunun sevdiklerinle beraber olmasıdır."

Ama hapis de olsa yaşamak zorundasın. Alışarak.

Yaşar Kemal yazmıştı "Hapishane insanı çürütür. Ölüm gibidir. Ama insan zamanla alışır..." diye.

Alışmak; hapishanede hayatta kalmak istiyorsanız, alışmak zorundasınız. Oradaki koşullara adapte olmalısınız. Yoksa Silivri'nin duvarları bedenimizden kuvvetli, demir kapılar kemiklerimizden sert.

Bedeniniz betona ve demire yetmiyor; insanız, "söz" yeter diyoruz ama o da kâr etmiyor. Kurallar, yasalar, mevzuat beton ve demir gibi sert. Yumuşamıyor, eğilmiyor, delinmiyor.

Tek çare var.

Dışarıdaki hayatınızı, alışkanlıklarınızı, beklentilerinizi dışarıda bırakıp içerideki yaşamı sahipleneceksiniz. Bırakın alışkanlıklarınızı devam ettirmeyi, beklentilerinizi bile kesip atacaksınız.

Kendinizi oranın koşullarına göre yeniden yorumlayacaksınız, benliğinizle, kendi iradenizle.

Mutluluğu, hafta bir kez 10 dakikalık telefon konuşmasına, 45 dakikalık kapalı görüşe, ayda bir kez 1 saat 15 dakikalık açık görüşe indirgeyeceksiniz.

Orada yeniden bir "sen" yaratacaksınız.

Özgürlük ise cezaevinden çıktıktan sonra aslında nelerin elinden alındığının, nelerden mahrum bırakıldığının farkına varmanla başlıyor.

Sevdiğine sarılmak, kızın kitap okurken ensesinden öpmek, beraber yürümek, beraber yaşamak... İstediğin gazeteyi istediğin saatte okumak, ekmeğin istediğin halini almak. Trafikte takılmak.

Beton duvar arkasından değil; güneşin, dağların arkasından doğduğunu görmek, ufukta batışını denizin üzerinden seyretmek. İşte "özgürlük" budur diyorum.

Aslında ne hapisliğin ne de özgürlüğün tek bir tanımı vardır. Hatta aynı kişi bu kavramları başka bir zamanda, başka bir durumda farklı şekilde anlatabilir.

Benimkine benzer sözler kim bilir kaç kez edildi. Belki de hiç. Ama olsun ben ilk kez yaşadım ve şimdi söylüyorum.

Bedenim de artık aklım ve ruhumun olduğu yerde. Artık özgürüm. Ama aklıma Silivri, Silivri'dekiler, içlerinde haksızlığa uğrayanlar geliyor. 100 dolayında tutuklu gazeteci, 500 dolayındaki öğrenci, binlerce siyasetçi, aydın geliyor. İşte o zaman özgürlük hissi kayboluyor.

Yine tutuklu hissediyorum kendimi.

Dışarıda, ama tutuklu.

Kısaca ne öğrendim:
Mazlumun zulmü zalimin zulmünden betermiş

- Devletin adalet değil, adaletsizlik mekanizması olduğunu
- Hukukun intikam ve siyasi amaç için araç olarak kullanıldığını
- Politikanın, hiç tanımadığınız insanların hayatını karartma mesleği olduğunu
- Birçok insanın suçsuz yere içeride olduğunu
- Hukuk sisteminin insanların onurunu ve hayatını katleden çok fahiş hatalar yaptığını
- Gazetecilik mesleğinin adam gibi yapılması halinde onurlu bir meslek, tetikçilik yapınca tam bir rezillik olduğunu
- Vicdanlı insanın her şart ve koşulda vicdanlı kaldığını
- Vicdan sahiplerinin elindeki kalemin üzerimize dökülen betonu kıracak güçte olduğunu
- Dayanışmanın çok önemli olduğunu
- Siyasetçilerin gerçeği çarpıttığını, yalan söylediğini
- "Onlar gazeteci değil, terörist" derken hiç utanmadıklarını
- Çıkarları için kendi ülkesindeki gazetecileri "tecavüzcülükle" bile suçlayabildiğini
- Haksızlık karşısında susan dilsiz şeytandır, diyenlerin kendi dilleriyle haksızlık yapabildiklerini
- Yabancıların, gazetecileri teröristlikle suçlayan Türk politikacılara güldüğünü
- Cemaat gazetesinde yazı yazan Hıristiyanların, güya "din kardeşi" olduğumuz aynı gazetenin Müslüman yazarlarından daha vicdanlı ve dürüst olduğunu,
- Vicdanın din ve imanla ilgisi olmadığını
- Konu gerçekler olunca, ideolojik yaklaşım ile cemaat aidiyeti arasında fark olmadığını
- Herkesin bir gün "teröristlikle" suçlanabileceğini
- Sabırlı olmayı
- Silivri'nin insanı çürüten bir yer olduğunu
- Hapishanenin yarı ölüm olduğunu
- Adam olanın zor günde belli olduğunu
- Eşimin ve kızımın çok cesur olduğunu
- Her zaman açık ve şeffaf olmanın gereğini, yararını ve önemini
- İyiliğin hapiste taş yürekleri bile yumuşattığını
- Mazlumun zulmünün zalimin zulmünden beter olduğunu